전문가를 위한
파이썬 프로그래밍
제4판

미하우 야보르스키, 타레크 지아데 지음 / 김모세 옮김

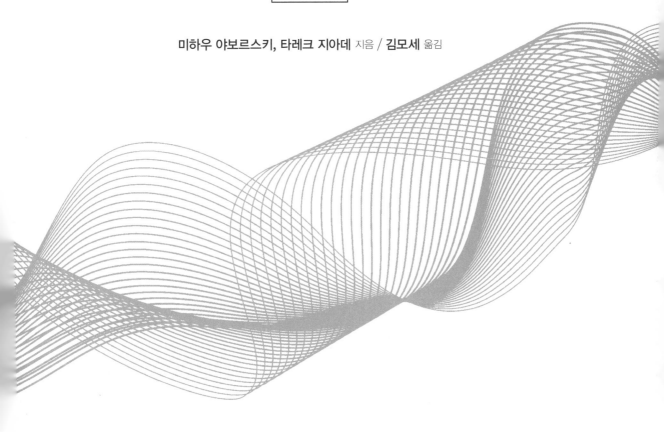

Pack**t**>   **Jpub**
제이펍

차 례

지은이 **미하우 야보르스키**Michał Jaworski

10년 이상 다양한 프로그래밍 언어를 이용해 전문적으로 소프트웨어를 작성했다. 주로 웹 애플리케이션을 위한 고성능 분산 백엔드 서비스 코드를 만들었다. 소프트웨어 엔지니어에서 리드 소프트웨어 아키텍트까지 여러 기업에서 다양한 역할을 했다. 과거부터 지금까지 파이썬을 가장 선호한다.

 지은이 **타레크 지아데**Tarek Ziadé

프랑스 부르고뉴에 거주하는 소프트웨어 엔지니어. 일래스틱Elastic에서 개발자를 위한 도구를 만들고 있다. 이전에는 모질라에서 10여 년간 일했으며, 프랑스 파이썬 사용자 그룹인 AFPy를 설립했다. 다양한 잡지에 파이썬 관련 글을 기고했으며, 프랑스어와 영어로 여러 책을 집필했다. 국내에는 《파이썬 마이크로서비스》(에이콘출판사, 2019), 《파이썬 핵심 개발자들과의 인터뷰》(터닝포인트, 2019)로 소개된 바 있다.

 옮긴이 **김모세** creatinov.kim@gmail.com

대학 졸업 후 소프트웨어 엔지니어, 소프트웨어 품질 엔지니어, 애자일 코치 등 다양한 부문에서 소프트웨어 개발에 참여했다. 재미있는 일, 나와 조직이 성장하고 성과를 내도록 돕는 일에 보람을 느끼며 나 자신에게 도전하고 더 나은 사람이 되기 위해 항상 노력하고 있다. 저서로 《코드 품질 시각화의 정석》(지앤선, 2015)이 있고, 옮긴 책으로는 《제대로 배우는 수학적 최적화》(한빛미디어, 2021), 《그림으로 배우는 TCP/IP》, 《파이썬 머신러닝 실무 테크닉 100》, 《라라벨 실전 웹 애플리케이션 개발》(이상 제이펍, 2021) 등이 있다.

기술 감수자 소개 _____

 탈 에이나트 Tal Einat

20여 년 동안 소프트웨어를 개발했으며, 주로 파이썬을 이용했다. 2010년부터 파이썬 코어 개발자로 활동하고 있다. 텔아비브 대학교에서 수학과 물리학을 전공했다. 하이킹, 컴퓨터 게임, 철학적인 SF, 가족과 대화하는 시간을 좋아한다.

지난 8년간은 교육 기술을 개발했다. 컴피디아Compedia에서 VR과 AR 교육 앱을 만들었으며, 이후 스타트업인 풀프루프FullProof를 공동 설립했다.

현재는 스타트업 라이노 헬스Rhino Health에서 전 세계 환자의 개인 정보를 보호하는 동시에 데이터를 활용할 수 있는 인공지능 모델을 개발하고 있다.

파이썬이 세상에 모습을 드러낸 지 어느덧 30년 가까운 시간이 흘렀습니다. 머신러닝, 딥러닝과 함께 전 세계적으로 각광을 받기 시작한 파이썬은 해마다 진행하는 '반드시 학습해야 할 프로그래밍 언어 20' 같은 순위에서 십수 년째 1, 2위 자리를 차지하고 있습니다.

프로그래밍 교육을 위한 목적으로 처음 만들어져 지금에 이르기까지 파이썬은 '가독성과 생산성이 높은 다중 패러다임 프로그래밍 언어 제공'이라는 철학에 기반해 진화해왔습니다. 그리고 '사용하기 쉽고 적당히 뛰어난 성능을 보이지만, 복잡한 대규모 시스템을 구축하지는 못할 것'이라는 기대와 달리 거의 모든 종류의 소프트웨어를 구현하는 데 널리 사용되고 있습니다. 파이썬의 아버지인 귀도 반로섬조차 이런 상황을 예상하지 못했을지도 모르겠습니다.

파이썬은 쉽습니다. 일반적인 문제 해결에만 초점을 둔다면 몇 시간 안에 그 목적을 충분히 달성할 수 있는 프로그램을 작성할 수 있습니다. 하지만 동시에 파이썬은 어렵습니다. 워낙 작성하기 쉽기 때문에, 반대로 가독성이 놓고 재사용할 수 있으며 쉽게 유지보수할 수 있는 파이썬 코드를 작성하기는 쉽지 않습니다. 단순한 문제 해결의 관점을 넘어 파이썬이 추구하는 본질의 개념에 다가고자 할수록 '파이썬은 쉽지 않다'고 느끼는 분이 많을 것입니다.

이 책은 파이썬에 입문하고자 하는 분들을 위한 책은 아닙니다. 일반적인 문제 해결을 넘어 파이썬이 추구하는 철학의 본질을 이해하고, 그 철학에 기반한 '파이써닉'한 프로그램을 작성하고자 하는 분들을 위한 책입니다. 파이썬의 본질, 파이썬과 다른 프로그래밍 언어의 차이점, 파이썬을 이용한 디자인 패턴 구현, 파이썬을 이용한 동시성 구현, 메타프로그래밍, 다른 프로그래밍 언어 코드와의 통합, 애플리케이션 관측성 등 이제까지 봤던 파이썬 서적에서는 볼 수 없었던 내용을 다루고 있습니다. 파이썬을 보다 파이썬답게 사용하고자 하는 분들에게 훌륭한 인사이트를 전해드릴 수 있을 것입니다.

좋은 책을 번역할 수 있도록 기회를 주신 제이펍 장성두 대표님께 감사드립니다. 책의 편집 과정에서 많이 고생하시고 도움 주신 이상복 님과 백지선 님께도 감사드립니다. 또한 다양하고 풍부한 경험을 바탕으로 책의 완성도를 높일 수 있는 의견을 주신 베타리더분들께도 감사드립니다. 여러분 덕분에 더 좋은 책을 만들 수 있게 되었습니다. 마지막으로 바쁜 일정 속에서도 번역하는 동안 한결같은 믿음으로 저를 지지해주는 아내와 컴퓨터 앞에 앉아 시간을 보내는 아빠를 응원해주는 세 딸에게도 깊은 감사를 드립니다.

김모세

강찬석(LG전자)

파이썬을 주로 활용하면서, 과연 이 언어는 어떻게 돌아가는가에 대한 궁금증을 가지고 있었는데, 이 책은 파이썬 3.9 기반으로 다양한 개발 패턴과 예시를 통해 이에 대한 답을 어느 정도 제공합니다. 평소 파이썬을 그냥 개발할 줄만 알았지, 이런 개발 패턴에 대해서는 제대로 알지 못했는데, 이를 잘 소개한 책이라고 생각합니다.

 공민서

파이썬에 대해 이렇게 깊이 있게 들어가는 책은 개인적으로 처음입니다. 파이썬을 중심으로 개발, 패키징, 테스트, 모니터링, 최적화 등 넓은 주제를 하나하나 심도 있게 다루고, 관련된 모듈 활용법도 배울 수 있어 유용했습니다.

 사지원

파이썬을 보다 전문적이고 잘 활용하기 위한 다양한 내용이 담겨 있습니다. 일반적인 프로그래밍 언어 문법 도서가 아니라, 프로그래밍을 잘하기 위해 파이썬을 깊이 파고드는 책이었습니다. 책 제목대로 정말 '전문가'를 위한 파이썬 프로그래밍에 대한 책 같습니다. 중급자로 성장하고 넘어가기 위해서는 반드시 알아야 하는 내용들이 담겨 있고, 저 역시 이 책을 통해 많은 것을 배웠습니다.

 안선환(프리랜서 강사)

베타리딩을 잘했다는 생각이 드는 책이었습니다. 특히 파이썬과 다른 언어를 비교한 4장은 도움이 많이 됐습니다. C 개발자로서 람다 함수, 제너레이터, 데커레이터(@) 등이 낯설었는데 많이 친해졌습니다. 뒤로 갈수록 배포나 테스팅, 성능 측정 등이 많이 기술되어 있는데, 상업용으로 파이썬 개발하는 분들에게는 꼭 필요한 지침서가 되지 않을까 생각합니다.

양성모(현대오토에버)

파이썬의 기본적인 기능을 익힌 후 고급 기능을 사용해보고자 하는 개발자, 특히 자바나 C++ 언어의 사용에 익숙한 개발자가 파이썬의 고유한 특성을 이해하고 활용하는 데 많은 도움이 될 것 같습니다.

 이요셉(지나가던 IT인)

파이썬의 구조와 효율적인 사용법에 대해서 보다 깊게 공부해볼 수 있는 책입니다. 최근 파이썬의 버전업에 따른 변경 사항부터 디자인 패턴, 패러다임, 메타프로그래밍, 애플리케이션 유지보수 기법까지 파이썬과 관련된 깊이 있는 지식을 전방위적으로 다룹니다. 파이썬으로 실무를 하고 있거나, 언어 자체의 사용성에 대해서 깊이 있게 공부하고 싶다면 반드시 읽어야 하는 도서입니다.

 이태영(신한은행)

파이썬이라는 언어를 애플리케이션 레벨에서 사용할 수 있게 다룬 실용적인 책입니다. 애플리케이션 레벨에서 활용될 수 있는 다양한 고급 기법이 수록되어 있고, 애플리케이션 성능을 극대화하려는 데 초점을 맞춘 도서라고 봅니다. 초심자에게는 다소 어려울 수도 있으나 한번 훑어본다면 파이썬 애플리케이션 개발 시 어떻게 설계해야 좋을지에 대한 전반적인 지식을 쌓을 수 있는 책이라고 생각합니다. 번역서이기에 일부 문장이 매끄럽지는 않았으나 전반적으로 예시가 많아 책 내용을 이해하는 데에는 문제가 없었습니다.

 조원양(스마트사운드)

파이썬은 배우기 쉽습니다. 하지만 파이썬을 파이썬답게 사용하기란 쉽지 않습니다. 파이썬을 이용해서 실제로 배포나 성능 최적화를 하기도 쉽지 않습니다. 이 책은 이런 궁금증을 해소해주면서 한 단계 레벨업할 수 있는 기회를 제공해줍니다.

제이펍은 책에 대한 애정과 기술에 대한 열정이 뜨거운 베타리더의 도움으로
출간되는 모든 IT 전문서에 사전 검증을 시행하고 있습니다.

끊임없는 지지를 보내준 아내에게 감사한다. 올리비아Olivia는 내가 "이건 가벼운 프로젝트이고 우리 시간을 많이 빼앗지 않을 거야"라고 말했을 때, 그게 거짓말이라는 것을 처음부터 알았던 유일한 사람이다. 이유는 모르겠지만, 그럼에도 아내는 내가 이 일을 하도록 격려해줬다.

미하우 야보르스키

집필하는 내내 전폭적인 지지를 보내준 프레야Freya, 스키Suki, 마일로Milo, 아미나Amina에게 감사를 전한다.

타레크 지아데

이 책에 쏟아부은 노력의 일부를 최근 작고한 조부 야코브 '야넥' 프리드먼Jacob 'Yanek' Freidman에게 바친다. 당신은 우리 머릿속에 살아 있다. 우리를 강하게 만들었고, 미소 짓게 해줬다. 또한 아내, 아이들, 형제, 부모님을 포함한 가족 모두에게 감사한다. 나를 전폭적으로 지지했고 내 인생을 즐거움으로 가득 채워주었다.

탈 에이나트

이 책에 대하여 _____

파이썬이 세상을 흔들다!

1980년대 후반 출시되었던 첫 번째 버전부터 가장 최신의 3.10 버전까지, 파이썬은 '가독성과 생산성이 높은 다중 패러다임 프로그래밍 언어 제공'이라는 한결같은 철학에 기반해 진화해왔다.

처음 사람들은 파이썬을 그저 또 하나의 스크립팅 언어라고 생각했다. 많은 사람이 파이썬으로는 대규모의 복잡한 시스템을 구축하지 못할 것이라고 생각했다. 그러나 수년이 지나며 선구자 같은 몇몇 기업 덕분에 거의 모든 종류의 소프트웨어를 구축하는 데 파이썬을 이용할 수 있음이 분명해졌다.

파이썬 코드는 작성하기는 쉽다. 하지만 가독성이 높고, 재사용할 수 있으며, 쉽게 유지보수할 수 있는 코드를 만들기는 쉽지 않다. 좋은 소프트웨어 기교와 기법들을 적용해야만 이런 품질을 얻을 수 있다. 그리고 이런 기교와 기법들은 지속적인 학습과 경험을 통해 점진적으로 습득해야 한다.

이 책에는 두어 시간 만에 구현할 수 있는 아주 작은 셸 시스템 스크립트부터 수십 명의 개발자들이 몇 년에 걸쳐 구현한 대규모 애플리케이션까지, 수년간 파이썬으로 모든 유형의 애플리케이션을 구현한 전문적인 경험에서 나온 산지식이 담겨 있다.

이 책은 세 부분으로 나뉜다.

1. **도구에 관해 알기**: 1~4장에서는 파이썬 프로그래머들이 이용하는 도구의 기본적인 요소들에 초점을 맞춘다. 생산성 도구, 현대적인 환경, 최신 파이썬 릴리스에서 도입된 새로운 구문 요소들을 살펴본다. 다른 프로그래밍 언어에 경험이 있는 프로그래머들과 보다 파이썬 고급 기능에 관해 좀 더 학습하기 원하는 프로그래머들의 안전한 착륙을 돕는다.

2. **파이썬을 이용한 애플리케이션 구축**: 5~9장에서는 디자인 패턴, 프로그래밍 패러다임, 메타프로

그래밍 기법에 관해 살펴본다. 규모는 작지만 유용한 프로그램을 만들어보고, 애플리케이션 아키텍처를 깊이 살펴볼 것이다. 또한 파이썬 이외의 프로그래밍 언어로 작성된 코드를 파이썬에 통합하는 방법을 살펴본다.

3. **파이썬 애플리케이션 유지보수:** 10~13장에서는 애플리케이션이 '출시'된 후 일반적으로 발생하는 모든 사항에 관해 살펴본다. 애플리케이션을 쉽게 유지보수하는 데 도움이 되는 도구와 기법들을 살펴본다. 그리고 패키징, 배포, 모니터링, 성능 최적화와 관련된 일반적인 문제들에 대한 접근 방법들도 살펴본다.

대상 독자

이 책은 파이썬의 고급 개념과 최신 피처feature를 학습하고자 하는 전문 프로그래머들을 위한 책이다.

단순히 파이썬을 숙달하는 것 이상을 바라는 파이썬 개발자들을 위해 썼다. 여기서 개발자란 주로 직업상 파이썬 소프트웨어를 작성하는 전문적인 프로그래머들을 의미한다. 책의 내용이 주로 파이썬을 이용해 성능이 높고, 신뢰할 수 있으며, 유지보수성이 뛰어난 소프트웨어를 작성하는 데 필수적인 도구와 프랙티스에 관한 내용을 담고 있기 때문이다.

그러나 취미로 파이썬 프로그래밍을 하는 사람들이 이 책에서 흥미로운 내용을 전혀 찾을 수 없다는 의미는 아니다. 이 책은 파이썬을 이용해 고급 개념을 학습하는 데 흥미가 있는 모든 이에게도 도움이 될 것이다. 기본적인 파이썬 스킬을 가진 사람이라면 (경험이 적은 프로그래머라면 약간의 노력이 필요할 수 있지만) 누구나 이 책에서 소개하는 개념을 따라올 수 있을 것이다. 또한 오래된 버전의 파이썬을 이용하고 있는 이들은 새로운 파이썬 릴리스에 관한 정보를 얻을 수 있을 것이다.

책의 구성

1장에서는 파이썬 언어와 파이썬 커뮤니티의 현재 상태에 관해 살펴본다. 파이썬의 지속적인 변경과 그 이유에 관해 알아본다. 오래된 파이썬 2 코드를 다루기 위해 해야 할 것들, 그리고 파이썬 커뮤니티에서 현재 일어나고 있는 일들을 따라잡기 위해 해야 할 일들은 무엇인지 알아본다.

2장에서는 파이썬 프로그래머들을 위한 반복적이고도 지속적인 환경을 만들기 위한 현대적인 방법들을 설명한다. 애플리케이션 레벨 및 시스템 레벨 격리의 차이점에 관해 설명한다. 환경 격리를 지원하는 잘 알려진 두 가지 방법인 가상 환경 및 도커 컨테이너와 함께, 다른 대안에 관해서도 살펴본다.

2장 후반부에서는 개발 과정에서 활용할 수 있는 일반적인 생산성 도구에 관해서도 살펴본다.

3장에서는 최근 파이썬 릴리스에 포함된 점들을 살펴본다. 최근 파이썬 릴리스들에 반영된 파이썬 구문의 가장 중요한 변경점을 살펴본다. 그리고 다음 메이저 파이썬 릴리스 3.10(집필 시점 기준)에 예정된 흥미로운 변화에 관해 살펴본다.

4장에서는 파이썬과 다른 언어들을 비교한다. 프로그래밍 이디엄programming idiom이 무엇인지, 이들이 코드에서 어떻게 인식되는지 알아본다. 파이썬의 객체 지향 프로그래밍 모델의 핵심 요소에 관해 살펴보고, 그 모델이 다른 유명한 객체 지향 프로그래밍들과 어떻게 다른지 알아본다. 이와 함께 디스크립터, 데커레이터, 데이터 클래스 같은 유명한 프로그래밍 언어 피처에 관해서도 살펴본다. 다른 언어를 사용해본 프로그래머들은 이 장의 내용을 통해 파이썬 생태계에 안전하게 정착할 수 있을 것이다.

5장에서는 재사용할 수 있는 다양한 디자인 패턴을 구현하는 데 쓰이는 파이썬의 요소에 관해 논의한다. 클래스 인터페이스, 그리고 파이썬을 이용해 이들을 구현하는 방법에 관해 살펴본다. 또한 통제의 전환inversion of control과 디펜던시 주입dependency injection에 관해 살펴본다. 이 두 가지는 매우 유용하지만, 꼭 널리 알려진 프로그래밍 기법은 아니다.

6장에서는 다양한 접근 방식과 라이브러리를 이용해 파이썬에서 동시성concurrency을 구현하는 방법을 설명한다. 파이썬은 멀티스레딩, 멀티프로세싱, 비동기 프로그래밍의 세 가지 동시성 모델을 지원한다. 이 모델들의 핵심적인 차이점과 이들을 효과적으로 이용하는 방법을 살펴본다.

7장에서는 이벤트 주도 프로그래밍과 이것이 비동기 프로그래밍 및 다른 동시성 모델과 어떻게 관련되어 있는지 살펴본다. 여러 유용한 라이브러리들과 함께 이벤트 주도 프로그래밍에 대한 다양한 접근 방식들을 확인한다.

8장에서는 파이썬에서 이용할 수 있는 메타프로그래밍에 관한 일반적인 접근 방식에 관해 살펴본다. 이 장에서는 데커레이터, 메타클래스, 코드 생성 패턴과 같은 일반적인 메타프로그래밍 기법들에 관해 학습한다.

9장에서는 다른 프로그래밍 언어로 작성된 코드를 파이썬 애플리케이션에 통합하는 방법을 살펴본다. C 확장 기능을 언제 사용하는 것이 효과적인지, 또 이들을 어떻게 생성하는지 살펴본다.

10장에서는 자동화된 테스팅과 품질 프로세스에 관해 살펴본다. 이 장에서는 널리 알려진 테스팅 프레임워크인 **pytest**를 포함한 여러 유용한 테스팅 기법에 관해 살펴본다. 완전히 자동화된 방식으로 코드 품질 지표를 측정하고 코드 스타일을 개선할 수 있는 도구들에 관해 살펴본다.

11장에서는 파이썬 패키징 기술의 현재 상태와 파이썬 패키지 인덱스Python Package Index, PyPI에서 오픈소스 코드로 배포할 수 있는 패키지를 생성하는 베스트 프랙티스에 관해 살펴본다. 웹 개발용 애플리케이션 패키징과 데스크톱 애플리케이션용 스탠드얼론 파이썬 실행 파일을 생성하는 방법에 관해 살펴본다.

12장에서는 애플리케이션 관측성application observability에 관해 살펴본다. 파이썬 로깅 시스템, 애플리케이션 지표를 모니터링하고 분산 트랜잭션 트레이싱을 수행하는 방법에 관해 살펴본다. 이와 함께 간단한 관측성 프랙티스를 대규모의 분산 시스템으로 확장하는 방법을 배운다.

13장에서는 모든 개발자가 알아야 할 최적화의 기본 규칙들을 살펴본다. 애플리케이션 성능 병목을 식별하는 방법과 일반적인 프로파일링 도구의 사용 방법에 관해 살펴본다. 병목을 식별한 뒤 여러 상황에서 쉽게 적용할 수 있는 널리 이용되는 최적화 기법 및 전략에 관해 살펴본다.

이 책을 읽는 방법

이 책은 파이썬 3을 이용할 수 있는 환경에 맞춰 썼다.

이 책은 입문자를 위한 책이 아니므로 실습 환경에 이미 파이썬이 설치되어 있거나 그렇지 않더라도 설치하는 방법을 알고 있을 것이라고 가정한다. 모든 독자가 파이썬 최신 피처나 공식 권장 도구에 관해 알고 있다고 가정하지는 않는다. 따라서 2장에서 개발 환경 설정을 구성하기 위해 권장하는 기법과 도구들(가상 환경과 pip 등)에 관해 설명한다.

샘플 코드 파일 다운로드

예제 파일은 옮긴이의 깃허브 저장소에서 받을 수 있다.

- https://github.com/moseskim/Expert-Python-Programming-Fourth-Edition/

컬러 이미지 다운로드

책에 사용된 그림의 컬러 이미지들이 담긴 PDF 파일은 팩트 출판사에서 받을 수 있다.

- https://static.packt-cdn.com/downloads/9781801071109_ColorImages.pdf

## CHAPTER 1

파이썬의 현재

파이썬은 놀랍다. 일관성을 유지하면서 수년 동안 계속해서 발전해왔기 때문이다.

아주 오랫동안 파이썬의 가장 중요한 특성은 상호운영성interoperability이었다. 덕분에 파이썬 개발자들이 사용하는 환경은 물론이고 고객이 사용하는 운영체제와 관계없이 파이썬은 동작했다. 운영체제에 파이썬 인터프리터만 설치되어 있다면 파이썬은 아무런 문제 없이 실행된다. 그리고 무엇보다 늘 동일한 방식으로 동작한다. 그러나 이제는 상호운영성이 그리 큰 장점은 아니다. 많은 모던 프로그래밍 언어도 유사한 상호운영성을 제공한다. 또한 더 이상 클라우드 컴퓨팅, 웹 기반 애플리케이션, 신뢰도 높은 가상화 소프트웨어들이 등장하면서 운영체제를 구분하지 않고 동작하는 프로그래밍 언어라는 특성은 그다지 중요한 것이 아니다.

오늘날 프로그래머들에게 더욱 중요한 것은 바로 생산성productivity이다. 혁신을 위한 끊임없는 탐색 과정에서는 실제 사용자를 대상으로 현장에서 즉시 테스트할 수 있는 무엇인가를 만들고, 다시 실질적인 가치를 갖는 제품을 만들 때까지 이 과정을 반복할 수 있는 특성이 매우 중요하다. 파이썬을 이용하면 빠르게 이런 반복을 실행할 수 있다. 공식 파이썬 패키지 인덱스Official Python Package Index, OPPI는 거대한 소프트웨어 라이브러리 및 프레임워크의 보고이며 쉽게 재사용할 수 있다. OPPI를 활용하면 시간과 노력을 상당히 줄일 수 있다. 이 거대한 커뮤니티 라이브러리들은 명확하면서도 간결한 문법으로 사용할 수 있으며, 소프트웨어 작성과 유지보수에 드는 시간과 노력을 현저히 줄인다. 바로 이 점이 프로그래밍 생산성 영역에서 파이썬의 가치를 더욱 높여준다.

파이썬은 지속적으로 진화하며 명성을 이어왔고 지금 이 순간에도 진화하고 있다. 이번 장에서는 파이썬의 현재 상태, 파이썬 생태계와 커뮤니티에서 일어나는 새로운 변화들에 관한 정보를 수집하는 방법에 관해 설명하고자 한다.

이번 장에서 다루는 주제는 다음과 같다.

- 파이썬의 현재와 진행 상황
- 파이썬 2의 현재와 미래
- 최신 정보 확인과 습득

먼저 파이썬 개발의 역사, 그리고 현재 상황에 관해 살펴본다.

1.1 파이썬의 현재와 진행 상황

파이썬의 역사는 생각보다 짧지 않다. 파이썬은 1980년대 후반부터 개발되었으며, 1994년에 공식 1.0 버전이 출시되었다. 파이썬 출시에 관한 모든 내용을 설명할 수도 있지만 여기에서는 중요한 날짜만 몇 가지 꼽아보기로 한다.

- **2000년 10월 16일**: 공식 파이썬 2.0 릴리스
- **2008년 12월 3일**: 공식 파이썬 3.0 릴리스
- **2011년 11월 9일**: 파이썬 2.8 출시 미정 발표
- **2020년 1월 1일**: 파이썬 2 개발 및 지원 종료

이 책의 집필 시점을 기준으로 파이썬 3의 역사는 파이썬 전체 역사의 절반을 함께했다. 신규 피처 개발 관점에서는 파이썬 2보다 훨씬 더 오랫동안 활성화된 상태이기도 하다.

파이썬 3은 긴 역사에 비해 도입 속도가 그만큼 빠르지 않았기 때문에 파이썬 2는 당초 계획보다 5년이나 지연된 시점에 그 개발과 지원이 종료되었다. 대부분 하위 호환성이 문제의 원인이었다. 하위 호환은 쉽지 않았고, 직관적인 마이그레이션을 제공하지도 않았다. 파이썬의 위대한 점은 수많은 라이브러리를 무료로 사용할 수 있다는 점이다. 운영 중인 소프트웨어가 파이썬 3과 호환되지 않는 서드파티 패키지에 크게 의존하는 경우에는 파이썬 3으로의 전환이 더욱 어려웠다.

다행히 파이썬 2는 역사의 뒤안길로 사라지게 되었고, 파이썬 커뮤니티는 안도의 한숨을 내쉴 수 있게 되었다. 수많은 오픈소스 파이썬 라이브러리 개발자들은 파이썬 2에 대한 호환성 제공을 수년 전부터 중단했다. 공식적인 파이썬 2 개발 및 지원 종료는 파이썬 3으로의 전환을 망설이던 기업들에

전략적으로 파이썬 3으로의 전환 우선순위를 높여야 할 인센티브를 제공했다. 바로 더 이상 파이썬 2와 호환되는 보안 패치가 제공되지 않는다는 점이었다.

1.2 파이썬 2의 현재와 미래

현 시점에서 파이썬 2는 공식적으로 많은 언어 개발자의 지원을 받지 못한다. 또한, (추가) 보안 패치가 되지 않고 있어 안전하지 않은 것으로 간주해야 한다. 하지만 이것이 파이썬 2가 완전히 죽었다는 뜻일까?

아마도 그렇지 않을 것이다. 상대적으로 유명한 오픈소스 라이브러리라 하더라도 시간이 흐르면서 작성자나 컨트리뷰터의 관심은 줄어든다. 더 나은 대안이 출현하면 같은 현상이 발생하며, 결국 어느 시점이 되면 오리지널 라이브러리는 더 이상 개발되지 않는 상태가 된다. 이런 라이브러리들은 유지보수되지 않은 채 유지될 것이고, 누구도 이런 라이브러리들을 파이썬 3에 호환되도록 업데이트하지 않게 될 것이다.

파이썬 3이 오랫동안 사용되지 않은 주요한 원인 중 하나는 많은 리눅스 배포판과 관련된 느린 릴리스 프로세스였다. 배포판 유지보수 담당자들은 새로운 버전을 빨리 받아들이지 않는 경향을 보인다. 특히 새로운 버전들이 하위 호환성을 깨뜨리고 다른 소프트웨어의 패치를 필요로 한다면 더욱 그렇다. 수많은 파이썬 프로그래머는 리눅스 사용자들이었으며, 리눅스 시스템의 패키지 저장소를 통해 언어의 최신 버전에 접근하지 못했기 때문에 직접 패키지를 업데이트하지 않았다.

분명히 파이썬 2는 앞으로 몇 년 동안은 유지될 것이다. 그 주요한 원인은 바로 기업 환경이다. 기업에서는 즉각적인 이익이 발생하지 않는다면, 그저 주요 변경 사항의 업데이트라는 명목으로 이해관계자들을 설득하기가 쉽지 않다. 더군다나 현재 소프트웨어가 잘 작동하고 있다면 말이다.

파이썬 2 코드는 활발하게 개발이 진행되는 소프트웨어의 핵심 컴포넌트로서는 사용되지 않겠지만 오랫동안 추가적으로 개발되지 않은 유틸리티 스크립트, 내부 도구 또는 내부 서비스에서는 여전히 많이 찾아볼 수 있다.

여러분이 파이썬 2로 쓰인 코드를 유지보수해야 하는 상황이라면 파이썬 3으로의 마이그레이션을 시작하는 편이 좋을 것이다. 마이그레이션 작업은 간단하지 않으며, 그 전에 먼저 다른 사람들을 설득해야 할 수도 있을 것이다.

상황이 이러하다면 다음과 같은 전략을 고려해보자.

1. **전환 대상과 그 이유를 식별하라:** 상황에 따라 여러분은 여러 목적으로 사용되는 다양한 코드 조각을 다루고 있을 것이다. 반드시 모든 코드를 전환해야 하는 것은 아니다. 아무도 사용하지 않는 코드라면 굳이 최신화할 필요는 없다.

2. **방해가 되는 대상을 식별하라:** 때로는 쉽게 전환할 수 없는 디펜던시dependency를 가진 코드를 다루게 될 것이다. 이런 코드로 인해 전환 과정이 더 어려워질 수 있다. 좋은 전환 계획을 세우기 위해서는 이러한 요소들을 사전에 식별하라.

3. **이해관계자들을 설득하라:** 여러분이 오픈소스 라이브러리를 개발한다면, 먼저 동료 컨트리뷰터들을 설득해서 전환을 돕도록 해야 할 것이다. 여러분이 소프트웨어 기업에서 일한다면, 돈을 지불하는 이해관계자에게 새로운 피처를 개발하는 것보다 전환이 더욱 중요하다고 설득해야 할 것이다.

일반적으로 이해관계자들의 승인을 얻는 과정이 가장 어렵다. 특히 여러분이 전문적으로 코드를 작성하고 있고, 전환 업무를 일상의 신규 피처 개발 사이에 끼워 넣어야 하는 상황이라면 더욱 그렇다. 전환과 관련된 문제를 제기하기 전에 철저히 준비해야 한다. 따라서 앞의 두 단계가 매우 중요하다. 두 단계를 통해 필요한 공수를 산정할 수 있고, 해당 공수가 필요한 이유를 만들어낼 수 있다. 결국 누군가를 설득하는 최선의 방법은 전환을 통해 얻을 수 있는 이익을 제시하는 것이다. 전환을 해야 하는 일반적인 긍정적 이유로는 다음을 들 수 있다.

- **신규 또는 업데이트된 라이브러리 활용 가능:** 파이썬 2에 대한 공식 개발과 지원이 종료된 이후, 파이썬 2와 호환되는 신규(또는 업데이트된) 라이브러리를 얻을 가능성은 거의 없다.

- **소유 비용 감소:** 팀이 최신 버전의 파이썬을 다른 프로젝트/컴포넌트에 사용하고 있다면, 다양한 프로젝트가 동일한 버전을 사용하도록 함으로써 전체적인 복잡도를 낮출 수 있다.

- **보다 단순해지는 유지보수와 운영:** 다양한 런타임 환경과 운영체제에서 내장 파이썬 2 지원을 점차 중단하고 있다. 새로운 버전의 파이썬을 이용함으로써 소프트웨어 배포에 필요한 운영 비용을 줄일 수 있다.

- **보다 쉬운 신규 채용 인원 교육:** 단일한 파이썬 버전을 사용함으로써 새로운 팀 구성원들 온보딩을 더 쉽게 할 수 있다. 시작하는 그 시점부터 전체 코드베이스에서 함께 일하기 쉽기 때문이다.

이해관계자를 설득하는 데 새로운 버전의 파이썬으로 전환하지 않았을 때의 리스크를 설명할 수도 있다.

- **큰 보안 이슈:** 공식적인 개발과 지원이 끝났으며 어떠한 공식 보안 픽스도 보장하지 않는다. 물론

실제 취약점이 발견될 때까지는 그저 잠재적인 리스크일 뿐이다. 그러나 파이썬 2를 사용하는 것만으로도 여러분은 수년 전부터 파이썬 2에 대한 지원을 중단한 서드파티 라이브러리 및 많은 오픈소스 프로젝트의 업데이트를 사용하지 못한다.

- **높은 보안 관련 비용**: 오픈소스 코드를 포크해서 보안 픽스를 직접 만들 수는 있다. 하지만 이 작업을 지속적으로 하는 데 드는 비용은 새로운 버전의 언어로 전환하는 데 드는 전체 비용보다 훨씬 크다.

- **신규 채용 시 어려움**: 채용 대상 프로그래머의 경력과 관계없이 문제가 된다. 신규 개발자들은 파이썬 3에는 친숙하지만, 파이썬 2에는 그렇지 않을 수 있다. 이는 어린 개발자들의 초기 진입을 어렵게 만들고, 잠재적으로 재난에 가까운 결과로 이어지는 사소한 실수들을 일으킬 리스크를 높인다. 한편, 시니어 엔지니어들은 철 지난 기술에 의존하고 있는 환경에서 일하고 싶어 하지 않을 수 있다.

여러분이 어떤 커뮤니케이션 전략을 선택하든 긍정적인 결과에 대한 약속, 리스크, 지속 가능한 속도로 팀 목표를 달성하는 것의 균형을 맞춰 믿을 만한 전략을 만들어야 한다. 예를 들어 미래의 유지보수 비용을 줄이기 위한 투자 결과는 오랜 시간이 지나야만 확인할 수 있다. 따라서 이러한 투자는 오랜 기간에 걸쳐서 이루어져야 한다. 반면, 잘 알려진 심각한 보안 취약성 등에는 높은 우선순위를 부여해야 한다.

1.3 최신 정보의 확인과 습득

기술은 끊임없이 진화한다. 사람들은 눈앞의 문제를 과거보다 쉽게 풀도록 하는 도구들을 끊임없이 찾는다. 몇 개월에 한 번씩 완전히 새로운 언어가 갑자기 생겨나거나 잘 알려진 언어들이 새로운 구문 피처를 제공하기도 한다. 파이썬도 예외는 아니다. 3장에서는 최근 릴리스에 추가된 중요한 몇 가지 내용에 관해 살펴볼 것이다.

새로운 언어 또는 언어의 피처들은 유명한 라이브러리나 프레임워크 개발을 이끈다. 이는 차례로 새로운 프로그래밍 패러다임과 새로운 디자인 패턴으로 이어진다. 한 언어 생태계에서 이러한 패턴이나 패러다임이 성공을 거두면, 프로그래머들은 이를 다른 언어에도 도입하고자 한다. 이렇게 언어에서 언어로 새로운 아이디어가 전파된다.

4장에서는 다르게 보이는 여러 언어가 유사한 피처나 개념들을 공유하는 것에 관해 살펴본다.

이런 언어 진화는 지속적이며 피할 수 없고 그 속도는 계속 빨라진다. 파이썬 3.9(2020년 10월 5일 릴리스)부터 새로운 메이저 릴리스를 연 단위로 하게 된다. 이런 릴리스는 종종 새로운 도구를 테스트하고 탐색하려는 새로운 라이브러리와 프레임워크의 폭발로 이어진다. 파이썬 커뮤니티에 이는 혁신을 위한 끊임없는 연료를 공급받는 것과 같다. 하지만 파이썬을 둘러싸고 발생하는 일들을 따라잡고자 하는 이들은 입이 떡 벌어질 것이다. 그리고 모든 파이썬을 업으로 삼은 이들에게 이런 최신 정보를 습득하는 것은 대단히 중요하다.

다음 절에서는 파이썬을 둘러싸고 벌어지는 일들에 관한 정보를 얻는 방법들을 소개한다. 이를 활용해 파이썬 언어와 커뮤니티의 변화를 잘 이해할 수 있을 것이다. 베스트 프랙티스를 포함해 투자해볼 만한 가치가 있는 새로운 도구들에 관한 최신 정보를 얻길 바란다.

1.3.1 PEP 문서

파이썬 커뮤니티는 변경점을 알리는 좋은 방법을 제공한다. 파이썬 언어의 추상적인 아이디어들은 대부분 특별한 메일링 리스트(python-ideas@python.org)를 통해 진행되지만, 실제 변경 내용은 **파이썬 개선 제안**Python Enhancement Proposal, PEP 문서에 모두 기록된다.

> **NOTE** python-ideas@python.org 또는 다른 메일링 리스트는 https://mail.python.org/mailman3/lists/에서 구독할 수 있다.

PEP는 파이썬에 이루어지는 변경에 대한 제안을 세부적으로 기술하는 정형화된 문서다. 이는 또한 커뮤니티 논의의 시작점이기도 하다. 이 장에서 다룬 몇몇 주제는 다음 PEP 문서에서 이미 심도 있게 논의되었다.

- PEP 373 – Python 2.7 Release Schedule (파이썬 2.7 릴리스 일정)
- PEP 404 – Python 2.8 Un-release Schedule (파이썬 2.8 미릴리스 일정)
- PEP 602 – Annual Release Cycle for Python (파이썬 연간 릴리스 사이클)

PEP 문서의 목적, 형태 및 문서 작성 워크플로는 PEP 1 문서로 모두 표준화되어 있다.

PEP 문서는 파이썬에서 매우 중요하며 주제에 따라 다양한 목적을 지원한다.

- **정보 제공**: 코어 파이썬 개발자들에게 필요한 정보를 요약하고 파이썬 릴리스 일정을 알린다.
- **표준화**: 모드 스타일, 문서, 기타 가이드라인을 제공한다.
- **설계**: 제안된 피처를 기술한다.

제안된 모든 PEP 문서는 PEP 0 문서에서 확인할 수 있다(PEP 0 문서는 지속적으로 업데이트된다). 파이썬의 변경에 관련된 모든 논의를 확인할 수 있을 만큼의 충분한 시간이 없는 사람들에게, 파이썬의 행보에 관한 정보를 얻을 수 있는 훌륭한 보고다. PEP 0에서는 승인된 아이디어, 구현된 아이디어는 물론 논의 중인 아이디어들까지 확인할 수 있다.

NOTE PEP 문서의 온라인 URL의 형태는 다음과 같다.

- https://www.python.org/dev/peps/pep-XXXX

XXXX는 4자리의 PEP 번호를 가리킨다. 이때 빈 앞자리는 0으로 채운다. 물론 Python PEP XXX 등으로 웹을 검색해도 쉽게 찾을 수 있다. PEP 0 문서는 https://www.python.org/dev/peps/에서도 확인할 수 있다.

공식적으로 논의 중인 모든 제안의 인덱스는 부수적인 목적을 설명한다. 사람들은 일반적으로 다음과 같이 질문한다.

- A 피처는 왜 이런 방식으로 동작하는가?

- 파이썬은 왜 B 피처를 제공하지 않는가?

대부분의 경우 해당 피처가 논의된 PEP에서 답을 얻을 수 있다. 특정한 언어 피처의 추가와 관련된 논의를 반복하는 대신 직접 해당 PEP를 확인할 수 있도록 되어 있다. 또한 논의되었지만 승인되지 않은 파이썬 언어 피처에 관해 설명하는 PEP도 많다.

최신 정보와 관련해 가장 중요한 PEP 인덱스 섹션은 열린open 상태의 PEP일 것이다. 열린 상태의 PEP는 현재 논의 중인 아이디어들을 설명한다. 아직 논의가 진행 중인 흥미로운 PEP들에는 다음과 같은 것들이 있다.[1]

- **PEP 603**: collection에 frozenmap 타입 추가
- **PEP 634**: 구조적 패턴 매칭: 명세
- **PEP 638**: 구문적 매크로
- **PEP 640**: 사용되지 않는 변수 구문

이 제안들은 기존의 표준 라이브러리에 대한 상대적으로 작은 확장에 관한 것(PEP 603)부터 완전히 새롭고 복잡한 구문 피처(PEP 638)까지 그 범위가 다양하다. 파이썬 커뮤니티가 미래 파이썬 릴리스에 무엇을 포함시킬지 알고 싶다면 열린 상태의 PEP를 꼭 참조하기 바란다.

---

1 옮긴이 번역 시점에서 PEP 634는 수용되었고 PEP 640은 기각되었다.

1.3.2 활성화된 커뮤니티

파이썬 소프트웨어 파운데이션 Python Software Foundation, PSF은 파이썬을 지탱하는 비영리 조직이다. 파이썬의 지적 재산권을 소유하고 라이선스를 관리한다. PSF의 간략한 미션은 다음과 같다.

> 파이썬 소프트웨어 파운데이션의 미션은 파이썬 프로그래밍 언어를 홍보, 보호, 발전시키고 파이썬 프로그래머들로 구성된 전 세계의 다양한 커뮤니티의 성장을 지원하고 활성화하는 것입니다.

NOTE PSF의 미션 문장 전문은 https://www.python.org/psf/mission/에서 확인할 수 있다.

파이썬 프로그래머 커뮤니티를 지원하는 것은 매우 중요한 PSF의 미션이다. 결국 커뮤니티가 파이썬의 개발을 견인하기 때문이다. 커뮤니티는 언어를 투명하고 공개적으로 확장(앞 절에서 설명했다)함은 물론 서드파티 패키지와 프레임워크 생태계를 확장 및 유지보수를 통해서도 이를 수행한다. 따라서 파이썬을 둘러싸고 벌어지는 일에 관해서 알고 싶다면 커뮤니티와 접촉하는 것이 가장 좋은 방법이다.

여타 프로그래밍 언어들과 마찬가지로 파이썬에 헌신하는 독립 온라인 커뮤니티가 많이 존재한다. 이 커뮤니티들은 특정한 프레임워크나 소프트웨어 개발 영역(웹 개발, 데이터 사이언스, 머신러닝 등)에 집중한다.

언어의 코어나 인터프리터에 관한 중요한 모든 논의가 갈무리된 단일 온라인 저장소가 한 곳 정도는 있으리라 생각하는 사람도 있겠지만 그리 간단한 문제는 아니다.

여러 가지 이유로 몇몇 채널은 그 역사가 길며, 공식적인 파이썬 메일링 리스트나 논의 위원회의 범위는 매우 혼란스러울 수 있다. 수많은 공식 또는 순공식 메일링 리스트와 논의 위원회가 있으며, 파이썬 개발자들은 다양한 채널에서 활동한다. 메일링 리스트가 특히 혼란스러운데, 그 이유는 두 개의 다른 메일링 리스트 관리자가 메일링 리스트를 확산시키기 때문이다. 그 결과 두 개의 메일링 리스트 아카이브가 존재한다.

- **Mailman 2**(https://mail.python.org/mailman/listinfo): 오래되고 규모가 작은 아카이브다. 역사적으로 모든 `python.org` 메일링 리스트 아카이브에 접근할 수 있지만, 아카이브 대부분은 Mailman 3으로 옮겨졌다. 그러나 Mailman 2에서 관리하는 몇몇 메일링 리스트에서 진행되고 있는 논의도 있다.

- **Mailman 3**(https://mail.python.org/): 상대적으로 덜 오래된 아카이브다. `python.org` 메일링 리스트의 현 시점에서의 메인 아카이브로 보다 많은 활성화된 메일링 리스트가 존재한다. 현대적이고 편리한 인터페이스를 제공하지만, Mailman 2에서 아직 옮겨지지 않은 메일링 리스트들은 포함되

어 있지 않다.

실제로는 더 많은 메일링 리스트가 있지만, 유감스럽게도 대부분의 메일링 리스트는 활성화되어 있지 않다. 일부 메일링 리스트는 특정한 프로젝트를 위한 것이거나(예: scikit-image@python.org), 구성원들의 특정한 흥미나 이익 영역에만 집중한다(예: code-quality@python.org). 매우 구체적인 주제를 다루는 메일링 리스트 외에 모든 파이썬 프로그래머가 흥미를 가질 만한 일반적인 메일링 리스트들은 다음과 같다.

- python-ideas@python.org: 파이썬 메일링 리스트를 이야기할 때 빠지지 않는 메일링 리스트다. 파이썬과 관련된 다양한 아이디어들에 관한 논의의 장이다. PEP의 대부분은 이곳에서의 추상적인 아이디어 논의로부터 시작된다. 또한 '이런 기능은 어떨까'라든가 가까운 미래에 사용자들이 좋아할 피처들을 찾아내기 위한 논의를 하기 최적의 장소다.
- python-dev@python.org: 코어 파이썬 개발(주로 CPython 인터프리터)을 목적으로 하는 특별한 메일링 리스트다. 또한 PEP를 다른 채널을 통해 공식적으로 발표하기 전, 새로운 PEP 초안을 논의하는 곳이다. 파이썬과 관련된 일반적인 도움을 요청할 수 있는 채널은 아니지만, 직접 CPython 인터프리터나 파이썬 표준 라이브러리의 알려진 버그를 수정하고 싶을 때 반드시 참조해야 하는 메일링 리스트다.
- python-announce-list@python.org: 다양한 공지 사항을 안내하는 메일링 리스트다. 각종 콘퍼런스나 미트업, 패키지나 프레임워크 또는 새로운 PEP의 릴리스 소식을 알 수 있다. 또한 새롭고 흥미로운 프로젝트를 발견할 수 있는 최적의 장소다.

전통적인 메일링 리스트 외에 디스코스Discourse 플랫폼을 통한 공식 인터넷 포럼도 제공한다(https://discuss.python.org/). 비교적 새로운 파이썬 공식 논의 채널로 이 포럼의 목적은 기존 메일링 리스트들과 중복된다. 이 포럼에서는 새로운 아이디어, PEP, 코어 파이썬 개발 주제 등 카테고리를 제공하기 때문이다. 이 포럼은 메일링 리스트의 개념에 친숙하지 않은 현대적 사용자 경험에 더 익숙한 사람들의 진입 장벽을 낮춰준다.

유감스럽게도 discuss.python.org에서 모든 새로운 논의가 이뤄지는 것은 아니므로, 파이썬의 핵심 개발에 관한 모든 것을 알고 싶다면 디스코스에서 제공하는 포럼과 기존의 메일링 리스트 모두를 살펴봐야 한다. 다행히도 이 두 채널은 하나로 합쳐질 예정이다.

공식 메시지 보드와 메일링 리스트 외에도 잘 알려진 플랫폼들에도 몇몇 공개 파이썬 커뮤니티가 있다. 잘 알려진 것들은 다음과 같다.

- **PySlackers Slack workspace**(pyslackers.com): 파이썬 추종자들이 모인 거대 커뮤니티다. 슬랙 Slack 메시징 플랫폼을 통해 제공되며 파이썬과 관련된 것이라면 무엇이든 논의한다.
- **Python Discord server**(pythondiscord.com): 또 다른 공개 파이썬 커뮤니티다. 디스코드Discord 를 이용한다.
- **/r/python subreddit**(www.reddit.com/r/Python/): 레딧Reddit 플랫폼의 파이썬 전용 하위 레딧이다.

이 세 공개 커뮤니티는 슬랙, 디스코드, 레딧을 이용한다면 무료로 가입할 수 있다. 선호하는 플랫폼에 따라 적절히 선택하면 된다. 이미 특정한 플랫폼을 사용하고 있다면 해당 플랫폼의 채널을 선택할 가능성은 더 높아질 것이다.

이런 공개 커뮤니티에는 많은 사용자가 있으므로 언제든 이야기를 나눌 수 있는 사람을 찾을 수 있다는 것이 가장 큰 장점이다. 다양한 파이썬 관련 주제에 관해 즉석에서 간단한 논의를 나눌 수 있고, 간단한 프로그래밍 문제에 관해 빠른 도움을 받을 수도 있다.

하지만 채널에서 일어나는 모든 논의를 추적할 수 없다는 단점도 있다. 다행히도 이런 커뮤니티들은 별도의 하위 채널을 만들거나 구독 가능한 태그를 제공하므로 관심 분야에 맞는 내용에 대한 알림을 받을 수 있다. 단, 이 커뮤니티들은 PSF의 공식적인 지원을 받지 않기 때문에 레딧이나 다른 온라인 커뮤니티를 통해 얻은 정보들은 다소 편향적이거나 정확하지 않을 수 있다.

1.3.3 기타 자료들

모든 새로운 PEP를 읽고, 메일링 리스트를 구독하고, 커뮤니티에 합류하는 것은 순간순간 일어나는 일들을 알아채기 위한 최고의 방법이다. 그러나 이 모든 것을 지속적으로 하기에는 너무 많은 시간과 노력이 소요된다. 수많은 정보 속에서 원하는 내용을 추출해야 하기 때문이다. 또 메일링 리스트, 메시지 보드, 메시징 플랫폼 같은 정보 출처들은 감정들로 가득 차 있다. 근본적으로 논의는 인간 간의 상호작용이기 때문이다. 그리고 놀랍게도 종종 논란의 여지가 있는 기술 논의가 너무 심해져 마치 소셜 네트워크를 다루는 드라마의 한 장면을 방불케 한다.

온라인에서 이루어지는 이방인들과의 모임에 참여할 수 없을 만큼 바쁘거나 지쳤다면 다른 방법도 있다. 온라인의 정보를 직접 필터링하는 대신 블로그, 뉴스레터, 소위 '어섬 리스트awesome list'라 불리는 엄선된 자료들을 활용하는 것도 좋다.

최신 정보를 원한다면 뉴스레터가 특히 뛰어나다. 구독하면 좋을 만한 흥미로운 뉴스레터 몇 가지를 소개한다.

- **주간 파이썬**Python Weekly(http://www.pythonweekly.com/): 유명한 주간 뉴스레터로, 수십 가지의 새롭고 흥미로운 파이썬 패키지와 정보들을 제공한다.
- **주간 파이코더**PyCoder's Weekly(https://pycoders.com): 또 다른 유명한 주간 뉴스레터로, 새로운 패키지와 흥미로운 아티클을 제공한다.

이 뉴스레터들은 가장 중요한 파이썬 안내 사항들에 관한 정보를 제공한다. 또한 새로운 블로그나 다른 논의 플랫폼(레딧이나 해커 뉴스Hacker News 같은)에서 이루어지는 흥미로운 논의들을 발견할 수 있다. 일반적인 파이썬 뉴스레터의 내용들은 어느 정도 중복될 수 있으므로 모든 뉴스레터를 구독할 필요는 없다.

정보를 얻는 완전히 새로운 방법은 어섬 리스트를 활용하는 것이다. 어섬 리스트는 엄선된 특정한 주제에 관한 가치 있고 주요한 자료들의 링크 리스트를 제공하며 주로 깃Git 저장소에서 관리된다. 이 리스트들은 매우 방대하며 여러 하위 분류로 나뉘어 있다.

여러 깃허브 사용자들이 엄선한 파이썬 관련 어섬 리스트들 중 잘 알려진 것들은 다음과 같다.

- **awesome-python**(https://github.com/vinta/awesome-python): 흥미로운 프로젝트들(대부분 깃허브에서 호스팅됨)과 표준 라이브러리 모듈에 관한 참조 정보를 제공하며, 약 80개의 하위 주제로 구분된다. 하위 주제는 캐싱, 인증, 디버깅 같은 기본 프로그래밍 개념부터 파이썬이 자주 이용되는 웹 개발, 데이터 사이언스, 로보틱스, 침투 테스팅penetration testing 등 전 엔지니어링 영역으로 다양하게 구분된다. 프로젝트는 물론 뉴스레터, 팟캐스트, 서적 및 튜토리얼까지 풍성한 링크를 제공한다.
- **pycrumbs**(https://github.com/kirang89/pycrumbs): 흥미롭고 가치 있는 아티클을 중점적으로 제공한다. 아티클들은 100여 개의 카테고리로 나뉘며 파이썬 피처, 일반 프로그래밍 테크닉, 자기 계발 주제 등과 관련이 있다.
- **pythonidae**(https://github.com/svaksha/pythonidae): 수학, 생물학, 화학, 웹 개발, 물리학, 이미지 처리와 같이 파이썬을 빈번하게 이용하는 과학 및 기술 영역 정보들을 중점적으로 제공한다. 트리 형태의 구조로 구성되어 있다. 메인 페이지는 20여 개의 주요 카테고리 페이지로 구성된다. 이 카테고리들은 보다 작은 하위 카테고리를 포함하며, 각 하위 카테고리에서는 유용한 라이브러리나 리소스의 목록을 제공한다.

어섬 리스트들은 시간이 지나면서 걷잡을 수 없을 만큼 커진다. 즉, 끊임없이 정보를 업데이트하기에는 좋은 소스가 아니라는 말이다. 그저 저자가 그 순간에 중요하다고 생각한 것들의 스냅숏일 뿐이다. 그럼에도 완전히 새로운 분야(예: 인공지능 등)에 뛰어들고자 할 때는 이 어섬 리스트들이 추가적인 학습이나 연구의 좋은 시작점이 될 것이다.

1.4 요약

이번 장에서는 파이썬의 현재 상태와 파이썬의 역사를 통해 나타난 변화 과정에 관해 살펴봤다. 파이썬이 변화한 이유와 그 변화를 따라가는 것이 왜 중요한지 설명했다.

최신 상태를 유지한다는 것은 프로그래밍 언어와 상관없이 전문 프로그래머들이 가장 큰 스트레스를 받는 문제다. 30여 년이라는 파이썬의 역사, 그리고 커지고 있는 파이썬 커뮤니티로 인해 파이썬 생태계에서 일어나는 변화를 실시간으로 따라잡기는 여의치 않다. 그래서 이번 장에서는 여러분이 파이썬에 미래에 관해 참조할 수 있는 모든 소스를 살펴봤다.

언어의 변화와 함께 개발 도구들도 함께 달라지며 소프트웨어 개발 프로세스는 보다 쉽게 개선된다. 계속해서 다음 장에서는 이러한 변화와 함께 현대적인 개발 환경들에 관해 살펴본다. 반복적이고 지속적인 개발 환경을 구성함으로써 생산성과 개발 편의성 모두를 높이는 방법을 알아본다. 또한 파이썬 커뮤니티에서 제공하는 다양한 생산성 도구도 살펴볼 것이다.

모던 파이썬 개발 환경

프로그래밍 언어 선택에 관해 깊이 이해하는 것은 프로그래밍 전문가가 되는 과정에서 매우 중요하다. 대상 언어 커뮤니티에서 일반적으로 사용되는 최고의 도구와 프랙티스들을 모른다면 좋은 소프트웨어를 효율적으로 개발하기가 매우 어렵다. 구문syntax, 표현성expressiveness, 성능performance에 따라 하나 혹은 그 이상의 영역에서 더 나은 해법은 언제나 존재한다. 그러나 파이썬이 다양한 언어들 사이에서 단연 뛰어난 이유는 파이썬 언어를 둘러싼 전체 생태계 때문이다. 파이썬 커뮤니티는 수년에 걸쳐 표준 프랙티스와 라이브러리를 다듬어왔으며, 이를 활용하면 매우 짧은 시간에 고품질의 소프트웨어를 만들어낼 수 있다.

새로운 소프트웨어 작성에는 항상 많은 시간과 비용이 든다. 하지만 '이미 있는 것을 다시 만드는 것reinventing the wheel'보다 기존 코드를 재사용하면 프로젝트의 경제성을 높일 수 있다. 실제로 여러 기업이 소프트웨어 프로젝트에서 경제적 성과를 거둔 이유이기도 하다. 따라서 언어 생태계에의 가장 중요한 부분은 재사용 가능한 수많은 패키지를 사용해 여러 가지 문제를 해결하는 것이다. 파이썬에서는 **파이썬 패키지 인덱스**를 통해 수많은 재사용 가능한 패키지를 오픈소스로 제공한다.

파이썬의 오픈소스 커뮤니티는 대단히 중요하기 때문에 파이썬 개발자들은 다른 개발자들이 만든 파이썬 패키지와 함께 사용될 수 있도록 여러 도구와 표준들을 만드는 데 엄청난 노력을 기울여왔다. 가상화 격리 환경에서 시작해, 개선된 인터랙티브 셸, 디버거는 물론 PyPI에서 사용할 수 있는 수많은 패키지 집합을 발견, 검색, 분석하는 유틸리티까지 그 범위도 다양하다.

이번 장에서 다루는 주제는 다음과 같다.

- 파이썬 패키징 생태계 개요

- 런타임 환경 격리

- 파이썬 가상 환경(venv) 사용

- 시스템 레벨 환경 격리

- 유명한 생산성 향상 도구

파이썬 생태계에 관한 세부적인 요소들에 관해 살펴보기 전에 기술적 요구 사항에 관해 알아보자.

2.1 기술적 요구 사항

이번 장에서 설명하는 시스템 가상화 도구system virtualization tool들은 다음 URL에서 무료로 다운로드해 설치할 수 있다.

- **베이그런트**Vagrant: https://www.vagrantup.com

- **도커**Docker: https://www.docker.com

- **버추얼박스**VirtualBox: https://www.virtualbox.org/

이번 장에서 설명하는 다음 파이썬 패키지들은 PyPI에서 다운로드할 수 있다.

- poetry

- flask

- wait-for-it

- watchdog

- ipython

- ipdb

패키지 설치 방법은 2.2.1절을 참조한다.

이번 장에서 이용하는 코드는 https://github.com/moseskim/Expert-Python-Programming-Fourth-Edition/tree/main/Chapter 2에서 다운로드할 수 있다.

2.2 파이썬 패키징 생태계

파이썬 패키징 생태계의 핵심은 파이썬 패키징 인덱스 **PyPI**다. PyPI는 거대한 규모의 공개 저장소이며, 대부분 무료로 사용할 수 있는 파이썬 프로젝트들이 모여 있다. 이 책의 집필 시점 기준으로 25만 개 이상의 패키지가 거의 350만 번 배포되었다. 모든 패키지 저장소를 기준으로 했을 때 가장 큰 숫자는 아니지만(npm은 2019년 기준 100만 개 이상의 패키지를 배포하고 있다), 여전히 파이썬이 패키징 생태계에서 선두를 유지하는 데 큰 역할을 한다.

이런 대규모 패키징 생태계는 하루 아침에 만들어지지 않는다. 모던 애플리케이션들은 PyPI의 여러 패키지를 활용해 만들어지며, 패키지들도 저마다 디펜던시를 가진다. 대규모 애플리케이션의 디펜던시는 꼬리에 꼬리를 문다. 어떤 패키지들은 다른 패키지의 특정 버전에 의존한다는 사실까지 더해지면 **디펜던시 지옥**dependency hell(버전 요구 사항의 충돌을 수작업으로 해결하기 거의 불가능한 상황)에 빠지기 십상이다.

그래서 PyPI에서 제공하는 패키지들을 다루는 데 도움을 주는 도구들의 사용법을 반드시 숙지해야 한다.

2.2.1 pip를 이용한 파이썬 패키지 설치하기

최근에는 많은 운영체제가 파이썬을 표준 컴포넌트로 내장하고 있다. 대부분의 리눅스 배포판과 UNIX 유사 시스템(FreeBSD, NetBSD, OpenBSD, macOS)은 파이썬이 미리 설치되어 있거나 시스템 패키지 저장소를 통해 파이썬을 설치할 수 있다. 심지어 많은 시스템은 파이썬을 핵심 컴포넌트로 사용하기도 한다. 예를 들어 파이썬은 우분투(유비쿼티Ubiquity), 레드햇 리눅스(아나콘다Anaconda), 페도라(이것도 아나콘다)의 인스톨러로 사용된다. 안타깝게도 이런 운영체제들에는 최신 파이썬이 아니라 훨씬 과거의 버전이 설치되어 있다.

파이썬이 운영체제 기본 요소로서 인기가 높다 보니, PyPI의 많은 패키지 또한 apt-get(데비안, 우분투), rpm(레드햇 리눅스), emerge(젠투) 등 시스템 패키지 관리 도구에 의해 네이티브 패키지로 관리되기도 한다. 그러나 이러한 라이브러리들의 수는 매우 적으며 PyPI에서 제공되는 라이브러리들보다 훨씬 과거의 버전이라는 점에 주의해야 한다. 때때로 이 라이브러리들은 시스템의 다른 컴포넌트를 제대로 지원하기 위해 플랫폼별로 패치되기도 한다.

이런 사실들 때문에 여러분이 직접 애플리케이션을 만들 때는 PyPI에서 사용할 수 있는 패키지 배포 버전을 사용해야 한다. 표준 파이썬 패키징 도구를 관리하는 그룹인 **파이썬 패키징 어소리티**Python Packaging Authority, PyPA는 패키지 설치 시 **pip**를 이용할 것을 권장한다. 이 명령줄 도구를 이용하면

PyPI의 패키지들을 직접 설치할 수 있다. pip는 독립 프로젝트이며 CPython 2.7.9와 3.4 버전을 기준으로 시작되었지만, 모든 파이썬 릴리스는 ensurepip 모듈을 포함하고 있다. 이 간단한 유틸리티 모듈은 파이썬 패키지 릴리스 유지보수자들이 pip를 번들했는지와 관계없이 여러분의 환경에서 pip 설치가 가능함을 보장한다. ensurepip 모듈을 이용해 pip 설치를 다음과 같이 부트스트랩bootstrap할 수 있다.

```
$ python3 -m ensurepip
Looking in links: /var/folders/t6/n6lw_s3j4nsd8qhsl1jhgd4w0000gn/T/tmpouvorgu0
Requirement already satisfied: setuptools in ./.venv/lib/python3.9/site-packages (49.2.1)
Processing /private/var/folders/t6/n6lw_s3j4nsd8qhsl1jhgd4w0000gn/T/tmpouvorgu0/pip-20.2.3-
py2.py3-none-any.whl
Installing collected packages: pip
Successfully installed pip-20.2.3
```

pip를 사용할 수 있으면 다음처럼 간단하게 새로운 패키지를 설치할 수 있다.

```
$ pip install <package-name>
```

django라는 이름의 패키지를 설치하고 싶다면 다음 명령어를 실행한다.

```
$ pip install django
```

pip를 이용하면 패키지의 특정 버전을 설치하거나(pip install <package-name>==<version>), 사용 기능한 최신 버전으로 업그레이드할 수도 있다(pip install --upgrade <package-name>).

pip는 단순히 패키지 설치만 지원하는 것은 아니다. install 명령 외에 패키지 확인, PyPI 패키지를 검사하거나 여러분이 직접 패키지 배포판을 만들 수 있는 명령들을 제공한다. pip로 이용할 수 있는 모든 명령어 목록은 pip --help 명령어로 확인할 수 있다.

```
$ pip --help
```

명령어를 실행한 결과는 다음과 같다.

```
Usage:
  pip <command> [options]
```

```
Commands:
  install                    Install packages.
  download                   Download packages.
  uninstall                  Uninstall packages.
  freeze                     Output installed packages in requirements format.
  list                       List installed packages.
  show                       Show information about installed packages.
  check                      Verify installed packages have compatible dependencies.
  config                     Manage local and global configuration.
  search                     Search PyPI for packages.
  cache                      Inspect and manage pip's wheel cache.
  index                      Inspect information available from package indexes.
  wheel                      Build wheels from your requirements.
  hash                       Compute hashes of package archives.
  completion                 A helper command used for command completion.
  debug                      Show information useful for debugging.
  help                       Show help for commands.
  (...)
```

구 버전의 파이썬에 pip를 설치하는 방법에 관한 최신 정보는 pip 프로젝트의 문서에서 확인할 수 있다(https://pip.pypa.io/en/stable/installing/).

2.3 런타임 환경 격리

pip를 이용해 PyPI로부터 새로운 패키지를 설치하면 해당 패키지는 사용 가능한 **site-packages 디렉터리** 중 하나에 설치된다. site-packages 디렉터리의 정확한 위치는 운영체제에 따라 다르다. 파이썬의 모듈 및 패키지 검색 대상 경로는 다음과 같이 site 명령을 이용해 확인할 수 있다.

```
$ python3 -m site
```

다음은 macOS에서 python3 -m site를 실행한 예시다.

```
sys.path = [
    '/Users/swistakm',
    '/Library/Frameworks/Python.framework/Versions/3.9/lib/python39.zip',
    '/Library/Frameworks/Python.framework/Versions/3.9/lib/python3.9',
    '/Library/Frameworks/Python.framework/Versions/3.9/lib/python3.9/lib-dynload',
    '/Users/swistakm/Library/Python/3.9/lib/python/site-packages',
    '/Library/Frameworks/Python.framework/Versions/3.9/lib/python3.9/site-packages',
]
USER_BASE: '/Users/swistakm/Library/Python/3.9' (exists)
```

```
USER_SITE: '/Users/swistakm/Library/Python/3.9/lib/python/site-packages' (exists)
ENABLE_USER_SITE: True
```

이 출력에서 sys.path 변수는 모듈 검색 위치 리스트다. 이 위치들은 파이썬이 모듈을 로딩하는 위치다. 첫 번째 항목은 현재 디렉터리(/users/swistakm)이며, 가장 마지막 항목은 글로벌 site-packages 디렉터리로 종종 **dist-package 디렉터리**라 불린다.

USER_SITE는 **사용자 site-packages 디렉터리**를 나타낸다. 현재 파이썬 인터프리터를 호출한 사용자에 따라 설정된다. 로컬 site-packages 디렉터리에 설치된 패키지는 글로벌 site-packages 디렉터리에 설치된 패키지보다 항상 우선한다.

sys.getsitepackages()를 이용해 site-packages를 얻을 수도 있다. 다음은 인터랙티브 셸에서 해당 명령을 사용한 예시다.

```
>>> import site
>>> site.getsitepackages()
['/Library/Frameworks/Python.framework/Versions/3.9/lib/python3.9/site-packages']
```

sys.getusersitepackages()를 이용해 사용자 site-packages 디렉터리를 얻을 수도 있다.

```
>>> import site
>>> site.getusersitepackages()
/Users/swistakm/Library/Python/3.9/lib/python/site-packages
```

pip를 이용해 설치하면, 다음 순서대로 조건을 평가해 패키지를 사용자 또는 글로벌 site-packages 디렉터리에 설치한다.

1. **사용자 site-packages 디렉터리에 설치**: --user 스위치를 사용했을 경우

2. **글로벌 site-packages 디렉터리에 설치**: pip를 실행한 사용자가 글로벌 site-packages 디렉터리에 쓰기 권한을 가진 경우

3. **사용자 site-packages 디렉터리에 설치**: 그 외 조건의 경우

위 조건을 간단히 설명하면 --user 스위치가 없는 경우, pip는 항상 글로벌 site-packages 디렉터리에 패키지 설치를 시도하며, 불가능한 경우에는 사용자 site-packages 디렉터리에 설치한다. 대부분의 운영체제들이 파이썬을 기본 제공하므로(많은 리눅스 배포판 및 macOS) 시스템에서 제공하는 파이썬 배

포판의 글로벌 site-packages 디렉터리는 권한을 갖지 않는 사용자들로부터 보호된다. 즉, 시스템 파이썬 배포판을 이용해 글로벌 site-packages 디렉터리에 패키지를 설치하기 위해서는 sudo와 슈퍼유저superuser 권한을 얻는 명령을 사용해야 한다. UNIX 유사 시스템과 리눅스 시스템에서는 다음과 같이 할 수 있다.

```
$ sudo -H pip install <package-name>
```

NOTE 시스템 레벨의 파이썬 패키지를 설치하기 위한 슈퍼유저 권한은 윈도우에서는 필요 없다. 윈도우에서는 기본적으로 파이썬 인터프리터를 제공하지 않기 때문이다. 또한 다른 일부 운영체제(macOS 등)의 경우, python.org 웹사이트에서 다운로드할 수 있는 인스톨러를 이용해 파이썬을 설치하면 글로벌 site-packages 디렉터리에 일반 사용자도 쓰기를 할 수 있게 된다.

PyPI로부터 패키지를 글로벌 site-packages 디렉터리에 직접 설치할 수 있으며, 특정한 환경에서는 기본적으로는 위와 같이 설치되지만 이런 작업은 권장되지 않으며 피해야 한다. pip는 한 패키지의 단일 버전만 site-packages 디렉터리에 설치한다는 것을 염두에 두어야 한다. 패키지의 구 버전이 이미 설치되어 있다면, 해당 버전은 새로운 버전으로 덮어쓴다. 이는 파이썬을 이용해 다른 애플리케이션을 구축할 때 문제를 일으키는 요인이 된다. 글로벌 site-packages 디렉터리에 어떤 것도 하지 말라고 권장하는 것은 다소 혼란스럽게 느껴진다. pip가 기본적으로 그렇게 동작하기 때문이다. 하지만 그러지 말아야 할 몇 가지 심각한 이유들을 소개한다.

앞에서 설명했듯이 파이썬은 운영체제의 시스템 패키지 저장소를 통해 사용할 수 있는 여러 패키지의 중요한 부분인 동시에 시스템의 여러 중요한 서비스의 동작에 필요할 수도 있다. 시스템 배포판 유지보수자들은 수많은 노력을 투입해 패키지들의 현재 버전을 선택해 다양한 패키지 디펜던시를 맞추었다는 점을 기억하자.

시스템 패키지 저장소(apt, yum, rpm 등)를 통해 사용할 수 있는 파이썬 패키지들은 커스텀 패치를 포함하거나 다른 시스템 컴포넌트와의 호환성을 보장하기 위해 의도적으로 구 버전으로 유지되는 경우가 많다. pip를 이용해 그런 패키지들을 강제로 업데이트하면 하위 호환성이 깨져 중요한 시스템 서비스에 버그를 일으킬 수 있다.

또한 다양한 프로젝트에서 동시에 작업을 하는 경우, 모든 프로젝트에 적합한 하나의 패키지 버전 목록을 유지하고 관리하는 것은 실질적으로 불가능하다. 패키지들은 빠르게 진화하며 모든 변경이 하위 호환을 보장하지는 않는다. 분명 새로운 프로젝트에서는 몇몇 라이브러리의 최신 버전이 필요하지만 다른 프로젝트에서는 하위 호환을 보장하지 않기 때문에 해당 라이브러리 버전을 사용하지 못하는 상황에 빠지게 될 것이다. 글로벌 site-packages 디렉터리에 단일 패키지를 설치하게 되면, 해당 버전의 패키지만 사용해야 한다.

다행히도 이런 문제는 환경 격리environment isolation라는 간단한 방법으로 해결할 수 있다. 다양한 시스템 추상화 레벨에서 파이썬 런타임 환경을 격리시킬 수 있는 다양한 도구가 존재한다. 환경 격리는 한 프로젝트에서 필요한 패키지들의 디펜던시를 다른 프로젝트 혹은 시스템 서비스에서 필요로 하는 패키지로부터 끊는 것이다. 환경 격리를 통해 다음과 같은 이점을 얻을 수 있다.

- 프로젝트 X는 패키지 1.x에 의존하지만 프로젝트 Y는 패키지 4.x를 필요로 하는 딜레마 상황을 해결한다. 개발자는 서로 다른 디펜던시를 갖는 여러 프로젝트에서 디펜던시 충돌에 대한 위험 없이 작업을 할 수 있다.
- 프로젝트에는 운영체제의 시스템 배포판 저장소(apt, yum, rpm 등)에서 제공하는 패키지 버전들이 포함되지 않는다.
- 특정한 패키지 버전에 의존하는 다른 시스템 서비스에 문제를 일으킬 위험이 없다. 새로운 패키지는 격리된 환경 안에서만 사용할 수 있기 때문이다.
- 프로젝트에 디펜던시를 갖는 패키지 목록을 쉽게 잠글 수 있다. 잠금lock 기능은 모든 디펜던시 체인dependency chain에 포함되는 패키지의 정확한 버전 정보를 포함하기 때문에 동일한 환경을 다른 컴퓨터에서 쉽게 재현할 수 있다.

여러 프로젝트에서 동시에 작업하고 있다면, 이런 환경 격리 기술 없이는 각 프로젝트의 디펜던시를 유지보수하는 것이 불가능하다는 것을 쉽게 알 수 있을 것이다.

다음 절에서는 애플리케이션 레벨에서의 환경 격리와 시스템 레벨에서의 환경 격리의 차이점에 관해 살펴본다.

2.3.1 애플리케이션 레벨 격리 vs. 시스템 레벨 격리

환경을 격리하는 가장 쉽고 간편한 방법은 가상 환경virtual environment을 활용한 **애플리케이션 레벨 격리**다. 파이썬의 내장된 venv 모듈을 이용하면 가상 환경을 매우 간단하게 생성할 수 있다.

가상 환경들은 해당 환경 안에서 이용할 수 있는 파이썬 인터프리터와 패키지를 격리하는 것에 초점을 둔다. 이런 환경들은 설정하기는 쉽지만, 가상 환경이 해당 시스템의 절대 경로를 참조하기 때문에 대부분 이식성portability이 낮다. 즉, 이 가상 환경들은 손상되지 않은 상태로 컴퓨터와 운영체제 간에 복사할 수 없다.

사실 동일한 파일 시스템상에서도 다른 디렉터리로 옮기기는 어렵다. 그럼에도 작은 규모의 프로젝트 또는 패키지를 개발하는 동안에는 충분히 적절한 격리를 보장할 수 있다. 파이썬 배포판에 내장된 가상 환경 기능 덕분에 패키지의 배포도 손쉽게 가능해진다.

가상 환경은 일반적으로 초점이 분명한 라이브러리 작성에 활용하기 충분하다. 이런 라이브러리들은 운영체제에 독립적이거나 또는 너무 많은 외부 디펜던시를 갖지 않는 낮은 복잡성을 갖는다. 또한 여러분이 작성하는 소프트웨어가 단지 여러분이 사용하는 컴퓨터에서만 동작해도 된다면, 가상 환경은 충분한 환경 격리와 재현성을 제공한다.

유감스럽게도 어떤 경우에서는 가상 환경만으로는 충분한 일관성과 재현성을 제공할 수 없다. 파이썬으로 작성된 소프트웨어는 일반적으로 매우 이식성이 높음에도 모든 패키지가 운영체제를 불문하고 동일하게 동작하지는 않는다. 서드파티 공유 라이브러리(윈도우의 DLL, 리눅스의 .so, macOS의 .dylib 등)에 의존하거나 C/C++로 작성된 컴파일된 파이썬 확장 기능을 많이 사용하는 경우 특히 그렇다. 그렇지 않은 순수한 파이썬 라이브러리라도 특정 운영체제가 제공하는 API를 사용하는 경우도 마찬가지다.

이런 경우에는 **시스템 레벨 격리**를 워크플로에 적용하는 것이 좋다. 시스템 레벨 격리는 일반적으로 운영체제, 관련된 모든 라이브러리 그리고 시스템 컴포넌트 전체를 복제해서 격리하는 방법으로 전통적인 운영체제 가상화 도구(예를 들면 VM웨어VMware, 패러렐즈Parallels, 버추얼박스 등)나 컨테이너 시스템(예를 들면 도커, 로켓Rocket 등)을 이용한다. 시스템 레벨 격리를 지원하는 도구들에 관해서는 2.5절에서 자세히 살펴본다.

서로 다른 여러 컴퓨터에서 소프트웨어를 작성한다면 개발 환경을 위한 시스템 레벨 격리를 반드시 고려해야만 한다. 소프트웨어를 여러 원격 서버에서 실행한다면, 반드시 시작 단계부터 시스템 레벨 격리를 고려해야 한다. 미래에 맞닥뜨리게 될 이식성 이슈를 해결해줄 것이기 때문이다. 애플리케이션이 컴파일된 코드(공유 라이브러리, 컴파일된 확장 기능)에 의존하는지와 관계없이 이 방식을 고려해야 한다. 애플리케이션이 데이터베이스, 캐시, 검색 엔진 등과 같은 외부 서비스와 많은 연동을 하는 경우에도 시스템 레벨 격리의 도입을 고려하는 것이 좋다. 다양한 시스템 레벨 격리 도구를 이용하면 그런 디펜던시들도 격리시킬 수 있기 때문이다.

환경 격리에 관한 두 가지 접근 방식은 모든 파이썬 개발에서 저마다의 장점을 가지고 있으며, 이후에 보다 자세히 다룰 것이다. 먼저 파이썬 venv 모듈을 이용한 가상 환경부터 살펴보자.

2.4 애플리케이션 레벨 환경 격리

파이썬은 가상 환경을 생성하는 내장 기능을 제공한다. 이 기능은 venv 모듈로 제공되며 시스템 셸에서 직접 호출할 수 있다. 다음 명령을 실행하면 간단하게 새로운 가상 환경을 생성할 수 있다.

```
$ python3.9 -m venv <env-name>
```

여기에서 env-name은 새로운 환경의 이름으로 대체하자(절대 경로를 사용해도 된다). python3.9라는 명령어를 python3 명령어 대신 사용한 점에 주목한다. 이는 환경에 따라 python3이 다른 인터프리터 버전에 링크되었을 가능성이 있기 때문이며, 새로운 가상 환경을 만들 때는 정확한 파이썬 버전을 명시하는 것이 좋다. python3.9 -m venv 명령어는 새로운 env-name이라는 디렉터리를 현재 작업 디렉터리 아래에 만든다. 만들어진 디렉터리는 여러 하위 디렉터리를 포함한다.

- bin/: 새 파이썬 실행 파일, 그리고 다른 패키지들이 제공하는 scripts/ 실행 파일을 담고 있다.

    TIP 윈도우에서의 venv 모듈은 디렉터리 내부 구성에 다른 명명 규칙을 이용한다. Scripts/, Libs/, include/를 각각 bin/, lib/, include/ 대신 사용해 운영체제에서 일반적으로 사용되는 개발 컨벤션에 맞춘다. 환경 활성화 및 비활성화를 위해 사용하는 명령어도 다르다. 활성화 명령은 ENV-NAME/Scripts/activate.bat이고 비활성화 명령은 ENV-NAME/Scripts/deactivate.bat이다.

- lib/과 include/: 가상 환경 안의 새 파이썬 인터프리터를 위한 지원 라이브러리 파일을 포함한다. 새로운 패키지들은 ENV-NAME/lib/pythonX.Y/site-packages/에 설치된다.

    TIP 많은 개발자는 자신들의 가상 환경을 .venv 또는 venv와 같은 일반적인 이름을 붙여서 소스 코드에 함께 저장한다. 여러 파이썬 통합 개발 환경integrated development environment, IDE들은 이런 관습을 인식하고 해당 라이브러리들을 자동으로 로드해 구문을 완료한다. 일반적인 이름을 이용하면 자동으로 가상 환경 디렉터리들을 코드 버저닝에서 제외할 수도 있으므로 꽤 좋은 아이디어다. 예를 들어 깃 사용자들은 이러한 경로를 글로벌 .gitignore 파일에 기술한다. .gitingore 파일에 기술된 경로 패턴은 소스 코드 버저닝에서 제외된다.

새 환경을 생성한 뒤에는 현재 셸 세션에서 해당 환경을 활성화해야 한다. Bash 셸을 사용한다면 다음 명령어를 실행해 가상 환경을 활성화할 수 있다.

```
$ source env-name/bin/activate
```

POSIX 호환 시스템이라면 셸의 종류와 관계없이 다음과 같이 짧은 명령어를 사용할 수도 있다.

```
$ . env-name/bin/activate
```

이 명령어를 실행하면 가상 환경의 변수를 적용해 현재 셸 세션의 상태를 바꾼다. 가상 환경이 활성화되었음을 사용자에게 알리기 위해 셸 프롬프트의 맨 앞에 (ENV-NAME)가 붙어서 표기된다. 다음은 새로운 환경을 생성하고 활성화한 예시다.

```
$ python3 -m venv example
$ source example/bin/activate
(example) $ which python
/home/swistakm/example/bin/python
(example) $ deactivate
$ which python
/usr/local/bin/python
```

venv는 해당 환경에 어떤 패키지들이 설치되어 있는지 추적하는 기능을 제공하지 않는다는 점에 주의한다. 이러한 가상 환경은 이식성이 낮으며, 다른 시스템/머신 또는 다른 파일시스템 경로로 이동시켜서는 안 된다. 다시 말해 새로운 호스트에 애플리케이션을 설치할 때마다 새로운 가상 환경을 만들어야 한다.

이러한 특성 때문에 pip 사용자들은 모든 프로젝트 디펜던시 정의를 한곳에 저장해서 활용하는 프랙티스를 사용한다. 이를 구현하는 가장 쉬운 방법은 requirements.txt 파일을 만드는 것이다(관습적으로 해당 파일명을 사용한다). 이 파일은 다음과 같은 내용으로 구성된다.

```
# 해시(#) 기호 뒤의 내용은 주석으로 간주된다.

# 재현성을 보장하기 위해 패키지 버전을 고정한다.
eventlet==0.17.4
graceful==0.1.1

# 다양한 디펜던시 버전에 대해 테스트를 잘 마친 프로젝트라면,
# 패키지 버전의 범위를 설정할 수 있다.
falcon>=0.3.0,<0.5.0

# 버전이 없는 패키지는 지양한다.
# 항상 최신 버전의 패키지가 요구될 때만 이렇게 사용한다.
pytz
```

이 파일을 사용하면 모든 디펜던시를 명령어 한 번으로 쉽게 설치할 수 있다. pip install 명령은 이 요구 사항 파일의 형식을 이해한다. -r 플래그로 다음과 같이 요구 사항 파일을 지정하면 된다.

```
$ pip install -r requirements.txt
```

요구 사항 파일은 설치해야 할 패키지를 명시할 뿐, 현재 환경에 설치되어 있는 패키지를 명시하지는 않는다는 점에 주의하자. 여러분이 환경에 무언가를 수동으로 설치한다 해도, 그 내용은 요구 사항 파일에 자동으로 반영되지 않는다. 따라서 요구 사항 파일을 최신으로 유지하기 위해서는 세심한 주의가 필요하다. 특히 규모가 크고 복잡한 프로젝트라면 더욱 그렇다.

pip freeze 명령어를 사용하면 현재 환경에 설치된 모든 패키지를 표시할 수 있지만, 주의해서 이용해야 한다. 이 명령어를 실행한 결과에는 중첩된 디펜던시도 함께 나타나기 때문에 큰 규모의 프로젝트인 경우 결과 또한 대단히 빠르게 커질 수 있다. 우연히 또는 실수에 의해 다른 것들이 리스트에 포함되지 않았는지 세심히 확인해야 한다.

가상 환경의 보다 나은 재현성이나 설치된 디펜던시에 관한 엄격한 통제가 요구되는 경우에는 한층 세련된 도구를 사용할 수 있다. 다음 절에서 이를 위한 도구인 포어트리를 소개한다.

2.4.1 포어트리: 디펜던시 관리 시스템

포어트리poetry는 파이썬의 디펜던시와 가상 환경 관리를 위한 뛰어난 도구다. 포어트리는 오픈소스 프로젝트이며 파이썬 패키징 생태계를 보다 예측 가능하고 간편하게 다룰 수 있는 환경 제공을 목표로 한다.

포어트리는 PyPI에서 패키지로 제공되므로 다음 명령으로 설치할 수 있다.

```
$ pip install --user poetry
```

[NOTE] 포어트리는 파이썬 가상 환경 생성을 관리하는 도구이므로 가상 환경 안에 설치해서는 안 된다. 포어트리는 사용자 site-packages 또는 글로벌 site-packages 디렉터리에 설치해야 하며, 사용자 site-packages에 설치를 권장한다 (2.2절을 참조한다).

2.2.1절에서 설명한 것처럼 위 명령어를 poetry 패키지를 site-packages 디렉터리에 설치한다. 시스템 환경 설정에 따라 글로벌 또는 사용자 site-packages 디렉터리가 대상이 된다. 이 모호함을 피하기 위해 포어트리 프로젝트 개발자들은 다른 부트스트래핑 방법의 사용을 권장한다.

macOS, 리눅스 및 다른 POSIX-호환 시스템에서는 다음과 같이 curl 유틸리티를 이용해 포어트리를 설치할 수 있다.

```
$ curl -sSL https://raw.githubusercontent.com/python-poetry/poetry/
master/get-poetry.py | python
```

윈도우에서는 파워셸PowerShell에서 포어트리를 설치할 수 있다.

```
> (Invoke-WebRequest -Uri https://raw.githubusercontent.com/python-poetry/
poetry/master/get-poetry.py -UseBasicParsing).Content | python -
```

포어트리를 설치하면 다음을 수행할 수 있다.

- 새 파이썬 프로젝트와 가상 환경을 함께 생성한다.
- 기존 프로젝트를 가상 환경에 대해 초기화할 수 있다.
- 프로젝트 디펜던시를 관리한다.
- 라이브러리를 패키징한다.

완전히 새로운 프로젝트를 생성할 때는 다음과 같이 poetry new 명령어를 사용한다.

```
$ poetry new my-project
```

위 명령어는 새 my-project 디렉터리와 함께 몇 가지 초기 파일을 생성한다. 생성된 디렉터리의 구조는 대략 다음과 같다.

```
my-project/
├── README.rst
├── my_project
│   └── __init__.py
├── pyproject.toml
└── tests
    ├── __init__.py
    └── test_my_project.py
```

디렉터리에는 이후 개발에서 스텁stub으로 이용할 수 있는 몇몇 파일이 생성되어 있다. 이미 프로젝트가 존재한다면 해당 프로젝트 안에서 poetry init 명령어를 실행해 포어트리를 초기화할 수 있다. poetry new 명령을 실행했을 때와 달리 pyproject.toml이라는 환경 설정 파일만 생성한다.

포어트리의 핵심은 pyproject.toml 파일이며, 프로젝트 설정을 저장한다. my-project 예시에서 해당 파일의 내용은 다음과 같다.

```
[tool.poetry]
name = "my-project"
```

```
version = "0.1.0"
description = ""
authors = ["Michał Jaworski <swistakm@gmail.com>"]

[tool.poetry.dependencies]
python = "^3.9"

[tool.poetry.dev-dependencies]
pytest = "^5.2"

[build-system]
requires = ["poetry-core>=1.0.0"]
build-backend = "poetry.core.masonry.api"
```

pyproject.toml 파일은 네 개의 섹션으로 나뉜다.

- [tool.poetry]: 이름(name), 버전(version), 설명(description), 저자(author) 같은 기본 프로젝트 메타데이터의 집합이다. 패키지를 PyPI에 공개할 때 필요한 정보다.

- [tool.poetry.dependencies]: 프로젝트 디펜던시 목록이다. 새 프로젝트의 경우 이 섹션에는 파이썬 버전만 포함되지만 일반적으로 requirements.txt 파일에 기록되는 모든 패키지 버전을 포함하기도 한다.

- [tool.poetry.dev-dependencies]: 테스팅 프레임워크나 생산성 도구같이 로컬 개발 시 필요한 디펜던시 목록이다. 이런 프레임워크나 생산성 도구는 운영 환경에서는 필요하지 않으므로 일반적으로 분리한다.

- [build-system]: 포어트리를 프로젝트 관리용 빌드 시스템으로 설명한다.

  NOTE pyproject.toml 파일은 공식 파이썬 표준의 일부로 PEP 518 문서에 기술되어 있다. 이 파일의 구조에 관한 더 많은 정보는 https://www.python.org/dev/peps/pep-0518/에서 확인할 수 있다.

포어트리를 이용해 새로운 프로젝트를 생성하거나 기존 프로젝트를 초기화한다면 원하는 위치 어디든 새로운 가상 환경을 공유된 위치에 생성할 수 있다. 이 가상 환경은 activate 스크립트를 실행하는 대신 포어트리를 사용해 활성화할 수 있으며 venv 모듈을 사용하는 것보다 편리하다. 왜냐하면 실제 가상 환경이 어디에 저장되어 있는지 기억할 필요가 없기 때문이다. 그저 프로젝트 소스가 존재하는 위치로 이동해 poetry shell 명령어를 실행하면 된다.

```
$ cd my-project
$ poetry shell
```

명령어를 행하면 현재 셸에서 포어트리의 가상 환경이 활성화된다. `which python` 또는 `python -m site` 명령어를 실행하면 이를 검증할 수 있다.

포어트리에서는 디펜던시를 다른 방법으로 관리한다. 앞서 언급했듯, `requirements.txt` 파일은 디펜던시를 관리하는 아주 기초적인 방법이다. 설치할 패키지가 무엇인지는 설명하지만, 개발 과정에서 환경에 어떤 패키지들이 설치되었는지는 자동으로 추적하지 않는다. 만약 `pip` 명령어로 무언가를 설치한 뒤 그 내용을 `requirements.txt` 파일에 반영하지 않으면 다른 프로그래머는 여러분이 만든 환경을 다시 생성할 때 문제를 겪을 수도 있다.

포어트리를 사용하면 그런 문제는 사라진다. 프로젝트에 디펜던시를 추가하는 방법은 한 가지뿐으로, `poetry add <package-name>` 명령을 사용한다. 이 명령을 사용하면 다음과 같은 일이 일어난다.

- 다른 패키지들이 디펜던시를 공유할 경우 전체 디펜던시 트리를 해결resolve한다.
- 프로젝트와 관련된 가상 환경의 디펜던시 트리로부터 모든 패키지를 설치한다.
- `pyproject.toml` 파일에 변경 내용을 반영한다.

다음은 my-project 환경 안에서 Flask 프레임워크를 설치하는 절차를 나타낸 로그다.

```
$ poetry add flask
```

이 명령어를 실행하면 다음과 같이 출력된다.

```
Using version ^1.1.2 for Flask

Updating dependencies
Resolving dependencies... (38.9s)

Writing lock file

Package operations: 15 installs, 0 updates, 0 removals

  • Installing markupsafe (1.1.1)
  • Installing pyparsing (2.4.7)
  • Installing six (1.15.0)
  • Installing attrs (20.3.0)
  • Installing click (7.1.2)
  • Installing itsdangerous (1.1.0)
  • Installing jinja2 (2.11.2)
  • Installing more-itertools (8.6.0)
```

```
• Installing packaging (20.4)
• Installing pluggy (0.13.1)
• Installing py (1.9.0)
• Installing wcwidth (0.2.5)
• Installing werkzeug (1.0.1)
• Installing flask (1.1.2)
• Installing pytest (5.4.3)
```

다음은 pyproject.toml 파일의 결과이며 프로젝트 디펜던시 변경 내용을 강조 표시했다.

```
[tool.poetry]
name = "my-project"
version = "0.1.0"
description = ""
authors = ["Michał Jaworski <swistakm@gmail.com>"]

[tool.poetry.dependencies]
python = "^3.9"
Flask = "^1.1.2"

[tool.poetry.dev-dependencies]
pytest = "^5.2"

[build-system]
requires = ["poetry-core>=1.0.0"]
```

로그를 보면 요청한 디펜던시는 하나이지만, 포어트리가 15개의 패키지를 설치한 것을 확인할 수 있다. Flask 자체의 디펜던시가 있으며 그 디펜던시들 역시 다른 디펜던시를 가지고 있기 때문이다. 이런 디펜던시의 디펜던시를 **전이 디펜던시**transitive dependency라 부른다. 라이브러리들은 종종 si >=1.0.0과 같이 느슨한 버전 지정자lax version specifier를 가지며 이를 통해 넓은 범위의 버전을 허용할 수 있음을 나타낸다. 포어트리에는 **디펜던시 해결**dependency resolution 알고리즘이 구현되어 있어, 이를 활용해 어떤 버전이 모든 디펜던시의 전이 디펜던시 제약을 만족하는지 찾아낸다.

한 가지 문제는 전이 디펜던시 자체가 시간에 따라 변한다는 점이다. 라이브러리들은 디펜던시와 관련해 느슨한 버전 지정자를 가질 수 있음을 기억하라. 즉, 다른 날짜에 생성된 두 개의 환경에 설치된 패키지들의 최종 버전이 다를 수도 있다. 모든 전이 디펜던시에 대한 정확한 버전을 재현할 수 없는 것은 대규모 프로젝트에서의 큰 문제점 중 하나이며, requirements.txt 파일들을 이용해 그 디펜던시들을 추적하기는 일반적으로 매우 어렵다.

포어트리는 **디펜던시 록 파일**dependency lock file을 이용해 전이 디펜던시 문제를 해결한다. 여러분의 환경에서 일련의 패키지 버전이 잘 동작하는 것으로 확신한다면, 언제든 다음 명령어를 실행할 수 있다.

```
$ poetry lock
```

이 명령을 실행하면 매우 상세한 `poetry.lock` 파일이 생성된다. 이 파일은 디펜던시 해결 절차의 완전한 스냅숏이다. 이 파일은 일반적인 디펜던시 절차를 대신해 전이 디펜던시의 버전을 결정하기 위해 사용된다.

`poetry add` 명령어에 의해 새로운 패키지들이 추가될 때마다 포어트리는 디펜던시 트리를 평가하고 `poetry.lock` 파일을 업데이트한다. 이 록 파일 접근 방식은 현존하는 최선의 가장 믿을 만한 전이 디펜던시 관리 방식이다.

> **TIP** 포어트리의 고급 사용 방법에 관한 더 많은 정보는 공식 문서(https://python-poetry.org)에서 확인 가능하다.

2.5 시스템 레벨 환경 격리

소프트웨어 구현에서 빠른 반복의 핵심은 기존 소프트웨어 컴포넌트의 재사용이다. '당신이 했던 일을 반복하지 말라Don't repeat yourself, DRY'는 많은 프로그래머의 공통된 좌우명이다. 다른 패키지와 모듈을 코드베이스에 포함시키는 것은 그러한 마인드셋의 극히 일부를 표현한 것일 뿐이다. 재사용 가능한 컴포넌트들은 바이너리 라이브러리, 데이터베이스, 시스템 서비스, 서드파티 API도 고려할 수 있다. 심지어 운영체제 자체도 재사용 가능한 컴포넌트로 간주할 수 있다.

웹 기반 애플리케이션의 백엔드 서비스는 이런 애플리케이션들이 얼마나 복잡해질 수 있는지 잘 보여주는 예다. 가장 간단한 소프트웨어 스택은 일반적으로 몇 개의 레이어로 구성된다. 가상의 애플리케이션을 그려보자. 이 애플리케이션을 활용해 여러분은 사용자의 일부 정보를 저장할 수 있고, HTTP 프로토콜을 이용해 인터넷에 그 정보를 표시할 수 있다고 하자. 이 애플리케이션은 최소한 다음 3개의 레이어를 가질 것이다(낮은 레이어부터 시작).

- 하나의 데이터베이스 또는 다른 종류의 스토리지 엔진
- 파이썬으로 구현한 애플리케이션 코드
- Apache 또는 Nginx와 같이 리버스 프록시 모드reverse proxy mode에서 동작하는 하나의 HTTP 서버

극단적으로 단순한 애플리케이션은 단일 레이어일 수 있겠지만 복잡한 애플리케이션이나 대규모 트래픽을 다루기 위한 애플리케이션의 경우는 불가능하다. 사실 큰 애플리케이션들은 때로는 너무나 복잡하기 때문에 레이어의 스택으로 표현할 수조차 없으며, 상호 연결된 서비스들의 조합이나 메시mesh로 표현해야만 한다. 작든 크든 애플리케이션은 다양한 데이터베이스를 이용할 수 있으며, 여러 독립 프로세스로 나뉠 수 있고, 캐싱caching, 큐잉queuing, 로깅logging, 서비스 디스커버리service discovery와 같은 수많은 다른 시스템 서비스를 이용할 수도 있다. 안타깝게도 복잡성에는 한계가 없다.

무엇보다 중요한 것은 모든 소프트웨어 스택 요소를 파이썬 런타임 환경 레벨에서 격리시킬 수는 없다는 점이다. Nginx와 같은 HTTP 서버, PostgreSQL 같은 RDMBS, 공유 라이브러리 같은 요소들은 파이썬 배포판이나 파이썬 패키지 생태계에 포함되지 않기 때문에 파이썬의 가상 환경 안에 캡슐화할 수 없다. 따라서 소프트웨어의 **외부 디펜던시**external dependency로 간주한다.

외부 디펜던시들은 운영체제가 바뀌면 그 버전이나 특징이 달라진다는 점이 매우 중요하다. 예를 들어 두 명의 개발자가 완전히 다른 리눅스 배포판(가령 데비안과 젠투)에서 작업했다고 하자. 이 둘이 특정한 시점에 시스템 패키지 저장소를 통해 Nginx 같은 소프트웨어의 동일한 버전에 접근할 가능성은 극히 낮다. 게다가 둘은 전혀 다른 컴파일타임 플래그(예를 들어 특정 설정 값을 활성화하는 등)를 이용해 컴파일될 수 있으며, 커스텀 확장이나 배포판에 한정된 패치가 적용되어 있을 수도 있다.

따라서 적절한 도구의 도움 없이는 개발팀의 모든 구성원이 모든 컴포넌트의 동일한 버전을 사용함을 보장하는 것이 매우 어렵다. 물론 이론적으로 팀의 모든 개발자가 단일 프로젝트에서 작업한다고 가정하면 서비스의 동일한 버전을 얻을 수 있을 것이다. 그러나 이마저도 그들이 **운영 환경**production environment과 동일한 운영체제를 사용하지 않는다면 노력이 물거품이 된다. 프로그래머에게 그들이 익히 는 시스템이 아닌 다른 시스템을 강요하는 것 또한 불가능하다.

> **NOTE** **운영 환경**production environment(줄여서 프로덕션이라고 부르기도 한다)이란 애플리케이션이 설치되고 목적에 부합하게 실행되는 실제 환경을 말한다. 예를 들어 데스크톱 애플리케이션의 운영 환경은 여러분의 사용자들이 애플리케이션을 설치한 실제 데스크톱 컴퓨터. 인터넷을 통해 접근 가능한 웹 애플리케이션의 백엔드 서버의 운영 환경은 일반적으로 데이터센터 등에서 운영되는 원격 서버(때로는 가상 서버)다.

여기서도 이식성은 큰 문제가 된다. 모든 서비스가 개발자의 머신과 운영 환경에서 동일하게 동작하지는 않는다. 이는 변하지 않는다. 심지어 파이썬 자체도 크로스 플랫폼에서 동작하도록 많은 노력이 투입됐지만 시스템이 달라지면 다르게 동작할 수 있다.

파이썬의 경우 일반적으로 이러한 상황은 문서화가 잘 되어 있고 운영체제와 직접 상호작용을 할 때만 일어난다. 그러나 호환성과 관련된 수많은 내용을 개발자의 기억에만 의존하는 것은 에러에 아무

대책이 없는 것과 다름없다.

이 문제를 해결하는 유명한 해법은 시스템 전체를 애플리케이션 환경으로 격리시키는 것이다. 다양한 종류의 시스템 가상화 도구들을 지렛대 삼아 이를 달성할 수 있다. 물론 가상화는 성능에 중대한 영향을 미치지만 가상화를 하드웨어적으로 지원하는 최신 CPU를 이용하는 경우에는 성능 저하를 크게 줄일 수 있다. 한편 얻을 수 있는 장점은 매우 많다.

* 개발 환경에서 시스템 버전, 서비스, 운영 환경의 공유 라이브러리들을 완벽하게 일치시킬 수 있고 결과적으로 호환성 문제를 해결한다.
* Puppet, Chef, Ansible(만약 이용한다면) 등 시스템 환경 설정 도구에서의 운영 및 개발 환경 설정 내용을 줄인다.
* 이러한 환경 생성을 자동화한다면 새로 합류한 팀 구성원들이 쉽게 프로젝트에 참여할 수 있다.
* 개발자들은 작업에 사용하는 운영체제에서는 이용할 수 없는 저수준low-level의 시스템 피처를 직접 이용하는 것이 가능해진다. 예를 들어 **사용자 공간 파일시스템**Filesystem in Userspace, FUSE은 리눅스 운영체제의 피처이며, 가상화를 하지 않는다면 윈도우에서는 이를 다룰 수 없다.

다음 절에서는 시스템 레벨에서 개발 환경을 격리할 수 있는 두 가지 접근 방식을 살펴본다.

2.5.1 컨테이너화 vs. 가상화

개발 목적으로 사용할 수 있는 주요한 시스템 레벨 격리 기법은 주로 다음 두 가지다.

* **머신 가상화**machine virtualization: 컴퓨터 시스템 전체를 에뮬레이션한다.
* **운영체제 레벨 가상화**operating system-level virtualization: **컨테이너화**containerization라고도 한다. 한 운영체제 안의 사용자 공간을 완전히 격리시킨다.

머신 가상화 기법은 다른 컴퓨터 시스템 안의 컴퓨터 시스템 전제의 에뮬레이션emulation에 초점을 맞춘다. 여러분의 컴퓨터에서 소프트웨어가 동작할 수 있는 가상의 하드웨어를 제공하는 것이라 생각할 수 있다. 머신 가상화는 완전한 하드웨어 에뮬레이션이므로 여러분의 호스트 환경에서 모든 운영체제를 실행할 수 있다. 이는 **가상 전용 서버**virtual private server, VPS와 클라우드 컴퓨팅 제공자들의 인프라스트럭처를 견인하는 기술이다. 이 기술을 이용하면 한 호스트 컴퓨터에서 독립된 격리 운영체제를 여럿 실행할 수 있다.

이는 개발 목적으로 다양한 운영체제를 실행하는 손쉬운 방법이기도 하다. 새로운 운영체제를 실행하기 위해 컴퓨터를 재부팅할 필요가 없다. 필요 없어진 가상 머신은 언제든 쉽게 삭제할 수 있다. 전형적인 다중 부팅 시스템 환경에서는 쉽게 할 수 없는 일이다.

운영체제 레벨 가상화는 하드웨어 에뮬레이션에 의존하지 않는다. 운영체제 레벨 가상화는 사용자 공간 환경(공유 라이브러리, 리소스 제약, 파일시스템 볼륨, 코드 등)을 컨테이너 형태로 캡슐화한다. 이 컨테이너는 엄격하게 정의된 컨테이너 환경 밖에서는 동작하지 않는다. 모든 컨테이너들은 동일한 운영체제 커널에서 실행되며, 컨테이너 사이의 통신은 명시적으로 지정하지 않는 한 불가능하다.

운영체제 레벨 가상화는 하드웨어를 에뮬레이션하지 않는다. 그럼에도 여전히 저장 공간, CPU 시간, RAM 또는 네트워크 같은 시스템 자원 사용에 관한 제약을 명시적으로 설정할 수 있다. 이 제약들은 오로지 시스템 커널에서만 관리되므로 성능 오버헤드는 머신 가상화에서의 제약에 비해 일반적으로 적다. 그래서 운영체제 레벨 가상화를 종종 **경량 가상화**lightweight virtualization라 부른다.

보통 하나의 컨테이너에는 애플리케이션 코드와 그 시스템 레벨 디펜던시(대부분 공유 라이브러리 또는 파이썬 인터프리터 같은 런타임 라이브러리)만 포함하지만 원하는 만큼 규모를 늘릴 수 있다. 리눅스 컨테이너 이미지들은 데비안, 우분투, 페도라와 같이 시스템 배포판 전체를 기반으로 한다. 컨테이너 안에서 실행되는 프로세스 관점에서 이는 완전히 격리된 시스템 환경처럼 보인다.

개발 목적에서의 시스템 레벨 격리라는 관점에서는 두 방법 모두 유사한 수준의 충분한 격리와 재현성을 제공한다. 그럼에도 그 가벼운 특성 때문에 많은 개발자는 운영체제 레벨 가상화를 선호한다. 운영체제 레벨 가상화는 저렴하고 빠르며, 편리한 패키징 및 이식성 특성과 함께 이러한 환경에서 널리 사용된다. 특히 다양한 프로젝트를 동시에 다루는 프로그래머들 또는 다른 프로그래머들과 개발 환경을 공유해야 하는 프로그래머들에게 유용하다.

시스템 레벨에서의 개발 환경 격리를 제공하는 주요한 두 가지 도구는 다음과 같다.

- **도커**: 운영체제 레벨 가상화 지원
- **베이그런트**: 머신 가상화 지원

도커와 베이그런트의 기능은 다소 중복된 듯 보인다. 그러나 두 도구의 개발 배경 자체는 상당히 다르다. 베이그런트는 개발 도구로서의 목적을 우선으로 만들어졌다. 베이그런트를 이용하면 단일 명령어로 가상 머신 전체를 부트스트랩할 수 있으나, 단순히 그런 환경을 완전한 산출물로 만들어 운영 환경에 배포하거나 그대로 실행되도록 하는 목적으로는 거의 사용되지 않는다. 반면 도커는 정확하게 후자의 목적을 위해 만들어졌다. 완전한 컨테이너를 준비하고, 완전한 패키지로서 운영 환경에 배포하는 것이 목적이다. 적절하게 구현한다면 제품 개발 프로세스를 크게 개선할 수 있다.

구현의 소소한 차이로 컨테이너에 기반한 이 환경들은 가상 머신에 기반한 환경과 때때로 다르게 작동한다. 컨테이너는 또한 운영체제 커널을 포함하지 않으므로, 운영체제에 크게 의존해 작동하는 코드는 여러 호스트에서 항상 동일하게 작동하지 않을 수 있다. 또한 개발에서는 컨테이너를 사용하지만, 운영 환경에서는 그 컨테이너를 사용하지 않는다면 환경 격리를 하는 주요한 이유의 하나인 일관성을 보장하지 못할 수도 있다.

그러나 이미 대상 운영 환경에서 컨테이너를 사용하고 있다면, 동일한 기술을 사용해 개발 단계에서 운영 환경을 복제해야 한다. 다행히도 현재 가장 유명한 컨테이너 도구인 도커는 훌륭한 docker-compose 도구를 제공한다. 이를 이용하면 로컬 컨테이너 환경을 매우 쉽게 관리할 수 있다.

컨테이너는 완전한 머신 가상화의 훌륭한 대안이다. 컨테이너화는 경량의 가상화 방법이며, 한 커널과 운영체제에서 여러 격리된 사용자 공간 인스턴스를 실행할 수 있다. 사용하는 운영체제가 자체적으로 컨테이너를 지원한다면, 컨테이너를 이용한 운영체제 레벨 가상화는 전체 머신 가상화보다 그 오버헤드가 훨씬 작을 것이다.

2.5.2 도커를 이용한 가상 환경

소프트웨어 컨테이너들은 도커 덕분에 유명세를 얻었다. 도커는 리눅스 운영체제에서 이용할 수 있는 컨테이너 구현 중 하나다.

도커를 이용하면 **도커파일**Dockerfile이라 불리는 간단한 형태의 텍스트 문서에 컨테이너 이미지를 기술할 수 있다. 이렇게 기술된 이미지들은 이미지 저장소image repository에 구현 및 저장된다. 이미지 저장소를 이용하면 이미지를 직접 만들지 않고도 기존 이미지를 재사용할 수 있다. 도커는 점진적인 변경incremental change을 지원하기 때문에 컨테이너에 새로운 요소들을 추가할 때도 처음부터 새로 구현할 필요가 없다.

도커는 리눅스 운영체제에서의 운영체제 가상화 기법이므로, 윈도우나 macOS의 커널을 지원하지는 않는다. 그렇다고 해서 도커를 윈도우나 macOS에서 사용할 수 없다는 것은 아니다. 윈도우나 macOS에서 도커는 머신 레벨 가상화와 운영체제 레벨 가상화의 하이브리드 형태가 된다. 해당 운영체제에 도커를 설치하면 리눅스 운영체제를 가진 중간 가상 머신intermediary virtual machine을 생성하며, 이 가상 머신이 컨테이너의 호스트로 작동한다. 도커 데몬docker daemon과 명령줄 유틸리티를 이용해 여러분의 운영체제와 중간 가상 머신에서 실행된 컨테이너 사이에 트래픽이나 이미지를 자유롭게 프록시할 수 있다.

> **TIP** 도커 설치 가이드는 https://www.docker.com/get-started를 참조한다.

중간 가상 머신의 존재는 윈도우 또는 macOS의 도커가 리눅스의 그것만큼 가볍지 않다는 것을 의미한다. 그러나 머신 가상화 기반 개발 환경에 비해 성능 오버헤드가 현격히 크지는 않다.

첫 번째 도커파일 작성하기

모든 도커 기반 환경은 도커파일에서 시작한다. 도커파일은 도커 이미지를 생성하는 방법을 기술한다. 도커 이미지는 가상 머신의 이미지와 비슷하게 생각할 수 있다. 도커파일은 단일 파일(여러 계층으로 구성)로 애플리케이션을 실행하기 위해 필요한 모든 시스템 라이브러리, 파일, 소스 코드 및 다른 디펜던시들을 캡슐화한다.

도커 이미지의 모든 레이어는 다음과 같은 형식의 단일 인스트럭션으로 도커파일에 기술된다.

```
INSTRUCTION arguments
```

도커는 다양한 인스트럭션을 지원하며, 도커를 시작할 때 꼭 알아야 할 기본적인 인스트럭션은 다음과 같다.

- **FROM <image-name>**: 이미지가 사용할 기반 이미지base image를 나타낸다. 이들은 일반적으로 리눅스 시스템 배포판과 설치된 추가 라이브러리와 소프트웨어로 구성된다. 기본 도커 이미지 저장소는 도커 허브Docker Hub라 불린다. 도커 허브에는 무료로 접근할 수 있으며 https://hub.docker.com/에서 내용을 확인할 수 있다.

- **COPY <src>... <dst>**: 로컬 빌드 콘텍스트(일반적으로 프로젝트 파일)에서 파일을 복사해 컨테이너 파일시스템에 추가한다.

- **ADD <src>... <dst>**: copy와 비슷하지만 자동으로 아카이브의 압축을 풀고 <src>를 URL로 설정한다.

- **RUN <command>**: 이전 레이어의 최상층에서 지정한 명령을 실행한다. 실행 후 이 명령어의 결과를 새로운 이미지 레이어로 파일시스템에 추가한다.

- **ENTRYPOINT ["<executable>", "<param>", ...]**: 컨테이너가 시작될 때 실행되는 기본 명령어를 설정한다. 이미지 레이어의 어디에서도 엔트리 포인트를 지정하지 않으면, 도커는 기본적으로 /bin/sh -c를 실행한다. 이는 해당 이미지의 기본 셸이다(일반적으로 Bash를 사용하지만 다른 셸이 될 수도 있다).

- **CMD ["<param>", ...]**: 이미지 엔트리 포인트에 대한 기본 매개변수parameter를 지정한다. 도커의 기본 엔트리 포인트는 /bin/sh -c이므로, 이 인스트럭션은 CMD ["<executable>",

"<param>", ...]의 형태를 띨 수 있다. ENTRYPOINT 인스트럭션에서 실행 대상을 직접 정의하고, CMD는 기본 매개변수를 위해 사용할 것을 권장한다.

- WORKDIR <dir>: RUN, CMD, ENTRYPOINT, COPY, ADD 인스트럭션을 위한 현재 작업 디렉터리current working directory를 설정한다.

도커파일의 전형적인 구조를 적절히 설명하기 위해 간단한 파이썬 애플리케이션을 **도커화**dockerize해 보자. 먼저 HTTP 에코 웹 서버를 만든다고 가정해보자. 이 서버는 수신한 HTTP 요청request의 세부 사항을 반환한다. 여기에서는 매우 잘 알려진 파이썬 웹 마이크로 프레임워크인 Flask를 사용한다.

> **TIP** Flask는 파이썬 표준 라이브러리에 포함되지 않는다. 다음과 같이 pip 명령을 이용해 설치할 수 있다.

```
$ pip install flask
```

Flask 프레임워크에 관한 더 많은 정보는 https://flask.palletsprojects.com/을 참조하기 바란다.

이 예제에서 파이썬 스크립트 echo.py에 저장되는 애플리케이션 코드는 다음과 같다.

```python
from flask import Flask, request
app = Flask(__name__)


@app.route('/')
def echo():
    return (
        f"METHOD: {request.method}\n"
        f"HEADERS:\n{request.headers}"
        f"BODY:\n{request.data.decode()}"
    )


if __name__ == '__main__':
    app.run(host="0.0.0.0")
```

이 스크립트에서는 가장 먼저 Flask 클래스와 request 객체를 임포트한다. Flask 클래스의 인스턴 스는 웹 애플리케이션을 나타낸다. request 객체는 특별한 글로벌 객체로 항상 현재 처리되는 HTTP 요청의 콘텍스트를 나타낸다.

echo()는 **뷰 함수**view function라 불리며 유입되는 요청을 핸들링한다. @app.route('/')는 echo() 뷰 함수를 / 경로 아래 등록한다. 이것은 / 경로와 정확히 일치하는 요청만 이 뷰 함수에서 처리된다 는 의미다. 뷰 안에서는 유입되는 요청의 세부 정보(메서드method, 헤더header, 바디body)를 읽어 텍스트 형태로 반환한다. Flask는 요청 응답response 바디에 텍스트를 출력한 결과를 포함한다.

이 스크립트는 app.run() 메서드를 호출하며 종료된다. 이 명령어는 애플리케이션의 로컬 개발 서버를 시작한다. 개발 서버는 운영 환경에서의 이용을 위한 것은 아니지만, 개발 목적으로 이용하기에는 충분하며 이 예제를 매우 간단하게 만들어준다.

Flask 패키지를 설치했다면 다음 명령어로 이 애플리케이션을 실행할 수 있다.

```
$ python3 echo.py
```

명령어를 실행하면 5000번 포트에서 Flask 개발 서버가 시작된다. 브라우저 또는 명령줄 유틸리티를 이용해 http://localhost:5000로 서버에 접속할 수 있다.

다음은 curl을 이용해 GET 요청을 보내는 예시다.

```
$ curl localhost:5000
METHOD: GET
HEADERS:
Host: localhost:5000
User-Agent: curl/7.64.1
Accept: */*

BODY:
```

앞에서 만든 애플리케이션이 받은 HTTP 요청의 세부 정보를 반환하는 것을 확인할 수 있다. 이제 도커화 준비를 거의 마쳤다. 이 프로젝트의 파일 구조는 다음과 같다.

```
.
├── Dockerfile
├── echo.py
└── requirements.txt
```

requirements.txt 파일은 flask==1.1.2라는 항목 하나만 포함하고 있으며, 우리가 만든 이미지는 항상 동일한 버전의 Flask를 사용함을 보장한다. 도커파일을 작성하기 전에 우리가 만들 이미지가 어떻게 동작할지 상상해보자. 우리가 달성하고자 하는 바는 다음과 같다.

• 사용자들에게 몇 가지 복잡성을 숨긴다. 특히 파이썬과 Flask를 사용한다는 사실을 숨긴다.

- 파이썬 3.9 실행 파일과 모든 디펜던시를 패키징한다.

- `requirements.txt` 파일에 정의된 모든 프로젝트 디펜던시를 패키징한다.

이와 같은 요구 사항을 알았다면 첫 번째 도커파일을 만들 차례다. 도커파일의 형태는 다음과 같다.

```
FROM python:3.9-slim
WORKDIR /app/

COPY requirements.txt .
RUN pip install -r requirements.txt

COPY echo.py .
ENTRYPOINT ["python", "echo.py"]
```

`FROM python:3.9-slim`은 이 커스텀 컨테이너 이미지의 기본 이미지를 정의한다. 파이썬은 도커 허브를 통해 많은 공식 이미지들을 제공하며 `python:3.9-slim`은 그중 하나다. `3.9-slim`은 파이썬 3.9와 파이썬을 실행하기 위해 필요한 최소 시스템 패키지를 포함한 이미지의 태그_{tag}다. 일반적으로 파이썬 기반의 애플리케이션 이미지를 시작하기에 적절하다.

다음 절에서는 이 도커파일을 사용해 도커 이미지를 빌드하는 방법과 컨테이너를 실행하는 방법을 알아본다.

컨테이너 실행하기

컨테이너를 시작하기 전에 먼저 도커파일에 정의된 이미지를 빌드해야 한다. 다음 명령어를 실행해 이미지를 빌드할 수 있다.

```
$ docker build -t <name> <path>
```

`-t <name>` 인수를 이용하면 이미지 이름을 지어줄 수 있다. 이름을 짓는 것은 선택 사항이지만, 이름이 없다면 새롭게 생성한 이미지 이름을 쉽게 알아볼 수 없을 것이다. `<path>` 인수를 이용하면 도커파일이 위치한 디렉터리 경로를 지정할 수 있다. 이 명령어를 이전 절에서 소개한 프로젝트의 루트 디렉터리에서 실행했다고 가정하자. 또한 이 이미지에 echo라는 태그를 붙이려고 한다. 다음과 같이 `docker build` 명령어를 사용한다.

```
$ docker build -t echo .
```

명령어 실행 결과는 다음과 같다.

```
Sending build context to Docker daemon 16.8MB
Step 1/6 : FROM python:3.9-slim
3.9-slim: Pulling from library/python
bb79b6b2107f: Pull complete
35e30c3f3e2b: Pull complete
b13c2c0e2577: Pull complete
263be93302fa: Pull complete
30e7021a7001: Pull complete
Digest: sha256:c13fda093489a1b699ee84240df4f5d0880112b9e09ac21c5d6875003d1aa927
Status: Downloaded newer image for python:3.9-slim
 ---> a90139e6bc2f
Step 2/6 : WORKDIR /app/
 ---> Running in fd85d9ac44a6
Removing intermediate container fd85d9ac44a6
 ---> b781318cdec7
Step 3/6 : COPY requirements.txt .
 ---> 6d56980fedf6
Step 4/6 : RUN pip install -r requirements.txt
 ---> Running in 5cd9b86ac454
(...)
Successfully installed Jinja2-2.11.2 MarkupSafe-1.1.1 Werkzeug-1.0.1
click-7.1.2 flask-1.1.2 itsdangerous-1.1.0
Removing intermediate container 5cd9b86ac454
 ---> 0fbf85e8f6da
Step 5/6 : COPY echo.py .
 ---> a546d22e8c98
Step 6/6 : ENTRYPOINT ["python", "echo.py"]
 ---> Running in 0b4e57680ac4
Removing intermediate container 0b4e57680aç4
 ---> 0549d15959ef
Successfully built 0549d15959ef
Successfully tagged echo:latest
```

이미지가 생성되면 docker images 명령어를 이용해 사용할 수 있는 이미지 목록을 확인할 수 있다.

```
$ docker images
REPOSITORY     TAG          IMAGE ID        CREATED             SIZE
echo           latest       0549d15959ef    About a minute ago  126MB
python         3.9-slim     a90139e6bc2f    10 days ago         115MB
```

NOTE 컨테이너 이미지들의 놀라운 크기: 앞에서 만든 이미지의 크기는 126 MB다. 이 이미지는 실제로 파이썬 애플리케이션 실행에 필요한 리눅스 시스템 배포판 전체를 담고 있기 때문이다. 용량이 꽤 큰 것처럼 느껴지겠지만 걱정할 필요는 없다. 간결한 설명을 위해 여기에서는 사용하기 쉬운 기본 이미지를 이용했다. 이미지 크기를 최소화하기 위해 정교하게 다듬어진 이미지들도 있지만, 이런 이미지들은 경험이 보다 많은 도커 사용자를 위한 것이다. 또한 도커 이미지들은 레이어 구조로 되어 있기 때문에, 여러 컨테이너를 사용하는 경우 기본 레이어는 캐시되므로 재사용할 수 있다. 따라서 실질적인 공간 오버헤드는 큰 문제가 되지 않는다. 앞 예시의 두 이미지에서 실제 사용하는 전체 공간은 126 MB 정도다. 왜냐하면 echo:latest 이미지는 python:3-9-slim 이미지 위에 11 MB 정도의 무언가를 추가한 것이기 때문이다.

이미지를 빌드하고 태그를 붙였다면 docker run 명령어를 이용해 컨테이너를 실행할 수 있다. 우리가 만든 컨테이너는 웹서비스 예시이므로, 컨테이너의 포트와 로컬 포트를 바인딩하는 방법을 추가로 지정해야 한다.

```
docker run -it --rm --publish 5000:5000 echo
```

위 명령어의 각 인수의 역할은 다음과 같다.

- -it: 이 인수는 -i 인수와 -t 인수를 결합한 것이다. -i(interactive) 인수는 컨테이너 프로세스가 분리되더라도 STDIN을 열린 상태로 유지한다. -t(tty) 인수는 컨테이너에 의사-TTY_{pseudo-TTY}를 할당한다. TTY는 텔레타이프라이터_{teletypewriter}를 의미하며, 리눅스와 UNIX 유사 운영체제에서는 프로그램의 표준 입출력과 연결된 터미널을 나타낸다. 즉, 이 두 옵션을 이용하면 컨테이너 애플리케이션의 실시간 로그를 볼 수 있고, 키보드 인터럽트를 이용해 프로세스를 종료시킬 수 있다. 명령줄에서 직접 파이썬을 실행하더라도 동일하게 동작한다.

- --rm: 도커 컨테이너가 존재하면 자동으로 제거한다. 이 옵션을 사용하지 않으면 컨테이너가 보존되므로, 그 상태를 진단하기 위해서는 재연결해야 한다. 기본적으로 도커는 디버깅을 쉽게 하도록 하기 위해 컨테이너를 제거하지 않는다. 그러므로 컨테이너가 순식간에 저장 공간을 차지하지 않도록 하고, 빠져나온 컨테이너를 리뷰할 목적 등으로 보존해야 할 특별한 이유가 없다면 --rm 옵션을 기본 사용하는 것이 좋다.

- --publish 5000:5000: 도커 컨테이너의 5000번 포트를 호스트 인터페이스의 5000번 포트로 바인딩한다. 이 명령을 이용해 애플리케이션 포트를 다시 매핑할 수도 있다. echo 애플리케이션의 8080 포트를 로컬에 노출시키고자 한다면 publish 8080:5000 인수를 사용할 수 있다.

docker 명령어를 이용한 바인딩 및 이미지 실행은 매우 간단하고 직관적이지만 매번 이렇게 이용하는 것은 다소 번거로울 수 있다. 명령어의 길이가 매우 길고 많은 커스텀 식별자들을 기억해야 하기 때문이다. 복잡한 환경일수록 불편함이 빠르게 늘어난다. 다음 절에서는 도커 컴포즈_{Docker Compose} 유틸리티를 사용해 도커 워크플로를 단순화하는 방법을 살펴본다.

복잡한 환경 구성하기

기본 설정 상태의 도커 이용 방법은 매우 직관적이지만, 여러 프로젝트에서 이를 이용하기 시작하면 상당히 당황할 수 있다. 명령줄 옵션들이나 바인딩한 포트를 쉽게 잊어버릴 수도 있다.

하지만 진짜 복잡한 문제는 다른 서비스들과 통신할 때 발생한다. 하나의 도커 컨테이너는 단지 하나의 실행되는 프로세스만 포함해야 한다.

이는 Supervisor나 Circus 같은 추가적인 프로세스 관리 도구를 컨테이너 이미지에 넣을 수 없다는 것을 의미한다. 대신 서로 통신하는 여러 컨테이너를 설정해야 한다. 각 서비스는 완전히 다른 이미지를 이용하고, 다른 환경 설정 옵션을 제공할 수 있으며, 중복된 포트를 노출할 수도 있다. 서로 다른 여러 프로세스를 이용한다면 프로세스는 각각 다른 컨테이너여야 한다.

컨테이너들의 대규모 운영 배포를 위해서는 쿠버네티스Kubernetes, 노매드Nomad 또는 도커 스웜 Docker Swarm 같은 전문 컨테이너 오케스트레이션 시스템orchestration system을 사용해야 한다. 컨테이너 오케스트레이션 시스템은 모든 컨테이너, 이미지, 포트, 크기, 환경 설정과 같은 세부 실행 정보를 추적한다. 이 도구들은 로컬에서 사용할 수도 있지만 개발 목적으로는 다소 과할 수 있다.

여러분이 사용하는 컴퓨터에서 간단한 시나리오와 복잡한 시나리오에 모두 사용할 수 있는 최고의 컨테이너 개발 도구는 도커 컴포즈다. 도커 컴포즈는 일반적으로 도커와 함께 배포되지만, 몇몇 리눅스 배포판(예를 들어 우분투)에서는 기본으로 사용하지 못할 수 있다. 이런 경우에는 시스템 패키지 저장소로부터 별도로 설치해야 한다. 도커 컴포즈는 docker-compose라는 강력한 명령줄 유틸리티를 제공하며, 이를 이용하면 YAML 구문을 이용해 여러 컨테이너 애플리케이션을 기술할 수 있다.

도커 컴포즈는 프로젝트 루트 프로젝트에 docker-compose.yml이라는 특별한 이름의 파일이 있을 것이라 가정한다. 예시 프로젝트에서 이 파일의 형태는 다음과 같다.

```
version: '3.8'

services:
  echo-server:
    # 도커 컴포즈에게 로컬(.) 디렉터리로부터
    # 이미지를 빌드하도록 명령한다.
    build: .

    # 다음 명령어는 docker run 명령어에
    # '-p' 옵션을 이용한 것과 같다.
    ports:
    - "5000:5000"
```

```
# 다음 명령어는 docker run 명령에
# '-t' 옵션을 이용한 것과 같다.
tty: true
```

프로젝트에 위와 같은 `docker-compose.yml` 파일을 만들었다면, 다음과 같은 두 개의 명령어로 전체 애플리케이션 환경을 손쉽게 시작 및 중단시킬 수 있다.

- `docker-compose up`: `docker-compose.yml` 파일에 정의된 모든 컨테이너를 시작시키고 표준 출력을 표시한다.
- `docker-compose down`: 현재 프로젝트 디렉터리에서 `docker-compose` 명령으로 실행된 모든 컨테이너들을 중지시킨다.

도커 컴포즈는 이미지가 존재하지 않으면 자동으로 새롭게 이미지를 빌드한다. 이 환경 설정 파일에 개발 환경을 담을 수 있다는 것은 매우 멋진 방법이다. 여러분이 다른 프로그래머들과 협업한다면, 그저 `docker-compose.yml` 파일을 전달만 하면 된다. 이 파일을 이용하면 `docker-compose up` 명령어를 실행하는 것만으로 완전히 작동하는 로컬 개발 환경을 설정할 수 있다. `docker-compose.yml`은 코드 버전 관리 도구를 이용해 다른 코드들과 함께 버전을 관리해야 한다.

무엇보다 여러분의 애플리케이션이 추가 외부 서비스를 필요로 하는 경우, 호스트 시스템에 이들을 설치하지 않고 도커 컴포즈 환경에 쉽게 추가할 수 있다. 다음은 공식 도커 허브 이미지를 이용해 PostgreSQL 데이터베이스와 Redis 메모리 저장소 인스턴스를 추가하는 예시다.

```
version: '3.8'

services:
  echo-server:
    build: .
    ports:
    - "5000:5000"
    tty: true

  database:
    image: postgres

  cache:
    image: redis
```

도커 허브는 공식 도커 이미지 저장소다. 많은 오픈소스 개발자들이 자신들의 공식 프로젝트 이미지를 이곳에서 호스팅하고 있다. 도커 허브에 관한 더 자세한 정보는 https://hub.docker.com/을 참조한다.

단순함 그 자체다. 더 나은 생산성을 위해서는 외부 이미지의 태그 버전(`postgres:13.1`, `redis:6.0.9` 등)을 항상 명시해야 한다. 그래야만 `docker-compose.yml`이 정확히 동일한 버전의 외부 서비스를 사용함을 보장할 수 있다. 도커 컴포즈를 이용하면 같은 서비스의 다른 버전을 동시에 어떤 간섭 없이도 사용할 수 있다. 각각의 도커 컴포즈 환경은 네트워크 레벨에서 기본적으로 격리되기 때문이다.

파이썬에 유용한 도커 컴포즈 레시피

일반적으로 도커와 컨테이너는 매우 방대한 주제이기 때문에 이 책의 한 절 분량으로 다루기는 한계가 있다. 도커 컴포즈 덕분에 도커의 내부 작동에 관해 많은 것을 알지 못하더라도 도커를 사용해 업무를 쉽게 시작할 수 있다. 이제 막 도커를 접해봤다면 속도를 조금 늦추고, 도커 공식 문서를 차근히 읽어보기 바란다.

공식 도커 문서는 https://docs.docker.com/에서 찾아볼 수 있다.

다음은 언젠가는 접하게 될 문제들을 맞닥뜨릴 시점을 늦추거나 해결할 수 있는 몇 가지 빠른 팁과 처방전들이다.

컨테이너 크기 줄이기

도커 신규 사용자들은 공통적으로 컨테이너 이미지 크기를 걱정한다. 실제로 일반적으로 컨테이너는 순수한 파이썬 패키지들보다 공간 오버헤드가 크다. 그러나 가상 머신의 이미지 크기에 비하면 무시할 수 있을 정도로 작다. 일반적으로 하나의 가상 머신에서 여러 서비스를 호스트하는 것과 달리, 컨테이너 기반 접근 방식에서는 서비스마다 별도의 이미지를 사용해야 한다. 즉, 서비스가 늘어나면 오버헤드 또한 무시할 수 없게 되는 것이다.

컨테이너 이미지 크기를 제한할 때는 다음 두 가지 부차적인 기법을 사용할 수 있다.

- **해당 특정 목적을 위해 설계된 기반 이미지를 사용한다**: Alpine 리눅스는 매우 작은 경량의 도커 이미지를 제공하기 위한 목적으로 특별히 다듬어진 작은 리눅스 배포판의 하나다. 기반 이미지의 크기는 약 5 MB에 불과하며 이미지를 작게 유지할 수 있는 우아한 패키지 관리자를 제공한다.
- **도커 중첩 파일 시스템의 특성 사용을 고려한다**: 도커 이미지들은 여러 레이어로 구성되며 각 레이어는 루트 파일시스템과 해당 레이어 및 이전 레이어와의 차이를 캡슐화한다. 레이어가 커밋되면 이미지 크기는 줄어들지 않는다. 다시 말해서 시스템 패키지가 빌드 디펜던시로 필요하지만 이후 해당 이미지에서 제거될 수도 있다면, 여러 RUN 인스트럭션을 사용하는 것보다는 단일 RUN 인스

트럭션을 연결된 셸 명령어와 함께 사용해 모든 과정을 수행함으로써 과도한 레이어 커밋을 피하는 것이 좋다.

다음 도커파일에서 이 두 기법의 사용 방법을 확인할 수 있다.

```
FROM alpine:3.13
WORKDIR /app/

RUN apk add --no-cache python3

COPY requirements.txt .
RUN apk add --no-cache py3-pip && \
    pip3 install -r requirements.txt && \
    apk del py3-pip

COPY echo.py .
CMD ["python", "echo.py"]
```

TIP 위 예제에서는 alpine:3.12 기본 이미지를 이용해 불필요한 디펜던시를 정리한 뒤 레이어를 커밋하는 기법을 설명한다. 유감스럽게도 Alpine 배포판의 apk 관리자는 어떤 파이썬 버전이 설치되어야 하는지에 관한 적절한 통제를 하지 않는다. 따라서 파이썬 프로젝트에서 권장하는 Alpine 기본 이미지를 공식 파이썬 저장소에서 제공한다. 파이썬 3.9의 경우 python:3.9-alpine이 여기에 해당한다.

apk(Alpine의 패키지 관리자)의 --no-cache 플래그는 두 가지 효과가 있다. 첫 번째, apk가 기존의 패키지 목록 캐시를 무시하고 패키지 저장소에서 공식적으로 사용 가능한 최신 패키지 버전을 설치하도록 한다. 기존 패키지 리스트 캐시를 업데이트하지 않는다. 그 결과 만들어지는 레이어의 크기는 --update-cache 플래그를 이용해 필요한 최신 버전의 패키지를 설치했을 때보다 조금 작아진다. 두 플래그의 차이는 그리 크지 않지만(대략 2 MB 전후) 이 작은 캐시 덩어리들이 모이면 add apk 호출을 하는 여러 레이어를 가지는 큰 이미지가 될 수 있다. 다양한 리눅스 배포판의 패키지 관리자들을 일반적으로 유사한 방법으로 패키지 리스트 캐시를 비활성화한다.

두 번째, RUN 인스트럭션은 도커 이미지 레이어들이 작동하는 방법을 나타낸다. Alpine의 경우, 파이썬 패키지에는 pip가 설치되어 있지 않으므로 직접 설치해야 한다. 일반적으로 필요한 파이썬 패키지들을 모두 설치하면 pip는 더 이상 필요하지 않으므로 삭제할 수 있다. ensurepip 모듈을 이용해 pip를 부트스트랩할 수는 있지만, 명시적으로 pip를 삭제할 방법은 없다. 대신 apk에 의존하는 긴 연결된 인스트럭션을 이용해 py3-pip 패키지를 설치하고, 필요한 다른 파이썬 패키지를 설치한 뒤 py3-pip 패키지를 삭제한다. Alpine 3.13에서는 이런 방식으로 약 16 MB를 줄일 수 있다.

도커의 images 명령어를 사용하면 Alpine 기반 이미지와 puython:slim 기본 이미지의 크기가 차이가 큰 것을 볼 수 있을 것이다.

```
$ docker images
REPOSITORY      TAG       IMAGE ID        CREATED            SIZE
echo-alpine     latest    e7e3a2bc7b71    About a minute ago 53.7MB
echo            latest    6b036d212e8f    40 minutes ago     126MB
```

그 결과 이 이미지의 크기는 python:3.9-slim 이미지를 기반으로 했을 때보다 절반 이하로 작다. 이는 전체 용량이 5 MB 정도인 최소 크기의 Alpine 배포판을 이용하기 때문이다. pip를 삭제하고, --nocache 플래그를 사용하는 트릭을 사용하지 않았다면 크기는 약 72 MB 정도가 된다(패키지 리스트 캐시 2 MB 전후, py3-pip 16 MB 전후). 전체적으로 약 25%의 크기를 절약했다. 18 MB 정도의 크기가 크게 영향을 주지 않을 정도의 많은 디펜던시를 가진 큰 규모의 애플리케이션에서는 그리 의미 없는 수준의 크기 절감일 수 있다. 하지만 이 기법은 여전히 다른 빌드-타임 디펜던시에 대해 사용할 수 있다. 예를 들어 어떤 패키지들은 설치 시 gccGNU Compiler Collection 같은 추가적인 컴파일러나 추가 헤더 파일들을 필요로 한다. 이런 경우에는 앞에서 설명한 패턴을 적용해 완전한 GNU 컴파일러 집합GNU Compiler Collection이 최종 이미지에 포함되지 않도록 할 수 있으며, 이미지 크기에 큰 영향을 줄 것이다.

도커 컴포즈 환경의 내부 서비스 다루기

복잡한 애플리케이션은 서로 통신하는 다양한 서비스로 구성되는 경우가 많다. 컴포즈를 이용하면 이런 애플리케이션을 쉽게 정의할 수 있다. 다음 docker-compose.yml 예시 파일은 2개의 서비스로 구성된 애플리케이션을 정의한다.

```
version: '3.8'

services:
  echo-server:
    build: .
    ports:
    - "5000:5000"
    tty: true

  database:
    image: postgres
    restart: always
```

이 설정은 다음 두 서비스를 정의한다.

- echo-server: echo 애플리케이션 서버 컨테이너이며 로컬 도커파일을 이용해 빌드된 이미지를 갖는다.
- database: PostgreSQL 데이터베이스 컨테이너이며 공식 postgres 도커 이미지이다.

여기에서는 echo-server 서비스가 네트워크를 통해 database 서비스와 통신한다고 가정한다. 이 통신을 설정하기 위해서는 service IP address와 hostname을 이용해 애플리케이션을 설정해야 한다. 감사하게도 도커 컴포즈는 바로 이런 목적으로 설계되었기 때문에 훨씬 쉽게 작동시킬 수 있다.

docker-compose up 명령어로 여러분의 환경을 시작할 때마다 도커 컴포즈는 기본적으로 해당 환경만을 위한 전용의 도커 네트워크를 만들고, 해당 네트워크의 모든 서비스의 이름을 호스트 이름 hostname으로 등록한다. 다시 말해 echo-server 서비스는 database:5432 주소를 이용해 데이터베이스와 통신한다(5432는 PostgreSQL의 기본 포트다). 그리고 도커 컴포즈 환경의 다른 서비스들은 http://echo-server:80 주소 아래에 있는 echo-server 서비스의 HTTP 엔드포인트에 접근할 수 있다.

도커 컴포즈의 서비스 호스트 이름을 쉽게 예측할 수 있다 하더라도 애플리케이션 코드에는 어떤 주소도 하드 코딩하지 않는 것이 좋다. 호스트 이름을 환경 변수로 지정해 애플리케이션이 시작될 때 읽을 수 있게 하는 방법이 가장 좋다. 다음은 docker-compose.yml 파일의 각 서비스에서 임의의 환경 변수를 설정하는 예시다.

```
version: '3.8'

services:
  echo-server:
    build: .
    ports:
    - "5000:5000"
    tty: true
    environment:
      - DATABASE_HOSTNAME=database
      - DATABASE_PORT=5432
      - DATABASE_PASSWORD=password

  database:
    image: postgres
    restart: always
    environment:
      POSTGRES_PASSWORD: password
```

강조된 행들은 환경 변수이며 echo-server에 데이터베이스의 호스트 이름과 포트를 알려준다. 환경 변수들은 컨테이너에 설정 매개변수를 제공하는 가장 권장되는 방법이다.

> **TIP** 도커 컨테이너는 하루살이다. 즉, 컨테이너가 제거되면(일반적으로 종료 시) 컨테이너의 내부 파일시스템 변경도 사라진다. 데이터베이스의 경우, 컨테이너 안에서 실행되는 데이터베이스의 데이터가 사라지지 않기 원한다면 데이터가 저장될 디렉터리 아래의 컨테이너 안에 볼륨을 마운트해야 한다. 데이터베이스 도커 이미지를 유지보수하는 이들은 그러한 볼륨들을 마운트하는 방법을 문서화하므로, 데이터베이스의 데이터를 안전하게 유지하고 싶다면 여러분이 이용하는 도커 이미지의 문서를 참조해야 한다. 조금 다른 목적에서 도커 볼륨을 사용하는 방법은 다음 절의 '모든 코드에 라이브 리로드 추가하기'에서 설명한다.

도커 컴포즈 환경 간 통신하기

여러 독립된 서비스/애플리케이션이 조합된 하나의 시스템을 만드는 경우 해당 코드들을 각각의 독립된 여러 코드 저장소(프로젝트)에 유지하고 싶을 것이다. 모든 도커 컴포즈 애플리케이션의 docker-compose.yml 파일들은 일반적으로 애플리케이션 코드와 같은 저장소에 보존된다. 컴포즈가 단일 애플리케이션을 위해 생성하는 기본 네트워크는 다른 애플리케이션의 네트워크와 격리된다. 그렇다면 독립된 애플리케이션들이 서로 통신하도록 하려면 어떻게 해야 할까?

컴포즈를 이용하면 매우 쉽게 해결할 수 있다. docker-compose.yml 파일의 구문을 이용하면 외부 도커 네트워크에 이름을 붙여서 해당 환경 설정에 정의된 모든 서비스들에 대한 기본 네트워크로 지정할 수 있다.

다음은 my-interservice-network라는 이름의 외부 네트워크를 정의한 예시다.

```
version: '3.8'

networks:
  default:
    external:
      name: my-interservice-network

services:
  webserver:
    build: .
    ports:
    - "80:80"
    tty: true
    environment:
      - DATABASE_HOSTNAME=database
      - DATABASE_PORT=5432
      - DATABASE_PASSWORD=password
```

```
database:
  image: postgres
  restart: always
  environment:
    POSTGRES_PASSWORD: password
```

이런 외부 네트워크들은 도커 컴포즈가 관리하지 않는다. 따라서 다음과 같이 docker network create 명령어를 이용해 직접 해당 네트워크를 생성해야 한다.

```
$ docker network create my-interservice-network
```

이 명령을 실행한 뒤에는 해당 외부 네트워크를 다른 docker-compose.yml 파일에서 동일한 네트워크에 등록된 서비스를 가져야 하는 모든 애플리케이션에서 사용할 수 있다. 다음은 다른 서비스들이 동일한 docker-compose.yml 파일에 정의되어 있지 않음에도 my-interservice-network를 통해 database 및 webserver 서비스와 커뮤니케이션할 수 있도록 한 예시다.

```
version: '3.8'

networks:
  default:
    external:
      name: my-interservice-network

services:
  other-service:
    build: .
    ports:
    - "80:80"
    tty: true
    environment:
      - DATABASE_HOSTNAME=database
      - DATABASE_PORT=5432
      - ECHO_SERVER_ADDRESS=http://echo-server:80
```

이 접근 방식을 사용하면 서로 다른 셸에서 두 개의 독립된 도커 컴포즈 환경을 시작할 수 있다. 모든 서비스들은 공유된 도커 네트워크를 이용해 서로 통신할 수 있게 된다.

서비스 포트가 열릴 때까지 코드 시작 지연하기

docker-compose up을 실행하면, 모든 서비스들이 동시에 시작된다. 다음 코드와 같이 서비스 정의에서 depends_on을 사용하면 서비스 시작 시점을 어느 정도 제어할 수 있다.

```
version: '3.8'

services:
  echo-server:
    build: .
    ports:
    - "5000:5000"
    tty: true
    depends_on:
      - database

  database:
    image: postgres
    environment:
      POSTGRES_PASSWORD: password
```

앞의 설정은 데이터베이스 서비스가 시작된 이후 에코 서버가 시작되도록 한 것이다. 유감스럽게도 개발 환경에서 서비스들의 시작 순서를 적절하게 보장하기는 충분하지 않다.

echo-server가 실행된 직후 database에서 무언가를 읽어야만 하는 상황을 가정해보자. 도커 컴포즈는 서비스들이 시작되는 순서는 보장할 수 있지만, PostgreSQL이 echo-server로부터의 연결을 실제로 받아들일 준비가 되었는지는 보장하지 않는다. PostgreSQL 초기화에 몇 초 정도의 시간이 걸리기 때문이다.

이 문제는 매우 간단히 해결할 수 있다. 특정한 네트워크 포트가 열렸는지 테스트한 뒤 명령어를 실행할 수 있도록 하는 많은 스크립팅 유틸리티들이 존재한다. 그런 유틸리티 중 하나인 wait-for-it은 파이썬으로 만들어졌으며 pip를 이용해 쉽게 설치할 수 있다.

다음 명령어를 이용해 wait-for-it을 호출할 수 있다.

```
$ wait-for-it --service <service-address> -- command [...]
```

-- command [...] 사용 패턴은 다른 명령어 실행을 감싼 유틸리티에서의 일반적인 패턴으로, [...]는 명령어의 모든 인수의 집합을 나타낸다. wait-for-it 프로세스는 TCP 커넥션을 만들고, 커넥션이 성공적으로 만들어지면 command [...]를 실행한다. 예를 들어 2000번 포트에 대한 로컬 호스트 커넥션을 기다린 뒤, 파이썬 echo.py 명령어를 실행하고 싶다면, 간단히 다음과 같이 실행한다.

```
$ wait-for-it --service localhost:2000 -- python echo.py
```

다음은 앞의 `docker-compose.yml`을 수정한 것으로 기본 도커 이미지 명령어를 우아하게 감싸서 `wait-for-it` 유틸리티를 호출함으로써 데이터베이스에 접속 가능할 때만 에코 서버가 시작되도록 보장한다.

```
version: '3.8'

services:
  echo-server:
    build: .
    ports:
    - "5000:5000"
    tty: true
    depends_on:
      - database
    command:
      wait-for-it --service database:5432 --
      python echo.py

  database:
    image: postgres
    environment:
      POSTGRES_PASSWORD: password
```

`wait-for-it`의 기본 타임아웃은 15초이다. 타임아웃이 지나면 연결 성공 여부와 상관없이 `--` 뒤에 프로세스를 시작한다. `--timeout 0` 인수를 사용하면 타임아웃을 비활성화할 수 있다. 타임아웃을 지정하지 않으면 `wait-for-it`은 무한정 대기한다.

모든 코드에 라이브 리로드 추가하기

신규 애플리케이션을 개발할 때 일반적으로 반복적인 코드 작업을 한다. 변경 내용을 구현하고 결과를 확인한다. 또한 코드를 직접 검증하거나 테스트를 실행한다. 일관적인 피드백 루프를 구성한다.

도커를 이용할 때는 코드를 컨테이너 이미지에 담아서 작동하도록 해야 한다. 하지만 호스트 시스템을 변경할 때마다 `docker build` 또는 `docker-compose build`를 실행하는 것은 매우 비생산적이다.

따라서 개발 단계에서 도커를 이용하면서 컨테이너에 코드를 제공하는 가장 좋은 방법은 도커 볼륨을 이용하는 것이다. 여러분의 로컬 파일시스템 디렉터리를 컨테이너의 내부 파일시스템 경로와 바인딩할 수 있다. 호스트 파일시스템의 변경 내용은 자동으로 컨테이너 내부에 반영된다. 도커 컴포즈를 이용하면 서비스 환경 설정에서 볼륨을 쉽게 정의할 수 있다. 다음은 앞에서 만든 docker-compose.yml 파일을 수정한 것으로 이 파일은 /app/ 경로 아래의 프로젝트 루트 디렉터리에 마운트된 echo 서비스를 설정한다.

```
version: '3.8'

services:
  echo-server:
    build: .
    ports:
    - "5000:5000"
    tty: true
    volumes:
      - .:/app/
```

마운트된 도커 볼륨에 대한 변경은 양측(로컬호스트 및 컨테이너)에 적용된다. 많은 파이썬 프레임워크나 서비스들은 액티브 핫 리로딩active hot reloading을 제공하며 코드가 변경되었음을 즉각 인식한다. 이는 개발 경험을 극적으로 향상시킨다. 코드를 변경하면 직접 재시작하지 않아도 즉시 애플리케이션의 동작이 달라짐을 확인할 수 있다.

아마도 여러분은 항상 액티브 리로딩을 지원하는 프레임워크를 이용해 코드를 작성하지는 않을 것이다. 다행히도 watchdog이라는 훌륭한 파이썬 패키지를 이용하면 코드 변경을 감시하는 모든 애플리케이션을 리로드할 수 있다. watchdog 패키지는 wait-for-it과 유사한 가벼운 유틸리티인 watchmedo를 제공하며 이를 이용해 모든 프로세스 실행을 감쌀 수 있다.

TIP watchdog 패키지의 watchmedo 유틸리티를 사용하기 위해서는 몇 가지 디펜던시가 추가로 필요하다. watchdog 패키지와 추가 디펜던시는 pip install 명령어로 설치할 수 있다.

```
pip install watchdog[watchmedo]
```

다음은 지정한 프로세스들을 리로딩하는 기본 사용 포맷이다. 현재 작업 디렉터리 안의 파이썬 파일이 변경되면 프로세스들을 즉시 리로딩한다.

```
$ watchmedo auto-restart --patterns "*.py" --recursive -- command [...]
```

--patterns "*.py" 옵션은 watchmedo 프로세스가 변경되는 것을 감시할 파일을 지정한다.

--recursive 플래그는 현재 작업 디렉터리를 재귀적으로recursively 감시한다. 결과적으로 중첩된 디렉터리에서 변경이 일어나더라도 그 변경 내용을 반영할 수 있다. -- command [...] 사용 패턴은 바로 앞 '서비스 포트가 열릴 때까지 코드 시작 지연하기' 절에서 소개한 wait-for-it 명령과 동일하다. 간단하게 -- 뒤에 기술한 모든 내용을 (선택적인) 인수를 포함한 단일 명령어로 인식하도록 한다. watchmedo는 해당 명령을 실행하고 감시 대상 파일에 변경이 발생할 때마다 그 명령을 재실행한다.

watchdog 패키지를 도커 이미지에 설치했다면 다음과 같이 docker-compose.yml에 손쉽게 포함시킬 수 있다.

```yaml
version: '3.8'

services:
  echo-server:
    build: .
    ports:
    - "5000:5000"
    tty: true
    depends_on:
      - database
    command:
      watchmedo auto-restart --patterns "*.py" --recursive --
      python echo.py
    volumes:
      - .:/app/
```

위 도커 컴포즈 셋업은 파이썬 코드에 변경이 있을 때마다 컨테이너 안의 해당 프로세스를 재시작한다. 이 예시에서는 /app/ 경로 아래 존재하는 .py 확장자를 가진 모든 파일이 그 대상이다. 소스 디렉터리를 도커 볼륨으로 마운트함으로써 watchmedo 유틸리티는 호스트 파일시스템의 변경 사항을 감시하며 편집기에서 변경을 저장하는 즉시 프로세스를 재시작한다.

도커, 도커 컴포즈를 이용한 개발 환경은 매우 편리하고 유연하지만 제한점도 있다. 그중 하나는 리눅스 운영체제에서만 코드를 작성해야 한다는 점이다. macOS와 윈도우에서도 도커를 사용할 수는 있지만, 리눅스 가상 머신을 중간 레이어로 사용하는 방식이므로 도커 컨테이너는 여전히 리눅스에서 동작한다. 리눅스가 아닌 다른 운영체제에서 실행되는 애플리케이션을 개발하는 경우에는 이와는 완전히 다른 방식으로 환경 격리에 접근해야 한다. 다음 절에서는 이를 지원하는 도구에 관해 살펴본다.

2.5.3 베이그런트를 이용한 가상 개발 환경

도커와 도커 컴포즈는 재현 가능한 격리된 개발 환경을 만들 수 있는 훌륭한 기반을 제공하지만, 때로는 실제 가상 머신이 더 나은(혹은 유일한) 선택일 수도 있다. 이런 상황에서는 리눅스가 아닌 다른 운영체제를 위한 약간의 시스템 프로그래밍을 해야 한다.

베이그런트는 로컬 개발을 목적으로 가상 환경을 관리하는 가장 유명한 수단으로 간주된다. 모든 시스템 디펜던시를 포함한 개발 환경을 기술하는 간단하고 편리한 방법을 제공하며 이를 프로젝트 코드와 직접적으로 연결해준다. 윈도우, macOS는 물론 몇 가지 유명한 리눅스 배포판에서도 사용할 수 있다(https://www.vagrantup.com 참조).

베이그런트는 별다른 디펜던시를 갖지 않는다. 베이그런트는 가상 머신 혹은 컨테이너의 형태로 새로운 개발 환경을 생성한다. 버추얼박스가 기본 제공자이며 베이그런트 인스톨러에 포함되어 있다. 물론 추가 제공자들도 사용할 수 있다. 잘 알려진 제공자로는 VM웨어, 도커, **LXC**Linux Containers, Hyper-V 등이 있다.

가장 중요한 환경 설정은 Vagrantfile이라는 단일 파일로 제공한다. 이 파일은 프로젝트별로 독립적이어야 한다. 다음은 Vagrantfile이 제공하는 가장 중요한 요소들이다.

- 가상화 제공자
- 가상 머신 이미지로 사용될 박스box
- 프로비저닝 방법
- 가상 머신과 호스트 사이의 공유 공간
- 가상 머신과 호스트 사이의 통신을 위한 포트

Vagrantfile은 Ruby 구문으로 기술한다. 예시 환경 설정 파일은 프로젝트를 시작하기 위한 훌륭한 템플릿과 설명 문서를 제공하며, Ruby 언어 자체를 학습할 필요는 없다. 다음 명령어를 실행하면 환경 설정 템플릿을 얻을 수 있다.

```
$ vagrant init
```

명령어를 실행하면 현재 작업 디렉터리에 Vagrantfile이라는 이름의 파일을 생성한다. 이 파일은 프로젝트 소스의 루트 디렉터리에 두는 것이 가장 좋다. 이 파일은 이미 유효한 환경 설정을 포함하고 있으며, 버추얼박스 제공자를 이용한 새로운 가상 머신 및 우분투 리눅스 배포판에 기반한 박스box

이미지를 생성한다. vagrant init 명령어를 사용해 생성된 기본 Vagrantfile은 완전한 환경 설정 프로세스를 진행할 수 있도록 풍부한 가이드를 포함한다.

다음은 최소한의 Vagrantfile 예시다.[1] 우분투 운영체제 기반의 파이썬 3.9 개발 환경용 파일이며 몇 가지 중요한 기본 설정을 담고 있다. 무엇보다 파이썬으로 웹 개발을 할 수 있도록 80번 포트의 포워딩을 활성화한다.

```
Vagrant.configure("2") do |config|
  # 모든 Vagrant 개발 환경에는 하나의 박스(box)가 필요하다.
  # https://vagrantcloud.com/search에서 박스를 검색할 수 있다.
  # 여기에서는 Ubuntu 64bit용 Bionic 버전을 이용한다.
  config.vm.box = "ubuntu/bionic64"

  # 포워딩 포트를 만들고, 호스트 머신의 특정 포트로부터의 접근만 허용한다.
  # 외부로부터의 접근은 막기 위해 127.0.0.1을 통합 접근만 허용한다.
  config.vm.network "forwarded_port", guest: 80, host: 8080, host_ip: "127.0.0.1"

  config.vm.provider "virtualbox" do |vb|
    vb.gui = false
    # VM의 메모리 용량 커스터마이즈
    vb.memory = "1024"
  end

  # 셸 스크립트를 통한 프로비저닝을 활성화한다.
  config.vm.provision "shell", inline: <<-SHELL
    apt-get update
    apt-get install python3.9 -y
  SHELL
end
```

예시에서는 config.vm.provision 섹션 안에서 간단한 셸 스크립트로 추가적인 시스템 패키지 프로비저닝을 설정했다. ubuntu/bionic64 박스의 기본 가상 머신 이미지에는 파이썬 3.9 버전이 포함되어 있지 않으므로 apt-get 패키지 관리자를 이용해 파이썬을 설치해야 한다.

Vagrantfile이 준비되었다면 다음 명령어로 가상 머신을 실행할 수 있다.

```
$ vagrant up
```

---

1   [옮긴이] vagrant init 명령어 실행 시 생성되는 파일은 주석이 영어로 작성된다. 여기에서는 이해를 돕기 위해 주석을 번역했다.

초기 실행 시 몇 분 정도 시간이 소요된다. 실제 박스 이미지를 웹에서 다운로드해야 하기 때문이다. 이미 존재하는 가상 머신을 실행할 때마다 일정한 초기화 프로세스가 진행되며 이때도 약간의 시간이 소요된다. 이 시간은 프로바이더, 이미지, 시스템 성능에 따라 달라진다. 이미지가 다운로드되어 있는 상태라면 일반적으로 이 과정은 수 초 정도 걸린다. Vagrant 환경이 실행되면 다음 셸 명령어를 이용해 SSH를 통해 해당 환경에 접속할 수 있다.

```
$ vagrant ssh
```

이 과정은 Vagrantfile 파일이 위치한 경로의 프로젝트 소스 트리 어디에서든 실행할 수 있다. 개발자의 편의를 위해 Vagrant는 파일시스템 트리 안의 사용자의 현재 작업 디렉터리 위의 모든 디렉터리들을 역탐색traverse한다. 그런 다음 시큐어 셸 연결을 만들어 개발 환경과 보통의 원격 머신처럼 상호작용을 할 수 있게 한다. 단, 전체 프로젝트 소스 트리(프로젝트 루트는 Vagrantfile이 있는 위치로 정의)는 가상 머신의 /vagrant/ 아래 파일시스템이라는 점이 다르다. 이 디렉터리는 자동으로 호스트의 파일시스템과 연동되므로, 호스트의 IDE나 코드 편집기를 그대로 사용할 수 있고 Vagrant 가상 머신에 대한 SSH 세션을 마치 보통의 셸 세션처럼 다룰 수 있다.

2.6 유명한 생산성 도구들

PyPI에 릴리스되어 있는 거의 모든 오픈소스 파이썬 패키지들은 생산성을 높여준다. 이 패키지들은 특정한 문제를 즉시 해결할 수 있는 도구다. 따라서 항상 바닥부터 무언가를 개발할 필요가 없다. 혹자는 파이썬을 생산성 그 자체라 부르기도 한다. 파이썬 언어의 대부분의 요소 그리고 파이썬을 둘러싼 커뮤니티는 마치 소프트웨어 개발 생산성 향상을 위해 설계된 것처럼 보이기도 한다.

이는 긍정적인 피드백 루프를 만든다. 파이썬으로 코드를 작성하는 것은 쉽고 흥미롭기 때문에 많은 개발자가 자유 시간을 이용해 여러 도구들을 만들고, 이 도구들이 파이썬을 더 쉽고 재미있게 만든다. 이러한 사실에 기반해, 매우 주관적이고 비과학적으로 생산성 도구를 정의해보겠다. 개발을 더 쉽고 재미있게 만들어주는 소프트웨어가 바로 생산성 도구다.

본래 생산성 도구는 테스팅, 디버깅, 패키지 관리 같은 개발 프로세스의 특정 영역에 집중한다. 이 프로세스들은 제품의 핵심 부분이 아니라 그저 빌드를 도울 뿐이다. 심지어 이 프로세스들은 매일 사용되면서도 프로젝트 코드베이스 어디에서도 찾아볼 수 없기도 하다.

우리는 이미 패키지 관리와 가상 환경 격리와 관련된 도구들에 관해 논의했다. 이 도구들은 의심할 여지없이 생산성 도구들이다. 이들은 여러분의 로컬 업무 환경을 구성하는 번거로운 프로세스들을 간단하고 쉽게 만들어주기 때문이다. 이 책의 뒷부분에서는 프로파일링profiling과 테스팅testing 같은 특정한 문제를 푸는 데 도움이 되는 생산성 도구들을 더 많이 살펴볼 것이다. 이번 절에서는 설명할 가치가 충분하지만 별도의 장으로 구성하기에는 어려운 도구들만 살펴보기로 한다.

2.6.1 커스텀 파이썬 셸

파이썬 프로그래머들은 인터랙티브 인터프리터 세션interactive interpreter session에서 많은 시간을 사용한다. 이 세션들은 소규모 코드 스니펫을 테스팅하고, 문서에 접근하고 또는 런타임에 코드를 디버깅하는 데 매우 효과적이다. 기본 인터랙티브 파이썬 세션은 매우 간단하며 많은 기능들(예를 들어 탭 완성tab completion 또는 코드 검사 도우미code introspection helper 등)을 제공하지 않는다. 다행히도 기본 파이썬 셸은 간단하게 확장 및 커스터마이즈할 수 있다.

인터랙티브 셸을 자주 사용한다면, 셸 프롬프트의 동작을 쉽게 수정할 수 있다. 파이썬은 실행 시 **PYTHONSTARTUP** 환경 변수를 읽어 커스텀 초기화 스크립트의 경로를 찾는다. 파이썬을 기본 시스템 컴포넌트로 채용한 일부 운영체제 배포판들(예를 들어 리눅스나 macOS)은 기본 시작 스크립트를 사용하도록 사전 설정되어 있다. 이 스크립트는 일반적으로 사용자 홈 디렉터리 아래 .pythonstartup이라는 이름으로 존재한다.

이 스크립트들은 종종 readline 모듈(GNU readline 라이브러리 기반)과 rlcompleter를 사용해 인터랙티브 탭 완성과 명령어 히스토리를 제공한다. 이 두 모듈은 모두 파이썬 표준 라이브러리의 일부다.

아직 기본 파이썬 시작 스크립트를 사용하지 않고 있다면 간단하게 직접 만들 수 있다. 다음은 명령어 히스토리와 탭 완성 기능을 제공하는 간단한 기본 스크립트다.

```
# python startup file

import atexit
import os

try:
    import readline
except ImportError:
    print("Completion unavailable: readline module not available")
else:
    import rlcompleter
    # 탭 완성
    readline.parse_and_bind('tab: complete')
```

```
# 사용자의 홈 디렉터리에 대한 히스토리 파일 경로다.
# 사용자 경로를 이용해도 좋다.
history_file = os.path.expanduser('~/.python_shell_history')
try:
    readline.read_history_file(history_file)
except IOError:
    pass

atexit.register(readline.write_history_file, history_file)
del os, history_file, readline, rlcompleter
```

홈 디렉터리에 .pythonstartup이라는 파일을 만들고 위 내용을 저장한다. 그리고 PYTHONSTARTUP 환경 변수에 이 파일의 경로를 저장한다.

리눅스나 macOS를 실행한다면 홈 폴더에 파이썬 시작 스크립트를 만들 수 있다. 그 뒤 시스템 셸 시작 스크립트에 설정된 PYTHONSTARTUP 환경 변수와 연결하면 된다. 예를 들어 Bash나 Korn 셸에서는 .profile 파일을 사용하므로, 다음과 같은 행을 추가하면 된다.

```
export PYTHONSTARTUP=~/.pythonstartup
```

윈도우를 이용한다면 새로운 환경 변수를 쉽게 설정할 수 있다. 일반 사용자 계정이 아닌 관리자 계정으로 시스템 변수를 설정하고 특정 사용자 공간이 아닌 공용 공간에 스크립트를 저장하면 된다.

PYTHONSTARTUP 스크립트를 작성하는 것은 좋은 연습이지만 좋은 커스텀 셸을 직접 만드는 것은 누구나 쉽게 할 수 있는 일은 아니다. 다행히도 파이썬의 인터랙티브 세션 경험을 크게 개선하는 커스텀 파이썬 셸들이 구현되어 있다. 다음 절에서는 그중에서도 특히 유명한 IPython에 관해 살펴본다.

2.6.2 IPython 이용하기

IPython은 확장된 파이썬 명령어 셸을 제공한다. IPython은 PyPI에서 패키지로 제공되므로 pip 또는 포어트리를 이용해 쉽게 설치할 수 있다. 특히 다음과 같은 기능들은 흥미롭다.

- 동적 객체 검사introspection
- 프롬프트로부터 시스템 셸로 접근
- 멀티라인 코드 편집
- 구문 하이라이팅

- 복사–붙이기 지원
- 직접 프로파일링 지원
- 디버깅 유틸리티

현재 IPython은 주피터Jupyter라 불리는 큰 프로젝트의 한 부분이다. 주피터는 인터랙티브한 노트북 notebook과 다양한 언어를 사용할 수 있는 실시간 코딩을 제공한다. 주피터 노트북은 파이썬이 특히 빛을 발휘하는 데이터 사이언스 커뮤니티에서 매우 유명하다. 따라서 알고 있으면 많은 도움이 될 것이다.

IPython 셸은 ipython 명령어로 호출할 수 있다. IPython을 실행하면 표준 파이썬 프롬프트가 다양한 색상의 여러 실행 셸로 바뀐 것을 알아챌 수 있을 것이다.

```
$ ipython
Python 3.9.0 (v3.9.0:9cf6752276, Oct 5 2020, 11:29:23)
Type 'copyright', 'credits' or 'license' for more information
IPython 7.19.0 -- An enhanced Interactive Python. Type '?' for help.
In [1]:
```

IPython 셸의 두 가지 간단한 속성은 다음과 같다.

- 손쉽게 멀티라인 코딩을 할 수 있고 클립보드의 내용을 붙여넣을 수도 있다.
- 독스트링docstring, 모듈 문서module documentation, 임포트한 모듈 코드에 대한 단축키를 제공한다.

이 두 가지 피처만으로도 IPython은 학습 목적으로 활용하기에 대단히 훌륭하다. 먼저, 여러분이 유용한 코드 스니펫(예를 들면 이 책에 포함된 코드)을 찾았다면, 시스템 클립보드에서 이를 쉽게 붙여넣은 후 편집할 수 있다. 마치 파이썬 인터프리터를 코드 편집기처럼 사용할 수 있다. 다음 그림은 인터랙티브 IPython 세션을 실행한 터미널이며 echo 애플리케이션의 소스 코드를 복사해서 붙여넣은 상태를 나타낸다.

그림 2.1 **IPyhon에 코드 붙여넣기**

코드 검사의 경우, IPython을 이용하면 매우 신속하게 문서 또는 임포트한 모듈, 함수 및 클래스의 소스 소드를 살펴볼 수 있다. 살펴보기 원하는 이름, 그리고 마지막에 ?를 입력하면 독스트링을 볼 수 있다. 다음은 rullib.parse 모듈의 urlunparse() 함수의 설명 세션을 터미널에 출력한 것이다.

```
In [1]: urllib.parse.urlunparse?
Signature: urllib.parse.urlunparse(components)
Docstring:
Put a parsed URL back together again. This may result in a
slightly different, but equivalent URL, if the URL that was parsed
originally had redundant delimiters, e.g. a ? with an empty query
(the draft states that these are equivalent).
File:      /Library/Frameworks/Python.framework/Versions/3.9/lib/python3.9/urllib/parse.py
Type:      function
```

함수 이름 뒤에 ??를 붙이면 전체 소스 코드를 확인할 수 있다.

```
In [2]: urllib.parse.urlunparse??
Signature: urllib.parse.urlunparse(components)
Source:
def urlunparse(components):
```

```
"""Put a parsed URL back together again. This may result in a
slightly different, but equivalent URL, if the URL that was parsed
originally had redundant delimiters, e.g. a ? with an empty query
(the draft states that these are equivalent)."""
scheme, netloc, url, params, query, fragment, _coerce_result = (
                                    _coerce_args(*components))
if params:
    url = "%s;%s" % (url, params)
return _coerce_result(urlunsplit((scheme, netloc, url, query, fragment)))
File:      /Library/Frameworks/Python.framework/Versions/3.9/lib/python3.9/urllib/parse.py
Type:      function
```

TIP IPython 외에도 다양한 확장 파이썬 셸을 사용할 수 있다. btpython과 ptpython 프로젝트는 IPython과 비슷한 기능을 제공하지만 사용자 경험은 조금 다르다.

인터랙티브 세션은 실험이나 모듈 탐색을 하는 데 훌륭하지만 때로는 최종 애플리케이션에 이용하기에도 좋다. 다음 절에서는 이들을 여러분의 코드 안에 내장하는 방법을 살펴본다.

2.6.3 커스텀 스크립트 및 프로그램과 셸 연동하기

때때로 소프트웨어 안에서 **REPL**read-eval-print loop(읽기-평가-출력 루프)를 통합해야 할 때가 있다. 물론 파이썬에서도 마찬가지다. REPL은 코드를 쉽게 실험하고 그 내부 상태를 검토할 수 있도록 지원한다. 때로는 인터랙티브 터미널을 내장시키는 것이 애플리케이션을 위한 커스텀 **명령줄 인터페이스**command-line interface, CLI를 만드는 것보다 쉽다(특히 자주 사용되지 않는 경우에는 더욱 그렇다). 인터랙티브 인터프리터들은 웹 애플리케이션 프레임워크에 종종 내장되어 있으며, 개발자들은 데이터베이스에 특화된 터미널 유틸리티 대신 파이썬 REPL을 사용해 애플리케이션 내부에 저장된 데이터를 이용한다.

파이썬의 인터랙티브 인터프리터를 에뮬레이션하는 가장 간단한 모듈인 code는 표준 라이브러리로 기본 제공된다.

인터랙티브 세션은 하나의 import와 단일 함수 호출로 실행할 수 있다.

```
import code
code.interact()
```

프롬프트 값을 변경하거나 배너 또는 종료 메시지 추가 등의 간단한 수정은 쉽게 할 수 있으나, 그 이상의 수정을 하려면 더 많은 노력을 투입해야 한다. 코드 강조나 완료, 시스템 셸 직접 접근과 같은 더 많은 피처들을 사용하기 원한다면 항상 누군가 만들어둔 것을 사용하는 것이 좋다. 다행히도 앞 절에서 설명한 IPython은 코드 모듈처럼 만든 프로그램에 쉽게 내장할 수 있다.

다음은 작성하고 있는 코드에 앞에서 언급한 모든 셸을 삽입하는 예시다.

```
# IPython용 예시
import IPython
IPython.embed()

# bpython용 예시
import bpython
bpython.embed()

# pypython용 예시
from ptpython.repl import embed
embed(globals(), locals())
```

embded() 함수의 첫 번째 두 인수는 인터랙티브 세션 동안 글로벌 및 로컬 네임스페이스에서 사용할 수 있는 객체 딕셔너리다. 이를 이용해 인터랙티브 세션에서 자주 사용할 모듈, 변수, 함수, 클래스들을 포함시킬 수 있다.

인터랙티브 세션들은 사용자에게 애플리케이션의 저수준 인터페이스를 직접 제공하는 데 매우 훌륭하다. 저수준 인터페이스를 이용해 세션의 로컬 및 글로벌 변수에 접근함으로써 애플리케이션의 내부 상태를 직접 확인할 수도 있다. 그리고 애플리케이션에서 코드가 어떻게 실행되는지 정확하게 추적하고 싶다면 디버거를 사용해야 할 것이다. 다행히도 파이썬은 인터랙티브 세션의 형태로 사용할 수 있는 내장 디버거를 제공한다.

2.6.4 인터랙티브 디버거

코드 디버깅은 소프트웨어 개발 프로세스에서 뗄 수 없는 요소다. 많은 프로그래머는 과도한 로깅과 print() 함수를 디버깅의 주요 수단으로 사용하면서 많은 시간을 허비하지만 대부분의 전문 개발자들은 특정한 형태의 디버거를 활용한다.

파이썬은 pdb라 불리는 인터랙티브 디버거를 내장하고 있다. 기존 스크립트에서 명령줄을 통해 호출할 수 있으며, 프로그램이 비정상적으로 종료되면 파이썬은 포스트모템 디버깅post-mortem debugging 을 시작한다.

```
$ python3 -m pdb -c continue script.py
```

-i 옵션과 함께 파이썬 인터프리터를 실행해도 비슷한 효과를 얻을 수 있다.

```
$ python3 -i script.py
```

이 코드는 파이썬이 정상 종료되었을 때 인터랙티브 세션을 연다. 이 세션에서 다음과 같이 pdb 모듈을 임포트하고 pdb.pm() 함수를 이용해 포스트모템 디버깅을 할 수 있다.

```
>>> import pdb
>>> pdb.pm()
```

포스트모템 디버깅은 유용하지만 모든 시나리오를 다루지는 못한다. 버그가 발생했을 때 특정한 예외와 함께 애플리케이션이 종료될 때만 유용하다. 대부분 잘못된 코드들은 비정상적으로 동작하기는 하나 갑자기 예상치 못하게 종료되지는 않는다. 이런 경우에는 breakpoint() 함수를 이용해 코드의 특정 위치에 커스텀 브레이크포인트를 설정할 수 있다. 다음 코드는 간단한 함수 안에 브레이크포인트를 설정한 예시다.

```
import math

def circumference(r: float):
    breakpoint()
    return 2 * math.pi * r
```

TIP breakpoint() 함수는 파이썬 3.7 버전 이전에서는 사용할 수 없다. 이전 버전의 파이썬 개발자들이 다음과 같은 이디엄idiom[2]을 사용하는 것을 보았을 것이다.

```
import pdb; pdb.set_trace()
```

이 이디엄을 사용하면 파이썬은 런타임에 해당 라인에서 디버거 세션을 시작한다.

---

2 [옮긴이] 관용적인 구문을 뜻한다. 3장과 4장에서 여러 이디엄을 살펴볼 것이다.

pdb 모듈은 이슈를 한눈에 추적하는 데 매우 유용하며, 잘 알려져 있는 **GNU 디버거**GNU Debugger, GDB와 그 형태가 비슷하다. 파이썬은 동적 언어이기 때문에 pdb 세션은 일반적인 인터프리터 세션과 매우 비슷하다. 다시 말해 개발자는 코드 실행을 추적할 수 있을 뿐만 아니라 어떤 코드든 호출할 수 있으며 심지어 모듈을 임포트할 수도 있다.

안타깝게도 gdb를 기반으로 하기 때문에 pdb를 처음 경험한다면 마치 암호와 같은 디버거 명령어 키 (h, b, s, n, j, r) 때문에 적지 않게 당황할 것이다. 궁금한 점이 있을 때는 디버거 세션에서 help pdb 를 입력하면 자세한 사용법을 확인할 수 있다. 단축키 h를 사용해도 된다.

pdb의 디버거 세션은 매우 단순하며 탭 완성이나 코드 하이라이팅 같은 추가 피처는 제공되지 않는다. 다행히도 확장 파이썬 셸들과 마찬가지로 PyPI에서 한층 개선된 몇 가지 디버깅 셸을 얻을 수 있다. IPython에 기반한 ipdb도 제공된다.

pdb 대신 ipdb를 사용하고자 한다면 개선된 디버깅 이디엄(import ipdb; ipdb.set_trace())을 사용하거나 PYTHONBREAKPOINT 환경 변수로 설정하면 된다.

마지막으로 많은 IDE는 시각적으로 뛰어난 디버거를 제공하며 많은 개발자는 이를 현명하게 활용한다. 이 디버거들을 이용하면 breakpoint() 함수를 호출하기 위해 코드를 수정할 필요 없이 애플리케이션의 원하는 위치에 브레이크포인트를 설정할 수 있다. 또한 지정한 변수가 특정한 값을 가졌을 때 프로그램 실행을 종료하는 **변수 감시**variable watch 기능도 제공한다.

2.6.5 기타 생산성 향상 도구

지금까지 파이썬에 한정된 생산성 도구들을 살펴봤다. 사실 다른 언어에서도 이는 크게 다르지 않다. 프로그래머들이 어떤 언어를 사용하는지와 관계없이 동일한 문제들과 번잡스러운 태스크(데이터를 다양한 포맷의 메시지로 전달하거나 네트워크에서 무언가를 다운로드하거나 파일시스템을 탐색하거나 프로젝트를 돌아다니는 등)를 만난다.

아마도 Bash 그리고 모든 POSIX 및 UNIX 유사 운영체제에서 제공하는 공통의 표준 유틸리티를 조합한 것이 모든 상황에서 가장 유연한 생산성 도구일 것이다. 사실 일반적인 사람이 이 모든 것들을 알기는 거의 불가능하다.

간단히 말해 때로는 고급 파이썬 스크립트를 작성하지 않더라도 빠르게 curl, grep, sed, sort 명령어들을 연결하고 조합할 수 있다면 일회성 작업들을 마칠 수 있다. 또한 어떤 도구들은 특정한 사소하지 않은 작업(예를 들어 코드의 라인 수를 세는 등)을 대신 해주기도 한다. 이런 도구들을 처음부터 구현한다면 아마도 많은 시간이 들 것이다.

다음 표는 어떤 코드에서 작업하든 사용할 수 있는 매우 유용한 도구들을 정리한 것이다. 프로그래밍 생산성 도구의 작은 어썸 리스트라고 생각해주기 바란다.

유틸리티	설명
jq https://stedolan.github.io/jq/	JSON 문서 형식으로 데이터를 조작한다. 웹 API의 출력 결과를 셸에서 조작할 때 매우 유용하다. 데이터는 표준 입력으로 읽고 표준 출력으로 표시한다. 데이터 조작은 매우 학습하기 쉬운 커스텀 도메인 지정 언어로 이루어진다.
yq https://pypi.org/project/yq/	jq의 사촌격에 해당하며 동일한 구문을 이용해 YAML 문서를 조작한다.
curl https://curl.se/	URL을 통해 데이터를 전송하는 전통적인 도구다. HTTP용 인터페이스로 많이 사용되지만 실제로는 20개 이상의 프로토콜을 지원한다.
HTTPie https://httpie.io/	HTTP 서버 간 인터페이스를 제공하는 파이썬 기반 유틸리티다. curl보다 편리하다고 생각하는 개발자들도 많다.
autojump https://github.com/wting/autojump	가장 최근에 방문했던 디렉터리로 빠르게 이동하도록 도와주는 셸 유틸리티다. 수십 개의 프로젝트를 동시에 진행하는 프로그래머들에게 필수적인 도구다. j를 입력한 뒤 원하는 디렉터리 이름 몇 글자만 입력하면 그 디렉터리로 바로 이동할 수 있다. 포어트리 워크플로와 호환성이 뛰어나다.
cloc https://github.com/AlDanial/cloc	코드 라인 수를 측정하는 최고의 완전한 유틸리티다. 때로는 프로젝트가 얼마나 큰지, 프로그래밍 언어 또는 마크업 언어가 얼마나 많이 포함되어 있는지 확인하고 싶을 것이다. cloc를 이용하면 그 해답을 빠르게 얻을 수 있다.
ack-grep https://beyondgrep.com/	grep의 강화된 버전이다. 대규모 코드베이스에서 특정한 문자열을 빠르게 검색할 수 있다. 프로그래밍 언어별로 필터링할 수 있으며 IDE가 실행되는 시간보다 훨씬 빠른 경우가 많다.
GNU parallel https://www.gnu.org/software/parallel/	xargs의 강화된 대체 유틸리티다. 하나의 셸 또는 Bash 스크립트에서 많은 작업을 동시에, 빠르게 그리고 신뢰할 수 있게 수행해야 한다면 반드시 사용해야 할 것이다.

2.7 요약

이번 장에서는 파이썬 프로그래머들을 위한 개발 환경에 관해 살펴봤다. 파이썬 프로젝트에서의 환경 격리의 중요성을 설명했다. 두 가지 레벨의 환경 격리(애플리케이션 레벨과 시스템 레벨) 그리고 일관적이고 반복할 수 있는 방법으로 이 환경을 만드는 다양한 도구를 소개했다. 또한 프로젝트에서 파이썬 디펜던시를 관리하기 위한 몇 가지 핵심 주제들에 관해서도 살펴봤다. 마지막으로 파이썬으로 실험을 하거나 프로그램을 디버깅하고 효과적으로 일하는 방법을 개선하는 몇 가지 도구들도 살펴봤다.

이번 장에서 다룬 도구들에 대하여 충분이 학습했다면, 다음 장들에서 다룰 다양한 모던 파이썬 구문 피처에 대해 준비가 된 것이다. 파이썬 코드를 만지고 싶어 손이 근질거릴 여러분들을 위해 먼저 최근 몇 차례의 파이썬 릴리스에 포함된 새로운 것들에 관해 빠르게 살펴볼 것이다.

파이썬의 최신 변경 사항들에 관해 충분히 알고 있다면 다음 장은 건너뛰어도 좋다. 다만 놓친 점이 있을 수도 있으니 각 절의 제목 정도는 훑어보고 넘어가길 바란다. 파이썬은 무척이나 빠르게 진화하고 있으니 말이다.

파이썬의 새로운 기능

파이썬의 역사를 통틀어 가장 중요한 시점은 아마도 파이썬 3.0 릴리스일 것이다. 파이썬 3.0 릴리스에서 눈에 띄는 변화는 다음과 같다.

- 텍스트, 데이터, 유니코드 핸들링과 관련된 다양한 문제 해결

- 오래된 스타일의 클래스 제거

- 표준 라이브러리 재구성 시작

- 함수 애너테이션 도입

- 예외 핸들링을 위한 신규 구문 도입

1장에서 살펴봤듯이 파이썬 3은 파이썬 2에 대한 하위 호환성을 제공하지 않는다. 이로 인해 파이썬 3이 파이썬 커뮤니티에 완전히 받아들여지는 데는 수년이 걸렸다. 비록 필요하기는 했지만, 파이썬 핵심 개발자들과 파이썬 커뮤니티에 거친 교훈이 되었다.

다행히도 파이썬 3 도입과 관련한 문제들은 언어 자체의 진화를 중단시키지는 않았다. 2008년 12월 3일(파이썬 3.0 공식 릴리스일) 이후 새로운 메이저 버전이 안정적으로 출시되었다. 모든 새 릴리스는 파이썬 언어, 표준 라이브러리 및 인터프리터에 새로운 개선 사항들을 포함했다. 그리고 파이썬 3.9부터 연 단위의 릴리스를 도입했다. 이는 해마다 새로운 피처와 개선 사항들을 만나볼 수 있음을 의미한다.

NOTE 파이썬 릴리스 사이클에 관한 더 많은 내용은 PEP 602 문서(https://www.python.org/dev/peps/pep-0602/)에서 찾아볼 수 있다.

이번 장에서는 최근 파이썬의 진화에 관해 자세히 들여다본다. 최근 몇 차례의 릴리스에 추가된 중요 사항들을 살펴볼 것이다. 그리고 파이썬 발전 방향을 예측해보고 PEP 프로세스에서 승인된, 곧 파이 썬의 공식적인 일부가 될 새로운 피처들도 살펴본다. 이번 장에서 다루는 내용은 다음과 같다.

- 최근의 언어 추가 내용
- 그리 새롭지는 않지만 여전히 멋진 요소들
- 미래에 관한 추측

이에 앞서, 기술 요구 사항에 관해 먼저 살펴보자.

3.1 기술 요구 사항

이번 장에서는 다음 파이썬 패키지들을 다룬다. 패키지들은 PyPI에서 다운로드할 수 있다.

- `mypy`
- `pyright`

패키지 설치 방법은 2장을 참조한다.

이번 장에서 이용하는 코드들은 https://github.com/moseskim/Expert-Python-Programming-Fourth-Edition/tree/main/Chapter 3에서 다운로드할 수 있다.

3.2 최근의 언어 추가 사항

파이썬은 새로 출시될 때마다 다채롭게 변화한다. 새로운 릴리스마다 새로운 구문 요소를 제공한다. 그러나 대부분의 변화는 파이썬 표준라이브러리, CPython 인터프리터, 파이썬 API, CPython의 C API와 관련되어 있다. 따라서 이번 장에서는 새로운 구문 피처와 표준 라이브러리에 새롭게 추가된 내용을 다룬다.

가장 최근에 두 차례의 파이썬 릴리스 항목 중에서 다음 4개의 구문 업데이트에 초점을 맞췄다.

- 딕셔너리 병합 및 업데이트 연산자(파이썬 3.9에서 추가)
- 할당 표현식assignment expression(파이썬 3.8에서 추가)
- 타입 힌팅 제네릭type hinting generic(파이썬 3.9에서 추가)

- 위치 전용 인수positional-only argument(파이썬 3.8에서 추가)

이 4개 피처들은 문자 그대로 (프로그래머의) 삶의 질을 개선해줄 것이다. 이들은 어떤 새로운 프로그래밍 패러다임을 제공하거나 코드가 작성되는 방법을 바꾸지는 않는다. 그러나 조금 더 나은 코딩 패턴들을 제공하거나 엄격한 API를 정의할 수 있다.

최근 수년 동안 파이썬 핵심 개발자들은 주로 표준 라이브러리에 새로운 것들을 추가하기보다 불필요하거나 중복되는 모듈을 제거하는 데 힘썼다. 여전히 때때로 표준 라이브러리가 추가되기는 한다. 직전의 두 번의 릴리스에서는 완전히 새로운 두 모듈이 추가되기도 했다.

- IANAInternet Assigned Numbers Authority(인터넷 주소 할당국) 타임존 데이터베이스를 지원하는 **zoneinfo** 모듈(파이썬 3.9에서 추가)
- 그래프 유사 구조 조작을 지원하는 **graphlib** 모듈(파이썬 3.8에서 추가)

두 모듈은 API가 제공하는 기능에 비해 크기는 대단히 작다. 이 장의 후반에서 이들을 적용해볼 수 있는 예시들을 소개할 것이다. 그 전에 먼저 파이썬 3.8과 파이썬 3.9에서의 구문 업데이트를 살펴본다.

3.2.1 딕셔너리 병합 및 업데이트 연산자

파이썬은 내장된 컨테이너 타입(리스트list, 튜플tuple, 집합set, 딕셔너리dictionary)을 조작하는 여러 산술 연산자를 제공한다.

리스트와 튜플은 같은 타입인 경우 +(덧셈) 연산자를 이용해 연결할 수 있다. += 연산자를 이용하면 기존 변수들을 즉각 수정할 수 있다. 다음은 인터랙티브 세션에서 리스트와 튜플을 각각 연결하는 예시다.

```
>>> [1, 2, 3] + [4, 5, 6]
[1, 2, 3, 4, 5, 6]
>>> (1, 2, 3) + (4, 5, 6)
(1, 2, 3, 4, 5, 6)
>>> value = [1, 2, 3]
>>> value += [4, 5, 6]
>>> value
[1, 2, 3, 4, 5, 6]
>>> value = (1, 2, 3)
>>> value += (4, 5, 6)
>>> value
(1, 2, 3, 4, 5, 6)
```

집합의 경우 4개의 바이너리 연산자(2개의 피연산자를 갖는)를 제공하며 다음의 새로운 집합을 생성한다.

- **교집합**intersection: &(bitwise AND)로 나타낸다. 두 집합의 공통 요소의 집합을 생성한다.
- **합집합**union: |(bitwise OR)로 나타낸다. 두 집합의 요소를 모두 포함한 집합을 생성한다.
- **차집합**difference: -(빼기)로 나타낸다. 연산자 왼쪽의 집합에는 포함되지만, 오른쪽 집합에는 포함되지 않는 요소로 이루어진 집합을 생성한다.
- **대칭 차집합**symmetric difference: ^(bitwise XOR)으로 나타낸다. 연산자 왼쪽과 오른쪽의 집합에 포함되지만 교집합에는 포함되지 않는 요소로 이루어진 집합을 생성한다.

다음은 인터랙티브 세션에서의 교집합과 합집합의 예시다.

```
>>> {1, 2, 3} & {1, 4}
{1}
>>> {1, 2, 3} | {1, 4}
{1, 2, 3, 4}
>>> {1, 2, 3} - {1, 4}
{2, 3}
>>> {1, 2, 3} ^ {1, 4}
{2, 3, 4}
```

파이썬은 매우 오랫동안 두 개의 기존 딕셔너리에서 새 딕셔너리를 생성하는 전용 바이너리 오퍼레이터를 제공하지 않았다. 파이썬 3.9부터 |와 |= 연산자를 사용해 딕셔너리 병합 및 업데이트를 할 수 있게 되었다. 이는 두 딕셔너리의 합집합을 생성하는 이디엄이다. 새로운 연산자를 추가한 이유는 PEP584: Add Union Operators to Dict(딕셔너리에 합집합 연산자 추가)에서 확인할 수 있다.

> **NOTE** **프로그래밍 이디엄**programming idiom은 어떤 프로그래밍 언어에서 특정한 태스크를 수행하기 위해 사용하는 가장 일반적이고 선호하는 방법이다. 이디엄 코드 작성은 파이썬 문화에서 매우 중요하다. '파이썬의 선Zen of Python'에서는 이렇게 언급한다. "어떤 일을 수행하는 방법은 한 가지(단 한 가지라면 더 좋다)가 존재해야 한다."

4장에서 더 많은 이디엄에 관해 살펴볼 것이다.

두 딕셔너리를 병합해서 새로운 딕셔너리를 만들 때는 다음 식을 사용한다.

```
dictionary_1 | dictionary_2
```

식의 결과로 만들어진 새 객체는 두 딕셔너리가 가진 모든 키를 갖는다. 중복되는 키가 존재하면, 연산자의 가장 오른쪽에 있는 피연산자 객체의 키를 사용한다.

다음은 두 딕셔너리 리터럴에 이 구문을 사용한 예시다. 왼쪽 딕셔너리는 오른쪽 딕셔너리의 값을 이용해 업데이트된다.

```
>>> {'a': 1} | {'a': 3, 'b': 2}
{'a': 3, 'b': 2}
```

다른 딕셔너리 키를 이용해 딕셔너리 변수를 업데이트하려면 다음 제자리in-place 연산자를 사용할 수 있다.

```
existing_dictionary |= other_dictionary
```

다음은 새로운 변수를 이용한 예시다.

```
>>> mydict = {'a': 1}
>>> mydict |= {'a': 3, 'b': 2}
>>> mydict
{'a': 3, 'b': 2}
```

구 버전 파이썬의 경우, 기존 딕셔너리의 내용을 다른 딕셔너리의 그것으로 업데이트하는 가장 간단한 방법은 update() 메서드를 사용하는 것이었다.

```
existing_dictionary.update(other_dictionary)
```

이 메서드는 exsiting_dictionary의 내용을 변환하고 아무런 값도 반환하지 않는다. 즉, 병합된 딕셔너리의 생성에는 표현식expression이 아닌 문장statement을 사용해야 함을 의미한다.

NOTE **표현식**expression과 **문장**statement의 차이점은 3.2.2절에서 설명한다.

대안: 딕셔너리 언패킹

파이썬은 3.9 버전 이전에도 두 딕셔너리를 병합하는 **딕셔너리 언패킹**dictionary unpacking이라는 이름의 기능을 제공했지만 잘 알려져 있지 않다. dict 리터럴에서 딕셔너리 언패킹에 대한 지원은 PEP 448: Additional Unpacking Generalizations(추가 언패킹 일반 사항)와 함께 파이썬 3.5에 도입되었다. 둘 또는 그 이상의 딕셔너리를 새로운 객체에 언패킹하는 구문은 다음과 같다.

```
{**dictionary_1, **dictionary_2}
```

다음은 실제 리터럴을 이용한 예시다.

```
>>> a = {'a': 1}; b = {'a': 3, 'b': 2}
>>> {**a, **b}
{'a': 3, 'b': 2}
```

이 기능은 리스트 언패킹list unpacking(*value 구문)과 함께 **가변 함수**variadic function로도 알려진 정의되지 않은 인수의 집합이나 키워드 인수를 받는 함수를 작성한 경험한 사람들에게는 친숙할 것이다. 이는 데커레이터decorator를 작성할 때 매우 유리하다.

NOTE   가변 함수와 데커레이터에 관해서는 4장에서 자세히 살펴본다.

딕셔너리 언패킹은 함수 정의에서 매우 널리 사용되지만, 딕셔너리를 병합하는 메서드로서는 흔치 않은 메서드임을 기억해야 한다. 경험이 충분하지 않은 프로그래머들은 여러분이 만든 코드를 보고 혼동에 빠질 수 있다. 따라서 여러분은 파이썬 3.9 및 그 이상의 버전을 사용할 때는 딕셔너리 언패킹보다 새로운 병합 연산자를 사용해야 한다. 구 버전의 파이썬에서는 임시 딕셔너리와 update() 메서드를 사용하는 것이 더 안전할 수 있다.

대안: collections 모듈의 ChainMap

기능적인 관점에서 두 딕셔너리를 병합한 객체를 만드는 또 다른 방법으로는 collections 모듈의 ChainMap 클래스를 사용하는 방법이 있다. 이 클래스는 래퍼 클래스로 여러 매핑 객체들(이 인스턴스이 딕셔너리들)을 감싸서 하나의 매핑 객체인 것처럼 작동한다.

다음은 ChainMap을 이용해 두 딕셔너리를 병합하는 구문이다.

```
new_map = ChainMap(dictionary_2, dictionary_1)
```

딕셔너리의 순서는 | 연산자를 사용할 때의 그것과 반대인 점에 주의한다. 이것은 new_map 객체의 특정한 키에 접근하고자 시도할 때, 감싸진 객체의 왼쪽에서 오른쪽 순서left-to-right로 검사함을 의미한다. 다음은 ChainMap 클래스를 이용한 작동의 예시다.

```
>>> from collections import ChainMap
>>> user_account = {"iban": "GB71BARC20031885581746", "type": "account"}
```

```
>>> user_profile = {"display_name": "John Doe", "type": "profile"}
>>> user = ChainMap(user_account, user_profile)
>>> user["iban"]
'GB71BARC20031885581746'
>>> user["display_name"]
'John Doe'
>>> user["type"]
'account'
```

앞의 예시에서 ChainMap 타입의 user 객체는 user_account와 user_profile 딕셔너리의 키를 모두 포함함을 알 수 있다. 키가 중복되면 ChainMap 인스턴스는 해당 키에 일치하는 가장 왼쪽에 매핑된 값을 반환한다. 딕셔너리 병합 연산자와는 정반대로 작동한다.

ChainMap은 래퍼 객체이다. 다시 말해, 소스 매핑에서 제공된 내용을 복사하지 않고 이들을 참조로 저장한다. 즉, 참조된 객체가 변경되면 ChainMap 또한 수정된 데이터를 반환한다. 이어지는 다음 인터랙티브 세션을 살펴보자.

```
>>> user["display_name"]
'John Doe'
>>> user_profile["display_name"] = "Abraham Lincoln"
>>> user["display_name"]
'Abraham Lincoln'
```

ChainMap에는 값을 쓸 수 있으며, 그 값은 참조된 객체에도 적용된다. 기억해야 할 것은 쓰기, 업데이트, 삭제는 가장 왼쪽 매핑에만 영향을 준다는 점이다. 충분히 주의하고 사용하지 않으면 혼란스러운 상황을 야기할 수 있다. 다음은 앞의 세션에서 이어지는 내용이다.

```
>>> user["display_name"] = "John Doe"
>>> user["age"] = 33
>>> user["type"] = "extension"
>>> user_profile
{'display_name': 'Abraham Lincoln', 'type': 'profile'}
>>> user_account
{'iban': 'GB71BARC20031885581746', 'type': 'extension', 'display_name': 'John Doe', 'age': 33}
```

이 예시를 보면 'display_name' 키가 user_account에 역으로 반영된 것을 볼 수 있다. 여기에서 user_profile은 해당 키를 가진 초기 소스 딕셔너리다. 많은 경우에 ChainMap의 이러한 역전파 동작backpropagating behavior은 바람직하지 않다. 따라서 두 딕셔너리를 병합하는 데에 ChainMap을 사용한다면, 명시적으로 새 딕셔너리로 변환하는 것이 일반적인 이디엄이다. 다음은 앞에서 정의된 입력 딕셔너리를 사용한 예시다.

```
>>> dict(ChainMap(user_account, user_profile))
{'display_name': 'John Doe', 'type': 'account', 'iban': 'GB71BARC20031885581746'}
```

단순히 두 딕셔너리를 병합하고자 한다면 ChainMap 대신 병합 연산자를 사용하는 것이 좋다. 그러나 ChainMap이 전혀 쓸모 없는 것은 아니다. 순전파와 역전파 작동을 의도한다면 ChainMap은 그 목적에 적합하다. 또한 ChainMap은 모든 매핑 타입을 대상으로 작동한다. 따라서 마치 딕셔너리처럼 작동하는 다양한 객체에 통일된 접근을 제공하는 것이 목적이라면, ChainMap이 단일한 병합 도구의 역할을 제공할 것이다.

> **TIP** dict와 유사한 커스텀 클래스가 있는 경우, 특별한 __or()__ 메서드를 사용해 ChainMap 대신 | 연산자와 호환되도록 할 수 있다. 특별 메서드의 오버라이드 방법은 4장에서 다룬다. 어쨌든 ChainMap은 __or__() 커스텀 메서드를 작성하는 것보다 사용하기 쉽고, 수정할 수 없는 클래스의 기존 객체 인스턴스를 다룰 수 있다.

딕셔너리 언패킹이나 합집합 연산자가 아닌 ChainMap을 사용하는 가장 중요한 이유는 바로 하위 호환성이다. 파이썬 3.9 이전의 버전들은 새로운 딕셔너리 병합 연산자 구문을 사용할 수 없다. 그러므로 구 버전의 파이썬을 사용하는 코드를 작성한다면 ChainMap을 사용해보자. 그렇지 않다면 병합 연산자를 사용하는 것이 낫다.

하위 호환성에 큰 영향을 준 다른 구문의 변경은 할당 표현식assignment expression이다.

3.2.2 할당 표현식

할당 표현식은 매우 흥미로운 피처다. 이들은 파이썬 구문의 근본적인 부분에 영향을 주었다. 표현식expression과 문장statement은 모든 프로그래밍 언어의 기본 블록이다. 표현식과 문장의 차이는 간단하다. 표현식은 값을 가지며, 문장은 값을 갖지 않는다.

문장은 여러분의 프로그램이 실행하는 연속적인 행동 또는 인스트럭션이라 생각하면 된다. 그러므로 값 할당, if문, for와 while 루프 등은 모두 문장이다. 함수와 클래스 정의도 역시 문장이다.

표현식은 if문 안에 넣을 수 있는 모든 것이라 생각하면 된다. 전형적인 표현식의 예로는 리터럴, 연산자가 반환하는 값(제자리 연산자 제외), 리스트/딕셔너리/집합/컴프리헨션comprehension 등이 있다. 함수 호출과 메서드 호출 역시 표현식이다.

여러 프로그래밍 언어에는 문장과 불가분의 관계에 있는 몇 가지 요소들이 있다.

- 함수와 클래스 정의
- 루프
- if...else문
- 변수 할당

파이썬은 이런 언어 요소들에 대응해 다음과 같은 표현식 구문을 제공함으로써 이 장벽을 허물었다.

- 함수 정의에 대응하는 익명 함수anonymous function를 위한 람다 표현식Lambda expression

  ```
  lambda x: x**2
  ```

- 클래스 정의에 대응한 타입 객체 인스턴스화type object instantiation

  ```
  type("MyClass", (), {})
  ```

- 루프에 대응하는 다양한 컴프리헨션

  ```
  squares_of_2 = [x**2 for x in range(10)]
  ```

- if...else 문장에 대응하는 조합 표현식compound expression

  ```
  "odd" if number % 2 else "even"
  ```

하지만 수년 동안 변수에 값을 할당하는 구문을 표현식 형태로 사용할 수는 없었는데, 이것은 의심의 여지없이 파이썬을 만든 이들의 신중한 설계 관점의 선택이었다. C 같은 언어에서는 변수 할당을 위한 문장과 표현식을 모두 사용할 수 있으며, 이는 종종 할당 연산자와 비교 연산자의 혼동으로 이어졌다. C 언어로 프로그래밍을 해본 사람이라면 이로 인한 소스 에러 때문에 매우 짜증이 났음을 떠올릴 수 있을 것이다. 다음 C 코드 예시를 보자.

```c
int err = 0;
if (err = 1) {
    printf("Error occured");
}
```

위의 코드를 다음 코드와 비교해보자.

```
    int err = 0;
    if (err == 1) {
        printf("Error occured");
    }
```

두 코드 모두 C에서는 문장 구조상 유효하다. err = 1은 err 값과 1을 평가하는 표현식이기 때문이다. 파이썬에서 다음 코드는 구문 에러를 일으킨다.

```
err = 0
if err = 1:
    printf("Error occured")
```

하지만 아주 가끔은 값을 평가하는 변수 할당 연산자가 있으면 편리할 수 있다. 다행히도 파이썬 3.8부터는 전용 연산자인 :=을 지원한다. 이 연산자는 변수에 값을 할당하지만 문장이 아닌 표현식처럼 동작한다. 생긴 모양 때문에 바다표범 연산자walrus operator라 불린다.

이 연산자를 사용할 수 있는 사례는 사실 매우 제한적이다. 간결한 코드를 만드는 데는 도움이 된다. 종종 코드가 간결할수록 이해하기 쉬운데, 이는 신호 대 노이즈signal-to-noise 비율을 개선하기 때문이다. 일반적으로 바다표범 연산자는 복잡한 값을 평가한 뒤, 이어지는 문장에서 즉시 사용해야 할 때 사용한다.

가장 일반적인 예시는 정규 표현식과의 사용이다. 파이썬으로 작성된 소스 코드를 읽어서 정규 표현식을 이용해 임포트된 모듈을 찾는 간단한 애플리케이션을 떠올려보자.

힐딩 표현식을 사용하지 않는 경우이 코드는 다음과 같다

```
import os
import re
import sys

import_re = re.compile(
    r"^\s*import\s+\.{0,2}((\w+\.)*(\w+))\s*$"
)
import_from_re = re.compile(
    r"^\s*from\s+\.{0,2}((\w+\.)*(\w+))\s+import\s+(\w+|\*)+\s*$"
)

if __name__ == "__main__":
    if len(sys.argv) != 2:
        print(f"usage: {os.path.basename(__file__)} file-name")
```

```
        sys.exit(1)

    with open(sys.argv[1]) as file:
        for line in file:
            match = import_re.search(line)
            if match:
                print(match.groups()[0])

            match = import_from_re.search(line)
            if match:
                print(match.groups()[0])
```

코드에서 알 수 있듯이 패턴을 두 번 반복해서 복잡한 표현식의 일치 여부를 평가하고, 그룹화된 토큰을 추출한다. 할당 표현식을 사용하면 코드 블록을 다음과 같이 바꿔 쓸 수 있다.

```
if match := import_re.match(line):
    print(match.groups()[0])

if match := import_from_re.match(line):
    print(match.groups()[0])
```

가독성이 다소 개선되었지만 아주 극적이지는 않다. 이 변경은 동일한 패턴을 여러 번 반복할 때 더욱 빛난다. 한 변수에 계속해서 임시 연산 결과를 할당하면 불필요하게 코드 양만 늘어난다.

또 다른 사례로 덩치가 큰 표현식의 여러 위치에서 같은 데이터를 재사용하는 경우를 들 수 있다. 가상의 사용자에게 부여된 미리 정해진 데이터를 나타내는 딕셔너리 리터럴을 생각해보자.

```
first_name = "John"
last_name = "Doe"
height = 168
weight = 70

user = {
    "first_name": first_name,
    "last_name": last_name,
    "display_name": f"{first_name} {last_name}",
    "height": height,
    "weight": weight,
    "bmi": weight / (height / 100) ** 2,
}
```

이 모든 요소들의 일관성을 유지하는 것이 매우 중요한 상황이라고 가정해보자. 다시 말해, 표시되는 이름(display_name)은 언제나 이름(first_name)과 성(last_name) 순이어야 하고, BMI(bmi)는 몸무게(weight)와 키(height) 값을 이용해 계산해야 한다. 특정한 데이터 컴포넌트를 수정할 때 발생할 수 있는 실수를 방지하기 위해서는 각각의 변수를 따로 별도로 정의해야 한다. 그리고 이 변수들은 딕셔너리를 만든 뒤에는 필요 없어진다. 할당 표현식을 이용하면 이 딕셔너리를 보다 간결한 방법으로 만들 수 있다.

```
user = {
    "first_name": (first_name := "John"),
    "last_name": (last_name := "Doe"),
    "display_name": f"{first_name} {last_name}",
    "height": (height := 168),
    "weight": (weight := 70),
    "bmi": weight / (height / 100) ** 2,
}
```

위 코드에서 보듯 할당 표현식은 괄호로 감싸야 한다. := 문과 : 문자가 딕셔너리 리터럴의 관계 연산자로 함께 쓰였기 때문에 충돌을 막기 위해서는 괄호를 사용해야 한다.

할당 표현식은 간결한 코드를 만드는 것 이상의 목적을 갖지 않는다. 따라서 바다표범 연산자를 적용한 후에는 실제 가독성이 높아지는지, 반대로 혼란을 높이지는 않는지 반드시 확인해야 한다.

3.2.3 타입 힌팅 제네릭

타입 힌팅 애너테이션type-hinting annotation은 선택 사항이지만 파이썬에서 점점 유명해지고 있는 피처다. 타입 힌팅 제네릭을 이용하면 변수, 인수, 함수 반환 타입을 타입 징의와 함께 에니데이션할 수 있다. 이 타입 애너테이션은 문서화 측면에서의 목적을 지원하기 위한 것이지만, 외부 도구를 활용해 코드를 검증하는 목적으로도 사용할 수 있다. 많은 프로그래밍 IDE는 타입 힌팅 애너테이션을 인식하며 잠재적인 타입 관련 문제를 시각적으로 강조한다. **mypy** 또는 **pyright**와 같은 정적 타입 체커static type checker를 이용하면 코드 베이스 전체를 스캔하고 애너테이션을 사용한 코드 유닛의 모든 타이핑 에러를 보고한다.

> **NOTE** mypy 프로젝트의 발단은 대단히 흥미롭다. 프로젝트 자체는 유카 레토살로Jukka Lehtosalo의 박사 연구에서 시작되었지만, 실질적으로는 그가 드롭박스Dropbox에서 귀도 반 로섬Guido van Rossum(파이썬 창시자)과 같이 일하면서 그 형태를 갖추기 시작했다. 이 이야기에 관한 더 많은 내용은 귀도에게 보내는 작별인사 편지에서 확인할 수 있다(https://blog.dropbox.com/topics/company/thank-you-guido, 드롭박스 기술 블로그).

가장 간단한 형태의 경우 타입 힌팅은 내장 타입 또는 커스텀 타입을 조합해 사용해서 원하는 타입, 함수 입력 인수, 반환값, 로컬 변수를 명시한다. 다음 함수를 살펴보자. 이 함수는 문자열 키를 가진 딕셔너리에서 알파벳 대소문자를 구분하지 않고 키를 검색한다.

```python
from typing import Any

def get_ci(d: dict, key: str) -> Any:
    for k, v in d.items():
        if key.lower() == k.lower():
            return v
```

[NOTE] 물론 위 코드는 대소문자를 구분하는 룩업lookup을 적당하게 구현한 것이다. 보다 높은 성능을 원한다면, 전담 클래스가 필요할 수도 있다. 이 책의 후반에서 이 문제를 다시 살펴볼 것이다.

첫 번째 문장은 Any 타입의 타이핑 모듈을 임포트한다. Any 타입 타이핑 모듈은 어떤 타입이든 될 수 있는 변수나 인수를 정의한다. 함수 정의에 따라 첫 번째 인수 d는 딕셔너리여야 하며, 두 번째 인수 key는 문자열이어야 한다. 함수 시그니처signature는 반환값 명세로 끝나며 반환값은 모든 타입이 될 수 있다.

타입 체킹 도구를 사용한다면 앞의 애너테이션만으로 오류들을 찾아낼 수 있다. 예를 들어 함수 호출자가 위치 인수의 순서를 바꾸어 호출했을 경우 신속하게 에러를 감지할 수 있다. 그것은 key와 d 인수가 다른 타입으로 애너테이션되어 있기 때문이다. 그러나 이 도구들은 key로 다른 타입을 사용하는 딕셔너리를 전달하는 경우에는 에러를 감지하지 않는다.

이런 이유로 tuple, list, dict, set, frozenset 같은 많은 제네릭 타입들은 내용의 타입에 따라 애너테이션될 수 있다. 딕셔너리의 경우 애너테이션은 다음과 같다.

```python
dict[KeyType, ValueType]
```

보다 엄격한 타입 애너테이션을 적용한 get_ci() 함수의 시그니처는 다음과 같다.

```python
def get_ci(d: dict[str, Any], key: str) -> Any: ...
```

구 버전의 파이썬에서 내장 컬렉션 타입은 그 내용의 타입을 이용해 쉽게 애너테이션할 수 없었다. typing 모듈은 이런 목적으로 사용할 수 있는 특별한 타입을 제공한다. 그 타입들은 다음과 같다.

- 딕셔너리용 typing.Dict
- 리스트용 typing.List
- 튜플용 typing.Tuple
- 집합용 typing.Set
- 동결집합용 typing.FrozenSet

이 타입들은 여러 파이썬 버전에 적용할 수 있는 기능성을 제공해야 할 경우 유용하다. 그러나 파이썬 3.9 이후의 버전만 사용하는 코드를 작성한다면 내장 제네릭을 사용해야 한다. typing 모듈에서 이 타입들을 임포트하는 것은 공식적으로 중단되었으며, 이 타입들은 향후 파이썬에서 제거될 것이다.

NOTE 타이핑 애너테이션에 관해서는 4장에서 살펴본다.

3.2.4 위치 전달만 가능한 매개변수

파이썬에서 함수에 인수를 전달하는 방법은 매우 유연하다. 함수 인수는 다음 두 가지 방법으로 전달할 수 있다.

- **위치 인수**positional argument
- **키워드 인수**keyword argument

많은 함수에서는 호출자가 함수 인수 전달 방식을 선택한다. 함수를 사용하는 사람이 주어진 상황에 따라 보다 가독성이 높고 편리한 방법을 구체적으로 결정할 수 있기 때문에 유용하다. 다음 함수는 구분자를 이용해 문자열을 연결한다.

```
def concatenate(first: str, second: str, delim: str):
    return delim.join([first, second])
```

이 함수는 다양한 방법으로 호출할 수 있다.

- **위치 인수를 사용한다**: concatenate("John", "Doe", " ")
- **키워드 인수를 사용한다**: concatenate(first="John", second="Doe", delim=" ")
- **위치 인수, 키워드 인수를 조합해 사용한다**: concatenate("John", "Doe", delim=" ")

만약 재사용할 수 있는 라이브러리를 작성한다면, 그 사용 방법을 이미 알고 있을 것이다. 때때로 경험상 사용하는 패턴에 따라 가독성이 크게 나뉘는 것도 이미 알 수도 있다. 아직 설계를 확정하지 못한 상태이고 이후에 사용자들에게 영향을 주지 않으면서 적정한 시간 안에 라이브러리의 API가 바뀔 것임을 결정했을 수도 있다. 어떤 경우든 함수 시그니처가 의도된 사용과 미래의 확장을 지원하도록 만드는 것이 좋다.

라이브러리를 공개하는 순간, 함수 시그니처는 라이브러리 사용에 대한 일종의 계약이 된다. 인수의 이름이나 순서가 달라지면 그 라이브러리를 사용하는 프로그래머가 작성한 애플리케이션의 작동을 깨뜨릴 수도 있다.

어느 시점에 `first`, `send`라는 인수가 의도대로 반영하지 못한다고 판단했더라도, 하위 호환성을 제공해야 하기 때문에 그 이름을 변경할 수는 없다. 다음과 같이 함수를 호출한 프로그래머가 있을 것이기 때문이다.

```
concatenate(first="John", second="Doe", delim=" ")
```

여러분이 이 함수가 개수와 상관없이 문자열을 받아들이도록 변경하고 싶더라도 하위 호환성을 깨뜨리지 않고 변경할 방법은 없다. 다음과 같이 함수를 호출했을 수 있기 때문이다.

```
concatenate("John", "Doe", " ")
```

다행히도 파이썬 3.8에서는 특정한 인수를 위치 전달만 가능한 인수로 정의할 수 있는 옵션을 추가했다. 이를 이용하면 미래의 하위 호환성을 보장과 관련된 문제를 피하기 위해 어떤 인수를 키워드 인수로 전달해서는 안 되는지 정의할 수 있다. 또한 특정한 인수들을 키워드 전달만 가능한 인수 keyword-only argument로만 정의할 수도 있다. 어떤 인수들을 위치 인수로만 또는 키워드 인수로만 전달할지 세심히 고려해야 한다. 그래야 미래의 변경에 강한 함수를 정의할 수 있다. 다음은 위치 전달만 가능한 인수, 키워드 전달만 가능한 인수를 이용해 정의한 concatenate() 함수의 예시다.

```
def concatenate(first: str, second: str, /, *, delim: str):
    return delim.join([first, second])
```

이 함수의 정의는 다음과 같다.

- / 이전의 모든 인수는 위치 전달만 가능한 인수다.

- * 이후의 모든 인수는 키워드 전달만 가능한 인수다.

앞의 정의에 따르면 concatenate() 함수는 다음과 같이 호출해야 한다.

```
concatenate("John", "Doe", delim=" ")
```

이와 다른 형태로 호출하면 다음과 같이 TypeError가 발생한다.

```
>>> concatenate("John", "Doe", " ")
Traceback (most recent call last):
  File "<stdin>", line 1, in <module>
TypeError: concatenate() takes 2 positional arguments but 3 were given
```

위 형태로 함수를 라이브러리에 공개했으며, 이 함수가 숫자에 제한 없이 위치 인수를 받을 수 있도록 대응한다고 가정하자. 이 함수를 호출할 수 있는 방법은 한 가지이므로 여기에서 인수 언패킹을 이용해 다음 변경을 구현할 수 있다.

```
def concatenate(*items, delim: str):
    return delim.join(items)
```

*items 인수는 모든 위치 인수를 튜플 items로 받는다. 이 변경에 따라 사용자들은 숫자와 관계없이 위치 인수를 다음과 같이 사용할 수 있다.

```
>>> concatenate("John", "Doe", delim=" ")
'John Doe'
>>> concatenate("Ronald", "Reuel", "Tolkien", delim=" ")
'Ronald Reuel Tolkien'
>>> concatenate("Jay", delim=" ")
'Jay'
>>> concatenate(delim=" ")
''
```

위치 전달만 가능한 인수, 키워드 전달만 가능한 인수는 라이브러리 작성자들에게 매우 유용하다. 이를 활용해 사용자들에게 영향을 주지 않으면서도 미래의 설계 변경을 위한 여지를 남길 수 있기 때문이다. 애플리케이션 작성, 특히 다른 프로그래머들과 협업할 때도 이 기능은 빛을 발휘한다. 위치 전달만 가능한 인수와 키워드 전달만 가능한 인수를 활용함으로써 함수가 의도대로 호출되는 것을 보장할 수 있다. 이는 향후 코드 리팩터링 시에도 도움을 준다.

3.2.5 zoneinfo 모듈

시간 및 시간대timezone 다루기는 프로그래밍에서도 가장 어려운 부분 중 하나다. 프로그래머들이 시간과 시간대에 관해 일반적으로 갖고 있는 여러 가지 오해가 그 원인이다. 또 다른 원인은 실제 시간대의 정의가 계속해서 바뀌는 것이다. 이 문제는 매년 일어나며, 종종 정치적인 이유로 발생하기도 한다.

파이썬 3.9부터는 현재 및 역사적인 시간대 정보를 과거 어느 때보다 쉽게 접근할 수 있는 방법을 제공한다. 파이썬 표준 라이브러리의 zoneinfo 모듈은 운영체제와 PyPI의 퍼스트파티 패키지인 tzdata에서 제공하는 시간대 데이터베이스로의 접근을 지원한다.

NOTE PyPI에서 제공되는 패키지들은 서드파티 패키지, 표준 라이브러리 모듈들은 퍼스트파티 패키지로 간주한다. tzdata는 CPython의 핵심 개발자들이 유지보수하는 매우 특별한 모듈이다. IANA 데이터베이스의 내용을 PyPI의 별도 패키지로 추출한 것은 CPython의 릴리스 주기와 독립적으로 정기적인 업데이트를 보장하기 위해서다.

실제 사용 시에는 다음과 같이 생성자를 호출해 ZoneInfo 객체를 생성한다.

```
ZoneInfo(timezone_key)
```

여기에서 timezone_key는 IANA의 시간대 데이터베이스 파일명이다. 이 파일명들은 여러 애플리케이션에서 시간대를 표현하는 방법과 유사하다. 예를 들면 다음과 같다.

* Europe/Warsaw
* Asia/Tel_Aviv
* America/Fort_Nelson
* GMT-0

ZoneInfo 클래스의 인스턴스들은 datetime 객체 생성자의 tzinfo 매개변수로 사용할 수 있다.

```
from datetime import datetime
from zoneinfo import ZoneInfo

dt = datetime(2020, 11, 28, tzinfo=ZoneInfo("Europe/Warsaw"))
```

이를 이용하면 소위 시간대를 인식하는timezone-aware `datetime` 객체를 만들 수 있다. 이 객체는 특정 시간대에서의 시간차를 적절히 계산하는 데 필수적이다. 왜냐하면 이들은 표준 시간, 일광 절약 시간daylight-saving time, DST과 **IANA**의 시간대 데이터베이스 변경 사항을 함께 활용하기 때문이다.

여러분이 사용하는 시스템에서 활용할 수 있는 모든 시간대 정보 목록은 `zoneinfo.available_timezone()` 함수를 통해 얻을 수 있다.

3.2.6 graphlib 모듈

파이썬 표준 라이브러리에 추가된 흥미로운 모듈 중 하나는 `graphlib` 모듈로 파이썬 3.9에 도입되었다. 이 모듈은 그래프 같은 데이터 구조를 다루는 유틸리티를 제공한다.

그래프graph는 노드node와 노드를 연결하는 에지edge로 구성된 데이터 구조다. 그래프는 **그래프 이론**graph theory이라는 수학 분야에서 나온 개념이다. 에지 타입에 따라 그래프는 크게 두 가지로 구분된다.

- **무향 그래프**undirected graph: 모든 에지가 방향을 갖지 않는다. 그래프를 각 도시와 그 도시를 연결하는 도로로 본다면, 무향 그래프에서의 에지는 양방향으로 오갈 수 있는 도로다. 그러므로 두 개의 노드 A, B가 무향 에지 E로 연결되어 있다면, 동일한 에지 E를 이용해 A에서 B 또는 B에서 A로 오갈 수 있다.

- **유향 그래프**directed graph: 모든 에지가 방향을 갖는다. 그래프를 각 도시와 그 도시를 연결하는 도로로 본다면, 유향 그래프의 에지는 출발 지점에서 한 방향으로만 이동할 수 있는 일방통행 도로에 해당한다. 두 노드 A, B가 A에서 시작된 단일 에지 E로 연결되어 있다면, A에서 B로는 이동할 수 있지만 반대 방향으로는 이동할 수 없다.

또한 그래프는 순환 혹은 비순환일 수 있다. **순환 그래프**cyclic graph는 적어도 하나의 사이클(즉, 시작점과 종료점이 같은)을 갖는다. **비순환 그래프**acyclic graph는 하나의 사이클도 갖지 않는다. 그림 3.1에 유향 그래프와 무향 그래프를 나타낸다.

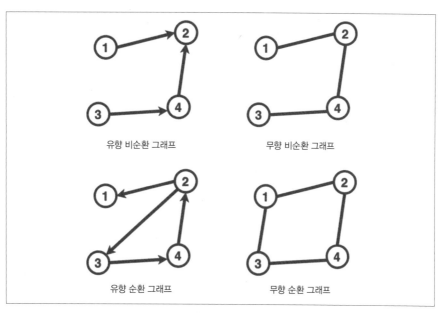

유향 비순환 그래프   무향 비순환 그래프

유향 순환 그래프   무향 순환 그래프

그림 3.1 **다양한 타입의 그래프들**

그래프 이론을 이용하면 그래프 구조를 이용해 모델링할 수 있는 많은 수학적 문제를 다룰 수 있다. 컴퓨터 과학에서는 그래프를 이용해 다양한 알고리즘 문제를 객체 사이의 데이터 또는 관계의 흐름을 나타내는 프로그래밍으로 해결한다. 실질적인 예시로 다음을 들 수 있다.

- 디펜던시 트리 모델링
- 기계가 인식할 수 있는machine-readable 형태로의 지식 표현
- 정보 시각화
- 운송 시스템 모델링

graphlib 모듈을 이용하면 파이썬에서 그래프를 다룰 수 있다. 이 모듈은 신규 모델이며 현재 TopologicalSorter라는 단일 클래스만 포함하고 있다. 이 클래스는 이름에서 알 수 있듯이 유향 비순환 그래프의 위상 정렬topological sort 기능을 제공한다.

위상 정렬은 **유향 비순환 그래프**directed acyclic graph, DAG의 노드 순서를 특정한 방식으로 조정하는 조작이다. 위상 정렬을 하면 특정한 노드에서 거슬러 올라갈 수 있는 모든 노드의 목록을 얻는다.

- 첫 번째 노드로는 어떤 노드에서도 거슬러 올라갈 수 없는 노드다.
- 다음의 모든 노드에서는 이전 노드로 거슬러 올라갈 수 없다.
- 마지막 노드에서는 어떤 노드로도 거슬러 올라갈 수 없다.

어떤 그래프들은 위상 정렬의 요구 사항을 만족하는 여러 순서를 가질 수도 있다. 그림 3.2는 3가지로 위상 정렬을 할 수 있는 DAG를 나타낸다.

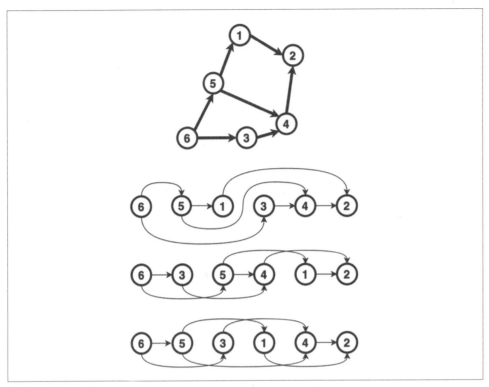

그림 3.2 **다양한 타입의 그래프들**

위상 정렬의 활용에 관해 좀 더 이해하기 위해 다음 문제를 생각해보자. 여러 디펜던시 태스크로 구성된 복잡한 조작을 해야 한다고 가정해보자. 예를 들어 여러 데이터베이스 테이블을 둘 이상의 다른 데이터베이스 시스템으로 마이그레이션하는 문제를 생각할 수 있다. 이는 잘 알려진 문제이며, 이미 많은 데이터베이스 관리 시스템에서 그 해결책을 제공한다. 그러나 이해를 돕기 위해 이런 시스템을 가지고 있지 않으며 새롭게 만들어야 한다고 해보자.

관계형 데이터베이스 시스템relational database system, RDB에서 테이블의 행은 종종 교차 참조되며, **외부 키 제약**foreign key constraint을 통해 시스템의 무결성을 보호한다. 특정 시점에 대상 데이터베이스의 참조 무결성을 보장하기 위해서는 모든 테이블을 특정한 순서로 마이그레이션해야 한다. 다음과 같이 데이터베이스 테이블이 있다고 가정해보자.

• **하나의 customers 테이블**: 고객과 관련된 개인 정보를 가진다.

- **하나의 accounts 테이블**: 사용자 계좌와 잔고 정보를 가진다. 한 사용자는 여러 계좌(예를 들어 개인 계좌, 사업자 계좌)를 가질 수 있으며, 한 계좌에는 여러 사용자가 접근할 수 없다.
- **하나의 products 테이블**: 시스템에서 판매 중인 제품 정보를 가진다.
- **하나의 orders 테이블**: 한 사용자가 한 계좌에서 주문한 여러 제품에 대한 개별 주문 정보를 가진다.
- **하나의 order_products 테이블**: 하나의 주문에 포함된 개별 제품 수 정보를 가진다.

파이썬은 그래프를 표현하기 위한 전용 데이터 타입을 제공하지 않는다. 하지만 딕셔너리 타입을 이용해 키와 값의 관계를 멋지게 매핑할 수 있다. 가상의 테이블에 대한 참조를 다음과 같이 정의한다.

```
table_references = {
    "customers": set(),
    "accounts": {"customers"},
    "products": set(),
    "orders": {"accounts", "customers"},
    "order_products": {"orders", "products"},
}
```

이 그래프가 사이클을 갖지 않으면 위상 정렬시킬 수 있다. 그 결과로 가능한 테이블 마이그레이션 순서를 얻을 수 있다. graphlib.TopologicalSorter 클래스의 생성자는 하나의 딕셔너리를 입력으로 받는다. 딕셔너리의 키는 출발 노드, 해당 키의 값은 도착 노드 집합이 된다. 즉, TopologicalSorter() 생성자에 table_references 변수를 직접 전달할 수 있다.

위상 정렬을 하기 위해서는 static_order()를 호출한다. 인터랙티브 세션에서는 다음과 같이 실행할 수 있다.

```
>>> from graphlib import TopologicalSorter
>>> table_references = {
...     "customers": set(),
...     "accounts": {"customers"},
...     "products": set(),
...     "orders": {"accounts", "customers"},
...     "order_products": {"orders", "products"},
... }
>>> sorter = TopologicalSorter(table_references)
>>> list(sorter.static_order())
['customers', 'products', 'accounts', 'orders', 'order_products']
```

위상 정렬은 DAG에서만 실행할 수 있다. `TopologicalSorter`는 정렬 도중에는 사이클을 찾아내지만, 정렬을 시작할 때는 사이클 존재를 확인하지 않는다. 사이클을 발견하면 `static_order()` 메서드는 `graphlib.CycleError` 예외를 발생시킨다.

> **NOTE** 이 예시는 사실 매우 직관적이고 손으로도 해결할 수 있는 쉬운 문제다. 하지만 실제 데이터베이스는 종종 수십 또는 수백 개의 테이블로 구성된다. 이런 데이터베이스 처리를 수작업으로 하는 것은 매우 번거롭고 에러가 발생하기 쉽다.

지금까지 살펴본 피처들은 매우 새로운 것들이기 때문에 파이썬의 주요 요소가 되기까지는 좀 더 시간이 필요할 것이다. 이 피처들은 하위 호환되지 않으며, 많은 라이브러리 유지보수자들이 여전히 구 버전의 파이썬을 지원하고 있다.

다음 절에서는 파이썬 3.6과 3.7에서 도입된 중요한 몇 가지 요소들을 살펴봄으로써 더 많은 파이썬 버전을 다뤄본다. 여기에서 설명하는 모든 요소가 잘 알려져 있는 것은 아니지만 알아두면 좋을 것이다.

3.3 그다지 새롭지는 않지만 여전히 멋진 요소들

파이썬은 릴리스될 때마다 새로운 것들을 제공한다. 몇몇 변화들은 실제로 혁신적이다. 우리가 프로그래밍할 수 있는 방법을 크게 개선하며, 커뮤니티에서는 거의 즉시 받아들여진다. 하지만 어떤 변화들은 그 이점이 처음엔 분명하지 않아 사용되는 데 다소 시간이 걸리기도 한다.

파이썬 3.0 릴리스에 포함되었던 함수 애너테이션function annotation이 그랬다. 수년에 걸쳐 생태계가 구축되고 나서야 함수 애너테이션을 활용하게 되었다. 그러나 이제 모던 파이썬 애플리케이션에서는 어디에서나 애너테이션을 볼 수 있다.

코어 파이썬 개발자들은 표준 라이브러리에 새로운 기능을 추가하는 것에 있어 매우 보수적이기 때문에 새 모듈이 추가되는 경우는 드물다. 그래프 유사 데이터 구조를 조작하거나 주의 깊게 시간대를 다루어야 할 문제를 풀 기회가 많지 않다면, `graphlib`이나 `zoneinfo` 모듈의 존재를 기억하기 쉽지 않을 것이다. 따라서 파이썬 3.7 이전 버전에 도입된 몇 가지 중요한 변화에 관해 간단히 살펴볼 것이다. 이 변화들은 잊기 쉬운 작지만 흥미로운 것이거나 그저 익숙해지기까지 시간이 필요한 것일 수도 있다.

3.3.1 breakpoint() 함수

2장에서 디버거에 관해 살펴봤다. `breakpoint()`는 파이썬 디버거를 호출하는 이디엄이라고 이미 언급했다.

breakpoint()는 파이썬 3.7에 추가되었으며 꽤 오랜 기간 사용되어왔다. 그럼에도 여전히 익숙해지는 데 시간이 필요한 피처다. 수년 동안 관찰을 통해 파이썬 코드에서 디버거를 호출하는 가장 간단한 방법은 다음 코드 스니펫을 삽입하는 것이라는 점을 알게 되었다.

```
import pdb; pdb.set_trace()
```

이 코드 스니펫은 아름답지도 직관적이지도 않다. 그럼에도 수년 동안 많은 프로그래머가 이 코드를 사용하는 것을 보았을 테고, 거의 뇌리에 박혔을 것이다. 그래서 문제가 도대체 무엇이냐며 의아할 것이다. 코드를 열고 키보드를 몇 차례 눌러 pdb를 호출한 다음 프로그램을 재시작한다. 코드를 삽입한 장소에서 에러가 발생하면 인터프리터 셸에서 확인할 수 있다. 문제를 확인했는가? 그럼 다시 코드를 열고 import pdb; pdb.set_ trace()를 제거하고 코드를 수정한다.

그래서 이게 문제가 될 게 있을까? 단지 개인 선호도 문제는 아닐까? 브레이크포인트가 운영 코드에 포함되는 것인가?

사실 디버깅은 매우 고독하고 개인적인 태스크다. 우리는 수많은 시간을 들여 버그와 싸우고, 원인을 찾고, 때로는 절망적으로 코드를 계속해서 읽으면서 애플리케이션을 중단시키는 작은 실수를 찾아낸다. 문제의 원인을 찾는 데 몰두할 때는 가장 쉬운 방법을 사용해야 한다. 어떤 프로그래머들은 IDE에 통합된 디버거를 선호한다. 어떤 프로그래머들은 심지어 디버거를 사용하지 않고 코드 곳곳에서 print()를 호출한다. 항상 가장 편한 방법을 선택하길 바란다.

그러나 오래된 셸 기반 디버거에 익숙하다면 breakpoint()가 효과적일 것이다. 이 함수의 가장 큰 장점은 단일 디버거에 종속되지 않는다는 점이다. 기본적으로 이 함수는 pdb 세션을 호출하지만, PYTHONBREAKPOINT 환경 변수를 이용해 이 동작을 수정할 수 있다. 다른 디버거(2장에서 언급한 ipdb 등)를 이용하고 싶다면, 이 환경 변수를 수정해 원하는 함수를 호출할 수 있다.

일반적으로는 셸의 프로파일 스크립트에 디버거를 지정해, 셸 세션마다 디버거를 변경하지 않아도 되도록 설정한다. 예를 들어 Bash 셸에서 pdb 대신 ipdb를 사용하도록 지정하다면 .bash_profile 파일에서 다음과 같이 설정하면 된다.

```
PYTHONBREAKPOINT=ipdb.set_trace()
```

이 설정은 협업을 할 때도 유용하다. 디버깅을 도와달라고 요청한다면 의심되는 곳에 브레이크포인트 문장을 넣어달라고 요청하면 된다. 그다음 코드를 실행해 선호하는 디버거를 사용하면 된다.

> **TIP** 애플리케이션이 처리되지 않는 예외를 발생시키지만 브레이크포인트를 어디에 넣어야 할지 모르는 경우에는 pdb의 포스트모템 피처를 사용하자. 다음 명령어를 실행하면 실행된 파이썬 스크립트에서 예외가 발생한 시점에 디버깅 세션이 시작된다.

```
python3 -m pdb -c continue script.py
```

3.3.2 개발 모드

파이썬 3.7부터 전용 개발 모드development mode에서 파이썬 인터프리터를 호출해 추가적인 런타임 체크를 할 수 있다. 이 피처는 코드를 실행했을 때 발생할 수 있는 잠재적인 이슈를 분석하는 데 유용하다. 올바르게 동작하는 코드에서 이를 적용하는 비용은 매우 높기 때문에 기본적으로 비활성화되어 있다.

개발 모드는 두 가지 방법으로 활성화할 수 있다.

- 파이썬 인터프리터의 -X dev 명령줄 옵션을 이용한다.

```
python -X dev my_application.py
```

- PYTHONDEVMODE 환경 변수를 이용한다.

```
PYTHONDEVMODE=1 my_application
```

개발 모드를 활성화함에 따른 가장 중요한 효과들은 다음과 같다.

- **메모리 할당 훅**memory allocation hook: 버퍼 언더플로underflow/오버플로overflow, 메모리 할당자 API 위반, 안전하지 않는 **글로벌 인터프리터 록**Global Interpreter Lock, GIL 사용
- **임포트 경고**import warning: 모듈 임포트 시 실수와 관련해서 발생
- **자원 경고**resource warning: 열린 파일 닫지 않기와 같이 적합하지 않은 처리 시 발생
- **종료 경고**deprecation warning: 지원이 종료deprecated되어 향후 릴리스에서 제거될 표준 라이브러리 요소
- **폴트 핸들러**fault handler **활성화**: 애플리케이션이 SIGSEGV, SIGFPE, SIGABRT, SIGBUS, SIGILL이라는 시스템 호출을 받았을 때 애플리케이션 스택트레이스 출력

개발 모드에서 발생한 경고warning는 무언가 의도된 방식으로 작동하지 않음을 나타낸다. 주의를 이용하면 코드가 정상적인 동작을 하는 동안에는 에러로 간주하지 않아도 좋지만, 장기적으로는 분명

한 결함이 될 만한 문제들을 찾아낼 수 있다.

열려 있는 파일을 적절히 정리하지 않으면 어느 시점에 애플리케이션이 실행되고 있는 환경에서 자원 고갈을 일으킬 수 있다. 파일 디스크립터file descriptor, RAM, 디스크 저장 공간은 모두 자원이다. 모든 운영체제에는 동시에 열 수 있는 파일 수의 한도가 존재한다. 애플리케이션이 열었던 파일을 닫지 않고 새 파일을 계속 열면, 어느 시점에서는 새로운 파일을 열지 못하게 된다.

개발 모드를 사용하면 이런 문제들을 미리 발견할 수 있다. 따라서 애플리케이션 테스팅을 하는 동안에는 개발 모드를 사용하는 것을 권장한다. 다만 개발 환경 모드의 확인으로 발생되는 추가적인 오버헤드 때문에 운영 환경에서는 그 사용을 권하지 않는다.

때때로 개발 모드를 사용해 기존 시스템을 진단할 수도 있다. 애플리케이션이 세그멘테이션 폴트를 보인다면 이는 실질적인 문제 상황이다.

파이썬은 이런 일이 발생하면 보통 에러의 세부적인 내용을 얻을 수 없다. 단지 셸의 표준 출력으로 간략한 메시지만 출력될 뿐이다.

```
Segmentation fault: 11
```

세그멘테이션 폴트가 발생하면 파이썬 프로세스는 SIGSEGV 시스템 시그널을 받고 즉시 종료한다. 일부 운영체제의 경우에는 크래시가 발생한 시점에 기록된 프로세스 메모리의 스냅숏인 코어 덤프core dump를 제공하기도 한다. 이를 활용해 애플리케이션을 디버깅할 수 있다. 안타깝게도 CPython의 경우 코어 덤프는 인터프리터 프로세스의 메모리 스냅숏이기 때문에, 디버깅은 C 코드 레벨에서 수행된다.

개발 모드는 추가적인 폴트 핸들러를 설치한다. 이 핸들러는 폴트 시그널을 받을 때마다 파이썬 스택트레이스를 출력한다. 이 핸들러 덕분에 코드의 어떤 부분이 문제를 야기하는지에 관한 정보를 얻을 수 있다. 다음은 파이썬 3.8에서 세그멘테이션 폴트를 야기하는 코드의 예시다.

```python
import sys

sys.setrecursionlimit(1 << 30)

def crasher():
    return crasher()

crasher()
```

-X dev 옵션으로 파이썬 인터프리터를 실행하면 다음과 유사한 결과를 얻을 수 있다.

```
Fatal Python error: Segmentation fault

Current thread 0x000000010b04edc0 (most recent call first):
  File "/Users/user/dev/crashers/crasher.py", line 6 in crasher
  File "/Users/user/dev/crashers/crasher.py", line 6 in crasher
  File "/Users/user/dev/crashers/crasher.py", line 6 in crasher
  File "/Users/user/dev/crashers/crasher.py", line 6 in crasher
  File "/Users/user/dev/crashers/crasher.py", line 6 in crasher
  ...
```

이 폴트 핸들러는 개발 모드 밖에서도 활성화할 수 있다. -X faulthandler 명령줄 옵션을 사용하거나 PYTHONFAULTHANDLER 변수를 1로 설정하면 된다.

NOTE 의도와 상관없이 파이썬에서 세그멘테이션 폴트를 발생시키기는 쉽지 않다. 세그멘테이션 폴트는 C, C++로 작성된 파이썬 확장 또는 공유 라이브러리(DLL, .dylib, .so 객체)라 불리는 함수에서 종종 발생한다. 순수한 파이썬 코드의 경우에도 세그멘테이션 폴트가 발생할 수 있는 조건들이 문서로 잘 정리되어 있다. 이러한 조건을 가지고 있는 CPython 인터프리터 저장소를 'crasher'라고 부르며, https://github.com/python/cpython/tree/master/Lib/test/crashers에서 확인할 수 있다.

3.3.3 모듈 레벨 __getattr__() 및 __dir__() 함수

모든 파이썬 클래스는 커스텀 __getattr__() 및 __dir__() 메서드를 정의해 객체의 동적 속성 접근을 커스터마이즈할 수 있다. __getattr__() 함수는 주어진 속성 이름이 존재하지 않을 때 호출되고 누락된 속성 룩업을 찾아 즉시 값을 만든다. __dir__() 메서드는 객체가 dir() 함수에 전달될 때 호출되며 객체 속성 이름의 목록을 반환한다.

파이썬 3.7부터 __getattr__() 및 __dir__() 함수는 모듈 레벨에서 정의할 수 있다. 문법은 객체 메서드의 모듈 레벨과 같다. __getattr__() 모듈 레벨 함수가 정의되면, 이 함수는 실패한 모듈 멤버 룩업 시 호출된다. __dir__() 함수는 모듈 객체가 dir() 함수에 전달될 때 호출된다.

이 피처는 라이브러리 유지보수자들이 모듈 함수나 클래스의 개발을 중단할 때 유용하다. 예를 들어 dict_helpers.py라 불리는 오픈소스 라이브러리에서 타입 힌팅 제네릭으로부터 get_ci() 함수를 노출시킨다고 가정해보자. 이 함수의 이름을 lookup_ci()로 변경하지만, 이전 이름으로도 계속 호출할 수 있도록 할 때는 다음 중단 패턴을 사용할 수 있다.

```
from typing import Any
from warnings import warn

def ci_lookup(d: dict[str, Any], key: str) -> Any:
    ...

def __getattr__(name: str):
    if name == "get_ci":
        warn(f"{name} is deprecated", DeprecationWarning)
        return ci_lookup

    raise AttributeError(f"module {__name__} has no attribute {name}")
```

앞의 패턴은 get_ci() 함수가 모듈에서 직접 임포트되거나(예를 들어 from dict_helpers import get_ci), dit_helper.get_ci 속성을 통해 접근하는 것과 관계없이 DeprecationWarning을 방출한다.

NOTE 중단 경고는 기본적으로는 보이지 않는다. 개발 모드에서는 중단 경고를 활성화할 수 있다.

3.3.4 f-string을 이용한 문자열 서식 지정

포맷 문자열 리터럴formatted string literals이라 불리는 f-string은 파이썬 3.6에서 도입되었으며 가장 많이 사랑받는 피처 중 하나다. PEP 498에서 추가되었으며 문자열 포맷을 지정하는 새로운 방법을 제공한다. 파이썬 3.6 이전에는 두 가지 다른 문자열 포매팅 방법이 제공되었다. 그래서 현재는 세 가지 다른 방법으로 문자열 포매팅을 할 수 있다.

- **% 포매팅 사용**: 가장 오래된 방법으로 C 표준 라이브러리의 printf() 구문과 유사한 대체 패턴을 이용한다.

```
>>> import math
>>> "approximate value of π: %f" % math.pi
'approximate value of π: 3.141593'
```

- **str.format() 메서드 사용**: 이는 %보다 편리하며 에러가 덜 발생하지만 다소 장황하다. str.format() 메서드를 이용하면 이름 있는 대체 토큰이나 같은 값을 여러 번 재사용할 수 있다.

```
>>> import math
>>> " approximate value of π: {:f}".format(pi=math.pi)
'approximate value of π: 3.141593'
```

- **포맷 문자열 리터럴**(f-string) **이용**: 가장 간결하고 유연하며 편리한 문자열 포매팅 방법이다. 로컬 이름 간에서 변수와 표현식을 사용해 리터럴 안의 값을 자동으로 대체한다.

```
>>> import math
>>> f"approximate value of π: {math.pi:f}"
'approximate value of π: 3.141593'
```

포맷 문자열 리터럴은 접두어 f로 시작되며, 구문 자체는 str.format() 메서드와 유사하다. 포맷 문자열 리터럴과 str.format()은 포맷 텍스트에서 대체 필드를 나타내기 위해 유사한 마크업을 사용한다. str.format() 메서드에서는 위치와 키워드 인수를 이용해 텍스트를 대체한다. f-string이 특별한 점은 대체 필드를 다양한 패턴으로 만들 수 있고 이를 런타임에 평가한다는 것이다. 문자열 안에서는 포맷 문자열의 동일 네임스페이스에서 이용할 수 있는 모든 변수에 접근할 수 있다.

표현식을 대체 필드로 사용할 수 있기 때문에 포매팅 코드는 더욱 짧고 간결해진다. str.format() 메서드와 동일한 대체 필드를 동일한 포매팅 명시자로 사용할 수도 있다(패딩padding, 정렬aligning, 사인 sign 등).

```
f"{replacement_field_expression:format_specifier}"
```

다음은 10의 제곱수 중 첫 10개를 f-string을 이용해 표시하고, 패딩 문자열 포매팅을 이용해 정렬한 결과다.

```
>>> for x in range(10):
...     print(f"10^{x} == {10**x:10d}")
...
10^0 ==          1
10^1 ==         10
10^2 ==        100
10^3 ==       1000
10^4 ==      10000
10^5 ==     100000
10^6 ==    1000000
10^7 ==   10000000
10^8 ==  100000000
10^9 == 1000000000
```

[NOTE] 파이썬 문자열의 완전한 포매팅 명세서는 파이썬 안의 독립된 작은 언어를 형성한다. 최고의 참조 자료는 다음 공식 문서에서 찾아볼 수 있다(https://docs.python.org/3/library/string.html). 이와 관련된 또 다른 유용한 참조 자료

로 https://pyformat.info/를 참조할 수 있다. 이 문서에서는 실질적인 예시를 통해 가장 중요한 요소를 사용하는 방법을 제시한다.

3.3.5 숫자 리터럴의 언더스코어

숫자 리터럴의 언더스코어는 도입하기 매우 쉬운 피처임에도 아직 널리 사용되지 않고 있다. 파이썬 3.6에서 도입되었으며 _(언더스코어)를 이용해 숫자 리터럴의 자릿수를 구분할 수 있다. 이는 큰 숫자의 가독성을 높여준다. 다음 변수 할당을 살펴보자.

```
account_balance = 100000000
```

0의 숫자가 매우 많기 때문에 이 숫자가 100만인지 10억인지 확신할 수 없다. 언더스코어를 사용해 천, 백만, 십억 단위의 자릿수를 구분할 수 있다.

```
account_balance = 100_000_000
```

이제 숫자 0의 수를 세지 않고도 account_balance가 1억임을 곧바로 알 수 있다.

3.3.6 secrets 모듈

많은 프로그래머가 흔히 일으키는 보안상 실수는 random 모듈을 이용해 무작위성을 가정하는 것이다. random 모듈을 이용해 만든 난수는 본질적으로 통계적인 목적으로 사용하기는 충분한다. random 모듈은 메르센 트위스터 유사 난수 생성기Mersenne Twister pseudorandom number generator를 이용한다. 메르센 트위스터 유사 난수 생성기는 장기적인 관점에서 보면 균등분포uniform distribution 를 따르기 때문에 시뮬레이션, 모델링, 수학적 통합에서 사용될 수 있다.

하지만 메르센 트위스터는 완전한 결정론적deterministic 알고리즘이며, 결과적으로 random 모듈도 결정론적 알고리즘이다. 이는 초기 조건(난수 시드)을 알면, 동일한 유사 난수를 생성할 수 있다. 또한 연속적인 유사 난수를 충분히 알면 역으로 난수 시드를 추출할 수 있으며 다음 결과를 예측할 수 있다. 메르센 트위스터에서도 동일하다.

TIP 메르센 트위스터에서의 난수 예측 방법에 관해서는 깃허브의 다음 프로젝트를 참조한다.

• https://github.com/kmyk/mersenne-twister-predictor

유사 난수 생성기는 이런 특성을 가지기 때문에 보안 콘텍스트에서는 이를 이용해 난수를 생성해서는 안 된다. 예를 들어 사용자 비밀번호나 토큰 등에서 사용할 난수를 만들어야 한다면, 다른 방법을 이용해야 한다.

이럴 때는 secrets 모듈을 사용해야 한다. 이 모듈은 실행 중인 운영체제가 제공하는 최고의 무작위 소스를 이용한다. UNIX 및 UNIX 유사 시스템에서는 /dev/urandom 장치, 윈도우에서는 Crypt GenRandom 제너레이터를 이용한다.

가장 중요한 세 가지 함수는 다음과 같다.

- secrets.token_bytes(nbytes=None): nbytes의 무작위 수의 바이트를 반환한다. 이 함수는 secrets.token_hex()와 secrets.token_urlsafe() 함수 안에서 사용된다. nbytes를 전달하지 않으면, 문서에 '합리적reasonable'이라 정의된 기본 수의 바이트를 반환한다.
- secrets.token_hex(nbytes=None): nbytes의 무작위 수의 바이트를 16진수로 인코딩된 문자열 (bytes() 객체가 아님)을 반환한다. 1바이트는 두 자리의 16진수로 나타내므로 반환되는 문자열은 nbytes×2문자로 구성된다. nbytes를 전달하지 않으면 secrets.token_bytes()와 마찬가지로 기본 수의 바이트를 반환한다.
- secrets.token_urlsafe(nbytes=None): bytes의 무작위 수의 바이트를 URL-safe, base64 인코딩 문자열로 반환한다. 1바이트는 base64 인코딩 시 약 1.3문자가 되므로 반환되는 문자열은 nbytes×1.3문자로 구성된다. nbytes를 전달하지 않으면 secrets.token_bytes()와 마찬가지로 기본 수의 바이트를 반환한다.

중요하지만 자주 간과되는 함수로 secrets.compare_digest(a, b)가 있다. 이 함수는 2개 문자열 또는 비이트 유시 객체를 비교한다. 비교하는 데 걸리는 시간을 측정한다 해도 공격자들은 부분적으로도 이들을 추측할 수 없다. 일반적인 문자열 비교(== 연산자)를 이용한 시크릿 비교는 소위 시간차 공격에 취약하다. 이 시나리오에서 공격자는 다양한 시크릿을 검증하면서 통계적인 분석을 함으로써 점진적으로 원래 값의 연속적인 문자열을 추측한다.

3.4 미래에 관한 예상

이 책은 파이썬 3.9가 릴리스된 지 몇 개월 지나지 않은 시점에 집필되었다. 하지만 여러분이 이 책을 읽을 때 즈음이면 파이썬 3.10이 이미 릴리스되었거나 릴리스를 눈앞에 둔 시점일 수도 있다.[1]

파이썬 개발 프로세스는 투명하게 공개되어 있기 때문에 PEP 문서에서 무엇이 승인되었는지, 알파와 베타 릴리스에서 무엇이 구현되었는지 지속적으로 알 수 있었다. 그래서 파이썬 3.10에 도입될 몇 가지 피처들을 살펴볼 수 있었다. 미래에 우리가 확인해볼 수 있는 가장 중요한 변경 사항들을 간단히 소개한다.

3.4.1 | 연산자를 이용한 유니언 타입

파이썬 3.10은 타입 힌팅을 위한 또 다른 구문 단순화를 제공한다. 이 새로운 구문 덕분에 유니언 union(공용체) 타입 애너테이션을 만들기가 더욱 쉬워질 것이다.

파이썬은 동적 타입 언어이며 다형성 polymorphism이 없다. 그 결과 함수들은 호출에 따라 타입이 달라질 수 있는 동일한 인수를 쉽게 입력받고, 인터페이스가 동일하면 그 타입을 적절히 처리한다. 이를 더 잘 이해하기 위해 앞에서 다루었던 함수의 시그니처를 다시 살펴보자. 이 시그니처는 대소문자를 구분하지 않은 문자열 키를 갖는 딕셔너리 값의 루프백을 받는다.

```python
def get_ci(d: dict[str, Any], key: str) -> Any: ...
```

내부적으로는 딕셔너리에서 얻은 키에 대해 upper() 메서드를 사용했다. d 인수의 타입을 dict[str, Any], 키 인수의 타입을 str로 정의한 이유이다.

그러나 str 타입이 upper() 메서드를 갖는 유일한 타입은 아니다. bytes 타입도 동일한 메서드를 갖는다. get_ci() 함수가 문자열 키를 가진 딕셔너리, 바이트 키를 가진 딕셔너리를 모두 받을 수 있게 하려면 가능한 타입의 유니언으로 명시해야 한다.

현재 유니언 타입을 지정하는 유일한 방법은 typing.Union 힌트를 사용하는 것이다. 이 힌트는 bytes와 str 타입의 유니언을 typing.Union[bytes, str]로 표기할 수 있다. get_ci() 함수의 완전한 시그니처는 다음과 같다.

---

1 [옮긴이] 실제로 번역 시점에서는 이미 3.10이 릴리스되었다.

```
def get_ci(
    d: dict[Union[str, bytes], Any],
    key: Union[str, bytes]
) -> Any:
    ...
```

시그니처는 이미 매우 장황하다. 함수가 더 복잡하다면 상황은 더 나빠진다. 그래서 파이썬 3.10에서는 | 연산자를 이용해 유니언 타입을 지정할 수 있다. 이후에는 다음과 같이 간단하게 코드를 기술할 수 있을 것이다.

```
def get_ci(d: dict[str | bytes, Any], key: str | bytes) -> Any: ...
```

타입 힌팅 제네릭과 대조적으로 타입 유니언 연산자의 도입은 typing.Union 힌트의 지원을 종료deprecate시키지 않았다. 즉, 이후에도 두 가지 구문을 모두 사용할 수 있다.

3.4.2 구조적 패턴 매칭

구조적 패턴 매칭structural pattern matching은 지난 십여 년간 가장 논란이 되었던 새로운 파이썬 피처이며, 가장 복잡한 피처이기도 하다.

이 피처는 열띤 논의와 셀 수 없이 많은 설계 초안 끝에 받아들여졌다. 이 문제를 해결하기 위해 시도되었던 PEP 문서들을 보면 이 주제가 가진 복잡성이 명확하게 드러난다. 다음은 구조적 패턴 매칭과 관련된 모든 PEP 문서를 나타낸 것이다(2021년 3월 기준).

Date	PEP	Title	Type	Status
23-Jun-2020	622	Structural Pattern Matching	Standards Track	Superseded by PEP 634
12-Sep-2020	634	Structural Pattern Matching: Specification	Standards Track	Accepted
12-Sep-2020	635	Structural Pattern Matching: Motivation and Rationale	Informational	Final
12-Sep-2020	636	Structural Pattern Matching: Tutorial	Informational	Final
26-Sep-2020	642	Explicit Pattern Syntax for Structural Pattern Matching	Standards Track	Draft
9-Feb-2021	653	Precise Semantics for Pattern Matching	Standards Track	Draft

이 표를 보면 문서 숫자가 많을 뿐만 아니라 각 문서의 분량도 만만치 않다. 그래서 대체 구조적 패턴 매칭이 무엇이며, 어떤 효과가 있는 것인가?

구조적 패턴 매칭은 **매치 문장**match statement과 **match, case**라는 새로운 소프트 키워드soft keyword
를 제공한다. 이름에서 알 수 있듯이 구조적 패턴 매칭은 주어진 값을 명시된 "cases"와 매칭을 판
단하고 그 결과에 따라 동작한다.

NOTE 소프트 키워드soft keyword는 모든 콘텍스트에서 예약되지 않는 키워드다. match와 case는 일반적인 변수 또
는 match 문장 콘텍스트 외부에서 함수명으로 사용될 수 있다.

어떤 프로그래머들에게 **match** 문장 구문은 C, C++, 파스칼, 자바 그리고 Go에서의 **switch** 문장
구문과 매우 유사해 보인다. 실제로도 동일한 프로그래밍 패턴을 구현하기 위해 사용되지만, **match**
문장 구문이 훨씬 강력하다.

일반적인(단순화한) **match** 문장 구문은 다음과 같다.

```
match expression:
    case pattern:
        ...
```

expression은 모든 유효한 파이썬 표현식이다. **pattern**은 실제 매칭 패턴을 나타내며, 이는 파이썬
에서의 새로운 개념이다. **case** 블록 안에서는 여러 문장을 기술할 수 있다. **match** 문장의 복잡성의
주된 원인은 **match 패턴**의 도입인데 이를 처음에 이해하기는 어렵다. 패턴 또한 표현식과 쉽게 혼동되
지만, 패턴은 일반적인 표현식처럼 평가하지 않는다.

match 패턴을 보다 깊이 들여다보기 전에 **match** 문장의 간단한 예를 살펴보자. 이 문장은 다른 프로
그래밍 언어에서 사용되는 **switch** 문장의 기능을 복제한 것이다.

```
import sys

match sys.platform:
    case "windows":
        print("Running on Windows")
    case "darwin" :
        print("Running on macOS")
    case "linux":
        print("Running on Linux")
    case _:
        raise NotImplementedError(
            f"{sys.platform} not supported!"
        )
```

매우 직관적인 예시지만 몇 가지 중요한 요소를 담고 있다. 첫째, 리터럴을 패턴으로 사용했다. 둘째, 특별한 _(언더스코어) 와일드카드 패턴을 사용했다. 구문에서 와일드카드 패턴과 매칭되는 다른 패턴들은 항상 **반박할 수 없는 case 블록**irrefutable case block을 만든다. 반박할 수 없는 case 블록은 match 문장의 가장 마지막 블록에만 위치할 수 있다.

물론 위 예시는 if, elif, else의 연속된 문장으로 구현될 수도 있다. 일반적인 초급 레벨의 도전은 피즈버즈FizzBuzz 프로그램을 작성하는 것이다.

피즈버즈 프로그램은 0부터 임의의 수까지 반복하면서 값에 따라 네 가지 동작을 수행한다.

- 값이 3으로 나누어떨어지면 Fizz를 출력한다.
- 값이 5로 나누어떨어지면 Buzz를 출력한다.
- 값이 3과 5 모두로 나누어떨어지면 FizzBuzz를 출력한다.
- 값이 위 경우에 모두에 해당하지 않으면 해당 값을 출력한다.

이는 매우 사소한 문제다. 하지만 인터뷰 같은 스트레스 상황에서 사람들이 이런 간단한 문제에도 당황하는 모습을 본다면 여러분은 매우 놀랄 것이다. 이 문제는 if 문장을 몇 차례 사용해 해결할 수 있다. 하지만 match 문장을 사용하면 한층 우아하게 문제를 해결할 수 있다.

```
for i in range(100):
    match (i % 3, i % 5):
        case (0, 0): print("FizzBuzz")
        case (0, _): print("Fizz")
        case (_, 0): print("Buzz")
        case _: print(i)
```

앞의 예시에서는 (i % 3, i % 5)를 루프의 매칭을 매번 반복한다. 여기에서 3과 5 모두를 몫 연산자(%)의 피인수로 사용했는데, 이는 매번 두 나눗셈 결과에 따라 작동을 결정하기 때문이다. match 표현식은 매칭 블록을 발견하면 패턴 평가를 멈추고 코드의 한 블록만 실행한다.

이전 예시와 크게 다른 점은 리터럴 패턴 대신 거의 시퀀스 패턴을 이용했다는 점이다.

- **(0, 0) 패턴**: 이 패턴은 요소가 2개인 시퀀스의 모든 요소가 0인 것과 매칭된다.
- **(0, _) 패턴**: 이 패턴은 요소가 2개인 시퀀스의 첫 번째 요소가 0인 것과 매칭된다. 다른 요소는 어떤 값 또는 어떤 타입이라도 관계없다.

- **(_, 0) 패턴**: 이 패턴은 요소가 2개인 시퀀스의 두 번째 요소가 0인 것과 매칭된다. 다른 요소는 어떤 값 또는 어떤 타입이라도 관계없다.
- **_ 패턴**: 이 패턴은 와일드카드 패턴이며 모든 값에 매치된다.

매치 표현식은 단일 리터럴 혹은 리터럴 시퀀스에만 국한되지 않는다. 클래스 패턴을 사용해 특정한 클래스와 매칭할 수도 있으며 그 활용은 마법과도 같다. 이는 모든 피처들 중에서 가장 복잡한 부분이다.

이 책의 집필 시점에 파이썬 3.10은 아직 릴리스되지 않았기 때문에, 전형적이고 실질적인 클래스 매칭 패턴의 유스케이스(사용례)를 들기는 어렵다. 대신 공식 튜토리얼의 예시를 살펴보자. 다음은 PEP 636 문서의 예시를 다듬은 버전이다. 이 예시에서는 where_is() 함수를 포함하고 있으며, 이 함수는 전달된 Point 클래스 인스턴스의 구조에 대해 매칭한다.

```python
class Point:
    x: int
    y: int

    def __init__(self, x, y):
        self.x = x
        self.y = y


def where_is(point):
    match point:
        case Point(x=0, y=0):
            print("Origin")
        case Point(x=0, y=y):
            print(f"Y={y}")
        case Point(x=x, y=0):
            print(f"X={x}")
        case Point():
            print("Somewhere else")
        case _:
            print("Not a point")
```

이 코드에서는 많은 일이 일어난다. 코드에 포함된 패턴들을 모두 살펴보자.

- Point(x=0, y=0): point가 Point 클래스의 인스턴스이고, x와 y 속성이 모두 0인 것과 일치한다.
- Point(x=0, y=y): point가 Point 클래스의 인스턴스이고 x 속성이 0인 것과 일치한다. y 속성은 y 변수에 담겨 있으며 case 블록 안에서 사용할 수 있다.

- Point(x=x, y=0): point가 Point 클래스의 인스턴스이고 y 속성이 0인 것과 일치한다. x 속성은 x 변수에 담겨 있으며 case 블록 안에서 사용할 수 있다.
- Point(): point가 Point 클래스의 인스턴스인 것과 일치한다.
- _: 항상 일치한다.

앞에서 본 것처럼 패턴 매칭은 객체 속성 내부까지 볼 수 있다. Point(x=0, y=0) 패턴은 생성자 호출과 비슷해 보이지만, 파이썬에서는 패턴을 평가할 때 객체 생성자를 호출하지 않는다. __init__() 메서드의 인수나 키워드 인수를 확인하지도 않는다. 따라서 매치 패턴에서 어떤 속성값에든 접근할 수 있다.

패치 패턴은 '위치 속성positional attribute' 구문도 사용할 수 있지만 약간의 수고가 더 필요하다. 추가로 __match_args__ 클래스 속성을 제공해야 한다. 이 속성은 클래스 인스턴스 속성의 본래 위치 순서를 명시한다. 다음 코드를 살펴보자.

```python
class Point:
    x: int
    y: int

    __match_args__ = ["x", "y"]

    def __init__(self, x, y):
        self.x = x
        self.y = y


def where_is(point):
    match point:
        case Point(0, 0):
            print("Origin")
        case Point(0, y):
            print(f"Y={y}")
        case Point(x, 0):
            print(f"X={x}")
        case Point():
            print("Somewhere else")
        case _:
            print("Not a point")
```

이는 빙산의 일각일 뿐이다. 매치 문장은 이 짧은 절에서 예시를 든 것보다 훨씬 복잡하다. 모든 잠재적인 유스케이스, 구문 변형, 특이 케이스를 모두 고려한다면 한 장 분량으로도 충분하지 않을 것이다. 매치 문장에 대해 더 많이 알고 싶다면 3개의 기준 문서들(PEP 634, 635, 636)을 참조하기 바란다.

3.5 요약

이번 장에서는 파이썬의 최근 4개 버전에서의 가장 중요한 언어 구문과 표준 라이브러리의 변경에 관해 살펴봤다. 여러분이 파이썬 릴리스 노트를 능동적으로 확인하지 않았거나 파이썬 3.9로 전환하지 않았다면, 아마도 최신 릴리스에 관한 충분한 정보를 얻었을 것이다.

또한 이번 장에서 프로그래밍 이디엄이라는 개념을 소개했다. 이 책에서는 이 이디엄이라는 개념을 여러 차례 언급할 것이다. 다음 장에서는 파이썬의 특정 피처들을 다른 프로그래밍 언어와 비교해봄으로써, 파이썬의 이디엄들에 관해 더 깊이 살펴본다. 이제 막 파이썬으로 전향한 노련한 프로그래머라면, '파이써닉'한 방식을 배우는 좋은 기회가 될 것이다. 또한 파이썬의 가장 뛰어난 점은 무엇인지, 아직 부족한 점은 무엇인지도 알게 될 것이다.

## CHAPTER 4

파이썬과 다른 언어와의 비교

파이썬을 사용하는 많은 프로그래머는 이미 다른 프로그래밍 언어를 사용한 경험이 있다. 그리고 자신들이 사용하던 프로그래밍 이디엄을 그대로 파이썬에 복제하려 한다. 그러나 모든 프로그래밍 언어는 고유하기 때문에 다른 언어에서 사용하는 이디엄을 그대로 적용하면 종종 장황하거나 최적화되지 않은 코드가 만들어진다.

경험이 충분하지 않은 프로그래머들이 사용하는 외부 이디엄의 전형적인 예는 리스트 반복문에서 찾아볼 수 있다. C 언어에서의 배열array에 친숙한 사람들은 종종 다음과 같은 파이썬 코드를 작성한다.

```
for index in range(len(some_list)):
    print(some_list[index])
```

반면 파이썬에 대한 경험이 충분한 프로그래머는 다음과 같이 작성한다.

```
for item in some_list:
    print(item)
```

프로그래밍 언어들은 특정한 '프로그래밍 스타일'을 지원하는 피처의 집합을 기준으로 하는 패러다임에 따라 종종 분류된다. 파이썬은 다중 패러다임 언어이기 때문에 여러 프로그래밍 언어와 많은 유사점을 공유한다. 결과적으로 자바, C++ 또는 여러 주류 프로그래밍 언어와 같이 파이썬 코드를 작성하고 구조화할 수도 있다.

안타깝게도 그런 코드나 구조의 효과는 잘 알려진 파이썬 패턴을 사용하는 것만큼 효과적이지 않다. 파이썬 본연의 이디엄을 사용하면 보다 가독성이 높고 효율적인 코드를 작성할 수 있다.

이번 장은 다른 프로그래밍 언어의 경험이 있는 프로그래머들을 위한 내용이다. 파이썬의 중요한 피처 몇 가지를 살펴보고, 잘 알려진 문제들을 관습적인 방법으로 해결해본다. 그리고 다른 프로그래밍 언어들과 비교해보고, 경험이 풍부한 프로그래머들이 이제 막 파이썬이라는 세계에 발을 들였을 때 쉽게 빠질 수 있는 함정이 무엇인지 살펴본다. 이번 장에서 다루는 주제들은 다음과 같다.

- 클래스 모델과 객체 지향 프로그래밍
- 동적 다형성dynamic polymorphism
- 데이터 클래스
- 함수형 프로그래밍functional programming
- 열거enumeration

먼저 이번 장에서 필요한 기술적 요구 사항부터 살펴보자.

4.1 기술적 요구 사항

이번 장에서 사용하는 코드들은 https://github.com/moseskim/Expert-Python-Programming-Fourth-Edition/tree/main/Chapter 4에서 다운로드할 수 있다.

4.2 클래스 모델과 객체 지향 프로그래밍

파이썬과 관련된 가장 널리 알려진 패러다임은 **객체 지향 프로그래밍**object-oriented programming, OOP 이다. 객체 지향 프로그래밍은 데이터를 캡슐화(객체 속성)한 객체와 행동(메서드)에 중심을 둔다. 아마도 OOP는 가장 다양성이 높은 패러다임일 것이다. 오랜 프로그래밍 역사에 걸쳐 다양한 스타일, 취향, 구현이 존재했다. 파이썬은 다른 여러 언어로부터 영감을 얻었으므로 이번 장에서는 다른 언어의 프리즘을 통해 파이썬에서의 OOP 구현에 대해 살펴본다.

OOP 언어들은 클래스 조합class composition 또는 상속inheritance 같은 수단을 통해 코드 재사용, 확장성extensibility, 모듈성modularity을 촉진한다. 마찬가지로 파이썬도 다른 여러 객체 지향 언어들처럼 서브클래싱subclassing을 지원한다.

파이썬은 다른 OOP 언어들처럼 많은 객체 지향 피처를 가지고 있지 않을지도 모르지만, 유연한 데이터/클래스 모델을 이용하면 OOP 패턴 대부분을 우아하게 구현할 수 있다. 또한 함수, 클래스 정의 및 정수integer, 부동소수점float, 논릿값Boolean과 문자열string 같은 기본값들은 모두 객체다.

파이썬과 유사한 객체 지향 구문 피처와 데이터 모델을 가진 다른 유명한 프로그래밍 언어로 가장 가까운 것은 코틀린Kotlin일 것이다. 코틀린은 (대부분) 자바 가상 머신Java Virtual Machine, JVM에서 동작한다. 다음은 파이썬과 코틀린의 유사한 특성들이다.

- 슈퍼클래스super-class 메서드의 쉬운 호출: 코틀린은 Super 키워드, 파이썬은 super() 함수를 제공하며, 이를 이용해 슈퍼클래스의 메서드나 속성을 명시적으로 참조할 수 있다.

- 객체 자기 참조object self-reference 표현식: 코틀린은 this 표현식을 이용해 클래스의 현재 객체를 항상 참조할 수 있다. 파이썬은 첫 번째 인수가 항상 인스턴스 참조다. 관습적으로 self라는 이름을 사용한다.

- 데이터 클래스 생성 지원: 코틀린도 파이썬과 같이 전통적인 클래스 정의 위에 '문법적 설탕syntactic sugar'으로서 데이터 클래스를 지원한다. 이를 이용해 많은 동작의 전달을 전제하지 않는 클래스 기반 데이터 구조를 간단히 생성할 수 있다.

- 프로퍼티property 개념: 코틀린에서는 클래스 프로퍼티 세터setter와 게터getter를 함수로 정의할 수 있다. 파이썬에서는 유사한 목적으로 property() 데커레이터를 사용할 수 있다. 디스크립터descriptor 개념과 함께 객체에 대한 속성 접근을 완전히 커스터마이즈할 수 있다.

OOP 구현 관점에서 파이썬의 상속에 대한 접근 방식이 더욱 도드라진다. 파이썬은 코틀린을 포함한 다른 여러 언어들과 달리 자유로운 다중 상속multiple inheritance을 지원한다(비록 다중 상속이 좋은 아이디어는 아니지만). 다른 언어들은 다중 상속을 전혀 지원하지 않거나 몇 가지 제약을 가진다. 파이썬은 클래스 정의 외부로부터의 내부 객체 속성에 대한 접근을 통제하기 위한 private/public 키워드를 사용하지 않는다는 점이다.

파이썬과 코틀린 그리고 다른 JVM 기반 프로그래밍 언어들과 공유하는 피처(super()를 호출해 슈퍼클래스에 접근하는)에 관해 살펴보자.

4.2.1 슈퍼클래스로의 접근

OOP 언어에서는 다양한 방법으로 객체의 행동을 캡슐화할 수 있지만, 클래스를 이용하는 방법을 가장 많이 사용한다. 파이썬에서의 OOP 구현은 정확하게 클래스와 서브클래싱 개념을 기반으로 한다.

서브클래싱subclassing은 이미 존재하는 클래스를 상속하거나 그 동작을 특별하게 설정해 쉽게 재사용하는 방법이다. 서브클래스subclass는 대부분 기본 클래스의 동작에 의존하지만, 추가 메서드를 이용해 동작을 확장하거나 동작의 정의를 오버라이딩overriding함으로써 기존 메서드의 구현을 완전히 새롭게 바꾸기도 한다.

그러나 서브클래스 내부에서 기본 클래스의 원래 구현에 대한 접근 없이 메서드를 완전히 재작성하는 것은 코드 재사용에 도움이 되지 않는다. 그래서 파이썬은 super() 함수를 제공한다. 이 함수는 모든 기본 클래스의 메서드 구현에 대한 대리 객체proxy object를 반환한다. super() 함수를 보다 잘 이해하기 위해 파이썬의 딕셔너리 타입을 서브클래스로 만들어 대소문자를 구분하지 않는 키 룩업을 통해 저장된 키에 접근할 수 있는 상황을 생각해보자. 이를 이용하면 HTTP 프로토콜의 헤더값을 대소문자를 구분하지 않는 HTTP 프로토콜 명세로 저장할 수도 있다.

다음 코드는 위에서 설명한 구조를 파이썬에서 서브클래싱을 이용해 구현한 예시다.

```python
from collections import UserDict
from typing import Any

class CaseInsensitiveDict(UserDict):
    def __setitem__(self, key: str, value: Any):
        return super().__setitem__(key.lower(), value)

    def __getitem__(self, key: str) -> Any:
        return super().__getitem__(key.lower())

    def __delitem__(self, key: str) -> None:
        return super().__delitem__(key.lower())
```

CaseInsensitiveDict 구현은 내장 dict 타입이 아니라 collections.UserDict에 의존한다. dict 타입을 상속할 수도 있겠지만, 내장 dict 타입이 항상 __setitem__()을 호출해 상태를 업데이트하지는 않으므로 불일치가 발생하게 된다. 무엇보다 객체 초기화와 update() 메서드 호출에도 이용되지 않는다. list 타입을 서브클래싱해도 이와 유사한 문제가 발생한다. 그래서 좋은 프랙티스로 collections 사용을 권장하는 편이다. UserDict 클래스는 dict 타입, collections.UserList는 list 타입을 서브클래싱한다.

수정된 딕셔너리의 핵심 동작은 __getitem__(self, item: str)과 __setitem__(self, key: str, value: Any)에서 볼 수 있다. 이 메서드들은 각각 dictionary[key]를 이용해 딕셔너리 요소에 접근하고, dictionary[key] = value 구문을 이용해 딕셔너리 값을 설정한다. 타이핑 애너테이션은 키가 문자열, 값이 모든 파이썬 타입임을 이해하는 데 도움을 준다.

__setitem__()은 딕셔너리 값을 저장 및 수정한다. 기본 딕셔너리 타입을 서브클래싱하면서도 내부 키-값 저장소를 활용하지 않는 것은 설득력이 떨어진다. 그래서 super().__setitem__()을 이용해 원래의 setitem 구현을 호출한다. 하지만 값을 저장하기 전에 str.lower() 메서드를 이용해 키를 소문자로 변경해야 한다. 이로써 딕셔너리에 저장된 모든 키가 소문자임을 보증할 수 있다.

__getitem__() 메서드의 구현은 __setitem__()의 그것과 유사하다. 모든 키는 소문자로 변환되어 딕셔너리에 저장되어 있다. 이 덕분에 키 룩업 역시 소문자로 변환해 하면 된다. __getitem__() 메서드의 상위 구현이 결과를 반환하지 않으면, 딕셔너리에서 대소문자를 구별하지 않는 상태에서의 일치가 발생하지 않았다고 결론지을 수 있다.

마지막으로 ___delitem__() 메서드는 딕셔너리 키를 삭제한다. 동일한 기법으로 키를 소문자로 변환하고 슈퍼클래스 구현을 호출한다. 결과적으로 del dictionary[key] 문장을 사용해 딕셔너리의 키를 삭제할 수 있다.

다음은 이 클래스를 이용해 대소문자를 구분하지 않는 키 룩업을 실행한 결과다.

```
>>> headers = CaseInsensitiveDict({
... "Content-Length": 30,
... "Content-Type": "application/json",
... })
>>> headers["CONTENT-LENGTH"]
30
>>> headers["content-type"]
'application/json'
```

위 super() 함수의 유스케이스는 이해하기 쉽다. 하지만 다중 상속을 하면 상황은 조금 더 복잡해진다. 파이썬은 **메서드 결정 순서**Method Resolution Order, MRO를 통한 다중 상속을 제공한다. 이에 관해서는 다음 절에서 자세히 살펴본다.

4.2.2 다중 상속과 메서드 결정 순서

파이썬의 MRO는 **C3 슈퍼클래스 선형화**C3 linearization(이하 C3 선형화)에 기반한다. C3 선형화는 결정론적 MRO 알고리즘이며 딜런Dylan 프로그래밍 언어를 위해 만들어졌다. C3 알고리즘은 클래스를 **선형화**한다. 이는 **상위**precedence라고도 부르며 순서를 가진 조상들의 리스트다.

NOTE 딜런 프로그래밍 언어에 관한 더 많은 정보는 http://opendylan.org에서 찾을 수 있다. 위키피디아에도 C3 선형화에 관해 훌륭하게 정리되어 있다. https://en.wikipedia.org/wiki/C3_linearization

파이썬이 처음부터 C3 선형화 알고리즘을 MRO로 사용한 것은 아니다. C3 선형화 알고리즘은 파이썬 2.3에서 도입되었으며 모든 객체의 공통 기본 타입(즉, object 타입)이 되었다. C3 선형화 메서드로 변경하기 이전에는 하나의 클래스가 두 개의 조상(그림 4.1)을 가졌을 경우, 다중 상속을 계단식으로 사용하지 않는 단순한 경우만 고려했기에 계산과 추적이 매우 쉬웠다.

다음은 MRO가 전혀 필요하지 않은 간단한 다중 상속 패턴의 예다.

```python
class Base1:
    pass

class Base2:
    def method(self):
        print("Base2.method() called")

class MyClass(Base1, Base2):
    pass
```

파이썬 2.3 이전에는 클래스 계층 트리를 간단히 깊이 우선depth-first으로 검색했다. 다시 말해, MyClass().method()가 호출되면 인터프리터는 MyClass를 확인한 뒤 Base1을 확인하고, 최종적으로 Base2 안에서 메서드를 찾았다.

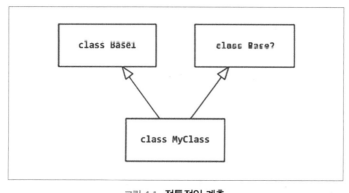

그림 4.1 **전통적인 계층**

여기에서 클래스 최상위 계층에 CommonBase 클래스를 추가하면(그림 4.2) 상황은 더욱 복잡해진다.

```python
class CommonBase:
    pass

class Base1(CommonBase):
    pass

class Base2(CommonBase):
    def method(self):
        print("Base2.method() called")

class MyClass(Base1, Base2):
    pass
```

그 결과 **왼쪽에서 오른쪽으로 탐색하는 깊이 우선**left-to-right depth-first 규칙에 따라 동작하는 단순한 결정 순서에서는 Base 클래스를 따라 최상위까지 올라온 뒤, 다시 Base2를 탐색한다. 이 알고리즘을 따르면 직관과는 완전히 상반된 결과를 얻는다. C3 선형화를 하지 않으면 실행 메서드는 상속 트리에서 가장 가까운 것이 아니게 될 것이다.

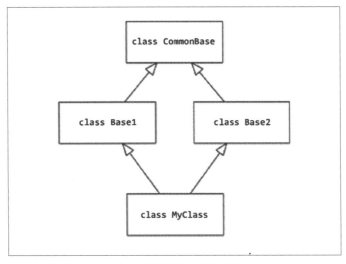

그림 4.2 **다이아몬드 클래스 계층**

이런 상속 시나리오(다이아몬드 클래스 계층diamond class hierarchy이라고 부른다)는 커스텀 클래스에서 일반적이지 않다. 표준 라이브러리는 전형적으로 이런 구조의 상속 계층을 갖지 않으며, 많은 개발자는 이를 나쁜 프랙티스라고 생각한다. 아무튼 파이썬에서는 이런 상속이 가능하므로 전략을 보다 명확하게 잘 정의해야 한다.

또한 파이썬 2.3부터 `object`는 클래스 타입의 최상위 계층에 위치한다. 모든 클래스는 필연적으로 큰 다이아몬드 클래스 상속 계층의 일부가 된다. 이는 C 언어 측면에서도 해결되어야 하는 것이다. 이런 이유에서 파이썬은 MRO 알고리즘으로 C3 선형화를 사용한다.

NOTE 파이썬 2에서는 object를 상속하는 클래스를 '새로운 스타일new-style' 클래스라고 불렀다. 클래스가 객체를 암묵적으로 상속하지 않았기 때문이다. 파이썬 3에서는 모든 클래스가 '새로운 스타일' 클래스이며 기존 방식의 클래스는 사용할 수 없다.

미켈레 시미오나토Michele Simionato가 쓴 파이썬 MRO의 오리지널 참조 문서에서는 선형화에 관해 다음과 같이 기술한다.

> C의 선형화는 C와 그 부모(언어)의 선형화 병합, 부모(언어)의 리스트를 합친 것이다.

NOTE 미켈레 시미오나토가 파이썬의 MRO에 관해서 자세히 설명한 내용은 http://www.python.org/download/releases/2.3/mro에서 확인할 수 있다.

위 설명은 C3가 단순한 재귀적 알고리즘recursive algorithm임을 의미한다. 앞의 상속 예시에서 적용된 C3 심벌릭 표기는 다음과 같다.

```
L[MyClass(Base1, Base2)] =
        [MyClass] + merge(L[Base1], L[Base2], [Base1, Base2])
```

여기에서 L[MyClass]는 MyClass의 선형화이며, merge는 여러 선형화 결과를 병합하는 특정한 알고리즘이다.

merge 알고리즘은 중복을 줄이고 올바른 순서를 보존한다. 이 알고리즘은 리스트 **헤드**head와 **테일**tail의 개념을 이용한다. 헤드는 리스트의 첫 번째 요소이고, 테일은 헤드를 따르는 리스트의 나머지 요소다. 시미오나토는 merge 알고리즘을 이렇게 설명한다(이 책의 예제에 이를 적용했다).

> 첫 번째 리스트의 헤드를 L[Base1][0]이라 하자. 만약 이 헤드가 다른 어떤 리스트의 테일에 포함되지 않으면 헤드를 MyClass의 선형화에 추가한다. 그리고 헤드를 merge의 리스트에서 제거한다. 그렇지 않으면 다음 리스트의 헤드를 찾고, 좋은 헤드라면 그것을 선택한다.
> 그리고 이 조작을 모든 클래스가 사라지거나 좋은 헤드를 찾을 수 없을 때까지 반복한다. 이런 경우 merge를 만들 수 없다. 파이썬 2.3은 MyClass를 생성하지 않고 예외를 발생시킬 것이다.

다시 말해, C3는 재귀적인 깊이 우선 룩업을 모든 부모에 대해 실행해서 리스트 시퀀스를 얻는다. 그 후 왼쪽에서 오른쪽으로 검색하는 규칙을 적용해 모든 리스트를 병합함으로써 한 클래스가 여러 리스트에 포함되어 있을 때 계층을 명확하게 한다.

여러 심벌릭 단계를 통해 MyClass의 MRO를 계산해야 한다면 모든 L[class] 선형화를 풀어낸다.

```
L[MyClass]
  = [MyClass] + merge(L[Base1], L[Base2], [Base1, Base2])]
  = [MyClass] + merge(
      [Base1 + merge(L[CommonBase], [CommonBase])],
      [Base2 + merge(L[CommonBase], [CommonBase])],
      [Base1, Base2]
    )
  = [MyClass] + merge(
      [Base1] + merge(L[CommonBase], [CommonBase]),
      [Base2] + merge(L[CommonBase], [CommonBase]),
      [Base1, Base2]
    )
  = [MyClass] + merge(
      [Base1] + merge([CommonBase] + merge(L[object]), [CommonBase]),
      [Base2] + merge([CommonBase] + merge(L[object]), [CommonBase]),
      [Base1, Base2]
    )
```

근본적으로 object 클래스는 조상을 갖지 않으므로 이 C3 선형화는 요소가 하나인 리스트 [object]이다. 이는 merge([object])를 [object]로 계속 풀어낼 수 있음을 의미한다.

```
  = [MyClass] + merge(
    [Base1] + merge([CommonBase] + merge([object]), [CommonBase]),
    [Base2] + merge([CommonBase] + merge([object]), [CommonBase]),
    [Base1, Base2]
    )
```

merge([object])는 요소가 하나인 리스트이므로 [object]로 즉시 풀어낼 수 있다.

```
  = [MyClass] + merge(
    [Base1] + merge([CommonBase, object], [CommonBase]),
    [Base2] + merge([CommonBase, object], [CommonBase]),
    [Base1, Base2]
    )
```

이제 merge([CommonBase, object], [CommonBase])를 풀어낸다. 첫 번째 리스트의 헤드는 CommonBase이며 다른 리스트의 테일에 속하지 않는다. merge에서 CommonBase를 제거한 뒤, 바깥 선형화 결과에 추가한다.

```
    = [MyClass] + merge(
      [Base1, CommonBase] + merge([object]),
      [Base2, CommonBase] + merge([object]),
      [Base1, Base2]
    )
```

merge([object])가 남아 있으므로 계속 풀어낼 수 있다.

```
    = [MyClass] + merge(
      [Base1, CommonBase, object],
      [Base2, CommonBase, object],
      [Base1, Base2]
    )
```

마지막 merge가 남았으며 이는 간단하지 않다non-trivial. 첫 번째 헤드는 Base1이다. Base1은 다른 리스트의 테일에 속하지 않는다. merge에서 제거한 뒤 바깥 선형화 결과에 추가한다.

```
    = [MyClass, Base1] + merge(
      [CommonBase, object],
      [Base2, CommonBase, object],
      [Base2]
    )
```

이제 첫 번째 헤드는 CommonBase이다. 이는 두 번째 list [Base2, CommonBase, object]의 테일에 속한다. 이는 현 시점에서 더 진행할 수 없으며, 다음 헤드인 Base2로 이동해야 함을 의미한다. Base2는 다른 리스트의 테일에 속하지 않는다. merge에서 Base2를 제거한 뒤 바깥 선형화 결과에 추가한다.

```
    = [MyClass, Base1, Base2] + merge(
      [CommonBase, object],
      [CommonBase, object],
      []
    )
```

CommonBase가 다시 첫 번째 헤드가 되었으며, 이제는 다른 리스트 테일에 속하지 않는다. merge에서 Base1을 제거한 뒤 바깥 선형화 결과에 추가한다.

```
    = [MyClass, Base1, Base2, CommonBase] + merge(
```

```
        [object],
        [object],
        []
    )
```

마지막 merge([object], [object], []) 단계는 간단하다. 마지막 선형화 결과는 다음과 같다.

```
[MyClass, Base1, Base2, CommonBase, object]
```

클래스의 C3 선형화 결과는 `__mro__` 속성을 이용해 쉽게 확인할 수 있다. 다음은 `MyClass`의 MRO 를 계산한 결과다.

```
>>> MyClass.__mro__
(<class '__main__.MyClass'>, <class '__main__.Base1'>, <class '__
main__.Base2'>, <class '__main__.CommonBase'>, <class 'object'>)
```

클래스의 `__mro__` 속성(읽기 전용)은 C3 선형화 계산 결과를 저장한다. 계산은 클래스 정의가 로드될 때 완료된다. `MyClass.mro()`를 호출해 C3 선형화를 계산하고 결과를 얻을 수도 있다.

4.2.3 클래스 인스턴스 초기화

OOP에서의 객체는 데이터와 동작을 함께 캡슐화한 개체entity다. 파이썬에서 데이터는 객체 속성 object attribute, 즉 객체 변수로 저장된다. 한편 동작은 메서드로 나타낸다. 이는 대부분의 OOP 언어 에서 공통적이지만 정확한 명명법은 조금 다르다. 예를 들어 C++와 자바의 경우 객체 데이터는 필드 field에 저장된다. 코틀린의 경우 객체 데이터는 프로퍼티property에 저장된다(단순한 객체 변수보다 약간 크다).

파이썬은 객체 속성 선언과 초기화에 관한 접근 방식에서 정적 타입의 OOP 언어와 구분된다. 간단 히 말해서 파이썬 클래스는 클래스 바디에서 속성을 정의하지 않아도 된다. 변수는 초기화하는 시점 에 선언하면 된다. 따라서 `__init__()` 메서드에서 객체를 초기화하는 시점에 객체 속성을 선언하고 값을 할당하는 것이 표준이다.

```python
class Point:
    def __init__(self, x, y):
        self.x = x
        self.y = y
```

정적 타입 프로그래밍 언어 경험자들이 파이썬을 처음 사용할 때 혼동되는 부분이기도 하다. 정적 타입 프로그래밍 언어에서는 일반적으로 객체 필드 선언을 정적으로 수행하며, 객체 초기화 함수 밖에서 이루어진다. 따라서 C++ 또는 자바에 경험이 있는 프로그래머들은 메인 클래스 바디에서 몇몇 기본값을 클래스 속성으로 할당하는 패턴을 계속해서 사용하는 경향이 있다.

```python
class Point:
    x = 0
    y = 0

    def __init__(self, x, y):
        self.x = x
        self.y = y
```

위 코드는 타 언어의 이디엄을 파이썬에 그대로 사용한 전형적인 예다. 무엇보다, 이런 코드는 중복이 많다. 클래스 속성값은 객체 속성값 초기화에 따라 항상 가려진다. 그리고 이는 위험한 **코드 악취** code smell이기도 하다. 누군가 클래스 속성에 list 또는 dict 같은 가변mutable 타입의 클래스 속성을 할당하려고 할 때, 문제가 될 수 있는 오류를 발생시킬 수 있다.

> **NOTE** 코드 악취는 보다 깊은 문제를 야기할 수 있는 코드의 특성을 의미한다. 특정한 코드 덩어리는 기능상 정확하고 에러가 없을 수 있지만, 미래에 발생할 문제의 잠재적인 요인이 될 수는 있다. 코드 악취에는 일반적으로 작은 아키텍처 관련 디펜던시 또는 버그가 발생하기 쉬운 안전하지 않은 구조 등이 해당한다.

문제는 클래스 속성(메서드 바디 외부에서 할당된 속성)이 타입 인스턴스가 아닌 타입 객체에 할당될 때 발생한다. self.attribute로 속성에 접근하는 경우 파이썬은 먼저 클래스 인스턴스의 네임스페이스에서 해당 이름의 속성값을 찾는다. 검색이 실패하면 클래스 타입 네임스페이스에서 검색을 수행한다. 클래스 메서드에서 self.attribute를 이용해 값을 할당하면 그 동작은 완전히 날라신나(새로운 값은 항상 클래스 인스턴스 네임스페이스에서 할당된다). 이는 가변 타입인 경우 특히 문제가 될 수 있다. 왜냐하면 클래스 인스턴스 사이에서 객체 상태가 우발적으로 누출될 수 있기 때문이다.

가변 타입을 인스턴스 속성 대신 클래스 속성으로 사용하는 것은 나쁜 프랙티스 이상이다. 실질적인 예시를 들기는 어렵지만 그렇다고 실제 동작을 살펴볼 수 없다는 것은 아니다. 다음 클래스를 살펴보자. 이 클래스 값들을 리스트로 합치고 합쳐진 값의 마지막 요소를 추적한다.

```python
class Aggregator:
    all_aggregated = []
    last_aggregated = None
```

```
def aggregate(self, value):
    self.last_aggregated = value
    self.all_aggregated.append(value)
```

문제가 되는 부분을 확인하기 위해 인터랙티브 세션을 시작해보자. 두 개의 서로 다른 집계자 aggregator를 만들고 각 요소를 집계하기 시작한다.

```
>>> a1 = Aggregator()
>>> a2 = Aggregator()
>>> a1.aggregate("a1-1")
>>> a1.aggregate("a1-2")
>>> a2.aggregate("a2-1")
```

두 인스턴스의 집계 리스트 결과를 확인해보면 매우 혼란스러울 것이다.

```
>> a1.all_aggregated
['a1-1', 'a1-2', 'a2-1']
>>> a2.all_aggregated
['a1-1', 'a1-2', 'a2-1']
```

코드를 읽은 사람들 중 일부는 모든 **Aggregator** 인스턴스들이 각각 그 자체의 집계 히스토리를 추적할 것이라고 생각할 수 있다. 하지만 실제 결과를 보면 모든 **Aggregator** 인스턴스가 `all_aggreated` 속성의 상태를 공유한다. 반면 집계된 마지막 값을 확인해보면 두 집계자의 값이 올바름을 확인할 수 있다.

```
>>> a1.last_aggregated
'a1-2'
>>> a2.last_aggregated
'a2-1'
```

이 상태에서 속박되지 않은unbound 클래스 속성값을 확인해보면 이 의문을 쉽게 해결할 수 있다.

```
>>> Aggregator.all_aggregated
['a1-1', 'a1-2', 'a2-1']
>>> Aggregator.last_aggregated
>>>
```

이 실행 결과에서 볼 수 있듯이 모든 Aggregator 인스턴스는 가변한 Aggregator.all_aggregated 속성을 통해 그 상태를 공유한다. 이는 의도된 동작일 수도 있지만 대부분은 추적하기 매우 어려운 실수에 해당한다. 이러한 이유 때문에 각 클래스 인스턴스에서 고유해야 하는 모든 속성값들은 반드시 __init__() 메서드에서만 초기화되어야 한다.

수정된 버전의 Aggregator 클래스는 다음과 같다.

```python
class Aggregator:
    def __init__(self):
        self.all_aggregated = []
        self.last_aggregated = None

    def aggregate(self, value):
        self.last_aggregated = value
        self.all_aggregated.append(value)
```

all_aggregated와 last_aggregated 속성의 초기화 부분을 __init__() 메서드로 이동한 것이 전부다. 이제 동일한 초기화와 집계 호출을 해보자.

```python
>>> a1 = Aggregator()
>>> a2 = Aggregator()
>>> a1.aggregate("a1-1")
>>> a1.aggregate("a1-2")
>>> a2.aggregate("a2-1")
```

Aggregator 인스턴스의 상태를 살펴보면 집계 히스토리를 각각 추적하는 것을 확인할 수 있다.

```python
>>> a1.all_aggregated
['a1-1', 'a1-2']
>>> a2.all_aggregated
['a2-1']
```

만약 클래스 정의의 최상위에서 모든 속성을 정의하고자 한다면 다음과 같이 타입 애너테이션을 사용할 수 있다.

```python
from typing import Any, List

class Aggregator:
    all_aggregated: List[Any]
```

```
    last_aggregated: Any

    def __init__(self):
        self.all_aggregated = []
        self.last_aggregated = None

    def aggregate(self, value: Any):
        self.last_aggregated = value
        self.all_aggregated.append(value)
```

클래스 속성 애너테이션을 쓰는 것은 나쁜 프랙티스는 아니다. 클래스 속성 애너테이션은 정적 타입 검증자나 IDE에서 사용할 수 있고, 이를 활용해 코드 품질을 높이고 여러분이 만든 클래스와 가능한 타입 제약 사항의 의도된 사용법을 잘 소통할 수 있다. 이런 클래스 속성 애너테이션들은 데이터 클래스 초기화를 단순화할 경우에도 사용되며, 이에 관해서는 데이터 클래스 절에서 살펴본다.

4.2.4 속성 접근 패턴

파이썬을 다른 정적 타입 객체 지향 언어와 구분하는 다른 한 가지는 public, private, protected 클래스 멤버에 관한 표현을 지원하지 않는다는 점이다. 이들은 다른 언어에서 클래스 외부로부터 객체 속성에 제한적 혹은 무제한적으로 접근하는 방법으로 사용된다. 파이썬에서 이와 가장 유사한 피처는 **네임 맹글링**name mangling이다. 클래스 바디 안에서 속성을 접두어 __(언더스코어 2개)로 정의하면, 해당 속성은 인터프리터가 실시간으로 이름을 변경한다.

```
class MyClass:
    def __init__(self):
        self.__secret_value = 1
```

[NOTE] 언더스코더 2개를 이용한 패턴은 '던더dunder'라 불린다. 더 자세한 정보는 던더 메서드(언어 프로토콜) 절을 참조한다.

클래스 밖에서 __secret_value 속성에 내부 이름을 이용해 접근하면 AttributerError 에러가 발생한다.

```
>>> instance_of = MyClass()
>>> instance_of.__secret_value
Traceback (most recent call last):
File "<stdin>", line 1, in <module>
AttributeError: 'MyClass' object has no attribute '__secret_value'
>>> instance_of._MyClass__secret_value
1
```

혹자는 이를 다른 OOP 언어에서 일반적으로 찾을 수 있는 private/protected 필드와 메서드 같다고 생각할 수도 있다. 실제로 클래스 밖에서 이런 속성들에 접근하기는 어렵지만 그렇다고 전혀 접근을 할 수 없는 것은 아니다. 다른 많은 OOP 언어에서의 private/protected 필드와 메서드는 클래스 캡슐화를 제공하기 위한 것이다. 이들은 특정 클래스 외부(private)로의 접근 또는 상속 트리 외부(protected)의 모든 요소로부터의 접근을 제한한다. 파이썬에서는 네임 맹글링은 속성 접근을 제한하지 않는다. 그 과정을 다소 덜 편안하게 만들 뿐이다.

네임 맹글링은 이름 충돌을 암묵적으로 회피하기 위해 만들어졌다. 예를 들어 특정한 식별자가 어떤 서브클래스의 내부 속성에 완벽하게 들어맞다고 가정해보자. 만약 그 이름이 상속 트리 위쪽 어디선가 사용되었다면 이름 충돌이 발생해 예상치 못하게 작동할 수 있다.

이런 상황에서 프로그래머는 다른 이름을 이용하거나 네임 맹글링을 이용해 충돌을 해결할 수 있다. 네임 맹글링을 이용하면 서브클래스에서의 이름 충돌도 피할 수 있다. 하지만 네임 맹글링을 기본 클래스들에서 그대로 사용하는 것, 모종의 충돌을 미리 피하기 위해 사용하는 것은 권장하지 않는다.

이것이 바로 파이썬의 방식이다. private/protected 키워드를 사용하는 정적 타입 언어들은 속성 접근 제한을 강조한다. 다시 말해 클래스 밖에서는 이런 private/protected 속성에 접근할 방법이 없다는 것이다. 파이썬에서는 사용자들이 원하는 것을 하지 못하도록 제한하는 것이 아니라 각 속성이 사용되어야 하는 의도를 명확하게 소통하는 것을 우선한다. 네임 맹글링 여부와 관계없이 프로그래머는 이런 속성들에 접근하는 방법을 찾아낼 것이다. 그런데 굳이 프로그래머들을 불편하게 만든 이유는 무엇인가?

속성이 공개되어 있지 않으면, 이 속성에 접근하기 위해 _ 접두사를 사용한다. 이는 어떠한 네임 맹글링 알고리즘을 포함하지 않는다. 하시만 해딩 속성인 클래스의 요소가 클래스 외부로부터의 접근을 고려하지 않는 내부 요소임을 문서화한다. 많은 IDE들과 스타일 체커들은 이런 컨벤션을 알고 있으며 이런 내부 멤버들에 클래스 외부에서 접근한 경우에는 이런 내용을 강조한다.

파이썬에서는 클래스의 공개된 부분과 그렇지 않은 코드를 구분하는 다른 메커니즘도 제공한다. 그 중 두 가지는 디스크립터descriptor와 프로퍼티property다.

4.2.5 디스크립터

디스크립터를 이용하면 객체의 속성을 참조했을 때 어떻게 되어야 하는지 커스터마이즈할 수 있다. 디스크립터는 파이썬에서의 복잡한 속성 접근의 기본이다. 디스크립터는 내부적으로 프로퍼티, 메서드, 클래스 메서드, 스태틱 메서드, 슈퍼 메서드를 구현할 때 사용된다. 이들은 다른 클래스의 속성에 접근하는 방법을 정의하는 객체다. 다시 말해서 클래스는 한 속성의 관리를 다른 클래스에게 위임delegate할 수 있다.

디스크립터 클래스들은 세 개의 특별한 메서드에 기반하며, 이 클래스들은 **디스크립터 프로토콜**descriptor protocol을 형성한다.

- __set__(self, obj, value): 속성이 설정되었을 때 호출된다. 이를 **세터**setter라 부른다.
- __get__(self, obj, owner=None): 속성이 읽힐 때 호출된다. 이를 **게터**getter라 부른다.
- __delete__(self, obj): 속성에서 del이 불렸을 때 호출된다.

__get__()와 __set__()를 구현한 디스크립터를 **데이터 디스크립터**data descriptor라 부른다. __get__()만 구현한 디스크립터는 **비데이터 디스크립터**non-data descriptor라 부른다.

사실 디스크립터 프로토콜의 메서드들은 모든 속성 룩업(다른 목적으로 사용되는 __getattr__() 메서드와 혼동하지 않기 바란다)에 대한 객체의 특수한 __getattribute__() 메서드에 의해 호출된다. instance.attribute와 같은 점 표기법dotted notation 또는 getattr(예를 들어 'attribute') 함수를 호출해서 이런 룩업을 수행할 때마다 __getattribute__() 메서드가 암묵적으로 호출되고 다음 순서에 따라 해당 속성을 검색한다.

1. 해당 속성이 인스턴스의 클래스 객체의 데이터 디스크립터인지 판단한다.
2. 데이터 디스크립터가 아니라면 인스턴스 객체의 __dict__ 룩업에서 해당 속성을 찾는다.
3. 마지막으로 해당 속성이 인스턴스의 클래스 객체의 비데이터 디스크립터인지 확인한다.

즉, 데이터 디스크립터는 __dict__ 룩업보다 우선하고, __dict__ 룩업은 비데이터 디스크립터보다 우선한다.

보다 명확하게 확인하기 위해 다음 코드를 보자. 공식 파이썬 문서의 예시를 약간 수정한 것으로 실제 코드에서 디스크립터가 어떻게 동작하는지 보여준다.

```python
class RevealAccess(object):
    """데이터 데커레이터로 일반적인 값을 설정하고 반환하며,
       접근에 대한 로깅 메시지를 출력한다.
    """

    def __init__(self, initval=None, name="var"):
        self.val = initval
        self.name = name
```

```
    def __get__(self, obj, objtype):
        print("Retrieving", self.name)
        return self.val

    def __set__(self, obj, val):
        print("Updating", self.name)
        self.val = val

    def __delete__(self, obj):
        print("Deleting", self.name)

class MyClass(object):
    x = RevealAccess(10, 'var "x"')
    y = 5
```

NOTE 디스크립터 사용 방법에 관한 가이드와 예시는 https://docs.python.org/3.9/howto/descriptor.html에서 확인할 수 있다.

x = RevealAccess()는 __init__() 메서드 안에서 할당하지 않고 클래스 속성으로 정의되어 있다. 디스크립터가 동작하기 위해서는 클래스 속성으로 정의되어야 한다. 또한 이들은 일반적인 변수 속성보다는 메서드에 가깝다. RevealAccess 디스크립터는 인터랙티브 세션에서 다음과 같이 사용할 수 있다.

```
>>> m = MyClass()
>>> m.x
Retrieving var "x"
10
>>> m.x = 20
Updating var "x"
>>> m.x
Retrieving var "x"
20
>>> m.y
5
>>> del m.x
Deleting var "x"
```

이 예시에서 클래스가 주어진 속성에 대한 데이터 디스크립터를 가지면 해당 디스크립터의 __get__() 메서드를 호출하고, 해당 인스턴스의 속성이 호출될 때마다 값을 반환함을 알 수 있다. 그리고 해당 속성에 값이 할당될 때마다 __set__() 메서드가 호출된다. 디스크립터의 __del__ 메서드는 인스턴스 속성이 del instance.attribute 문장 또는 delattr(예를 들어, attribute) 호출에 의해 삭제될 때마다 호출된다.

데이터 디스크립터와 비데이터 디스크립터의 차이점은 이번 절의 도입부에서 강조한 이유 때문에 중요하다. 파이썬은 디스크립터 프로토콜을 이용해 클래스 함수를 인스턴스에 메서드로 바인드한다.

디스크립터는 classmethod와 staticmethod 데커레이터 메커니즘의 기반이 된다. 실제로 해당 함수 객체가 비데이터 객체이기 때문이다.

```
>>> def function(): pass
>>> hasattr(function, '__get__')
True
>>> hasattr(function, '__set__')
False
```

람다 표현식을 사용해서 생성한 함수에서도 동일하다.

```
>>> hasattr(lambda: None, '__get__')
True
>>> hasattr(lambda: None, '__set__')
False
```

그래서 __dict__ 메서드가 비데이터 디스크립터보다 우선하지 않는다면, 이미 생성된 인스턴스의 특정 메서드를 런타임에 동적으로 오버라이딩할 수 없다. 다행히 파이썬에서 디스크립터가 작동하는 방식 때문에 이것이 가능하다. 그래서 개발자들은 **멍키 패칭**monkey patching이라 불리는 인기 있는 기법을 이용해 서브클래싱을 하지 않고도 어떤 인스턴스가 애드혹ad hoc(임시)으로 동작하도록 변경한다.

> NOTE 멍키 패칭은 런타임에 클래스 인스턴스를 동적으로 수정하는 기법이다. 클래스 정의나 소스 코드에 손을 대지 않고도 속성을 추가, 수정, 삭제할 수 있다.

사용 예: 속성 평가 지연

디스크립터 사용 예시의 하나로 클래스 속성의 초기화를 인스턴스에서 접근하는 시점으로 지연하는 것을 들 수 있다. 이는 클래스가 임포트되는 시점에 아직 사용할 수 없는 콘텍스트에 따라 이 속성들을 초기화해야 하는 경우 매우 유용하다. 또 다른 상황으로는 이 초기화에 많은 컴퓨팅 자원이 들지만, 실제 클래스가 임포트되는 시점에 그 사용 여부를 알 수 있는 경우도 있다. 이런 디스크립터는 다음과 같이 구현할 수 있다.

```
class InitOnAccess:
```

```
    def __init__(self, init_func, *args, **kwargs):
        self.klass = init_func
        self.args = args
        self.kwargs = kwargs
        self._initialized = None

    def __get__(self, instance, owner):
        if self._initialized is None:
            print("initialized!")
            self._initialized = self.klass(*self.args,
            **self.kwargs)
        else:
            print("cached!")
        return self._initialized
```

InitOnAccess 디스크립터 클래스는 몇몇 print() 호출을 포함하고 있으며 이를 이용해 값에 접근 시 초기화되는지, 캐시에서 해당 값에 접근하는지 확인할 수 있다.

한 클래스가 필요하다고 가정해보자. 이 클래스의 모든 인스턴스는 정렬된 무작위 값으로 이루어진 공용 리스트에 접근한다. 리스트의 길이는 자유롭게 변할 수 있고 모든 인스턴스는 하나의 리스트를 재사용한다. 매우 긴 리스트를 정렬하는 데는 많은 시간이 걸린다. 따라서 InitOnAccess 클래스는 실제 첫 번째 접근 시 이 리스트를 초기화한다. 이 클래스의 정의는 다음과 같다.

```
import random

class WithSortedRandoms:
    lazily_initialized = InitOnAccess(
        sorted,
        [random.random() for _ in range(5)]
    )
```

출력을 읽기 쉽도록 range() 함수에 매우 작은 입력을 주었다. 다음은 WithSortedRandoms 클래스를 인터랙티브 세션에서 사용한 결과의 예시다.

```
>>> m = WithSortedRandoms()
>>> m.lazily_initialized
initialized!
[0.2592159616928279, 0.32590583255950756, 0.4015520901807743,
 0.4148447834912816, 0.4187058605495758,  0.4534290894962043,
 0.4796775578337028, 0.6963642650184283,  0.8449725511007807,
0.8808174325885045]
```

```
>>> m.lazily_initialized
cached!
[0.2592159616928279, 0.32590583255950756, 0.4015520901807743,
 0.4148447834912816, 0.4187058605495758, 0.4534290894962043,
 0.4796775578337028, 0.6963642650184283, 0.8449725511007807,
 0.880817432585045]
```

PyPI에서 이용할 수 있는 공식 OpenGL 파이썬 라이브러리는 PyOpenGL 이름 아래 있으며, 유사한 기술을 사용해 `lazy_property` 객체를 구현한다. 이 객체는 데커레이터이자 동시에 데이터 디스크립터다.

```python
class lazy_property(object):
    def __init__(self, function):
        self.fget = function

    def __get__(self, obj, cls):
        value = self.fget(obj)
        setattr(obj, self.fget.__name__, value)
        return value
```

`setattr()` 함수로 위치 전달한 위치 인수의 속성을 이용하여 객체 인스턴스의 속성을 설정할 수 있다. 이때의 형태는 `self.fget.__name__`이다. 이런 형태로 구성된 이유는 `lazy_property` 디스크립터가 해당 메서드의 데커레이터이며, 다음과 같이 초깃값을 제공하는 것처럼 동작하기 때문이다.

```python
class lazy_property(object):
    def __init__(self, function):
        self.fget = function

    def __get__(self, obj, cls):
        value = self.fget(obj)
        setattr(obj, self.fget.__name__, value)
        return value

class WithSortedRandoms:
    @lazy_property
    def lazily_initialized(self):
        return sorted([[random.random() for _ in range(5)]])
```

이 구현은 다음 절에서 설명할 프로퍼티 데커레이터 사용 방법과 유사하다. 래핑된 함수는 한 번만 실행되며 인스턴스의 속성은 해당 함수의 프로퍼티가 반환한 값으로 대체된다. 인스턴스 속성은 디스크립터(클래스 속성)보다 우선하므로, 해당 클래스 인스턴스에 대해서는 더 이상의 초기화가 수행되지 않는다. 이 기법은 다음과 같은 두 요구 사항을 동시에 만족시켜야 할 때 유용하다.

- 하나의 객체 인스턴스가 클래스 속성으로 저장되어, 해당 클래스의 인스턴스 사이에서 공유된다 (리소스 절약 목적).
- 이 객체는 임포트 시점에 초기화되어서는 안 된다. 생성 프로세스는 몇몇 글로벌 애플리케이션 상태 콘텍스트에 의존하기 때문이다.

OpenGL을 이용해 작성한 애플리케이션에서는 이런 상황을 자주 만날 수 있다. 예를 들어 OpenGL에서 셰이더shader를 생성하는 비용은 상당히 크다. **OpenGL 셰이딩 언어**OpenGL Shading Language, GLSL로 작성된 완전한 코드가 필요하기 때문이다. 최초 한 번은 코드를 작성하고 동시에 이를 요구하는 클래스들에 가까이 정의해야 하는 것은 충분히 합리적이다. 한편 셰이더 컴파일은 OpenGL 콘텍스트 초기화를 해야만 이를 수행할 수 있기 때문에 임포트 시점에 글로벌 모듈 네임스페이스에서 신뢰성 있게 이들을 정의하고 컴파일하기는 어렵다.

다음은 PyOpenGL의 `lazy_property` 데커레이터(코드에서는 `lazy_class_attribute`)를 가상의 OpenGL 기반 애플리케이션에서 사용한 예시다. 클래스 인스턴스 사이에서 `lazy_property` 속성을 공유하기 위해 데커레이터를 수정했다.

```
import OpenGL.GL as gl
from OpenGL.GL import shaders

class lazy_class_attribute(object):
    def __init__(self, function):
        self.fget = function

    def __get__(self, obj, cls):
        value = self.fget(obj or cls)
        # note: 인스턴스가 아닌 클래스 객체에 저장한다.
        #       클래스-레벨 또는 인스턴스-레벨 접근과 관계없다.
        setattr(cls, self.fget.__name__, value)
        return value

class ObjectUsingShaderProgram(object):
    # 전형적인 pass-through vertex shader 구현
    VERTEX_CODE = """
        #version 330 core
        layout(location = 0) in vec4 vertexPosition;
        void main(){
            gl_Position = vertexPosition;
```

```python
        }
    """

    # 전형적인 프래그먼트 셰이더
    # 모든 요소를 흰색으로 그린다.
    FRAGMENT_CODE = """
        #version 330 core
        out lowp vec4 out_color;
        void main(){
            out_color = vec4(1, 1, 1, 1);
        }
    """

    @lazy_class_attribute
    def shader_program(self):
        print("compiling!")
        return shaders.compileProgram(
            shaders.compileShader(
                self.VERTEX_CODE, gl.GL_VERTEX_SHADER),
            shaders.compileShader(
                self.FRAGMENT_CODE, gl.GL_FRAGMENT_SHADER),
        )
```

다른 고급 파이썬 구문 피처들처럼 주의할 점은 코드에 잘 기록되어 있다. 디스크립터는 클래스의 기본적인 동작에 영향을 미친다. 경험이 부족한 개발자들은 변경된 클래스의 동작으로 당황할 수도 있다. 따라서 모든 팀 구성원들은 디스크립터에 친숙해야 하고 프로젝트 코드 베이스에서 디스크립터가 중요한 역할을 한다면 이 개념을 정확하게 이해해야 한다.

4.2.6 프로퍼티

C++ 또는 자바 프로그래밍 경험이 있다면 **캡슐화**encapsulation라는 용어에 익숙할 것이다. 캡슐화는 클래스 필드에 직접 접근하지 못하게 하는 보호 수단이며, 클래스 내부의 모든 데이터는 프라이빗으로 취급되어야 한다는 가정을 기반으로 한다. 완전히 캡슐화된 클래스에서는 가능한 적은 수의 메서드만 퍼블릭하게 노출되어야 한다. 객체의 상태를 읽거나 쓰는 모든 접근은 세터 또는 게터 메서드를 통해 제공되고 이를 이용해 적절한 사용을 보호해야 한다. 예를 들어 이 패턴은 자바에서 다음과 같이 구현된다.

```java
public class UserAccount {
  private String username;

  public String getUsername() {
    return username;
```

```
    }

    public void setUsername(String newUsername) {
        this.username = newUsername;
    }
}
```

getUsername() 메서드와 setUsername() 메서드는 각각 username에 대한 게터와 세터다. 의도는 매우 좋다. 게터와 세터 뒤로 클래스 멤버에 관한 접근을 숨김으로써(접근자accessor와 변경자mutator라고도 불린다) 내부 클래스 값에 대한 올바른 접근을 보장한다(예를 들면 세터에 대한 검증을 할 수 있다). 또한 클래스 퍼블릭 API 안에 확장 포인트를 만들었다. 이는 잠재적으로 클래스 API의 하위 호환성을 파괴하지 않고도 필요할 때 추가로 작동을 할 수 있다.

사용자의 비밀번호를 저장하는 사용자 계정 클래스가 있다고 가정해보자. 비밀번호에 접근할 때마다 감사audit 로그를 출력하고 싶다면 사용자 비밀번호에 접근하는 코드의 모든 위치에서 감사 로그를 호출하거나 로그를 호출하는 세터/게터 메서드를 이용해 비밀번호에 접근하는 위치를 프록시할 수도 있다.

문제는 미래에 어떤 추가적인 확장이 필요한지 확신할 수 없다는 점이다. 이 단순한 사실 때문에 종종 공개될 가능성이 있는 필드에 대한 과도한 캡슐화와 끝없는 세터/게터의 향연으로 이어진다. 이들은 그저 쓰기 귀찮으며, 어떤 이익도 제공하지 않고, 신호 대 잡음비를 낮출 뿐이다.

다행히도 파이썬은 프로퍼티 메커니즘을 이용해 접근자와 변경자에 완전히 다른 방식으로 접근한다. 프로퍼티를 이용하면 클래스의 퍼블릭 멤버를 자유롭게 노출할 수 있으며, 필요하다면 언제든 게터와 세터 메서드로 간단히 변환할 수 있다. 또한 이 과정에서 클래스 API의 하위 호환성을 파괴하지 않을 수도 있다. 다음은 프로퍼티 피처를 사용하지 않은 UserAccount 클래스의 예시다.

```python
class UserAccount:
    def __init__(self, username, password):
        self._username = username
        self._password = password

    def get_username(self):
        return self._username

    def set_username(self, username):
        self._username = username

    def get_password(self):
```

```
            return self._password

        def set_username(self, password):
            self._password = password
```

이처럼 get_, set_ 메서드로 가득 찬 코드를 본다면, 이는 다른 언어의 이디엄이라고 확신해도 좋다. C++ 또는 자바 프로그래머들의 습관과도 같다. 능숙한 파이썬 프로그래머라면 다음과 같은 코드를 작성할 것이다.

```
class UserAccount:
    def __init__(self, username, password):
        self.username = username
        self.password = password
```

또한 특정한 필드를 프로퍼티 뒤로 숨겨야 한다면 능숙한 프로그래머들은 다음과 같이 코드를 수정할 것이다.

```
class UserAccount:
    def __init__(self, username, password):
        self.username = username
        self._password = password

    @property
    def password(self):
        return self._password

    @password.setter
    def password(self, value):
        self._password = value
```

프로퍼티는 내장 디스크립터 타입을 제공하며, 이를 이용하면 속성을 일련의 메서드와 연결할 수 있다. property() 함수는 fget, fset, fdel, doc이라는 4개의 인수를 받는다. 마지막 인수인 doc은 속성과 연결된 독스트링 함수를 정의하며 마치 메서드인 것처럼 취급된다. 다음은 Rectangle 클래스 예시다. 이 클래스는 두 모서리 위치(좌표)를 저장하는 속성에 직접 접근하거나 width/height 프로퍼티를 이용해 제어된다.

```
class Rectangle:
    def __init__(self, x1, y1, x2, y2):
        self.x1, self.y1 = x1, y1
```

```
            self.x2, self.y2 = x2, y2

        def _width_get(self):
            return self.x2 - self.x1

        def _width_set(self, value):
            self.x2 = self.x1 + value

        def _height_get(self):
            return self.y2 - self.y1

        def _height_set(self, value):
            self.y2 = self.y1 + value

        width = property(
            _width_get, _width_set,
            doc="rectangle width measured from left"
        )

        height = property(
            _height_get, _height_set,
            doc="rectangle height measured from top"
        )

        def __repr__(self):
            return "{}({}, {}, {}, {})".format(
                self.__class__.__name__,
                self.x1, self.y1, self.x2, self.y2
            )
```

다음은 인터랙티브 세션에서 앞에서와 같이 정의한 프로퍼티를 사용한 예시다.

```
>>> rectangle = Rectangle(10, 10, 25, 34)
>>> rectangle.width, rectangle.height
(15, 24)
>>> rectangle.width = 100
>>> rectangle
Rectangle(10, 10, 110, 34)
>>> rectangle.height = 100
>>> rectangle
Rectangle(10, 10, 110, 110)
>>> help(Rectangle)
Help on class Rectangle

class Rectangle(builtins.object)
```

```
│   Methods defined here:
│
│   __init__(self, x1, y1, x2, y2)
│   Initialize self. See help(type(self)) for accurate signature.
│
│   __repr__(self)
│   Return repr(self).
│
│   ----------------------------------------------------------
│   Data descriptors defined here:
│   (...)
│
│   height
│   rectangle height measured from top
│
│   width
│   rectangle width measured from left
```

프로퍼티를 이용하면 디스크립터를 쉽게 작성할 수 있지만, 클래스에 대한 상속을 이용할 때는 주의
해야 한다. 생성된 속성은 현재 클래스의 메서드를 이용해 사용될 때 만들어지며 파생된 클래스에서
오버라이드된 메서드는 사용하지 않는다.

예를 들어 다음은 부모 클래스의 `width` 프로퍼티의 `fget` 메서드의 구현을 오버라이딩하지 못한다.

```
>>> class MetricRectangle(Rectangle):
...     def _width_get(self):
...         return "{} meters".format(self.x2 - self.x1)
...
>>> Rectangle(0, 0, 100, 100).width
100
```

이를 해결하기 위해서는 간단히 모든 프로퍼티를 파생된 클래스에서 덮어써야 한다.

```
>>> class MetricRectangle(Rectangle):
...     def _width_get(self):
...         return "{} meters".format(self.x2 - self.x1)
...     width = property(_width_get, Rectangle.width.fset)
...
>>> MetricRectangle(0, 0, 100, 100).width
'100 meters'
```

안타깝게도 앞의 코드에는 몇 가지 유지보수 이슈가 있다. 만일 개발자가 부모 클래스를 변경하기로 했지만 프로퍼티 호출을 업데이트하지 않은 경우에는 혼동을 일으킬 수 있다. 따라서 프로퍼티의 행동 일부만 오버라이딩하는 것은 권장하지 않는다. 작동을 변경하고 싶다면 부모 클래스의 구현에 의존하는 대신, 파생된 클래스의 모든 프로퍼티 메서드를 다시 작성하는 것이 좋다. 대부분의 경우 이 방법이 유일한 선택지다. 일반적으로 프로퍼티 세터의 작동을 변경한다는 것은 게터의 작동 또는 변경을 내포하기 때문이다.

이러한 이유로 프로퍼티를 생성하는 가장 좋은 구문은 property를 데커레이터로 사용하는 것이다. 이를 이용하면 내부의 메서드 시그니처의 수를 줄이고 코드의 가독성과 유지보수성을 높일 수 있다.

```python
class Rectangle:
    def __init__(self, x1, y1, x2, y2):
        self.x1, self.y1 = x1, y1
        self.x2, self.y2 = x2, y2

    @property
    def width(self):
        """왼쪽부터 측정한 사각형 너비"""
        return self.x2 - self.x1

    @width.setter
    def width(self, value):
        self.x2 = self.x1 + value

    @property
    def height(self):
        """위쪽부터 측정한 사각형 높이"""
        return self.y2 - self.y1

    @height.setter
    def height(self, value):
        self.y2 = self.y1 + value
```

파이썬 프로퍼티 메커니즘의 장점은 클래스에 점진적으로 도입할 수 있다는 것이다. 처음에는 클래스 인스턴스의 퍼블릭 속성만 노출시키고 필요한 시점에 이들을 프로퍼티로 전환할 수 있다. 코드의 다른 부분들은 클래스 API에서 알려지거나 변경되지 않는다. 프로퍼티들은 일반적인 인스턴스 속성처럼 접근할 수 있다.

지금까지 파이썬의 객체 지향 데이터 모델을 다른 프로그래밍 언어와 비교해서 살펴봤다. 그러나 데이터 모델이라는 것은 어디까지나 OOP 영역의 일부다. 모든 객체 지향 언어의 다른 중요한 요소는 다형성에 관한 접근 방식이다. 파이썬은 다양성의 여러 구현을 제공한다. 다음 절에서 이에 관해 살펴본다.

4.3 동적 다형성

다형성polymorphism은 OOP 언어들의 공통 메커니즘이다. 다형성은 객체의 인터페이스를 그 타입으로부터 추상화한다. 언어에 따라 다형성을 달성하는 수단은 다양하다. 정적 타입 언어에서는 일반적으로 다음을 통해 다형성을 달성한다.

- **서브타이핑**subtyping: 타입 A의 서브타입들은 타입 A를 기대하는 모든 인터페이스에서 사용될 수 있다. 인터페이스는 명시적으로 정의하거나 그 부모의 인터페이스를 상속한 서브타입 및 서브클래스다. 이런 다형성 메커니즘은 C++에서 찾아볼 수 있다.
- **암묵적 인터페이스**implicit interface: 모든 타입은 타입 A의 인터페이스를 기대하는 인터페이스에서 이용할 수 있다. 단, 해당 타입이 타입 A와 동일한 메서드(동일한 인터페이스를 가진)를 구현해야 한다. 인터페이스 선언은 여전히 명시적으로 정의해야 하지만 서브클래스/서브타입은 인터페이스를 정의하기 위해 기본 클래스/타입을 명시적으로 속성하지 않아도 된다. 이런 다형성 메커니즘은 Go 언어에서 찾아볼 수 있다.

파이썬은 동적 타입 언어이기 때문에 보다 느슨한 다형성 메커니즘을 이용하며, 이를 **덕 타이핑**duck typing이라 부른다. 덕 타이핑의 원칙은 다음과 같다.

> 오리처럼 걷고, 오리처럼 운다면, 그것은 틀림없이 오리다.

파이썬에서 이 원칙을 따르는 애플리케이션은 주어진 콘텍스트에서 사용될 수 있는 모든 객체를 의미한다. 단, 이 객체는 콘텍스트가 기대하는 대로 작동하고 행동해야 한다. 이 철학은 Go 언어에서의 암묵적 인터페이스와 매우 가깝다. 그러나 함수 인수의 기대되는 인터페이스의 어떤 선언도 필요로 하지 않는다. 왜냐하면 파이썬은 함수 인수의 타입이나 인터페이스를 강요하지 않기 때문에 함수에 어떤 타입이 전달되어도 크게 중요하지 않다. 대신 실제 함수 바디 안에서 어떤 메서드들이 그 객체들을 사용하는지가 중요하다.

다음 코드를 보면서 이 개념을 좀 더 이해해보자. 이 코드는 파일을 읽어서 그 내용을 출력한 뒤 파일을 닫는 예시다.

```
def printfile(file):
    try:
        contents = file.read()
        print(file)
    finally:
        file.close()
```

printfile() 함수의 시그니처에서 파일 또는 파일과 유사한 객체(io 모듈의 **StringIO** 등)를 기대함을 예상할 수 있다. 하지만 이 함수는 다음 조건을 만족하는 입력 인수라면 예외를 발생시키지 않고 받아들인다.

- file 인수는 read() 메서드를 가진다.
- file.read()의 반환값은 print() 함수에 유효한 인수다.
- file 인수는 close() 메서드를 가진다.

위 세 가지 포인트는 이 예제에서 다형성이 발생하는 위치를 나타낸다. file 인수의 실제 타입에 따라 printfile() 함수는 read(), close() 메서드의 다양한 구현을 이용한다. 내용 변수의 타입은 file.read() 구현에 따라 달라지며, print() 함수는 객체 스트링 표현의 다양한 구현을 이용한다.

다형성과 타이핑에 관한 이런 접근 방식은 매우 강력하고 유연하지만 단점도 있다. 타입이나 인터페이스를 강제하지 않기 때문에, 코드를 실행한 후에만 코드의 정확성을 검증할 수 있다. 따라서 고품질 애플리케이션들은 강력한 테스팅과 엄격한 커버리지를 이용해 코드가 실행될 수 있는 모든 경로를 확인하는 것이다. 파이썬에서는 타입 힌팅type-hinting을 이용해 이런 문제를 부분적으로 극복할 수 있다. 타입 힌팅을 이용하면 추가 도구를 활용해 런타임 이전에 타입을 검증할 수 있다.

파이썬의 동적 타입 시스템과 덕 타이핑 원칙은 암묵적이며 만능인 동적 다형성을 만들었고, 그 결과 파이썬은 정적 타입을 강요하지 않는 자바스크립트와 유사하게 되었다. 하지만 파이썬에서는 보다 '고전적'이라 불리는 명시적인 다형성의 형태도 제공한다. 그중 하나가 연산자 오버로딩이다.

4.3.1 연산자 오버로딩

연산자 오버로딩operator overloading은 특별한 타입의 다형성이며 이를 이용하면 피연산자 타입에 따라 특정한 연산자를 다르게 구현할 수 있다.

많은 프로그래밍 언어에서 연산자는 이미 다형성에 해당한다. 다음 표현식 모두는 파이썬에서 유효하다.

```
7 * 6
3.14 * 2
["a", "b"] * 3
"abba" * 2
```

위 표현식은 파이썬에 서로 다른 네 가지로 구현된다.

- 7 * 6은 정수의 곱셈이며, 결과는 정수 42이다.
- 3.14 * 2는 부동소수점 수의 곱셈이며, 결과는 6.28이다.
- ["a", "b"] * 3은 리스트 곱셈이며, 결과는 ['a', 'b', 'a', 'b', 'a', 'b']다.
- "abba" * 2는 문자열 곱셈이며, 결과는 'abbaabba'다.

파이썬에서 연산자의 구문과 구현은 피연산자의 타입에 따라 다르다. 파이썬은 여러 내장 타입과 이와 관련된 여러 연산자의 구현을 제공한다. 그렇지만 모든 연산자를 모든 타입에 사용할 수 있다는 것은 아니다.

예를 들어 + 연산자는 피연산자의 합 또는 연결에 사용된다. 정수나 부동소수점 같은 수치 타입을 연결하거나 문자열이나 리스트를 연결하는 것은 이해가 된다. 하지만 집합이나 딕셔너리에 대해 동일하게 처리하는 것은 수학적으로 수긍이 되지 않으며(집합이라면 교집합 또는 합집합이 되어야 한다), 그 결과 또한 모호하다(두 딕셔너리에서 값이 충돌하면 어느 쪽을 사용해야 하는가?).

연산자 오버로딩은 프로그래밍 언어에 이미 포함된 연사자의 내장 다형성의 확장일 뿐이다. 파이썬을 포함한 많은 프로그래밍 언어들은 유효한 연산자 구현을 갖지 않는 피연산자 타입을 새로 구현하는 방법을 제공하거나 서브클래싱을 통해 기존 구현을 감추는 방법들을 제공한다.

던더 메서드(언어 프로토콜)

파이썬 데이터 모델은 다양하고 특별한 이름을 가진 메서드들을 명시한다. 이 메서드들은 커스텀 클래스에서 오버라이드해서 추가적인 구문 기능을 제공할 수 있다. 이 메서드들은 명명 컨벤션을 통해 확인할 수 있는데, 이 메서드들의 이름은 **두 개의 언더스코어**double underscore로 시작한다. 이 명명 규칙 때문에 이 메서드들은 **던더 메서드**dunder method라 부르기도 한다(double underscores의 줄임말).

던더 메서드의 가장 일반적이고 분명한 예시는 __init__() 메서드이며, 클래스 인스턴스 초기화에 사용된다.

```
class CustomUserClass:
    def __init__(self, initiatization_argument):
        ...
```

이 메서드들은 단독으로 사용되든 특정한 조합으로 사용되든 소위 **언어 규약**(language protocol)이라는 것을 구성한다. 객체가 특정한 언어 규약을 구현한다고 말하는 것은 그것이 파이썬 언어 구문의 특정한 부분과 호환됨을 의미한다. 다음 표는 파이썬 언어 안에서의 가장 일반적인 규약을 나타낸다.

프로토콜 이름	메서드	설명
콜러블 프로토콜callable protocol	`__call__()`	()를 이용해 객체를 호출할 수 있다. `instance()`
디스크립터 프로토콜descriptor protocol	`__set__()`, `__get__()`, `__del__()`	클래스의 속성 접근 패턴을 조작할 수 있다(4.2.5절 참조).
컨테이너 프로토콜container protocol	`__contains__()`	키워드를 이용해 객체가 특정한 값을 포함하고 있는지 테스트할 수 있다. `value in instance`

이터러블 프로토콜iterable protocol	`__iter__()`	for 키워드를 이용해 객체를 반복할 수 있다.
		`for value in instance:`
		`    ...`

시퀀스 프로토콜sequence protocol	`__getitem__()`,
	`__len__()`
		대괄호 구문을 이용해 객체를 인덱스로 참조할 수 있고 내장 함수를 이용해 객체의 길이를 확인할 수 있다.
		`item = instance[index]`
		`length = len(instance)`

파이썬에서 사용할 수 있는 모든 연산자는 자체 프로토콜을 가지고 있으며, 해당 프로토콜의 던더 메서드를 구현해서 오버로딩한다. 파이썬은 50개 이상의 오버로딩 가능한 연산자를 제공하며, 연산자들은 크게 다섯 그룹으로 나눌 수 있다.

- 산술 연산자arithmetic operator
- 제자리 할당 연산자in-place assignment operator
- 비교 연산자comparison operator
- 식별 연산자identity operator
- 비트와이즈 연산자bitwise operator

프로토콜은 매우 다양하고 그 수가 많으므로 여기에서 모두 다루지는 않는다. 대신 연산자 오버로딩을 직접 구현하는 방법을 이해할 수 있는 실질적인 예를 살펴보도록 하자.

NOTE 사용할 수 있는 전체 던더 메서드 리스트는 공식 파이썬 문서의 데이터 모델 절에서 확인할 수 있다. https://docs.python.org/ko/3/reference/datamodel.html을 참조한다.

모든 연산자는 operators 모듈에서 일반적인 함수로 제공한다. 이 모듈과 관련된 공식 문서를 통해 파이썬 연산자에 관한 유익한 정보를 얻을 수 있다. https://docs.python.org/ko/3.9/library/operator.html를 참조한다.

수학 문제 하나를 풀어야 한다고 가정하자. 이 문제는 완전한 매트릭스 방정식matrix equation을 이용해서 풀 수 있다. 매트릭스는 선형 대수의 수학적 요소로 그 연산이 매우 잘 정의되어 있다. 가장 간단한 형태로 숫자의 2차원 배열을 생각해보자. 파이썬은 리스트 안에 중첩된 리스트보다 다차원 배열에 대한 지원이 약하다. 그러므로 매트릭스와 그 매트릭스 사이의 연산을 캡슐화하는 커스텀 클래스를 제공하면 좋을 것이다. 먼저 클래스를 초기화한다.

```python
class Matrix:
    def __init__(self, rows):
        if len(set(len(row) for row in rows)) > 1:
            raise ValueError("All matrix rows must be the same length")

        self.rows = rows
```

Matrix 클래스의 첫 번째 던더 메서드는 __init__()이다. 이 메서드는 안전하게 매트릭스를 초기화한다. __init__() 메서드는 인수 언패킹을 이용해 매트릭스 행의 변수 리스트를 입력 인수로 받는다. 모든 행은 동일한 숫자의 열을 가지므로 반복하면서 모든 인수의 길이가 동일한지 확인한다.

이제 첫 번째 연산자 오버로딩을 추가한다.

```python
def __add__(self, other):
    if (
        len(self.rows) != len(other.rows) or
        len(self.rows[0]) != len(other.rows[0])
    ):
        raise ValueError("Matrix dimensions don't match")

    return Matrix([
        [a + b for a, b in zip(a_row, b_row)]
        for a_row, b_row in zip(self.rows, other.rows)
    ])
```

__add__() 메서드는 +(더하기) 연산자를 오버로딩한 것이며 두 행렬의 합을 구한다. 같은 차원의 행렬

만 더할 수 있다. 행렬의 모든 요소들을 각각 더해 새로운 행렬을 만드는 매우 단순한 조작이다.

__sub__() 메서드는 -(빼기) 연산자를 오버로딩한 것이며 두 행렬의 차를 구한다. 행렬의 차를 구할 때는 + 연산자에서와 유사한 기법을 사용한다.

```python
def __sub__(self, other):
    if (
        len(self.rows) != len(other.rows) or
        len(self.rows[0]) != len(other.rows[0])
    ):
        raise ValueError("Matrix dimensions don't match")

    return Matrix([
        [a - b for a, b in zip(a_row, b_row)]
        for a_row, b_row in zip(self.rows, other.rows)
    ])
```

다음은 클래스에 추가할 마지막 메서드다.

```python
def __mul__(self, other):
    if not isinstance(other, Matrix):
        raise TypeError(
            f"Don't know how to multiply {type(other)} with Matrix"
        )

    if len(self.rows[0]) != len(other.rows):
        raise ValueError(
            "Matrix dimensions don't match"
        )

    rows = [[0 for _ in other.rows[0]] for _ in self.rows]

    for i in range(len(self.rows)):
        for j in range(len(other.rows[0])):
            for k in range(len(other.rows)):
                rows[i][j] += self.rows[i][k] * other.rows[k][j]
    return Matrix(rows)
```

마지막으로 오버로딩한 연산자는 가장 복잡하다. 이것은 * 연산자로 ___mul__() 메서드를 이용해 구현된다. 선형 대수에서 행렬의 곱셈은 실수의 곱셈과 다르다. 두 행렬을 곱하려면 첫 번째 행렬의 열의 수와 두 번째 행렬의 행의 수가 같아야 한다. 연산 결과 만들어지는 새 매트릭스의 각 요소는 첫 번째 행렬의 행과 두 번째 행렬의 열의 내적dot product이다.

행렬을 구현하면서 연산자 오버로딩의 아이디어를 설명했다. 파이썬에서는 행렬을 지원하는 내장 타입을 제공하지 않지만 이를 직접 만들 필요는 없다. 넘파이NumPy 패키지는 가장 뛰어난 파이썬 수학관련 패키지 중 하나이며 행렬 대수를 지원한다. PyPI를 이용해 쉽게 넘파이 패키지를 설치할 수 있다.

파이썬과 C++

연산자 오버로딩을 특히 잘 사용하는 프로그래밍 언어는 C++다. C++는 파이썬과 달리 정적 타입 OOP 언어다. 파이썬은 OOP 요소들과 몇몇 메커니즘을 가지고 있는데, 이들은 본질적으로 C++와 유사하다. 이들은 주로 클래스와 클래스 상속으로 연산자를 오버로딩한다. 그러나 이들이 언어 안에서 구현되는 방법은 완전히 다르다. 따라서 파이썬과 C++를 비교하는 것에 의미가 있다.

C++은 파이썬과 대조적으로 다중 공존 다형성 메커니즘multiple coexisting polymorphism mechanism을 가지고 있다. 주요 메커니즘은 완전한 서브타이핑이며, 이는 파이썬에서도 사용할 수 있다. 두 번째 주요 다형성 타입은 **애드혹 다형성**ad hoc polymorphism이며 **함수 오버로딩**을 통해 이루어진다. 파이썬에서는 이 피처에 직접 대응하는 피처를 제공하지 않는다.

C++에서는 함수 오버로딩을 이용해 동일한 함수를 입력 인수에 따라 여럿으로 구현할 수 있다. 즉, 동일한 이름의 다른 수/ 다른 타입의 인수를 받는 함수들을 만들 수 있다는 것이다. C++는 정적 타입 언어이므로, 인수 타입을 미리 지정해야 하며 컴파일 시점에 정확한 구현을 선택하게 된다.

이를 보다 더 유연하게 하기 위해 함수 오버로딩을 연산자 오버로딩과 함께 사용할 수 있다. 이런 오버로딩 공존의 유스케이스는 행렬 곱셈으로 돌아가서 확인해볼 수 있다. 이전 절에서 두 행렬을 곱할 수 있다는 것과 그 방법에 관해 살펴봤다. 그러나 선형 대수에서는 행렬을 실수real number 같은 스칼라 타입과 곱할 수 있다. 이 조작을 하면 행렬의 모든 요소에 그 스칼라를 곱한 새로운 행렬을 얻을 수 있다. 코드에서 이 조작은 근본적으로 곱셈 연산자의 다른 구현이 된다.

C++에서는 여러 공존 * 연산자 오버로딩 함수를 간단히 제공할 수 있다. 다음은 다양한 행렬과 스칼라의 곱셈을 구현한 오버로딩된 연산자의 C++ 함수 시그니처의 예시다.

```
Matrix operator+(const Matrix& lhs, const Matrix& rhs)
Matrix operator+(const Matrix& lhs, const int& rhs)
Matrix operator+(const Matrix& lhs, const float& rhs)
Matrix operator+(const int& lhs, const Matrix& rhs)
Matrix operator+(const float& lhs, const Matrix& rhs)
```

파이썬은 동적 타입 언어이다. 이것이 C++와 같은 함수 오버로딩을 제공하지 않는 주된 이유다. Matrix 클래스에 대해 행렬의 곱과 스칼라의 곱을 지원하는 * 연산자 오버로딩을 구현하고자 한다면 연산자의 입력 타입을 런타임에 확인해야 한다. 다음 코드와 같이 내장 isinstance() 함수를 이용하면 이를 확인할 수 있다.

```python
def __mul__(self, other):
    if isinstance(other, Matrix):
        ...

    elif isinstance(other, Number):
        return Matrix([
            [item * other for item in row]
            for row in self.rows
        ])
    else:
        raise TypeError(f"Can't multiply {type(other)} with Matrix")
```

또 다른 주요한 차이점은 C++ 연산자 오버로딩은 클래스 메서드가 아닌 자유 함수를 통해 이루어진다는 것이다. 반면 파이썬에서는 연산자는 항상 한 피연산자의 던더 메서드로 해결한다. 이 차이는 스칼라 구현 예시를 통해 다시 확인할 수 있다. 이전 예시에서는 다음과 같은 형태로 행렬과 정수를 곱했다

```python
Matrix([[1, 1], [2, 2]]) * 3
```

이 코드는 왼쪽 피연산자로부터 오버로딩된 연산자 구현이 해결되므로 문제없이 동작한다. 반면, 다음 표현식에서는 TypeError가 발생한다.

```python
3 * Matrix([1, 1], [2, 2]])
```

C++에서는 다양한 버전의 연산자 오버로딩을 제공하며, 이를 이용해 * 연산자의 모든 피연산자 타입의 조합을 다룰 수 있다. 파이썬에서는 __rmul__() 메서드를 제공함으로써 이 문제를 회피할 수 있다. 이 메서드는 왼쪽 __mul__() 연산자가 TypeError를 발생시키면, 오른쪽 피연산자로부터 해결한다. 중위 연산자infix operator(두 개의 피연산자 사이에 위치하는 연산자) 대부분은 오른쪽 피연산자를 이용한 구현 대안을 갖는다. 다음은 Matrix 클래스의 __rmul__() 메서드 예시다. 이 메서드를 이용하면 오른편의 숫자 인수를 이용한 스칼라 곱셈이 가능하다.

```
def __rmul__(self, other):
    if isinstance(other, Number):
        return self * other
```

위에서 볼 수 있듯 여전히 `isinstance()` 함수를 이용한 타입 평가를 사용하므로, 연산자 오버로딩은 매우 신중하게 해야 한다. 특히 오버로딩된 연산자가 원래의 목적과 전혀 다른 완전히 새로운 의미를 갖게 되는 경우는 더욱 그렇다.

한 피연산자에 대해 대안적 오버로딩 연산자 구현을 제공한다는 것은 일반적으로 그 연산자의 명확한 의미가 상실되었음을 의미한다. 예를 들어 행렬 곱셈과 스칼라 곱셈은 수학적으로 구분되는 조작이며 이들의 프로퍼티도 다르다. 예를 들어 스칼라 곱은 누적되지만 행렬 곱은 그렇지 않다. 여러 내부 구현을 가진 커스텀 클래스를 위한 오버로딩된 연산자를 제공하는 것은 혼란을 일으키기 쉽다. 특히 수학 문제를 다루는 코드라면 더욱 그렇다.

우리는 이제까지 파이썬이 내장 행렬 타입을 가지고 있지 않음에도 실제로는 행렬 곱셈 전용의 연산자를 가지고 있다는 것을 의도적으로 언급하지 않았다. 왜냐하면 연산자 오버로딩을 과도하게 사용하는 것의 위험성과 복잡성을 보이고자 했기 때문이다. 행렬 곱셈을 위한 전용 연산자는 `@`이며, 스칼라와 행렬의 곱에서의 잠재적인 혼동이 이 연산자를 도입하게 된 주요 원인의 하나였다.

많은 프로그래밍 언어에서 연산자 오버로딩은 함수 또는 메서드 오버로딩의 특별한 케이스로 간주되며 이들은 일반적으로 함께 다룬다. 놀랍게도 파이썬은 연산자 오버로딩은 제공하지만 실제로 함수와 메서드 오버로딩은 지원하지 않는다. 그리고 다른 패턴들을 이용해 그 간극을 메꾼다. 다음 절에서 이에 관해 살펴볼 것이다.

4.3.2 함수 및 메서드 오버로딩

많은 프로그래밍 언어들은 일반적으로 함수와 메서드 오버로딩을 지원하며 이는 또 다른 형태의 다형성 메커니즘이다. 오버로딩을 이용하면 서로 다른 호출 시그니처를 이용해서 하나의 함수를 여럿으로 구현할 수 있다. 언어 컴파일러나 인터프리터가 함수 호출 시 전달한 인수에 기반해 일치하는 구현을 선택한다. 함수 오버로딩은 일반적으로 다음에 기반해 해결된다.

- 함수의 항수function arity(매개변수의 수): 두 함수의 매개변수 수가 다르다면, 이 함수들은 같은 이름을 공유할 수 있다.
- 매개변수 타입: 두 함수의 시그니처가 다른 타입의 매개변수를 요구한다면, 이 함수들은 같은 이름을 공유할 수 있다.

연산자 오버로딩 절에서 언급한 것처럼 파이썬은 연산자 오버로딩은 제공하지만 함수와 메서드 오버로딩 메커니즘은 지원하지 않는다. 한 모듈 안에서 같은 이름을 사용하는 여러 함수를 정의하면, 뒤쪽의 정의가 앞쪽의 모든 정의를 감춘다.

함수로 전달한 인수의 타입이나 수에 따라 다르게 동작하는 여러 함수를 구현하고자 하는 경우, 파이썬에서는 다음 대안을 사용할 수 있다.

- **메서드/서브클래싱을 이용**: 함수가 매개변수 타입을 구분하도록 하는 대신 해당 타입의 메서드로 정의함으로써 특정한 타입과 연결할 수 있다.
- **인수와 키워드 인수 언패킹 이용**: 파이썬은 *args와 **kwars 패턴을 통해 여러 인수를 함수 시그니처에 사용할 수 있는 기능을 제공한다(가변 함수variadic function라 부른다).
- **타입 체킹**type checking **이용**: isinstance() 함수를 이용하면 입력 인수를 특정 타입 및 베이스 클래스와 비교한 뒤 처리 방법을 결정할 수 있다.

물론 이 옵션들은 몇 가지 한계점을 갖고 있다. 함수 구현을 클래스 정의에 메서드처럼 직접 포함시키는 것은 수긍이 가지 않는다. 그 메서드가 고유한 객체 행동에 기여하는 것이 아닌 한 말이다. 인수와 키워드 인수 언패킹은 함수 시그니처를 모호하며 유지보수하기 어렵게 만들 수 있다.

파이썬에서 가장 믿을만 하고 가독성이 높은 함수 오버로딩의 대안은 타입 체킹이다. 연산자 오버로딩을 설명하면서 이미 이 기법을 사용해봤다. __mul__() 메서드를 떠올려보자. 이 메서드는 행렬과 스칼라 곱을 구분할 수 있었다.

```
def __mul__(self, other):
    if isinstance(other, Matrix):
        ...

    elif isinstance(other, Number):
        ...

    else:
        raise TypeError(f"Can't subtract {type(other)} from Matrix")
```

위에서 볼 수 있듯이 정적 타입 언어에서라면 함수 오버로딩으로 해결할 수 있는 것을 파이썬에서는 간단히 isinstance()를 호출하는 것으로 해결할 수 있다. 이는 파이썬의 단점이기보다는 장점으로 볼 수 있다. 이 기법은 함수 호출 시그니처의 수가 적을 때는 매우 편리하게 이용할 수 있다. 지원하는 타입의 수가 많아지면 보다 모듈화된 패턴을 사용하는 것이 좋다. 이런 패턴들은 **싱글-디스패치**

함수_{single-dispatch function}에 의존한다.

싱글-디스패치 함수

함수 오버로딩의 대안이 필요하고 대안 함수를 많이 구현해야 하는 경우라면 `if isinstance(...)` 사용은 선택지에서 곧바로 배제된다. 좋은 디자인 프랙티스는 작고 단일한 목적을 갖는 함수를 요한다. 입력 인수를 다르게 처리하기 하기 위해 여러 갈래로 나뉘는 큰 함수를 만드는 것은 썩 좋은 디자인은 아니다.

파이썬 표준 라이브러리에서는 보다 편리한 대안을 제공한다. `functools.singledispatch()` 데커레이터를 이용하면 한 함수의 여러 구현을 등록할 수 있다. 이 구현들은 인수를 수의 제한 없이 받을 수 있지만, 구현은 첫 번째 인수의 타입에 따라 선정_{dispatch}된다.

싱글 디스패치에서는 등록되지 않은 모든 타입에 기본으로 사용될 함수를 가장 먼저 정의한다. 한 함수를 만들어야 한다고 가정하자. 이 함수는 여러 변수를 사람이 읽을 수 있는 형태로 출력하며, 콘솔 출력에서 더 큰 보고서를 만드는 목적으로 사용된다. 기본적으로 `f-string`을 이용해 원 데이터를 문자열 포맷으로 만들 수 있다.

```python
from functools import singledispatch

@singledispatch
def report(value):
    return f"raw: {value}"
```

다음으로 `report.register()` 데커레이터를 이용해 다양한 타입에 대한 여러 구현을 등록한다. 이 데커레이터는 함수 인수 타입 애너테이션을 읽어 특정한 타입의 핸들러에 등록한다. `datetime` 객체를 ISO 포맷으로 출력해보고 싶다고 가정해보자.

```python
from datetime import datetime

@report.register
def _(value: datetime):
    return f"dt: {value.isoformat()}"
```

`_` 토큰을 실제 함수 이름으로 사용한 점에 주의한다. 여기에는 두 가지 목적이 있다. 첫 번째, 이는 명시적으로 사용되지 않아야 하는 객체의 이름에 관습적으로 사용한다. 두 번째, `report`라는 이름을 이용하면 원래 함수를 숨기게 되므로 그 함수에 접근해 새로운 타입을 정의할 수 없게 된다.

두 개의 핸들러를 더 정의한다.

```python
from numbers import Real

@report.register
def _(value: complex):
    return f"complex: {value.real}{value.imag:+}j"

@report.register
def _(value: Real):
    return f"real: {value:f}"
```

타이핑 애너테이션이 필요하지는 않지만 좋은 프랙티스의 요소로서 이들을 사용했다. 타이핑 애너테이션을 사용하고 싶지 않다면, 다음과 같이 register() 메서드의 인수로 등록된 타입을 전달해도 된다.

```python
@report.register(complex)
def _(value):
    return f"complex: {value.real}{value.imag:+}j"

@report.register(real)
def _(value):
    return f"real: {value:f}"
```

앞에서 만든 싱글-디스패치 구현 컬렉션의 동작을 인터랙티브 세션에서 확인하면 다음과 같은 결과를 얻을 수 있다.

```
>>> report(datetime.now())
'dt: 2020-12-12T00:22:31.690377'
>>> report(100-30j)
'complex: 100.0-30.0j'
>>> report(9001)
'real: 9001.000000'
>>> report("January")
'raw: January'
>>> for key, value in report.registry.items():
...     print(f"{key} -> {value}")
...
<class 'object'> -> <function report at 0x7fdfd6929a60>
<class 'datetime.datetime'> -> <function _ at 0x7fdfd69a5af0>
<class 'complex'> -> <function _ at 0x7fdfd6993d30>
```

```
<class 'float'> -> <function _ at 0x7fdfd6d7ab80>
<class 'int'> -> <function _ at 0x7fdfd6d7ab80>
```

결과에서 알 수 있듯이 report() 함수는 등록된 함수 컬렉션의 진입점이 된다. 인수를 전달해서 호출할 때마다 report.registry에 저장된 등록 매핑을 검색한다. 언제나 최소 하나의 키가 객체 타입을 함수의 기본 구현에 매핑한다.

이와 함께 클래스 메서드 전용으로 싱글-디스패치 메커니즘의 변형된 형태도 제공된다. 메서드는 항상 첫 번째 인수로 현재 객체의 인스턴스를 받는다. 즉, functools.singledispatch() 데커레이터는 메서드의 첫 번째 인수의 타입이 항상 같은 타입이면 효용이 떨어진다는 의미다. functools.singledispatchmethod() 데커레이터는 이 호출 컨벤션을 유지함으로써 여러분이 여러 특정 타입의 구현을 메서드에 추가할 수 있다. functools.singledispatchmethod() 데커레이터는 첫 번째 non-self, non-class 인수를 해결하는 방식으로 동작한다.

```python
from functools import singledispatchmethod

class Example:
    @singledispatchmethod
    def method(self, argument):
        pass

    @method.register
    def _(self, argument: float):
        pass
```

싱글-디스패치 메커니즘은 함수 오버로딩과 유사한 다형성의 형태지만 완전히 같지는 않다는 점에 유의하자. 여러 인수 타입에 대한 하나의 함수의 여러 구현을 제공할 수는 없으며, 파이썬 표준 라이브러리는 현재 이러한 다중-디스패치 유틸리티를 제공하지 않는다.

4.4 데이터 클래스

4.2.3절에서 살펴본 것처럼 클래스 인스턴스 속성을 선언하는 정석적인 방법은 이들을 __init__() 메서드 안에 넣는 것이다.

```python
class Vector:
    def __init__(self, x, y):
        self.x = x
```

```
        self.y = y
```

기하 계산geometric computation을 수행하는 프로그램을 만든다고 생각해보자. Vector 클래스는 2차원 벡터 정보를 갖는다. 우리는 벡터의 데이터를 스크린에 출력하고, 일반적인 수학적 조작(덧셈, 뺄셈, 비교 등)을 수행한다. 이미 특별한 메서드와 연산자 오버로딩을 이용해 이 목표를 쉽게 달성할 수 있음을 알고 있다. Vector 클래스를 다음과 같이 할 수 있다.

```python
class Vector:
    def __init__(self, x, y):
        self.x = x
        self.y = y

    def __add__(self, other):
        """Add two vectors using + operator"""
        return Vector(
            self.x + other.x,
            self.y + other.y,
        )

    def __sub__(self, other):
        """Subtract two vectors using - operator"""
        return Vector(
            self.x - other.x,
            self.y - other.y,
        )

    def __repr__(self):
        """Return textual representation of vector"""
        return f"<Vector: x={self.x}, y={self.y}>"

    def __eq__(self, other):
        """Compare two vectors for equality"""
        return self.x == other.x and self.y == other.y
```

다음은 일반적인 연산자와 함께 이용했을 때 어떻게 작동하는지를 인터랙티브 세션에서 확인한 것이다.

```
>>> Vector(2, 3)
<Vector: x=2, y=3>
>>> Vector(5, 3) + Vector(1, 2)
<Vector: x=6, y=5>
>>> Vector(5, 3) - Vector(1, 2)
```

```
<Vector: x=4, y=1>
>>> Vector(1, 1) == Vector(2, 2)
False
>>> Vector(2, 2) == Vector(2, 2)
True
```

앞의 벡터 구현은 매우 단순하지만 회피할 수 있는 많은 코드를 포함한다. 우리가 만든 Vector 클래스는 데이터에 초점을 둔다. 이 클래스가 제공하는 대부분의 행동은 수학적인 조작을 통해 새로운 Vector 인스턴스를 만드는 것이다. 이 클래스는 복잡한 초기화는 물론 커스텀 속성 접근 패턴도 제공하지 않는다. 등치 비교, 문자열 표현, 속성 초기화와 같은 것들은 데이터에 초점을 둔 여러 클래스에서 매우 유사하게 반복된다.

프로그램이 이와 유사하게 데이터에 초점을 두고 복잡한 초기화가 필요 없는 간단한 클래스들을 많이 사용한다면 __init__(), __repr__(), __eq__() 메서드만 가진 코드들만 작성하게 될 것이다.

dataclasses 모듈을 사용하면 Vector 클래스 코드를 보다 짧게 줄일 수 있다.

```python
from dataclasses import dataclass

@dataclass
class Vector:
    x: int
    y: int

    def __add__(self, other):
        """Add two vectors using + operator"""
        return Vector(
            self.x + other.x,
            self.y + other.y,
        )

    def __sub__(self, other):
        """Subtract two vectors using - operator"""
        return Vector(
            self.x - other.x,
            self.y - other.y,
        )
```

dataclass 클래스 데커레이터는 Vector 클래스의 속성 애너테이션을 읽고 자동으로 __init__(), __repr__(), __eq__() 메서드를 생성한다. 기본 등치 비교는 두 인스턴스의 모든 속성이 각각 서로 같다고 가정한다.

하지만 그게 전부는 아니다. 데이터 클래스는 보다 많은 유용한 피처들을 제공한다. 이들은 다른 파이썬 프로토콜과도 쉽게 호환된다. Vector 클래스 인스턴스를 불변immutable하게 만든다고 가정하자. 이렇게 함으로써 이들은 딕셔너리의 키와 집합의 내용값으로 사용될 수 있다. 다음과 같이 dataclass 데커레이터에 frozen=True 인수만 추가하면 된다.

```
from dataclasses import dataclass

@dataclass(frozen=True)
class FrozenVector:
    x: int
    y: int
```

이런 동결된 Vector 데이터 클래스는 완전히 불변하므로 클래스의 속성은 수정할 수 없다. 하지만 2개의 Vector 인스턴스를 추가하거나 삭제할 수 있다. 이 조작은 새로운 Vector 객체를 생성한다.

앞에서 이미 __init__() 함수를 사용하지 않고 메인 클래스 바디에서 클래스 속성값을 할당하는 것의 위험에 관해 학습했다. datablass 모듈은 field() 생성자를 통해 유용한 대안을 제공한다. 이 생성자를 이용하면 데이터 클래스 속성에 대한 가변/불변 기본값을 안전한 방식으로 지정할 수 있기 때문에 클래스 인스턴스 사이에서 상태의 유출을 걱정하지 않아도 된다. 정적이며 불변한 기본값들은 field(default=value) 호출을 이용해 제공된다. 가변한 값들은 field(default_factory=constructor) 호출을 이용한 타입 생성자 제공을 통해 전달해야 한다. 다음은 2개의 속성을 가지 데이터 클래스로 이 속성의 기본값들은 field() 생성자를 이용해 할당된다.

```
from dataclasses import dataclass, field

@dataclass
class DataClassWithDefaults:
    immutable: str = field(default="this is static default value")
    mutable: list = field(default_factory=list)
```

데이터 클래스 속성에 기본값이 할당되면 해당 필드에 대응하는 초기화 인수는 선택값이 된다. 다음은 DataClassWithDefaults 클래스를 초기화하는 다양한 방법이다.

```
>>> DataClassWithDefaults()
DataClassWithDefaults(immutable='this is static default value', mutable=[])
>>> DataClassWithDefaults("This is immutable")
DataClassWithDefaults(immutable='This is immutable', mutable=[])
```

```
>>> DataClassWithDefaults(None, ["this", "is", "list"])
DataClassWithDefaults(immutable=None, mutable=['this', 'is', 'list'])
```

데이터 클래스는 본질적으로 C 또는 Go 언어의 스트럭트struct와 유사하다. 이들의 주요 목적은 데이터를 저장하고, 인스턴스 속성의 빠른 초기화 방법을 제공하는 것이다. 하지만 이들을 모든 가능한 커스텀 클래스의 기반으로 사용해서는 안 된다. 만든 클래스가 데이터를 표현하는 의도가 없거나 커스터마이즈된 복잡한 초기화 상태를 요구한다면 __init__() 메서드를 이용해 기본적인 초기화 방법을 사용하는 것이 바람직하다.

파이썬은 OOP 외에 다른 프로그래밍 패러다임도 지원한다. 그중 하나는 함수형 프로그래밍functional programming으로 함수 평가에 초점을 둔다. 순수한 함수형 프로그래밍 언어는 일반 언어에서 OOP에 대응하는 부분과 완전히 다르다. 그러나 다중 패러다임 프로그래밍 언어에서는 많은 프로그래밍 스타일 중 최선의 요소들을 반영하려 한다. 파이썬도 마찬가지다. 다음 절에서는 함수형 프로그래밍 지원하는 파이썬의 몇 가지 요소들을 살펴본다. 파이썬의 이 패러다임이 실제로 OOP에서의 기반 위에서 만들어졌다는 것을 알 수 있을 것이다.

4.5 함수형 프로그래밍

파이썬 프로그래밍의 훌륭한 점 중 하나는 프로그램 방법이 한 가지로 제한되지 않는다는 것이다. 주어진 문제는 여러 방법으로 해결할 수 있으며, 때로는 최고의 해결책은 가장 명확한 해결책과 다른 접근 방식을 요구하기도 한다. 때때로 이런 접근 방식은 선언적 프로그래밍declarative programming을 이용한다. 다행히도 파이썬은 풍부한 구문과 많은 표준 라이브러리를 갖추고 있으며, 함수형 프로그래밍 피처를 제공하고 함수형 프로그래밍은 선언적 프로그래밍의 주요 패러다임이다.

함수형 프로그래밍 패러다임에서는 프로그램의 상태를 변경하는 일련의 흐름의 단계가 아닌 수학적인 함수의 평가를 통해 프로그램 흐름program flow을 달성한다. 순수한 함수형 프로그래밍은 상태의 변경(부작용)을 피하고 가변 데이터 구조를 이용한다.

함수형 프로그래밍의 일반적인 개념을 잘 이해하는 최고의 방법은 함수형 프로그래밍의 기본 용어에 친숙해지는 것이다.

- **부작용**side effect: 함수가 자신의 로컬 환경 바깥에 있는 상태를 수정하면 해당 함수는 부작용을 가진다고 말한다. 다시 말해 부작용이란 함수를 호출한 결과로 발생되는 함수 바깥에서 관찰할 수 있는 모든 변경이다. 이런 부작용의 예로는 글로벌 변수의 수정, 함수 범위 바깥에서 이루

어지는 객체의 속성 변경, 외부 서비스로의 데이터 저장 등이 있다. 부작용은 OOP 개념의 핵심이다. OOP에서 클래스 인스턴스는 애플리케이션의 상태를 캡슐화하기 위해 사용되는 객체이고, 메서드는 이 객체들의 상대를 조작하기 위해 해당 객체에 바인드된 함수이다. 절차적 프로그래밍 procedural programming 또한 부작용에 크게 의존한다.

- **참조 투명성**referential transparency: 함수 또는 표현식이 참조적으로 투명하면 이를 그 출력값에 해당하는 값으로 바꾸어도 프로그램의 동작을 변경하지 않는다. 그러므로 부작용이 없는 것은 참조 투명성을 위한 필요 조건이지만, 부작용이 없는 모든 함수가 참조적으로 투명한 함수는 아니다. 예를 들어 파이썬의 내장 함수 pow(x, y)는 참조적으로 투명하다. 이 함수는 모든 x, y에 대해 부작용을 갖지 않으므로 xy로 변경할 수 있다. 반면 `datetime` 타입의 `datetime.now()` 생성자 메서드는 관측 가능한 부작용을 갖지는 않지만 호출된 시점에 따라 다른 값을 반환하기 때문에 참조적으로 불투명opaque하다.

- **순수 함수**pure function: 순수 함수는 부작용을 갖지 않으며 같은 입력에 대해 항상 같은 값을 반환하는 함수다. 달리 말하면 이 함수는 참조적으로 투명하다. 모든 수학적 함수는 정의상 순수 함수다. 마찬가지로 외부 세계에 대해 자신의 실행 결과를 남기는(예를 들면, 전달받은 인수를 수정하는 등) 함수는 순수 함수가 아니다.

- **1급 함수**first-class function: 어떤 언어의 함수가 다른 값 또는 엔티티로서 취급되면 이 언어는 1급 함수를 갖고 있다고 부른다. 1급 함수들은 다른 함수에 인수로 전달될 수 있고, 함수 반환값으로 반환되며 변수에 할당될 수 있다. 다시 말해, 1급 함수를 가진 언어는 함수를 1급 시민으로 다룬다. 파이썬의 함수들은 1급 함수다.

위 개념을 이용해 순수한 함수형 언어를 다음과 같이 정의할 수 있다.

- 1급 함수를 가진 언어
- 순수 함수만 다루는 언어
- 모든 상태 수정state modification과 부작용을 피하는 언어

물론 파이썬은 순수한 함수형 프로그래밍 언어가 아니며, 어떤 부작용도 갖지 않는 완전히 순수한 함수들만 이용해서 만든 유용한 파이썬 프로그램을 떠올리기는 매우 어렵다. 반면 파이썬은 수년 동안 순수한 함수형 언어에서만 사용할 수 있었던 많은 피처들을 제공한다.

- 람다 함수lambda function와 1급 함수
- `map()`, `filter()`, `reduce()` 함수

- 부분 객체 및 부분 함수

- 제너레이터 및 제너레이터 표현식

파이썬은 비록 순수한 함수형 언어는 아니지만 이 피처들을 이용하면 함수형 언어적인 방식으로 코드를 충분히 작성할 수 있다.

4.5.1 람다 함수

람다 함수lambda function은 매우 유명한 프로그래밍 개념으로 특히 함수형 프로그램에서는 의미가 큰 개념이다. 다른 프로그램 언어에서 람다 함수는 익명 함수anonymous function라 불리며, 어떤 식별자(변수)에도 바인드될 필요가 없다.

NOTE 파이썬 3 개발 도중 람다 함수를 포함해 map(), filter(), reduce() 함수를 제거해야 한다는 뜨거운 논의가 있었다. 이 피처들을 제거하는 것에 관한 귀도 반 로섬의 글은 https://www.artima.com/weblogs/viewpost.jsp?thread=98196을 참조한다.

파이썬에서는 람다 함수를 표현식으로만 정의할 수 있다. 람다 함수의 구문은 다음과 같다.

```
lambda <arguments>: <expression>
```

람다 함수의 구문을 나타내는 가장 좋은 방법은 '일반적'인 함수의 정의와 그에 대응한 익명성을 비교하는 것이다. 다음은 주어진 반지름을 갖는 원의 넓이를 반환하는 간단한 함수다.

```
import math

def circle_area(radius):
    return math.pi * radius ** 2
```

같은 함수를 람다 함수로 표현하면 다음과 같다.

```
lambda radius: math.pi * radius ** 2
```

람다 함수는 익명이지만, 그렇다고 해서 식별자를 사용해 참조할 수 없다는 것은 아니다. 파이썬의 함수는 1급 객체이므로 함수 이름을 이용한다는 것은 사실 함수 객체를 참조하는 변수를 이용하는 것이다. 다음 함수들과 마찬가지로 람다 함수도 1급 시민이며 새로운 변수에 할당될 수 있다. 람다 함수가 변수에 할당되면 몇 가지 메타 데이터 속성을 제외하고는 다른 함수들과 다르지 않게 보인다.

다음 인터랙티브 세션은 이러한 특성을 나타낸다.

```
>>> import math
>>> def circle_area(radius):
...     return math.pi * radius ** 2
...
>>> circle_area(42)
5541.769440932395
>>> circle_area
<function circle_area at 0x10ea39048>
>>> circle_area.__class__
<class 'function'>
>>> circle_area.__name__
'circle_area'

>>> circle_area = lambda radius: math.pi * radius ** 2
>>> circle_area(42)
5541.769440932395
>>> circle_area
<function <lambda> at 0x10ea39488>
>>> circle_area.__class__
<class 'function'>
>>> circle_area.__name__
'<lambda>'
```

람다 표현식을 사용하는 주된 목적은 콘텍스트에 맞는 다른 곳에서 재사용되지 않는 일회성one-off 함수를 정의하는 것이다. 이런 잠재력을 보다 잘 이해하기 위해 사람들의 정보를 저장하는 애플리케이션을 떠올려보자. 다음 데이터 클래스를 이용해 사람의 정보를 담은 레코드를 표현할 것이다.

```
from dataclasses import dataclass

@dataclass
class Person:
    age: int
    weight: int
    name: str
```

이와 같은 일련의 레코드가 있을 때 이 레코드들을 필드에 따라 정렬하고 싶다고 하자. 파이썬이 제공하는 sorted() 함수를 이용하면 최소한 '~보다 작다less than' 연산자(<)로 비교할 수 있는 엘리먼트를 가진 모든 리스트를 정렬할 수 있다. Person 클래스에 커스텀 연산자 오버로딩을 정의할 수도 있으나 우선 레코드에서 어떤 필드들로 정렬할 것인지 알아야 한다.

다행히도 sorted() 함수는 key 키워드 인수를 받는다. 이를 이용하면 입력받은 모든 요소를 해당 sorted() 함수가 자연스럽게 정렬할 수 있는 값으로 변경한다. 람다 표현식을 이용하면 이런 정렬 키를 필요에 따라 정의할 수 있다. 다음은 age에 따라 사람의 정보를 정렬하는 예시다.

```
sorted(people, key=lambda person: person.age)
```

위 코드에서 sorted() 함수의 동작은 코드가 호출 가능한 함수를 받아 특정한 주입된 행동injected behavior을 하도록 하는 일반적인 패턴이다. 람다 표현식을 이용하면 이런 행동을 쉽게 정의할 수 있다.

4.5.2 map(), filter(), reduce() 함수

map(), filter(), reduce()함수는 람다 함수와 함께 가장 많이 사용되는 내장 함수들이다. 이 함수들은 모두 함수형 스타일의 파이썬 프로그래밍에서 사용된다. 이들을 이용하면 부작용을 피하면서 어떤 복잡한 전환transformation을 선언할 수 있기 때문이다.

파이썬 2에서는 이 세 함수 모두가 기본 내장 함수였기 때문에 추가적인 임포트 없이 사용할 수 있었다. 파이썬 3에서는 reduce() 함수가 functools 모듈로 옮겨졌기 때문에 이 모듈을 임포트해야 한다.

map(func, iterable, ...)는 func 함수 인수를 모든 이터러블 아이템에 적용한다. 수많은 이터러블을 map() 함수에 전달할 수 있다. 그러면 map() 함수는 각 이터러블에서 동시에 요소들을 꺼낸다. func 함수는 map 단계마다 가능한 많은 이터러블 인수를 받는다. 이터러블의 크기가 다르면 map()은 가장 짧은 이터러블의 요소가 소진되는 시점에 동작을 멈춘다. map()은 모든 결과를 한 번에 평가하지는 않지만, 이터레이터를 반환하므로 모든 결과 아이템은 필요할 때 판단할 수 있다는 점을 기억하기 바란다.

다음은 map()을 이용해 0에서 시작해 처음 10개의 정수의 제곱값을 계산하는 예시다.

```
>>> map(lambda x: x**2, range(10))
<map object at 0x10ea09cf8>
>>> list(map(lambda x: x**2, range(10)))
[0, 1, 4, 9, 16, 25, 36, 49, 64, 81]
```

다음은 map() 함수를 이용해 크기가 다른 여러 이터러블을 다루는 예시다.

```
>>> mapped = list(map(print, range(5), range(4), range(5)))
0 0 0
```

```
1 1 1
2 2 2
3 3 3
>>> mapped
[None, None, None, None]
```

filter(func, iterable)는 map()과 유사하게 입력된 요소를 하나씩 차례로 평가한다. map()과 달리 filter() 함수는 입력된 요소를 새로운 값으로 변환하지는 않지만, func 인수로 정의한 조건에 만족하지 않는 입력값을 제거할 수 있다. 다음은 filter() 함수 사용 예시다.

```
>>> evens = filter(lambda number: number % 2 == 0, range(10))
>>> odds = filter(lambda number: number % 2 == 1, range(10))
>>> print(f"Even numbers in range from 0 to 9 are: {list(evens)}")
Even numbers in range from 0 to 9 are: [0, 2, 4, 6, 8]
>>> print(f"Odd numbers in range from 0 to 9 are: {list(odds)}")
Odd numbers in range from 0 to 9 are: [1, 3, 5, 7, 9]
>>> animals = ["giraffe", "snake", "lion", "squirrel"]
>>> animals_s = filter(lambda animal: animal.startswith('s'), animals)
>>> print(f"Animals that start with letter 's' are: {list(animals_s)}")
Animals that start with letter 's' are: ['snake', 'squirrel']]
```

reduce(func, iterable) 함수는 map()과 정반대로 동작한다. 이름에서 알 수 있듯이 이 함수를 이용하면 이터러블을 하나의 값으로 줄일 수 있다. 이터러블의 아이템을 얻어 그 아이템들을 func의 반환값으로 하나하나 매핑하는 대신, reduce() 함수는 func에 정의된 동작을 모든 이터러블 아이템에 누적해서 수행한다. reduce() 함수에 인수를 입력하면 다음과 같다.

```
reduce(func, [a, b, c, d])
```

반환값은 다음 함수를 호출한 결과와 같다.

```
func(func(func(a, b), c), d)
```

다음은 reduce()를 호출해 다양한 이터러블 객체에 포함된 요소 값의 합을 구하는 예시다.

```
>>> from functools import reduce
>>> reduce(lambda a, b: a + b, [2, 2])
4
>>> reduce(lambda a, b: a + b, [2, 2, 2])
```

```
6
>>> reduce(lambda a, b: a + b, range(100))
4950
```

map()과 filter()에서 한 가지 흥미로운 점은 이 함수들이 무한 수열infinite sequence에서도 동작한다는 점이다. 물론 무한 수열을 리스트 타입으로 평가하거나 일반적인 루프를 사용해서 평가하면 무한 루프에 빠져 영원히 멈추지 않을 것이다. itertools의 count() 함수는 무한 이터러블을 반환하는 함수의 한 예이다. 이 함수는 단순히 0부터 무한대까지 숫자를 센다. 다음 예시 코드와 같은 루프를 실행해보면 프로그램은 영원히 멈추지 않을 것이다.

```
from itertools import count

for i in count():
    print(i)
```

하지만 map(), filter()의 반환값은 이터레이터다. for 루프를 사용하는 대신 next() 함수를 사용하면 이터레이터의 다음 요소들을 얻을 수 있다. 앞의 map() 호출을 다시 살펴보자. 호출 결과 0부터 시작하는 정수의 연속적인 제곱값을 생성한다.

```
map(lambda x: x**2, range(n))
```

range() 함수는 n개의 아이템의 이터러블을 반환한다. 얼마나 많은 아이템을 생성할지 모른다면 이를 count()로 바꾸기만 하면 된다.

```
map(lambda x: x**2, count())
```

이제 연속적인 제곱값을 사용할 수 있다. 여기에서 for 루프를 사용하면 무한 반복이 발생하므로 사용할 수 없다. 하지만 next()를 여러 차례 사용해 아이템을 한 번에 하나씩 사용할 수 있다.

```
sequence = map(lambda x: x**2, count())
next(sequence)
next(sequence)
next(sequence)
...
```

map(), filter() 함수와 달리 reduce() 함수는 중간값을 반환하기 않기 때문에 값을 반환하기 위해 모든 입력값을 평가해야 한다. 즉, reduce() 함수는 무한 수열에서는 사용할 수 없다.

4.5.3 부분 객체와 부분 함수

부분 객체partial object는 수학의 부분 함수partial function 개념과 느슨한 관계에 있다. 부분 함수는 가능한 모든 입력값의 범위(도메인)를 그 결과로 매핑되도록 강제하지 않는 방법으로 수학적인 함수를 일반화한 것이다. 파이썬에서는 부분 객체를 이용해서 주어진 함수의 일부 인수를 고정값으로 설정해 가능한 입력 범위를 슬라이싱slicing한다.

앞 절에서 x ** 2라는 표현식을 이용해 x의 제곱값을 구했다. 파이썬의 내장 함수 pow(x, y)를 이용하면 모든 수의 제곱값을 구할 수 있다. lambda x: x ** 2 표현식은 pow(x, y) 함수의 부분 함수다. 왜냐하면 y의 도메인 값을 2라는 단일값으로 고정했기 때문이다. functools 모듈의 partial() 함수는 람다 표현식(때로 다루기 힘든)을 사용하지 않고도 이런 부분 함수를 쉽게 정의하는 방법을 제공한다.

pow()에서 이와 조금 다른 부분 함수를 만들어보자. 앞에서 연속된 숫자들의 제곱값을 만들었다. 이번에는 입력 인수의 도메인을 좁혀서 2의 제곱값들을 생성해보자. 즉, 결과는 1, 2, 4, 8, 16, …이 된다.

부분 객체의 생성자의 시그너처는 partial(func, *args, **keywords)이다. 부분 객체는 정확히 func와 같이 동작하지만, 입력 인수는 *args(가장 왼쪽부터 시작한다)와 **keywords로 미리 생성된다. pow(x, y) 함수는 키워드 인수를 지원하지 않으므로 가장 왼쪽의 x 인수는 미리 생성해야 한다.

```
>>> from functools import partial
>>> powers_of_2 = partial(pow, 2)
>>> powers_of_2(2)
4
>>> powers_of_2(5)
32
>>> powers_of_2(10)
1024
```

부분 객체를 재사용하지 않을 것이라면 어떤 식별자에도 할당할 필요가 없다. 람다 표현식처럼 일회성 함수로 정의해서 사용할 수 있다.

itertools 모듈은 모든 방식의 이터러블 객체에 대해 다양한 반복을 할 수 있는 헬퍼와 유틸리티를 제공한다. itertools 모듈이 제공하는 함수들을 이용하면 컨테이너를 순환하면서 그 내용을 그룹화하고, 이터러블을 덩어리chunk로 나누고, 여러 이터러블을 하나로 연결할 수 있다. 이 모듈의 모든 함수는 이터레이터를 반환한다. 파이썬이 지원하는 함수형-스타일 프로그래밍에 흥미가 있다면 이 모듈에 반드시 친숙해져야 한다. itertools 모듈에 관한 공식 문서는 https://docs.python.org/ko/3/library/itertools.html을 참조한다.

4.5.4 제너레이터

제너레이터generator는 요소의 수열을 반환하는 함수를 간단하고 효율적으로 만드는 우아한 방법을 제공한다. yield 문장에 기반하고 있으며 이를 이용해 함수를 일시 중지하고 중간 결과를 반환할 수 있다. 이 함수는 실행 콘텍스트를 저장하기 때문에 필요한 경우 언제든 재개할 수 있다.

예를 들어 피보나치 수열Fibonacci sequence을 반환하는 함수를 제너레이터를 이용해 작성할 수 있다. 다음 코드는 PEP 255 문서에 설명된 예시다.

```python
def fibonacci():
    a, b = 0, 1
    while True:
        yield b
        a, b = b, a + b
```

next() 함수 또는 for 루프를 이용해 제너레이터의 새로운 값들을 이터레이터인 것처럼 추출할 수 있다.

```python
>>> fib = fibonacci()
>>> next(fib)
1
>>> next(fib)
1
>>> next(fib)
2
>>> for item in fibonacci():
...     print(item)
...     if item > 10:
...         break
...
1
1
2
3
5
```

`fibonacci()` 함수는 제너레이터 객체를 반환한다. 이 객체는 실행 콘텍스트를 저장하는 방법을 아는 특별한 이터레이터다. 제너레이터 객체는 어디서든 호출될 수 있으며, 호출될 때마다 수열의 다음 요소를 반환한다. 구문은 간결하며 알고리즘의 본질적인 무한한 특성은 코드의 가독성을 떨어뜨리지 않는다. 함수를 중단할 수 있는 방법을 제공할 필요도 없다. 사실, 의사 코드에서 수열 생성 함수를 만드는 방법과 매우 유사하다.

대부분의 경우 요소 하나를 처리하는 데 필요한 자원은 수열 전체를 저장하는 데 필요한 자원보다 적다. 따라서 이 자원들을 적게 유지함으로써 프로그램의 효율을 높일 수 있다. 예를 들어 피보나치 수열은 무한하지만, 피보나치 수열을 생성하는 제너레이터는 그 값들을 모두 지정할 만큼의 무한한 메모리가 필요하지 않으므로 이론상 **끝없이**ad infinitum 동작할 수 있다.

일반적인 유스케이스로 제너레이터를 이용한 데이터 버퍼 스트림을 들 수 있다(예를 들면, 파일 등). 모든 데이터셋을 프로그램 메모리에 읽어들이지 않아도 데이터 처리 파이프라인의 어떤 단계에서든 일시정지, 재개, 중지를 할 수 있다.

함수형 프로그래밍에서 제너레이터는 상태를 가진 함수stateful function를 제공하기 위해 사용될 수 있다. 이런 기능이 없다면 마치 상태가 없는 함수stateless function인 것처럼 중간 결과를 저장해야 하는 부작용을 갖게 될 것이다.

4.5.5 제너레이터 표현식

제너레이터 표현식generator expression은 또 다른 구문 요소이며, 이를 이용하면 보다 함수형 언어적인 방법으로 코드를 작성할 수 있다. 구문 자체는 딕셔너리, 집합, 리스트 리터럴에서 사용되는 컴프리헨션과 유사하다. 제너레이터 표현식은 다음과 같이 괄호로 감싸서 작성한다.

```
(item for item in iterable_expression)
```

제너레이터 표현식은 이터러블을 받는 모든 함수의 입력 인수로 사용할 수 있다. 또한 `if`문을 이용해 리스트, 딕셔너리, 집합 컴프리헨션과 같이 특정 요소들을 추출할 수도 있다. 이는 복잡한 `map()`, `filter()` 구조를 보다 가독성이 높고 간결한 제너레이터 표현식으로 바꿀 수 있음을 의미한다.

제너레이터 표현식은 컴프리헨션 표현식과 구문적으로는 아무런 차이가 없다. 이들의 주요한 장점은 한순간에 하나의 아이템만 평가한다는 것이다. 따라서 만약 임의의 긴 이터러블 표현식을 처리해야할 때는 제너레이터 표현식이 유용하다. 프로그램 메모리에 중간 결과의 전체 컬렉션을 맞출 필요가 없기 때문이다.

람다, 맵, 리듀스, 필터, 부분 함수, 제너레이터는 모두 프로그램 로직을 함수 호출 표현식 평가로 표현하는 데 초점을 둔다. 함수형 프로그래밍의 또 다른 중요한 요소는 1급 함수를 갖는다는 점이다. 파이썬에서는 모든 함수가 객체이며 다른 객체들과 마찬가지로 런타임에 확인 및 수정될 수 있다. 또한 **함수 데커레이터**function decorator라는 유용한 구문 피처를 제공한다.

4.5.6 데커레이터

데커레이터decorator는 일반적으로 호출 가능한 표현식으로, 호출 시 하나의 인수를 받아(데커레이팅된 함수) 호출 가능한 다른 객체를 반환한다.

> **NOTE** 파이썬 3.9 이전에는 이름이 있는 표현식만 전용 데커레이터 구문과 함께 사용될 수 있었다. 파이썬 3.9부터는 람다 표현식을 포함한 모든 표현식에 전용 데커레이터 구문을 사용할 수 있다.

데커레이터에 관해서는 주로 메서드와 함수 스코프에서 논의되지만 이에 국한되지는 않는다. 사실 호출 가능한 모든 것(__call__ 메서드를 구현한 모든 객체는 호출 가능한 것으로 간주된다)은 데커레이터로 사용될 수 있다. 그리고 데커레이터가 반환한 객체는 단순한 함수가 아니라 자체적으로 __call__ 메서드를 구현한 보다 복잡한 클래스의 인스턴스다.

데커레이터 구문은 단순한 문법적 설탕이다. 다음 데커레이터 사용 예시를 보자.

```
@some_decorator
def decorated_function():
    pass
```

이는 명시적인 데커레이터 호출이나 함수 재할당으로 대체할 수 있다.

```
def decorated_function():
    pass

decorated_function = some_decorator(decorated_function)
```

그러나 후자는 가독성이 더 낮으며 하나의 함수에 여러 데커레이터를 사용하면 이해하기가 매우 어려워진다.

TIP 데커레이터는 반드시 콜러블을 반환하지 않아도 된다. 사실 모든 함수는 데커레이터로 사용될 수 있다. 파이썬은 데커레이터의 반환 타입을 강제하지 않기 때문이다. 따라서 어떤 함수를 단일 인수를 받지만 콜러블 객체를 반환하지 않는 데커레이터로 사용하는 것(가령, str이라 하자)은 구문 관점에서는 완전히 유효하다. 결과적으로 이런 방식을 이용해 데커레이트된 객체를 호출하고자 하면 실패한다. 데커레이터 구문의 이런 특성은 흥미로운 실험의 영역이다.

데커레이터는 관점 지향 프로그래밍aspect-oriented programming, AOP과 데커레이터 디자인 패턴의 영감을 받은 프로그래밍 언어의 요소다. 주요 유스케이스는 편리하게 애플리케이션의 다른 관점으로부터의 추가적인 행동과 함께 기존 함수 구현을 개선하는 것이다.

다음 Flask 프레임워크 문서에서 제공하는 예시를 보자.

```
@app.route('/secret_page')
@login_required
def secret_page():
    pass
```

secret_page()는 뷰 함수이며 시크릿 페이지를 반환할 것으로 추측된다. 그리고 두 개의 데커레이터로 장식되어 있다. app.route()는 URI 경로route를 뷰 함수에 반환하고 login_required()는 사용자 인증을 요구한다.

단일 책임 원칙single-responsibility principle에 따르면 함수는 가능한 작고 단일한 목적을 가져야 한다. Flask 애플리케이션에서 secret_page() 뷰 함수는 HTTP 응답을 준비하며, 이 응답은 이후 웹 브라우저에서 렌더링된다. 아마도 HTTP 요청을 파싱하거나 사용자 크리덴셜을 검증하지는 않을 것이다.

이름에서 알 수 있듯이 secret_page() 함수는 시크릿과 같은 류의 정보를 반환하며 반환값은 아무에게도 보여서는 안 된다. 사용자 크리덴셜을 검증하는 것은 뷰 함수의 책임이 아니지만, 일반적인 '시크릿 페이지'에 관한 아이디어에 포함된다. @login_required 데커레이터를 이용하면 뷰 함수에 보다 가까운 사용자 인증 관점을 나타낼 수 있다. 이는 애플리케이션을 보다 간결하게 만들며 프로그래머의 의도를 보다 정확하게 나타낼 수 있다.

Flask 프레임워크 문서에서 @login_required 데커레이터의 실제 예시를 조금 더 살펴보자.

```
from functools import wraps
from flask import g, request, redirect, url_for

def login_required(f):
    @wraps(f)
    def decorated_function(*args, **kwargs):
```

```
    if g.user is None:
        return redirect(url_for('login', next=request.url))
    return f(*args, **kwargs)
return decorated_function
```

TIP @wrap 데커레이터를 이용하면 이름이나 타임 애너테이션과 같은 장식된 함수 메타데이터를 복사할 수 있다. @wrap 데커레이터를 여러분이 직접 만든 데커레이터에서 이용하면 디버깅을 쉽게 할 수 있고, 원래 함수 타입 애너테이션에 접근할 수 있다.

이 데커레이터는 새로운 decorated_function() 함수를 반환하며, decorated_function() 함수는 가장 먼저 글로벌 g 객체가 유효한 할당된 사용자를 가지고 있는지 검증한다. 이것은 Flask에서 사용자가 인증되었는지 확인하는 일반적인 방법이다. 테스트가 성공하면 데커레이션된 함수는 f(*args, **kwargs)를 반환해서 원래 함수를 호출한다. 로그인 테스트가 실패하면 장식된 함수는 브라우저를 로그인 페이지로 리디렉션한다.

login_required() 데커레이터는 단순한 확인-실패check-or-fail 이상의 동작을 수행한다. 이렇게 데커레이터는 코드 재사용을 위한 훌륭한 메커니즘이다. 로그인 요청은 애플리케이션의 공통적인 관점이지만 그 구현은 시간에 따라 달라질 수 있다. 데커레이터는 이러한 관점을 이식 가능한 행동으로 구현하는 편리한 방법이며, 기존 함수 위에 손쉽게 추가할 있게 한다.

데커레이터에 관해 8장에서 보다 자세히 다룰 것이다. 또한 메타프로그래밍 기법의 관점에서 데커레이터에 관해 살펴본다.

4.6 열거형

주요 프로그래밍 패러타임과 관계없이 많은 프로그래밍 언어에서 찾아볼 수 있는 일반적인 프로그래밍 피처들이 존재한다. 이런 피처들 중 하나가 열거형enumerated type으로, 열거형은 유한한 개수의 이름을 가진 값으로 구성된다. 열거형은 한정된 값들의 집합을 변수 또는 함수 인수로 인코딩할 때 유용하다.

파이썬 표준 라이브러리에서 제공하는 가벼운 타입으로 enum 모듈의 Enum 클래스를 들 수 있다. 이 클래스는 베이스 클래스로 심벌릭 열거형symbolic enumeration을 정의할 수 있다. 심벌릭 열거형은 다른 프로그래밍 언어(C, C++, C#, 자바 및 기타 언어)에서 enum 키워드와 함께 사용되는 열거 타입과 유사한 개념이다.

파이썬에서 열거형을 정의할 때는 Enum 클래스를 서브클래싱한 뒤, 클래스 속성으로 모든 열거형 멤버를 정의해야 한다. 다음은 간단한 파이썬 enum의 예시다.

```
from enum import Enum

class Weekday(Enum):
    MONDAY = 0
    TUESDAY = 1
    WEDNESDAY = 2
    THURSDAY = 3
    FRIDAY = 4
    SATURDAY = 5
    SUNDAY = 6
```

파이썬 공식 문서에서는 enum의 명명법을 다음과 같이 정의하고 있다.

- enumeration 또는 enum: Enum 베이스 클래스의 서브클래스다. 여기에서는 Weekday에 해당한다.

- member: Enum 서브클래스에 여러분이 정의한 속성이다. 여기에서는 Weekday.MONDAY, Weekday.TUESDAY 등에 해당한다.

- name: member를 정의하는 Enum 서브클래스의 속성이다. 여기에서는 Weekday.MONDAY의 MONDAY, Weekday.TUESDAY의 TUESDAY 등에 해당한다.

- value: member를 정의하는 Enum 서브클래스 속성에 할당된 값이다. 여기에서는 Weekday.MONDY 이 1, Weekday.TUESDAY가 2가 된다.

enum의 member 값에는 모든 타입을 사용할 수 있다. member 값이 코드에서 중요하지 않다면 auto() 타입을 사용해 자동으로 생성된 값을 사용할 수도 있다. 다음은 auto를 사용한 유사한 예시다.

```
from enum import Enum, auto

class Weekday(Enum):
    MONDAY = auto()
    TUESDAY = auto()
    WEDNESDAY = auto()
    THURSDAY = auto()
    FRIDAY = auto()
    SATURDAY = auto()
    SUNDAY = auto()
```

파이썬의 열거형은 몇몇 변수들이 제한된 수의 값/선택만 갖는 경우 매우 유용하다. 예를 들어 열거형을 이용해 다음과 같이 객체의 상태를 정의할 수 있다.

```python
from enum import Enum, auto

class OrderStatus(Enum):
    PENDING = auto()
    PROCESSING = auto()
    PROCESSED = auto()

class Order:
    def __init__(self):
        self.status = OrderStatus.PENDING

    def process(self):
        if self.status == OrderStatus.PROCESSED:
            raise ValueError(
                ""Can't process order that has ""
                ""been already processed""
            )

        self.status = OrderStatus.PROCESSING
        ...
        self.status = OrderStatus.PROCESSED
```

열거형을 사용하는 다른 유스케이스로 배타적이지 않은 선택의 집합을 저장하는 것을 들 수 있다. 이는 종종 bit 플래그, bit 마스크를 이용해 구현되는데, C처럼 bit 조작을 제공하는 언어에서 매우 일반적인 방법이다. 파이썬에서는 Flag 기반의 열거형 클래스를 이용해 보다 직관적이고 편리한 방법으로 이를 구현할 수 있다.

```python
from enum import Flag, auto

class Side(Flag):
    GUACAMOLE = auto()
    TORTILLA = auto()
    FRIES = auto()
    BEER = auto()
    POTATO_SALAD = auto()
```

이런 bitwise 연산자(¦와 & 연산자)를 이용해 이런 플래그를 조합하고, in 키워드를 사용해 플래그 설정 여부를 테스트할 수 있다. 다음은 Side 열거형의 몇 가지 예시다.

```
>>> mexican_sides = Side.GUACAMOLE | Side.BEER | Side.TORTILLA
>>> bavarian_sides = Side.BEER | Side.POTATO_SALAD
>>> common_sides = mexican_sides & bavarian_sides
>>> Side.GUACAMOLE in mexican_sides
True
>>> Side.TORTILLA in bavarian_sides
False
>>> common_sides
<Side.BEER: 8>
```

심벌릭 열거형은 딕셔너리 및 이름 있는 튜플과 유사한 점이 있다. 이들 모두 이름/키를 값과 매핑한다. Enum 정의는 불변하고 글로벌한 점이 다르다. 선택 가능하고 유한하며 프로그램 런타임 중에 동적으로 변경될 수 없는 값들의 집합이 필요할 때는 열거형을 이용해야 한다. 특히 이 집합이 전역적으로 단 한 번만 지정해야 할 때 더욱 그렇다. 딕셔너리와 이름 있는 튜플은 데이터 컨테이너data container다. 데이터 컨테이너는 원하는 만큼 많은 인스턴스를 만들 수 있다.

4.7 요약

이번 장에서는 다른 프로그래밍(언어)의 패러다임에 비추어 파이썬 언어를 살펴봤다. 파이썬과 조금이라도 유사한 피처를 가진 다른 프로그래밍 언어가 있다면 비교를 통해 파이썬의 강점과 약점을 확인했다.

객체 지향 프로그래밍 개념을 깊이 들여보고 함수형 프로그래밍 같은 보완적인 패러다임에 관한 지식도 얻었다. 이제 전체 애플리케이션의 구조와 아키텍처를 만드는 것과 관련된 논의를 시작할 준비가 되었다.

다음 장에서는 매우 방대한 내용을 다룰 것이다. 다양한 디자인 패턴과 방법론들에 관해 이야기해보자.

인터페이스, 패턴, 모듈성

이번 장에서는 인터페이스interface, 패턴pattern, 모듈성modularity의 관점에서 디자인 패턴 영역을 깊이 있게 살펴본다. 프로그래밍 이디엄 개념을 소개할 때 이미 이 영역을 거의 다루었다. 이디엄은 작은 규모의 문제를 해결하기 위한 작고 잘 알려진 프로그래밍 패턴으로 간주할 수 있다. 여기서 프로그래밍 이디엄은 단일 프로그래밍 언어에 귀속된다는 것이 핵심적인 특징이다. 이디엄은 다른 프로그래밍 언어로 이식될 수 있지만 그 프로그래밍 언어를 원래 사용하던 이들에게는 자연스럽게 느껴지지 않을 수 있다.

이디엄은 일반적으로 작은 프로그래밍 구조에 집중하며 몇 줄 정도의 코드를 다룬다. 한편 디자인 패턴은 더 큰 규모의 코드 구조인 함수와 클래스 등을 다룬다. 디자인 패턴은 보다 유비쿼터스하다. 디자인 패턴은 재사용할 수 있는 해법으로 소프트웨어 엔지니어링에서 나타나는 공통적인 디자인 문제를 해결한다. 디자인 패턴은 언어에 종속되지 않으므로 여러 프로그래밍 언어를 이용해 표현할 수 있다.

이번 장에서는 디자인 패턴이라는 주제에 관해 일반적이지 않은 내용을 살펴볼 것이다. 많은 프로그래밍 서적들이 《GoF의 디자인 패턴》(프로텍미디어, 2015)에서 시작한다. 그다음에는 고전 디자인 패턴들을 파이썬 이디엄으로 구현한 지루한 목록이 이어질 것이다. 싱글턴singleton, 팩터리factory, 어댑터adapter, 플라이웨이트flyweight, 브리지bridge, 비지터visitor, 스트래터지strategy 등 그 종류는 매우 다양하다.

셀 수 없이 많은 웹 아티클이나 블로그들도 모두 비슷하다. 따라서 고전적인 디자인 패턴을 학습한다면 온라인에서 정보를 찾아보기 바란다.

<u>NOTE</u> '고전적인' 디자인 패턴의 파이썬 구현을 학습하는 데 관심이 있다면 https://python-patterns.guide 사이트를 방문해보기 바란다. 이 웹사이트에서는 전체적인 디자인 패턴 카탈로그와 파이썬 코드 예시를 함께 제공한다.

대신 우리는 단지 두 가지 핵심 '디자인 패턴 조력자design pattern enabler'에 초점을 맞출 것이다.

• 인터페이스interface

• 제어 반전inversion of control과 디펜던시 주입자injector

이 두 개념은 '조력자enabler'다. 이들이 없다면 디자인 패턴에 관한 적절한 용어를 확보할 수 없기 때문이다. 인터페이스와 제어 반전이라는 주제에 관해 논의함으로써 모듈러 애플리케이션을 구축하는 과정의 어려움을 더 잘 이해할 수 있다. 그리고 이 어려움들을 깊이 이해해야만 패턴이 필요한 이유도 확실하게 알 수 있다.

물론 그 과정에서 수많은 고전적인 디자인 패턴들을 사용하겠지만 특정한 패턴에 초점을 두지는 않을 것이다.

5.1 기술적 요구 사항

다음은 이번 장에서 이용하는 패키지들이며, PyPI에서 다운로드할 수 있다.

• `zope.interface`

• `mypy`

• `redis`

• `flask`

• injector

• `flask-injector`

패키지 설치 방법은 2장을 참조한다.

이번 장에서 이용하는 샘플 코드는 https://github.com/moseskim/Expert-Python-Programming-Fourth-Edition/tree/main/Chapter 5에서 다운로드할 수 있다.

5.2 인터페이스

일반적으로 **인터페이스**interface는 두 엔티티entity 사이의 상호작용에 관여하는 매개다. 예를 들어 자동차의 인터페이스는 주로 스티어링 휠, 페달, 기어 스틱, 대시보드, 다이얼 등이다. 컴퓨터의 인터페이스는 전통적으로 마우스, 키보드, 디스플레이 등이다.

프로그래밍에서 인터페이스는 주로 다음 두 가지에 해당한다.

* 코드가 가질 수 있는 상호작용 영역의 전체 형태이다.
* 코드 사이에서 가능한 상호작용의 추상적인 정의이며 의도적으로 코드 구현부와 분리된다.

첫 번째 관점에서 인터페이스는 심벌symbol들의 조합이며 이를 이용해 코드 단위들이 상호작용한다. 예를 들어 함수의 인터페이스는 그 함수의 이름, 입력 인수, 반환값이다. 객체의 인터페이스는 호출될 수 있는 모든 메서드method와 접근할 수 있는 모든 속성attribute이다.

함수, 객체, 클래스 등 코드 단위의 컬렉션은 종종 라이브러리로 그룹화된다. 파이썬에서 라이브러리는 모듈과 패키지(모듈의 집합) 형태로 존재한다. 이들 또한 인터페이스를 가진다. 모듈과 패키지의 내용은 다양하게 조합되어 사용될 수 있으며 모든 내용물과 상호작용을 할 필요는 없다. 이를 이용해 프로그램 가능한 애플리케이션을 만들 수 있는데, 이로 인해 라이브러리 인터페이스들은 종종 **애플리케이션 프로그래밍 인터페이스**application programming interface, API라고 불린다.

인터페이스의 의미는 컴퓨팅 세계의 다른 요소들까지 확장될 수 있다. 운영체제는 파일시스템과 시스템 콜이라는 형태의 인터페이스를 갖는다. 웹과 원격 서비스는 통신 프로토콜의 형태로 인터페이스를 갖는다.

두 번째 관점에서 인터페이스는 전자를 형식화한 것으로 이해할 수 있다. 인터페이스는 코드의 특정한 요소들이 달성하기로 선언하는 일종의 계약으로 생각할 수 있다. 이런 공식적인 인터페이스는 구현에서 추출할 수 있으며 독립적인 엔티티로서 존재할 수 있다. 이를 이용하면 인터페이스가 존재하고 계약을 만족하기만 한다면, 해당 인터페이스에 의존하기만 하면 되고 그 실제적인 구현에는 실질적인 구현은 신경 쓰지 않고 애플리케이션을 구축할 수 있다.

이 형식화된 의미의 인터페이스는 보다 큰 프로그래밍 개념으로 확장할 수 있다.

* **라이브러리**library: C 프로그래밍 언어는 그 표준 라이브러리의 API를 정의하며, 이를 **ISO C 라이브러리**라고 부른다. 파이썬과 달리 C 표준 라이브러리는 수많은 구현을 가지고 있다. 리눅스의 경우, 가장 일반적인 것은 아마도 **GNU C 라이브러리(glibc)**일 것이며 그 대안으로 **dietlibc**와 **musl**

이 있다. 다른 운영체제들 역시 각기 ISO C 라이브러리 구현을 제공한다.

- **운영체제**operating system: **포터블 운영체제 인터페이스**portable operating system interface, POSIX는 표준들의 집합으로 운영체제의 공통 인터페이스를 정의한다. POSIX 표준을 완전히 준수한 것으로 공인된 운영체제에는 macOS, Solaris 등이 있다. 그리고 POSIX 표준을 거의 준수한 운영체제에는 리눅스, Android, OpenBSD 등이 있다. 이 시스템들은 'POSIX 준수POSIX compliance'라는 표현 대신 POSIX 인터페이스를 구현했다고 말할 수 있다.

- **웹 서비스**web service: **OpenID Connect(OIDC)**는 **OAuth 2.0** 프로토콜에 기반한 공개된 인증 authentication 및 허가authorization 프레임워크다. OIDC 표준을 구현하는 서비스들은 이 표준에 기술된 잘 정의된 특정 인터페이스를 제공해야 한다.

형식화된 인터페이스는 객체 지향 프로그래밍 언어에서 매우 중요한 개념이다. 이 콘텍스트에서 인터페이스는 모델화된 객체의 형태나 목적을 추상화한다. 인터페이스는 일반적으로 메서드와 속성의 컬렉션을 기술하며, 클래스는 요청된 동작으로 이를 구현해야만 한다.

순수하게 접근할 때 인터페이스 정의는 사용 가능한 메서드의 정의를 제공하지 않는다. 단지 해당 인터페이스를 구현하고자 하는 클래스들에게 명시적인 계약을 제공할 뿐이다. 인터페이스는 종종 조합 가능composable하다. 이는 단일 클래스가 여러 인터페이스를 동시에 구현할 수 있다는 것을 의미한다. 이런 방식으로 인터페이스는 디자인 패턴의 핵심 빌딩 블록이다. 하나의 디자인 패턴은 특정한 인터페이스의 조합으로 간주할 수 있다. 인터페이스와 유사하게 디자인 패턴은 구현을 내재하지 않는다. 디자인 패턴은 단지 개발자들이 공통된 문제를 풀기 위해 재사용할 수 있는 뼈대scaffolding일 뿐이다.

파이썬 개발자들은 명시적인 인터페이스 정의보다 **덕 타이핑**을 신호한다. 그러나 클래스 사이에 잘 정의된 상호작용 계약이 있다면 소프트웨어의 전체 품질을 향상시키고 잠재적인 에러의 영역을 줄일 수 있다. 예를 들어 새로운 인터페이스 구현의 생성자는 대상 클래스가 노출해야 하는 메서드와 속성의 명확한 목록을 가진다. 적절한 구현이 있어야 한다면, 주어진 인터페이스가 요구하는 메서드를 항상 기억해야만 한다.

추상 인터페이스abstract interface 지원은 많은 정적 타입 언어의 초석이다. 예를 들어 자바에는 클래스가 특정한 인터페이스를 구현했음을 명시적으로 선언하는 트레이트trait가 있다. 자바 프로그래머들은 이를 이용해서 타입 상속을 하지 않고도 다형성을 달성하는데, 이는 종종 문제를 일으키는 원인이 된다. 반면 Go 언어에는 클래스가 없으며 타입 상속을 지원하지 않는다. 그러나 Go의 인터페이스는 타입 상속 없이도 선택적인 객체 지향 패턴과 다형성을 허용한다. 자바와 Go 언어 모두에서 인터페이스는 덕 타이핑 행동의 명시적인 버전이다. 자바와 Go는 인터페이스를 이용해 컴파일 시점에 타입 안전성을 검증한다. 반면 덕 타이핑은 이 모두를 런타임에 실행한다.

파이썬은 이 언어들과는 완전히 다른 타이핑 철학을 갖는다. 따라서 자연스럽게 컴파일 시점에서의 인터페이스 검증을 지원하지 않는다. 어쨌든 애플리케이션 인터페이스를 보다 명시적으로 통제하고 싶다면 다음과 같이 간단한 기법들을 선택해볼 수 있다.

- 서드파티 프레임워크를 이용한다. **zope.interface**는 인터페이스 표기를 추가한다.
- **추상 베이스 클래스**abstract base class, ABC를 이용한다.
- 타이핑 애너테이션, **typing.Protocol**, 정적 타입 분석기를 활용한다.

다음 절에서 이들에 관해 자세히 다룬다.

5.2.1 간단한 역사: zope.interface

몇 가지 프레임워크를 이용해 파이썬에서 명시적인 인터페이스를 구현할 수 있다. 가장 많이 알려진 프레임워크로는 **Zope** 프로젝트의 일부인 **zope.interface** 패키지가 있다. 현재 Zope는 해당 프로젝트가 한참 사용되었던 10여 년 전만큼은 유명하지 않지만 **zope.interface** 패키지는 여전히 유명한 **트위스티드**Twisted 프레임워크의 주요 컴포넌트 중 하나다. **zope.interface**는 가장 오래되었음에도 여전히 살아 움직이는 인터페이스 프레임워크로 파이썬에서 널리 사용되고 있다. 이 패키지는 ABC 와 같은 주요 파이썬 피처들보다 그 시대를 앞서므로 이에 관해 먼저 살펴보고, 뒤에서 다른 인터페이스 설루션들과 비교해볼 것이다.

> **NOTE** zope.interface 패키지는 짐 풀턴Jim Fulton이 자바 인터페이스 초기의 피처를 흉내 내어 만들었다.

인터페이스의 개념은 하나의 추상화가 여러 구현을 가질 수 있거나 하나의 추상화를 여러 객체에 적용할 수 있는, 다시 말해 상속 구조로는 달성할 수 없는 영역에 적합하다. 이를 더 잘 표현하기 위해 서로 다른 엔티티를 다루는 문제를 예시로 든다. 이 엔티티들은 공통 트레이트로 선언하지만, 정확하게 같지는 않는 것들을 공유한다.

간단한 컬라이더collider(충돌자) 시스템을 만들어보겠다. 이 시스템은 겹쳐진 여러 객체들 사이의 충돌을 발견하고, 간단한 게임 또는 시뮬레이션 등에서 이용될 수 있다. 우리가 여기서 만드는 해법은 다소 조잡하고 효율적이지도 않을 것이다. 그러나 목표는 인터페이스의 개념을 살펴보는 것이지 블록버스터 게임에서 사용할 충돌 엔진을 만드는 것이 아님을 기억하기 바란다.

알고리즘으로는 **축에 정렬된 충돌 박스**axis-aligned bounding box, AABB를 이용한다. 이 알고리즘은 축에 나란히 정렬된 두 사각형(회전하지 않는) 사이의 충돌을 식별하는 간단한 방법이다. 이 알고리즘에서는 모든 테스트 대상 요소들의 형태를 사각형으로 제한한다. 알고리즘은 매우 단순하다. 그저 사각형의 네 모서리 좌표만 비교한다.

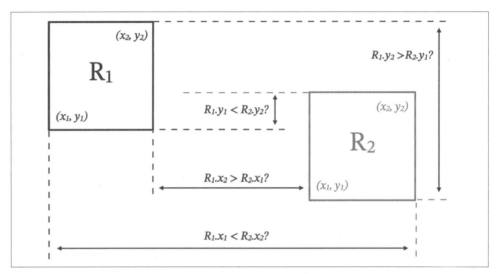

그림 5.1 **AABB 알고리즘에서의 사각형 좌표 비교**

두 사각형이 겹쳤는지 확인하는 간단한 함수부터 시작해보자.

```python
def rects_collide(rect1, rect2):
    """두 사각형이 겹쳤는지 확인한다.

    사각형의 좌표:
        ┌─────(x2, y2)
        │      │
        (x1, y1) ─────┘
    """
    return (
        rect1.x1 < rect2.x2 and
        rect1.x2 > rect2.x1 and
        rect1.y1 < rect2.y2 and
        rect1.y2 > rect2.y1
    )
```

어떤 타이핑 애너테이션도 정의하지 않았지만, 위 코드를 보면 rect_collide() 함수의 두 인수가 4개의 속성 x1, y1, x2, y2를 가져야 함을 명확히 기대할 수 있다. 이 4개 속성은 사각형의 왼쪽 아래, 오른쪽 위 좌표에 해당한다.

이제 rects_collide() 함수를 이용하면 객체 집단 안에서 모든 충돌을 감지하는 다른 함수를 다음과 같이 간단히 정의할 수 있다.

```python
import itertools

def find_collisions(objects):
    return [
        (item1, item2)
        for item1, item2
        in itertools.combinations(objects, 2)
        if rects_collide(
            item1.bounding_box,
            item2.bounding_box
        )
    ]
```

이제 남은 작업은 충돌을 확인할 수 있는 객체의 클래스를 정의하는 것이다. 여기에서는 몇 가지 다른 모양(정사각형, 사각형, 원)을 모델링할 것이다. 도형들은 각기 다르며, 그에 맞는 내부 구조를 갖는다. 공통의 조상으로 만들 수 있는 명확한 클래스는 존재하지 않는다. 단순함을 유지하기 위해 데이터 클래스와 프로퍼티를 이용할 것이다. 초기 정의는 다음과 같다.

```python
from dataclasses import dataclass

@dataclass
class Square:
    x: float
    y: float
    size: float

    @property
    def bounding_box(self):
        return Box(
            self.x,
            self.y,
            self.x + self.size,
            self.y + self.size
        )

@dataclass
class Rect:
    x: float
```

```
        y: float
        width: float
        height: float

        @property
        def bounding_box(self):
            return Box(
                self.x,
                self.y,
                self.x + self.width,
                self.y + self.height
            )

@dataclass
class Circle:
    x: float
    y: float
    radius: float

        @property
        def bounding_box(self):
            return Box(
                self.x - self.radius,
                self.y - self.radius,
                self.x + self.radius,
                self.y + self.radius,
            )
```

이 클래스들의 유일한 공통점(데이터 클래스라는 점을 제외하고)은 bounding_box 프로퍼티다. 이 프로퍼티는 Box 클래스 인스턴스를 반환하며, Box 클래스 역시 데이터 클래스다.

```
@dataclass
class Box:
    x1: float
    y1: float
    x2: float
    y2: float
```

데이터 클래스의 정의는 특별한 설명이 필요 없을 만큼 간단하다. 다음과 같이 find_collisions()
함수에 여러 인스턴스를 전달해 시스템이 잘 동작하는지 확인할 수 있다.

```
for collision in find_collisions(
    [
```

```
        Square(0, 0, 10),
        Rect(5, 5, 20, 20),
        Square(15, 20, 5),
        Circle(1, 1, 2),
    ]
):
    print(collision)
```

모든 것이 제대로 동작한다면 위의 코드는 3개의 충돌과 함께 다음 내용을 출력할 것이다.

```
(Square(x=0, y=0, size=10), Rect(x=5, y=5, width=20, height=20))
(Square(x=0, y=0, size=10), Circle(x=1, y=1, radius=2))
(Rect(x=5, y=5, width=20, height=20), Square(x=15, y=20, size=5))
```

모두 잘 동작한다. 한 가지 실험을 상상해보자. 애플리케이션의 규모가 커지고 추가 요소들이 포함되면서 확장되었다고 가정해보는 것이다. 애플리케이션이 게임이라면 누군가 스프라이트sprite, 액터actor, 이펙트 파티클effect particle을 나타내는 객체를 추가했을 수 있다. 누군가 다음의 Point 클래스를 정의했다고 가정해보자.

```
@dataclass
class Point:
    x: float
    y: float
```

잠재적인 컬라이더collider(충돌자) 목록에 이 클래스의 인스턴스가 입력되면 어떤 일이 일어나겠는가? 아마도 다음과 비슷한 예외 트레이스백을 보게 될 것이다.

```
Traceback (most recent call last):
  File "/.../simple_colliders.py", line 115, in <module>
    for collision in find_collisions([
  File "/.../simple_colliders.py", line 24, in find_collisions
    return [
  File "/.../simple_colliders.py", line 30, in <listcomp>
    item2.bounding_box
AttributeError: 'Point' object has no attribute 'bounding_box'
```

위 결과에서 문제가 무엇인지에 관한 몇 가지 단서를 찾아볼 수 있다. 이런 문제들을 조금 더 일찍 발견할 수는 없을까? 최소한 모든 입력 객체들의 find_collisions() 함수를 이용해 이들이 모두 컬라이더블collidable(충돌 가능한 객체)인지 검증할 수 있을 것이다. 하지만 어떻게 해야 하는가?

컬라이더블 클래스들은 공통 조상을 공유하지 않기 때문에, isinstance() 함수를 이용해 이들의 타입이 컬라이더블 객체로 일치하는지 확인할 수 없다. hasattr() 함수를 이용해 bounding_box 속성을 가졌는지는 확인할 수 있지만, 그 속성이 정확한 구조를 갖는지 알 수 있을 정도로 상세하게 코드를 작성하려면 지저분하게 될 것이다.

여기에서 zope.interface를 사용할 수 있다. zope.interface 패키지의 핵심 클래스는 Inteface 클래스다. 이를 이용하면 새로운 인터페이스를 명시적으로 정의할 수 있다. ICollidable 클래스를 정의해보자. 이 클래스는 우리가 만든 충돌 시스템에서 사용 가능한 모든 것을 정의할 수 있다.

```
from zope.interface import Interface, Attribute

class ICollidable(Interface):
    bounding_box = Attribute("Object's bounding box")
```

Zope를 이용할 때는 공통적으로 인터페이스 클래스 맨 앞에 I라는 접두사를 붙인다. Attribute 생성자는 인터페이스를 구현하는 객체에 필요한 속성을 나타낸다. 이 인터페이스 클래스에 정의된 모든 메서드는 인터페이스 메서드 선언으로 이용된다. 이 메서드들은 비어 있어야 한다. 일반적으로 메서드 바디에 독스트링만 기술하는 방식을 사용한다.

인터페이스를 정의한 뒤에는 어떤 구상 클래스concrete class들이 이 인터페이스를 구현하는지 명시해야 한다. 이런 인터페이스 구현 스타일을 명시적 인터페이스explicit interface라 부르며 자바의 트레이트와 유시히디. 특정한 인터페이스의 구현을 명시할 때는 implementer() 클래스 데커레이터를 이용한다. 다음 예시를 보자.

```
from zope.interface import implementer

@implementer(ICollidable)
@dataclass
class Square:
    ...

@implementer(ICollidable)
@dataclass
class Rect:
    ...
```

```
@implementer(ICollidable)
@dataclass
class Circle:
    ...
```

> **NOTE** 위 예시에서 데이터 클래스의 바디는 간결한 설명을 위해 생략했다.

일반적으로 인터페이스는 구상 클래스가 만족해야 할 계약을 기술한다고 말한다. 이 디자인 패턴을 이용하면 객체를 이용하기 전에 계약과 구현 사이의 일관성을 검증할 수 있다. 덕 타이핑 접근 방식을 사용했을 때는 런타임에 속성이나 메서드가 누락되었을 때만 불일치를 발견할 수 있다.

zope.interface를 이용하면 zope.interface.verify 모듈이 제공하는 두 개의 메서드를 이용해 실제 구현을 검사할 수 있으며 불일치를 조기에 찾아낼 수 있다.

- verifyClass(interface, class_object): 클래스 객체에 메서드가 존재하는지 속성을 보지 않고도 메서드의 시그니처가 올바른지 검사한다.

- verifyObject(interface, instance): 메서드, 메서드의 시그니처, 실제 객체 인스턴스의 속성을 검사한다.

즉, find_collision() 함수를 확장하면 객체 인터페이스를 처리하기 전에 초기 검증을 할 수 있다. 그 방법은 다음과 같다.

```
from zope.interface.verify import verifyObject

def find_collisions(objects):
    for item in objects:
        verifyObject(ICollidable, item)
    ...
```

이제 find_collision() 함수에 @implementer(ICollable) 데커레이터를 포함하지 않는 클래스 인스턴스를 전달하면 다음과 유사한 예외 트레이스백을 얻게 된다.

```
Traceback (most recent call last):
  File "/.../colliders_interfaces.py", line 120, in <module>
    for collision in find_collisions([
  File "/.../colliders_interfaces.py", line 26, in find_collisions
    verifyObject(ICollidable, item)
  File "/.../site-packages/zope/interface/verify.py", line 172, in verifyObject
```

```
    return _verify(iface, candidate, tentative, vtype='o')
  File "/.../site-packages/zope/interface/verify.py", line 92, in _verify
    raise MultipleInvalid(iface, candidate, excs)
zope.interface.exceptions.MultipleInvalid: The object Point(x=100, y=200) has failed to
implement interface <InterfaceClass __main__.ICollidable>:
    Does not declaratively implement the interface
    The __main__.ICollidable.bounding_box attribute was not provided
```

마지막 두 행에서 두 가지 에러가 발생한다.

- **선언 에러**declaration error: 아이템이 해당 인터페이스를 구현하는 것으로 명시적으로 선언되지 않았다.
- **구조 에러**structural error: 아이템이 인터페이스가 요구하는 요소를 모두 가지고 있지 않다.

구조 에러는 완전하지 않은 인터페이스에서 우리를 보호한다. Point 클래스가 @implementer (ICollidable) 데커레이터를 가지고 있지만 bounding_box() 프로퍼티를 가지고 있지 않다면 여전히 예외가 발생한다.

verifyClass()와 verifyObject() 메서드는 인터페이스의 표면적인 영역만을 검사할 뿐 속성 타입까지 확인하지는 않는다. 선택적으로 모든 zope.interface의 인터페이스 클래스가 제공하는 validateInvariants() 메서드로 보다 깊은 단계의 검증을 할 수 있다. 이 메서드가 제공하는 훅-인 hook-in 함수를 이용해 인터페이스의 값을 검사할 수 있다. 확실하게 안전을 기하고 싶다면 다음과 같은 인터페이스 패턴과 검증을 이용할 수 있다.

```python
from zope.interface import Interface, Attribute, invariant
from zope.interface.verify import verifyObject

class IBBox(Interface):
    x1 = Attribute("lower-left x coordinate")
    y1 = Attribute("lower-left y coordinate")
    x2 = Attribute("upper-right x coordinate")
    y2 = Attribute("upper-right y coordinate")

class ICollidable(Interface):
    bounding_box = Attribute("Object's bounding box")
    invariant(lambda self: verifyObject(IBBox, self.bounding_box))

def find_collisions(objects):
    for item in objects:
        verifyObject(ICollidable, item)
```

```
        ICollidable.validateInvariants(item)

    ...
```

validateInvariants() 메서드를 이용해서 입력 아이템이 ICollidable 인터페이스를 만족하는 데
필요한 모든 속성을 가지고 있는지 확인할 수 있다. 그리고 이 속성들의 구조(여기에서는 bounding_
box)가 보다 깊은 제약 사항을 만족하는지도 확인할 수 있다. 예시에서는 invariant()를 이용해 중
첩된 인터페이스를 검증한다.

zope.interface를 이용하는 것은 애플리케이션을 디커플decouple하는 흥미로운 방법이다. 이를 이
용하면 적절한 객체 인터페이스를 강화할 수 있다. 다중 상속으로 인한 과도한 복잡성도 발생하지 않
으며 불일치 또한 조기에 발견할 수 있다.

zope.interface를 이용할 때의 가장 큰 단점은 인터페이스 구현자를 명시적으로 선언해야 한다는
점이다. 이는 내장 라이브러리의 외부 클래스의 인스턴스를 검증해야 할 때 특히 문제가 된다. 라이브
러리는 이 문제에 대한 몇 가지 해법을 제공한다(코드가 실제로 장황해질 수 있다). 어댑터adapter 패턴이
나 멍키 패칭monkey-patching 외부 클래스를 이용해 직접 문제를 해결할 수도 있다. 아무튼 이런 해법
들의 단순함에 관해서는 적어도 논란의 여지가 있다.

5.2.2 함수 애너테이션과 추상 베이스 클래스 이용하기

형식화된 인터페이스는 큰 규모의 애플리케이션에서 커플링coupling을 줄이고, 더 많은 레이어의 복잡
성을 제공하지 않기 위해 사용한다. zope.interface는 훌륭한 개념이고, 여러 프로젝트에 매우 적
합할 것이지만 이 또한 만병통치약은 아니다. zope.interface를 이용하다 보면 이내 서드파티 클래
스가 호환되지 않는 인터페이스 문제를 수정하거나 실제 구현을 하기보다는 끝없는 어댑터 레이어를
제공하는 데 더 많은 시간을 할애하기도 한다.

만약 그렇게 된다면 이는 무언가 잘못되고 있다는 신호다. 다행히도 파이썬에서는 명시적인 인터페이
스에 대한 경량의 대안을 만들 수 있다. 비록 zope.interface나 그 대안처럼 완전하지는 않지만 일
반적으로 보다 유연한 애플리케이션들을 제공한다. 결과적으로는 조금 더 많은 코드를 작성해야 하
지만 확장이 가능하고 외부 타입들을 잘 다룰 수 있어 미래에도 사용할 수 있을 것이다.

파이썬은 근본적으로 인터페이스에 대한 명시적 표기를 갖지 않으며 앞으로도 그럴 것이다. 하지만
인터페이스의 기능과 유사한 것을 만들 수 있는 피처를 가지고 있다. 그 피처들은 다음과 같다.

- 추상 베이스 클래스abstract base class, ABC
- 함수 애너테이션function annotation
- 타입 애너테이션type annotation

우리가 만들 해법의 핵심은 추상 베이스 클래스이므로 이에 관해 먼저 살펴본다.

이미 알고 있겠지만 타입을 직접 비교하는 것은 위험할뿐더러 파이썬답지도 않다. 다음과 같은 비교는 항상 피해야 한다.

```
assert type(instance) == list
```

이런 방식으로 함수나 메서드 안에서 타입을 비교하는 것은 클래스 서브타입을 함수에 인수로 전달하는 능력을 완전히 파괴하는 것이다. isinstance() 함수를 이용해 상속을 활용하는 방법이 조금 더 나은 접근 방식이다.

```
assert isinstance(instance, list)
```

isinstance()를 사용할 때의 추가적인 장점은 더 넓은 타입을 이용해 타입 호환성을 확인할 수 있다는 것이다. 예를 들어 만든 함수가 일련의 시퀀스 인수를 받는다면, 이를 기본 타입의 리스트와 비교할 수 있다.

```
assert isinstance(instance, (list, tuple, range))
```

이런 타입 호환성 확인은 특정한 상황에서는 충분하지만 여전히 완벽하지는 않다. 위 방법은 list, tuple, range의 모든 서브클래스에서는 동작한다. 그러나 이들과 완전히 동일하게 작동하지만 이들을 상속하지는 않은 타입을 전달하면 작동하지 않는다. 요구 사항을 다소 느슨하게 만들어 모든 종류의 이터러블을 인수로 받고 싶다면 어떻게 하면 될까?

이터러블 기본 타입의 목록은 실제로 매우 길다. list, tuple, range, str, bytes, dict, get, generator를 포함해 그 외에도 많다. 적용할 수 있는 내장 타입의 목록은 매우 길고 이를 모두 커버한다고 해도 여전히 object를 직접 상속해서 __iter__()를 정의한 커스텀 클래스는 확인하지 못할 것이다.

이런 상황에 대한 해법으로 ABC를 이용할 수 있다. ABC는 구체적인 구현을 제공할 필요는 없지만,

대신 클래스의 설계도blueprint를 정의해 타입 호환성을 확인하는 클래스다. 이 개념은 C++ 언어의 추상 클래스 및 가상 메서드virtual method의 개념과 매우 유사하다.

추상 베이스 클래스의 목적은 다음 두 가지다.

- 구현 완전성implementation completeness을 확인한다.
- 암묵적인 인터페이스 호환성implicit interface compatibility을 확인한다.

ABC 사용법은 매우 간단한다. 먼저 abc.ABS 베이스 클래스를 상속하거나 abc.ABCMeta를 메타클래스로 하는 새로운 클래스를 정의한다. 메타클래스에 관해서는 8장에서 논의하므로 여기에서는 고전적인 상속 방법만 사용한다.

다음은 기본 추상 클래스의 예시다. 이 클래스는 인터페이스 정의 외에는 어떤 특별한 것도 하지 않는다.

```
from abc import ABC, abstractmethod

class DummyInterface(ABC):

    @abstractmethod
    def dummy_method(self): ...

    @property
    @abstractmethod
    def dummy_property(self): ...
```

@abstractmethod 데커레이터는 ABC를 서브클래싱하는 클래스에서 (오버라이딩으로) 구현되어야 할 인터페이스의 일부를 나타낸다. 만약 클래스가 오버라이딩되지 않은 메서드가 속성을 가진다면 해당 클래스의 인스턴스를 만들 수 없다. 이런 시도를 하면 TypeError 예외가 발생된다.

이 접근 방식은 구현 완전성을 보장하는 훌륭한 방법이며 zope.interface를 사용하는 것만큼이나 명시적이다. 앞 절의 예시에서 zope.interface 대신 ABC를 사용한다면 클래스 정의를 다음과 같이 수정할 수 있다.

```
from abc import ABC, abstractmethod
from dataclasses import dataclass

class ColliderABC(ABC):
```

```
    @property
    @abstractmethod
    def bounding_box(self): ...

@dataclass
class Square(ColliderABC):
    ...

@dataclass
class Rect(ColliderABC):
    ...

@dataclass
class Circle(ColliderABC):
    ...
```

Square, Rect, Circle 클래스의 바디와 프로퍼티는 변경되지 않는다. 인터페이스의 핵심이 달라지지 않기 때문이다. 변경점은 명시적인 인터페이스 선언 방법뿐이다. 여기에서는 zope.interface. implementer() 클래스 데커레이터 대신 상속을 이용한다. 여전히 find_collisions()의 입력이 인터페이스에 만족하는지 검증하고자 하므로 isinstance() 함수를 이용해야 한다. 이와 관련한 수정 내용은 매우 단순하다.

```
def find_collisions(objects):
    for item in objects:
        if not isinstance(item, ColliderABC):
            raise TypeError(f"{item} is not a collider")
    ...
```

서브클래싱을 이용하기 때문에 컴포넌트 사이의 결합은 다소 강해지지만, zope.interface를 사용했을 때와 견줄 만하다. 구체적인 구현이 아닌 인터페이스에 의존하는 한(즉, Square, Rect, Circle이 아닌 ColliderABC에 의존하는 한) 결합은 여전히 느슨한 것으로 볼 수 있다.

하지만 유연함은 크게 늘어난다. 우리는 파이썬을 사용하고 있으며 내부를 완전하게 관찰할 수 있는 능력을 갖고 있다. 파이썬의 덕 타이핑을 이용하면 마치 오리인 것처럼 '오리같이 우는' 객체를 이용할 수 있다. 안타깝게도 일반적으로 이는 '시도하고 결과를 확인하는try and see' 정신을 바탕으로 한다. 주어진 콘텍스트에서의 객체가 기대한 인터페이스와 일치할 것이라 가정한다. 공식적인 인터페이스의 전적인 목적은 비교 검증할 수 있는 실제적인 계약을 갖는 것이다. 인터페이스를 실제로 사용하지 않고, 어떤 객체가 그 인터페이스에 일치함을 확인할 수 있는 방법은 있는가?

어느 정도는 그렇다. 추상 베이스 클래스는 특별한 __subclasshook__(cls) 메서드를 제공한다. 이 메서드를 이용하면 객체가 주어진 클래스의 인스턴스인지를 결정하는 절차에 로직을 삽입할 수 있다. 안타깝게도 이 로직은 온전히 스스로 구현해야 한다. abc 생성자는 개발자들이 isinstance() 메커니즘 전체를 오버라이딩하도록 제한하는 것을 원치 않기 때문이다. 전적으로 이를 통제할 수도 있지만, 보일러플레이트 코드를 어느 정도 작성해야 할 것이다.

원하는 것은 무엇이든 할 수 있지만 __subclasshook__() 메서드 안에서는 일반적으로 공통 패턴을 따르는 것이 합리적이다. 입력된 클래스가 주어진 추상 베이스 클래스와 암묵적으로 호환되는지 검증하기 위해서는 해당 클래스가 추상 베이스 클래스의 모든 메서드를 가지고 있는지 확인해야 한다.

이를 수행하는 표준 절차는 정의된 메서드들이 주어진 클래스의 **메서드 결정 순서** 안에서 사용할 수 있는지를 판단하는 것이다. 다음과 같이 ColliderABC 인터페이스를 서브클래스 훅을 이용해 확장할 수 있다.

```
class ColliderABC(ABC):
    @property
    @abstractmethod
    def bounding_box(self): ...

    @classmethod
    def __subclasshook__(cls, C):
        if cls is ColliderABC:
            if any("bounding_box" in B.__dict__ for B in C.__mro__):
                return True
        return NotImplemented
```

이와 같은 방식으로 __subclasshook__()을 정의하면 ColliderABC는 **암묵적 인터페이스**implicit interface가 된다. 즉, 모든 객체는 그 객체가 서브클래스 훅 체크를 통과하는 구조를 가지고 있는 한 ColliderABC의 인스턴스로 간주된다는 의미다. 덕분에 ColliderABC 인터페이스를 명시적으로 상속하지 않고도 이와 호환되는 새 컴포넌트들을 추가할 수 있다. 다음은 Line 클래스의 예시다. 이 클래스는 ColliderABC의 유효한 서브클래스로 간주된다.

```
@dataclass
class Line:
    p1: Point
    p2: Point

    @property
```

```
    def bounding_box(self):
        return Box(
            self.p1.x,
            self.p1.y,
            self.p2.x,
            self.p2.y,
        )
```

위에서 볼 수 있듯이 Line 데이터 클래스는 코드 내 어디에서도 ColliderABC를 언급하지 않는다. 그러나 Line의 암묵적인 인터페이스 호환성을 검증할 수 있다. 다음 예시와 같이 isinstance() 함수를 이용해 이들을 ColliderABC와 비교하면 된다.

```
>>> line = Line(Point(0, 0), Point(100, 100))
>>> line.bounding_box
Box(x1=0, y1=0, x2=100, y2=100)
>>> isinstance(line, ColliderABC)
True
```

위에서는 프로퍼티를 다뤘지만 동일한 접근 방식을 메서드에서 사용할 수 있다. 안타깝게도 이런 방식의 타입 호환성 및 구현 완전성 검증은 클래스 메서드의 시그니처에는 적용할 수 없다. 그러므로 기대한 인수의 수가 구현에서 달라지더라도 여전히 호환되는 것으로 간주된다. 대부분의 경우 이는 큰 문제가 되지 않지만 인터페이스에 대한 세세한 통제가 필요하다면 zope.interface 패키지를 이용하기 바란다. 앞서 언급했듯 __subclasshook__() 메서드는 유사한 통제 수준을 얻기 위해 isinstance() 함수의 로직에 더 많은 복잡성을 추가하지 않아도 된다.

collections.abc 이용하기

ABC는 보다 높은 수준의 추상화를 달성하기 위한 작은 빌딩 블록이다. 이를 이용하면 보다 유용한 인터페이스를 구축할 수 있다. 하지만 이들은 매우 일반적이며 단일 디자인 패턴 이상의 것들을 다룰 수 있다. 여러분의 상상력을 십분 동원하고 마치 마법과 같은 일들을 할 수 있지만, 일반적이면서도 사용 가능한 무언가를 실제적으로 만들기 위해서는 대가 없는 수많은 노력이 필요할 수도 있다. 파이썬 표준 라이브러리와 파이썬 내장 타입들은 추상 베이스 클래스를 완전하게 포용한다.

collections.abc 모듈은 미리 정의된 많은 ABC를 제공하며, 이들을 이용하면 공통적인 파이썬 인터페이스를 활용해 호환성을 확보할 수 있다. 이 모듈에서 제공하는 베이스 클래스를 이용해 주어진 객체가 호출 가능한지callable, 매핑 가능한지mapping, 이터레이션을 지원하는지 확인할 수 있다. 이들을 isinstance() 함수와 함께 사용하는 것이 파이썬 기본 타입과 비교하는 것보다 낫다. abc.ABC를 이용해 커스텀 인터페이스를 직접 정의하고자 하는 것이 아니라면 베이스 클래스를 이용하는 방법을 잘 알아두자.

가장 많이 사용할 `colleciotns.abc`의 공통 추상 베이스 클래스는 아마도 다음과 같을 것이다.

- `Container`: 이 인터페이스는 객체가 `in` 연산자를 지원하고 `__contain__()` 메서드를 구현했음을 의미한다.
- `Iterable`: 이 인터페이스는 객체가 이터레이션을 지원하고 `__iter__()` 메서드를 지원함을 의미한다.
- `Callable`: 이 인터페이스는 함수로서 호출될 수 있으며 `__call__()` 메서드를 구현했음을 의미한다.
- `Hashable`: 이 인터페이스는 객체가 **해시 가능**하며(즉, 집합 안 또는 딕셔너리의 키로 사용될 수 있는 것) `__hasg__()` 메서드를 기용해 구현되어 있음을 의미한다.
- `Sized`: 이 인터페이스는 해당 객체의 크기(길이)가 지정되어 있으며(즉, `len()` 함수를 이용할 수 있음), `__len__()` 메서드를 구현했음을 의미한다.

  NOTE `collections.abc` 모듈에서 사용할 수 있는 모든 추상 베이스 클래스의 전체 목록은 공식 파이썬 문서(https://docs.python.org/3/library/collections.abc.html)에서 확인할 수 있다.

`collection.abc` 모듈은 ABC가 가장 잘 작동하는 영역(객체에 대한 작고 간단한 프로토콜 생성)을 보여준다. 이들은 대규모 인터페이스의 세세한 구조를 쉽게 보장하는 데는 훌륭하지 않다. 또한 속성을 쉽게 검증하거나 함수의 인수 및 반환 타입에 대한 심도 있는 검증을 수행하는 유틸리티를 제공하지도 않는다.

다행히도 이 문제는 정적 타입 분석과 `typing.Protocol` 타입이라는 완전히 다른 해법으로 해결할 수 있다.

5.2.3 타입 애너테이션을 통한 인터페이스

파이썬의 타입 애너테이션은 증가하는 소프트웨어 품질에서 매우 유용한 것으로 입증되었다. 보다 많은 전문 프로그래머들은 mypy 또는 다른 정적 타입 분석 도구를 기본적으로 사용하며, 프로토타입과 신속한 테스트용 스크립트를 위한 전통적인 타입리스type-less 프로그래밍을 버리고 있다.

표준 라이브러리리와 커뮤니티 프로젝트의 타이핑 지원이 최근 몇 년 사이에 크게 증가했다. 덕분에 파이썬이 릴리스될 때마다 타이핑 애너테이션의 유연함도 증가했다. 완전히 새로운 콘텍스트에서도 타이핑 애너테이션을 사용할 수 있다.

타입 애너테이션을 이용해 구조적 서브타이핑structural subtyping(또는 정적 덕 타이핑static duck-typing)을 할 수 있는 것 또한 이런 콘텍스트에 기인한다. 이는 단순히 암묵적 인터페이스의 개념에 대한 또 다른 접근 방식이다. 이를 이용하면 ABC 서브클래스 훅이라는 관점에서 최소한의 런타임 시점의 가능성을 확인할 수 있다.

구조적 서브타이핑의 핵심은 `typing.Protocol` 타입이다. 이 타입을 서브클래싱해서 커스텀 인터페이스의 정의를 만들 수 있다. 다음은 베이스 `Protocol` 인터페이스의 예시로 앞서 충돌 감지 시스템의 예시에서 사용했다.

```python
from typing import Protocol, runtime_checkable

@runtime_checkable
class IBox(Protocol):
    x1: float
    y1: float
    x2: float
    y2: float

@runtime_checkable
class ICollider(Protocol):
    @property
    def bounding_box(self) -> IBox: ...
```

여기에선 2개의 인터페이스가 있다. `mypy`와 같은 도구들은 깊은 타입 검증을 할 수 있기 때문에 추가적인 인터페이스를 이용해 타입 인정성을 높일 수 있다. `@runtime_checkable` 데커레이터는 이 프로토콜 클래스를 `isinstance()`로 검사할 수 있도록 확장한다. 앞 절에서는 ABC에 대해 서브클래스 훅을 이용해 유사한 작업을 수행했다. 하지만 여기에서는 아무런 노력 없이 이를 이용할 수 있다.

> `NOTE` 정적 타입 분석 도구에 관해서는 더 많은 내용은 10장에서 다룬다.

정적 타입 분석의 장점을 십분 활용하기 위해서는 나머지 코드에 적절하게 애너테이션해야 한다. 다음은 프로토콜 클래스에 기반한 런타임 인터페이스 검증을 수행하는 충돌 확인 코드 전체다.

```python
import itertools
from dataclasses import dataclass
from typing import Iterable, Protocol, runtime_checkable
```

```python
@runtime_checkable
class IBox(Protocol):
    x1: float
    y1: float
    x2: float
    y2: float


@runtime_checkable
class ICollider(Protocol):
    @property
    def bounding_box(self) -> IBox:
        ...


def rects_collide(rect1: IBox, rect2: IBox):
    """ 두 사각형이 겹쳤는지 확인한다.

    사각형의 좌표:
        ┌──(x2, y2)
        |      |
      (x1, y1)─┘
    """
    return (
        rect1.x1 < rect2.x2
        and rect1.x2 > rect2.x1
        and rect1.y1 < rect2.y2
        and rect1.y2 > rect2.y1
    )


def find_collisions(objects: Iterable[ICollider]):
    for item in objects:
        if not isinstance(item, ICollider):
            raise TypeError(f"{item} is not a collider")

    return [
        (item1, item2)
        for item1, item2
        in itertools.combinations(objects, 2)
        if rects_collide(
            item1.bounding_box,
            item2.bounding_box
        )
    ]
```

Rect, Square, Circle 클래스 코드는 포함하지 않았다. 이들을 구현한 코드에는 변경점이 없기 때문
이다. 그리고 이것이 암묵적인 인터페이스의 묘미이기도 하다. 실제 구현에서 오는 고유 인터페이스를

넘어 구상 클래스에는 명시적인 인터페이스 선언이 없다.

마지막으로 앞의 모든 `Rect`, `Square`, `Circle` 클래스 반복(일반적인 데이터 클래스, zope를 이용해 선언한 클래스, ABC를 상속한 클래스 등)을 사용할 수 있다. 이들은 `typing.Protocol` 클래스를 통한 구조적 서브타이핑을 통해 작동한다.

앞에서 볼 수 있듯 파이썬은 인터페이스를 (자바 또는 Go 언어가 제공하는 방식처럼) 본질적으로 지원하지 않지만, 여러 방법을 이용해 클래스, 메서드, 함수와의 계약을 표준화할 수 있다. 이 기능은 다양한 디자인 패턴을 구현해 일반적으로 발생하는 프로그래밍 문제를 해결하는 데 매우 유용하다. 디자인 패턴은 본질적으로 재사용에 관한 것이며, 인터페이스를 사용함으로써 이들을 계속해서 재사용할 수 있는 디자인 템플릿으로 구조화할 수 있다.

하지만 인터페이스(및 유사 기법)의 사용이 디자인 패턴으로 끝나는 것은 아니다. 단일 코드 유닛(함수, 클래스, 메서드)에 대해 잘 정의되고 검증할 수 있는 계약을 만들 수 있는 능력은 특정한 프로그래밍 패러다임과 기법의 핵심적인 요소이기도 하다. **제어 반전**inversion of control과 **디펜던시 주입**dependency injection이 그 좋은 예시다. 이 두 개념은 밀접하게 결합되어 있으므로 다음 절에서 이들에 관해 살펴본다.

5.3 제어 반전과 디펜던시 주입

제어 반전inversion of control, IoC은 소프트웨어 디자인의 단순한 프로퍼티다. 윅셔너리Wiktionary에서는 IoC를 지원하는 설계를 다음과 같이 설명한다.

> 시스템에서의 통제 흐름이 전통적인 아키텍처에서의 그것과 만나나.

그렇다면 전통적인 아키텍처란 무엇인가? IoC가 새로운 아이디어는 아니다. 1985년 데이비드 D. 클라크David D. Clark가 쓴 논문인 〈The structuring of systems using of upcalls(업콜을 이용한 시스템 구조화)〉로 거슬러 올라간다. 전통적인 디자인이란 아마도 1980년대 일반적이라고 통용되던 소프트웨어 디자인을 가리킬 것이다.

> [NOTE] 클라크의 논문 전문은 다음 주소에서 확인할 수 있다.
> - https://groups.csail.mit.edu/ana/Publications/PubPDFs/The Structuring of Systems Using Upcalls.pdf

클라크는 프로그램의 전통적인 아키텍처를 프로시저의 계층적 구조layered structure of procedures라고 설명했다. 이 구조에서 통제는 항상 위에서 아래로 흐른다. 높은 레벨의 레이어는 그보다 낮은 레이어들의 프로시저를 호출한다.

호출된 프로시저들은 통제를 얻고 보다 깊은 레이어의 프로시저들을 호출한 뒤 통제를 위쪽 레이어로 반환한다. 실질적으로 통제는 전통적으로 애플리케이션에서 라이브러리 함수로 전달된다. 라이브러리 함수들은 이를 더 깊은 레벨의 라이브러리로 전달하지만, 결과적으로 통제를 다시 애플리케이션으로 반환한다.

IoC는 라이브러리가 통제를 애플리케이션으로 반환함으로써 애플리케이션이 라이브러리의 동작에 영향을 미칠 때 발생한다. 이 개념을 보다 잘 이해하기 위해 정수 숫자 리스트를 정렬하는 다음 예제를 살펴보자.

```
sorted([1,2,3,4,5,6])
```

내장된 sorted() 함수는 아이템 이터러블을 받아 정렬된 리스트를 반환한다. 통제는 호출자(즉, 애플리케이션)에서 sorted() 함수로 전달된다. sorted() 함수가 정렬을 마치면 이 함수는 정렬된 결과를 반환하고 호출자에게 통제를 되돌려준다. 특별할 것은 없다.

여기서 매우 일반적이지 않은 방식으로 정렬하고 싶다고 해보자. 예를 들어 숫자 3부터 절대거리 순으로 정렬할 수 있다. 3에서 가까운 정수일수록 리스트 앞쪽, 3에서 먼 정수일수록 리스트 뒤쪽으로 정렬된다. 입력된 요소의 키의 순서를 지정하는 간단한 키 함수를 정의해서 이를 수행할 수 있다.

```
def distance_from_3(item):
    return abs(item - 3)
```

이 함수를 sorted() 함수에 콜백 키 인수로 전달할 수 있다.

```
sorted([1,2,3,4,5,6], key=distance_from_3)
```

sorted() 함수는 이터러블 인수의 모든 요소에 대해 key 함수를 호출한다. 아이템의 값들을 비교하는 것이 아니라 key 함수의 반환값과 비교한다. 이 지점에서 IoC가 발생한다. sorted() 함수는 애플리케이션에서 인수로 제공한 distance_from_3() 함수를 '업콜upcall'한다. 라이브러리가 애플리케이션의 함수를 호출하므로 통제의 흐름이 반전된다.

NOTE 콜백 기반의 IoC는 다소 유머러스하게 **할리우드 원칙**Hollywood principle이라 불리기도 한다. "우리에게 연락하지 말라, 연락은 우리가 할 테니don't call us, we'll call you"라는 구문에서 연유했다.

IoC는 디자인의 한 속성일 뿐 디자인 패턴은 아니라는 점을 기억하자. sorted() 함수를 이용한 예시는 가장 단순한 콜백 기반 IoC의 예시이며 다음과 같이 그 형태가 다양하다.

- **다형성**polymorphism: 커스텀 클래스가 베이스 클래스를 상속하고, 베이스 메서드가 커스텀 메서드를 부를 때
- **인수 전달**argument passing: 받는 함수가 공급한 함수의 메서드를 호출할 때
- **데커레이터**decorator: 데커레이터 함수가 데커레이트된 함수를 호출할 때
- **클로저**closure: 중첩된 함수가 해당 스코프 밖에 있는 함수를 부를 때

위에서 볼 수 있듯 IoC는 객체 지향 프로그래밍, 함수형 프로그래밍 패러다임보다 일반적이다. 여러분이 깨닫지 못하는 사이에도 매우 자주 발생한다. IoC 자체가 디자인 패턴은 아니지만 실질적인 디자인 패턴, 패러다임 방법론의 핵심적인 요소다. 가장 눈에 띄는 것은 디펜던시 주입이며, 그에 관해서는 이 장 후반부에서 살펴볼 것이다.

클라크가 말한 절차적 프로그래밍의 전통적인 통제 흐름은 객체 지향 프로그래밍에서도 발생한다. 객체 지향 프로그램에서 객체 자체는 통제를 받는 존재다. 객체의 메서드가 호출될 때마다 해당 객체로 통제가 전달된다고 말할 수 있다. 따라서 전통적인 통제 흐름에서는 특정 객체가 해당 객체의 행동을 달성하기 위해 의존해야 하는 모든 객체에 대한 완전한 소유권을 가질 것을 요구한다.

5.3.1 애플리케이션의 통제 반전

다양한 통제의 흐름 사이의 차이점을 보다 잘 표현하기 위해 작지만 실질적인 애플리케이션을 만들어본다. 이 애플리케이션은 전통적인 통제의 흐름에서 시작해 특정한 위치에서 IoC를 이용해 이점을 얻을 수 있음을 확인할 것이다.

유스케이스는 매우 단순하고도 일반적인 것이다. 여기에서 만드는 서비스는 **픽셀 추적**tracking pixel을 사용해 웹 페이지 뷰를 추적하고, HTTP 엔드포인트를 통해 페이지 뷰 통계를 제공한다. 이 기법은 광고 시청이나 이메일 열람 등을 추적하는 상황에서 많이 이용된다. 또한 HTTP 캐싱을 사용하면서도 그 캐싱이 페이지 뷰 통계에 영향을 미치지 않도록 하고 싶은 경우에도 유용하다.

이 애플리케이션은 어떤 영구적인 저장소에서 페이지 뷰 수를 추적해야 한다. 이 과정에서 IoC가 있어야만 구현할 수 있는 특성인 애플리케이션 모듈성에 관해서도 살펴본다.

여기에서 만들어볼 만들 작은 웹 백엔드 애플리케이션은 다음 2개의 엔드포인트를 갖는다.

- /track: 이 엔드포인트는 HTTP 응답과 1×1 픽셀 GIF 이미지를 함께 반환한다. 요청을 받으면 Referer 헤더를 저장하고, 해당 값과 관련된 요청의 수를 증가시킨다.

- /stats: 이 엔드포인트는 track/ 엔드포인트에서 받은 Referer 값 중 가장 공통된 상위 10개를 읽어서 그 결과를 JSON 포맷으로 요약해 HTTP 응답에 포함시켜 반환한다.

> NOTE Referer 헤더는 선택적인 HTTP 헤더의 하나다. 웹 브라우저는 이 헤더를 이용해 웹 서버에게 자원을 요청한 오리지널 웹 페이지의 URL이 무엇인지 전달한다. Referer라는 단어에 오타가 있음에 주의하라(올바른 단어는 referrer다). 이 헤드는 RFC 1945, Hypertext Transfer Protorol-HTTP/1.0(https://tools.ietf.org/html/rfc1945)에서 표준화되었다. 오타를 발견했을 때는 손쓰기에 이미 늦은 시점이었다.

2장에서 이미 간단한 웹 마이크로 프레임워크로 소개한 Flask를 계속 사용한다. 먼저 몇 가지 모듈을 임포트한 뒤, 사용할 모듈 변수들을 설정하자.

```
from collections import Counter
from http import HTTPStatus

from flask import Flask, request, Response

app = Flask(__name__)
storage = Counter()

PIXEL = (
    b'GIF89a\x01\x00\x01\x00\x80\x00\x00\x00'
    b'\x00\x00\xff\xff\xff!\xf9\x04\x01\x00'
    b'\x00\x00\x00,\x00\x00\x00\x00\x01\x00'
    b'\x01\x00\x00\x02\x01D\x00;'
)
```

app 변수는 Flask 프레임워크의 핵심 객체다. 이 변수는 Flask 웹 애플리케이션을 가리킨다. 이후 이를 이용해 엔드포인트 경로를 등록하고 애플리케이션 개발 서버를 실행한다.

storage 변수는 Counter 인스턴스를 저장한다. 표준 라이브러리에서 제공하는 편리한 데이터 구조로, 이를 이용하면 모든 불변 값의 카운터를 추적할 수 있다. 우리의 궁극적인 목표는 페이지 표 통계를 영구적인 방식으로 저장하는 것이지만 보다 단순한 단계에서 시작하는 것이 쉬울 것이다. 그래서 초반에는 이 변수를 페이지 뷰 통계를 위한 인-메모리 저장소in-memory storage로 사용한다.

마지막으로 PIXEL 변수다. 이 변수는 1x1 투명 GIF 이미지의 바이트 표현을 저장한다. 추적 픽셀의 실제 시각적인 형태는 중요하지 않으며 바뀌지도 않을 것이다. 또한 크기가 작으므로 굳이 파일시스템에서 로딩할 필요도 없다. 그래서 이를 모듈에 **포함**inlining해서 전체 애플리케이션을 단일 파이썬 모듈에 맞도록 만든다.

이 설정을 마치면 /track 엔드포인트 핸들러를 만들 수 있다.

```
@app.route('/track')
def track():
    try:
        referer = request.headers["Referer"]
    except KeyError:
        return Response(status=HTTPStatus.BAD_REQUEST)

    storage[referer] += 1

    return Response(
        PIXEL, headers={
            "Content-Type": "image/gif",
            "Expires": "Mon, 01 Jan 1990 00:00:00 GMT",
            "Cache-Control": "no-cache, no-store, must-revalidate",
            "Pragma": "no-cache",
        }
    )
```

NOTE 추가로 Expires, Cache-Control, Pragma 헤더를 이용해 HTTP 캐싱 메커니즘을 제어한다. 이를 이용함으로써 대부분의 웹 브라우저 구현에 대한 모든 캐싱 형태를 비활성화한다. 또한 잠재적인 프록시에 의한 캐싱도 비활성화한다. Expires 헤더값을 상당히 과거의 값으로 설정했음을 주의한다. 이 시간은 사용할 수 있는 가장 오래된 **에퍽 시간**epoch time이며, 이 값은 실질적으로 자원이 항상 만료 상태임을 의미한다.

Flask의 핸들러는 전형적으로 @app.route(route) 데커레이터로 시작하며, 이는 주어진 HTTP 경로에 이어지는 핸들러 함수를 등록한다. 요청 핸들러는 뷰view라고 불리기도 한다. 여기에서는 track() 뷰를 /track 경로의 엔드포인트에 대한 핸들러로 등록했다. 이 애플리케이션에서 처음 등장하는 IoC다. 즉, Flask 프레임워크 안에서 우리가 구현한 핸들러를 등록했다. 프레임워크는 지정한 경로에 일치하는 요청이 들어오면 이 핸들러를 호출한다.

시그니처 다음에는 요청을 처리하는 간단한 코드가 위치한다. 유입된 요청이 기대한 Referer 헤더를 가지고 있는지 확인한다. 이 헤더는 브라우저가 사용하는 것으로 요청한 자원이 어떤 URI에 포함되어 있는지 알린다(예를 들어 추적하고자 하는 HTML 페이지 등). 헤더가 없으면 400 Bad Request HTTP 상태 코드 에러 응답을 반환한다.

유입되는 요청이 Referer 헤더를 가지고 있으면 storage 변수의 카운터 값을 증가시킨다. Counter 스트럭처는 딕셔너리와 유사한 인터페이스를 제공하며, 이를 이용하면 아직 등록되지 않은 키에 대한 카운터 값을 쉽게 수정할 수 있다. 이 경우, 해당 키의 초깃값은 0이라 가정한다. 결과적으로 특정한 Referer 값이 이미 보였는지 확인할 필요가 없으므로, 코드를 크게 단순화할 수 있다. 카운터 값을 증가시킨 뒤, 한 픽셀의 응답을 반환하고 이것이 브라우저에 최종적으로 표시된다.

storage 변수는 track() 함수 바깥에서 정의되어 있지만, 이는 아직 IoC의 예시는 아니다. stats() 함수를 호출하더라도 그 저장소의 구현을 변경할 수 없기 때문이다. 다음 이터레이션에서 이 부분을 변경해볼 것이다.

/stats 엔드포인트의 코드는 더욱 단순하다.

```python
@app.route('/stats')
def stats():
    return dict(storage.most_common(10))
```

stats() 뷰에서 다시 Counter 객체의 편리한 인터페이스의 장점을 활용한다. most_common(n) 메서드를 이용해 스트럭처에 저장된 키-값 페어 중 n개의 가장 공통된 것을 반환할 수 있다. 이를 곧바로 딕셔너리로 변환한다. Response 클래스는 사용하지 않는다. Flask는 기본적으로 비Response 클래스의 반환값을 JSON으로 직렬화_serialize_하고 해당 HTTP 응답의 200 OK 상태라고 가정한다.

애플리케이션을 쉽게 테스트하기 위해 내장 개발 서버를 호출하면서 코드를 마무리한다.

```python
if __name__ == '__main__':
    app.run(host="0.0.0.0", port=8000)
```

tracking.py 파일에 애플리케이션을 저장했다면 python tracking.py 명령어로 서버를 시작할 수 있다. 서버는 8000번 포트를 리스닝하기 시작한다. 여러분의 브라우저에서 애플리케이션을 테스트하고 싶다면 다음과 같이 엔드포인트 핸들러를 확장할 수 있다.

```python
@app.route('/test')
def test():
    return """
    <html>
    <head></head>
    <body><img src="/track"></body>
    </html>
    """
```

웹 브라우저에서 `http://localhost:8000/test` 로 여러 차례 접근한 뒤, `http://localhost:8000/stats` 에 접근해보면 다음과 비슷한 결과를 보게 될 것이다.

```
{"http://localhost:8000/test":6}
```

현재 상태의 구현에서 문제는 요청 카운터를 메모리에 저장한다는 것이다. 애플리케이션이 재시작되면 기존 카운터는 초기화되기 때문에 우리는 중요한 데이터를 잃게 된다. 재시작되더라도 카운터 정보를 유지하기 위해 저장소 구현을 변경해야 한다.

데이터 지속성persistency을 제공할 수 있는 방법은 다양하며, 다음 방법들을 고려할 수 있다.

- 단순 텍스트 파일
- 내장 shelve 모듈
- **관계형 데이터베이스 관리 시스템**relational database management system, RDBMS(MySQL, MariaDB, PostgreSQL 등)
- 인-메모리 키-값 또는 데이터 구조 저장 서비스(Memcached, Redis 등)

콘텍스트와 애플리케이션이 처리할 부하량 규모에 따라 적절한 최적의 기법은 달라질 것이다. 최적의 기법이 무엇인지 아직 모른다면 자유롭게 탈착할 수 있도록pluggable 만들고 실질적인 사용자의 필요에 맞춰 저장소 백엔드를 변경할 수도 있다. 이렇게 하려면 `track()`과 `stats()` 함수의 통제 흐름을 반전시켜야 한다.

좋은 디자인 패턴은 IoC를 책임지는 객체의 인터페이스에 대한 정의의 종류를 어느 정도 지시한다. Counter 클래스의 인터페이스는 좋은 시작점으로 보인다. 이는 사용하기 쉽다. 유일한 문제는 `+=` 동작을 `__add__()` 또는 `__iadd__()` 특수 메서드 모두로 구현할 수 있다는 점이다. 이런 모호함은 우리가 반드시 피해야 할 대상이다. 그리고 Counter 클래스는 수많은 메서드를 가지고 있지만 우리가 필요한 것은 둘 뿐이다.

- 카운터 값을 1씩 증가시키는 메서드
- 가장 자주 요청되는 10개를 추출하는 메서드

단순함과 가독성을 유지하기 위해 뷰 저장소 인터페이스를 다음 형태로 추상 베이스 클래스로 정의한다.

```
from abc import ABC, abstractmethod
from typing import Dict

class ViewsStorageBackend(ABC):
    @abstractmethod
    def increment(self, key: str):

    @abstractmethod
    def most_common(self, n: int) -> Dict[str, int]:
```

이제 뷰 스토리지 백엔드의 다양한 구현을 제공할 수 있다. 다음은 앞에서 사용한 Counter 클래스를 ViewStorageBackend 인터페이스에 적용한 구현이다.

```
from collections import Counter
from typing import Dict
from redis import Redis

from interfaces import ViewsStorageBackend

class CounterBackend(ViewsStorageBackend):
    def __init__(self):
        self._counter = Counter()

    def increment(self, key: str):
        self._counter[key] += 1

    def most_common(self, n: int) -> Dict[str, int]:
        return dict(self._counter.most_common(n))
```

Redis 인메모리 스토리지 서비스를 통해 지속성을 제공하기 위해서는 다음과 같이 새로운 스토리지 백엔드를 구현하면 된다.

```
from typing import Dict
from redis import Redis

class RedisBackend(ViewsStorageBackend):
    def __init__(self, redis_client: Redis, set_name: str):
        self._client = redis_client
        self._set_name = set_name

    def increment(self, key: str):
        self._client.zincrby(self._set_name, 1, key)
```

```python
    def most_common(self, n: int) -> Dict[str, int]:
        return {
            key.decode(): int(value)
            for key, value in self._client.zrange(
                self._set_name,
                0,
                n - 1,
                desc=True,
                withscores=True,
            )
        }
```

> **NOTE** Redis는 인-메모리 스토리지다. 이는 기본적으로 데이터가 메모리에만 저장됨을 의미한다. Redis는 재시작을 하는 동안에는 데이터를 디스크에 저장하지만, 예기치 않은 크래시(예를 들어 정전 등)가 발생하면 데이터를 유실한다. 그러나 어디까지나 이는 기본 동작에 해당한다. Redis는 다양한 데이터 지속성 지원 모드를 제공한다. 이 중에서 몇 가지는 다른 데이터베이스와 호환된다. 즉, Redis는 단순한 유스케이스에서는 완전히 효과적인 스토리지 솔루션이다. Redis 지속성에 관한 내용은 https://redis.io/topics/persistence를 참조한다.

두 백엔드는 모두 같은 인터페이스를 가지고 있으며 느슨하게 추상적 베이스 클래스 사용을 강요한다. 즉, 두 클래스의 인스턴스들은 바꿔 사용할 수 있다. 문제는 어떻게 track()과 stats() 함수들의 통제를 반전시켜서 서로 다른 뷰 스토리지 구현을 끼워넣을 수 있을까 하는 점이다.

함수의 시그니처를 확인해보자.

```python
@app.route('/stats')
def stats():
    ...

@app.route('/track')
def track():
    ...
```

Flask 프레임워크에서 `app.route()` 데커레이터는 함수를 특정 경로에 대한 핸들러로 등록한다. HTTP 요청 경로에 대한 콜백이라고 생각해도 좋다. 그러나 직접 이 함수를 호출할 수는 없으며 Flask가 이 함수에 전달되는 인수를 완전히 통제한다. 하지만 이 스토리지 구현을 쉽게 대체하고 싶을 수 있다. 그 한 가지 방법으로 핸들러 등록을 지연하고 이 함수가 추가적인 스토리지 인수를 받도록 할 수 있다. 다음 예시를 살펴보자.

```python
def track(storage: ViewsStorageBackend):
    try:
```

```
            referer = request.headers["Referer"]
        except KeyError:
            return Response(status=HTTPStatus.BAD_REQUEST)

        storage.increment(referer)

        return Response(
            PIXEL,
            headers={
                "Content-Type": "image/gif",
                "Expires": "Mon, 01 Jan 1990 00:00:00 GMT",
                "Cache-Control": "no-cache, no-store, must-revalidate",
                "Pragma": "no-cache",
            },
        )

def stats(storage: ViewsStorageBackend):
    return storage.most_common(10)
```

추가 인수는 `ViewsStorageBackend` 타입으로 애너테이션되어 있으므로, IDE나 다른 도구들을 이용해 쉽게 검증할 수 있다. 덕분에 이 함수들에 대한 반전된 통제를 얻음과 동시에 더 나은 모듈성을 얻을 수 있다. 이제 스토리지 구현을 호환된 인터페이스를 가진 다른 클래스로 쉽게 교체할 수 있다. IoC의 추가적인 장점은 스토리지 구현으로부터 `stats()`와 `track()` 메서드를 격리해 쉽게 단위 테스트할 수 있다는 것이다.

여기서는 실제 경로 등록 부분이 빠져 있다. 더 이상 `app.route()` 데커레이터를 함수에 직접 사용할 수 없다. Flask가 스토리지 인수를 직접 결정하지 않기 때문이다. 이 문제는 필요한 스토리지 구현을 핸들러 함수에 '미리 주입preinjecting'해서 극복할 수 있으며, 새로운 함수를 만들어 `app.route()` 호출과 함께 쉽게 등록할 수 있다.

간단하게는 `functools` 모듈의 `partial()` 함수를 이용할 수 있다. 이 함수는 일련의 인수와 키워드 인수를 받아 미리 설정된 선택된 인수를 받은 새로운 함수를 반환한다. 이 방법을 이용해 서비스에 이용할 여러 설정들을 준비할 수 있다. 다음은 애플리케이션 설정은 Redis를 스토리지 백엔드로 사용할 때의 예시다.

```
from functools import partial

if __name__ == "__main__":
    views_storage = RedisBackend(Redis(host="redis"), "my-stats")
```

```
    app.route("/track", endpoint="track")(
        partial(track, storage=views_storage))
    app.route("/stats", endpoint="stats")(
        partial(stats, storage=views_storage))

    app.run(host="0.0.0.0", port=8000)
```

이 접근 방식은 다른 여러 웹 프레임워크에도 적용할 수 있다. 이 프레임워크들은 대부분 동일한 경로-핸들러route-to-handler 구조를 갖기 때문이다. 엔드포인트가 많지 않은 작은 규모의 서비스에서는 특별히 잘 작동한다. 안타깝게도 이 방법은 큰 규모의 애플리케이션에서는 잘 확장되지 않는다. 구현하기는 쉽지만 읽기는 쉽지 않다. 경험이 많은 Flask 프로그래머들은 이 접근 방식을 부자연스럽고 동시에 불필요하게 반복적이라고 느낄 것이다. 이것은 일반적인 Flask 핸들러 함수 작성 관습을 깨뜨린다.

궁극적인 해법은 직접 의존 객체를 주입할 필요 없이 뷰 함수를 작성하고 등록할 수 있도록 하는 것이다. 다음 예시처럼 말이다.

```
@app.route('/track')
def track(storage: ViewsStorageBackend):
    ...
```

이와 같이 하기 위해서는 Flask 프레임워크가 다음을 지원해야 한다.

- 추가적인 인수를 뷰의 디펜던시로 인식한다.
- 이 니펜딘시들을 위한 기본 구현을 정의할 수 있다.
- 런타임에 자동으로 디펜던시를 해결하고 이들을 뷰에 주입한다.

이런 메커니즘을 앞에서 언급한 **디펜던시 주입**dependency injection이라 부른다. 일부 웹 프레임워크들은 내장된 디펜던시 주입 메커니즘을 제공하지만 파이썬 생태계에서는 거의 보이지 않는다. 다행히 여러 경량의 디펜던시 주입 라이브러리들을 모든 파이썬 프레임워크에 추가할 수 있다. 다음 절에서 이런 라이브러리의 활용 가능성에 관해 살펴본다.

5.3.2 디펜던시 주입 프레임워크 사용하기

IoC의 사용 규모를 확장하다 보면 이내 걷잡을 수 없이 압도되기 쉽다. 이전 절에서 살펴본 예시는 매우 간단했기 때문에 많은 준비가 필요하지 않았다. 안타깝게도 보다 나은 모듈성과 책임 격리를 확보하기 위해 가독성과 표현성을 다소 희생했다. 규모가 큰 애플리케이션인 경우에는 심각한 문제를 일으킬 수 있다.

디펜던시 주입 전용 라이브러리들은 함수나 객체의 디펜던시를 런타임 디펜던시 해결책을 손쉽게 표시하는 방법을 조합해 이를 해결한다. 일반적으로 전체 코드 구조에 영향을 최소화하면서 이 모든 것을 달성할 수 있다.

파이썬을 지원하는 수많은 디펜던시 주입 라이브러리가 있으므로 처음부터 이들을 직접 만들 필요는 없다. 이 라이브러리들은 구현이나 기능이 대부분 유사하기 때문에, 적당한 라이브러리를 하나 선택해 우리가 만든 뷰 트래킹 애플리케이션에 어떻게 적용할 수 있는지 살펴볼 것이다.

여기에서는 PyPI를 통해 자유롭게 이용할 수 있는 injector를 선택했다. 이 라이브러리를 선택한 몇 가지 이유를 들면 다음과 같다.

- **활성화되고 성숙하다**: 10년 이상의 기간 동안 개발되었으며, 수개월 간격으로 릴리스가 계속되었다.
- **프레임워크를 지원하다**: 커뮤니티를 통해 여러 프레임워크를 지원한다. Flask를 위한 `flask-injector` 패키지도 포함한다.
- **타이핑 애너테이션을 지원하다**: 눈에 띄지 않는 디펜던시 애너테이션을 쓸 수 있으며 정적 타이핑 분석을 활용할 수 있다.
- **단순하다**: injector는 파이써닉한 API를 갖는다. 작성한 코드는 쉽게 읽을 수 있고, 의도를 파악할 수 있다.

  NOTE injector는 다음 pip 명령으로 설치할 수 있다.

```
$ pip install injector
```

injector에 관한 보다 많은 정보는 https://github.com/alecthomas/injector를 참조한다.

예시에서는 `flask-injector` 패키지를 이용한다. 이 패키지는 injector를 Flask에 균일하게 통합할 수 있도록 초기 템플릿(표준)을 제공한다. 하지만 그 전에 먼저 애플리케이션을 여러 모듈로 나눈다. 이를 통해 더 큰 애플리케이션을 보다 잘 시뮬레이션할 수 있다. 결국 디펜던시 주입은 여러 컴포넌트를 가진 애플리케이션에서 그 빛을 발한다.

여기에서 만드는 파이썬 모듈은 다음과 같다.

- interface: 이 모듈은 우리가 만드는 인터페이스들을 포함한다. 앞 절에서 만든 ViewsStorage Backend를 그대로 변경 없이 갖는다.
- backend: 이 모듈은 스토리지 백엔드의 특정한 구현들을 포함한다. 앞 절에서 만든 Counter Backend, RedisBackend를 그대로 변경 없이 갖는다.
- tracking: 이 모듈은 애플리케이션 셋업과 뷰 함수를 포함한다.
- di: 이 모듈은 injector 라이브러리에 대한 정의를 포함한다. 이 정의는 자동으로 디펜던시를 해결한다.

injector 라이브러리의 핵심은 Module 클래스다. 이 클래스는 소위 디펜던시 주입 컨테이너라 불린다. 디펜던시 주입 컨테이너는 디펜던시 인터페이스와 그것을 실제로 구현한 인스턴스를 매핑하는 기본 블록이다. 최소한의 Module 서브클래스 형태는 다음과 같다.

```
from injector import Module, provider

def MyModule(Module):

    @provider
    def provide_dependency(self, *args) -> Type:
        return ...
```

@provider 데커레이터는 Module 메서드가 특정한 Type 인터페이스에 대한 구현을 제공하도록 지정한다. 일부 객체는 생성이 복잡할 수 있지만 injector를 이용하면 모듈이 추가적인 데커레이션되지 않은 헬퍼 메서드를 갖도록 할 수 있다.

디펜던시를 제공하는 메서드 자체가 디펜던시를 가졌을 수도 있다. 이들은 타입 애너테이션을 이용해 메서드 인수로 정의된다. 이를 활용하면 의존성 해결을 캐스캐이딩할 수 있다. injector는 여러 모듈로부터의 디펜던시 주입 콘텍스트 조합을 지원하므로 모든 디펜던시를 하나의 모듈 안에서 정의할 필요가 없다.

위 템플릿을 이용해 첫 번째 injector 모듈을 di.py에 만들 수 있다. 이 CounterModule 모듈은 ViewsStorageBackend 인터페이스의 구현인 CounterBackend를 제공한다.

```
from injector import Module, provider, singleton

from interfaces import ViewsStorageBackend
from backends import CounterBackend
```

```
class CounterModule(Module):
    @provider
    @singleton
        def provide_storage(self) -> ViewsStorageBackend:
            return CounterBackend()
```

CounterStorage는 인수를 받지 않으므로 외부 디펜던시를 정의할 필요가 없다. 일반적인 모듈 템플릿과 유일하게 다른 점은 @singleton 데커레이터다. 이것은 명시적으로 싱글턴_{singleton} 디자인 패턴을 구현한 것이다. 싱글턴은 하나의 인스턴스만 갖는 클래스다. 이 콘텍스트에 따르면 싱글턴은 이 디펜던시가 해결될 때마다 injector는 항상 동일한 객체를 반환한다. CounterStorage는 뷰 카운터를 internal_counter 속성 아래 저장하기 때문에 이것이 필요하다. @singleton 데커레이터가 없으며, ViewsStorageBackend 구현에 대한 요청을 받을 때마다 완전히 새로운 객체를 반환하므로 뷰 카운터를 추적하지 못하게 된다.

RedisModule 구현은 약간 더 복잡하다.

```
from injector import Module, provider, singleton
from redis import Redis

from interfaces import ViewsStorageBackend
from backends import RedisBackend

class RedisModule(Module):
    @provider
    def provide_storage(self, client: Redis) -> ViewsStorageBackend:
        return RedisBackend(client, "my-set")

    @provider
    @singleton
    def provide_redis_client(self) -> Redis:
        return Redis(host="redis")
```

NOTE 이번 장의 샘플 코드에서는 완전한 Redis 도커 이미지를 이용해 설정된 docker-compose 환경을 제공하므로 여러분의 호스트에 Redis를 설치하지 않아도 된다.

RedisStorage 모듈에서는 injector 라이브러리의 이점을 활용해 캐스캐이딩한 디펜던시를 해결한다. RedisBackend 생성자는 Redis 클라이언트 인스턴스를 요청하며, 이것을 또 다른 provide_storage() 메서드의 인수로 다룰 수 있다. injector는 타이핑 애너테이션을 인식하고 Redis 클래스 인스턴스를 제공하는 메서드와 자동으로 매치한다. 한 단계 더 파고들어 호스트 인수를 별도의 환경 설정 디펜던시로 추출할 수도 있지만 단순함을 위해 그 단계까지는 진행하지 않는다.

이것으로 tracking 모듈의 모든 요소를 종합했다. 뷰의 디펜던시들은 injector에 의존해서 해결할 것이다. 이제 track()과 stats() 핸들러와 추가적인 storage 인수를 정의하고, @app.route() 데커레이터로 등록해 이들을 보통의 Flask 뷰처럼 보이게 한다. 업데이트된 시그니처는 다음과 같다.

```python
@app.route('/stats')
def stats(storage: ViewsStorageBackend):
    ...


@app.route('/track')
def track(storage: ViewsStorageBackend):
    ...
```

이제 app의 최종 환경 설정만 남았다. 이 설정에서는 인터페이스 구현을 제공하기 위해 사용할 모듈을 지정한다. 여기에서는 RedisBackend를 사용할 것이므로 tracking 모듈은 다음 코드와 함께 완료한다.

```python
import di

if __name__ == '__main__':
    FlaskInjector(app=app, modules=[di.RedisModule()])
    app.run(host="0.0.0.0", port=8000)
```

다음은 tracking 모듈 전체 코드다.

```python
from http import HTTPStatus

from flask import Flask, request, Response
from flask_injector import FlaskInjector

from interfaces import ViewsStorageBackend
import di


app = Flask(__name__)

PIXEL = (
    b"GIF89a\x01\x00\x01\x00\x80\x00\x00\x00"
    b"\x00\x00\xff\xff\xff!\xf9\x04\x01\x00"
    b"\x00\x00\x00,\x00\x00\x00\x00\x01\x00"
    b"\x01\x00\x00\x02\x01D\x00;"
```

```
)

@app.route("/track")
def track(storage: ViewsStorageBackend):
    try:
        referer = request.headers["Referer"]
    except KeyError:
        return Response(status=HTTPStatus.BAD_REQUEST)

    storage.increment(referer)

    return Response(
        PIXEL,
        headers={
            "Content-Type": "image/gif",
            "Expires": "Mon, 01 Jan 1990 00:00:00 GMT",
            "Cache-Control": "no-cache, no-store, must-revalidate",
            "Pragma": "no-cache",
        },
    )

@app.route("/stats")
def stats(storage: ViewsStorageBackend):
    return storage.most_common(10)

@app.route("/test")
def test():
    return """
    <html>
    <head></head>
    <body><img src="/track"></body>
    </html>
    """

if __name__ == "__main__":
    FlaskInjector(app=app, modules=[di.RedisModule()])
    app.run(host="0.0.0.0", port=8000)
```

디펜던시 주입 메커니즘의 도입은 애플리케이션 핵심 부분에 많은 변경을 가하지 않는다. 앞의 코드는 처음 만들었던 단순한 이터레이션에서의 IoC 메커니즘을 갖지 않았던 것과 매우 유사하다. 몇 가지 인터페이스와 injector 모듈 정의를 이용해 보다 쉽게 규모를 확장할 수 있는 모듈화된 애플리케이션 뼈대를 얻었다. 예를 들어 분석 목적을 강화하거나 데이터를 여러 각도에서 조명할 수 있는 대시보드를 제공하는 추가 스토리지를 갖도록 확장할 수 있다.

디펜던시 주입을 통해 얻을 수 있는 또 다른 장점은 느슨한 결합loose coupling이다. 우리의 예시에서 뷰는 스토리지 백엔드 인스턴스는 물론, (RedisBackend의 경우) 그 하부의 서비스 클라이언트도 생성 하지 않는다. 이들은 공유된 인터페이스에 의존하지만 그 구현은 독립적이다. 느슨한 결합은 일반적 으로 좋은 아키텍처를 가진 애플리케이션을 위한 좋은 기반이다.

앞에서 본 것처럼 매우 간단한 예시를 통해 IoC와 디펜던시 주입의 효용을 보이기란 매우 어렵다. 이 기법들은 대규모 애플리케이션에서 빛을 발하기 때문이다. 어쨌든 10장에서 픽셀 추적 애플리케이션 예시를 다시 살펴볼 것이다. 10장에서는 IoC가 코드의 테스트 가용성testability를 크게 높이는 것을 함께 살펴볼 것이다.

5.4 요약

이번 장은 시간과 함께 하는 여행이었다. 파이썬은 보다 최신의 언어로 간주되지만 그 패턴을 이해하 기 위해서는 역사도 약간 살펴봐야 했다.

이번 장은 인터페이스에 관한 이야기로 시작했다. 인터페이스는 객체 지향 프로그래밍만큼이나 오래 된 개념이다(첫 번째 OOP 언어인 Simula는 무려 1967년에 공개되었다!). 그리고 파이썬 생태계에서 아마도 가장 오래되고도 적극적으로 유지보수되고 있는 인터페이스 라이브러리의 하나인 zope.interface 와 그 장단점에 관해 살펴봤다. 이를 이용하면 파이썬의 두 가지의 주요 대안인 추상 베이스 클래스 와 진보된 타입 애너테이션을 이용한 구조적 서브타이핑을 활용할 수 있다.

그다음으로 제어 반전IoC에 관해 살펴봤다. 제어 반전에 관한 수많은 인터넷 자료들은 혼동을 일으 키며 이 개념은 종종 디펜던시 주입과 혼동된다. 논란을 해결하기 위해 당시에는 그 누구도 디펜던시 주입 컨테이너에 관해 생각지도 못했던 1980년대로 거슬러 올라가며 이 용어의 기원을 추적했다. 다 양한 형태로 제어 반전을 인식하는 방법을 학습했고, 이를 이용해 애플리케이션 모듈성을 개선할 수 있음을 보았다. 간단한 애플리케이션에 수작업을 통해 제어 반전을 시도해봤다. 종종 이로 인하여 가 독성이나 표현성이 희생될 수 있다는 점도 확인했다. 이 과정을 통해 이미 잘 만들어진 디펜던시 주 입 라이브러리의 간단함에서 얻을 수 있는 가치도 살펴봤다.

다음 장의 내용은 완전히 새로울 것이다. 객체 지향 프로그래밍, 언어 피처, 디자인 패턴, 패러다임에 서 잠시 손을 떼자. 다음 장은 동시성concurrency에 관해 살펴본다. 많은 작업을 병렬적으로, 그리고 바라건대 매우 빠르게 수행하는 코드를 작성하는 방법에 관해 학습할 것이다.

동시성

동시성(병행성)concurrency, 그리고 그 구현 중 하나인 병렬처리parallel processing는 소프트웨어 엔지니어링에서 광범위하게 논의되는 주제다. 동시성 자체만으로도 수십 권의 책을 쓸 수 있을 만큼 큰 주제이기에 이 책에서 동시성의 중요한 측면과 모델들에 관해 모두 논할 수는 없다. 이번 장에서는 애플리케이션에 동시성이 필요한 이유, 사용 시기, 파이썬에서 가장 중요한 동시성 모델에 관해 설명한다.

또한 파이썬에서 동시성 모델 구현을 지원하는 몇 가지 언어 피처, 내장 모델, 서드파티 패키지들도 살펴본다. 하지만 이들에 관해서는 아주 깊게 다루지는 않을 것이다. 이번 장의 내용은 이후 여러분 스스로가 연구와 학습을 할 수 있도록 안내 역할을 하는 정도로 생각하기 바란다. 기본적인 아이디어를 제시함으로써 여러분이 실제 동시성 지원 필요 여부를 직접 결정하도록 도울 것이다. 부디 이번 장에서 다루는 내용들이 여러분에게 가장 적합한 접근 방식을 선택하는 데 도움이 되길 바란다.

이번 장에서는 다음과 같은 주제를 다룬다.

- 동시성concurrency
- 멀티스레딩multithreading
- 멀티프로세싱multiprocessing
- 비동기 프로그래밍asynchronous programming

동시성의 기본 개념을 살펴보기 전에 기술적 요구 사항을 먼저 살펴보자.

6.1 기술적 요구 사항

이번 장에서는 다음 파이썬 패키지를 사용한다. 이 패키지들은 PyPI를 통해 다운로드할 수 있다.

- requests
- aiohttp

패키지 설치 방법은 2장을 참조한다.

이 장에서 이용하는 소스 코드 파일은 https://github.com/moseskim/Expert-Python-Programming-Fourth-Edition/tree/main/Chapter 6에서 다운로드할 수 있다.

파이썬 프로그래머가 이용할 수 있는 다양한 동시성 구현 방법에 관해 살펴보기 전에 동시성이란 정확히 무엇인지 알아보자.

6.2 동시성이란 무엇인가?

동시성은 종종 동시성을 구현하는 실질적인 방법들과 혼동된다. 어떤 프로그래머들은 동시성과 병렬 프로세싱을 동의어로 생각한다. 먼저 동시성에 관해 적절하게 정의해야 한다. 그래야만 다양한 동시성 모델과 그 핵심적인 차이를 알 수 있을 것이다.

가장 중요한 것이지만 동시성은 병렬성parallelism과 다르다. 동시성은 애플리케이션 구현과 관련된 것도 아니다. 동시성은 프로그램, 알고리즘 또는 문제의 속성이며, 병렬성은 동시에 발생하는 문제에 관한 접근 방식의 하나다.

레슬리 램포트Leslie Lamport가 1976년 발표한 논문인 〈Time, Clocks, and the Ordering of Events in Distributed Systems(분산 시스템에서의 시간, 클록, 이벤트의 순서)〉에서는 동시성의 개념을 다음과 같이 정의한다.

"어떤 두 이벤트가 서로 영향을 미칠 수 없을 때, 이 두 이벤트는 동시성을 갖는다."

위 정의에서 이벤트에 프로그램, 알고리즘 또는 문제를 대입해 생각해보자. 이들이 순서에 의존하지 않는 완전한 또는 부분적인 컴포넌트로 분해된다면 동시성을 가진다고 말할 수 있다. 이들은 각각 독립적으로 처리되며, 처리 순서가 최종 결과에 영향을 주지 않는다. 이것은 이들이 동시에 simultaneously 또는 병렬로 처리될 수 있음을 의미한다. 이런 방식으로 정보를 처리하는 것이 병렬 프로세싱이다. 하지만 반드시 그래야만 하는 것은 아니다.

멀티코어 프로세서나 컴퓨팅 클러스터 활용 시 선호되는 분산 방식으로 작업을 처리하는 것은 동시성 문제를 해결하는 과정에서 만들어진 자연스러운 결과다. 그렇다고 이것이 효율적으로 동시성을 다루는 유일한 방법은 아니다. 동기 방식이 아닌 병렬적으로 실행하지 않는 방법들을 이용해서 동시성 문제에 접근할 수도 있다. 어떤 문제가 동시성을 가진다는 것은 이를 보다 효율적으로 처리할 수 있는 특별한 방법들을 사용할 기회라는 것을 의미한다.

우리는 어떤 문제를 만나면, 습관적으로 전통적인 방법들을 이용해(즉, 단계적 수행을 통해) 그 문제를 해결하려 한다. 우리들 대부분이 정보를 생각하고 처리하는 방식은 이와 유사하다. 한순간에 한 가지 일만 수행하는 동기 알고리즘synchronous algorithm을 단계별로 이용하는 것이다. 그러나 이런 사고 방식은 대규모의 문제를 해결하거나 많은 사용자 또는 소프트웨어 에이전트의 요구를 동시에 만족시켜야 하는 상황에는 적합하지 않다.

- 작업job을 처리하는 시간이 단일 프로세싱 유닛(단일 머신, CPU 코어 등)의 성능에 따라 제한될 때
- 프로그램이 이전 입력에 대한 처리를 완료할 때까지 새로운 입력을 받거나 처리할 수 없을 때

이 같은 문제들은 일반적인 애플리케이션에서의 세 가지 시나리오와 이어지며, 병행 프로세싱을 이용하면 사용자의 요구를 만족시킬 수 있다.

- **프로세싱 분산**processing distribution: 문제의 규모가 너무 커서 이를 납득할 수 있는 시간 내에(한정된 리소스를 이용해) 처리하는 유일한 방법은 해당 작업을 병렬로 처리할 수 있는 여러 프로세싱 유닛으로 분산해서 실행하는 것뿐이다.
- **애플리케이션 응답성**application responsiveness: 애플리케이션은 이전 입력에 대한 처리를 완료하지 않았더라도 응답성(새로운 입력의 수용)을 유지해야 한다.
- **백그라운드 프로세싱**background processing: 모든 태스크를 동기 방식으로 실행할 필요는 없다. 특정한 실행 결과에 즉각 접근하지 않아도 된다면 그 실행은 지연시키는 것이 합당할 수 있다.

프로세싱 분산 시나리오는 병렬 프로세싱과 직접 연결되며 일반적으로 멀티스레딩과 멀티프로세싱 모델로 해결된다. 애플리케이션 응답성 시나리오는 반드시 병렬 프로세싱이 필요하지는 않으며, 실질적인 문제의 세부 사항에 따라 다르다. 애플리케이션 응답성 문제는 애플리케이션이 여러 클라이언트(사용자 또는 소프트웨어 에이전트)를 독립적으로(각 에이전트에 대한 대응의 성공 여부와 관계없이) 처리해야 하는 경우를 다룬다.

흥미로운 것은 이 문제들이 배타적이지 않다는 것이다. 종종 애플리케이션 응답성을 유지하면서 동시에 모든 입력을 단일 프로세싱 유닛으로만 처리할 수는 없을 것이다. 따라서 다르게 보이는(겉으로 보

기에는 동시성에 관한 대안이거나 충돌하는 접근 방식으로 보이는) 것들을 동시에 사용하게 된다. 이런 현상은 웹 서버 개발에서 특히 일반적으로 나타난다. 웹 서버 개발에서는 비동기 이벤트 루프, 또는 여러 프로세스와 조합된 스레드를 이용해 가용한 리소스를 효율적으로 사용하면서도 높은 부하에서 낮은 지연을 유지해야 하기 때문이다.

파이썬은 동시성을 다루는 여러 방법들을 제공하며 주요한 방법들은 다음과 같다.

- **멀티스레딩**multithreading: 부모 프로세스의 메모리 콘텍스트를 공유하는 여러 처리 스레드들을 실행한다. 가장 유명한(그리고 가장 오래된) 동시성 모델이며 **입출력**input/output, I/O이 많이 수행되거나 사용자 인터페이스 응답성을 유지해야 하는 애플리케이션에서 효과적으로 작동한다. 매우 경량이지만 사용 시 많은 주의가 필요하고 메모리 안전 리스크를 내포한다.
- **멀티프로세싱**multiprocessing: 여러 독립 프로세스를 실행해 분산된 환경에서 작동하도록 한다. 동작 자체는 스레드와 유사하지만 공유 메모리 콘텍스트에 의존하지는 않는다. 파이썬의 특성상 CPU를 많이 사용CPU-intensive하는 애플리케이션에 보다 적합하다. 멀티스레딩보다 무거우며 프로세스 간 통신 패턴inter-process communication pattern을 구현해 프로세스들이 조화롭게 동작하도록 해야 한다.
- **비동기 프로그래밍**asynchronous programming: 여러 협력적 태스크들을 단일 애플리케이션 프로세스에서 실행한다. 협력적 태스크들은 스레드처럼 작동하지만 태스크 전환은 운영체제 커널이 아니라 애플리케이션 자체에서 촉진한다. I/O 바운드I/O bound 애플리케이션, 특히 동시다발적인 네트워크 커넥션을 다루는 프로그램에 적합하다. 비동기 프로그래밍의 단점은 전용 비동기 라이브러리를 사용해야 한다는 것이다.

가장 먼저 멀티스레딩에 관해 자세히 살펴본다.

6.3 멀티스레딩

개발자들은 종종 멀티스레딩을 매우 복잡한 주제라고 생각한다. 이는 물론 사실이지만, 파이썬이 제공하는 고수준 클래스와 함수들을 이용하면 스레드를 이용하는 데 큰 도움을 받을 수 있다. CPython은 다소 불편한 구현을 제공하는데, 이는 C나 자바 같은 다른 프로그래밍 언어에서 보다 스레드의 효과를 떨어뜨린다. 그렇다고 파이썬에서 완전히 쓸모없다는 말은 아니다.

파이썬 쓰레드를 이용해서 여전히 수많은 문제들을 효과적이고 편리하게 해결할 수 있다. 이번 절에서는 CPython에서의 멀티스레딩의 한계와 파이썬 스레드를 이용해 해결할 수 있는 일반적인 동시성 문제에 관해 살펴본다.

6.3.1 멀티스레딩이란?

스레드thread는 실행 중인 스레드thread of execution를 줄여서 부르는 말이다. 프로그래머는 작업work을 스레드로 나눠 동시에 실행할 수 있다. 스레드들은 부모 프로세스와 연결되어 있으며 같은 메모리 콘텍스트를 공유하기 때문에 쉽게 통신한다. 스레드 실행은 OS 커널에서 관장한다.

멀티스레딩은 멀티프로세서multiprocessor와 멀티코어 머신multicore machine 덕분에 얻게 되는 이점이다. 각 스레드는 별도 CPU 코어에서 실행되므로 프로그램은 더욱 빠르게 실행된다. 대부분의 프로그램 언어에서 이는 사실이다. 그러나 파이썬은 멀티코어 CPU에서의 멀티스레딩을 통해 얻을 수 있는 성능상 이점에 일부 제한이 있는데 여기에 대해서는 뒤에서 살펴본다. 적어도 지금 단계에서는 위 내용이 파이썬에서도 동일하게 적용된다고 생각하자.

파이썬을 이용해 새로운 실행 스레드를 시작시키는 가장 간단한 방법은 `threading.Thread()` 클래스를 사용하는 것이다.

```
def my_function():
    print("printing from thread")


if __name__ == "__main__":
    thread = Thread(target=my_function)
    thread.start()
    thread.join()
```

`my_function()` 함수는 새 스레드에서 실행할 함수다. 이 함수는 Thread 클래스 생성자에 키워드 인수로 전달한다. 이 클래스의 인스턴스는 애플리케이션을 캡슐화하고 제어한다.

새로운 Thread 클래스 인스턴스를 만들었다고 곧바로 새로운 스레드가 시작되지는 않는다. 스레드를 시작하려면 `start()` 메서드를 호출해야 한다. 새로운 스레드가 시작되면 대상 함수가 종료될 때까지 메인 스레드 곁에서 실행된다. 위 예시에서는 `join()` 메서드를 이용해 추가적인 스레드가 종료될 때까지 명시적으로 기다린다.

[NOTE] `join()` 메서드는 **블로킹 동작**blocking operation이다. 다시 말해서 스레드는 실제로 아무 일도 하지 않으며 (CPU 시간을 소비하지 않는다), 특정한 이벤트가 발생하는 것을 기다릴 뿐이다.

`start()`와 `join()` 메서드를 이용하면 여러 스레드를 한 번에 생성하고 실행할 수 있다. 다음 예시는 앞의 예시를 약간 수정한 것으로 여러 스레드를 한 번에 시작하고 대기하도록 한다.

```
from threading import Thread

def my_function():
    print("printing from thread")

if __name__ == "__main__":
    threads = [Thread(target=my_function) for _ in range(10)]
    for thread in threads:
        thread.start()

    for thread in threads:
        thread.join()
```

모든 스레드는 같은 메모리 콘텍스트를 공유한다. 그러므로 스레드들이 동일한 데이터 구조에 접근하는지 조심해야 한다. 두 개의 병렬적인 스레드들이 같은 변수를 어떠한 보조 장치 없이 업데이트하면, 스레드 실행의 미묘한 시점 변화에 따라 최종 결과가 예기치 못하게 바뀔 수도 있다. 이해를 분명히 하기 위해 작은 프로그램을 생각해보자. 이 프로그램은 여러 스레드를 실행하며 이 스레드들은 같은 값을 읽고 업데이트한다.

```
from threading import Thread

thread_visits = 0

def visit_counter():
    global thread_visits
    for i in range(100_000):
        value = thread_visits
        thread_visits = value + 1

if __name__ == "__main__":
    thread_count = 100
    threads = [
        Thread(target=visit_counter)
        for _ in range(thread_count)
    ]
    for thread in threads:
        thread.start()

    for thread in threads:
        thread.join()

    print(f"{thread_count=}, {thread_visits=}")
```

이 프로그램은 100개의 스레드를 시작하고 각 스레드는 thread_visits를 100,000번 읽고 증가시킨다. 이 태스크를 순차적으로 실행하면 thread_visits 변수의 값은 10,000,000(100스레드×100,000번)이 될 것이다. 그러나 스레드들은 뒤엉킬 수 있으며 예상치 못한 결과를 야기할 수 있다. 위 코드를 threaded_visits.py 파일에 저장한 뒤 실행하고 실제 결과를 확인해본다.

```
$ python3 thread_visits.py
thread_count=100, thread_visits=6859624
$ python3 thread_visits.py
thread_count=100, thread_visits=7234223
$ python3 thread_visits.py
thread_count=100, thread_visits=7194665
```

프로그램을 실행할 때마다 결과는 달라지며 그 값은 10,000,000과는 큰 차이가 있다. 하지만 이는 실제 스레드가 이 변수에 이렇게 적게 접근했다는 것이 아니다. 스레드의 수가 많아지면 이들은 뒤엉켜 서로의 결과에 영향을 준다.

이런 상황을 **레이스 해저드**race hazard 또는 **레이스 컨디션(경쟁 상태)**race condition이라 부른다. 이 상황은 멀티스레드 애플리케이션 소프트웨어 버그 중 가장 귀찮은 것에 속한다. 명확하게 thread_visits 변수를 읽고 쓰는 찰나의 순간에 다른 스레드가 끼어들어 결과를 조작한 것이다.

+= 연산자가 단일 원자적 연산atomic operation이라고 생각해 이를 사용하면 이 문제를 해결할 수 있다고 생각할지도 모르겠다.

```
def visit_counter():
    global thread_visits
    for i in range(100_000):
        thread_visits += 1
```

하지만 아무런 도움도 되지 않는다! += 연산자는 변수의 값을 증가시키는 연산을 짧게 표현한 것일 뿐, 실제 파이썬에서는 여러 동작으로 이루어진다. 그 동작들 사이에 여전히 스레드가 뒤엉킬 수 있는 충분한 시간이 존재한다.

레이스 컨디션을 피하는 적절한 방법은 스레드 로킹 프리미티브thread locking primitive를 사용하는 것이다. 파이썬은 **threading** 모듈에서 여러 록 클래스를 제공한다. 다음은 스레드-세이프thread-safe visit_counter() 함수의 예시다.

```
from threading import Lock

thread_visits = 0
thread_visits_lock = Lock()

def visit_counter():
    global thread_visits
    for i in range(100_000):
        with thread_visits_lock:
            thread_visits += 1
```

이 코드를 실행하면 록을 이용한 thread_visits가 정상적으로 증가됨을 확인할 수 있다. threading 모듈의 Lock()은 한순간에 한 스레드만 단일 코드 블록에 접근하는 것을 보장한다. 즉, 보호된 블록은 병렬로 실행되지 않는다. 또한, 록을 얻고 해제하는 동작은 추가적인 노력이 필요하다. 많은 스레드가 록을 얻으려고 시도하면 성능이 눈에 띄게 저하된다. 이번 장 후반에서 록을 이용해 병렬 데이터 접근을 확보하는 다른 예제들도 살펴볼 것이다.

멀티스레딩은 일반적으로 OS 커널 레벨에서 지원된다. 싱글 코어의 싱글 프로세서를 가진 머신에서는 시스템이 시분할time slicing 메커니즘을 이용해 스레드를 마치 병렬인 것처럼 실행한다. 시분할을 이용하면 CPU는 대단히 빠르게 스레드를 전환하므로 마치 스레드들이 동시에 실행되는 것처럼 느껴진다.

[NOTE] 최근 데스크톱 컴퓨터에서는 싱글 코어 CPU를 거의 찾아볼 수 없지만 다른 영역에서는 여전히 고려해야 할 대상이다. 클라우드 컴퓨터 플랫폼의 작고 저렴한 인스턴스들이나 저비용의 임베디드 시스템에서는 여전히 단일 싱글 코어 CPU 혹은 가상 CPU를 사용한다.

멀티 프로세싱 유닛이 없는 병렬성은 분명히 가상화에 의한 것이며, 니틴 하드웨어에서의 애플리케이션 성능은 측정하기 어렵다. 어쨌든 때때로 단일 코어에서 실행된다 하더라도 스레드를 이용한 코드를 구현하는 것은 여전히 유용하다. 이런 유스케이스 또한 뒤에서 살펴볼 것이다.

멀티 프로세서 또는 멀티 프로세서 코어로 구성된 환경에서는 모든 것이 달라진다. 이 경우 스레드는 OS 커널에 의해 CPU들이나 CPU의 코어들에 분산된다. 이는 프로그램을 현저히 빠르게 실행할 수 있는 기회를 얻게 됨을 말한다. 그러나 이 과정은 많은 프로그래밍 언어에서 적용되지만 파이썬의 경우 꼭 그렇지만은 않다. 그 이유를 이해하기 위해 파이썬이 스레드를 다루는 방법을 좀 더 자세히 들여다보자.

6.3.2 파이썬의 스레드 처리 방식

다른 몇몇 언어들과 달리 파이썬은 다중 커널 레벨 스레드kernel-level thread를 사용해 모든 인터프리터 레벨 스레드interpreter-level thread를 실행한다. 커널 레벨 스레드는 OS 커널에 의해 운영 및 스케줄링된다. CPython은 OS별 시스템 콜을 이용해 스레드를 생성하고 조인하며, 스레드 실행 시점과 스레드를 실행할 CPU 코어에 대한 완전한 통제를 갖지 않는다. 이 책임은 온전히 시스템 커널에게 일임한다. 시스템 커널은 우선도가 더 높은 스레드를 실행하기 위해 실행 중인 스레드를 언제든 선점할 수 있다.

안타깝게도 파이썬(CPython 인터프리터) 언어의 표준 구현은 많은 콘텍스트에서 스레드의 효용을 저하시키는 중요한 한계가 있다. 파이썬 객체에 접근하는 모든 동작은 하나의 글로벌 록에 의해 **직렬화**serialize된다. 왜냐하면 많은 인터프리터 내부 구조가 스레드-세이프하지 않으며 보호되어야 하기 때문이다. 모든 동작에서 록이 필요한 것은 아니며 스레드가 록을 해제해야만 하는 특정한 상황이 존재한다.

> **NOTE** 병렬 프로세싱 콘텍스트에서 무언가 **직렬화**되어 있다는 것은 동작을 순차적으로 수행하는 것(한 동작이 종료되면 그다음 동작을 수행하는 것)을 의미한다. 동시성 프로그램에서 의도되지 않은 직렬화는 일반적으로 우리가 원하지 않는 것이다.

이 CPython 인터프리터 메커니즘을 **글로벌 인터프리터 록**global interpreter lock, GIL이라 한다. Python-dev 메일링 리스트에서는 종종 GIL 제거에 관한 주제들이 논의되었으며, 파이썬 개발자들 사이에서도 수차례 의견이 개진되었다. 안타깝게도 이 책 집필 시점에서는 그 누구도 이 한계를 제거할 수 있는 합리적이고 간단한 해법을 제안하지 못했다. 사실 이 분야에서 조만간 어떤 진전을 보게 될 가능성은 매우 낮다. CPython는 GIL을 유지할 것이라고 가정하는 것이 안전하므로 GIL을 어떻게 다룰 것인지 학습하는 것이 좋다.

파이썬에서의 멀티스레딩의 핵심은 무엇인가? 스레드가 순수한 파이썬 코드만 포함하며, 어떤 I/O 조작(소켓을 통한 통신 등)도 하지 않는다면 스레드를 사용한다 해도 프로그램의 속도를 높일 만한 여지는 거의 없다. 왜냐하면 GIL이 모든 스레드의 실행을 글로벌하게 직렬화할 것이기 때문이다. 하지만 GIL은 파이썬 객체를 보호하는 것에만 초점을 맞춘다는 점을 기억하라. 실질적으로 GIL은 소켓 호출과 같은 많은 블로킹 시스템 콜에 해제release된다. 또한 Python/C API 기능을 사용하지 않는 C 확장 영역에서도 해제될 수 있다. 즉, 다중 스레드는 I/O 조작을 하거나 특별히 다듬어진 C 확장 코드를 완벽하게 병렬 실행할 수 있음을 의미한다.

> **NOTE** 파이썬 C 확장 기능의 GIL에 관해서는 9장에서 자세히 살펴본다.

멀티스레딩을 이용하면 프로그램이 외부 리소스를 기다리는 시간을 효율적으로 활용할 수 있다. GIL을 해제한(CPython 내부적으로 발생) 대기 중 스레드는 '준비standby' 상태로 기다리다가 결과가 돌아오면 '깨어난다wake up'. 마지막으로 프로그램이 응답 인터페이스를 제공해야 하는 경우, 심지어는 OS가 시분할을 이용해야 하는 싱글 코어 환경의 경우에도 멀티스레딩은 해답이 될 수 있다. 멀티스레딩을 이용하면 프로그램은 소위 백그라운드에서 무거운 계산 작업을 하는 동안에도 사용자와 쉽게 상호작용할 수 있다.

NOTE GIL이 모든 파이썬 언어 구현에 존재하지는 않는다. GIL은 CPython, Stackless Python, PyPy에 관한 제약사항이다. Jython(JVM용 파이썬)과 IronPython(.NET용 파이썬)에는 존재하지 않는다. GIL이 존재하지 않는GIL-free PyPy 개발 버전도 존재한다. 이 버전은 소프트웨어 트랜잭셔널 메모리sotware transactional memory에 기반하고 있으며 **PyPy-STM**이라 불린다.

다음 절에서 스레딩을 유용하게 사용할 수 있는 구체적인 상황의 예시에 관해 자세히 살펴본다.

6.3.3 언제 멀티스레딩을 사용해야 하는가?

GIL 제약이 있음에도 스레드는 다음과 같은 경우 매우 유용할 수 있다.

- **애플리케이션 응답성**: 새로운 입력을 받고 이전 입력에 대한 처리를 마치지 못했더라도 주어진 시간 안에 응답해야 하는 애플리케이션

- **여러 사용자가 사용하는 애플리케이션 및 네트워크 통신**: 여러 사용자들의 입력을 동시에 받고 네트워크를 통해 사용자들과 자주 커뮤니케이션하는 애플리케이션. GIL이 해제된 CPython의 부분들을 활용해 록에 의한 영향을 줄일 수 있음을 의미한다.

- **직입 위임work delegation 및 백그라운드 프로세싱**: 외부 애플리케이션이나 서비스를 이용해 무거운 작업의 많은 부분을 수행하는 애플리케이션. 사용자가 작성한 코드는 이런 리소스들에 대한 게이트웨이 역할을 하는 경우

애플리케이션 응답성부터 살펴보자. 이 영역에서는 다른 동시성 모델들보다 멀티스레딩을 선호한다.

애플리케이션 응답성

OS에 그래픽 사용자 인터페이스를 통해 큰 하나의 파일을 한 폴더에서 다른 폴더로 복사하도록 명령하는 상황을 가정해보자. 이 태스크는 아마도 백그라운드로 푸시되고 인터페이스 윈도우는 계속해서 진행 상태를 새로 고치면서 표시할 것이다. 이런 방식으로 전체 프로세스의 진척에 관한 실시간 피드백을 얻게 된다. 이 작업을 취소할 수도 있다. OS가 파일을 복사하느라 분주할 때도 웹 브라우징을 하거나 문서를 편집할 수 있다. 시스템의 그래픽 사용자 인터페이스는 사용자의 행동에 즉각 반응할

것이다. 이는 작업이 완전히 종료될 때까지 아무런 피드백도 제공하지 않는 **cp**나 **copy** 같은 셸 명령어보다 낫다.

응답성 있는 인터페이스 덕분에 사용자는 여러 가지 태스크를 동시에 진행할 수 있다. 예를 들어 **Gimp**(유명한 오픈소스 이미지 편집 애플리케이션)를 한쪽에서는 필터링을 하면서, 한쪽에서는 이미지를 수정할 수 있다. 이 두 태스크는 독립적이기 때문이다.

이런 응답성 있는 인터페이스를 달성하고자 할 때 좋은 접근 방식은 실행 시간이 긴 태스크를 백그라운드에 넣거나 적어도 사용자에게 지속적인 피드백을 주는 것이다. 이를 가장 쉽게 달성하는 방법이 바로 스레드를 이용하는 것이다. 이런 시나리오에서는 스레드를 이용한 사용자들이 여전히 인터페이스를 사용함을 보장할 수 있다. 비록 애플리케이션이 그 태스크를 처리하기 위해 더 많은 시간이 필요하더라도 말이다.

이 접근 방식은 종종 이벤트 주도 프로그래밍event-driven programming과 함께 사용된다. 이벤트 주도 프로그래밍에서는 메인 애플리케이션이 이벤트들을 백그라운드 워크 스레드에서 처리하도록 넘긴다 (7장 참조). 웹 브라우저는 이 구조적인 패턴을 사용하는 애플리케이션의 좋은 예시다.

> **NOTE** 애플리케이션 응답성과 **반응형 웹 디자인**responsive web design, RWD을 혼동하지 말자. 반응형 웹 디자인은 같은 웹 애플리케이션을 여러 매체(데스크톱 브라우저, 스마트폰, 태블릿 등)에 잘 표시되도록 하는 웹 애플리케이션에 대한 디자인 접근 방식을 말한다.

다중 사용자 애플리케이션

여러 사용자에게 동시에 서비스를 제공하는 것을 애플리케이션 응답성에 관한 특별한 경우로 이해될 수도 있다. 여기에서 핵심적인 차이는 이것이다. 애플리케이션은 많은 사용자의 병렬적인 입력을 받아야 하고, 각 사용자는 얼마나 빠르게 애플리케이션의 응답하는지에 관한 기대를 가진다는 점이다. 간단히 말해서 그 어떤 사용자도 서비스를 제공받기 위해 다른 사용자의 입력이 처리될 때까지 기다려서는 안 된다.

스레딩은 다중 사용자 애플리케이션에서의 유명한 동시성 모델이며 웹 애플리케이션에서는 매우 일반적이다. 예를 들어 웹 서버의 메인 스레드는 모든 유입 커넥션을 받아들이지만, 각각의 요청을 별도의 전담 스레드로 전달할 뿐이다. 이 때문에 우리는 여러 커넥션과 요청을 동시에 다룰 수 있다. 애플리케이션이 동시에 처리할 수 있는 커넥션과 요청 수는 메인 스레드가 커넥션을 빠르게 받아들이고 요청을 새로운 스레드로 전달할 수 있는 능력에 따라 좌우된다. 스레드는 공짜가 아니다. 메모리는 공유하지만 스레드는 개별적으로 최소한의 스택을 차지한다. 스레드 수가 너무 많으면 전체 메모리가 걷잡을 수 없이 빠르게 소진된다.

스레드 기반 다중 사용자 애플리케이션과 관련된 또 다른 모델에서는 인입되는 사용자 입력을 처리할 수 있는 워커로 동작하는 스레드의 풀이 제한되어 있다고 가정한다. 메인 스레드는 오로지 워커의 풀을 할당하고 관리하기만 한다. 웹 애플리케이션에서는 이 패턴도 자주 활용한다. 예를 들어 웹 서버는 제한된 숫자만큼의 스레드를 만들고, 만들어진 각 스레드는 스스로 커넥션을 받아 해당 커넥션에서 오는 모든 요청을 처리한다. 이 접근 방식을 이용하면 동시에 여러 사용자에게 서비스를 제공할 수 있지만(요청당 스레드를 할당하는 것보다), 리소스 사용에 대해 보다 많은 통제가 필요하다. 웹 서버 게이트웨이 인터페이스Web Server Gateway Interface, WSGI를 준수하는 두 가지 유명한 웹 서버인 Gunicorn과 uWSGI를 이용하면 이 원칙을 일반적으로 따르는 방식의 스레드 워크를 이용해 HTTP 요청에 대한 서비스를 제공할 수 있다.

NOTE WSGI는 web server gateway interface의 약자다. 웹 서버와 애플리케이션 사이의 커뮤니케이션에 관한 일반적인 파이썬 표준(PEP 3333, https://www.python.org/dev/peps/pep-3333/)으로 웹 애플리케이션과 웹 서버의 이식성을 촉진한다. 대부분의 모던 파이썬 웹 프레임워크와 웹 서버는 WSGI에 기반한다.

멀티스레딩을 사용해 다중 사용자 애플리케이션에서의 동시성을 활성화하는 것은 멀티프로세싱을 사용하는 것보다 리소스 관점에서 훨씬 저렴하다. 분리된 파이썬 프로세스들은 스레드보다 많은 메모리를 사용한다. 프로세스마다 새로운 인터프리터를 로드해야 하기 때문이다. 한편, 너무 많은 스레드를 사용하는 비용 또한 비싸다. GIL은 I/O 바운드 애플리케이션에서 그런 문제가 없다는 것을 알고 있지만, 파이썬 코드를 실행해야 할 때가 있기 때문이다. 애플리케이션의 모든 부분을 스레드로 병렬화할 수는 없으므로, 머신의 모든 리소스를 멀티코어 CPU와 단일 파이썬 프로세스로 효율화할 수도 없다. 따라서 때때로 멀티프로세싱과 멀티스레딩의 혼합된 형태, 즉 여러 워커(프로세스)가 여러 스레드를 실행하는 방식을 사용하는 것이 최적 해법일 수 있는 이유다. 다행히도 몇몇 WSGI 준수 웹 서버들은 이런 설정을 제공한다(예를 들어 Gunicorn과 `gthread` 워커 타입을 함께 사용할 수 있다).

멀티유저 애플리케이션들은 다중 사용자에 대한 적절한 응답성을 보장하기 위해 종종 스레드로 작업을 위임한다. 작업 위임 자체도 멀티스레딩의 한 유스케이스로 간주할 수 있다.

작업 위임과 백그라운드 프로세싱
여러분이 만든 애플리케이션이 여러 외부 리소스에 의존한다면 스레드가 속도를 높이는 데 큰 도움이 될 것이다. 폴더의 파일을 인덱스한 뒤 만들어진 인덱스를 데이터베이스에 넣는 함수를 생각해보자. 이 함수는 파일 타입에 따라 다른 처리 루틴을 실행한다. 예를 들어 한 루틴은 PDF 파일, 다른 루틴은 오픈오피스OpenOffice 파일에 최적화되어 있다.

모든 파일을 순서대로 처리하는 대신 여러분이 만든 함수는 컨버터별로 하나의 스레드를 만들고 처리해야 할 작업들을 하나씩 큐를 통해 넣는다. 이 함수가 사용하는 전체 시간은 작업 시간의 총합보다는 가장 느린 컨버터의 처리 시간에 가까울 것이다.

또 다른 일반적인 스레드의 유스케이스는 외부 서비스에 대한 여러 네트워크 요청을 수행하는 것이다. 예를 들어 원격 웹 API를 통해 여러 결과를 얻고 싶은 경우 이를 동기 수행하면, 특히 원격 서버가 먼 거리에 위치한 경우 많은 시간이 소요될 수 있다.

이전 요청의 응답이 온 뒤에만 새로운 요청을 만들 수 있다면, 외부 서비스의 응답을 기다리는 데만 많은 시간을 사용하게 된다. 또한 요청마다 추가적인 왕복 지연 시간이 추가된다.

보다 효율적인 서비스(예를 들어 Google Maps API 등)와 통신을 하는 경우, 이런 서비스들은 개별 요청의 응답 시간에 영향을 거의 주지 않고 여러분의 요청 대부분을 다룰 것이다. 그렇다면 여러 쿼리는 별도의 스레드에서 수행하는 것이 합리적이다. HTTP 요청의 경우 애플리케이션은 대부분의 시간을 TCP 소켓을 읽는 데 사용한다. 이런 작업을 스레드에 위임하면 애플리케이션의 성능을 비약적으로 향상할 수 있다.

6.3.4 멀티스레드 애플리케이션 예시

애플리케이션을 하나 만들면서 실질적으로 파이썬에서 스레딩이 어떻게 동작하는지 그리고 어떤 이익을 얻을 수 있는지 확인해보겠다. 앞 절에서 멀티스레딩의 일반적인 유스케이스에서 이미 설명했던 간단한 문제를 생각해보자. 몇몇 원격 서비스에 대한 병렬 HTTP 요청을 보내는 것이다.

여러 쿼리를 이용해 어떤 웹 서비스로부터 정보를 가져온다고 가정하자. 이 쿼리들은 하나의 HTTP 요청 덩어리로 구성될 수 없다. 현실적인 예시를 위해 외화 환전율 무료 API 엔드포인트(https://www.vatcomply.com)를 이용할 것이다. 이 엔드포인트를 선택한 이유는 다음과 같다.

- 공개 서비스이며 어떤 인증 키도 요구하지 않는다.
- 매우 단순한 인터페이스를 가지고 있으며, 널리 알려진 requests 라이브러리를 이용해 쉽게 쿼리를 보낼 수 있다.
- 여러 유사 API와 공통된 통화 데이터 형식을 이용한다. 이 서비스가 중단되면(혹은 무료 사용이 중단되면) 다른 서비스의 URL로 API URL을 변경하면 된다.

  NOTE   무료 API 서비스들은 아무런 고지 없이 나타났다 사라진다. 미래의 어떤 시점에서 현재 사용한 URL이 동작하지 않거나 API가 유료로 변경될 수도 있다. 그런 경우에는 자체 서비스를 운영하는 것도 좋을 것이다.

  https://github.com/exchangeratesapi/exchangeratesapi에서 이 책에서 사용한 API와 동일한 데이터 포맷을 이용하는 환전율 API 서비스를 확인할 수 있다.

예시에서는 여러 통화를 참조 포인트로 이용해 선택한 통화에 대한 환전율을 얻을 것이다. 그다음 환전율 매트릭스를 출력한다.

```
1 USD = 1.0 USD, 0.887 EUR, 3.8 PLN, 8.53 NOK, 22.7 CZK
1 EUR = 1.13 USD, 1.0 EUR, 4.29 PLN, 9.62 NOK, 25.6 CZK
1 PLN = 0.263 USD, 0.233 EUR, 1.0 PLN, 2.24 NOK, 5.98 CZK
1 NOK = 0.117 USD, 0.104 EUR, 0.446 PLN, 1.0 NOK, 2.66 CZK
1 CZK = 0.044 USD, 0.039 EUR, 0.167 PLN, 0.375 NOK, 1.0 CZK
```

여기에서 선택한 API는 하나의 요청에서 여러 데이터 포인트를 쿼리할 수 있는 여러 방법을 제공한다. 하지만 여러 기본 통화를 동시에 이용할 수는 없다. 단일 통화에 대한 환전율을 다음과 같이 간단하게 얻을 수 있다.

```
>>> import requests
>>> response = requests.get("https://api.vatcomply.com/rates?base=USD")
>>> response.json()
{'base': 'USD', 'rates': {'BGN': 1.7343265053, 'NZD': 1.4824864769,
'ILS': 3.5777245721, 'RUB': 64.7361000266, 'CAD': 1.3287221779, 'USD':
1.0, 'PHP': 52.0368892436, 'CHF': 0.9993792675, 'AUD': 1.3993970027,
'JPY': 111.2973308504, 'TRY': 5.6802341048, 'HKD': 7.8425113062,
'MYR': 4.0986077858, 'HRK': 6.5923561231, 'CZK': 22.7170346723,
'IDR': 14132.9963642813, 'DKK': 6.6196683515, 'NOK': 8.5297508203,
'HUF': 285.09355325, 'GBP': 0.7655848187, 'MXN': 18.930477964, 'THB':
31.7495787887, 'ISK': 118.6485767491, 'ZAR': 14.0298838344, 'BRL':
3.8548372794, 'SGD': 1.3527533919, 'PLN': 3.8015429636, 'INR':
69.3340427419, 'KRW': 1139.4519819101, 'RON': 4.221867518, 'CNY':
6.7117141084, 'SEK': 9.2444799149, 'EUR': 0.8867606633}, 'date': '2019-04-09'}
```

NOTE 간결한 예시를 유지하기 위해 requests 패키지를 이용해 HTTP 요청을 보낼 것이다. 표준 라이브러리는 아니지만 pip 명령어를 이용해 PyPI에서 쉽게 얻을 수 있다.

requests에 관한 자세한 정보는 https://requests.readthedocs.io/를 참조하기 바란다.

동시성 문제에 대해 멀티스레드 해법과 고전적인 동기 해법을 비교하는 것이 목적이므로, 우선 스레드를 사용하지 않고 구현한다. 다음 코드는 기본 통화 목록에 대해 루프를 돌면서, 환율 API에 쿼리를 보내고 표준 출력으로 텍스트 형식의 테이블로서 표시한다.

```
import time

import requests
```

```
SYMBOLS = ("USD", "EUR", "PLN", "NOK", "CZK")
BASES = ("USD", "EUR", "PLN", "NOK", "CZK")

def fetch_rates(base):
    response = requests.get(
        f"https://api.vatcomply.com/rates?base={base}"
    )
    response.raise_for_status()
    rates = response.json()["rates"]

    # 노트: 동일 화폐는 1:1로 환전한다.
    rates[base] = 1.0

    rates_line = ", ".join(
        [f"{rates[symbol]:7.03} {symbol}" for symbol in SYMBOLS]
    )
    print(f"1 {base} = {rates_line}")

def main():
    for base in BASES:
        fetch_rates(base)

if __name__ == "__main__":
    started = time.time()
    main()
    elapsed = time.time() - started

    print()
    print("time elapsed: {:.2f}s".format(elapsed))
```

main() 함수는 기본 통화 리스트를 반복하면서 fetch_rates() 함수를 호출해 해당 기본 통화들에 대한 환율을 얻는다. fetch_rates() 함수 안에서는 requests.get() 함수를 이용해 단일 HTTP 요청을 보낸다. response.raise_for_status() 메서드는 서버가 서버 또는 클라이언트 에러를 의미하는 상태 코드를 반환하면 예외를 발생시킨다. 지금은 어떤 예외도 기대하지 않으므로 요청을 받은 뒤 성공적으로 response.json() 메서드를 이용해 응답의 페이로드를 읽을 수 있다고 가정한다. 스레드 내부에서 적절하게 예외를 다루는 방법은 곧이어 설명한다.

main() 함수 실행 주변에 몇 개의 문장을 추가했는데, 이는 작업을 마치는 데 걸린 시간을 측정하기 위한 것이다. 이 코드를 synchronous.py 파일에 저장하고 실행해서 작동 결과를 확인해본다.

```
$ python3 synchronous.py
```

필자의 컴퓨터에서 모든 작업을 완료하는 데 걸린 시간은 수 초 정도다.

```
1 USD =    1.0 USD,   0.823 EUR,   3.73 PLN,    8.5 NOK,   21.5 CZK
1 EUR =   1.22 USD,    1.0 EUR,   4.54 PLN,   10.3 NOK,   26.2 CZK
1 PLN =  0.268 USD,   0.22 EUR,    1.0 PLN,   2.28 NOK,   5.76 CZK
1 NOK =  0.118 USD, 0.0968 EUR,  0.439 PLN,    1.0 NOK,   2.53 CZK
1 CZK = 0.0465 USD, 0.0382 EUR,  0.174 PLN,  0.395 NOK,    1.0 CZK

time elapsed: 4.08s
```

스크립트를 실행할 때마다 소요되는 시간은 항상 다르다. 이는 네트워크 커넥션을 통해 접근한 원격 서비스에 대부분 의존하기 때문이다. 확실하지 않은 여러 요소들이 최종 결과에 영향을 끼친다. 보다 실제 방법론적인 결과를 원한다면 보다 긴 테스트를 반복적으로 수행해서 측정 결과의 평균을 구해야 할 것이다. 하지만 간결함을 위해 여기에서는 거기까지 실험하지는 않는다. 설명을 위한 목적으로 이 단순화한 접근 방법이 충분함을 살펴볼 것이다.

이제 구현의 뼈대를 갖추었다. 이제 스레드를 도입해보자. 다음 절에서는 fetch_rates() 함수를 호출할 때마다 하나의 스레드를 도입할 것이다.

아이템당 하나의 스레드 이용하기

앞에서 만든 코드를 개선해보자. 파이썬에서는 많은 처리를 하지 않았으므로 외부 서비스와의 통신이 처리 시간에 크게 관여한다. 원격 서버에 HTTP 요청을 보내면 서버가 응답을 계산하고 서버에서 응답이 돌아올 때까지 기다린다.

낮은 I/O 그각을 하므로 멀티스레딩이 효과적인 선택지처럼 보인다. 모든 요청을 별도의 스레드들을 이용해 한 번에 보낸 뒤, 모든 요청에 대한 응답 데이터를 받을 때까지 기나리본다. 우리가 통신하는 서비스가 여러 요청을 동시에 처리하고 있다면 분명 성능이 개선됨을 볼 수 있을 것이다.

가장 쉬운 접근 방법부터 적용해보자. 파이썬은 threading 모듈을 통해 시스템 스레드에 대한 깔끔하고 쉬운 추상화를 제공한다. 이 표준 라이브러리의 핵심은 Thread 클래스이며 단일 스레드 인스턴스를 나타낸다. 다음은 main() 함수를 개선한 것이며, 처리할 기본 통화당 하나의 새로운 스레드를 만들고 시작시킨 뒤 모든 스레드가 종료할 때까지 기다린다.

```
from threading import Thread

def main():
    threads = []
```

```
    for base in BASES:
        thread = Thread(target=fetch_rates, args=[base])
        thread.start()
        threads.append(thread)

    while threads:
        threads.pop().join()
```

다소 볼품없는 코드지만 문제를 빠르게 해결할 수 있는 접근 방식이다. 심각한 문제가 있기는 하나 뒤에서 해결할 것이다. 아무튼 코드는 동작한다.

수정한 스크립트를 `threads_one_per_item.py` 파일에 저장하고 실행해서 성능이 개선되었는지 결과를 확인해보자.

```
$ python3 one_thread_per_item.py
```

필자의 컴퓨터에서는 전체 처리 시간이 상당히 개선된 것으로 보인다.

```
1 EUR =    1.22 USD,     1.0 EUR,    4.54 PLN,    10.3 NOK,   26.2 CZK
1 NOK =   0.118 USD,  0.0968 EUR,   0.439 PLN,     1.0 NOK,   2.53 CZK
1 CZK =  0.0465 USD,  0.0382 EUR,   0.174 PLN,   0.395 NOK,    1.0 CZK
1 USD =     1.0 USD,   0.823 EUR,    3.73 PLN,     8.5 NOK,   21.5 CZK
1 PLN =   0.268 USD,    0.22 EUR,     1.0 PLN,    2.28 NOK,   5.76 CZK

time elapsed: 1.34s
```

NOTE 스레드 안에 `print()` 메서드를 사용하고 있어 출력되는 결과는 오해의 소지가 있다. 이것은 멀티스레딩이 가진 문제의 하나로 이번 절의 후반부에서 살펴볼 것이다.

위의 결과로 우리가 만든 애플리케이션에서 스레드를 통해 이익을 얻을 수 있음을 알았으므로, 이들을 보다 논리적인 방법으로 사용해보자. 먼저 앞의 코드에서 다음 문제점을 식별해야 한다.

- 매개변수마다 하나의 새로운 스레드를 시작했다. 스레드 초기화에 시간이 소요되지만 이 정도의 오버헤드는 큰 문제가 되지 않는다. 스레드 역시 메모리 또는 파일 디스크립터 같은 다른 리소스를 소비한다. 이 예시에서는 아이템의 수가 제한되어 있지만 아이템에 제한이 없다면 어떻게 되겠는가? 분명 크기가 정해지지 않은 데이터 입력에 따라 정해지지 않은 수의 스레드를 실행하기를 원치 않을 것이다.

- 스레드에서 실행된 fetch_rates() 함수는 내장 print() 함수를 호출하는데, 이는 사실 메인 애플리케이션 스레드 바깥에서는 원하지 않는 동작일 것이다. 이는 전적으로 파이썬에서 표준 출력을 버퍼링하는 방식 때문이다. 스레드 사이에서 이 함수에 대한 여러 호출이 뒤엉키기 때문에 출력이 이상해지는 것을 경험하게 된다. 그리고 print() 함수는 그 속도가 느린 것으로 간주된다. 여러 스레드에서 신중하지 못하게 사용하면 직렬화가 발생하게 되고 결과적으로 멀티스레딩을 통해 얻을 수 있는 이점을 모두 낭비하게 된다.

- 마지막으로 모든 함수 호출을 구분된 스레드에 위임함으로써 입력 처리율을 통제하기가 극단적으로 어려워졌다. 물론 우리는 가능한 빠르게 작업을 처리하고 싶지만 외부 서비스들은 매우 자주 하나의 클라이언트로부터 받아서 처리할 수 있는 요청의 비율에 엄격한 제한을 둔다. 때때로 처리 비율을 제한할 수 있는 방식으로 프로그램을 디자인하는 것도 좋다. 그렇게 함으로써 여러분의 애플리케이션이 외부 API를 남용하는 것으로 판단되지 않게 할 수 있다.

다음 절에서는 스레드 풀을 이용해 제한이 없는 스레드 수의 문제를 해결하는 방법을 살펴볼 것이다.

스레드 풀 이용하기

가장 먼저 해결하고자 하는 문제는 앞에서 만든 프로그램이 스레드 수를 제한 없이 실행하는 것이다. 좋은 해법 중 하나는 크기를 엄격하게 제한한 스레드 워커의 풀을 만들어서 병렬 워커들을 다루고 스레드-세이프한 데이터 구조를 통해 메인 스레드와 통신하는 방법이다. 스레드 풀 접근 방식을 이용하면 앞 절에서 언급한 다른 두 문제도 쉽게 해결할 수 있다.

일반적인 아이디어는 미리 정해둔 숫자만큼의 스레드로 시작하는 것이다. 이 스레드들은 큐의 작업 아이템이 없어질 때까지 아이템을 소비한다. 처리할 작업이 없으면 스레드는 종료되고 프로그램에서 빠져나온다. 통신 데이터 구조를 위한 좋은 후보는 파이썬 내장 queue 모델이 제공하는 Queue 클래스다. 이는 **선입선출**first-in first-out, FIFO 큐를 구현한 것으로 collections 모듈의 deque 컬렉션과 매우 유사하며, 스레드 사이의 커뮤니케이션을 다루기 위해 특별하게 설계되었다. 다음은 수정된 main() 함수로 새로운 하나의 worker() 함수를 이용해 제한된 숫자의 워커 스레드로 시작하고 스레드-세이프 큐를 이용해 그들과 통신한다.

```
from queue import Queue
from threading import Thread

THREAD_POOL_SIZE = 4
```

```
def main():
    work_queue = Queue()

    for base in BASES:
        work_queue.put(base)

    threads = [
        Thread(target=worker, args=(work_queue,))
        for _ in range(THREAD_POOL_SIZE)
    ]

    for thread in threads:
        thread.start()

    work_queue.join()

    while threads:
        threads.pop().join()
```

NOTE   파이썬은 몇몇 내장 스레드 풀링 유틸리티를 제공한다. 이들에 관해서는 6.4.3절에서 살펴본다.

main 함수는 Queue 인스턴스를 worker_queue 변수로 초기화하고, 모든 기본 통화를 워커 스레드가 처리할 작업 아이템으로 큐에 넣는다. 이후 THREAD_POOL_SIZE개 스레드를 초기화한다. worker() 함수를 스레드 타겟, work_queue를 그 입력 인수로 설정한다. 이후 work_queue.join()을 이용해 모든 아이템이 처리될 때까지 기다린 후 모든 Thread 인스턴스들의 join 메서드를 호출해서 모든 스레드들이 종료되기를 기다린다.

queue의 작업 아이템은 worker 함수에서 처리된다. 코드는 다음과 같다.

```
from queue import Empty

def worker(work_queue):
    while not work_queue.empty():
        try:
            item = work_queue.get_nowait()
        except Empty:
            break
        else:
            fetch_rates(item)
            work_queue.task_done()
```

worker() 함수는 while 루프 안에서 실행되며 work_queue.empty()가 True를 반환하면 종료된다. 매 반복마다 work-queue.get_nowait() 메서드를 이용해 논블로킹 방식으로 새로운 아이템을 획득한다. 큐가 이미 빈 상태면 Empty 예외를 발생시키고, 이 함수는 루프에서 벗어나 종료된다. 큐에 꺼낼 아이템이 있으면 worker() 함수는 해당 아이템을 fetch_rates(item)에 전달한 뒤, work_queue.task_done()을 이용해 처리 완료 표시한다. 큐의 모든 아이템이 처리 완료 표시되면 main 스레드로부터 work_queue.join() 함수를 반환한다.

스크립트의 나머지 부분, 즉 fetch_rates() 함수와 if __name__ == "__main__" 구문은 이전과 동일하다. 다음은 thread_pool.py에 저장할 코드 전체다.

```python
import time
from queue import Queue, Empty
from threading import Thread

import requests

THREAD_POOL_SIZE = 4

SYMBOLS = ("USD", "EUR", "PLN", "NOK", "CZK")
BASES = ("USD", "EUR", "PLN", "NOK", "CZK")

def fetch_rates(base):
    response = requests.get(
        f"https://api.vatcomply.com/rates?base={base}"
    )

    response.raise_for_status()
    rates = response.json()["rates"]
    # note: same currency exchanges to itself 1:1
    rates[base] = 1.0

    rates_line = ", ".join(
        [f"{rates[symbol]:7.03} {symbol}" for symbol in SYMBOLS]
    )
    print(f"1 {base} = {rates_line}")

def worker(work_queue):
    while not work_queue.empty():
        try:
            item = work_queue.get_nowait()
        except Empty:
            break
        else:
```

```
            fetch_rates(item)
            work_queue.task_done()

def main():
    work_queue = Queue()

    for base in BASES:
        work_queue.put(base)

    threads = [
        Thread(target=worker, args=(work_queue,))
        for _ in range(THREAD_POOL_SIZE)
    ]

    for thread in threads:
        thread.start()

    work_queue.join()

    while threads:
        threads.pop().join()

if __name__ == "__main__":
    started = time.time()
    main()
    elapsed = time.time() - started

    print()
    print("time elapsed: {:.2f}s".format(elapsed))
```

스크립트를 실행하고 이전의 결과와 성능 차이가 있는지 확인해보자.

```
$ python thread_pool.py
```

필자의 컴퓨터에서 실행한 결과는 다음과 같다.

```
1 NOK =  0.118 USD,  0.0968 EUR,  0.439 PLN,     1.0 NOK,   2.53 CZK
1 PLN =  0.268 USD,    0.22 EUR,    1.0 PLN,    2.28 NOK,   5.76 CZK
1 USD =    1.0 USD,   0.823 EUR,   3.73 PLN,     8.5 NOK,   21.5 CZK
1 EUR =   1.22 USD,     1.0 EUR,   4.54 PLN,    10.3 NOK,   26.2 CZK
1 CZK = 0.0465 USD,  0.0382 EUR,  0.174 PLN,   0.395 NOK,    1.0 CZK

time elapsed: 1.90s
```

인수당 하나의 스레드를 사용했을 때보다는 전체 실행시간이 조금 걸리지만, 적어도 이제는 임의의 긴 입력에 대해서도 컴퓨팅 리소스를 모두 소진하지 않는다. 또한 THREAD_POO_SIZE 매개변수를 리소스/시간의 균형에 따라 조절할 수 있다.

여기에서는 스레드 안에서 직접 API 결과를 표준 출력으로 출력했던 fetch_rates() 함수를 수정하지 않고 그대로 사용했다. 때로 이 함수는 두 개의 스레드가 동시에 결과를 출력하려 할 때 이상한 결과를 야기할 수 있다. 다음 절에서는 양방향 큐two-way queue를 이용해 이를 개선하는 방법을 알아본다.

양방향 큐 이용하기

여기에서는 스레드 안에서 결과를 출력할 때 발생하는 잠재적인 문제를 해결해본다. 결과 출력에 대한 책임은 워커 스레드를 시작한 main 스레드에 남겨두는 편이 좋을 것이다. 워커 스레드로부터 결과를 수집하는 다른 큐를 제공해 이를 처리할 수 있다. 다음은 개선된 코드 전체이며 주요 변경 부분은 강조 표시했다.

```python
import time
from queue import Queue, Empty
from threading import Thread

import requests

SYMBOLS = ("USD", "EUR", "PLN", "NOK", "CZK")
BASES = ("USD", "EUR", "PLN", "NOK", "CZK")

THREAD_POOL_SIZE = 4

def fetch_rates(base):
    response = requests.get(
        f"https://api.vatcomply.com/rates?base={base}"
    )

    response.raise_for_status()
    rates = response.json()["rates"]
    # 노트: 동일 화폐는 1:1로 환전한다.
    rates[base] = 1.0
    return base, rates

def present_result(base, rates):
    rates_line = ", ".join([
        f"{rates[symbol]:7.03} {symbol}"
        for symbol in SYMBOLS])
```

```python
        print(f"1 {base} = {rates_line}")

def worker(work_queue, results_queue):
    while not work_queue.empty():
        try:
            item = work_queue.get_nowait()
        except Empty:
            break
        else:
            results_queue.put(fetch_rates(item))
            work_queue.task_done()

def main():
    work_queue = Queue()
    results_queue = Queue()

    for base in BASES:
        work_queue.put(base)

    threads = [
        Thread(
            target=worker,
            args=(work_queue, results_queue)
        )
        for _ in range(THREAD_POOL_SIZE)
    ]

    for thread in threads:
        thread.start()

    work_queue.join()

    while threads:
        threads.pop().join()

    while not results_queue.empty():
        present_result(*results_queue.get())

if __name__ == "__main__":
    started = time.time()
    main()
    elapsed = time.time() - started

    print()
    print("time elapsed: {:.2f}s".format(elapsed))
```

주요한 차이점은 Queue 클래스의 results_queue 인스턴스와 present_result() 함수의 도입이다. fetch_rates() 함수는 더 이상 표준 출력으로 결과를 출력하지 않는다. 대신 처리된 API 결과를 worker() 함수로 반환한다. 워커 스레드는 그 결과를 수정하지 않고 새로운 results_queue 출력 큐에 전달한다.

이제 main 스레드가 표준 출력으로 결과를 출력하는 모든 책임을 진다. 모든 작업이 완료된 것으로 표시되면 main() 함수는 results_queue에서 결과를 꺼내 present_result() 함수에 전달한다.

이는 present_result() 함수가 더 많은 print()를 했을 때 마주칠 수 있는 잘못된 입력에 대한 리스크를 제거한다. 입력의 수가 작을 때는 큰 성능 개선을 기대할 수 없지만, 실제로 느린 print() 실행에 따른 스레드 직렬화의 리스크를 제거한 것이다.

앞의 예제에서는 우리가 사용하는 API가 언제나 의미 있고 유효한 응답을 한다고 가정했다. 단순함을 유지하기 위해 실패 시나리오에 관해서는 다루지 않았지만, 실제 애플리케이션에서는 문제가 될 수 있다. 다음 절에서는 스레드에서 예외가 발생했을 때 어떤 일이 일어나고, 이 예외가 큐와의 통신에 어떤 영향을 미치는지 살펴본다.

스레드에서의 에러 다루기

requests.Response 객체의 raise_for_status() 메서드는 HTTP 응답의 상태 코드가 에러 조건을 나타내면 예외를 발생시킨다. 이 메서드는 fetch_rates() 함수의 매 반복에서 사용했지만, 어떤 잠재적인 예외도 아직 처리하지 않았다.

requests.get() 메서드를 이용해 호출한 서비스가 에러를 의미하는 상태 코드와 함께 응답하면 별도의 스레드에서 예외가 발생하지만 전체 프로그램을 깨뜨리지는 않는다. 물론 해당 워커 스레드는 즉시 빠져나온다. 그러나 메인 스레드는 work_queue에 저장된 모든 태스크가 종료할 때까지(work_queue.join() 호출과 함께) 기다린다. 별다른 개선을 하지 않으면 일부 워커 스레드는 부서지고 프로그램은 종료되지 않은 상태에 머무를 수도 있다. 이를 피하기 위해서는 워커 스레드가 안전하게 잠재적인 예외를 처리하고 큐의 모든 아이템을 처리함을 보장해야 한다.

앞의 코드를 조금 수정해서 발생할 수 있는 모든 문제에 대응할 수 있는 준비를 한다. 워커 스레드에서 예외가 발생할 경우를 대비해 results_queue 큐에 error 인스턴스를 넣어 메인스레드가 어떤 태스크 처리를 실패했는지 알 수 있게 한다. 현재 태스크를 완료로 표시한 것처럼 에러가 없다는 것도 표시한다. 이제 메인 스레드는 work_queue.join() 메서드 호출을 기다리면서도 무한정 잠긴 상태로 머무르지 않는다.

이후 메인 스레드는 결과를 확인하고 결과 큐에서 찾은 모든 예외를 다시 발생시킨다. 다음은 worker() 함수와 main() 함수의 개선된 버전이며 보다 안전한 방법으로 예외를 처리한다(변경된 부분은 강조 표시했다).

```python
def worker(work_queue, results_queue):
    while not work_queue.empty():
        try:
            item = work_queue.get_nowait()
        except Empty:
            break

        try:
            result = fetch_rates(item)
        except Exception as err:
            results_queue.put(err)
        else:
            results_queue.put(result)
        finally:
            work_queue.task_done()

def main():
    work_queue = Queue()
    results_queue = Queue()

    for base in BASES:
        work_queue.put(base)

    threads = [
        Thread(target=worker, args=(work_queue, results_queue))
        for _ in range(THREAD_POOL_SIZE)
    ]

    for thread in threads:
        thread.start()

    work_queue.join()

    while threads:
        threads.pop().join()

    while not results_queue.empty():
        result = results_queue.get()
        if isinstance(result, Exception):
            raise result
```

```
    present_result(*result)
```

실제로 에러 처리의 동작을 확인하기 위해 확실한 에러 시나리오를 시뮬레이션해보자. 우리가 사용하는 API를 통제할 수는 없으므로 fetch_rates() 함수에 무작위로 에러 응답을 주입한다. 다음은 이 함수를 수정한 버전의 코드다.

```python
import random

def fetch_rates(base):
    response = requests.get(
        f"https://api.vatcomply.com/rates?base={base}"
    )

    if random.randint(0, 5) < 1:
        # 상태 코드를 오버라이딩해서 에러를 시뮬레이션한다.
        response.status_code = 500

    response.raise_for_status()
    rates = response.json()["rates"]
    # 노트: 동일 화폐는 1:1로 환전한다.
    rates[base] = 1.0
    return base, rates
```

response.status_code를 500으로 수정해서 API 서버 에러를 나타내는 응답을 반환한 상황을 가상으로 만들었다. 이 상태 코드는 일반적으로 서버 측에서 발생한다. 이런 상황에서는 에러의 세부 내용이 항상 자세히 제공되지는 않지만 response.raise_for_status 메서드가 예외를 발생시키는 것을 확인하는 데는 충분하다.

수정한 코드를 error_handling.py 파일에 저장하고 실행해서 예외를 어떻게 처리하는지 확인해보자.

```
$ python3 error_handling.py
```

에러는 무작위로 주입되므로 몇 차례 실행해야 할 수도 있다. 그러면 다음과 유사한 출력을 볼 수 있을 것이다.

```
1 PLN =   0.268 USD,    0.22 EUR,    1.0 PLN,    2.28 NOK,    5.76 CZK
Traceback (most recent call last):
  File ".../error_handling.py", line 92, in <module>
    main()
```

```
    File ".../error_handling.py", line 85, in main
      raise result
    File ".../error_handling.py", line 53, in worker
      result = fetch_rates(item)
    File ".../error_handling.py", line 30, in fetch_rates
      response.raise_for_status()
    File ".../.venv/lib/python3.9/site-packages/requests/models.py", line 943,
  in raise_for_status
      raise HTTPError(http_error_msg, response=self)
  requests.exceptions.HTTPError: 500 Server Error: OK for url: https://api.vatcomply.com/
  rates?base=NOK
```

위 코드에서는 모든 아이템을 얻지는 못했지만, 적어도 에러 원인(**500 Server Error** 응답 코드)에 관한 명확한 정보는 얻어냈다.

다음 절에서는 이 멀티스레드 프로그램을 마지막으로 개선할 것이다. 스로틀링 메커니즘을 도입해 비율 제한으로부터 프로그램을 보호하고 동시에 우리가 이용하는 무료 서비스를 우발적으로 남용하지 않도록 만든다.

스로틀링

이번 절에서 언급한 문제 중 아직 해결하지 못한 것은 외부 서비스 제공자에 의해 발생되는 잠재적인 비율 제한rate limit이다. 환전율 API의 경우 서비스 유지보수자는 비율 제한이나 스로틀링 메커니즘에 관한 정보를 주지 않았다. 그러나 많은 서비스들(유료 서비스 포함)은 종종 비율 제한을 갖고 있다.

일반적으로 서비스가 비율 제한을 구현하고 있는 경우 이 서비스는 특정 횟수 이상의 요청을 받은 뒤 할당량을 초과했다는 에러를 나타내는 응답을 반환한다. 앞 절에서 에러 응답에 대응하는 준비를 했지만 비율 제한을 다루기에는 충분하지 않았다. 많은 서비스들은 제한을 초과한 요청의 수를 측정하며 지속적으로 해당 제한을 초과한 요청을 하면 다시는 할당량을 받지 못하기 때문이다.

다중 스레드를 사용하는 경우 비율 제한을 쉽게 넘기거나 그저 서비스가 어느 상대에게도 응답할 수 없는 수준(해당 서비스가 요청 유입을 제한하지 않는다면)까지 요청을 초과해서 보내기도 한다. 이것이 의도한 상황인 경우에는 **서비스 응답 거부**denial of service, DoS 공격이라 부른다.

비율 제한을 초과하지 않거나 우발적인 DoS를 일으키지 않기 위해서는 원격 서비스에 요청을 보내는 속도를 제한해야 한다. 작업 속도를 제한하는 것을 스로틀링throttling이라 부른다. PyPI에서는 모든 종류의 작업 비율을 쉽게 제한할 수 있는 몇 가지 패키지들을 제공한다. 그러나 여기에서는 어떤 외부 코드도 사용하지 않는다. 스로틀링은 스레딩과 관련된 로킹 프리미티브를 도입할 수 있는 좋은 기회이기 때문이다. 여기에서는 완전히 새로운 스로틀링 솔루션을 만들어본다.

여기에서는 **토큰 버킷**token bucket이라 불리는 간단한 알고리즘을 이용한다. 이 알고리즘은 다음과 같은 기능을 포함한다.

- 미리 정해진 숫자만큼의 토큰을 가진 버킷이 있다.
- 각 토큰은 한 가지 작업을 처리할 수 있는 단일 권한을 의미한다.
- 워크가 하나 또는 그 이상의 토큰(권한)을 요청할 때마다 다음 작업을 수행한다.

  1. 버킷을 채운 뒤 얼마큼의 시간이 지났는지 확인한다.
  2. 시간차가 허락한다면, 시간차에 해당하는 수의 토큰을 버킷에 채운다.
  3. 저장된 토큰의 수가 요청된 양보다 크거나 요청된 양과 같으면 저장된 토큰의 수를 줄이고 그 값을 반환한다.
  4. 저장된 토큰 수가 요청된 토큰 수보다 작으면 0을 반환한다.

두 가지 중요한 점은 항상 토큰 버킷을 0개의 토큰으로 초기화한다는 것과 넘치도록 채우지 않는다는 것이다. 직관적이지 않다고 생각될 수도 있지만 이 예방 조치를 따르지 않는다면 비율 제한을 초과하는 토큰을 방출하게 된다. 왜냐하면 우리 처한 상황에서 비율 제한은 초당 요청 수로 표현되며 임의의 시간을 다룰 필요가 없기 때문이다. 측정의 기본 단위는 1초라 가정하므로 그 시간 동안 허가된 요청의 수보다 많은 토큰은 저장하지 않을 것이다. 다음은 토큰 버킷 알고리즘을 이용해 스로틀링이 가능하도록 구현한 예시다.

```python
from threading import Lock

class Throttle:
    def __init__(self, rate):
        self._consume_lock = Lock()
        self.rate = rate
        self.tokens = 0
        self.last = None

    def consume(self, amount=1):
        with self._consume_lock:
            now = time.time()

            # 시간 측정은 첫 번째 토큰에 대해 초기화함으로써
            # 초기 부하를 줄인다.
            if self.last is None:
```

```
            self.last = now

        elapsed = now - self.last

        # 초과된 시간이 새로운 토큰을 추가할 만큼
        # 충분히 긴지 확인한다.
        if elapsed * self.rate > 1:
            self.tokens += elapsed * self.rate
            self.last = now

        # 버킷을 초과해서 채우지 않는다.
        self.tokens = min(self.rate, self.tokens)

        # 마지막으로, 가능한 경우 토큰을 보낸다.
        if self.tokens >= amount:
            self.tokens -= amount
            return amount

        return 0
```

이 클래스의 사용은 매우 간단한다. 메인 스레드에서 하나의 **Throttle** 인스턴스를 만들고(예를 들어 **Throttle(10)**) 이것을 모든 워커 스레드에 위치 인수로 전달하면 된다.

```
def main():
    work_queue = Queue()
    results_queue = Queue()
    throttle = Throttle(10)

    for base in BASES:
        work_queue.put(base)

    threads = [
        Thread(
            target=worker,
            args=(work_queue, results_queue, throttle)
        ) for _ in range(THREAD_POOL_SIZE)
    ]
    ...
```

이 **throttle** 인스턴스는 스레드들 사이에서 공유되지만, **threading** 모듈이 제공하는 **Lock** 클래스의 인스턴스를 이용해 그 내부 상태의 조작을 보호하므로 안전하다. 이제 **worker()** 함수의 구현을 업데이트해서 **throttle** 객체가 새로운 토큰을 발행할 때까지 모든 아이템이 기다리도록 한다.

```
import time

def worker(work_queue, results_queue, throttle):
    while not work_queue.empty():
        try:
            item = work_queue.get_nowait()
        except Empty:
            break

        while not throttle.consume():
            time.sleep(0.1)

        try:
            result = fetch_rates(item)
        except Exception as err:
            results_queue.put(err)
        else:
            results_queue.put(result)
        finally:
            work_queue.task_done()
```

while not throttle.consume() 블록은 throttle 객체가 토큰을 전혀 발행하지 않았을 때(0은 False로 평가된다) 작업 큐 아이템을 처리하지 못하도록 막는다. 짧은 sleep을 넣어서 버킷이 빈 이벤트의 경우 스레드들의 속도를 약간 늦춘다. 더욱 우아하게 처리하는 방법이 있겠지만 이 간단한 기법도 충분히 잘 작동한다.

throttle.consume()이 0 이외의 값을 반환하면 토큰이 소비된 것으로 간주한다. 스레드는 while 루프를 빠져나와 작업 큐 아이템 처리를 진행한다. 처리를 완료하면 작업 큐에서 다른 아이템을 읽고 토큰을 소비하려고 시도한다. 이 전체 과정은 워크 뷰가 빌 때까지 계속된다.

여기까지 스레드에 관해 간략히 소개했다. 멀티스레드 애플리케이션의 모든 측면을 다루지는 못했지만 다른 동시성 모델을 살펴보고 스레드와의 차이점을 비교하기 충분한 정도의 내용을 학습했다. 다음으로 동시성 모델인 멀티프로세싱을 만나보자.

6.4 멀티프로세싱

솔직히 말해서 멀티스레딩은 어렵다. 스레드를 완전하고 안전하게 다루려면 동기 접근 방식에 비해 막대한 양의 코드가 필요하다. 스레드 풀과 통신 큐를 만들고, 스레드의 예외를 우아하게 처리하고, 비율 제한 기능을 제공해 스레드 안정성까지 고려해야 한다. 몇몇 외부 라이브러리로부터 단 하나의 함수를 병렬적으로 실행하기 위한 것만으로 수십 줄의 코드를 추가해야 한다! 그리고 해당 라이브러리의 스레드-세이프 여부를 외부 패키지 개발자의 약속에 의해서만 온전히 의존해야 한다. 그저 I/O 바운드 태스크를 위해 실제로 적용할 수 있는 해법치고는 그 비용이 높게 느껴진다.

이런 병렬성을 확보할 수 있는 대안적인 접근 방식으로 멀티프로세싱multiprocessing이 있다. GIL을 이용해 서로를 제한하지 않는 분리된 파이썬 프로세스들을 이용하면 리소스를 보다 효율화할 수 있다. 이는 실제로 CPU를 많이 사용하는 태스크를 수행하는 멀티코어 프로세서에서 실행되는 애플리케이션에서 특히 중요하다. 현재 멀티프로세싱은 (CPython 인터프리터를 사용하는) 파이썬 개발자들이 사용할 수 있는 유일한 내장 동시성 기법이며, 이를 이용하면 모든 상황에서 다중 프로세서 코어의 이점을 활용할 수 있다.

스레드가 아닌 다중 프로세스를 이용하는 것의 또 다른 장점으로 메모리 콘텍스트를 공유하지 않는 점을 들 수 있다. 그래서 애플리케이션에서 데이터가 오염되거나 데드록 또는 레이스 컨디션이 잘 발생하지 않는다. 메모리 콘텍스트를 공유하지 않는다는 것은 분리된 프로세스들 사이에 데이터를 전달하기 위한 추가 노력이 필요하다는 의미지만, 다행히도 신뢰할 수 있는 프로세스 간 통신을 구현하는 좋은 방법들이 많다. 사실 파이썬에서는 마치 스레드처럼 프로세스 사이에 통신을 하게 해주는 몇 가지 프리미티브를 제공한다.

어떤 프로그래밍 언어든 새로운 프로세스들을 시작하는 가장 기본적인 방법은 특정한 시점에서 프로그램을 포크fork하는 것이다. POSIX와 POSIX 유사 시스템(UNIX, macOS 등)에서 fork는 새로운 자식 프로세스를 생성하는 시스템 콜이다. 파이썬에서는 os.fork() 함수를 이용해 이를 실행한다. 다음은 자신을 단 한 번 포크하는 코드 예시다.

```python
import os

pid_list = []

def main():
    pid_list.append(os.getpid())
    child_pid = os.fork()

    if child_pid == 0:
        pid_list.append(os.getpid())
        print()
        print("CHLD: hey, I am the child process")
        print("CHLD: all the pids I know %s" % pid_list)

    else:
```

```
        pid_list.append(os.getpid())
        print()
        print("PRNT: hey, I am the parent ")
        print("PRNT: the child pid is %d" % child_pid)
        print("PRNT: all the pids I know %s" % pid_list)

if __name__ == "__main__":
    main()
```

os.fork()는 새로운 프로세스를 낳는다spawn. 두 프로세스는 동일한 메모리 상태를 가지고 있지만, fork()가 호출되는 순간 메모리는 분리된다. os.fork()는 정숫값을 반환한다. 반환값이 0이면 현재 프로세스가 자식 프로세스임을 알 수 있다. 부모 프로세스는 그 자식 프로세스의 프로세스 ID(PID) 번호를 받는다.

위 스크립트를 forks.py에 저장한 뒤 셸 세션에서 실행해보자.

```
$ python3 forks.py
```

필자의 컴퓨터에서는 다음과 같이 출력된다.

```
PRNT: hey, I am the parent process
PRNT: the child pid is 9304
PRNT: all the pids I know [9303, 9303]

CHLD: hey, I am the child process
CHLD: all the pids I know [9303, 9304]
```

두 프로세스 데이터가 os.fork() 호출 전에는 완전치 동일한 초기 상태를 갖는 것을 알 수 있다. 두 프로세스의 PID 번호(프로세스 식별자)는 동일하며 pid_list 컬렉션의 첫 번째 값이다.

이후 상태가 달라진다. 자식 프로세스가 9304라는 값을 추가한 반면 부모 프로세스는 9303이라는 PID를 복제했다. 이는 두 프로세스의 메모리 콘텍스트가 공유되지 않기 때문이다. 이들의 초기 상태는 동일하지만 os.fork()가 호출된 이후에는 서로 영향을 줄 수 없다.

포크를 실행한 후 각 프로세스는 고유의 주소 공간을 갖는다. 프로세스 사이에 통신을 하기 위해서는 시스템 레벨의 리소스나 signals 같은 저수준 도구를 이용해야 한다.

안타깝게도 윈도우에서는 os.fork를 이용할 수 없다. 윈도우에서는 fork 기능을 조작하기 위해 새로운 인터프리터를 만들어야 하기 때문이다. 다시 말해 멀티프로세싱 구현은 플랫폼에 의존한다. os 모듈도 윈도우에서 새로운 프로세스들을 만들 수 있는 기능을 제공한다. 파이썬은 훌륭한 multiprocessing 모듈을 제공하며, 이를 이용하면 멀티프로세싱을 위한 고수준 인터페이스를 만들 수 있다.

multiprocessing 모듈의 큰 장점은 멀티스레딩을 이용할 때 직접 코드를 만들어야만 했던 추상화의 일부를 제공한다는 점이다. 이를 활용하면 보일러플레이트 코드의 양을 줄일 수 있으며, 애플리케이션 유지보수성을 개선하고 복잡성을 줄일 수 있다. 이름과 달리 놀랍게도 multiprocessing 모듈은 유사한 스레드용 인터페이스를 제공하기 때문에 동일한 인터페이스를 사용해 두 가지 접근 방식을 모두 활용하고 싶어질지도 모른다.

내장 multiprocessing 모듈에 관해 조금 더 살펴보자.

6.4.1 내장 multiprocessing 모듈

multiprocessing 모듈은 프로세스들을 마치 스레드인 것처럼 다룰 수 있는 간편한 방법을 제공한다. 이 모듈에서 제공하는 Process 클래스는 Thread 클래스와 유사하며 플랫폼과 관계없이 다음과 같이 이용할 수 있다.

```python
from multiprocessing import Process
import os

def work(identifier):
    print(
        f'Hey, I am the process '
        f'{identifier}, pid: {os.getpid()}'
    )

def main():
    processes = [
        Process(target=work, args=(number,))
        for number in range(5)
    ]
    for process in processes:
        process.start()

    while processes:
        processes.pop().join()

if __name__ == "__main__":
    main()
```

Process 클래스는 start(), join() 메서드를 제공하며, 이들은 Thread 클래스의 그것과 유사하다. start() 메서드는 새로운 프로세스를 낳고, join() 메서드는 자식 프로세스가 종료될 때까지 대기한다.

이 스크립트를 basic_multiprocessing.py 파일에 저장하고 실행해서 어떻게 동작하는지 살펴보자.

```
$ python3 basic_multiprocessing.py
```

실행 결과는 다음과 같을 것이다.

```
Hey, I am the process 3, pid: 9632
Hey, I am the process 1, pid: 9630
Hey, I am the process 2, pid: 9631
Hey, I am the process 0, pid: 9629
Hey, I am the process 4, pid: 9633
```

프로세스가 생성되면 메모리가 포크된다(POSIX 및 POSIX 유사 시스템의 경우). 또한 메모리 상태도 복사되며, Process 클래스는 추가적인 args 인수를 생성자에 제공하며 이를 통해 데이터도 함께 전달된다.

프로세스들은 기본적으로 메모리를 공유하지 않으므로, 통신을 위해서는 추가 작업이 필요하다. multiprocessing 모듈은 프로세스 간 통신을 수월하게 하기 위해 다음과 같은 몇 가지 방법을 제공한다.

- multiprocessing.Queue 클래스를 이용한다. 이 클래스는 스레드 간 통신에서 사용했던 queue.Queue와 기능적으로 동일하다.
- multiprocessing.Pipe를 이용한다. 이것은 소켓과 유사한 양방향 통신 채널이다.
- multiprocessing.sharedctypes 모듈을 이용한다. 이 모듈을 이용하면 프로세스 사이에 공유되는 전용 메모리 풀에 임의의 C 타입(ctype 모듈로부터)을 만들 수 있다.

multiprocessing.Queue와 queue.Queue 클래스의 인터페이스는 동일하다. 유일한 차이점은 전자가 다중 스레드보다는 멀티프로세스 환경을 위해 만들어졌으므로 다른 내부 전송 및 로킹 프리미티브를 이용한다는 점뿐이다. 6.3절에서 멀티스레딩과 Queue를 사용하는 방법을 확인했으므로, 여기서 다시 다루지는 않겠다. 사용 예시는 정확히 같으며 새로운 점이 없기 때문이다.

Pipe 클래스는 보다 흥미로운 통신 패턴을 제공한다. 이 클래스는 이중duplex(양방향) 통신 채널을 제공하는데 이는 UNIX의 파이프pipe 개념과 매우 유사하다. Pipe의 인터페이스는 내장 socket 모듈의 간단한 socket과 매우 유사하다. 시스템 파이프와 소켓의 차이점은 pickle 모듈을 이용해 자동으로 객체 직렬화를 적용한다는 점이다. 개발자의 관점에서 보면 일반적인 파이썬 객체를 전송하는 것처럼 보인다. 시스템 파이프 또는 소켓을 이용한다면 직접 직렬화를 적용해서 바이트 스트림으로부터 전달된 객체들을 재구조화해야 한다.

NOTE pickle 모듈로 파이썬 객체를 쉽게 바이트 스트림으로 직렬화/역직렬화할 수 있다. 커스텀 클래스의 인스턴스를 포함해 다양한 유형의 객체를 처리할 수 있다. 자세한 내용은 다음을 참조. https://docs.python.org/3/library/pickle.html

이를 활용하면 어떤 기본 파이썬 타입이든 프로세스 사이에 쉽게 전달할 수 있다. 다음의 worker()는 Pipe 객체로부터 객체를 하나 읽어서 그 내용을 표준 출력으로 표시한다.

```python
def worker(connection):
    while True:
        instance = connection.recv()
        if instance:
            print(f"CHLD: recv: {instance}")
        if instance is None:
            break
```

이제 main() 함수에서 Pipe를 이용해 다양한 객체(커스텀 클래스 포함)를 자식 프로세스에 전달할 수 있다.

```python
from multiprocessing import Process, Pipe

class CustomClass:
    pass

def main():
    parent_conn, child_conn = Pipe()

    child = Process(target=worker, args=(child_conn,))

    for item in (
        42,
        "some string",
        {"one": 1},
        CustomClass(),
        None,
    ):
        print("PRNT: send: {}".format(item))
```

```
        parent_conn.send(item)

    child.start()
    child.join()

if __name__ == "__main__":
    main()
```

다음 출력 예시를 보면 커스텀 클래스가 쉽게 전달되었으며 프로세스에 따라 그 주소가 다른 것을
확인할 수 있다.

```
PRNT: send: 42
PRNT: send: some string
PRNT: send: {'one': 1}
PRNT: send: <__main__.CustomClass object at 0x101cb5b00>
PRNT: send: None
CHLD: recv: 42
CHLD: recv: some string
CHLD: recv: {'one': 1}
CHLD: recv: <__main__.CustomClass object at 0x101cba400>
```

프로세스 간 상태를 공유하는 다른 방법으로 공유 메모리 풀의 raw 타입과 `multiprocessing.`
`sharedctypes`에서 제공하는 클래스를 함께 사용할 수 있다. 가장 기본적인 것은 `Value`와 `Array`다.
다음은 `multiprocessing` 모듈의 공식 문서에서 제공하는 예시 코드다.

```
from multiprocessing import Process, Value, Array

def f(n, a):
    n.value = 3.1415927
    for i in range(len(a)):
        a[i] = -a[i]

if __name__ == "__main__":
    num = Value("d", 0.0)
    arr = Array("i", range(10))

    p = Process(target=f, args=(num, arr))
    p.start()
    p.join()

    print(num.value)
    print(arr[:])
```

이 예시 코드의 출력 결과는 다음과 같다.

```
3.1415927
[0, -1, -2, -3, -4, -5, -6, -7, -8, -9]
```

multiprocessing.sharedctypes를 이용할 때는 공유 메모리를 다룬다는 점을 기억해야 한다. 따라서 레이스 컨디션을 피하기 위해서는 로킹 프리미티브를 이용해야 한다. multiprocessing 은 threading 모듈에서 사용할 수 있는 Lock, RLock, Semaphore 같은 몇몇 클래스를 제공한다. sharedctypes가 제공하는 클래스들의 단점은 ctypes 모듈에서 제공하는 기본 C 타입들만 공유할 수 있다는 점이다. 보다 복잡한 스트럭처나 클래스 인스턴스를 전달하고 싶다면 Queue, Pipe 또는 프로세스 간 통신 채널 등을 이용해야 한다. 대부분의 경우 sharedctypes가 제공하는 타입은 코드 복잡도를 높이고 멀티스레딩과 관련된 리스크를 수반하기 때문에 가급적 피하는 것이 좋다.

multiprocessing 모듈을 이용하면 몇 가지 추가 기능을 활용해 보일러플레이트 코드를 줄일 수 있음을 이미 설명했다. 그 기능 중 하나인 내장 프로세스 풀의 사용 방법을 확인해보자. 다음 절에서 이들을 어떻게 사용하는지 확인해본다.

6.4.2 프로세스 풀 이용하기

스레드 대신 다중 프로세스를 이용할 때는 몇 가지 오버헤드가 존재한다. 프로세스들은 각기 독립된 메모리 콘텍스트를 갖기 때문에 대부분 메모리 사용이 증가한다. 즉 자식 프로세스의 수를 제한하지 않으면 멀티스레드 애플리케이션에서 스레드 수를 제한하지 않았을 때보다 더 큰 문제가 될 수 있다.

> NOTE OS가 fork() 시스템 콜을 **copy-on-write(COW)** 구문으로 지원한다면, 새로운 프로세스들을 시작할 때의 메모리 오버헤드는 현저하게 감소한다. COW는 OS로 하여금 동일한 메모리 페이지의 중복을 제거하고 프로세스 중 하나가 메모리 페이지를 수정하고자 할 때만 복사하게 한다. 예를 들어 리눅스는 COW 구문과 함께 fork() 시스템 콜을 제공하지만 윈도우는 그렇지 않다. 또한 COW를 이용하면 오랫동안 실행되는 프로세스들을 제거하는 이점도 얻을 수 있다.

멀티프로세싱에 의존하는 애플리케이션에서의 리소스 사용을 통제하는 최고의 패턴은 6.3.4절에서 스레드를 기술한 것과 같은 방식으로 프로세스 풀을 만드는 것이다.

multiprocessing 모듈의 가장 강력한 점은 이 모듈이 즉시 사용할 수 있는 Pool 클래스를 제공한다는 점이다. 이 클래스는 여러분을 위해 다중 프로세스 워커를 관리하는 복잡함을 모두 처리해준다. 이 풀 구현은 필요한 보일러플레이트 코드 양과 양방향 통신에 관련된 문제들을 대폭 줄여준다. 또한 join() 메서드를 직접 이용할 필요도 없다. Pool은 콘텍스트 관리자context manager(with 문장과 함께 사용)로 사용될 수 있기 때문이다. 다음은 앞에서 구현했던 threading 예시를 multiprocessing 모듈에서 제공하는 Pool 클래스를 이용해 다시 구현한 예시다.

```python
import time
from multiprocessing import Pool

import requests

SYMBOLS = ("USD", "EUR", "PLN", "NOK", "CZK")
BASES = ("USD", "EUR", "PLN", "NOK", "CZK")

POOL_SIZE = 4

def fetch_rates(base):
    response = requests.get(
        f"https://api.vatcomply.com/rates?base={base}"
    )

    response.raise_for_status()
    rates = response.json()["rates"]
    # 노트: 동일 화폐는 1:1로 환전한다.
    rates[base] = 1.0
    return base, rates

def present_result(base, rates):
    rates_line = ", ".join(
        [f"{rates[symbol]:7.03} {symbol}" for symbol in SYMBOLS]
    )
    print(f"1 {base} = {rates_line}")

def main():
    with Pool(POOL_SIZE) as pool:
        results = pool.map(fetch_rates, BASES)

    for result in results:
        present_result(*result)

if __name__ == "__main__":
    started = time.time()
    main()
    elapsed = time.time() - started

    print()
    print("time elapsed: {:.2f}s".format(elapsed))
```

위 코드에서 볼 수 있듯이 워커 풀을 다루기가 훨씬 단순해졌다. 작업 큐는 물론 start()/join() 메서드를 유지보수하지 않아도 되기 때문이다. 수정된 코드는 유지보수는 물론 문제가 발생했을 때 디버깅하기도 쉽다. 사실 명시적으로 멀티프로세싱을 다루는 부분은 main() 함수뿐이다.

```python
def main():
    with Pool(POOL_SIZE) as pool:
        results = pool.map(fetch_rates, BASES)

    for result in results:
        present_result(*result)
```

결과를 전달하기 위해 명시적으로 큐를 사용하거나 하위 프로세스 중 하나가 예외를 발생시켰을 때 무슨 일이 일어났는지 궁금해하지 않아도 된다. 워크 풀을 처음부터 구현해야 하는 상황에 비해서 이는 실로 엄청난 개선이다. 심지어 통신 채널에도 신경 쓸 필요가 없다. 왜냐하면 통신 채널들은 Pool 클래스 구현 안에서 암묵적으로 만들어지기 때문이다.

그렇다고 멀티스레딩이 항상 문제가 된다는 말은 아니다. multiprocessing.dummy를 멀티스레딩 인터페이스로 사용하는 방법을 좀 더 살펴보자.

6.4.3 multiprocessing.dummy를 멀티스레딩 인터페이스로 이용하기

multiprocessing 모듈의 고수준 추상화(Pool 클래스 같은)는 threding 모듈이 제공하는 간단한 도구들보다 훨씬 큰 장점을 제공한다. 그렇지만 멀티스레딩보다 멀티프로세싱이 항상 더 낫다는 것은 아니다. 스레드를 사용하는 것이 프로세스를 사용하는 것보다 나은 경우도 많은데, 주로 낮은 지연이나 높은 리소스 효율성이 필요할 때이다.

또한 프로세스 대신 스레드를 사용하고자 할 때마다 multiprocessing 모듈이 제공하는 유용한 추상화를 모두 포기할 필요도 없다. multiprocessing.dummy 모듈은 멀티프로세싱 API를 복제하지만 새로운 프로세스를 포크하거나 생성하는 대신 다중 스레드를 이용한다.

이 모듈을 이용하면 코드 내의 보일러플레이트를 줄이고 교체 가능한 코드 구조를 만들 수 있다. 예를 들어 이전 절에서 작성한 main() 함수를 조금 다른 각도에서 보자. 사용자가 사용할 프로세싱 백엔드(프로세스 또는 스레드)를 선택할 수 있도록 통제를 넘겨줄 수도 있다. 다음과 같이 Pool 객체의 생성자 클래스를 변경하면 이를 쉽게 달성할 수 있다.

```python
from multiprocessing import Pool as ProcessPool
```

```
from multiprocessing.pool import Pool as ThreadPool

def main(use_threads=False):
    if use_threads:
        pool_cls = ThreadPool
    else:
        pool_cls = ProcessPool

    with pool_cls(POOL_SIZE) as pool:
        results = pool.map(fetch_rates, BASES)

    for result in results:
        present_result(*result)
```

NOTE 더미 스레딩 풀은 ThreadPool 클래스처럼 multithprocessing.pool 모듈로부터도 임포트할 수 있다. 구현은 완전히 동일하다. 어디에서 임포트할 것인지는 개인 취향이다.

multiprocessing 모듈 관점에서는 멀티프로세싱, 멀티스레딩이 많은 공통점을 가진 것으로 본다. 두 방법은 모두 OS에 의존해 동시성을 촉진한다. 이들은 유사한 형태로 운영되며 종종 유사한 추상화를 통해 통신 또는 메모리 안정성을 보장한다.

비동기 프로그래밍은 동시성에 관해 완전히 다른 접근 방식을 취한다. 비동기 프로그래밍은 OS에 의존하며 정보를 동시에 처리하지 않는다. 다음 절에서는 동시성에 관한 비동기 프로그래밍 모델에 관해 살펴본다.

6.5 비동기 프로그래밍

비동기 프로그래밍asynchronous programming은 지난 수년간 주목을 받아왔다. 파이썬 3.5에서 비동기 실행의 개념을 확립하는 구문 피처syntax feature를 채택했다. 그렇다고 해서 파이썬 3.5 이전에 비동기 프로그래밍이 불가능했다는 것은 아니다. 그 전부터 많은 라이브러리와 프레임워크가 제공되었으며, 그들 중 대부분은 오래된 파이썬 2에 그 뿌리를 두고 있다. 심지어 대안적인 파이썬 구현인 **스택리스** Stackless 파이썬은 이 단일 프로그래밍 접근 방식에 초점을 둔다.

파이썬에서의 비동기 프로그래밍은 시스템 스케줄링이 관여하지 않는 스레드를 떠올리면 가장 이해하기 쉽다. 즉, 비동기 프로그램은 동시에 정보를 처리할 수 있지만, 실행 콘텍스트는 시스템 스케줄러가 아니라 내부적으로 전환된다.

하지만 스레드를 이용해서 비동기 프로그램 안에서 동시에 작업을 처리하지는 않는다. 많은 비동기 프로그래밍 기법이 서로 다른 개념을 이용하며, 그 구현에 따라 이름도 다르다. 다음은 이런 동시성 프로그램 엔티티를 설명하는 다양한 이름의 예시다.

- 그린 스레드green thread 또는 그린릿greenlet(greenlet, gevent, eventlet 프로젝트)
- 코루틴coroutine(파이썬 3.5의 네이티브 비동기 프로그래밍)
- 태스클릿tasklet(스택리스 파이썬Stackless Python)

  NOTE 그린 스레드라는 명칭은 썬 마이크로시스템즈의 그린 팀Green Team이 구현한 자바 언어용 스레드 라이브러리에서 기인한다. 그린 스레드는 자바 1.1에서 도입되었다가 자바 1.3에서 배제되었다.

이들은 기본적으로 동일한 개념이지만 그 구현은 약간씩 다르다.

명확한 이유가 있기 때문에 이번 절에서는 코루틴에만 초점을 맞춘다. 코루틴은 파이썬 3.5부터 네이티브하게 지원한다.

6.5.1 협력적 멀티태스킹과 비동기 I/O

협력적 멀티태스킹cooperative multitasking은 비동기 프로그래밍의 핵심이다. 이 스타일의 컴퓨터 멀티태스킹에서는 OS가 콘텍스트 스위치(또는 다른 프로세스나 스레드)를 시작하는 책임을 지지 않는다. 대신, 각 프로세스는 동작하지 않는 상태일 때 통제를 해제함으로써 동시다발적인 다중 프로그램을 실행할 수 있게 한다.

이것이 바로 협력적 멀티태스킹이라 불리는 이유다. 모든 프로세스들은 부드럽게 멀티태스킹을 하기 위해 협력해야 한다. 이 멀티태스킹 모델은 때때로 OS에서 제공되기도 하며, 시스템 레벨 설루션에서는 찾아보기 어렵다. 그 이유는 잘못 디자인된 서비스 하나가 전체 시스템의 안정성을 쉽게 깨뜨릴 수 있기 때문이다. OS에 의해 직접 관리되는 콘텍스트 스위치를 수반한 스레드와 프로세스 스케줄링은 현재 OS 레벨에서의 동시성 담보를 위한 대표적인 접근 방식이다. 그러나 협력적 멀티태스킹은 여전히 애플리케이션 레벨에서 훌륭한 동시성 도구다.

애플리케이션 레벨에서 협력적 멀티태스킹을 할 때는 통제를 해제해야 하는 스레드나 프로세스를 다루지 않는다. 실행 자체가 단일 프로세스와 스레드 안에 포함되어 있기 때문이다. 대신, 다중 태스크(코루틴, 태스크릿, 그린 스레드)를 가지며, 이 태스크들은 태스크의 협력을 다루는 단일 함수에 통제를 전달한다. 이 함수는 일반적으로 모종의 이벤트 루프event loop다.

  NOTE 파이썬 용어에 관한 이러한 혼란을 줄이기 위해, 이후 이러한 동시성 태스크를 코루틴이라 부르겠다.

협력적 멀티태스킹에서 가장 중요한 문제는 통제를 해제하는 시점이다. 대부분의 비동기 애플리케이션에서는 스케줄러나 I/O 오퍼레이션의 이벤트 루프에서 통제가 해제된다. 프로그램이 데이터를 파일 시스템에서 읽든 소켓을 통해 통신하든 큰 문제가 되지 않는다. 이런 I/O 조작은 프로세스가 아이들 idle 상태가 되는 대기 시간을 항상 만들기 때문이다. 대기 시간은 외부 리소스에 따라 다르다. 따라서 통제를 다른 코루틴으로 해제함으로써 그들 또한 대기해야 하는 시점까지 동작하도록 할 수 있다.

이것은 파이썬에서 멀티스레딩을 구현하는 동작과 유사한 접근 방식이다. GIL은 파이썬 스레드를 직렬화하는 동시에 모든 I/O 조작마다 해제된다. 주요한 차이점은 파이썬의 스레드는 시스템 레벨 스레드로 구현되기 때문에 OS가 현재 실행 중인 스레드를 선점하고, 언제든 다른 스레드에게 통제를 넘겨줄 수 있다는 점이다. 비동기 프로그래밍에서는 메인 이벤트 루프가 태스크를 선점할 수 없으며, 태스크들은 명시적으로 통제를 반환해야 한다. 그래서 이런 스타일의 멀티태스킹을 비선점 멀티태스킹 non-preemptive multitasking이라 부른다. 이 접근 방식은 콘텍스트 스위칭 시간을 줄여주며 CPython의 GIL 구현과도 함께 잘 동작한다.

물론 파이썬 애플리케이션이 실행되는 OS에서는 다른 프로세스들도 리소스 획득을 위해 경쟁을 벌이고 있다. 다시 말해, OS가 항상 전체 프로세스를 선점하고, 다른 프로세스에 통제를 넘겨줄 권한을 갖는다. 하지만 비동기 애플리케이션이 다시 실행되면, 시스템 스케줄러가 개입하면서 멈추었던 지점에서 다시 시작한다. 바로 이것이 코루틴이 여전히 비선점적이라 불리는 이유다.

다음 절에서는 async/await 키워드에 관해 알아본다. 이들은 파이썬의 협력적 멀티태스킹의 뼈대다.

6.5.2 파이썬의 async/await 키워드

async와 await는 파이썬 비동기 프로그램의 가장 주요한 빌딩 블록이다.

async 키워드는 def 문장 앞에서 사용해 새 코루틴을 정의한다. 코루틴 함수의 실행은 엄격히 정의된 상황에 따라 정지되거나 재개된다. 코루틴의 구문과 동작은 제너레이터의 그것과 매우 유사하다. 사실 제너레이터는 오래된 파이썬 버전에서 코루틴을 구현할 때 사용해야 한다. 다음은 async 키워드를 이용한 함수 정의 예시다.

```
async def async_hello():
    print("hello, world!")
```

async 키워드를 이용해 정의된 함수는 특별하다. 이 함수들은 호출되면 정의 안에 구현된 코드를 실행하는 것이 아니라 코루틴 객체를 반환한다. 다음 인터랙티브 파이썬 세션의 예시를 살펴보자.

```
>>> async def async_hello():
...     print("hello, world!")
...
>>> async_hello()
<coroutine object async_hello at 0x1014129e8>
```

coroutine 객체는 이벤트 루프에서 그 실행이 스케줄링될 때까지 아무런 작동도 하지 않는다. asyncio 모듈은 기본 이벤트 루프 구현과 함께 다른 여러 비동기 유틸리티를 제공한다. 다음은 인터랙티브 파이썬 세션에서 직접 코루틴 실행을 스케줄링하는 예시다.

```
>>> import asyncio
>>> async def async_hello():
...     print("hello, world!")
...
>>> loop = asyncio.get_event_loop()
>>> loop.run_until_complete(async_hello())
hello, world!
>>> loop.close()
```

명확히 하나의 간단한 코루틴만 만들었으므로 이 프로그램에 동시성은 관여하지 않는다. 실제로 동시에 처리됨을 확인하기 위해서는 이벤트 루프에서 실행될 더 많은 태스크를 만들어야 한다.

루프에 태스크를 추가할 때는 loop.create_task() 메서드를 호출하거나 asyncio.gather() 함수에 '어웨이터블awaitable' 객체를 전달한다. 대기시켜야 하는 다중 태스크 또는 코루틴이 있다면 asyncio.gather()를 이용해 이들을 한 객체로 모을 수 있다. 여기서는 후자의 접근 방식을 이용해 range() 함수로 모은 일련의 숫자들을 비동기로 출력해볼 것이다.

```
import asyncio
import random

async def print_number(number):
    await asyncio.sleep(0)
    print(number)

if __name__ == "__main__":
    loop = asyncio.get_event_loop()

    loop.run_until_complete(
        asyncio.gather(*[
            print_number(number)
            for number in range(10)
```

```
        ])
    )
    loop.close()
```

위 스크립트를 async_print.py 파일에 저장하고 실행해서 결과를 확인해보자.

```
$ python async_print.py
```

다음과 유사한 결과가 출력될 것이다.

```
0
7
8
3
9
4
1
5
2
6
```

asyncio.gather() 함수는 여러 코루틴 객체를 받아 즉시 반환한다. 이 함수는 여러 개의 위치 인수를 받는다. 그래서 인수 언패킹 구문(* 연산자)를 이용해서 코루틴의 리스트를 인수로 언팩했다. 이름에서 알 수 있듯이 asyncio.gather()는 여러 코루틴을 모아서 동시에 실행하기 위해 이용한다. 함수를 호출하면 전달받은 모든 코루틴을 실행한 미래의 결과를 나타내는 한 객체를 반환한다(이 객체를 future라 부른다).

asyncio.sleep(random.random())을 이용해 코루틴의 비동기 조작을 강조했다. 이를 이용해 코루틴들을 서로 뒤엉키도록 할 수 있다.

일반적으로 time.sleep() 함수를 사용해서는 동일한 결과(즉, 코루틴이 뒤엉키는 결과)를 얻을 수 없다. 코루틴은 실행 통제를 해제할 때 뒤엉키기 시작할 수 있다. 이는 await 키워드를 통해 이루어진다. 이 키워드는 다른 코루틴이 실행된 결과 또는 future를 기다리는 코루틴의 실행을 중지시킨다.

함수는 대기await할 때마다 실행 통제권을 이벤트 루프에 해제한다. 이 동작을 좀 더 자세히 알기 위해서는 보다 복잡한 예시 코드를 살펴봐야 한다.

두 개의 코루틴을 만들고 싶다고 가정하자. 이 두 코루틴은 모두 루프 안에서 다음의 간단한 태스크를 실행한다.

- 수 초(무작위) 동안 대기한다.
- 인수로 전달받은 텍스트와 대기한 시간을 출력한다.

await 키워드를 이용하지 않고 이를 간단히 구현한 예시부터 살펴본다.

```python
import time
import random

async def waiter(name):
    for _ in range(4):
        time_to_sleep = random.randint(1, 3) / 4
        time.sleep(time_to_sleep)
        print(f"{name} waited {time_to_sleep} seconds")
```

asyncio.gather()를 이용해 여러 waiter() 코루틴의 실행을 스케줄링할 수 있다. async_print.py 에서의 구현과 동일하다.

```python
import asyncio

if __name__ == "__main__":
    loop = asyncio.get_event_loop()
    loop.run_until_complete(
        asyncio.gather(waiter("first"), waiter("second"))
    )
    loop.close()
```

위 코드를 waiters.py 파일에 저장하고 실행해서 두 개의 waiter() 코루틴이 이벤트 루프에서 어떻게 실행되는지 확인해보자.

```
$ time python3 waiters.py
```

time 유틸리티를 이용해 전체 실행 시간을 측정했다. 위 스크립트를 실행한 결과는 다음과 같았다.

```
$ time python waiters.py
first waited 0.25 seconds
first waited 0.75 seconds
first waited 0.5 seconds
```

```
first waited 0.25 seconds
second waited 0.75 seconds
second waited 0.5 seconds
second waited 0.5 seconds
second waited 0.75 seconds

real    0m4.337s
user    0m0.050s
sys     0m0.014s
```

위에서 볼 수 있듯이 두 코루틴은 실행을 완료했지만 비동기 방식은 아니었다. 이들 모두 `time.sleep()` 함수를 이용했기 때문이다. 이 함수는 함수의 실행을 블록하지만 이벤트 루프에 통제를 릴리스하지는 않는다. 멀티스레드 설정에서는 잘 동작하지만, 아직은 스레드를 이용하고 싶지 않다. 그렇다면 코드를 어떻게 수정해야 할까?

이럴 때 `asyncio.sleep()`을 사용하면 된다. `asyncio.sleep()`은 `time.sleep()`의 비동기 버전이며, `await` 키워드를 이용해 그 결과를 기다린다. 다음은 개선된 버전의 `waiter()` 코루틴으로 `await asyncio.sleep()` 문장을 이용했다.

```python
async def waiter(name):
    for _ in range(4):
        time_to_sleep = random.randint(1, 3) / 4
        await asyncio.sleep(time_to_sleep)
        print(f"{name} waited {time_to_sleep} seconds")
```

수정한 스크립트를 `waiter_await.py` 파일에 저장하고 셸에서 실행해보자. 두 함수가 서로 뒤엉킨 상태의 출력을 볼 수 있을 것이다.

```
$ time python waiters_await.py
```

다음과 같은 출력 결과를 얻을 수 있을 것이다.

```
first waited 0.5 seconds
second waited 0.75 seconds
second waited 0.25 seconds
first waited 0.75 seconds
second waited 0.75 seconds
first waited 0.75 seconds
second waited 0.75 seconds
```

```
first waited 0.5 seconds

real    0m2.589s
user    0m0.053s
sys     0m0.016s
```

이 단순한 개선을 통해 추가적으로 코드가 빠르게 실행되는 장점도 얻을 수 있다. 전체 실행 시간은 전체 대기 시간보다 짧다. 왜냐하면 코루틴은 협력적으로 통제를 해제했기 때문이다.

다음 절에서는 비동기 프로그래밍의 실질적인 예시를 살펴본다.

6.5.3 비동기 프로그래밍의 실질적 예

이번 장에서는 비동기 프로그래밍이 I/O가 많은 조작을 다루는 훌륭한 도구임은 이미 수차례 언급했다. 여기에서는 단순히 수열을 출력하거나 비동기 대기를 하는 것 이상의 실질적인 무언가를 만들어본다.

일관성을 유지하기 위해 앞에서 멀티스레딩과 멀티프로세싱을 이용해 해결했던 같은 문제를 다루어본다. 네트워크 커넥션을 통해 외부 리소스로부터 외화 환전율 정보를 비동기로 얻는다. 앞 절에서 사용했던 requests 라이브러리를 그대로 사용할 수 있으면 좋겠지만, 안타깝게도 그렇게 할 수는 없다. 보다 엄밀히 말하면 효율적으로 사용할 수가 없다.

안타깝게도 requests 라이브러리는 async/await 키워드를 이용한 비동기 I/O를 지원하지 않는다. requests 프로젝트에 동시성을 제공하기 위한 목적의 몇 가지 프로젝트들이 존재하지만, 이들은 모두 Gevent(grequests(https://github.com/kennethreitz/grequests) 등) 또는 스레드/프로세스 풀 실행 (requests-futures(https://github.com/ross/requestsfutures) 등)에 의존하고 있다. 이들은 모두 우리가 가진 문제를 해결하지 못한다.

이전 예제에서 매우 쉽게 사용했던 라이브러리의 한계를 알았으므로, 그 갭을 메꿀 무엇인가를 만들어야 한다. 환전율 API는 매우 사용하기 쉬우므로 우리에게 필요한 것은 본질적으로 비동기 HTTP 라이브러리다. 파이썬 3.9의 표준 라이브러리 중에서는 urllib.urlopen()이 비동기 HTTP 요청을 만들 수 있는 가장 쉬운 방법이다. 바닥에서부터 프로토콜 지원을 모두 만들지는 않을 것이므로 aiohttp 패키지의 도움을 조금 받을 것이다. 이 패키지는 PyPI를 통해 얻을 수 있다. 이 패키지는 비동기 HTTP 클라이언트 및 서버 구현을 추가하는 라이브러리다. 다음은 aiohttp 위에 만들어진 작은 모듈이며 하나의 get_rates() 헬퍼 함수를 통해 환전율 API 서비스로 요청을 보낸다.

```
import aiohttp

async def get_rates(session: aiohttp.ClientSession, base: str):
    async with session.get(
        f"https://api.vatcomply.com/rates?base={base}"
    ) as response:
        rates = (await response.json())["rates"]
        rates[base] = 1.0

        return base, rates
```

위 모듈을 asyncrates.py 파일에 저장해서 이후 asyncrates 모듈로 임포트할 수 있도록 한다.

이제 멀티스레딩과 멀티프로세싱에 관해 설명할 때 이용했던 예시를 바꿔서 작성할 준비를 마쳤다. 앞에서 전체 동작을 다음 두 단계로 분리했다.

- 외부 서비스로의 모든 요청은 병렬로 수행한다. 이때 asyncrates.get_rate() 함수를 이용한다.
- 루프 안에서의 모든 결과를 출력한다. 이때 present_result() 함수를 이용한다.

프로그램의 핵심은 간단한 main() 함수다. 이 함수에서는 여러 get_rates() 코루틴으로부터의 결과를 모아 present_result() 함수로 전달한다.

```
async def main():
    async with aiohttp.ClientSession() as session:
        for result in await asyncio.gather(*[
            get_rates(session, base)
            for base in BASES
        ]):
            present_result(*result)
```

다음은 임포트와 이벤트 루프 초기화를 포함한 전체 코드다.

```
import asyncio
import time

import aiohttp

from asyncrates import get_rates
SYMBOLS = ("USD", "EUR", "PLN", "NOK", "CZK")
BASES = ("USD", "EUR", "PLN", "NOK", "CZK")
```

```python
def present_result(base, rates):
    rates_line = ", ".join(
        [f"{rates[symbol]:7.03} {symbol}" for symbol in SYMBOLS]
    )
    print(f"1 {base} = {rates_line}")

async def main():
    async with aiohttp.ClientSession() as session:
        for result in await asyncio.gather(
            *[get_rates(session, base) for base in BASES]
        ):
            present_result(*result)

if __name__ == "__main__":
    started = time.time()
    loop = asyncio.get_event_loop()
    loop.run_until_complete(main())
    elapsed = time.time() - started

    print()
    print("time elapsed: {:.2f}s".format(elapsed))
```

이 프로그램을 실행한 결과는 멀티스레딩과 멀티프로세싱을 이용했던 프로그램과 유사하다.

```
$ python async_aiohttp.py
1 USD =      1.0 USD,    0.835 EUR,     3.81 PLN,     8.39 NOK,    21.7 CZK
1 EUR =      1.2 USD,      1.0 EUR,     4.56 PLN,     10.0 NOK,    25.9 CZK
1 PLN =    0.263 USD,     0.22 EUR,      1.0 PLN,      2.2 NOK,    5.69 CZK
1 NOK =    0.119 USD,   0.0996 EUR,    0.454 PLN,      1.0 NOK,    2.58 CZK
1 CZK =   0.0461 USD,   0.0385 EUR,    0.176 PLN,    0.387 NOK,     1.0 CZK

time elapsed: 0.33s
```

멀티스레딩 및 멀티프로세싱과 비교했을 때 ayncio 이용 시 장점은 동시성 네트워크 통신을 달성하기 위한 프로세스 풀이나 메모리 안전성을 다루지 않아도 된다는 점이다. 단점은 requests 패키지 같은 유명한 동기 통신 라이브러리를 사용할 수 없다는 점이다. 여기에서는 대신 aiohttp를 이용했으며 간단한 API를 사용할 때는 매우 쉽게 이용할 수 있다. 그러나 때때로 비동기로 쉽게 이식할 수 없는 특별한 클라이언트 라이브러리가 필요하기도 할 것이다. 다음 절에서 이런 경우의 해결 방법을 살펴본다.

6.5.4 비동기가 아닌 코드와 async/future 통합하기

비동기 프로그래밍은 훌륭하다. 특히 확장 가능한 애플리케이션 구축에 관심 있는 백엔드 개발자들에게는 더욱 매력적이다. 실제로도 이는 동시에 동작하는 서버들을 구축하는 데 있어 가장 중요한 도구 중 하나다.

그러나 현실은 고통스럽다. I/O 관련 문제를 다루기 위해 만들어진 유명한 패키지들은 비동기 코드에서 사용되는 것을 전제로 하지 않기 때문이다. 그 주요한 이유들로는 다음을 들 수 있다.

- 진보된 파이썬 3 피처의 미진한 도입(특히 비동기 프로그래밍)
- 파이썬 입문자들의 다양한 동시성 개념에 대한 낮은 이해

이는 매우 자주 기존의 동기 멀티스레드 애플리케이션과 패키지의 마이그레이션이 불가능하거나(아키텍처 제약) 그 비용이 너무 높음을 의미한다. 멀티태스킹의 비동기 스타일을 도입하면 많은 이익을 얻을 수 있지만 실제로는 소수의 프로젝트만이 그렇게 할 것이다.

즉, 아무것도 없는 상태에서 비동기 애플리케이션을 만들려고 시도하면 많은 어려움을 경험할 것이다. 대부분의 경우, 앞 절에서 언급한 requests 라이브러리의 문제점과 유사한 것들(호환되지 않는 인터페이스와 I/O 작업의 동기 블로킹)이다.

이런 비호환성을 경험하면 때때로 await 사용을 포기하고 필요한 리소스들은 동기적으로 가져올 수도 있다. 하지만 그러면 그 결과를 기다리는 동안 다른 모든 코루틴의 실행은 블록될 것이다. 기술적으로는 작동하겠지만 비동기 프로그래밍의 이점을 모두 잃게 된다. 결국 비동기 I/O를 동기 I/O와 연결하는 것은 선택 사항이 아니다. 모 아니면 도의 문제다.

또 다른 문제는 오랫동안 실행되는 CPU 관련 조작이다. I/O 조작을 수행할 때는 코루틴의 통제를 해제해도 아무런 문제가 없다. 데이터를 소켓에 쓰거나 소켓에서 읽는 동안 결과적으로 대기를 하기 때문에 await 사용은 여러분이 할 수 있는 최고의 선택이다. 하지만 실제로 무언가를 계산해야 하고, 그 작업에 시간이 소요되는 것을 알 때는 어떻게 할 것인가? 물론 그 문제를 작은 단위로 잘라서 asyncio.wait(0)를 매번 사용해 조금씩 작업을 진행시킬 수도 있다. 하지만 이것이 좋은 패턴이 아님은 이내 깨달을 수 있을 것이다. 이런 방식은 코드를 엉망으로 만드는 것은 물론 좋은 결과도 보장하지 않는다. 시분할은 인터프리터나 OS의 담당 영역이다.

그렇다면 다시 쓸 수 없는 또는 다시 쓰고 싶지 않은 장시간의 동기 I/O 조작을 하는 코드가 있을 때는 어떻게 해야 할까? 또는 대부분 비동기 I/O를 염두에 두고 설계된 애플리케이션에서 무거운 CPU

관련 조작을 하도록 해야 할 때는 어떻게 해야 할까? 그럴 땐 회피책workaround을 사용해야 한다. 여기서 회피책이란 멀티스레딩 또는 멀티프로세싱을 말한다.

다소 명확하지 않게 들릴 수도 있지만 때로는 우리가 피하고자 했던 방법이 최고의 해결책이기도 하다. 파이썬에서 CPU를 많이 사용하는 태스크를 병렬로 처리하는 것은 항상 멀티프로세싱보다 낫다. 그리고 멀티스레딩은 적절하게 설정한다면 I/O 조작을 async/await만큼 잘(빠르고 많은 리소스 오버헤드 없이) 다룰 것이다.

여러분의 비동기 애플리케이션에 적합하지 않다면 이들을 별도의 스레드나 프로세스로 위장하는 코드를 사용하라. 이들을 마치 코루틴인 것처럼 만든 뒤 await를 이용해 이벤트 루프로 통제를 해제하자. 이들이 준비가 되면 최종적으로 처리 결과를 얻을 수 있다. 다행히도 파이썬 표준 라이브러리에서는 concurrent.futures 모듈을 제공한다. 이 모듈 역시 asyncio 모듈에 통합되어 있다. 이 두 모듈을 함께 사용하면 블로킹 함수를 스케줄링해서 마치 이들이 비동기 논블로킹 코루틴인 것처럼 스레드 또는 추가 프로세스로 실행시킬 수 있다.

다음 절에서는 익스큐터executor와 퓨처future에 관해 살펴본다.

익스큐터와 퓨처

스레드와 프로세스를 비동기 이벤트 루프에 주입하는 방법을 살펴보기 전에 concurrent.futures 모듈을 확인한다. 이 모듈은 뒤에서 회피책이라 부른 것의 주요 요소가 될 것이다. concurrent.fugures 모듈에서 가장 중요한 클래스는 Executor와 Future다.

익스큐터는 작업 아이템을 병렬처리할 수 있는 리소스 풀을 나타낸다. 목적상 multiprocessing 모듈의 Pool과 dummy.Pool과 유사하게 보이지만 그 인터페이스와 구문은 완전히 다르다. Executor 클래스는 베이스 클래스로 인스턴스화를 위한 것이 아니며, 다음과 같이 구체적인 구현을 갖고 있다.

- ThreadPoolExecutor: 스레드의 풀을 나타낸다.
- ProcessPoolExecutor: 프로세스의 풀을 나타낸다.

모든 익스큐터는 다음 세 가지 메서드를 제공한다.

- sumbit(func, *args, **kwargs): 리소스 안에서 func 함수의 실행의 스케줄링하고, 콜러블의 실행을 나타내는 Future 객체를 반환한다.
- map(func, *iterables, timeout=None, chunksize=1): func 함수를 이터러블에 대해 수행한다. multiprocessing.Poll.map() 메서드와 동작 방식이 유사하다.

- shutdown(wait=True): 익스큐터를 종료하고 모든 리소스를 해제한다.

가장 흥미로운 메서드는 submit()이다. 이 메서드는 Future 객체를 반환하기 때문이다. 이 객체는 콜러블의 비동기 실행을 나타내고 단지 간접적으로 그 결과를 나타낸다. 제출된 콜러블의 실제 반환 값을 얻기 위해서는 Future/result() 메서드를 호출해야 한다. 해당 콜러블이 이미 완료되었다면, result() 메서드는 블록하지 않고 함수의 결과를 반환한다. 그렇지 않다면 결과가 준비될 때까지 블록한다. 이를 결과에 대한 확실한 약속promise이라 볼 수 있다(실제로 자바스크립트의 프로미스Promise와 같은 개념이다). 이를 받은 뒤 즉시 (result() 메서드를 이용해) 언팩할 필요는 없다. 하지만 언팩을 해보면 결국 무엇인가를 반환해준다.

다음은 인터랙티브 파이썬 세션에서의 ThreadPoolExecutor 인터랙션 예시다.

```
>>> def loudly_return():
...     print("processing")
...     return 42
...
>>> from concurrent.futures import ThreadPoolExecutor
>>> with ThreadPoolExecutor(1) as executor:
...     future = executor.submit(loudly_return)
...
processing
>>> future
<Future at 0x33cbf98 state=finished returned int>
>>> future.result()
42
```

loudly_return()은 익스큐터에 전달하기 션 처리 중 문자열을 출력한다. 즉, future.result() 메서드를 이용해 그 값을 언팩하기 전에 이미 실행이 시작되었음을 나타낸다.

다음 절에서는 익스큐터를 이벤트 루프 안에서 사용하는 방법을 살펴본다.

이벤트 루프 안에서 익스큐터 사용하기
Future 클래스 인스턴스는 Executor.submit() 메서드에 의해 반환되며, 개념상 비동기 프로그래밍에서 사용되는 코루틴에 매우 가깝다. 따라서 익스큐터를 이용해 협력적 멀티태스킹과 멀티프로세싱/멀티스레딩을 조합할 수 있다.

이 회피책의 핵심은 이벤트 루프 클래스의 run_in_executor(executor, func, *args) 메서드다. 이 메서드를 이용하면 익스큐터의 인수로 전달한 프로세스 또는 스레드 풀 안에서의 func 함수 실행을 스케줄링할 수 있다. 이 메서드의 가장 중요한 점은 새로운 어웨이터블(await 문장을 이용해 대기시킬 수 있는 객체)을 반환한다는 것이다. 이를 활용해 코루틴이 아닌 블로킹 함수를 마치 코루틴인 것처럼 실행할 수 있다. 무엇보다 중요한 것은 이것이 종료되기까지 아무리 오랜 시간이 걸린다 하더라도 이벤트 루프가 다른 코루틴을 처리하는 것을 중단시키지 않는다는 점이다. 단지 호출에서 결과를 대기하는 함수만 중지시키며 전체 이벤트 루프는 여전히 동작한다.

또한 직접 익스큐터 인스턴스를 생성할 필요도 없다. 익스큐터의 인수로 None을 전달하면 Thread PoolExecutor 클래스는 기본 스레드 수(파이썬 3.9 기준 프로세서 수 × 5)를 이용한다.

API를 처리하는 골치 아픈 문제가 되는 코드는 재작성하고 싶지 않다고 가정하자. loop.run_in_executor()를 호출해서 블로킹하는 호출을 별도의 스레드로 미루고, fetch_rates()는 어웨이터블 코루틴인 상태로 남겨둔다. 다음은 이를 구현한 코드 예시다.

```python
async def fetch_rates(base):
    loop = asyncio.get_event_loop()
    response = await loop.run_in_executor(
        None, requests.get,
        f"https://api.vatcomply.com/rates?base={base}"
    )
    response.raise_for_status()
    rates = response.json()["rates"]
    # 노트: 동일 통화는 1:1로 환전한다.
    rates[base] = 1.0
    return base, rates
```

이 작업을 처리할 수 있는 완전한 비동기 라이브러리를 사용한 방법보다는 좋지 못하지만 없는 것보다는 그나마 낫다.

비동기 프로그래밍은 네트워크를 통해 다른 여러 서비스들과 통신해야 하는 높은 성능의 동시성 애플리케이션을 만드는 데 매우 훌륭한 도구다. 멀티스레딩 및 (부분적으로) 멀티프로세싱과 관련된 메모리 안전성 문제에 신경 쓰지 않고 이런 작업을 쉽게 처리할 수 있다. 코루틴이 이벤트 루프에 통제를 넘기는 시점을 쉽게 예측할 수 있기 때문에 비자발적involuntary 콘텍스트 스위칭이 발생하지 않으므로 필요한 로킹 프리미티브의 수를 줄일 수 있다.

안타깝게도 이를 위해서는 전용의 비동기 라이브러리를 사용하는 비용을 지불해야 한다. 동기적이고 스레드에 기반한 애플리케이션들이 일반적으로 유명한 서비스들과 상호작용할 수 있는 클라이언트 및 통신 라이브러리들을 더 많이 가지고 있다. 익스큐터와 퓨처를 사용하면 이 간극을 메꿀 수 있지만 네이티브한 비동기 해법보다는 최적화 정도가 덜하다.

6.6 요약

오랜 여정이었다. 그러나 성공적으로 파이썬 프로그래머들이 사용할 수 있는 동시성 프로그래밍의 일반적인 접근 방식을 모두 다루었다.

동시성이 무엇인지 설명하고, 멀티스레딩을 중심으로 전형적인 동시성의 문제점들 중 하나를 살펴봤다. 우리가 만든 코드의 기본적인 문제점을 식별하고 이들을 수정한 뒤, 멀티프로세싱을 이용해 어떻게 작동하는지 확인했다. `multiprocessing` 모듈을 이용한 다중 프로세스가 `threading` 모듈이 제공하는 단순한 스레드를 사용하는 것보다 쉬웠다. 그후 `multiprocessing.dummy` 모듈을 이용하면 스레드로도 동일한 API를 사용할 수 있음을 확인했다. 멀티프로세싱과 멀티스레딩 중 어떤 것을 사용할 것인지의 결정은 인터페이스의 좋고 나쁨이 아니라 문제에 대한 해법의 적합성만 고려하면 된다.

문제 적합성과 관련해 마지막으로 비동기 프로그래밍을 시도했다. 비동기 프로그래밍 I/O 바운드 애플리케이션을 위한 최고의 해법이지만 결국 스레드와 프로세스를 완전히 간과할 수는 없음을 알았다. 그래서 다시 원점으로 돌아왔다.

이번 장에서 내린 결론은 결국 만병통치약은 없다는 것이다. 여러분이 특정한 접근 방식을 선호할 수는 있다. 해결할 문제군에 더 적합한 접근 방식들도 있을 수 있다. 그러나 성공하기 위해서는 모든 방법을 다 알아야 한다. 실제 개발 시나리오에서는 단일 애플리케이션에서 모든 동시성 도구와 스타일을 사용할 수도 있으며 이는 매우 흔하다.

다음 장에서는 동시성과 어느 정도 관련이 있는 이벤트 주도 프로그래밍event-driven programming에 관해 살펴본다. 분산된 비동기의 높은 동시성 시스템의 뼈대를 형성하는 다양한 통신 패턴에 초점을 맞출 것이다.

## CHAPTER 7

이벤트 주도 프로그래밍

앞 장에서는 파이썬에서 사용할 수 있는 여러 가지 동시성 구현 모델에 관해 살펴봤다. 동시성의 개념보다 잘 설명하기 위해 다음의 정의를 사용했다.

> "어떤 두 이벤트가 서로에게 영향을 미칠 수 없으면, 이들은 동시성을 갖는다."

우리는 종종 이벤트event를 시간 안에서 순서대로 일어나는 정렬된 지점, 즉 어떤 인과 관계cause-effect relationship를 가진 것이라 생각한다. 그러나 프로그래밍에서의 이벤트는 그것과는 다소 다르다. 이벤트가 반드시 '일어나는 일'일 필요는 없다. 프로그래밍에서 이벤트는 프로그램이 처리할 수 있는 정보의 독립적인 단위이며 이는 실질적으로 동시성의 기초가 된다.

병행 프로그래밍은 병행 이벤트를 처리하는 프로그래밍 패러다임이다. 이 패러다임을 일반화하여 이벤트 개념 자체(병행 여부와 무관하게)를 다룬다. 프로그래밍에 대한 이러한 접근 방식은 프로그램을 이벤트의 흐름으로 보며, 이를 **이벤트 주도 프로그래밍**event-driven programming이라 부른다.

이벤트 주도 프로그래밍은 중요한 패러다임이다. 이를 이용하면 어떤 크고 복잡한 시스템도 쉽게 분리할 수 있으며, 독립된 컴포넌트 사이의 명확한 경계를 정의할 수 있어 각 컴포넌트의 격리 상태를 개선한다.

이번 장에서는 다음과 같은 주제를 다룬다.

- 이벤트 주도 프로그래밍이란 무엇인가?

- 이벤트 주도 프로그래밍의 다양한 스타일
- 이벤트 주도 아키텍처event-driven architecture

이번 장을 읽은 후에는 이벤트 주도 프로그래밍의 공통적인 기법들은 물론 이 기법들을 이벤트 주도 아키텍처에 적용하는 방법도 알게 될 것이다. 또한 이벤트 주도 프로그램을 이용해 해결할 수 있는 문제들을 쉽게 식별할 수 있게 될 것이다.

7.1 기술적 요구 사항

다음은 이번 장에서 사용할 파이썬 패키지는 다음과 같다. PyPI를 통해 다운로드할 수 있다.

- flask
- blinker

패키지 설치 방법은 2장을 참조한다.

이번 장에서 이용한 샘플 코드는 https://github.com/moseskim/Expert-Python-Programming-Fourth-Edition/tree/main/Chapter 7에서 다운로드할 수 있다.

이번 장에서는 tkinter라는 **그래픽 유저 인터페이스**graphical user interface, GUI 패키지를 이용해 소규모 애플리케이션을 만든다. tkinter 예시를 실행하려면 파이썬용 Tk 라이브러리가 필요하다. 대부분의 파이썬 배포판에서는 이를 기본 제공하지만 특정 운영체제에서는 별도로 설치해야 한다. 데비안 기반 리눅스 배포판의 경우 이 패키지의 이름은 python3-tk다. 공식 macOS, 윈도우 인스톨러로 파이썬을 설치하면 Tk 라이브러리도 함께 설치된다.

7.2 이벤트 주도 프로그래밍이란 무엇인가?

이벤트 주도 프로그래밍은 이벤트(메시지message라 부르기도 한다)와 서로 다른 소프트웨어 컴포넌트 사이에서 일어나는 이벤트의 흐름에 중점을 둔다. 이런 개념은 다양한 소프트웨어에서 찾아볼 수 있다. 역사적으로 이벤트 주도 프로그래밍은 사람과의 직접적인 상호작용을 다루는 소프트웨어에서 나타나는 일반적인 패러다임이다. 프로그램이 사람으로부터 어떤 입력을 기다리는 상황에서 해당 입력은 이벤트 또는 메시지로 모델링할 수 있다. 이런 관점에서 이벤트 주도 프로그램은 사람과의 인터랙션interaction에 응답하는 이벤트/메시지 핸들러를 모은 것이다.

이벤트가 반드시 사람과의 인터랙션에 대한 직접적인 결과일 필요는 없다. 모든 웹 애플리케이션 아키텍처 또한 이벤트 주도 프로그램이다. 웹 브라우저는 웹 서버에 사용자를 대신해 요청을 보내고, 이 요청은 각각 별도의 인터랙션 이벤트로 처리된다. 일부 요청은 실제로 직접적인 사용자 입력에 대한 결과가 되지만(폼 제출 또는 링크 클릭 등) 항상 그럴 필요는 없다. 많은 모든 애플리케이션들은 사용자와 인터랙션이 없이도 웹 서버와 비동기적으로 정보를 동기화하며 이런 통신은 사용자의 눈에 띄지 않게 조용히 진행된다.

요약하면 이벤트 주도 프로그래밍은 다양한 규모의 소프트웨어 컴포넌트들을 결합하는 일반적인 방법이며, 아키텍처의 다양한 레벨에서 발생한다. 소프트웨어 규모와 아키텍처에 따라 이벤트 주도 프로그래밍의 형태는 다양하다.

- 특정 프로그래밍 언어의 구문적 피처가 직접 지원하는 동시성 모델(예를 들어 파이썬의 async/await)
- 이벤트 디스패처dispatcher/핸들러handler, 시그널signal을 이용해 애플리케이션 코드를 구조화하는 방법
- 대규모 시스템에서 독립적인 소프트웨어 컴포넌트의 결합을 허용하는 일반적인 프로세스 간 또는 서비스 간 통신 아키텍처

다음 절에서는 이벤트 주도 프로그래밍과 비동기 프로그래밍의 차이점에 관해 살펴본다.

7.2.1 이벤트 주도 != 비동기

이벤트 주도 프로그래밍은 비동기 시스템과 공통점이 매우 많은 패러다임이지만 모든 이벤트 주도 애플리케이션이 반드시 비동기인 것은 아니다. 또한 이벤트 주도 프로그래밍이 병행/비동기 애플리케이션에만 적합한 것도 아니다. 실제로 이벤트 주도 접근 방식은 매우 동기적이며 완전히 병행이 아닌 문제들을 분리하는 데도 대단히 유용하다.

예시로 거의 모든 관계형 데이터베이스 시스템에서 사용할 수 있는 데이터베이스 트리거database trigger를 생각해보자. 데이터베이스 트리거는 데이터베이스에서 발생하는 특정 이벤트에 대한 응답으로 실행되는 저장된 프로시저procedure다. 이는 데이터베이스 시스템의 공통 빌딩 블록이며, 데이터베이스 제약 메커니즘을 이용해 쉽게 모델링할 수 없는 시나리오에서 데이터베이스가 데이터의 일관성을 유지하도록 돕는다.

예를 들어 PostgreSQL 데이터베이스는 테이블 또는 뷰에서 발생할 수 있는 세 가지 저수준 이벤트를

구분한다.

- **INSERT**: 새로운 행이 추가되었을 때 방출emit된다.
- **UPDATE**: 기존 행이 업데이트되었을 때 방출된다.
- **DELETE**: 기존 행이 삭제되었을 때 방출된다.

트리거는 테이블의 행과 관련해 특정한 이벤트 발생 이전(BEFORE) 또는 이후(AFTER)에 실행되도록 정의할 수 있다. 그러므로 이벤트-프로시저 결합 관점에서 보면 **AFTER/BEFORE** 트리거 역시 별도 이벤트로 다룰 수 있다. 다음 PostgreSQL에서의 데이터베이스 트리거 예시를 살펴보자.

```
CREATE TRIGGER before_user_update
    BEFORE UPDATE ON users
    FOR EACH ROW
    EXECUTE PROCEDURE check_user();

CREATE TRIGGER after_user_update
    AFTER UPDATE ON users
    FOR EACH ROW
    EXECUTE PROCEDURE log_user_update();
```

이 예시에는 두 개의 트리거가 있으며 users 테이블의 행이 업데이트되었을 때 실행된다. 첫 번째 트리거는 실제 업데이트가 발생하기 전, 두 번째 트리거는 실제 업데이트가 완료된 후 실행된다. 이는 **BEFORE UPDATE**와 **AFTER UPDATE** 이벤트가 의존적이며 병행으로 다룰 수 없음을 의미한다. 한편, 다른 세션의 다른 행에서 발생하는 이벤트의 유사한 집합은 여러 요소들(트랜잭션 여부, 격리 수준, 트리거 스코프 등)의 영향을 받지만 여전히 병행일 수 있다. 이것은 데이터베이스 시스템에서의 데이터 수정이 이벤트 주도 프로세싱으로 모델링될 수 있다는 것을 보여주는 좋은 예시다(비록 그 시스템 전체가 완전히 비동기가 아닐지라도 말이다).

다음 절에서는 GUI에서의 이벤트 주도 프로그래밍에 관해 자세히 살펴본다.

7.2.2 GUI에서의 이벤트 주도 프로그래밍

많은 사람이 '이벤트 주도 프로그래밍'이라는 말을 들을 때 GUI를 떠올린다. 이벤트 주도 프로그래밍은 사용자 입력과 GUI의 코드를 우아하게 결합하는 방법이다. 사람과 그래픽 인터페이스 사이의 인터랙션 방식을 자연스럽게 담아내기 때문이다. 이런 인터페이스들은 종종 사용자가 특정 인터랙션을 과도하게 사용하는 것을 나타내는데, 그 인터랙션은 거의 항상 비선형적이다.

복잡한 인터페이스에서는 인터랙션을 종종 이벤트의 컬렉션으로 모델링하며, 이 이벤트들은 여러 인터페이스 컴포넌트로부터 사용자에 의해 발생한다.

이벤트라는 개념은 대부분의 사용자 인터페이스 라이브러리나 프레임워크에서 일반적이지만, 라이브러리에 따라 이벤트 주도 통신을 실행하는 디자인 패턴은 각기 다르다. 심지어 일부 라이브러리들은 전혀 다른 표기 방식을 이용해 아키텍처를 표현한다(예로서 **Qt** 라이브러리는 시그널이라는 용어를 사용한다). 그러나 일반적인 패턴은 거의 항상 동일하다. 모든 인터페이스 컴포넌트(**위젯**widget이라 부르기도 한다)는 인터랙션에 따라 이벤트를 방출한다. 다른 컴포넌트들은 해당 이벤트를 구독subscription하거나 직접 이미터emitter에 연결된 이벤트 핸들러로서 이벤트를 받는다. GUI 라이브러리에 따라 이벤트는 그저 무언가 발생했다는 시그널이거나(예를 들어 "A 위젯이 클릭되었다"), 인터랙션의 특성을 담은 추가 정보를 포함한 복잡한 메시지일 수 있다. 이런 메시지들은 이벤트가 발생했을 때 눌린 키나 마우스의 위치 정보 등을 포함하기도 한다.

실제적인 디자인 패턴의 차이점에 관해서는 이후 7.3절에서 논의할 것이다. 여기에서는 먼저 파이썬의 내장 `tkinter` 모듈을 이용해서 만든 GUI 애플리케이션 예시를 살펴본다.

TIP `tkinter` 모듈을 제공하는 Tk 라이브러리는 일반적으로 파이썬 배포판에 포함되어 있다. 어떤 이유로 여러분의 운영체제에서 이 라이브러리를 사용할 수 없다면 시스템 패키지 관리자를 이용해 쉽게 설치할 수 있다. 데비안 기반 리눅스 배포판에서는 다음 명령어를 실행해서 `python3-tk` 패키지를 설치할 수 있다.

```
sudo apt-get install python3-tk
```

다음은 하나의 **Python Zen** 버튼을 표시하는 GUI 애플리케이션이다. 버튼을 클릭하면 애플리케이션은 '파이썬의 선'을 포함한 새로운 윈도우를 연다. 텍스트는 **this** 모듈에서 임포트되는데, 이 모듈은 파이썬의 이스터 에그easter egg다. 임포트 후 파이썬의 설계 원칙을 안내하는 19개의 금언을 표준 출력에 표시한다.

```python
import this
from tkinter import Tk, Frame, Button, LEFT, messagebox

rot13 = str.maketrans(
    "ABCDEFGHIJKLMabcdefghijklmNOPQRSTUVWXYZnopqrstuvwxyz",
    "NOPQRSTUVWXYZnopqrstuvwxyzABCDEFGHIJKLMabcdefghijklm",
)


def main_window(root: Tk):
    frame = Frame(root)
```

```
    frame.pack()

    zen_button = Button(frame, text="Python Zen", command=show_zen)
    zen_button.pack(side=LEFT)

def show_zen():
    messagebox.showinfo("Zen of Python", this.s.translate(rot13))

if __name__ == "__main__":
    root = Tk()
    main_window(root)
    root.mainloop()
```

이 스크립트는 임포트와 간단한 문자열 번역 테이블에 대한 정의로 시작한다. '파이썬의 선'은 this 모듈 안에 **ROT13** 문자 암호ROT13 letter substitution cipher(시저 암호Caesar cipher라고 부르기도 한다)로 암호화되어 있다. 이 알고리즘은 알파벳의 모든 문자의 위치를 13개씩 이동시킨 간단한 암호화 알고리즘이다.

이벤트 Button 위젯의 생성자에서 직접 바인딩한다.

```
Button(frame, text="Python Zen", command=show_zen)
```

command 키워드 인수는 이벤트 핸들러를 정의하며, 이 핸들러는 사용자가 버튼을 클릭할 때 실행된다. 예시에서는 show_zen() 함수를 제공했다. 이 함수는 '파이썬의 선'을 해독한 텍스트를 별도의 메시지 박스에 표시한다.

> **TIP** 모든 tkinter 위젯은 bind() 메서드를 제공한다. 이를 이용하면 매우 상세한 이벤트(예를 들어 마우스 버튼 프레스press, 릴리스release, 호버hover 등)에 대한 핸들러를 정의할 수 있다.

대부분의 GUI 프레임워크의 동작은 이와 유사하다. 키보드와 마우스의 입력을 가공하지 않고 사용하기보다는 다음과 같은 고수준의 이벤트를 명령어나 콜백 등에 연결해서 사용한다.

- 체크박스checkbox 상태 변경됨
- 버튼button 클릭됨
- 옵션option 선택됨
- 윈도우window 닫음

다음 장에서는 이벤트 주도 통신event-driven communication에 관해 살펴본다.

7.2.3 이벤트 주도 통신

이벤트 주도 프로그래밍은 분산 네트워크 애플리케이션을 구축하기 위한 일반적인 프랙티스다. 이벤트 주도 프로그래밍을 이용하면 복잡한 시스템을 손쉽게 격리된 컴포넌트로 나눌 수 있으며, 각 컴포넌트는 제한된 책임을 갖는다. 이러한 이유로 이벤트 주도 프로그래밍은 서비스 지향service-oriented/마이크로서비스microservice 아키텍처에서 특히 널리 이용된다. 이들 아키텍처에서는 이벤트의 흐름이 단일 컴퓨터 프로세스 내부의 클래스나 함수 사이가 아니라 네트워크로 연결된 여러 서비스 사이에서 일어난다. 대규모의 분산된 아키텍처에서 서비스들 사이의 이벤트 흐름은 일반적으로 특별한 통신 프로토콜(예를 들어 AMQP 및 ZeroMQ 등)을 이용해 조정된다. 이들은 전용 서비스로 마치 메시지 중개자message broker처럼 동작한다.

이 설루션들에 관해서는 7.4절에서 살펴본다. 하지만 네트워크 기반 코드를 이벤트 주도 애플리케이션으로 간주하기 위해 이벤트들을 조정하는 정형화된 방식이나 전용의 이벤트 핸들링 서비스를 가질 필요는 없다. 실제로 전형적인 파이썬 웹 애플리케이션을 주의 깊게 살펴보면 파이썬 웹 프레임워크가 GUI 애플리케이션의 많은 공통 요소들을 가지고 있음을 알 수 있을 것이다. 예를 들어 다음은 Flask 마이크로프레임워크를 이용해 작성한 간단한 웹 애플리케이션이다.

```python
import this

from flask import Flask

app = Flask(__name__)

rot13 = str.maketrans(
    "ABCDEFGHIJKLMabcdefghijklmNOPQRSTUVWXYZnopqrstuvwxyz",
    "NOPQRSTUVWXYZnopqrstuvwxyzABCDEFGHIJKLMabcdefghijklm",
)

def simple_html(body):
    return f"""
    <!DOCTYPE html>
    <html lang="en">
      <head>
        <meta charset="utf-8">
        <title>Book Example</title>
      </head>
      <body>
        {body}
      </body>
    </html>
    """
```

```
@app.route("/")
def hello():
    return simple_html("<a href=/zen>Python Zen</a>")

@app.route("/zen")
def zen():
    return simple_html(
        "<br>".join(this.s.translate(rot13).split("\n"))
    )

if __name__ == "__main__":
    app.run()
```

TIP 간단한 Flask 애플리케이션을 작성 및 실행 방법은 2장에서 설명했다.

이 예시와 앞 절에서 다룬 tkinter 애플리케이션을 비교해보면 그 구조가 매우 유사함을 알 수 있을 것이다. HTTP 요청의 특정 경로는 전용 핸들러로 해석된다. 이 애플리케이션을 이벤트 주도 관점으로 본다면 요청 경로는 특정한 이벤트 타입(예를 들어 링크를 클릭함)과 액션 핸들러의 바인딩에 해당한다. 이 정보는 물론 구조화되어 있다. HTTP 프로토콜은 여러 요청 메서드(POST, GET, PUT, DELETE 등)와 추가적인 데이터(쿼리 문자열, 요청 바디, 헤더)를 전송하는 방법을 정의한다.

사용자는 이 애플리케이션과 직접 커뮤니케이션하지 않는다. 사용자는 GUI를 이용할 때 웹 브라우저를 이용하기 때문이다. 이는 전통적인 그래픽 애플리케이션과 상당히 유사하다. 많은 크로스-플랫폼 사용자 인터페이스 라이브러리들(Tcl/Tk, Qt, GTK+ 등)은 사실 애플리케이션과 사용자의 운영체제가 제공하는 API 사이의 프로시저일 뿐이다. 따라서 두 경우 모두 여러 시스템 레이어로부터 들어오는 통신과 이벤트를 다룬다. 웹 애플리케이션의 경우 그 레이어들이 보다 분명하며 통신은 항상 명시적이다.

모던 웹 애플리케이션들은 자주 자바스크립트에 기반한 인터랙티브 인터페이스를 제공한다. 이 인터페이스들은 이벤트 주도 프런트엔드 프레임워크를 이용해 구현되며, 백엔드 API를 통해 애플리케이션 백엔드 서비스와 비동기 통신을 한다. 웹 애플리케이션의 이벤트 주도 특성이 더욱 강조된다.

지금까지 유스케이스에 따라 이벤트 주도 프로그래밍이 여러 종류의 애플리케이션에 사용될 수 있음을 확인했다. 그 형태도 다양할 수 있다. 다음 절에서는 이벤트 주도 프로그래밍의 세 가지 주요한 스타일에 관해 살펴본다.

7.3 이벤트 주도 프로그래밍의 다양한 스타일

앞에서 언급한 것처럼 이벤트 주도 프로그래밍은 소프트웨어 아키텍처의 다양한 레벨에서 구현될 수 있다. 또한 매우 특정한 소프트웨어 엔지니어링 영역, 예를 들어 네트워킹, 시스템 프로그래밍, GUI 프로그래밍 등에도 적용된다. 그래서 이벤트 주도 프로그래밍은 단일한 응집된 프로그래밍 접근 방식이 아니라 다양한 패턴, 도구, 알고리즘의 집합이며 이들이 모여 이벤트의 흐름을 중심에 둔 프로그래밍에 집중하는 공통의 패러다임을 형성한다.

따라서 이벤트 주도 프로그래밍의 형태와 스타일은 다양하다. 이벤트 주도 프로그램의 실질적인 구현은 다양한 디자인 패턴과 기법을 기반으로 할 수 있다. 이러한 이벤트 주도 기법과 도구 중 일부는 이벤트라는 용어조차 사용하지 않는다. 이런 다양성에도 이벤트 주도 프로그래밍 스타일은 쉽게 세 가지로 구분할 수 있는데 이는 다른 구체적인 패턴들의 기반이 된다.

- **콜백 기반 스타일**callback-based style: 이벤트 이미터event emitter와 그들의 핸들러를 1:1로 결합하는 행위에 초점을 둔다. 이벤트 이미터는 특정 이벤트가 발생했을 때 일어날 행위를 지정한다.
- **주체 기반 스타일**subject-based style: 특정한 이벤트 이미터를 중심으로 하는 일대다one-to-many 구독에 초점을 둔다. 이벤트 이미터는 구독의 주체가 된다. 이벤트를 구독하기 원하는 대상은 이벤트 소스를 직접 구독해야 한다.
- **토픽 기반 스타일**topic-based style: 이벤트 발생/도착 위치보다 이벤트 유형에 초점을 둔다. 이벤트 이미터는 이벤트 구독자를 신경 쓰지 않으며 반대의 경우도 마찬가지다. 통신은 독립된 이벤트 채널event channel(즉, 토픽topic)을 통해 이루어지며 누구나 채널에 이벤트를 방출하거나 채널의 이벤트를 구독할 수 있다.

다음 절에서는 세 가지 주요한 이벤트 주도 프로그래밍 방식에 관해 살펴본다. 파이썬으로 프로그래밍을 하는 도중에 이 방식들을 만나게 될 것이다.

7.3.1 콜백 기반 스타일

콜백 기반 스타일 이벤트 프로그래밍은 가장 일반적인 이벤트 주도 프로그래밍 스타일 중 하나다. 이벤트를 방출하는 객체는 해당 이벤트의 핸들러를 정의하는 책임을 진다. 즉, 이벤트 이미터와 이벤트 핸들러는 일대일 또는 (최대) 다대일many-to-one의 관계가 된다.

콜백 기반 스타일 이벤트 기반 프로그래밍은 매우 간단하므로 GUI 프레임워크와 라이브러리에서 가장 많이 이용되는 패턴이다. 사용자와 프로그래머가 사용자 인터페이스에 관해 생각하는 바를 정확하게 담는다. 우리가 하는 모든 행동(스위치를 토글하거나 버튼을 누르거나 체크박스에 표시하는 등)은 일반적으로 명확한 하나의 목적을 갖는다.

콜백 기반의 이벤트 주도 프로그래밍의 예시는 앞서 tkinter 라이브러리를 이용해 작성한 그래픽 애플리케이션에서 함께 다루었다(7.2.2절 참조). 애플리케이션에서 사용했던 코드 중 한 행을 다시 살펴보자.

```
zen_button = Button(root, text="Python Zen", command=show_zen)
```

Button 클래스의 이전 초기화에서는 show_zen() 함수를 버튼이 눌리면 호출하도록 정의한다. 이벤트는 암묵적이다. show_zen() 콜백(tkinter에서는 콜백을 **커맨드**command라 부른다)은 이벤트를 설명하는 어떤 객체도 받지 않는다. 이벤트 핸들러를 붙이는 책임은 이벤트 이미터가 가지므로 이해가 된다. 여기에서는 zen_button 인스턴스가 이미터다. 이벤트 핸들러는 이벤트가 실제로 어디에서 발생한 것인지는 거의 신경 쓰지 않는다.

콜백 기반 이벤트 주도 프로그래밍의 일부 구현에서는 이벤트 이미터와 이벤트 핸들러 사이의 바인딩은 별도의 단계이며, 이벤트 이미터를 초기화한 뒤 수행될 수 있다. 이런 바인딩 스타일은 tkinter에서도 이용할 수 있지만 가공되지 않은 사용자 인터랙션 이벤트에 한해서만 적용할 수 있다. 다음은 이전 tkinter 애플리케이션을 업데이트한 코드에서 발췌했으며, 방금 설명한 이벤트 바인딩 스타일을 사용했다.

```
def main_window(root: Tk):
    frame = Frame(root)
    frame.pack()

    zen_button = Button(frame, text="Python Zen")
    zen_button.bind("<ButtonRelease-1>", show_zen)
    zen_button.pack(side=LEFT)

def show_zen(event):
    messagebox.showinfo("Zen of Python", this.s.translate(rot13))
```

이 예시에서 이벤트는 더 이상 암묵적이지 않다. 따라서 show_zen() 콜백은 이벤트 객체를 받을 수 있어야 한다. 이벤트 인스턴스는 사용자 인터랙션에 관한 기본적인 정보(마우스 커서의 위치, 이벤트 발생 시간, 이벤트 관련 위젯 등)를 포함한다. 여기에서 중요한 점은 이런 이벤트 바인딩이 여전히 유니캐스트unicast 방식이라는 점이다. 다시 말해 한 객체에서 방출된 하나의 이벤트는 하나의 콜백에만 연결될 수 있다. 동일한 핸들러를 여러 이벤트/객체에 연결할 수는 있지만, 하나의 소스에서 발생되는 하나의 이벤트는 오로지 하나의 콜백에만 연결될 수 있다. bind() 메서드를 이용해 새로운 콜백을 붙이면 이전 연결을 오버라이딩한다.

콜백 기반 이벤트 주도 프로그래밍의 이런 유니캐스트 특성은 애플리케이션 컴포넌트를 강하게 결합시키는 명확한 한계를 갖는다. 세세하게 구현된 여러 핸들러를 단일 이벤트로 연결하지 못한다는 것은 모든 핸들러가 하나의 이미터에 서비스를 제공하도록 특화되어야 한다는 것이며 다른 타입의 객체에 연결되지 못한다는 것을 의미한다.

주체 기반 스타일은 이벤트 이미터와 이벤트 핸들러 사이의 관계를 뒤집은 것이다. 다음 절에서 이에 관해 살펴본다.

7.3.2 주체 기반 스타일

주체 기반 스타일 이벤트 주도 프로그래밍은 유니캐스트 콜백 기반 이벤트 핸들링을 확장한 것이다. 이벤트 이미터(주체subject)는 다른 객체들이 이벤트에 대한 알림을 구독/등록할 수 있게 한다. 이벤트 이미터들은 이벤트 발생 시 호출할 함수나 메서드 목록을 저장하고 있다는 점에서 실제로 이는 콜백 기반 스타일과 매우 유사하다.

주체 기반 이벤트 프로그래밍에서는 그 초점이 이벤트 자체가 아닌 주체(이벤트 이미터)에 있다. 이 스타일을 가진 가장 일반적인 산출물은 **옵저버 디자인 패턴**observer design pattern(관찰자 디자인 패턴)이다.

간단히 말하면 옵저버 디자인 패턴은 두 개의 객체 클래스인 옵저버observer와 주체(**옵저버블**observable이라 불리기도 한다)로 구성된다. 주체 인스턴스는 Observer 인스턴스 목록을 가진 객체이며, Observer 인스턴스는 Subject 인스턴스에서 발생한 일에 흥미를 갖는다. 다시 말해 Subject는 이벤트 이미터, Observer는 이벤트 핸들러다.

옵저버 디자인 패턴을 이용해 일반적인 인터페이스를 정의할 때는 다음과 같이 추상 베이스 클래스를 생성하면 된다.

```python
from abc import ABC, abstractmethod

class ObserverABC(ABC):
    @abstractmethod
    def notify(self, event): ...
```

```
class SubjectABC(ABC):
    @abstractmethod
    def register(self, observer: ObserverABC): ...
```

ObserverABC 서브클래스의 인스턴스가 이벤트 핸들러가 된다. SubjectABC 서브 클래스 인스턴스의 register() 메서드를 이용해 이들을 주제 이벤트의 옵저버로 등록할 수 있다. 이 디자인의 흥미로운 점은 컴포넌트 사이의 멀티캐스트multicast 통신을 할 수 있다는 점이다. 하나의 옵저버는 여러 주제에 등록될 수 있고, 하나의 주체는 여러 구독자subscriber를 가질 수 있다.

이 메커니즘의 잠재력을 보다 잘 이해하기 위해 좀 더 실용적인 예시를 만들어보자. 여기에서는 grep 과 유사한 유틸리티를 대략적으로 구현한다. 이 유틸리티는 재귀적으로 파일시스템을 스캔하면서 지정한 문자열을 포함한 파일을 찾는다. 내장 glob 모듈을 이용해 파일시스템을 재귀적으로 이동하고, re 모듈을 이용해 정규 표현식을 매칭한다.

이 프로그램의 핵심인 Grepper 클래스는 SubjectABC의 서브클래스다. 옵저버 등록과 알림에 사용할 기본 뼈대부터 정의해보자.

```
class Grepper(SubjectABC):
    _observers: list[ObserverABC]

    def __init__(self):
        self._observers = []

    def register(self, observer: ObserverABC):
        self._observers.append(observer)

    def notify_observers(self, path):
        for observer in self._observers:
            observer.notify(path)
```

구현 자체는 매우 단순하다. __init__() 함수는 빈 옵저버 리스트를 초기화한다. 모든 새로운 Grepper 인스턴스는 옵저버를 갖지 않고 시작한다. register() 메서드는 SubjectABC 클래스에 추상 메서드로 정의되어 있으므로 이 메서드를 실제로 구현해야 한다. 이 메서드를 이용해야만 주체의 상태에 새로운 옵저버를 추가할 수 있다. 마지막 notify_observers() 메서드는 지정된 이벤트를 모든 등록된 옵저버에게 전달한다.

뼈대를 만들었으므로 실제로 동작할 Grepper.grep() 메서드를 정의한다.

```python
from glob import glob
import os.path
import re

class Grepper(SubjectABC):  ·
    ...

    def grep(self, path: str, pattern: str):
        r = re.compile(pattern)

        for item in glob(path, recursive=True):
            if not os.path.isfile(item):
                continue

            try:
                with open(item) as f:
                    self.notify_observers(("opened", item))
                    if r.findall(f.read()):
                        self.notify_observers(("matched", item))
            finally:
                self.notify_observers(("closed", item))
```

glob(pattern, recursive=True) 함수를 이용하면 재귀적으로 파일시스템 경로를 glob 패턴으로 탐색할 수 있다. 사용자마다 할당된 위치의 파일에 대해 이를 반복해서 사용한다. 실제 파일 내용을 검색할 때는 re 모듈에서 제공하는 정규 표현식을 이용한다.

이 시점에서는 가능한 옵저버 유스케이스가 무엇인지 알 수 없으므로 다음 세 가지 이벤트를 방출한다.

- "opened": 새로운 파일이 열렸을 때 방출된다.
- "matched": Grepper가 파일 안에서 일치를 발견했을 때 방출된다.
- "closed": 파일이 닫혔을 때 방출된다.

이 클래스를 observers.py 파일에 저장하고 다음 코드를 마지막으로 추가한다. 이 코드는 입력 인수를 이용해 Grepper 클래스를 초기화한다.

```python
import sys

if __name__ == "__main__":
    if len(sys.argv) != 3:
        print("usage: program PATH PATTERN")
        sys.exit(1)
```

```
grepper = Grepper()
grepper.grep(sys.argv[1], sys.argv[2])
```

obserers.py 프로그램은 파일을 검색하기는 하지만 아직은 결과를 눈에 보이게 표시하지 않는다. 어
떤 파일 내용이 정규 표현과 일치하는지 찾고 싶다면, "matched" 이벤트에 응답할 수 있는 구독자를
만들도록 코드를 수정해야 한다. 다음은 Presenter 구독자의 예시로 간단하게 "matched" 이벤트와
관련된 파일의 이름을 출력한다.

```
class Presenter(ObserverABC):
    def notify(self, event):
        event_type, file = event
        if event_type == "matched":
            print(f"Found in: {file}")
```

다음은 Grepper 클래스 인스턴스에 이를 추가한 예시다.

```
if __name__ == "__main__":
    if len(sys.argv) != 3:
        print("usage: program PATH PATTERN")
        sys.exit(1)

    grepper = Grepper()
    grepper.register(Presenter())
    grepper.grep(sys.argv[1], sys.argv[2])
```

이 챕터의 샘플 코드에서 grep 문자열을 포함한 예시를 검색할 때는 나음과 같이 프로그램을 호출한다.

```
$ python observers.py 'Chapter 7/**' grep
Found in: Chapter 7/04 - Subject-based style/observers.py
```

이 디자인 패턴의 가장 주요한 장점은 확장성extensibility다. 새로운 옵저버를 추가함으로써 이 애플리
케이션을 쉽게 확장할 수 있다. 예를 들어 열려 있는 모든 파일을 추적하고 싶다면 열린 파일과 닫힌
파일을 기록하는 특별한 Auditor 구독자를 만들면 된다. 이 구독자를 구현하는 코드는 다음과 같이
간단하다.

```
class Auditor(ObserverABC):
    def notify(self, event):
```

```
        event_type, file = event
        print(f"{event_type:8}: {file}")
```

옵저버는 주체와 강하게 연결되지 않으며, 이들에게 전달되는 이벤트 특성에 관한 최소한의 내용만 가정한다. 다른 매칭 메커니즘(예를 들어 re 모듈을 이용한 정규 표현식 대신 glob 유사 패턴을 이용하는 fnmatch 모듈을 사용하는 등)을 이용하고 싶다면 완전히 새로운 주체 클래스에 기존 옵저버를 등록해 재사용할 수 있다.

주체 기반 이벤트 프로그래밍을 이용하면 컴포넌트를 느슨하게 결합할 수 있기 때문에 애플리케이션 모듈성이 향상된다. 안타깝지만 이벤트에서 주체로 초점을 옮기는 것은 부담이 될 수도 있다. 위 예시에서 옵저버들은 Subject 클래스가 방출하는 모든 이벤트에 대한 알림을 받게 된다. 특정한 타입의 벤트만이 등록할 수는 없으며, Presenter 클래스가 "matched" 이외의 이벤트를 어떻게 걸러내는지는 앞에서 이미 확인했다.

옵저버가 자신이 받는 모든 이벤트를 필터링하거나, 주체가 옵저버에게 소스 중 특정 이벤트를 등록하게 해주든가 둘 중 하나다. 첫 번째 접근 방식은 각 구독자들이 걸러내야 하는 이벤트의 수가 많다면 매우 비효율적이다. 두 번째 접근 방법은 옵저버 등록과 이벤트 디스패치 과정을 극도로 복잡하게 만들 것이다.

핸들러의 섬세한 점진성과 멀티캐스트 특성이 있지만, 주체 기반 스타일 이벤트 프로그래밍 접근 방식은 콜백 기반 접근 방식보다 애플리케이션 컴포넌트를 느슨하게 결합하지는 않는다. 따라서 이런 접근 방법은 대규모 애플리케이션의 전체적인 아키텍처보다는 특정한 문제를 해결하는 도구로 사용하는 것이 좋다.

이는 주체에 초점을 두기 때문이다. 핸들러는 관찰하는 주체에 대해 여러 가지 가정을 유지해야만 한다. 또한 이런 스타일(옵저버 디자인 패턴)을 구현할 때는 옵저버와 주체 모두가 어느 지점인가에서는 동일한 콘텍스트를 가져야 한다. 다시 말해, 옵저버는 방출되는 이벤트가 있어야만 해당 이벤트에 자신을 등록(구독)할 수 있다.

다행히도 이벤트 주도 프로그래밍 스타일 중에는 대규모 애플리케이션의 느슨한 결합을 촉진하도록 세세하게 다듬어진 멀티캐스트 이벤트를 처리하는 것도 있다. 토픽 기반 스타일topic-based style이 그것이며, 이는 주체 기반 이벤트 프로그래밍이 자연스럽게 발전한 것이다.

7.3.3 토픽 기반 스타일

토픽 기반 이벤트 프로그래밍은 소프트웨어 컴포넌트 사이에서 전달되는 이벤트 유형에 초점을 두며, 이는 이미터-핸들러 관계 어떤 쪽으로도 치우치지 않는다. 토픽 기반 이벤트 프로그래밍은 이전 스타일(즉, 주체 기반 이벤트 프로그래밍)을 일반화한 것이다. 토픽 기반 스타일로 작성된 이벤트 주도 애플리케이션은 컴포넌트(클래스, 객체, 함수 등)가 이벤트를 방출하거나 이벤트 타입을 구독할 수 있게 함으로써 이미터-핸들러 중 한쪽에 위치하는 관계를 완전히 무시한다.

다시 말해 핸들러는 특정한 이벤트 타입을 방출하는 이미터가 없어도 해당 이벤트 타입에 등록될 수 있으며, 이미터는 방출하는 이벤트 타입의 구독자가 없어도 방출할 수 있다. 이 스타일의 이벤트 주도 프로그래밍에서 이벤트는 이미터/핸들러와는 별개로 정의되는 1급 시민first-class citizen이다. 이런 이벤트들은 전용 클래스로 주어지거나 제네릭 Event 클래스의 글로벌 싱글턴 인스턴스다. 따라서 핸들러는 이벤트를 방출하는 객체가 없더라도 해당 이벤트를 구독할 수 있다.

선택한 프레임워크나 라이브러리에 따라 옵저버블 이벤트 타입/클래스를 캡슐화하는 데 이용하는 추상화의 이름은 다양하다. 유명한 것으로는 **채널 토픽 시그널** 등이 있다. 특히 시그널이라는 용어를 많이 사용하기 때문에 이런 프로그래밍 스타일을 **시그널 주도 프로그래밍**signal-driven programming이라 부르기도 한다. 시그널은 Django(웹 프레임워크), Flask(웹 마이크로프레임워크), SQLAlchemy(데이터베이스 ORM), Scrapy(웹 크롤링/스크레이핑 프레임워크) 등에서 찾아볼 수 있다.

놀랍게도 성공적인 파이썬 프로젝트들은 자체 시그널링 프레임워크를 만들지 않고, 이미 존재하는 전용 라이브러리를 이용했다. 파이썬에서 가장 유명한 시그널링 라이브러리는 blinker이다. blinker는 광범위한 파이썬 버전 호환성으로 유명하며(파이썬 2.4 이상, 파이썬 3.0 이상, Jython 2.5 이상, PyPy 1.6 이상), 매우 간결한 API를 제공하므로 대부분의 프로젝트에서 사용할 수 있다.

blinker는 이름을 가진 시그널named signal 개념을 기반으로 구축되었다. 새로운 시그널의 정의를 만들 때는 그저 signal(name) 생성자를 사용하면 된다. 동일한 이름값을 이용해 signal() 컨스터럭터에 대한 두 개의 분리된 호출은 동일한 시그널 객체를 반환한다. 이를 이용하면 시점과 관계없이 쉽게 시그널을 참조할 수 있다. 다음은 SelfWatch 클래스의 예시다. 이 클래스는 이름 있는 시그널을 이용해 새로운 형제sibling가 생성될 때마다 자신의 인스턴스들에게 알림을 보낸다.

```
import itertools

from blinker import signal

class SelfWatch:
```

```
    _new_id = itertools.count(1)

    def __init__(self):
        self._id = next(self._new_id)
        init_signal = signal("SelfWatch.init")
        init_signal.send(self)
        init_signal.connect(self.receiver)

    def receiver(self, sender):
        print(f"{self}: received event from {sender}")

    def __str__(self):
        return f"<{self.__class__.__name__}: {self._id}>"
```

위 코드를 topic_based_events.py 파일에 저장한다. 다음 인터랙티브 세션의 결과는 SelfWatch 클래스의 새로운 인스턴스가 초기화에 관한 정보를 그 형제들에게 어떻게 알리는지를 보여준다.

```
# >>> from topic_based_events import SelfWatch
# >>> selfwatch1 = SelfWatch()
# >>> selfwatch2 = SelfWatch()
# <SelfWatch: 1>: received event from <SelfWatch: 2>
# >>> selfwatch3 = SelfWatch()
# <SelfWatch: 2>: received event from <SelfWatch: 3>
# <SelfWatch: 1>: received event from <SelfWatch: 3>
# >>> selfwatch4 = SelfWatch()
# <SelfWatch: 2>: received event from <SelfWatch: 4>
# <SelfWatch: 3>: received event from <SelfWatch: 4>
# <SelfWatch: 1>: received event from <SelfWatch: 4>
```

blinker 라이브러리의 또 다른 흥미로운 피처들은 다음과 같다.

- **익명 시그널**anonymous signal: 인수가 없이 signal()을 호출하면 새로운 익명 시그널을 만든다. 이 시그널을 모듈 변수 또는 클래스 속성으로 저장하면 문자열 리터럴의 오타 또는 우발적인 시그널 이름 충돌을 피할 수 있다.

- **주체 인식 구독**subject-aware subscription: signal.connect() 메서드를 이용하면 특정한 송신자 sender를 선택할 수 있다. 이를 활용하면 토픽 기반 디스패칭을 한 뒤 주체 기반 이벤트 디스패칭을 할 수 있다.

- **시그널 데커레이터**signal decorator: signal.connect() 메서드를 데커레이터로 이용할 수 있다. 이를 활용하면 코드 양을 줄이고 코드 베이스에서 이벤트 핸들링을 보다 명확하게 만들 수 있다.

- **시그널 내 데이터**data in signal: singal.send() 메서드는 연결된 핸들러에 전달할 임의의 키워드 인수를 받는다. 이를 활용하면 시그널을 메시지 전달 메커니즘처럼 이용할 수 있다.

토픽 기반 이벤트 주도 프로그래밍에서 매우 흥미로운 점 하나는 컴포넌트 사이의 주체-의존 관계 subject-dependent relation를 강제하지 않는다는 점이다. 관계의 양쪽은 상황에 따라 이벤트 이미터가 될 수도 이벤트 핸들러가 될 수도 있다. 이런 이벤트 핸들링 방식은 단지 통신 메커니즘일 뿐이다. 이 메커니즘 때문에 주체 기반 이벤트 프로그래밍은 아키텍처 패턴에서 좋은 선택이 된다.

소프트웨어 컴포넌트 사이의 느슨한 결합은 작은 규모의 점진적 변화를 가능하게 한다. 또한 이벤트 시스템을 통해 내부적으로 느슨하게 결합된 애플리케이션 프로세스는 메시지 큐를 이용해 통신하는 여러 서비스로 쉽게 나눌 수 있다. 이를 활용하면 이벤트 주도 애플리케이션을 분산된 이벤트 주도 아키텍처로 전환할 수 있다. 다음 절에서는 이벤트 주도 아키텍처event-driven architecture에 관해 자세히 살펴본다.

7.4 이벤트 주도 아키텍처

이벤트 주도 애플리케이션에서 이벤트 주도 아키텍처로 넘어오는 데는 큰 노력이 들지 않는다. 이벤트 주도 프로그래밍을 이용하면 애플리케이션을 격리된 컴포넌트로 분리할 수 있으며, 이 컴포넌트들은 서로 이벤트와 시그널을 교환하는 방식으로만 통신할 수 있다. 이 작업을 이미 했다면 애플리케이션이 동일한 작업을 수행하는 서비스로 분리할 수 있을 것이다. 하지만 이벤트는 모종의 **프로세스 간 통신**inter-process communication, IPC 또는 다른 네트워크를 통해 전달할 수 있다.

이벤트 주도 아키텍처는 이벤트 주도 프로그래밍의 개념을 서비스 간 통신 레벨로 옮긴 것이다. 이런 아키텍처를 고려해야 하는 여러 좋은 이유가 있다.

- **확장성**scaliability**과 리소스 효율화**resource utilization: 작업량을 순서에 의존하지 않는 여러 이벤트로 나눌 수 있다면, 이벤트 주도 아키텍처를 이용해 많은 컴퓨팅 노드(호스트)에 해당 작업을 손쉽게 분배할 수 있다. 특정한 시점에 시스템에서 처리되어야 하는 이벤트 수에 맞춰 컴퓨팅 파워의 양을 동적으로 조절할 수 있다.
- **느슨한 결합**loose coupling: 큐를 통해 통신하는 많은(가급적 작은) 서비스들로 구성된 시스템은 모놀리식monolithic 시스템보다 느슨하게 결합되어 있는 경향을 보인다. 느슨한 결합은 시스템 아키텍처를 점진적으로 변화시키고 꾸준히 변화시키기 쉽다.
- **실패 탄력성**failure resiliency: 적절한 이벤트 전송 기법(내장 메시지 지속성을 이용한 분산된 메시지 큐

등)을 갖춘 이벤트 주도 시스템은 일시적인 문제들로부터 더욱 잘 복원된다. Kafka, RabbitMQ 같은 모던 메시지 큐들은 메시지가 최소한 한 수신자에게 항상 전달되는 것과 함께 예기치 않은 에러가 발생되더라도 메시지가 재전송됨을 보장하는 다양한 방법을 제공한다.

이벤트 주도 아키텍처는 비동기적으로 처리되어야 하는 문제, 예를 들면 파일 처리, 파일/이메일 전달 등 정기적이거나 예정된 이벤트(cron 작업 등)로 처리되어야 하는 시스템에 이용하기 적합하다. 파이썬에서는 작업량을 여러 독립적인 프로세스로 나눔으로써 CPython 인터프리터의 성능 제한(6장에서 설명했던 GIL 등)을 극복하는 방법으로도 사용된다.

마지막으로 이벤트 주도 아키텍처는 본질적으로 서버리스 컴퓨팅serverless computing에 적합한 것으로 보인다. 클라우드 컴퓨팅 실행 모델에서 인프라스트럭처에 신경 쓰지 않아도 되고 컴퓨팅을 위한 요소들을 구입할 필요도 없다. 모든 확장 및 인프라스트럭처 관리는 클라우드 서비스 운영자에 맡기며 단지 실행 코드를 그들에게 전달할 뿐이다. 이런 서비스의 비용은 작성한 코드가 실제 사용한 리소스양에 기반해 산정된다. 가장 두드러진 서버리스 컴퓨팅 서비스는 **FaaS**Function-as-a-Service이며, 이는 이벤트에 대한 응답으로 작은 단위의 코드(함수)를 실행한다.

다음 절에서는 메시지 큐message queue에 관해 자세히 살펴본다. 메시지 큐는 이벤트 기반 아키텍처 대부분의 근간을 형성한다.

7.4.1 이벤트와 메시지 큐

대부분의 이벤트 주도 프로그래밍을 단일 프로세스로 구현한 것에서는 이벤트들이 발생하자마자 처리하며 일반적으로 순차적인 방식으로 처리된다. GUI 애플리케이션의 콜백 기반 스타일이든 `blinker` 라이브러리의 스타일을 완전히 갖춘 시그널링이든, 이벤트 주도 애플리케이션은 일반적으로 이벤트와 이를 실행하는 핸들러의 목록의 매핑을 유지한다.

분산된 애플리케이션에서 이런 정보 전달 방식은 일반적으로 요청–응답request-response 통신 모델을 통해 구현한다. 요청–응답은 서비스 사이의 명확한 양방향의 동기 커뮤니케이션 방법이다. 이는 명확히 단순한 이벤트 핸들링의 기반이 되지만 대규모 또는 복잡한 시스템에서는 효율이 떨어진다는 많은 단점도 가지고 있다. 요청–응답 통신의 가장 큰 문제는 컴포넌트 사이에 매우 강력한 결합이 만들어진다는 점이다.

- 모든 통신하는 컴포넌트들은 의존하는 서비스를 특정할 수 있어야 한다. 즉 이벤트 이미터들은 네트워크 핸들러의 네트워크 주소를 알아야만 한다.

- 구독은 이벤트를 방출하는 서비스에서 직접 일어난다. 즉 완전히 새로운 이벤트 커넥션을 만들기 위해서는 일반적으로 하나 이상의 서비스를 수정해야 한다.

- 통신을 하는 양측이 통신 프로토콜과 메시지 포맷에 합의해야 한다. 이는 잠재적인 변경을 보다 복잡하게 만든다.

- 이벤트를 방출하는 서비스는 의존하는 서비스로부터의 응답으로 인한 발생할 수 있는 에러를 처리해야 한다.

- 요청-응답 통신은 종종 비동기적인 방법으로 쉽게 다룰 수 없다. 즉 요청-응답 통신 시스템 위에 만들어진 이벤트 주도 아키텍처는 병행 프로세싱 흐름의 이점을 거의 얻을 수 없다.

이런 이유로 이벤트 주도 아키텍처는 일반적으로 요청-응답 사이클보다는 메시지 큐의 개념을 이용해서 구현한다. 메시지 큐는 통신 메커니즘의 하나로 전용 서비스 또는 라이브러리의 형태를 가지며, 이들은 메시지와 해당 메시지의 의도된 전달 메커니즘에만 초점을 둔다. 이는 다양한 파티들 사이에서 통신 허브처럼 작동할 뿐이다. 반면 요청-응답 흐름에서는 통신에 참여하는 양측이 서로 알아야 하며 정보를 교환하는 동안 '살아 있어야alive' 한다.

전형적으로 새로운 메시지를 메시지 큐에 쓰는 작업은 빠르게 진행된다. 구독자 측에서의 즉각적인 행동(콜백)이 실행될 필요가 없기 때문이다. 또한 이벤트 이미터는 메시지를 방출할 때 독자들이 실행되어 있을 것을 요구하지 않는다. 그리고 비동기 메시징은 실패 탄력성을 높인다. 반면 요청-응답 모델에서는 의존적인 서비스들이 항상 이용 가능해야 하며, 동기적인 이벤트의 처리는 많은 프로세싱 지연을 야기할 수 있다.

메시시 큐를 이용하면 서비스들을 느슨하게 결합할 수 있다. 메시지 큐는 이벤트 이미터와 핸들러를 서로 격리한다. 이벤트 이미터는 메시지를 직접 큐로 발행하므로 다른 서비스가 해당 이벤트를 듣고 있는지 신경 쓰지 않는다. 마찬가지로 이벤트 핸들러는 이벤트를 큐로부터 직접 소비하므로 누가 이벤트를 방출했는지 신경 쓰지 않는다(때때로 이벤트 이미터에 관한 정보가 중요하기도 하지만, 이런 경우에는 해당 정보가 전달된 메시지 자체 또는 메시지 라우팅 메커니즘에 포함된다). 이런 통신 흐름에서는 이벤트 이미터와 이벤트 핸들러 사이에 직접적인 동기 커넥션이 존재하지 않으며, 모든 정보의 교환은 큐를 통해서만 이루어진다.

특정 상황에서 이런 디커플링은 극단적으로 이루어질 수도 있다. 단일 서비스는 외부 큐 메커니즘을 통해서만 자신과 통신할 수 있다. 이는 그리 놀랍지 않다. 왜냐하면 메시지 큐를 이용하는 것은 로킹locking을 회피하면서 스레드 간 통신을 수행하는 훌륭한 방법이기 때문이다(6장 참조).

메시지 큐(특히, 전용 서비스의 형태일 때)는 느슨한 결합 외에도 추가적인 여러 기능을 제공한다.

- **지속성**persistence: 대부분의 메시지 큐들은 메시지 지속성을 제공한다. 즉 메시지 큐가 죽더라도 메시지는 사라지지 않는다.

- **재시도**retrying: 많은 메시지 큐들은 메시지 전달/처리 확인message delivery/processing confirmation 을 지원하므로 이를 활용하면 전달에 실패한 메시지에 대한 재전송 메커니즘을 정의할 수 있다. 메시지 지속성의 도움으로 메시지가 성공적으로 제출되는 것을 보장할 수 있으며, 메시지는 심지어 네트워크나 서비스가 실패한 경우에도 결과적으로 처리된다.

- **본질적 동시성**natural concurrency: 메시지 큐는 본질적으로 병행이다. 다양한 메시지 분배 구문과 함께(팬 아웃fan-out 및 라운드 로빈round-robin 등) 대규모로 확장 및 분산 가능한 아키텍처의 훌륭한 기반이기도 하다.

메시지 큐를 실질적으로 구현할 때는 주요 아키텍처를 다음과 같이 2개로 나눌 수 있다.

- **중개자가 있는 메시지 큐**brokered message queue: 한 서비스(또는 서비스 클러스터)가 이벤트를 받고 배포하는 책임을 맡는다. 중개자broker가 있는 오픈소스 메시지 큐 시스템의 가장 일반적인 예시로 RabbitMQ와 Apache Kafka를 들 수 있다. 유명한 클라우드 기반 서비스로는 Amazon SQS가 있다. 이 시스템 유형은 메시지 지속성과 내장 메시지 전달 구문 측면에서 가장 강력하다.

- **중개자가 없는 메시지 큐**brokerless message queue: 오로지 프로그래밍 라이브러리만을 이용해서 구현된다. 중개자가 없는 메시지 큐 라이브러리로 유명한 것은 ZeroMQ(ØMQ 또는 zmq라고 표기하기도 함)다. 중개자가 없는 메시징 라이브러리들은 운영의 단순함(중앙화된 서비스나 유지보수할 서비스 클러스터를 갖지 않음)과 미래의 완결성 및 복잡성(서비스의 내부를 구현하기 위해 필요한 지속성과 복잡한 메시지 전달 등)을 교환한다.

두 가지 유형의 메시징 접근 방식 모두 장단점이 있다. 중개자가 있는 메시지 큐에서는 인프라스트럭처에서 실행되는 오픈소스 큐를 유지보수하는 추가 서비스가 필요하거나 클라우드 기반 서비스를 이용한다면 클라우드 이용 비용을 지불해야 한다. 이런 메시징 시스템은 빠른 속도로 아키텍처의 핵심적인 부분이 될 것이다. 높은 가용성을 염두에 두고 설계하지 않는다면 이런 중앙 메시지 큐는 전체 시스템 아키텍처의 유일한 실패 지점이 될 수 있다. 아무튼 모던 큐 시스템들은 즉시 사용할 수 있는 많은 피처를 제공하며 적절한 환경 설정이나 적은 수의 API 호출만으로 코드에 통합할 수 있다. AMQP 표준을 이용하면 테스팅을 위해 로컬 애드혹 큐를 매우 쉽게 실행할 수도 있다.

중개자가 없는 메시징을 이용하면 통신이 훨씬 분산된다. 다시 말해서 시스템 아키텍처는 메시지 서비스 또는 클러스터에 의존하지 않는다. 심지어 일부 서비스가 죽더라도 나머지 시스템은 여전히 통신을 할 수 있다. 이 접근 방식의 단점은 메시지 지속성, 전달/처리 확인, 전달 재시도, 네트워크 단절과 같은 복잡한 네트워크 실패 시나리오를 직접 처리해야 한다는 점이다. 이런 것들이 필요하다면 해당 기능들을 서비스에 직접 구현하거나 중개자가 없는 메시징 라이브러리들을 이용해 여러분이 직접 메시징 브로커를 만들어야 한다. 대규모의 분산 애플리케이션의 경우에는 이미 충분히 증명된 메시지 브로커를 사용하는 것이 낫다.

이벤트 주도 아키텍처는 모듈성과 대규모 애플리케이션의 소규모 서비스로의 분할을 촉진한다. 이 또한 장단점이 있다. 큐를 매개로 통신하는 컴포넌트가 많을수록 애플리케이션 디버그와 정확한 동작의 이해가 어려워질 수 있다.

한편 격정의 분리separations of concerns, 도메인 격리domain isolation, 공식적인 통신 계약 이용 등의 좋은 시스템 아키텍처들을 이용해 전체 아키텍처를 개선하고 별도 컴포넌트를 더욱 쉽게 개발할 수 있게 될 것이다.

> **TIP** 공식 통신 계약을 생성하는 데 초점을 두는 표준 예시들은 OpenAPI와 AsyncAPI를 포함한다. 이들은 YAML 기반의 명세 언어specification language이며 애플리케이션 통신 프로토콜과 스키마의 명세를 정의한다. 이에 관한 더 많은 정보는 https://swagger.io/specification/과 https://www.asyncapi.com을 참조한다.

7.5 요약

이번 장에서는 이벤트 주도 프로그래밍의 요소를 살펴봤다. 가장 일반적인 예시와 이벤트 주도 프로그래밍 예시를 이용해 이 프로그래밍 패러다임에 좀 더 친숙해졌다. 그리고 이벤트 주도 프로그래밍의 세 가지 스타일(**콜백 기반 스타일**, **주체 기반 스타일**, **토픽 기반 스타일**)에 관해 자세히 살펴봤다. 다양한 이벤트 주도 디자인 패턴과 프로그래밍 기법이 존재하지만 이들은 모두 이 세 가지 스타일로 구분할 수 있다. 이번 장의 마지막 부분에서는 이벤트 주도 프로그래밍 아키텍처에 초점을 맞췄다.

이번 장을 끝으로 소위 '아키텍처와 디자인'이라 불리는 것들에 대한 설명을 마쳤다. 다음 장부터는 아키텍처, 디자인 패턴, 프로그래밍, 패러다임에 관해 설명하기보다는 파이썬의 내부 및 진보된 구문 피처들에 대해 더 많이 살펴볼 것이다.

다음 장에서는 파이썬의 메타프로그래밍에 관해 살펴본다. 프로그램을 데이터로 다루고, 스스로를 분석하고, 런타임에 스스로 수정하는 프로그램을 작성하는 방법을 메타프로그래밍이라 부른다.

메타프로그래밍 요소들

메타프로그래밍metaprogramming은 프로그램이 스스로를 검사introspect/이해/수정하는 데 초점을 두는 프로그래밍 기법의 총합이다. 이런 프로그래밍 접근 방식을 이용하면 많은 능력과 유연함을 얻을 수 있다. 메타프로그래밍 기법이 없다면, 아마도 모던 프로그래밍 프레임워크는 탄생하지 않았을 것이다. 아니, 탄생했다 하더라도 그 표현력이 훨씬 저하되었을 것이다.

'메타프로그래밍'이라는 용어는 종종 비밀에 둘러싸인 듯한 아우라를 풍긴다. 많은 프로그래머는 메타프로그래밍을 자신들의 코드를 소스 레벨에서 검사하고 조작하는 프로그램과 거의 일치해서 생각한다. 소스 코드를 스스로 조작하는 것은 분명 가장 눈에 띄고 복잡한 메타프로그래밍의 적용 예시이기는 하다. 그러나 메타프로그래밍의 형태는 다양하며 항상 복잡하거나 어려운 것은 아니다. 특히 파이썬은 특정한 메타프로그래밍 기법을 간단하고 자연스럽게 사용할 수 있도록 풍부한 피처와 모듈을 제공한다.

이번 장에서는 메타프로그램이 무엇인지 설명하고, 파이썬에서의 메타프로그래밍에 대한 몇 가지 실제적인 접근 방법을 제시한다. 함수/클래스 데커레이터 같은 간단한 메타프로그래밍 기법과 함께 클래스 인스턴스 생성 프로세스를 오버라이딩하는 보다 진보한 기법, 메타클래스 사용법 등을 살펴본다. 마지막으로 가장 강력하지만 위험한 메타프로그래밍 접근 방식인 코드 생성 패턴code generation pattern도 살펴본다.

이번 장에서는 다음과 같은 주제를 다룬다.

- 메타프로그래밍이란 무엇인가?
- 데커레이터를 이용해 함수를 사용하기 전 동작 수정하기
- 클래스 인스턴스 생성 프로세스 가로채기intercepting
- 메타클래스metaclass
- 코드 생성

파이썬 개발자들이 이용할 수 있는 메타프로그래밍 기법들을 살펴보기 전에 기술적 요구 사항부터 확인한다.

8.1 기술적 요구 사항

다음은 이번 장에서 이용하는 파이썬 패키지는 다음과 같다. PyPI를 통해 다운로드할 수 있다.

- `inflection`
- `macropy3`
- `falcon`
- `hy`

패키지 설치 방법은 2장을 참조한다.

이 장에서 이용하는 소스 코드 파일은 https://github.com/moseskim/Expert-Python-Programming-Fourth-Edition/tree/main/Chapter 8에서 다운로드할 수 있다.

8.2 메타프로그래밍이란 무엇인가?

메타프로그래밍에 대해 학술적으로는 훌륭한 정의를 찾을 수 있다. 하지만 이 책은 컴퓨터 과학 이론이 아닌 훌륭한 소프트웨어 장인정신을 이야기하는 책이므로 다음과 같이 비공식적으로 메타프로그래밍을 정의한다.

> 메타프로그래밍은 컴퓨터 프로그램을 작성하는 기법이다. 이 프로그램은 스스로를 데이터로 다룬다. 즉, 런타임에 자신을 검사하고 생성하며 수정할 수 있다.

이 정의를 이용하면 파이썬의 메타프로그래밍은 크게 두 가지 갈래로 나눌 수 있다.

- **검사 지향 메타프로그래밍**intropspct-oriented metaprogramming: 언어 자체 및 함수와 타입의 동적 정의와 같은 자연적인 검사 역량에 초점을 둔다.
- **코드 지향 메타프로그래밍**code-oriented metaprogramming: 코드를 가변 데이터 구조로 간주한다.

검사 지향 메타프로그래밍은 언어의 기본 요소(함수, 클래스 타입 등)에 대한 검사(내부 관찰) 능력과 실행 과정에서 이들을 생성 또는 수정할 수 있는 능력에 초점을 맞춘다. 파이썬은 이 영역에 대한 매우 많은 도구들을 지원한다. 파이썬 언어의 이런 피처들은 **통합 개발 환경**integrated development environment, IDE에서 자주 사용되며 실시간 코드 분석, 이름 제안 등을 제공한다. 파이썬에서의 언어 검사 피처에 가장 접근하기 쉬운 메타프로그래밍 도구는 데커레이터다. 이를 이용하면 기존 함수, 메서드, 클래스에 추가적인 기능을 더할 수 있다. 다음은 클래스의 스페셜 메서드이며, 이를 이용하면 클래스 인스턴스 생성 프로세스에 간섭할 수 있다. 가장 강력한 것은 메타클래스이며, 이를 이용하면 파이썬의 객체 지향 프로그래밍 구현 자체를 완전히 재설계할 수 있다.

코드 지향 메타프로그래밍을 이용하면 가공되지 않은 텍스트 포맷 또는 보다 프로그래밍적으로 접근할 수 있는 **추상화 구문 트리**abstract syntax tree, AST를 통해 코드에서 직접 작업할 수 있다. 이 두 번째 접근 방식은 물론 복잡하고 어렵지만 파이썬의 언어 문법을 확장하거나 **도메인 특화 언어**domain-specific language, DSL를 만드는 등의 매우 특별한 작업을 할 수 있다.

다음 절에서는 메타프로그래밍 콘텍스트에서의 데커레이터에 관해 살펴본다.

8.3 데커레이터를 이용해 함수의 행동을 사용 전 수정하기

데커레이터는 파이썬에서 가장 일반적인 검사 지향 메타프로그래밍 기법 중 하나다. 파이썬의 함수는 1급 객체이므로 런타임에 검사 및 수정할 수 있다. 데커레이터는 함수를 검사하고 수정하거나 다른 함수를 감싸는 특별한 함수다.

데커레이터의 문법은 4장에서 설명한 것처럼 사실 문법적 설탕이며, 기존 코드 객체에 추가 행동을 하도록 확장하는 함수로 사용하기 위한 것이다.

다음은 간단한 데커레이터 문법을 이용한 코드다.

```
@some_decorator
def decorated_function():
    pass
```

데커레이터는 다음과 같이 (보다 장황하게) 이용할 수도 있다.

```
def decorated_function():
    pass
decorated_function = some_decorator(decorated_function)
```

이 장황한 함수 데커레이션 형태는 데커레이터가 수행하는 동작을 명확하게 나타낸다. 데커레이터는 런타임에 함수 객체를 받아서 수정한다. 데커레이터는 일반적으로 새로운 함수 객체를 반환하고 기존에 앞서 존재하는 데커레이션된 함수 이름을 대체한다.

4장에서 이미 함수 데커레이터가 많은 디자인 패턴을 구현하는 데 반드시 필요한 것을 살펴봤다. 함수 데커레이터들은 데커레이션된 함수의 인수들을 가로채서 전처리하고, 반환값을 수정하고, 로깅이나 프로파일링 같은 추가적인 기능적 관점을 이용해 함수 호출 콘텍스트를 개선하거나 호출자의 인증/인가 여부를 평가한다.

다음은 functools 모듈의 @lru_cache 데커레이터를 이용한 코드 예시다.

```
from functools import lru_cache

@lru_cache(size=100)
def expensive(*args, **kwargs):
    ...
```

@lru_cache 데커레이터는 주어진 함수의 반환값 중 **가장 최근에 사용된 값**(last recently used, LRU)의 캐시를 생성한다. 전달된 함수 인수를 가로채서 가장 최근에 사용된 인수 십합의 목록과 비교한다. 일치하는 목록이 있으면 데커레이션된 함수를 호출하지 않고 캐시에서 해당 값을 반환한다. 일치하는 목록이 없으면 원래 함수가 호출되고 반환값은 캐시에 저장되어 미래에 이용된다. 위 예시에서 캐시는 최대 100개까지의 값을 저장한다.

@lru_cache를 사용하는 것 자체가 이미 메타프로그래밍 기법이라는 점은 매우 흥미롭다. 기존 코드 객체(예시에서는 expensive() 함수)를 얻어 그 행동을 수정한다. 또한 인수를 가로채서 그 값과 타입을 확인해 이들을 캐시할 수 있는지 결정한다.

좋은 소식이다. 4장에서 이미 데커레이터는 파이썬에서 비교적 쉽게 작성하고 사용할 수 있음을 알았다. 대부분의 경우 데커레이터를 이용하면 코드를 간결하고 읽기 쉬우며 유지보수하기 쉽게 만들 수 있다. 메타프로그래밍 기법으로 발을 내딛기에 완벽하다는 의미다. 이는 파이썬에서 이용할 수 있는 다른 메타프로그래밍 도구들의 경우 이해하고 숙달하는 데 조금 더 어려움을 느낄 수도 있다는 의미이기도 하다.

그럼 클래스 데커레이터에 관해 살펴보자.

8.3.1 한 단계 더: 클래스 데커레이터

파이썬에서 잘 알려지지 않은 문법 피처 중 하나는 클래스 데커레이터class decorator다. 이들의 문법과 구현은 함수 데커레이터의 그것과 완전히 같다. 유일한 차이점은 함수 객체가 아닌 클래스를 반환한다는 점이다.

앞에서 이미 몇 가지 클래스 데커레이터를 이용했다. 4장에서는 dataclasses 모듈의 @dataclass, 5장에서는 typing 모듈의 @runtime_checkable 클래스 데커레이터를 이용했다. 두 데커레이터는 모두 파이썬의 검사 기능에 의존하며 추가적인 동작을 하도록 기존 클래스를 개선한다.

- @dataclass 데커레이터는 클래스 속성 애너테이션을 검사하고 __init__() 메서드와 비교 프로토콜의 기본을 구현함으로써 보일러플레이트 코드의 반복적인 작성을 제거하는 데 도움을 준다. 이를 이용하면 커스텀 frozen 클래스를 불변 및 패시블 인스턴스로 만들어 딕셔너리 키로 활용할 수 있다.

- @runtime_checkable 데커레이터는 Protocol 서브클래스를 "runtime checkable"로 표시한다. 즉, Protocol 서브클래스의 인수와 반환값 애너테이션을 이용해 런타임에 다른 클래스가 protocol 클래스를 이용해 정의된 인터페이스를 구현할 수 있는지 결정한다.

역시 실습을 통해 클래스 데커레이터의 동작을 이해하는 것이 최선이다. @dataclass, @runtime_checkable 데커레이터는 내부적으로 다소 복잡하게 동작하므로 내부 코드를 들여다보기보다는 간단한 예시 코드를 만들어보면서 학습한다.

데이터 클래스의 훌륭한 피처 중 하나는 __repr__() 메서드의 기본 구현을 제공할 수 있다는 점이다. 이 메서드는 객체의 문자열 표현string representation을 반환하며 반환값은 인터랙티브 세션, 로그 및 표준 출력에서 표시할 수 있다.

커스텀 클래스에서의 __repr__() 메서드는 기본적으로 클래스 이름과 메모리 주소를 포함한다. 하지만 데이터 클래스에서는 해당 데이터 클래스의 개별 필드의 표현도 자동으로 포함한다. 우리가 만들려는 데이터 클래스 데커레이터는 모든 클래스에 비슷한 기능을 제공할 것이다.

먼저 하나의 함수를 작성해보자. 이 함수는 주어진 속성 리스트 중 표현할 것이 있다면 클래스 인스턴스를 사람이 읽을 수 있는 표현으로 출력한다.

```python
from typing import Any, Iterable

UNSET = object()

def repr_instance(instance: object, attrs: Iterable[str]):
    attr_values: dict[str, Any] = {
        attr: getattr(instance, attr, UNSET)
        for attr in attrs
    }
    sub_repr = ", ".join(
        f"{attr}={repr(val) if val is not UNSET else 'UNSET'}"
        for attr, val in attr_values.items()
    )
    return f"<{instance.__class__.__qualname__}: {sub_repr}>"
```

repr_instance() 함수는 attrs 인수로 제공된 모든 속성 이름에 대해 getattr() 함수를 이용해 인스턴스 속성을 탐색한다. 일부 인스턴스 속성들은 표현을 생성했을 때 설정되지 않은 상태일 수 있다. getattr() 함수는 속성이 설정되어 있지 않으면 None을 반환하지만 None 또한 유효한 속성값이므로 설정되지 않은 속성은 None과 구분해야 한다. 그래서 여기에서는 UNSET이라는 문지기sentinel 값을 설정했다.

TIP UNSET = objet()는 고유한 문지기 값을 설정하는 일반적인 패턴이다. 순수한 객체 타입 인스턴스는 그 자신과 is 연산자로 비교할 때만 True를 반환한다.

속성과 그 값들을 알면 이 함수는 f-strings를 이용해 클래스 인스턴스의 실제 표현을 만든다. 여기에는 attrs 인수에 정의된 개별 속성의 표현이 포함된다.

이런 표현을 커스텀 클래스에 자동으로 포함시키는 방법은 곧 살펴볼 것이다. 먼저 기존 객체를 다루는 방법을 확인해보자. 여기에서는 인터랙티브 세션에서 instance_repr()를 이용해 허수imaginary number의 표현을 얻어본다.

```
>>> repr_instance(1+10j, ["real", "imag"])
'<complex: real=1.0, imag=10.0>'
```

여기까지는 좋다. 하지만 이들을 출력하려면 객체 인스턴스를 명시적으로 전달해야 하고 출력 가능한 속성의 이름도 모두 알아야 한다. 이는 매우 불편한 방법이다. 클래스 구조가 변경될 때마다 repr_ instance()의 인수를 수정해야 하기 때문이다. 여기에서는 클래스 데커레이터를 만들어 repr_instance() 함수를 데커레이션된 클래스에 주입하게 할 것이다. 또한 클래스의 __annotations__ 속성에 저장된 클래스 속성 애너테이션을 이용해 표현에 포함시키고자 하는 어떤 속성을 결정한다. 다음은 이를 수행하는 데커레이터 코드다.

```python
def autorepr(cls):
    attrs = set.union(
        *(
            set(c.__annotations__.keys())
            for c in cls.mro()
            if hasattr(c, "__annotations__")
        )
    )

    def __repr__(self):
        return repr_instance(self, sorted(attrs))

    cls.__repr__ = __repr__
    return cls
```

그리 길지 않은 위 코드에는 4장에서 학습했던 많은 것들을 사용했다. 먼저 애너테이션된 속성의 목록을 얻는다. 이 목록은 클래스 **메서드 결정 순서**의 각 클래스 cls.__annotations__로부터 얻는다. 애너테이션은 베이스 클래스로부터 상속되지 않으므로 모든 MRO를 탐색해야 한다.

다음으로 클로저를 이용해 내부의 __repr__() 함수를 정의한다. 이 함수는 외부 스코프로부터 attrs 변수에 접근한다. 그리고 기존의 cls.__repr__() 메서드를 새로운 구현으로 오버라이드한다. 함수 객체는 이미 비데이터 디스크립터이기 때문에 이렇게 할 수 있다. 즉, 클래스 콘텍스트에서 이들은 메서드가 되며 단지 인스턴스 객체를 첫 번째 인수로 받는다.

이제 커스텀 인스턴스에 우리가 만든 데커레이터를 테스트할 수 있다. 앞에서 작성한 코드를 autorepr.py 파일에 저장하고, 간단한 클래스를 속성 애너테이션과 함께 정의하자. 이 클래스는 우리가 작성한 @autorepr 데커레이터로 데커레이션된다.

```python
from typing import Any

@autorepr
class MyClass:
    attr_a: Any
    attr_b: Any
```

```
    attr_c: Any

    def __init__(self, a, b):
        self.attr_a = a
        self.attr_b = b
```

세심하다면 아마도 attr_c 속성을 초기화하지 않은 것을 눈치챘을 것이다. 의도한 것이니 걱정하지
않아도 좋다. @autorepr를 이용해서 설정되지 않은 속성을 어떻게 다루는지 확인하려는 것이다. 파
이썬을 시작하고 클래스를 임포트해서 자동으로 생성된 표현의 내용을 확인해보자.

```
>>> from autorepr import MyClass
>>> MyClass("Ultimate answer", 42)
<MyClass: attr_a='Ultimate answer', attr_b=42, attr_c=UNSET>
>>> MyClass([1, 2, 3], ["a", "b", "c"])
<MyClass: attr_a=[1, 2, 3], attr_b=['a', 'b', 'c'], attr_c=UNSET>
>>> instance = MyClass(None, None)
>>> instance.attr_c = None
>>> instance
<MyClass: attr_a=None, attr_b=None, attr_c=None>
```

인터랙티브 파이썬 세션에서 실행한 위 예시는 @autorepr 데커레이터가 클래스 속성 애너테이션을
이용해 인스턴스 표현에 포함되어야 할 필드를 발견하는 방법을 보여준다. 또한 설정되지 않은 속성
을 명시적으로 None 값을 가지는 속성과 구분한다. 데커레이터는 재사용할 수 있으므로 새로운 __
repr__() 메서드를 직접 만들지 않고도 속성에 대한 타입 애너테이션을 가진 클래스에 이를 적용할
수 있다.

무엇보다 이 데커레이터는 지속적으로 유지보수할 필요가 없다. 추가적인 속성 애너테이션으로 클래
스를 확장하면 해당 속성은 자동으로 인스턴스 표현에 포함된다.

기존 클래스를 수정하는 것(**멍키 패칭**monky patching이라 부른다)은 클래스 데커레이터에서 사용되는 일
반적인 기법이다. 데커레이터를 이용해 기존 클래스를 개선하는 다른 방법은 클로저를 활용해 새로운
서브클래스를 필요할 때 생성하는 것이다. 서브클래싱 패턴을 이용해 예시를 다시 작성한다면 다음
과 같이 작성할 수 있다.

```
def autorepr(cls):
    attrs = cls.__annotations__.keys()

    class Klass(cls):
```

```
    def __repr__(self):
        return repr_instance(self, attrs)

    return Klass
```

클래스 데커레이터에 이런 방식으로 클로저를 사용할 때의 가장 큰 단점은 클래스 계층에 영향을 미친다는 것이다. 무엇보다 이 방식은 클래스의 `__name__`, `__qualname__`, `__doc__` 속성을 오버라이드한다. 우리가 다루는 예시의 경우 이는 의도한 기능도 사라지는 것이다. 이런 데커레이터로 데커레이션된 `MyClass`의 표현은 다음과 유사할 것이다.

```
<autorepr.<locals>.Klass: attr_a='Ultimate answer', attr_b=42, attr_c=UNSET>
<autorepr.<locals>.Klass: attr_a=[1, 2, 3], attr_b=['a', 'b', 'c'], attr_c=UNSET>
```

이는 쉽게 수정할 수 없다. `functools` 모듈은 `@waps` 유틸리티 데커레이터를 제공한다. 이 데커레이터는 일반적인 함수 데커레이터에서 사용할 수 있으며 애너테이션된 함수의 메타데이터를 보존한다. 다만 안타깝게도 클래스 데커레이터와 함께 사용할 수는 없다. 이 때문에 클래스 데커레이터에서 서브클래싱의 사용이 제한된다. 이들은 자동화 문서 생성 도구automated documentation generation tool의 결과를 망가뜨릴 수 있다.

이는 분명 단점이지만 여전히 클래스 데커레이터는 유명한 **믹스인**mixin 클래스 패턴에 대한 간단하고 가벼운 대안이다. 파이썬의 믹스인은 인스턴스화되지 않는 클래스이지만, 대신 재사용 가능한 몇 가지 API 또는 기능을 다른 기존 클래스들에게 제공하기 위해 사용된다. 믹스인 클래스는 대부분 다음과 같이 다중 상속을 이용해 추가된다.

```
class SomeConcreteClass(MixinClass, SomeBaseClass):
    pass
```

믹스인 클래스는 유용한 디자인 패턴을 만들며 많은 라이브러리와 프레임워크에서 활용되고 있다. 예를 들어 Django 프레임워크에서는 이들을 매우 잘 활용한다. 유용하고 널리 이용되지만 믹스인 클래스들은 잘 설계하지 않으면 몇 가지 문제를 일으킬 수 있다. 왜냐하면 대부분의 경우 이들은 다중 상속을 기반으로 하기 때문이다. 앞에서 언급한 것처럼 파이썬은 명확한 MRO 덕분에 다중 상속을 비교적 잘 다룬다. 어쨌든 여러 클래스를 서브클래싱하는 것은 가능한 피하도록 하자. 다중 상속은 코드의 복잡성을 높이고 다루기 어렵게 한다. 따라서 클래스 데커레이터가 믹스인 클래스의 좋은 대안이 될 수 있다.

일반적으로 데커레이터는 함수와 클래스가 실제로 사용되기 전에 그 동작을 수정하는 것에 초점을 둔다. 함수 데커레이터는 기존 함수를 대안 함수로, 클래스 데커레이터는 일반적으로 클래스 정의를 수정한다. 몇몇 메타프로그래밍 기법들은 코드가 실제로 사용될 때 그 동작을 바꾸는 데 초점을 두기도 한다. 이런 기법들 중에는 __new__() 메서드를 오버라이딩해서 클래스 인스턴스 생성 프로세스를 가로채는 것도 있다. 다음 절에서는 이 기법에 관해 살펴본다.

8.4 클래스 인스턴스 생성 프로세스 가로채기

__init__()과 __new__()는 클래스 인스턴스 생성과 초기화 프로세스를 관장하는 특별한 메서드다.

__init__() 메서드는 많은 객체 지향 프로그래밍 언어에서 찾아볼 수 있는 생성자에 가장 가깝다. 새로운 클래스 인스턴스와 초기화 인수를 받아 클래스 인스턴스 상태를 초기화한다.

__new__() 특수 메서드는 정적 메서드로 실질적인 클래스 인스턴스 생성을 책임진다. __new__(cls, [, ...]) 메서드는 __init__() 초기화 메서드에 앞서 호출된다. 전형적으로 오버라이드된 __new__() 의 구현에서는 super().__new__()를 이용해 그 슈퍼클래스 버전을 호출하면서 적절한 인수를 전달하고 인스턴스를 수정해서 반환한다.

NOTE __new__() 메서드는 특별한 정적 메서드이므로 staticmethod 데커레이터를 이용해 정적 메서드임을 선언하지 않아도 된다.

다음은 오버라이드된 __new__() 메서드를 구현해 클래스 인스턴스의 수를 세는 코드 예시다.

```python
class InstanceCountingClass:
    created = 0
    number: int

    def __new__(cls, *args, **kwargs):
        instance = super().__new__(cls)
        instance.number = cls.created
        cls.created += 1

        return instance

    def __repr__(self):
        return f"<{self.__class__.__name__}: " f"{self.number} of {self.created}>"
```

다음은 인터랙티브 세션에서의 로그 예시다. InstanceCountingClass 구현이 어떻게 동작하는지 확인할 수 있다.

```
>>> instances = [InstanceCountingClass() for _ in range(5)]
>>> for i in instances:
...     print(i)
...
<InstanceCountingClass: 0 of 5>
<InstanceCountingClass: 1 of 5>
<InstanceCountingClass: 2 of 5>
<InstanceCountingClass: 3 of 5>
<InstanceCountingClass: 4 of 5>
>>> InstanceCountingClass.created
5
```

__new__() 메서드는 일반적으로 피처드 클래스의 인스턴스를 반환해야 하지만, 다른 클래스 인스턴스도 반환할 수 있다. 다른 클래스 인스턴스를 반환하는 경우 __init__() 메서드 호출은 건너뛴다. 이러한 특성은 파이썬의 일부 내장 타입과 같은 불변 클래스 인스턴스의 생성/초기화 동작을 수정해야 하는 경우 매우 유용하다.

다음은 서브클래스된 int 타입으로 0값을 포함하지 않는 예시다.

```
class NonZero(int):
    def __new__(cls, value):
        return super().__new__(cls, value) if value != 0 else None

    def __init__(self, skipped_value):
        # 이 경우 __init__ 구현은 건너뛸 수도 있지만,
        # 호출되지 않는 경우를 나타내기 위해 남겨두었다.
        print("__init__() called")
        super().__init__()
```

위 예시에 포함된 여러 print 문장은 파이썬이 __init__() 메서드 호출을 특정한 상황에서 어떻게 건너뛰는지 표시한다. 다음 인터랙티브 세션을 살펴보자.

```
>>> type(NonZero(-12))
__init__() called
<class '__main__.NonZero'>
>>> type(NonZero(0))
<class 'NoneType'>
>>> NonZero(-3.123)
__init__() called
-3
```

그렇다면 __new__()는 언제 이용해야 하는가? 간단하다. __init__()만으로 충분하지 않을 때다. 앞에서 이미 한 가지 경우를 언급했다. 불변 내장 파이썬 타입(int, str, float, frozenset 등)을 서브 클래싱할 때다. 왜냐하면 이런 불변 객체 인스턴스는 생성되고 나면 __init__() 메서드에서 수정할 수 없기 때문이다.

일부 프로그래머들은 __new__()가 중요한 객체의 초기화, 즉 사용자가 오버라이드된 초기화 메서드에서 super().__init__()의 호출을 누락한 경우에 유용할 수 있다고 주장할 수도 있다. 합리적인 주장으로 들리지만 여기에는 단점이 있다. 이런 접근 방식을 따르면 만약 그 동작이 이미 의도된 동작인 경우 프로그래머가 명시적으로 이전 초기화 단계를 건너뛰기가 더욱 어려워진다. 또한 __init__()에서 수행된 모든 초기화와 관련된 암묵적인 규칙을 망가뜨린다.

__new__()는 같은 클래스 인스턴스를 반환하도록 제약받지 않기 때문이며 이는 쉽게 오용될 수 있다. 이 메서드의 무책임한 사용은 코드 가독성에 심각한 영향을 미치므로, 주의해서 사용함은 물론 충분한 문서를 통해 보충해야 한다. 일반적으로 프로그래머의 기본적인 예상을 깨뜨려 가며 객체 생성에 영향을 주는 것보다는 주어진 문제를 해결할 수 있는 다른 해법을 찾는 것이 낫다. 심지어 오버라이드된 불변 타입의 초기화 또한 팩터리factory 메서드 같은 예측할 수 있고 잘 정의된 디자인 패턴을 이용해 대체할 수 있다.

TIP 파이썬의 팩터리 메서드는 보통 classmethod 데커레이터를 사용해 정의되며, 클래스 생성자가 호출되기 전에 인수를 가로챌 수 있다. 이를 이용하면 하나 이상의 초기화 구문을 하나의 클래스에 넣을 수 있다. 다음은 list 타입 서브 클래스의 예시다. 이 서브클래스는 2개의 팩터리 메서드를 가지고 있으며 리스트 인스턴스의 크기를 각각 2배, 3배로 초기화해서 생성한다 .

```python
from collections import UserList

class XList(UserList):
    @classmethod
    def double(cls, iterable):
        return cls(iterable) * 2

    @classmethod
    def tripple(cls, iterable):
        return cls(iterable) * 3
```

파이썬 프로그래밍에서 적극적인 __new__() 메서드 사용이 정당화되는 한 가지 경우가 있다. 메타클래스가 그것으로 다음 절에서는 메타클래스에 관해 살펴본다.

8.5 메타클래스

메타클래스는 파이썬 피처의 하나로, 많은 사람이 파이썬에서 가장 이해하기 어려운 것 중 하나라고 생각하며 수많은 개발자도 이를 피한다. 그러나 기본 개념을 이해하고 나면 그렇게 복잡하지도 않다. 메타클래스를 사용하는 방법을 알면 메타클래스 없이는 불가능한 것들을 할 수 있게 될 것이다.

메타클래스는 하나의 타입(클래스)이며 다른 타입들(클래스들)을 정의한다. 이들이 어떻게 동작하는지 이해하기 위해 알아야 할 가장 중요한 것은 클래스들(즉, 객체 구조와 동작을 정의하는 타입들) 또한 객체라는 점이다. 그래서 이들이 객체라면 연관된 클래스를 가지게 된다. 모든 클래스 정의의 기본 타입은 바로 내장 type 클래스다(그림 8.1).

그림 8.1 **클래스 타입 정의**

파이썬에서는 타입의 클래스 오브젝트로 메타클래스를 대체할 수 있다. 일반적으로 새로운 메타클래스는 여전히 type 메타클래스의 서브클래스다(그림 8.2). 그렇게 하지 않으면 상속 관점에서 이 클래스가 다른 클래스들과 호환될 수 없기 때문이다.

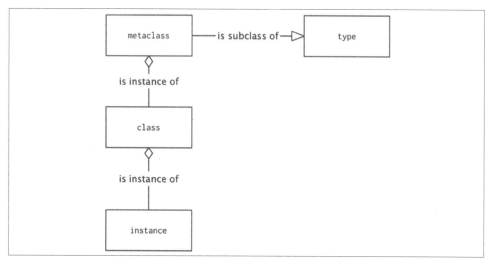

그림 8.2 **커스텀 메타클래스의 일반적인 구현**

다음 절에서는 메타클래스의 일반적인 구문들에 관해 살펴본다.

8.5.1 일반적인 구문

내장 type() 클래스 호출은 class 문장과 동적 등치dynamic equivalent로 사용할 수 있다. 다음은 type() 호출을 이용한 클래스 정의 예시다.

```
def method(self):
    return 1

MyClass = type('MyClass', (), {'method': method})
```

첫 번째 인수는 클래스명, 두 번째 인수는 베이스 클래스들의 목록(여기에서는 빈 튜플), 세 번째 인수는 클래스 속성들의 딕셔너리(일반적으로 메서드들)다. 이는 class 키워드를 이용해 명시적으로 클래스를 정의하는 것과 등치다.

```
class MyClass:
    def method(self):
        return 1
```

class 문장을 이용해 생성된 모든 클래스는 암묵적으로 type을 자신의 메타클래스로 이용한다. 이 기본 동작은 metaclass 키워드 인수를 class 문장에 전달해서 수정할 수 있다.

```
class ClassWithAMetaclass(metaclass=type):
    pass
```

metaclass 인수로 제공된 값은 일반적으로 다른 클래스 객체이지만, type 클래스와 같은 인수를 받고 다른 클래스 객체를 반환하는 어떤 콜러블도 인수로 전달할 수 있다.

메타클래스의 호출 시그니처는 type(name, bases, namespace)이며 각각의 인수는 다음을 의미한다.

- name: 클래스명으로 __name__ 속성에 저장된다.
- bases: 부모 클래스의 리스트로 __bases__ 속성이 되며, 새로 생성된 클래스의 MRO를 구성하는 데 이용된다.
- namespace: 클래스 바디의 정의와 매핑되는 네임스페이스로 __dict__ 속성이 된다.

메타클래스는 __new__() 메서드와 같지만 클래스 정의보다 그 레벨이 높다고 생각해도 좋다.

명시적으로 type()을 호출하는 함수는 메타클래스 대신 사용할 수 있지만, 일반적인 접근 방식에서는 이 목적을 위해 type을 상속한 다른 클래스를 이용한다. 다음은 메타클래스의 일반적인 템플릿이다.

```python
class Metaclass(type):
    def __new__(mcs, name, bases, namespace):
        return super().__new__(mcs, name, bases, namespace)

    @classmethod
    def __prepare__(mcs, name, bases, **kwargs):
        return super().__prepare__(name, bases, **kwargs)

    def __init__(cls, name, bases, namespace, **kwargs):
        super().__init__(name, bases, namespace)

    def __call__(cls, *args, **kwargs):
        return super().__call__(*args, **kwargs)
```

name, bases, namespace 인수는 앞에서 설명한 type() 호출에서와 동일한 의미를 갖지만, 각각의 함수는 클래스 라이프사이클의 다른 단계에서 호출된다.

- __new__(mcs, name, bases, namespace): 실제로 클래스 객체를 일반적인 클래스와 같은 방식으로 생성하는 책임을 진다. 첫 번째 위치 인수는 메타클래스 객체다. 앞 예시에서는 간단하게 Metaclass였다. mcs는 관습적인 표기다.

- __prepare__(mcs, name, bases, **kwargs): 빈 네임스페이스 객체를 생성한다. 기본적으로 빈 dict 인스턴스를 반환하지만 다른 dict 서브클래스 인스턴스로 오버라이드될 수 있다. namespace를 인수로 받지 않는다는 점에 주의한다. 이 함수를 호출하는 시점 이전에는 namespace는 아직 존재하지 않는다. 이 메서드의 사용 예시는 이후 8.5.2절에서 설명한다.

- __init__(cls, name, bases, namespace, **kwargs): 메타클래스 구현에서는 일반적이지 않지만 일반적인 클래스에서와 의미는 동일하다. 이 함수는 __new__()로 생성된 후 추가적으로 클래스 객체 초기화를 수행한다. 첫 번째 위치 인수의 이름은 관습에 따라 cls를 사용하는데, 이는 이것이 이미 생성된 클래스 객체(메타클래스 인스턴스)이며 메타클래스 객체가 아님을 나타낸다. __init__()이 호출되면, 클래스는 이미 만들어졌기 때문에 __init__() 메서드가 수행하는 작업은 __new__() 메서드보다 적다. 이 메서드를 구현하는 것은 클래스 데커레이터를 이용하는 것과 매우 유사하지만, __init__()은 모든 서브클래스에 대해 호출되는 반면 클래스 데커레이터는 그렇지 않다는 점이 다르다.

- __call__(cls, *args, **kwargs): 메타클래스의 인스턴스가 호출될 때 호출된다. 메타클래스의 인스턴스는 클래스 객체(그림 8.1)이며, 클래스의 새로운 인스턴스를 생성할 때 이 함수가 호출된다. 이 함수를 오버라이드 하면 클래스 인스턴스의 생성/초기화의 기본 방법을 변경할 수 있다.

위에서 설명한 각 메서드는 추가로 부가 키워드 인수를 받을 수 있으며, 모두 **kwargs로 표시된다. 이 인수들은 클래스 정의 안의 추가 키워드 인수로 metaclass 객체에 전달된다. 그 형태는 다음과 같다.

```python
class Klass(metaclass=Metaclass, extra="value"):
    pass
```

너무 많은 내용을 설명했으므로 적절한 예시를 통해 내용을 정리하는 것이 좋겠다. 메타클래스, 클래스, 인스턴스 생성 과정을 print() 함수를 이용해 살펴보자.

```python
class RevealingMeta(type):
    def __new__(mcs, name, bases, namespace, **kwargs):
        print(mcs, "METACLASS __new__ called")
        return super().__new__(mcs, name, bases, namespace)

    @classmethod
    def __prepare__(mcs, name, bases, **kwargs):
        print(mcs, " METACLASS __prepare__ called")
        return super().__prepare__(name, bases, **kwargs)

    def __init__(cls, name, bases, namespace, **kwargs):
        print(cls, " METACLASS __init__ called")
        super().__init__(name, bases, namespace)

    def __call__(cls, *args, **kwargs):
        print(cls, " METACLASS __call__ called")
        return super().__call__(*args, **kwargs)
```

RevealingMeta를 메타클래스로 해서 새로운 클래스 정의를 생성해보자. 파이썬 인터랙티브 세션에서의 결과는 다음과 같을 것이다.

```python
>>> class RevealingClass(metaclass=RevealingMeta):
...     def __new__(cls):
...         print(cls, "__new__ called")
...         return super().__new__(cls)
...     def __init__(self):
```

```
...            print(self, "__init__ called")
...            super().__init__()
...
<class '__main__.RevealingMeta'> METACLASS __prepare__ called
<class '__main__.RevealingMeta'> METACLASS __new__ called
<class '__main__.RevealingClass'> METACLASS __init__ called
```

결과에서 볼 수 있듯이 클래스 정의 과정에서는 메타클래스 메서드만 호출된다. 첫 번째는 __prepare__() 메서드로 새로운 클래스 네임스페이스를 준비한다. 곧바로 __new__() 메서드가 호출되며 실제 클래스를 생성하고 __prepare__() 메서드가 생성한 네임스페이스를 받는다. 마지막으로 __init__() 메서드가 호출되며 __new__() 메서드가 생성한 클래스 정의(여기에서는 RevealingClass 정의)를 받는다.

메타클래스 메서드는 클래스 인스턴스 생성 과정에서 클래스 메서드들과 협력한다. 파이썬 인터랙티브 세션에서 새로운 RevealingClass 인스턴스를 생성하면서 메서드 호출 순서를 확인할 수 있다.

```
>>> instance = RevealingClass()
<class '__main__.RevealingClass'> METACLASS __call__ called
<class '__main__.RevealingClass'> CLASS __new__ called
<__main__.RevealingClass object at 0x10f594748> CLASS __init__ called
```

첫 번째로 메타클래스의 __call__() 메서드가 호출된다. 이 시점에서 이 메서드는 클래스 객체(여기에서는 RevealingClass 정의)에 접근할 수 있지만, 아직 아무런 클래스 인스턴스도 생성되지 않았다. 이 메서드는 클래스 인스턴스 생성 직전, 즉 클래스 정의의 __new__() 메서드 안에서 호출된다. 클래스 인스턴스 생성 프로세스의 마지막 단계에서는 인스턴스 초기화를 담당하는 클래스 __init__() 메서드를 호출한다.

이론적으로 메타클래스가 어떻게 동작하는지 간략하게 확인했으므로 메타클래스의 사용 예시를 살펴본다.

8.5.2 메타클래스 사용 예시

메타클래스는 훌륭한 도구이며 이를 이용해 일반적이지 않은 것들을 할 수 있다. 이를 이용하면 전형적인 클래스의 동작을 변경할 수 있는 유연함과 강력함을 얻을 수 있다. 따라서 일반적인 사용 예시를 설명하기는 쉽지 않다. 메타클래스의 대부분의 사용 예시는 일반적이지 않다고 말하는 것이 쉬울 수도 있다.

예를 들어 모든 객체 타입의 __prepare__() 메서드를 살펴보자. 이 메서드는 클래스 속성의 네임스페이스를 준비한다. 클래스 네임스페이스의 기본 타입은 보통의 딕셔너리다. 수년 동안 __prepare__() 메서드의 전형적인 사용 예시에서는 클래스 네임스페이스로 collections.OrderedDict 인스턴스를 제공하고 있다.

클래스 네임스페이스에서 속성의 순서를 유지함으로써 반복적인 객체 표현이나 직렬화가 가능했다. 하지만 파이썬 3.7부터 딕셔너리에서 키 삽입 순서 유지를 보장하게 되면서 이 유스케이스는 사라졌다. 그렇다고 해서 우리가 네임스페이스를 사용하지 않는다는 의미는 아니다.

다음과 같은 문제가 있다고 생각해보자. 대규모의 파이썬 코드 베이스가 있다. 이 코드 베이스는 수십 년에 걸쳐 개발되었으며 대부분의 코드는 코딩 표준을 지키는 사람들이 있기 훨씬 이전에 만들어졌다. 예를 들어 메서드명이 camelCase와 snake_case로 뒤죽박죽인 클래스들을 가지고 있을 수 있다. 일관성을 고려한다면 두 명명 규칙 중 한 가지를 따르도록 전체 코드를 리팩터링하기 위해 막대한 시간을 써야 할 것이다. 혹은 몇 가지 현명한 메타클래스를 기존 클래스 위에 더해 메서드들을 두 가지 방법 모두로 호출할 수도 있다. 우리는 새로운 호출 명명법(여기에서는 snake_case)을 이용해 새로운 코드를 작성해보겠다. 그리고 과거의 코드에는 손대지 않고 점진적인 업데이트를 기다릴 것이다.

이런 상황에서 바로 __prepare__() 메서드를 사용할 수 있다. 이제 dict 서브클래스를 작성해보자. 이 서브클래스는 자동으로 camelCase 이름을 snake_case 키로 보간interpolate한다.

```
from typing import Any
import inflection

class CaseInterpolationDict(dict):
    def __setitem__(self, key: str, value: Any):
        super().__setitem__(key, value)
        super().__setitem__(inflection.underscore(key), value)
```

NOTE 작업량을 줄이기 위해 표준 라이브러리에 포함되어 있지 않은 inflection 모듈을 이용했다. 이 모듈을 이용하면 문자열을 다양한 '문자열 형식string case'으로 변경할 수 있다. 이 모듈은 다음과 같이 pip를 이용해 PyPI에서 다운로드할 수 있다.

```
$ pip install inflection
```

CaseInterpolationDict 클래스는 보통의 dict 타입처럼 동작하지만 새로운 값을 저장할 때마다 이를 두 개의 키, 즉 원래 키와 변환된 snake_case 아래 저장한다. 부모 클래스로 권장된 collections.UserDict가 아니라 dict 타입을 사용했음에 주의한다. 이것은 이 클래스를 메타클래스 __prepare__() 메서드에서 사용할 것이고 파이썬이 네임스페이스가 dict 인스턴스이기를 요구하기 때문이다.

이제 실제 메타클래스를 작성한다. 이 메타클래스는 클래스 네임스페이스 타입을 오버라이드한다. 코드는 놀랍도록 짧다.

```python
class CaseInterpolatedMeta(type):
    @classmethod
    def __prepare__(mcs, name, bases):
        return CaseInterpolationDict()
```

준비를 마쳤으므로 CaseInterpolatedMeta 메타클래스를 이용해서 camelCase 명명 규칙을 사용하는 몇 개의 메서드를 가진 더미 클래스를 생성한다.

```python
class User(metaclass=CaseInterpolatedMeta):
    def __init__(self, firstName: str, lastName: str):
        self.firstName = firstName
        self.lastName = lastName

    def getDisplayName(self):
        return f"{self.firstName} {self.lastName}"

    def greetUser(self):
        return f"Hello {self.getDisplayName()}!"
```

이 코드들을 case_user.py 파일에 저장한다. 인터랙티브 세션을 시작하고 User 클래스의 동작을 확인해본다.

```
>>> from case_user import User
```

우선 중요하게 확인해야 할 것은 User.__dict__ 속성이다.

```
>>> User.__dict__
mappingproxy({
```

```
    '__module__': 'case_class',
    '__init__': <function case_class.User.__init__(self, firstName: str, lastName: str)>,
    'getDisplayName': <function case_class.User.getDisplayName(self)>,
    'get_display_name': <function case_class.User.getDisplayName(self)>,
    'greetUser': <function case_class.User.greetUser(self)>,
    'greet_user': <function case_class.User.greetUser(self)>,
    '__dict__': <attribute '__dict__' of 'User' objects>,
    '__weakref__': <attribute '__weakref__' of 'User' objects>,
    '__doc__': None
})
```

가장 먼저 중복된 메서드가 눈에 띈다. 하지만 이것이 바로 우리가 의도한 바다. 두 번째 중요한 것은 User.__dict__가 mappingproxy 타입이라는 점이다. 이는 마지막 클래스 객체를 생성할 때 파이썬은 항상 네임스페이스 객체의 내용을 새로운 dict로 복사하기 때문이다. 매핑 프록시는 클래스 MRO 내부의 슈퍼클래스에 대한 프록시 접속을 허가한다.

이제 모든 메서드를 호출해서 동작을 확인해보자.

```
>>> user = User("John", "Doe")
>>> user.getDisplayName()
'John Doe'
>>> user.get_display_name()
'John Doe'
>>> user.greetUser()
'Hello John Doe!'
>>> user.greet_user()
'Hello John Doe!'
```

잘 동작한다! 모든 snake_case 메서드들을 정의하지 않았음에도 호출할 수 있다. 이를 모르는 개발자들에게는 마치 마법처럼 보일 것이다.

하지만 이 마법은 매우 신중하게 사용해야 한다. 우리가 소개한 것은 매우 간단한 예시일 뿐이다. 진짜 목적은 메타클래스와 단 몇 줄의 코드만으로 무엇을 할 수 있는지 보여주는 것이다. 이와 유사한 작업을 대규모의 복잡한 코드베이스에서 하는 것은 대단히 위험하다. 메타클래스는 파이썬 데이터 모델의 매우 중요한 부분과 상호작용하기 때문에 여러 가지 함정에 빠질 수 있다. 다음 절에서 몇 가지 함정에 관해 살펴본다.

8.5.3 메타클래스의 함정

메타클래스는 한 번 마스터하면 강력한 기능이지만 항상 코드를 복잡하게 만든다. 또한 메타클래스는 잘 조합되지 않으며 상속을 통해 여러 메타클래스를 조합하려면 곧 난관에 봉착하게 된다.

다른 진보한 파이썬 피처와 마찬가지로 메타클래스는 매우 탄력적이며 남용되기 쉽다. 클래스의 호출 시그니처는 보다 엄격하지만, 파이썬은 반환 인수의 타입을 강제하지 않는다. 호출 시 전달된 인수를 받고, 필요한 속성들만 가지고 있다면 무엇이든 이용할 수 있다.

어디서나 무엇이든 될 수 있는 이런 객체 중 하나가 unittest.mock 모듈에서 제공하는 Mock 클래스다. Mock은 메타클래스는 아니며 type 클래스를 상속하지도 않는다. Mock 클래스는 인스턴스화를 통해 클래스 객체를 반환하지도 않는다. 하지만 여전히 클래스 정의에서 metaclass 키워드 인수에 포함될 수 있으며 어떤 구문 에러도 발생시키지 않는다.

물론 Mock을 메타클래스로 사용하는 것은 완전히 상식에 어긋나지만 어쨌든 다음 예시를 확인해 보자.

```
>>> from unittest.mock import Mock
>>> class Nonsense(metaclass=Mock): # pointless, but illustrative
...     pass
...
>>> Nonsense
<Mock spec='str' id='4327214664'>
```

Nonsense 의사 클래스를 인스턴스화하려는 시도가 실패할 것임은 쉽게 예상할 수 있다. 다음의 예외는 매우 흥미로운 것이므로 주의깊게 살펴보기로 하자.

```
>>> Nonsense()
Traceback (most recent call last):
  File "<stdin>", line 1, in <module>
  File "/Library/Frameworks/Python.framework/Versions/3.9/lib/python3.9/unittest/mock.py",
line 917, in __call__
    return _mock_self._mock_call(*args, **kwargs)
  File "/Library/Frameworks/Python.framework/Versions/3.9/lib/python3.9/unittest/mock.py",
line 976, in _mock_call
    result = next(effect)
StopIteration
```

StopIteration 예외가 메타클래스 레벨에서의 클래스 정의에 문제가 있음을 알려주는가? 분명 그렇지 않다. 이 예시는 메타클래스 코드는 정확한 위치를 모른다면 디버그하기 매우 어려움을 알려주는 것이다.

하지만 메타클래스를 사용하지 않고서는 쉽게 해결할 수 없는 상황도 있다. 예를 들어 메타클래스를 사용하지 않고 Django의 ORM을 구현한다는 것은 상상하기 어렵다. 가능하기는 하겠지만 만든 결과물이 사용하기가 쉽지는 않을 것이다. 프레임워크는 메타클래스가 빛을 발하는 영역이다. 프레임워크에는 이해하고 따라가기 쉽지 않은 복잡한 내부 코드들이 가득하지만, 결과적으로 프로그래머들이 추상화의 상위 레벨에서 보다 간결하고 가독성 높은 코드를 작성할 수 있게 한다.

간단한 예시로 읽기/쓰기 속성을 변경하거나 새로운 속성을 추가하는 경우에는 프로퍼티, 디스크립터, 클래스 데커레이터 같은 간단한 해법을 사용할 수 있으므로 메타클래스를 회피할 수 있다. 이름이 있는 특수 메서드인 __init_subclass__()는 여러 상황에서 메타클래스를 대신해서 이용할 수 있다. 다음 절에서 이 메서드에 관해 살펴본다.

8.5.4 메타클래스의 대안으로 __init_subclass__() 메서드 이용하기

8.3.1절에서 소개한 @autorepr 데커레이터는 매우 간단하고 유용했다. 안타깝게도 아직 논의하지 않은 한 가지 문제가 남아 있는데, 이는 서브클래싱과 잘 호환되지 않는다.

@autorepr는 단순한 일회성 클래스(즉, 자손을 갖지 않는)에서는 잘 동작한다. 그러나 원래 데커레이트된 클래스를 서브클래싱하게 되면 이 데커레이터가 예상대로 동작하지 않음을 알게 될 것이다. 다음 클래스 상속을 살펴보자.

```
from typing import Any
from autorepr import autorepr

@autorepr
class MyClass:
    attr_a: Any
    attr_b: Any
    attr_c: Any

    def __init__(self, a, b):
        self.attr_a = a
        self.attr_b = b

class MyChildClass(MyClass):
    attr_d: Any
```

```
    def __init__(self, a, b):
        super().__init__(a, b)
```

인터랙티브 세션에서 `MyChildClass` 인스턴스 표현을 얻으려고 시도하면 다음과 같은 결과를 얻을 수 있을 것이다.

```
<MyChildClass: attr_a='Ultimate answer', attr_b=42, attr_c=UNSET>
<MyChildClass: attr_a=[1, 2, 3], attr_b=['a', 'b', 'c'], attr_c=UNSET>
```

이해할 수 있는 결과다. `@autorepr` 데커레이터는 베이스 클래스에서만 사용되었으므로 서브클래스 애너테이션에 접근하지 못한다. `MyChildClass`는 수정되지 않는 `__repr__()` 메서드를 상속한다.

이를 수정하려면 서브클래스에도 `@autorepr` 데커레이터를 추가해야 한다.

```
@autorepr
class MyChildClass(MyClass):
    attr_d: Any

    def __init__(self, a, b):
        super().__init__(a, b)
```

하지만 서브 클래스에도 클래스 데커레이터를 자동으로 적용하려면 어떻게 해야 할까? 메타클래스를 사용할 때마다 동일한 조작을 반복하면 되지만 이것은 상황을 대단히 복잡하게 만들게 될 것임을 우린 이미 알고 있다. 이는 동시에 사용 방법을 더욱 어렵게 한다. 다른 메타클래스를 이용해 클래스 상속을 조합할 수 없기 때문이다.

다행히도 이를 해결할 수 있는 메서드가 존재한다. 파이썬 클래스는 `__init_subclass__()` 혹 메서드를 제공하며, 이는 모든 서브클래스에서 호출된다. 이 메서드는 문제가 발생하는 메타클래스에 대한 편리한 대안이다. 이 혹은 베이스 클래스로 하여금 서브클래스가 존재한다는 것을 알게 한다. 이 혹은 다양한 이벤트 주도 및 시그널링 패턴을 촉진하기 위해 이용되지만(7장 참조) '상속 가능한 inheritable' 클래스 데커레이터 생성에도 이용된다.

다음은 `@autorepr` 데커레이터를 수정한 코드다.

```
def autorepr(cls):
    attrs = set.union(
```

```
    *(
        set(c.__annotations__.keys())
        for c in cls.mro()
        if hasattr(c, "__annotations__")
    )
)

def __repr__(self):
    return repr_instance(self, sorted(attrs))

cls.__repr__ = __repr__

def __init_subclass__(cls):
    autorepr(cls)
cls.__init_subclass__ = classmethod(__init_subclass__)

return cls
```

새롭게 __init_subclass__()를 추가했다. 이 메서드는 데커레이트된 클래스의 서브클래스가 생성될 때마다 새로운 클래스 객체와 함께 호출된다. 이 메서드 안에서 @autorepr 데커레이터를 간단하게 재적용할 수 있다. 이 데커레이터는 새로운 모든 애너테이션에 접근할 수 있으며, 미래의 서브클래스를 위해 자신을 전달할 수 있다. 이 방식을 이용하면 더 이상 직접 모든 새로운 서브클래스에 데커레이터를 추가하지 않아도 되며, __repr__() 메서드가 항상 최신 애너테이션에 접근함을 보장할 수 있다.

지금까지 메타프로그래밍 기법을 촉진하는 파이썬의 내장 피처들에 관해 살펴봤다. 파이썬은 본질적인 성사 능력, 메타클래스, 유연한 객체 모델 덕분에 이 영역에서 매우 관대했다. 하지만 이런 피처들과 관계없이 모든 언어에는 실제로 적용할 수 있는 많은 메타프로그래밍이 존재한다. 이것이 바로 코드 생성code generation이다. 다음 절에서는 코드 생성에 관해 살펴본다.

8.6 코드 생성

이미 언급했듯이 동적인 코드 생성은 메타프로그래밍에서 가장 어려운 접근 방식이다. 파이썬에는 코드를 생성하고 실행하며 심지어 이미 컴파일된 코드 객체를 수정할 수 있는 도구들을 제공한다.

Hy(8.6.4절 참조)와 같은 다양한 프로젝트들은 파이썬에서 코드 생성 기법을 이용해 심지어 언어 전체를 재구현 가능하다는 것을 보여주기도 한다. 실질적으로 그 가능성에는 제한이 없다. 이 주제가 얼마나 광범위한지, 얼마나 다양한 함정을 가지고 있는지 알게 된 뒤에는 이런 방식으로 코드를 생성하는 방식을 세세하게 제안하거나 유용한 코드 샘플을 소개하는 것을 거의 포기하려 했었다.

어쨌든 어떤 가능성이 있는지 아는 것 자체는 스스로 이 영역을 깊게 학습하는 계획을 세우는 데 유용할 것이다. 그러므로 이번 절은 미래의 학습을 위한 시작점을 간단히 소개하는 정도로 생각하면 좋겠다.

먼저 exec(), eval(), compile() 함수를 사용하는 방법부터 살펴본다.

8.6.1 exec, eval, compile

파이썬은 임의의 코드를 직접 실행execute, 평가evaluate, 컴파일compile할 수 있는 3개의 내장 함수를 제공한다.

- exec(object, globals, locals): 이 함수를 이용하면 동적으로 파이썬 코드를 실행할 수 있다. object 속성은 단일 스테이트먼트 또는 여러 문장의 순서를 나타내는 문자열 또는 코드 객체(compile() 함수 참조)다. globals와 locals 인수는 선택 인수로 실행될 코드의 글로벌/로컬 네임스페이스를 제공한다. 이들을 제공하지 않으면 코드는 현재 스코프에서 실행된다. 인수를 제공한다면 globals는 반드시 딕셔너리여야 하고, locals는 모든 매핑 객체를 사용할 수 있다. exec() 함수는 항상 None을 반환한다.

- eval(expression, globals, locals): 이 함수를 이용하면 주어진 표현식의 값을 반환해서 평가할 수 있다. exec()와 유사하지만 expression 인수는 단일 파이썬 표현식이어야 하며 문장의 순서여서는 안 된다. 이 함수는 평가된 표현식의 값을 반환한다.

- compile(source, filename, mode): 이 함수는 소스 코드를 코드 객체나 AST 객체로 컴파일한다. 소스 코드는 source 인수에 문자열 값으로 전달한다. filename은 코드를 읽을 파일명이다. 코드와 관련된 파일이 없다면(파일이 동적으로 생성되는 등), "<string>"을 일반적으로 이용한다. mode 인수는 "exec"(문장 시퀀스), "eval"(단일 표현식), "single"(파이썬 인터랙티브 세션과 같은 단일 인터랙티브 문장)을 전달할 수 있다.

exec(), eval() 함수는 동적으로 코드를 생성하고자 할 때 쉽게 시작할 수 있다. 이 함수들은 문자열을 다루기 때문이다. 파이썬 프로그래밍 방법을 알고 있다면, 이미 프로그램적으로 잘 동작하는 코드를 생성하는 방법을 알고 있을지도 모른다.

메타프로그래밍 콘텍스트에서 가장 유용한 것은 exec() 함수다. 이 함수를 이용하면 모든 파이썬 문장 시퀀스를 실행할 수 있기 때문이다. 여기서 **모든**any이라는 단어에 주의해야 한다. 심지어 뛰어난 프로그래머의 손에 들린 (사용자 입력과 함께 주어졌을 때) 표현식을 평가하는 eval()마저도 심각한 보안 헛점을 야기할 수 있다.

> **[NOTE]** 적어도 파이썬 인터프리터를 파괴하는 시나리오는 조심해야 한다. exec(), eval()의 무분별한 사용으로 인한 원격 실행으로 발생한 취약점은 전문 개발자로서의 이미지, 심지어 커리어에 영향을 끼칠 수 있다. 다시 말해 exec(), eval() 함수는 신뢰할 수 없는 입력과는 함께 사용해서는 안 된다. 또한 항상 최종 사용자의 모든 입력이 기본적으로 안전하지 않다고 여겨야 한다.

exec()와 eval() 함수는 신뢰할 수 있는 입력과 함께 이용하더라도 여기에서 설명할 수 없는 많은 경우에 예상치 못한 방식으로 애플리케이션이 동작하는 방식에 영향을 미칠 수 있다. 아르민 로나허Armin Ronacher는 이들 중 가장 중요한 항목들에 관해 '파이썬에서 exec와 eval 사용에 주의하라Be careful with exec and eval in Python'(http://lucumr.pocoo.org/2011/2/1/exec-in-python/)에서 자세히 설명한다.

이런 주의 사항에도 exec()와 eval() 함수의 사용이 실질적으로 정당화되는 자연스러운 상황이 존재한다. 하지만 눈곱만큼이라도 의심스러운 상황에서는 이들을 사용하지 말고 다른 해결책을 찾는 것이 바람직하다.

> **TIP** eval() 함수의 시그니처를 보고 이렇게 생각할 수도 있다. 빈 globals와 locals 네임스페이스를 제공하고, 이들을 적절하게 try ... except 문장으로 감싸면 안전하지 않을까? 하지만 이는 완전히 잘못된 생각이다. 네드 배첼더Ned Batchelder는 파이썬 내장 함수들에 접근하지 않고도 인터프리터 세그멘테이션 오류를 발생시키는 방법에 관한 좋은 아티클(https://nedbatchelder.com/blog/201206/eval_really_is_dangerous.html)을 썼다. 이 아티클은 신뢰할 수 없는 입력에 대해 exec()와 eval() 함수를 사용하지 않아야 하는 증거로 충분하다.

다음 절에서는 추상 구문 트리에 관해 살펴본다.

8.6.2 추상 구문 트리

파이썬 구문은 **추상 구문 트리**abstract syntax tree, AST 형식으로 바뀐 뒤 바이트 코드로 컴파일된다. AST는 소스 코드의 추상 구문 구조를 트리 형태로 나타낸 것이다. 파이썬 문법 처리는 내장 ast 모듈이 담당한다. 파이썬 코드에 대한 가공되지 않은 AST는 compile() 함수와 ast.PyCF_ONLY_AST 플래그, 또는 ast.parse() 헬퍼를 이용해 생성할 수 있다. 직접적인 역방향 변환은 간단하지 않으며 이를 지원하는 표준 라이브러리도 없다. 하지만 PyPy 같은 몇 가지 프로젝트들에서 역방향 변환을 제공하기도 한다.

ast 모듈이 제공하는 몇 가지 헬퍼 함수를 이용하면 AST를 다룰 수 있다.

```
>>> import ast
>>> tree = ast.parse('def hello_world(): print("hello world!")')
>>> tree
<_ast.Module object at 0x00000000038E9588>
>>> print(ast.dump(tree, indent=4))
Module(
    body=[
        FunctionDef(
            name='hello_world',
            args=arguments(
                posonlyargs=[],
                args=[],
                kwonlyargs=[],
                kw_defaults=[],
                defaults=[]),
            body=[
                Expr(
                    value=Call(
                        func=Name(id='print', ctx=Load()),
                        args=[
                            Constant(value='hello world!')],
                        keywords=[]))],
            decorator_list=[])],
    type_ignores=[])
```

AST는 compile()로 전달되기 전에 수정될 수 있다는 점이 중요하다. 이는 많은 가능성을 제공한다. 예를 들어 새로운 구문 노드를 이용해 테스트 커버리지 측정 같은 추가적인 계측instrumentation을 할 수 있다. 기존 코드 트리를 변경해서 새로운 의미를 추가할 수도 있다. 이런 기법은 MacroPy 프로젝트(https://github.com/lihaoyi/macropy)에서 이용되었으며, 기존 구문을 이용해 파이썬에 구문 매크로를 추가했다(그림 8.3).

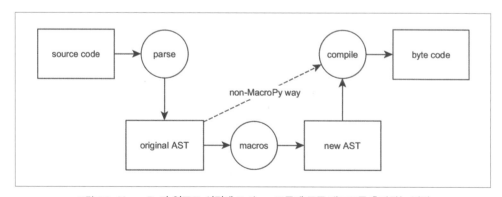

그림 8.3 MacroPy가 임포트 시점에 Python 모듈에 구문 매크로를 추가하는 방법

TIP 안타깝게도 MacroPy는 최신 파이썬 버전과 호환되지 않으며 파이썬 3.4에서만 테스트가 가능하다. 아무튼 MacroPy는 AST 조작을 통해 무엇을 할 수 있는지 보여준 흥미로운 프로젝트다.

AST는 순수하게 인공적인 방법으로도 생성할 수 있으며 소스 코드를 전혀 파싱할 필요도 없다. 이를 이용하면 커스텀 DSL용 바이트 코드를 만들 수 있고, 심지어 파이썬 VM 위에서 완전히 다른 프로그래밍 언어를 구현할 수도 있다.

8.6.3 임포트 훅

MacroPy가 원래의 AST를 수행해 얻은 장점은 `import macropy.activate` 문장을 이용해 쉽게 활용할 수 있다. 이것은 파이썬의 임포트 동작을 오버라이드한 것이기 때문이다. 이는 마법이 아니며 파이썬이 제공하는 다음의 두 가지 임포트 훅을 이용하면 임포트를 가로챌 수 있다.

- **메타 훅**meta hook: 모든 `import` 처리가 발생하기 전에 호출된다. 메타 훅을 이용하면 `sys.path`가 동결된frozen 내장 모듈을 처리하는 방법도 오버라이드할 수 있다. 새로운 메타 훅을 추가할 때는 새로운 **메타 경로 파인더**meta path finder 객체를 `sys.meta_path` 목록에 추가해야 한다.
- **임포트 경로 훅**import path hook: `sys.path` 처리 과정에서 호출된다. 이들은 주어진 훅과 관련된 경로 아이템을 만날 때 사용된다. 임포트 경로 훅은 새로운 **경로 엔트리 파인더**path entry finder 객체를 `sys.path_hooks` 리스트에 넣어서 추가할 수 있다.

경로 파인더와 메타 경로 파인더를 구현하는 세부적인 내용은 파이썬 공식 문서에 잘 설명되어 있다 (https://docs.python.org/ko/3/reference/import.html). 공식 문서는 임포트 레벨의 작업을 하고자 할 때, 언제나 우선해야 하는 리소스다. 파이썬의 임포트 체계는 매우 복잡하며 단지 몇 개의 문단으로 이 내용을 요약하기란 불가능하기 때문이나. 니기에시는 닌지 이런 깃들도 가능하다는 정보 전달 차원에서 소개했다.

다음 절에서는 코드 생성 패턴을 이용한 프로젝트들을 살펴본다.

8.6.4 파이썬에서의 유명한 코드 생성 사례

그저 실험이나 단순한 개념 증명proof of concept 수준 이상의 코드 생성 패턴에 의존한 유용한 라이브러리 구현을 찾기는 매우 어렵다. 그 이유는 매우 명확하다.

- `exec()`와 `eval()` 함수 사용을 두려워한다. 잘못 사용할 경우 실제로 재앙을 초래하기 때문이다.
- 성공적인 코드 생성은 개발과 유지보수가 매우 어렵다. 언어에 대한 깊은 이해는 물론 일반적으로

매우 뛰어난 프로그래밍 스킬이 필요하기 때문이다.

이런 어려움에도 접근 방식을 성공적으로 채택해 성능을 개선하거나 다른 방법으로는 얻을 수 없은 결과를 달성한 프로젝트들도 존재한다.

Falcon의 컴파일된 라우터

Falcon(http://falconframework.org/)은 최소한의 기능만 제공하는 사양의 파이썬 WSGI 웹 프레임워크이며 빠르고 가벼운 웹 API를 구현한다. 현재 웹에서 가장 유명한 REST 아키텍처 스타일을 권장한다. 이는 Django, Pyramid와 같은 비교적 무거운 프레임워크들의 훌륭한 대안이다. 또한 단순함을 표방하는 다른 마이크로프레임워크인 Falsk, Bottle, web2py 등의 강력한 경쟁자이다.

Falcon의 피처 중 단연 뛰어난 것은 간단한 라우팅 메커니즘이다. Django의 urlconf가 제공하는 라우팅만큼 복잡하지 않은 반면 많은 피처도 지원하지 않지만, 대부분의 경우 REST 아키텍처 디자인을 따르는 어떤 API에든 충분하게 사용할 수 있다. Falcon의 라우팅에서 가장 흥미로운 부분은 라우터의 내부 구조다. Falcon의 라우터는 라우트 목록에서 생성된 코드를 이용해 구현되며, 새로운 경로가 등록될 때마다 코드가 변경된다. 이는 라우팅을 빠르게 하기 위해 필요한 노력이다.

다음은 Falcon이 제공하는 웹 문서에서 발췌한 매우 짧은 API 예시다.

```python
# sample.py
import falcon
import json

class QuoteResource:
    def on_get(self, req, resp):
        """GET 요청 처리"""
        quote = {
            'quote': 'I\'ve always been more interested in '
                     'the future than in the past.',
            'author': 'Grace Hopper',
        }

        resp.body = json.dumps(quote)

api = falcon.API()
api.add_route('/quote', QuoteResource())
```

간단히 말하면, `api.add_route()` 메서드를 호출하면 Falcon의 요청 라우터에 대해 생성된 전체 코드 트리를 동적으로 업데이트한다. `compile()` 함수를 이용해 컴파일을 수행하며, `eval()` 함수를 이용해 새로운 경로 탐색 함수를 생성한다. api._router._find() 함수의 __code__ 속성을 좀 더 자세히 들여다보자.

```
>>> api._router._find.__code__
<code object find at 0x00000000033C29C0, file "<string>", line 1>
>>> api.add_route('/none', None)
>>> api._router._find.__code__
<code object find at 0x00000000033C2810, file "<string>", line 1>
```

위 결과에서 보여주는 이 함수의 코드는 실제 소스 코드가 아니라 문자열에서 생성되었음을 알려준다("<string>" 파일). 또한 api.add_route() 메서드가 호출될 때마다 실제 코드 객체가 변경됨도 보여준다(객체의 메모리 주소가 변경된다).

Hy

Hy(https://docs.hylang.org/en/alpha/)는 파이썬으로 작성된 **Lisp**의 파생이다. 파이썬을 이용해 다른 프로그래밍 언어를 구현한 많은 유사 프로젝트들은 일반적으로 제공된 평범한 형태의 코드를 토큰화 tokenize하고자 시도한다. 즉 파일과 유사한 객체나 문자열을 일련의 명시적인 파이썬 호출로 해석하는 것이다. 이런 프로젝트들과 달리 Hy는 마치 파이썬처럼, 파이썬 런타임 환경에서 완전히 실행되는 언어라고 간주할 수 있다. Hy를 이용해 작성한 코드는 기존의 내장 모듈은 물론 외부 패키지를 사용할 수 있으며, 그 반대의 경우도 성립한다. Hy를 이용해 작성된 코드는 파이썬에서 임포트할 수도 있다.

파이썬에서 Lisp를 내장하기 위해 Hy는 Lisp 코드를 직접 파이썬 AST로 번역한다. 임포트 상호운영 성interoperability은 Hy 모듈이 파이썬에 임포트되있을 내 등록된 import 훅을 이용해 달성할 수 있다. .hy 확장자를 가진 모든 모듈은 Hy 모듈로 취급되며 보통의 파이썬 모듈처럼 임포트될 수 있다. 다음은 Lisp 파생으로 작성한 'hello world' 프로그램이다.

```
// hyllo.hy
(defn hello [] (print "hello world!"))
```

이 프로그램은 다음 파이썬 코드와 같이 임포트하고 실행할 수 있다.

```
>>> import hy
>>> import hyllo
>>> hyllo.hello()
    hello world!
```

조금 더 깊이 들어가보자. 내장 dis 모듈을 이용해 hyllo.hello를 해체disassemble해보면, Hy 함수의 바이트 코드는 순수한 파이썬 대응 코드와 크게 다르지 않음을 알 수 있다.

```
>>> import dis
>>> dis.dis(hyllo.hello)
  2           0 LOAD_GLOBAL          0 (print)
              3 LOAD_CONST           1 ('hello world!')
              6 CALL_FUNCTION        1 (1 positional, 0 keyword pair)
              9 RETURN_VALUE
>>> def hello(): print("hello world!")
...
>>> dis.dis(hello)
  1           0 LOAD_GLOBAL          0 (print)
              3 LOAD_CONST           1 ('hello world!')
              6 CALL_FUNCTION        1 (1 positional, 0 keyword pair)
              9 POP_TOP
             10 LOAD_CONST 0 (None)
             13 RETURN_VALUE
```

위 결과에서 볼 수 있듯이 Hy 기반 함수의 바이트 코드는 대응되는 일반 파이썬 기반 함수의 바이트 코드보다 짧다. 코드 길이가 길더라도 비슷한 경향이 나타날 것이다. 즉, 파이썬 VM 위에 완전히 새로운 언어를 생성할 수 있으며, 이는 실험해볼 만한 가치가 있다.

8.7 요약

이번 장에서는 파이썬에서의 메타프로그래밍에 관한 다양한 토픽을 다루었다. 먼저 다양한 메타프로그래밍 패턴을 선호하는 구문 피처들에 관해 자세히 설명했다. 이들은 주로 데커레이터와 메타클래스다.

메타프로그래밍의 또 다른 중요한 관점인 동적 코드 생성에 관해서도 살펴봤다. 책에서 설명하기에는 매우 방대한 주제이기에 간단하게만 설명했다. 그렇지만 이 영역에서 여러분이 선택할 수 있는 옵션을 빠르게 알려주는 데 좋은 시작점이었을 것이다.

Hy의 예시를 이용해 메타프로그래밍을 이용해 파이썬 런타임 위에서 다른 언어를 구현할 수 있음을 살펴봤다. Hy 개발자들이 선택한 길은 물론 대단히 생소한 것이지만, 일반적으로 파이썬을 이용해 다른 언어를 연결bridge하는 최고의 방법은 커스텀 파이썬 인터프리터 확장을 통하거나 셰어드 라이브러리 및 외부 함수 인터페이스를 사용하는 것이다. 이에 관해서는 다음 장에서 살펴볼 것이다.

파이썬에 C와 C++ 연결하기

파이썬은 분명 훌륭한 언어다. 그렇지만 모든 상황에 적합한 것은 아니다. 어떤 경우에는 다른 언어를 사용해서 특정한 문제를 더 쉽게 풀 수 있었을 것이다. 다른 언어들은 파이썬보다 특정한 기술 도메인(제어 엔지니어링control engineering, 이미지 프로세싱image processing, 시스템 프로그래밍system programming 등)에서의 표현력이 더 뛰어나거나 본질적으로 성능이 뛰어날 수도 있다. 그리고 파이썬(기본 CPython 구현과 함께)은 성능이 좋을 수 없는 몇 가지 특성을 가진다.

- CPU 바운드 태스크CPU-bound tasks에[1] 대한 스레드 가용성이 크게 저하된다. 이는 CPython의 **글로벌 인터프리터 록**Global Interpreter Lock, GIL에 관련된 것이며, 어떤 파이썬 구현을 이용하는가에 따라 달라진다.
- 파이썬은 컴파일된 언어가 아니므로(C와 Go 언어와 같이) 컴파일 시간 최적화를 지원하지 않는다.
- 파이썬은 정적 타이핑을 제공하지 않으며, 정적 타이핑을 통해 얻을 수 있는 최적화도 지원하지 않는다.

일부 언어들이 특정한 문제를 잘 해결한다고 해서, 그런 문제를 해결하는 수단으로 파이썬을 완전해 배제해야 한다는 것은 아니다. 적절한 기법을 선택하면 많은 기술의 장점을 활용하는 애플리케이션을 작성할 수 있다.

1 　[옮긴이] 컴퓨터의 작업 완료 시간이 주로 CPU 속도에 따라 결정되는 태스크다. 프로세스 사용률이 높을 수 있으며, 주변장치(I/O가 느린)에서 생성된 인터럽트의 처리가 늦거나 무한정 지연될 수 있다.

이런 기술의 하나로 애플리케이션을 잘 정의된 통신 채널을 통해 서로 통신할 수 있는 독립 컴포넌트 구조로 만드는 것을 들 수 있다. 이는 종종 **서비스 지향 아키텍처**service-oriented architecture 또는 **마이크로서비스 아키텍처**microservice architecture의 형태로 나타난다. 분산 시스템에서 매우 일반적이며, 시스템 아키텍처의 모든 컴포넌트(서비스)는 다른 호스트에서 독립적으로 실행한다. 여러 언어로 작성된 시스템들은 종종 **폴리글롯 시스템**polyglot system이라 불린다.

폴리글롯 서비스 지향 또는 마이크로서비스 아키텍처를 이용할 때의 단점은 일반적으로 해당 언어를 위해 애플리케이션 스캐폴딩scaffoling을 직접 다시 만들어야 한다는 것이다. 스캐폴딩에는 애플리케이션 환경 설정, 라이브러리, 빌드 도구, 공용 명명 규칙, 디자인 패턴 등이 포함된다. 이들을 적용하는 데는 많은 시간이 들며 미래의 유지보수 비용도 증가하는데, 이는 종종 애플리케이션에 다른 언어를 추가해서 얻을 수 있는 이익을 넘어선다.

다행히도 이 문제를 다른 방법으로 극복할 수 있다. 우리가 다른 언어로부터 진짜로 얻고자 하는 것은 한 가지 작업을 잘 처리하는 격리된 라이브러리 패키지인 경우가 많다. 우리에게 필요한 것은 파이썬과 다른 언어를 연결bridge하고 해당 언어의 라이브러리들을 파이썬 애플리케이션에서 사용할 수 있도록 하는 것이다. 이것은 커스텀 CPython 확장이나 **외부 함수 인터페이스**foreign function interface, FFI를 이용해 수행할 수 있다.

두 경우 모두 C/C++ 프로그래밍 언어는 다른 언어로 작성한 라이브러리와 코드에 대한 게이트웨이로 작동한다. CPython 인터프리터는 CPython으로 작성되어 있으며 Python/C API(`Python.h` 헤더 파일에 정의됨)를 제공한다. 이를 이용하면 인터프리터로 읽을 수 있는 공유된 C 라이브러리를 만들 수 있다. 한편 FFI는 모든 호환되는 컴파일된 공유 라이브러리(작성 언어와 무관)와의 상호작용에 사용할 수 있다. 이 라이브러리들은 C 호출 규칙과 기본 타입에 의존한다.

이번 장에서는 다른 언어를 이용해 직접 확장 코드를 작성해야 하는 주요한 이유에 관해 논의하고 이를 작성하는 데 도움을 주는 유명한 도구들을 소개한다. 이번 장에서는 다음과 같은 주제를 다룬다.

- 파이썬 확장 기능의 핵심인 C/C++
- 파이썬 C 확장 기능 컴파일링 및 로딩
- 확장 기능 작성하기
- 확장 기능 이용 시 단점
- 확장 기능 없이 컴파일된 동적 라이브러리 인터페이싱

파이썬과 다른 언어를 연결하기 위해서는 약간의 추가 도구와 라이브러리들이 필요하다. 먼저 이번 장과 관련된 기술적 요구 사항부터 확인한다.

9.1 기술적 요구 사항

이번 장에서 설명할 파이썬 확장 기능을 컴파일하기 위해서는 C/C++ 컴파일러가 필요하다. 다음은 운영체제별로 무료 다운로드 가능한 컴파일러다.

- 비주얼 스튜디오 2019(윈도우): https://visualstudio.microsoft.com/ko/
- GCC(리눅스 및 대부분의 POSIX 시스템): https://gcc.gnu.org/
- Clang(리눅스 및 대부분의 POSIX 시스템): https://clang.llvm.org/

리눅스에서는 GCC와 Clang 컴파일러들은 일반적으로 운영체제 배포판의 패키지 관리 시스템을 통해 사용할 수 있다. macOS에서는 컴파일러는 Xcode IDE(앱 스토어를 통해 다운로드할 수 있다)의 일부로 제공된다.

이번 장에서 이용하는 파이썬 패키지는 다음과 같다. PyPI를 통해 다운로드할 수 있다.

- Cython
- Cffi

패키지 설치 방법은 2장을 참조한다.

이번 장에서 이용하는 소스 코드 파일은 https://github.com/moseskim/Expert-Python-Programming-Fourth-Edition/tree/main/Chapter 9에서 다운로드할 수 있다.

9.2 파이썬 확장 기능의 핵심인 C/C++

CPython 인터프리터는 파이썬의 참조 구현reference implementation이며 C로 작성되어 있다. 따라서 파이썬과 다른 언어의 상호운영성은 C 및 C와 본질적으로 상호운용되는 C++와 함께 진화했다. 그리고 파이썬 언어의 완전한 상위집합인 Cython도 존재한다. Cython은 소스-대-소스source-to-source 컴파일러를 이용해 확장된 파이썬 구문을 이용하는 CPython용 C 확장 기능을 만든다.

언어와 관계없이 다이내믹/셰어드 라이브러리dynamic/shared library 형태의 컴파일을 지원한다면, 해당 언어로 구성된 다이내믹/셰어드 라이브러리를 이용할 수 있다. 따라서 교차 언어 통합 가능성은 C/

C++에만 국한되지 않는다. 셰어드 라이브러리는 본질적으로 포괄적generic이다. 셰어드 라이브러리를 읽을 수만 있다면 어떤 언어에서도 이용할 수 있다. 그러므로 완전히 다른 언어(Delphi나 Prolog)로 라이브러리를 작성했더라도 파이썬에서 그 라이브러리를 사용할 수 있다. 하지만 Python/C API를 사용하지 않은 라이브러리를 파이썬 확장 기능Python extension이라 부르기는 어렵다.

안타깝게도 Python/C API만 이용해서 C 또는 C++로 직접 확장 기능을 작성하는 것은 대단히 어렵다. 상대적으로 마스터하기 어려운 두 언어 중 한 언어를 깊이 이해해야 할 뿐만 아니라 수많은 보일러플레이트 코드가 필요하기 때문이다. 단지 인터페이스를 제공하기 위해 반복적인 코드를 대량으로 작성해야 하고, 이 인터페이스는 C/C++ 코드를 파이썬 인터프리터 및 그 데이터 타입과 연결하는 목적으로만 이용된다.

어쨌든 다음과 같은 이유로 순수한 C 확장 기능을 구현하는 방법을 알아두는 것이 좋다.

- 파이썬이 일반적으로 동작하는 방법을 보다 잘 이해할 수 있다.
- 언젠가 네이티브 C/C++ 확장 기능을 디버깅하거나 유지보수해야 할 수도 있다.
- 확장 기능 구축을 위한 고수준 도구들이 동작하는 방법을 이해하는 데 도움이 된다.

따라서 이번 장에서는 먼저 간단한 파이썬 C 확장 기능을 처음부터 직접 만들어본다. 이후 저수준의 Python/C API가 없어도 되는 다른 기법들을 이용해 이를 재구현해본다.

확장 기능을 작성하기 전에 컴파일 및 로딩 방법을 살펴보자.

9.3 파이썬 C 확장 기능 컴파일 및 로딩

파이썬 인터프리터는 파이썬 모듈과 같은 다이내믹/셰어드 라이브러리를 로드할 수 있다. 단 모듈이 Python/C API를 이용한 인터페이스를 제공해야 한다. Python/C API를 구성하는 모든 함수, 타입, 매크로의 정의는 Python.h라는 C 헤더 파일에 저장되어 있으며, 이 파일은 파이썬 소스와 함께 배포된다. 리눅스의 여러 배포판의 경우 헤더 파일은 별도 패키지(데비안/우분투의 경우 python-dev)에 포함되어 있지만, 윈도우의 경우에는 인터프리터와 함께 배포된다. POSIX 및 POSIX 호환 시스템(리눅스, macOS 등)의 경우에는 파이썬이 설치된 디렉터리의 /include 디렉터리에 포함되어 있다. 윈도우의 경우 파이썬이 설치된 디렉터리의 include/ 디렉터리에 포함되어 있다.

Python/C API는 전통적으로 파이썬 릴리스 때마다 바뀌었다. 대부분의 경우 API에 새로운 피처가 추가되기만 하므로, 기본적으로 **소스 호환**source-compatible된다. 대부분의 경우 **애플리케이션 바이너**

리 인터페이스application Binary Interface, ABI의 변경으로 이들은 **바이너리 호환**binary-compatible되지는 않는다. 즉, 파이썬의 메이저 버전마다 확장 기능은 별도로 컴파일되어야 한다. 또한 운영체제들은 각기 다른 ABI 호환성을 가지므로, 모든 환경에서 사용할 수 있는 단일 바이너리 배포판을 만들 수는 없다. 따라서 대부분의 파이썬 확장 기능은 소스 코드 형태로 배포된다.

파이썬 3.2부터 Python/C API의 부분집합이 안정된 ABI를 갖도록 정의되었다. 그래서 이 제한된 API(안정된 ABI와 함께)를 이용해 확장 기능을 구현할 수 있게 되었으며, 확장 기능은 운영체제별로 한 번만 컴파일했다면 이후 재컴파일하지 않아도 파이썬 3.2 이상에서 호환된다. 그러나 API 피처의 수가 제한되고, 그 이전 파이썬 버전에서의 문제들은 해결하지 못한다. 또한 여러 운영체제에서 동작하는 단일 바이너리 배포판을 만들 수도 없다. 이는 일종의 트레이드 오프이며 안정된 ABI를 사용하는 대가는 얻을 수 있는 적은 이익에 비해 너무 큰 듯하기도 하다.

Python/C API는 CPython 구현에만 한정되는 피처라는 점을 알아야 한다. 확장 기능 지원을 PyPI, Jython, IronPython 같은 대안적인 구현에 적용하려는 노력들이 있었지만, 현재 이들을 위한 안정되면서 완전한 해법은 존재하지 않는다. 확장 기능을 쉽게 다룰 수 있는 대안적인 파이썬 구현은 CPython의 수정된 버전인 스택리스Stackless 파이썬이 유일하다.

파이썬을 위한 C 확장 기능은 다이내믹/셰어드 라이브러리로 컴파일된 후 임포트할 수 있다. C/C++ 소스 코드를 그대로 파이썬에 임포트할 수는 없다. 다행히도 헬퍼가 제공하는 **setuptools** 패키지를 이용하면 컴파일된 확장 기능을 모듈로 정의할 수 있으며, **setup.py** 스크립트를 이용해 일반적인 파이썬 패키지인 것처럼 컴파일 및 배포를 처리할 수 있다.

> NOTE 파이썬 패키지 생성 방법은 11장에서 설명한다.

다음은 공식 문서에서 발췌한 **setup.py** 스크립트 예시다. 이 스크립트는 C로 작성된 확장 기능을 가진 간단한 패키지 배포 준비를 다룬다.

```
from setuptools import setup, Extension

module1 = Extension(
    'demo',
    sources=['demo.c']
)

setup(
    name='PackageName',
    version='1.0',
```

```
    description='This is a demo package',
    ext_modules=[module1]
)
```

NOTE 파이썬 패키지 배포와 setup.py 스크립트에 관해서는 11장에서 설명한다.

준비가 되었다면 배포를 위해 다음 명령을 실행한다.

```
python setup.py build
```

이 명령은 Extension() 생성자에서 제공한 모든 추가 컴파일러 설정에 따라 ext_modules에 정의된 모든 확장 기능을 컴파일한다. 컴파일러는 여러분의 환경의 기본 컴파일러를 이용한다. 이 컴파일 단계는 소스 코드 상태로 패키지를 배포할 때는 불필요하다. 이 경우 대상 환경이 컴파일에 필요한 요구 사항, 즉 컴파일러, 헤더 파일, 바이너리와 연결된 추가적인 라이브러리(필요한 경우) 등을 모두 가지고 있는지 확인해야 한다. 파이썬 확장 기능 패키징에 관한 세부 사항은 9.6절에서 설명한다.

다음 절에서는 확장 기능을 사용해야 할 필요성을 살펴본다.

9.4 확장 기능 이용의 필요성

언제 C/C++ 확장 기능을 만드는 것이 합리적인지 말하기는 어렵다. 일반적인 규칙은 '다른 선택지가 없을 때까지는 절대로 만들지 말 것'이다. 하지만 이는 매우 주관적인 것이며 파이썬을 이용해 할 수 없는 것은 무언인지에 관해서도 해석의 여지가 있다. 사실 순수한 파이썬 코드만을 이용했을 때 힐 수 없는 것이 무엇인지 찾기는 어렵다.

그럼에도 몇 가지 문제에 대해서는 확장 기능을 통해 얻을 수 있는 이점이 여전히 유용하다.

- CPython 스레딩 모델에서 GIL 무시하기
- 크리티컬 코드 섹션의 성능 개선
- 다른 언어로 작성된 소스 코드 통합
- 서드파티 동적 라이브러리 통합
- 효율적인 커스텀 데이터 타입 생성

물론 이 문제들을 해결할 수 있는 네이티브 파이썬 해법이 일반적으로 존재한다. 예를 들어 GIL과 같은 순수한 CPython 인터프리터의 제약 사항은 동시성에 대한 다른 접근 방식, 즉 스레딩 모델 대신 코루틴이나 멀티프로세싱을 이용하면 쉽게 극복할 수 있다(6장 참조). 서드파티 다이내믹 라이브러리와 커스텀 데이터 타입의 경우, 서드파티 라이브러리들은 ctypes 모듈과 통합할 수 있으며, 모든 데이터 타입은 파이썬에서 구현될 수 있다.

여전히 네이티브 파이썬 접근 방식은 항상 최적은 아니다. 파이썬만 사용한 외부 라이브러리 통합은 다소 우스꽝스럽고 유지보수하기 어려울 수 있다. 커스텀 데이터 타입 구현은 저수준 메모리 관리에 접근하지 못하면 최적화하지 못할 수도 있다. 따라서 최종 선택지의 결정은 심사숙고해서 내려야 한다. 순수한 파이썬 구현에서 먼저 시작해보고 네이티브 접근 방식이 기대한 만큼 충분히 좋지 않은 것으로 판단되었을 때 확장 기능을 고려하는 것도 좋다.

다음 절에서는 확장 기능을 이용해 크리티컬 코드 섹션의 성능을 개선하는 방법에 관해 살펴본다.

9.4.1 크리티컬 코드 섹션의 성능 개선

솔직히 성능 때문에 파이썬을 선택하는 개발자들은 거의 없다. 파이썬 자체는 빠르지 않지만, 파이썬을 이용하면 빠른 속도로 개발할 수 있다. 프로그래머로서 역량과 관계없이 파이썬이 아니면 풀 수 없는 문제들도 파이썬을 이용하면 해결할 수 있기도 하다.

대부분의 성능 관련 문제들은 알고리즘과 데이터 구조를 선택함으로써 해결하는 것이지 언어에 오버헤드를 추가하는 요소를 제한해서 해결하지는 않는다. 이미 코드가 잘못 작성되었고 효율적인 알고리즘을 이용하지 않은 상태에서 CPU 사이클을 조금 줄이기 위한 목적으로 확장 기능에만 의존하는 것은 좋은 접근 방식이 아니다.

종종 기술 스택에 다른 언어를 추가해서 프로젝트의 복잡성을 높이지 않고도 납득할 만한 수준으로 성능을 개선할 수 있다. 단 한 가지 프로그래밍 언어만 이용해야 한다면 이 방법을 가장 먼저 선택해야 한다.

심지어 최신 알고리즘 관련 접근 방식이나 가장 적절한 데이터 구조를 사용한다 하더라도 오로지 파이썬만 사용해서는 임의의 기술적 제약 사항을 모두 만족시킬 수는 없다.

애플리케이션 성능에 잘 정의된 엄격한 제한을 두는 영역으로 **실시간 경매**real-time bidding, RTB 비즈니스를 들 수 있다. RTB는 간단히 말해서 광고 영역advertisement inventory(온라인 공고를 위한 위치)을 사고 파는 것으로, 실제 경매나 주식 시장의 방식과 동일하다. 거래 전체는 모종의 광고 거래 서비스를 통해 이루어지며, 광고 거래 서비스는 가용 재고에 관한 정보들을 해당 재고를 광고 영역으로 구매하고자 하는 **요청 플랫폼**demand-side platform, DSP에 전송한다. 이 지점에서 흥미로운 일이 벌어진다. 대부분의 광고 거래소는 OpenRTB 프로토콜(HTTP에 기반한)을 이용해 잠재적인 경매자들과 소통한다. DSP는 OpenRTB HTTP 요청에 대한 응답을 제공할 책임을 지는 사이트다. 광고 거래소는 전체 프로세스가 진행되는 시간에 엄격한 제한을 두며 그 시간은 50 ms 정도로 매우 짧다. 이 시간은 DSP 서버가 첫 번째 TCP 패킷을 받은 시점부터 마지막 바이트를 쓸 때까지의 시간이다. 가능한 많은 재고를 구매하기 위해, DSP 플랫폼은 초당 수만 개 이상의 요청을 처리한다. 응답 시간을 수 밀리초 줄이는 것만으로도 서비스의 수익성이 크게 달라진다. 즉, 아주 사소한 만큼의 코드만 C로 전환해도 합리적이며, 이는 성능 병목에 관련된 부분으로 알고리즘으로는 더 이상 개선될 수 없는 부분이어야 한다. 파이썬의 창시자인 귀도는 이렇게 표현했다.

> 빠른 속도가 필요하다면 (…) C로 작성된 loop를 이길 수 있는 것이 없다.

커스텀 확장 기능을 사용하는 완전히 다른 유스케이스는 다른 언어로 쓰인 코드를 통합하는 것으로, 다음 절에서 이에 관해 살펴본다.

9.4.2 다른 언어로 작성된 기존 코드 통합

컴퓨터 과학은 다른 기술 연구 영역에 비해 그 역사가 길지 않지만 이룬 업적은 상당하다. 여러 위대한 프로그래머들이 수많은 유용한 라이브러리를 작성했으며, 이들을 이용하면 여러 언어를 이용해 공통의 문제들을 해결할 수 있다. 새로운 언어가 나타날 때마다 이 유산들을 모두 잃어버린다는 것은 엄청난 낭비다. 그렇지만 모든 소프트웨어를 믿을 수 있을 정도로 완전하게 새로운 언어에 이식하는 것 역시 불가능하나.

C와 C++ 언어는 수많은 라이브러리와 구현을 제공하는 가장 중요한 언어일 것이다. 그리고 이들을 파이썬으로 이식하지 않고도 애플리케이션 코드에 통합하고 싶을 것이다. 다행히 CPython은 이미 C 언어로 작성되어 있기 때문에 커스텀 확장 기능custom extension을 이용하면 이런 코드를 가장 자연스럽게 통합할 수 있다.

다음 절에서는 이와 매우 유사한 유스케이스에 관해 살펴본다.

9.4.3 서드파티 다이내믹 라이브러리 통합

다른 기술을 이용해서 작성된 코드를 통합하는 것은 C/C++에서 끝나지 않는다. 수많은 라이브러리들, 특히 소스가 공개되지 않은 서드파티 소프트웨어는 컴파일된 바이너리로 배포된다. C에서는 이런 다이내믹/셰어드 라이브러리를 쉽게 로드해서 해당 함수를 호출할 수 있다. 다시 말해 Python/C API 를 이용해 C 라이브러리를 파이썬 확장 기능으로 감쌀 수 있다면 모든 C 라이브러리를 이용할 수 있다.

물론 이것이 유일한 해결책은 아니다. ctypes와 CFFI 등을 이용하면 C로 확장 기능을 작성하지 않아 도 순수한 파이썬 코드를 이용해 다이내믹 라이브러리와 직접 상호작용할 수도 있다. Python/C API 는 대부분의 경우 좋은 선택일 수 있다. 왜냐하면 이 API는 통합 레이어(C로 작성됨)와 애플리케이션 의 나머지 부분을 더 잘 분리하기 때문이다.

마지막으로 확장 기능을 이용하면 파이썬 데이터 구조를 한층 개선할 수 있다.

9.4.4 효율적인 커스텀 데이터 타입 생성

파이썬은 매우 다양한 기능을 제공하는 내장 데이터 타입들의 집합을 제공한다. 이들 중 일부는 매 우 최신의 내부 구현(적어도 CPython 안에서)을 이용하며 이들은 파이썬 언어에서의 사용해 특화되어 있다. 즉시 사용할 수 있는 기본 타입과 컬렉션의 수는 파이썬을 처음 접하는 이들에게는 신세계일 수 있다. 하지만 분명 모든 프로그래머들의 필요를 만족시키지는 못한다.

물론 파이썬에서 많은 커스텀 데이터 구조를 생성할 수 있다. 내장 타입을 서브클래싱하거나 완전히 새로운 클래스를 직접 만들 수도 있다. 안타깝게도 때때로 이런 데이터 구조의 성능은 최적화되어 있 지 않을 수 있다. dict 또는 set과 같은 복잡한 컬렉션의 완전한 능력은 이들 아래에 숨겨진 C 구현 에서 기인한다. 동일하게 여러분의 커스텀 데이터 구조를 C로 구현하지 않을 이유가 있는가?

이미 커스텀 파이썬 확장 기능을 만들어야 하는 이유를 알고 있으므로, 실제로 확장 기능을 구현해 보자.

9.5 확장 기능 작성

앞서 언급했듯이 확장 기능 작성은 결코 녹록하지 않다. 하지만 그만큼 많은 장점을 돌려줄 것이다. 확장 기능을 생성하는 가장 쉬운 접근 방법은 Cython 같은 도구를 사용하는 것이다. Cython을 이 용하면 Python/C API의 복잡함에서 벗어나 파이썬과 매우 유사한 언어를 이용해 C 확장 기능을 작 성할 수 있다. 생산성을 향상시키는 동시에 쉽게 코드를 개발하고, 읽고, 유지보수 가능하다.

아무튼 이 주제가 다소 생소하다면 순수하게 C 언어와 Python/C API만 이용해 확장 기능을 작성하 는 모험을 시작해보는 것도 좋다. 확장 기능이 동작하는 방법을 이해할 수 있고, 대안을 통해 얻을 수 있는 장점을 경험하게 될 것이다. 설명의 간결함을 유지하기 위해 간단한 알고리즘 문제를 예시로 들어 두 가지 접근 방식으로 이를 구현해볼 것이다.

- 순수한 C 확장 기능 작성하기
- Cython 이용하기

피보나치 수열에서 n번째 숫자를 찾고 싶다. 이 수열의 각 요소는 직전의 두 요소를 합한 값이다. 수열은 0과 1로 시작한다. 피보나치 수열의 처음 10개 숫자는 다음과 같다.

```
0, 1, 1, 2, 3, 5, 8, 13, 21, 34
```

수열 자체가 설명하기 매우 간단하며 동시에 구현도 간단하다. 이 문제를 풀기 위해 굳이 컴파일된 확장 기능을 구현할 필요는 없을 것이다. 하지만 매우 간단한 문제이기 때문에 C 함수와 Python/C API를 연결하는 좋은 예시이기도 하다. 책에서는 예시 목적으로 명확함과 단순함을 우선시하고, 가장 효율적인 해법을 구현하려 하지는 않을 것이다.

첫 번째 확장 기능을 만들기 전에 참조 구현을 정의한다. 이 참조 구현을 이용해 다양한 해법을 비교할 수 있다. 피보나치 함수에 관한 참조 구현은 순수한 파이썬으로 구현했으며 다음과 같다.

```python
"""피보나치 수열 함수를 제공하는 파이썬 모듈"""

def fibonacci(n):
    """피보나치 수열의 n번째 요소를 재귀적으로 계산해서 반환한다."""
    if n == 0:
        return 0
    if n == 1:
        return 1
    else:
        return fibonacci(n - 1) + fibonacci(n - 2)
```

위 예시 코드는 `fibonnaci()` 함수의 가장 간단한 구현 형태의 하나다. 개선의 여지는 많지만 목적은 최적화가 아니므로 이 구현을 최적화하지는 않을 것이다(메모이제이션 패턴memoization pattern 등). 같은 이유에서 C 또는 Cython을 이용해 구현한 코드들 또한 개선의 여지가 많아도 최적화하지 않을 것이다.

> **NOTE** 메모이제이션이란 미래의 참조를 위해 과거 함수를 호출한 값들을 저장하는 기법으로 애플리케이션 성능 최적화를 목적으로 한다. 이에 관해서는 13장에서 자세히 살펴본다.

다음 절에서는 순수한 C 확장 기능에 관해 살펴본다.

9.5.1 순수한 C 확장 기능

파이썬용으로 C 확장 기능을 작성하기로 결정했다면, 이미 제시한 예시들을 충분히 이해할 수 있을 만큼 C 언어에 대한 지식을 가지고 있다고 가정할 수 있다. 이 책은 파이썬에 관한 것이므로 Python/C API 이상의 내용은 설명하지 않을 것이다. Python/C API는 매우 세심하게 다듬어져 있지만 C를 이해하는 데는 큰 도움은 되지 않는다. 여러분이 C에 관한 지식이 전혀 없다면, C를 익히기 전까지는 Python/C API를 이용한 파이썬 확장 기능을 쓰려는 시도는 하지 않는 것이 좋다. 대신 입문자의 관점에서 훨씬 안전한 Cython이나 Pyrex를 검토해보라.

앞에서 언급했듯이 `fibonacci()` 함수를 C로 이식한 뒤 확장 기능으로 파이썬 코드에 노출시킬 것이다. 우선 앞의 파이썬 예시와 유사하게 기본 구현에서 시작한다. Python/C API를 전혀 사용하지 않은 함수는 대략 다음과 같다.

```
long long fibonacci(unsigned int n) {
    if (n == 0) {
        return 0;
    } else if (n == 1) {
        return 1;
    } else {
        return fibonacci(n - 2) + fibonacci(n - 1);
    }
}
```

다음은 완전히 동작하는 확장 기능의 코드이며, 컴파일된 모듈에서는 이 단일 함수가 노출된다.

```
#define PY_SSIZE_T_CLEAN
#include <Python.h>

long long fibonacci(unsigned int n) {
    if (n == 0) {
        return 0;
    } else if (n == 1) {
        return 1;
    } else {
        return fibonacci(n - 2) + fibonacci(n - 1);
    }
}
```

```
static PyObject* fibonacci_py(PyObject* self, PyObject* args) {
    PyObject *result = NULL;
    long n;

    if (PyArg_ParseTuple(args, "l", &n)) {
        result = Py_BuildValue("L", fibonacci((unsigned int)n));
    }

    return result;
}

static char fibonacci_docs[] =
    "fibonacci(n): Return nth Fibonacci sequence number "
    "computed recursively\n";

static PyMethodDef fibonacci_module_methods[] = {
    {"fibonacci", (PyCFunction)fibonacci_py,
     METH_VARARGS, fibonacci_docs},
    {NULL, NULL, 0, NULL}
};

static struct PyModuleDef fibonacci_module_definition = {
    PyModuleDef_HEAD_INIT,
    "fibonacci",
    "Extension module that provides fibonacci sequence function",
    -1,
    fibonacci_module_methods
};

PyMODINIT_FUNC PyInit_fibonacci(void) {
    Py_Initialize();

    return PyModule_Create(&fibonacci_module_definition);
}
```

이 예시 코드를 처음 보면 다소 압도되는 느낌을 받을 수 있다. 파이썬에서 접근할 수 있는 `fibonacci()` C 함수를 작성하기 위해 약 4배나 되는 코드가 필요하기 때문이다. 코드의 각 부분에 대해서는 천천히 설명할 것이므로 걱정하지 않아도 된다. 다만 그 전에 이 코드가 어떻게 패키지되어 파이썬에서 실행되는지 살펴보자.

다음은 이 모듈이 `setuptools.Extensions` 클래스를 이용해 확장 기능이 컴파일되는 방법을 알리기 위한 최소한의 `setuptools` 환경 설정이다.

```
from setuptools import setup, Extension

setup(
    name='fibonacci',
    ext_modules=[
        Extension('fibonacci', ['fibonacci.c']),
    ]
)
```

확장 기능 빌드 프로세스는 setup.py build 명령어로 시작할 수 있지만 패키지를 설치해도 자동으로 수행된다. 다음은 편집 모드(pip 명령을 -e 플래그와 함께 사용)에서의 설치 결과를 나타낸다.

```
$ python3 -m pip install -e .
Obtaining file:///Users/.../Expert-Python-Programming-Fourth-Edition/Chapter%209/02%20-%20
Pure%20C%20extensions
Installing collected packages: fibonacci
  Running setup.py develop for fibonacci
Successfully installed fibonacci
```

pip의 편집 가능 모드를 이용하면 build 단계 도중 파일이 생성되는 시점을 잡아낼 수 있다. 다음은 설치 과정이 진행되는 동안 작업 디렉터리에 생성될 수 있는 파일의 예시다.

```
$ ls -1ap
./
../
build/
fibonacci.c
fibonacci.cpython-39-darwin.so
fibonacci.egg-info/
setup.py
```

fibonacci.c와 setup.py 파일은 소스 파일이다. fibonacci.egg-info/는 패키지 메타데이터를 저장하는 특별한 디렉터리다. 이 디렉터리에 관해서는 지금은 다루지 않을 것이다. 가장 중요한 것은 fibonacci.cpython-39-darwin.io.so 파일이다. 이 파일은 바이너리 셰어드 라이브러리로 CPython 인터프리터와 호환된다. 파이썬 코드에서 fibonacci 모듈을 임포트할 때 파이썬 인터프리터가 로드하는 모듈이 바로 이 라이브러리다. 라이브러리를 임포트하고 인터랙티브 세션에서 확인해 보자.

```
$ python3
Python 3.9.1 (v3.9.1:1e5d33e9b9, Dec 7 2020, 12:10:52)
[Clang 6.0 (clang-600.0.57)] on darwin
Type "help", "copyright", "credits" or "license" for more information.
>>> import fibonacci
>>> help(fibonacci)
Help on module fibonacci:

NAME
    fibonacci - Extension module that provides fibonacci sequence
function

FUNCTIONS
    fibonacci(...)
        fibonacci(n): Return nth Fibonacci sequence number computed
recursively

FILE
    /(...)/fibonacci.cpython-39-darwin.so
>>> [fibonacci.fibonacci(n) for n in range(10)]
[0, 1, 1, 2, 3, 5, 8, 13, 21, 34]
```

방금 만든 확장 기능을 좀 더 자세히 들여다보자.

Python/C API 들여다보기

커스텀 C 확장 기능을 적절하게 패키지, 컴파일, 설치하는 방법을 알았으므로 이 확장 기능은 우리가 기대한 대로 작동한다고 확신할 수 있다. 이제 코드를 자세히 살펴보자.

피보나치 기능 모듈은 다음 단일 C 프로세서 지시자c processor directive로 시작하며 Python.h 헤더 파일을 포함한다.

```
#include <Python.h>
```

이는 Python/C API 전체를 로드한다. 확장 기능을 작성하기에 필요한 것은 이것 뿐이다. 보다 현실적인 경우, 보다 많은 전처리 지시자를 이용해 C 표준 라이브러리가 제공하는 함수들을 이용하거나 다른 소스 파일을 통합할 것이다. 우리는 단순한 예시를 다루므로 이 이상의 지시자는 필요하지 않다.

다음은 모듈의 핵심 부분이다.

```
long long fibonacci(unsigned int n) {
    if (n == 0) {
        return 0;
    } else if (n == 1) {
        return 1;
    } else {
        return fibonacci(n - 2) + fibonacci(n - 1);
    }
}
```

이 fibonacci() 함수는 앞의 전체 코드에서 유일하게 무언가 유용한 작업을 하는 부분이다. 순수한 C 구현이며 파이썬 인터프리터는 기본적으로 이를 이해하지 못한다. 코드의 나머지 부분은 인터페이스 레이어를 만든다. 이는 Python/C API를 통해서 함수를 외부로 노출한다.

이 코드를 파이썬에 노출하는 첫 번째 단계는 CPython 인터프리터와 호환되는 C 함수를 생성하는 것이다. 파이썬에서는 모든 것이 객체다. 즉, 파이썬에서 호출되는 C 함수가 실제 파이썬 객체를 반환해야 함을 의미한다. Python/C API는 PyObject 타입을 제공하며, 모든 콜러블은 이에 대한 포인터를 제공해야 한다. 이 함수의 시그니처는 다음과 같다.

```
static PyObject* fibonacci_py(PyObject* self, PyObject* args)
```

이 시그니처는 정확한 인수 목록을 명시하지 않는다는 점에 주의한다. 하지만 PyObject* args는 제공된 값의 튜플을 포함하는 구조체에 대한 포인터를 유지한다.

인수 리스트에 대한 실제 검증은 함수 바디 안에서 수행해야 하며, 이는 fibonacci_py()의 동작과 같다. args 인수 리스트를 단일 unsigned int 타입으로 간주해 파싱하고, 그 값을 fibonacci() 함수의 인수로 이용해 다음 코드의 피보나치 수열의 요소를 추출한다.

```
static PyObject* fibonacci_py(PyObject* self, PyObject* args) {
    PyObject *result = NULL;
    long n;

    if (PyArg_ParseTuple(args, "l", &n)) {
        result = Py_BuildValue("L", fibonacci((unsigned int)n));
    }

    return result;
}
```

앞의 예시 함수는 심각한 버그를 갖고 있으며, 노련한 개발자들은 이를 쉽게 발견할 수 있을 것이다. C 확장 기능 사용법을 연습할 겸 버그를 찾아보길 권한다. 간결함을 위해 버그는 수정하지 않고 코드를 현 상태로 유지할 것이다. 이 버그는 뒤에 나오는 '예외 핸들링' 절에서 에러와 예외에 관해 설명하면서 수정할 것이다.

PyArg_ParseTuple(args, "l", &n) 호출의 l(소문자 L) 문자열은 args가 단일 long 값을 가지는 것을 의미한다. 호출에 실패하면 NULL을 반환하며 예외에 관한 정보는 인터프리터별로 생성되는 스레드 상태에 저장한다.

파싱 함수의 실제 시그너처는 int PyArg_ParseTuple(PyObject *args, const char *format, ...) 이며, 포맷 문자열 이후에는 가변 길이 인수 목록으로 파싱된 값의 출력(포인터)을 나타낸다. 이는 C 표준 라이브러리의 scanf() 함수의 작동 방식과 유사하다. 우리의 가정이 틀리고 사용자가 호환되지 않은 인수 목록을 제공하면 PyArg_ParseTuple()은 적절한 예외를 발생시킨다. 한 번 익숙해지면 함수 시그너처를 인코딩 할 수 있는 매우 편리한 방법이지만 순수한 파이썬 코드에 비하면 큰 단점이 있다. PyArg_ParseTuple() 호출에 따라 암묵적으로 정의된 파이썬 호출 시그너처는 파이썬 인터프리터 안에서 쉽게 검사되지 않는다. 확장 기능으로 제공되는 코드를 이용할 때는 이 점에 항상 주의해야 한다.

파이썬은 콜러블로부터 객체가 반환될 것으로 기대한다. 즉, fibonacci_py()의 결과로서 fibonacci() 함수에서 얻은 가공되지 않은 long 값을 반환할 수 없다. 이는 컴파일되지 않으며 기본 C 타입을 파이썬 객체로 자동으로 캐스팅하지도 않는다.

대신 Py_BuildValue(*format, ...) 함수를 사용해야만 한다. 이 함수는 PyArg_ParseTuple()과 대칭을 이루며 유사한 포맷 문자열을 받는다. 주요한 차이는 인수 리스트가 함수의 출력이 아닌 입력이라는 점이다. 따라서 포인터가 아니라 실젯값을 전달해야 한다.

fibonacci_py()를 정의했다면 무거운 작업은 대부분 완료되었다. 마지막 단계는 모듈을 초기화하고 메타데이터를 함수에 추가해서 사용자가 보다 쉽게 이용하도록 하는 것이다. 이는 확장 기능 코드의 보일러플레이트 부분이다. 이 간단한 예시에서는 우리가 노출하려는 코드의 양보다 훨씬 많다. 이 코드들은 대부분 몇 가지 정적 스트럭처와 인터프리터가 모듈을 임포트했을 때 실행되는 초기화 함수 하나로 구성된다.

먼저 정적 문자열을 만든다. 이 문자열은 fibonacci_py() 함수에 대한 파이썬 독스트링의 내용이다.

```
static char fibonacci_docs[] =
    "fibonacci(n): Return nth Fibonacci sequence number "
    "computed recursively\n";
```

이 부분은 이후 `fibonacci_module_methods`의 어딘가에서 인라인으로 처리할 수도 있다. 그러나 독스트링을 분리하고 이들이 참조하는 실제 함수 정의에 근접한 곳에 저장하는 것은 좋은 프랙티스다.

정의의 다음 부분은 `PyMethodDef` 스트럭처의 배열이다. 이 배열은 모듈에서 사용되는 메서드(함수)를 정의한다. `PyMethodDef` 스트럭처는 다음 4개의 필드를 포함한다.

- `char* ml_name`: 메서드의 이름이다.

- `PyCFunction ml_meth`: 함수의 C 구현에 대한 포인터다.

- `int ml_flags`: 호출 규약 또는 바인딩 규약을 나타내는 플래그를 포함한다. 후자는 클래스 메서드 정의에만 적용할 수 있다.

- `char* ml_doc`: 메서드/함수 독스트링의 내용에 대한 포인터다.

이 배열은 항상 `{NULL, NULL, 0, NULL}`이라는 문지기sentinel 값으로 끝나야 한다. 문지기 값은 구조체의 마지막임을 나타낸다. 예시에서는 정적 `PyMethodDef fibonacci_module_methods[]` 배열을 만들고 두 개의 요소만 갖게 했다(문지기 값 포함).

```
static PyMethodDef fibonacci_module_methods[] = {
    {"fibonacci", (PyCFunction)fibonacci_py,
     METH_VARARGS, fibonacci_docs},
    {NULL, NULL, 0, NULL}
};
```

이를 이용해 첫 번째 항목이 `PyMethodDef` 스트럭처에 매핑된다.

- `ml_name = "fibonacci"`: fibonacci_py() C 함수가 fibonacci라는 이름으로 파이썬 함수에 노출된다.

- `ml_meth = (PyCFunction)fibonacci_py`: Python/C API를 이용하기 위해 `PyCFunction`으로 캐스팅하고 이후 `ml_flags`에서 정의된 호출 규칙에 따라 이름 지어진다.

- `ml_flags = METH_VARARGS`: METH_VARARGS 플래그는 호출되는 함수가 숫자가 변하는 인수 목록을 받으며, 키워드 인수는 받지 않는다는 호출 규칙을 나타낸다.

- `ml_doc = fibonacci_docs`: fibonacci_docs 문자열을 이용해 파이썬 함수를 문서화한다.

함수 정의를 완료한 뒤, 다른 스트럭처를 이용해 전체 모듈의 정의를 제약할 수 있다. 이는 `PyModule Def` 타입과 여러 필드를 이용해 기술한다. 이들 중 일부는 보다 복잡한 상황, 즉 보다 세세한 모듈 초기화 프로세스의 통제가 필요한 경우에만 필요하다. 여기에서는 그중에서 처음 5개만 살펴본다.

- PyModuleDef_Base m_base: 항상 PyModuleDef_HEAD_INIT으로 초기화해야 한다.
- char* m_name: 새롭게 생성하는 모듈의 이름이다. 이 예시에서는 fibonacci이다.
- char* m_doc: 모듈의 독스트링 내용에 대한 포인터다. 일반적으로 하나의 C 소스 파일에 하나의 모듈만 가지므로 전체 스트럭처에서 인라인으로 문서화를 해도 문제없다.
- Py_ssize_t m_size: 모듈 상태를 유지하기 위해 할당하는 메모리 크기이다. 이 값은 다중 하위 인터프리터나 다단계 초기화가 필요할 때만 사용된다. 대부분의 경우 필요하지 않으므로 -1 값을 설정한다.
- PyMethodDef* m_methods: PyMethodDef 값에 따라 정의된 모듈 레벨 함수를 포함하는 배열에 대한 포인터다. 모듈이 어떤 함수도 노출하지 않으면 NULL로 설정할 수 있다. 예시에서는 fibonacci_module_methods다.

다른 필드들에 관한 자세한 설명은 파이썬 공식 문서(https://docs.python.org/ko/3/c-api/module.html)를 참조할 수 있다. 현재 예시의 확장 기능에서는 필요하지 않다. 필요하지 않은 필드는 NULL로 설정해야 하며, 명시하지 않으면 암묵적으로 해당 값으로 초기화된다. 따라서 모듈 설명에 포함된 fibonacci_module_definition 변수는 다음과 같은 형태가 된다.

```
static struct PyModuleDef fibonacci_module_definition = {
    PyModuleDef_HEAD_INIT,
    "fibonacci",
    "Extension module that provides fibonacci sequence function",
    -1,
    fibonacci_module_methods
};
```

모듈 초기화 함수로 코드 작성을 마무리한다. 이는 매우 특별한 명명 규칙을 따라야 한다. 그래야만 파이썬 인터프리터가 다이내믹/셰어드 라이브러리로 로드할 때 이를 쉽게 찾을 수 있다. 이름은 PyInit_<name> 형식이어야 하며 <name>은 모듈의 이름이다. 즉, PyModuleDef 정의에서 사용한 m_base 필드 및 setuptools.Extension() 호출 시의 첫 번째 인수와 동일하다. 모듈에 대한 복잡한 초기화 프로세스가 필요하지 않으면, 우리가 만든 예시처럼 매우 간단한 형태가 될 것이다.

```
PyMODINIT_FUNC PyInit_fibonacci(void) {
    Py_Initialize();
```

```
    return PyModule_Create(&fibonacci_module_definition);
}
```

PyMODINIT_FUNC 매크로는 전처리 매크로이며 이 초기화 함수의 반환 타입을 PyObject*로 선언하고, 플랫폼이 요구하는 특별한 링크 선언들을 모두 추가한다.

Python과 C 함수의 매우 중요한 차이점은 호출 및 바인딩 규칙이다. 내용이 많으므로 절을 나누어 살펴보기로 하자.

호출 및 바인딩 규칙

파이썬은 객체 지향 언어이며 위치 인수와 키워드 인수 모두를 사용하는 유연한 호출 규칙을 제공한다. 다음 print() 함수를 살펴보자.

```
print("hello", "world", sep=" ", end="!\n")
```

처음 두 개의 표현식("hello"와 "world" 표현식)은 위치 인수이며 print() 함수의 위치 인수와 매칭된다. 위치 인수에서는 순서가 중요하며, 인수의 순서가 달라지면 함수를 호출한 결과도 달라진다. 한편, 이후의 " "과 "!\n" 표현식은 키워드 인수와 매칭된다. 이름이 변경되지만 않는다면 순서는 호출 결과에 영향을 주지 않는다.

C는 절차적 언어이며 위치 인수만 사용한다. 파이썬 확장 기능을 작성할 때는 파이썬의 인수 유연성과 객체 지향 데이터 모델을 지원해야 한다. 이는 호출 및 바인딩 규칙을 지원하는 명시적 선언을 통해 구현할 수 있다.

앞에서 설명한 것처럼 PyMethodDef 스트럭처의 ml_flags 비트 필드는 호출과 바인딩 규칙에 관한 플래그를 포함한다. 호출 규칙 플래그는 다음과 같다.

- METH_VARARGS: 매개변수로 인수만 받는 파이썬 함수 또는 메서드에 사용하는 전형적인 규칙이다. 이런 함수에서 ml_meth 필드로 제공되는 타입은 PyCFunction이어야 한다. 이 함수는 PyObject* 타입의 두 개의 인수를 받는다. 첫 번째 인수는 self 객체(메서드인 경우) 또는 module 객체(모듈 함수인 경우)다. 이 호출 규칙을 따르는 전형적인 C 함수의 시그니처는 PyObject* function(PyObject* self, PyObject* args)이다.

- METH_KEYWORDS: 호출될 때 키워드 인수를 받는 파이썬 함수에 대한 규칙이다. 이와 관련된 C 타입은 PyCFunctionWithKeywords다. 이 C 함수는 세 개의 PyObject* 타입을 인수로 받는다.

self, args, 키워드 인수의 딕셔너리가 이에 해당한다. METH_VARARGS와 조합하면 처음 두 개의 인수는 이전 함수 호출 규칙과 동일하게 유지되며, 그렇지 않으면 args는 NULL이 된다. 이 규칙을 따르는 전형적인 C 함수의 시그니처는 PyObject* function(PyObject* self, PyObject* args, PyObject* keywds)다.

- METH_NOARGS: 어떤 인수도 받지 않는 파이썬 함수에 대한 규칙이다. C 함수는 PyCFunction 타입이어야 하며, 시그니처는 METH_VARARGS의 타입과 동일하다(self 및 args 인수 포함). 단, args가 항상 NULL이기 때문에 PyArg_ParseTuple()을 호출하지 않는다는 점이 다르다. 이 플래그는 다른 호출 규칙 플래그와 조합해서 사용할 수 없다.

- METH_O: 단일 객체 인수를 받는 함수와 메서드에 대한 규칙이다. C 함수의 타입은 PyCFunction 이며, 두 개의 PyObject* 인수 self와 args를 받는다. METH_VARARGS와의 차이점은 PyArc_ParseTuple()을 호출하지 않는다는 점이다. 파이썬에서 이 함수를 호출할 때 제공되는 단일 인수가 args로 제공된 PyObject*이다. 이 플래그 역시 다른 호출 규칙 플래그들과 조합해서 사용할 수 없다.

키워드를 받는 함수는 METH_KEYWORDS 또는 METH_VARAGS | METH_KEYWORDS와 같은 비트 조합 플래그로 기술한다. 그러면 그 함수는 PyArg_ParseTuple() 또는 PyArgs_UnpackTuple()이 아니라 PyArg_ParseTupleAndKeywords()를 이용해 인수를 파싱한다.

다음은 단일 함수를 가진 모듈의 예시다. 이 함수는 None을 반환하고 표준 출력에 출력된 두 개의 이름 있는 인수를 받는다.

```
#define PY_SSIZE_T_CLEAN
#include <Python.h>

static PyObject* print_args(PyObject *self, PyObject *args, PyObject *keywds)
{
    char *first;
    char *second;

    static char *kwlist[] = {"first", "second", NULL};

    if (!PyArg_ParseTupleAndKeywords(args, keywds, "ss", kwlist, &first, &second))
        return NULL;

    printf("%s %s\n", first, second);

    Py_INCREF(Py_None);
```

```
    return Py_None;
}

static PyMethodDef module_methods[] = {
    {"print_args", (PyCFunction)print_args,
     METH_VARARGS | METH_KEYWORDS,
     "print provided arguments"},
     {NULL, NULL, 0, NULL}
};

static struct PyModuleDef module_definition = {
    PyModuleDef_HEAD_INIT,
    "kwargs",
    "Keyword argument processing example",
    -1,
    module_methods
};

PyMODINIT_FUNC PyInit_kwargs(void) {
    return PyModule_Create(&module_definition);
}
```

NOTE Python/C API의 인수 파싱은 매우 탄력적이다. 더 자세한 내용은 공식 문서(https://docs.python.org/ko/3/c-api/arg.html)를 참조한다.

PyArg_ParseTuple()과 PyArg_ParseTupleAndKeywords()의 포맷 인수를 이용하면 인수 수와 타입을 세심하게 제어할 수 있다. 파이썬의 모든 고급 호출 규칙은 이 API를 이용해 C로 코딩할 수 있다. 이 규칙에는 다음과 같은 특징의 함수를 포함한다.

- 인수의 기본값을 갖는 함수

- 키워드로만 지정된 인수를 갖는 함수

- 위치로만 지정된 인수를 갖는 함수

- 인수의 숫자가 변하는 함수

- 인수가 없는 함수

추가적인 바인딩 규칙 플래그인 METH_CLASS, METH_STATIC, METH_COEXIST가 메서드를 위해 예약되어 있으며, 이는 모듈 함수를 기술할 때는 사용할 수 없다. 처음 두 개의 플래그는 이름만으로도 그 역할이 명확하다. 이들은 @classmethod와 @staticmethod 데커레이터에 해당하며 C 함수에 전달된 self 인수의 의미를 변경한다.

METH_COEXIST를 이용하면 기존 정의 안에서 메서드를 로딩할 수 있다. 이 기능이 유용한 경우는 매우 희박하다. 어떤 타입을 갖는 다른 피처로부터 자동으로 생성되어야 하는 C 메서드의 구현을 제공하는 경우가 아닌 한 사용하지 않을 것이다. 파이썬 문서에서는 __contains__() 래퍼 메서드에 대한 예시를 제공한다. 이 메서드는 해당 타입이 정의된 sq_contains 슬롯을 가지고 있으면 생성된다. 안타깝게도 Python/C API를 이용해 직접 클래스와 타입을 구현하는 것은 이번 장의 범위를 넘어선다.

다음 절에서는 예외 핸들링에 관해 살펴본다.

예외 핸들링

C는 파이썬 혹은 심지어 C++와 달리 예외를 발생시키고 잡아내는 구문을 갖지 않는다. 일반적으로 함수의 반환값과 지난 실패의 원인을 설명할 수 있는 세부 정보를 담은 글로벌 상태 옵션을 이용해 에러를 핸들링한다.

Python/C API의 예외 핸들링은 단순한 원칙에 기반한다. 스레드마다 가진 글로벌 인디케이터는 지난번 발생한 에러를 나타낸다. 이들은 문제의 원인을 설명하도록 설정된다. 함수를 호출했을 때 이 상태가 변하면 함수 호출자에 이를 전달하는 표준적인 방법도 존재한다. 예를 들면 다음과 같다.

- 포인터를 반환해야 하는 함수는 NULL을 반환한다.
- int 타입의 값을 반환해야 하는 함수는 -1을 반환한다.

Python/C API에서는 앞에서 설명한 규칙의 예외가 되는 것은 PyArg_*() 함수로, 이 함수는 성공을 의미할 때는 1, 실패를 의미할 때는 0을 반환한다.

이 함수가 실제로 어떻게 작동하는지 알기 위해 이전 예제에서 소개했던 fibonacci_py() 함수를 다시 살펴보기로 하자.

```
static PyObject* fibonacci_py(PyObject* self, PyObject* args) {
    PyObject *result = NULL;
    long n;

    if (PyArg_ParseTuple(args, "l", &n)) {
        result = Py_BuildValue("L", fibonacci((unsigned int) n));
    }

    return result;
}
```

에러 핸들링은 함수의 초반, 즉 result 변수를 초기화할 때부터 시작한다. 이 변수는 우리가 만든 함수의 반환값을 저장해야 한다. 이 변수는 NULL로 초기화되었으며 이는 우리가 이미 알고 있듯이 에러를 나타낸다. 이 방식은 확장 기능 코드를 작성하는 일반적인 방식이다. 에러가 코드의 초기 상태라고 가정하는 것이다.

다음으로 PyArg_ParseTuple() 함수는 예외가 발생하면 에러 정보를 설정하고 0을 반환한다. 이것은 if 구문의 한 부분이므로 예외가 발생하면 함수는 그저 NULL을 반환한다. 함수 호출자는 에러가 발생했음을 알게 된다.

Py_BuildValue() 또한 예외를 발생시킬 수 있다. Py_BuildValue()는 PyObject*(포인터)를 반환해야 하지만 실패가 발생하면 NULL을 반환한다. 간단하게 이 반환값을 result 변수에 저장한 뒤 반환값으로 전달할 수 있다.

하지만 Python/C API 호출에 의해 발생한 예외를 다루는 데서 작업이 끝나는 것은 아니다. 확장 기능의 사용자에게 발생한 에러 또는 실패에 관한 정보를 전달해줘야 할 것이다. Python/C API가 제공하는 여러 함수를 이용하면 예외를 발생시킬 수 있다. 가장 일반적인 함수는 PyErr_SetSTring()이다. 이 함수는 전달한 예외 타입과 에러 원인을 설명하는 추가적인 문자열을 이용해 에러 인디케이터를 설정한다. 이 함수의 전체 시그니처는 다음과 같다.

```
void PyErr_SetString(PyObject* type, const char* message)
```

아마도 앞의 fibonacci_py() 함수가 가진 문제가 무엇인지 눈치챘을 것이다. 그렇지 않다면 여기에서 그 문제를 확인하고 수정해보자. 다행히도 이를 위한 적절한 도구가 존재한다.

문제는 long 타입이 안전하지 않게 unsigned int로 캐스팅되는 것으로 그 위치는 다음 코드 부분이다.

```
if (PyArg_ParseTuple(args, "l", &n)) {
    result = Py_BuildValue("L", fibonacci((unsigned int) n));
}
```

PyArg_ParseTuple() 호출에 따라 첫 번째이자 유일한 인수는 long 타입으로 해석되어("l" 명시자) 변수 n에 저장된다. 이후 unsigned int로 캐스팅되므로 사용자가 파이썬에서 fibonacci() 함수를 음수 인수와 함께 호출하면 문제가 발생한다. 예를 들어 부호 있는signed 32비트 정수 -1은 부호 없는unsigned 32비트 정수로 변환하면 4294967295가 된다. 이 값은 매우 깊은 재귀를 야기하며 스택 오버플로와 세그멘테이션 오류를 일으킬 것이다. 사용자가 임의의 큰 양수 인수를 입력해도 동일한 문제가 발생할 수 있다. C fibonacci() 함수를 완전히 재설계하지 않는 한 이 문제는 고칠 수 없지만, 적어도 함수의 입력 인수가 몇 가지 사전 조건을 만족하는지 보장하도록 시도해볼 수는 있다. 여기에 선 인수 n의 값이 0 이상인지 확인하고, 그렇지 않으면 ValueError 예외를 발생시킨다.

```
static PyObject* fibonacci_py(PyObject* self, PyObject* args) {
    PyObject *result = NULL;
    long n;
    long long fib;

    if (PyArg_ParseTuple(args, "l", &n)) {
        if (n<0) {
            PyErr_SetString(PyExc_ValueError,
                             "n must not be less than 0");
        } else {
            result = Py_BuildValue("L", fibonacci((unsigned int) n));
        }
    }

    return result;
}
```

예외 핸들링과 관련해 마지막으로 언급하고 싶은 것은 글로벌 에러 상태는 스스로 초기화되지 않는다는 점이다. 어떤 에러들은 C 함수에서 우아하게 다룰 수 있지만(파이썬에서 try ... except 구문을 이용하듯), 에러가 더 이상 유효하지 않으면 해당 에러 인디케이터를 초기화해야 할 것이다. 이때는 PyErr Clear() 함수를 이용하면 된다.

GIL 해제

확장 기능을 이용하면 파이썬의 GIL을 무시할 수 있다고 앞에서 이미 언급했다. 이것은 CPython 구현의 유명한 제한으로 한순간에는 하나의 스레드만 파이썬 코드를 실행할 수 있다. 멀티스레딩은 이 문제를 해결할 수 있는 접근 방식으로 제안되었지만(6장 참조), 고도의 병렬화 알고리즘에서는 최선의 해결책이 아니다. 추가 프로세스를 실행하기 위한 리소스 오버헤드가 발생하기 때문이다.

확장 기능들을 사용하는 경우는 대부분은 작업의 많은 부분이 순수한 C에서 시행되며 Python/C API 호출을 하지 않기 때문에, 비 파이썬 데이터 처리를 수행하는 동안 일부 애플리케이션 섹션에서는 GIL을 해제할 수 있다. 덕분에 다중 CPU 코어와 멀티스레드 기반 애플리케이션 설계의 장점을 여전히 누릴 수 있게 된다. 그저 알려진 일부 코드를 감싸서 Python/C API를 호출하거나 Python/C API가 제공하는 특정한 매크로를 이용하는 파이썬 스트럭처를 사용하지 못하도록 하면 된다. 다음 두 전처리 매크로를 이용하면 GIL을 해제하고 다시 획득하는 모든 절차를 단순화할 수 있다.

- Py_BEGIN_ALLOW_THREADS: 숨겨진 로컬 변수를 선언한다. 이 변수는 현재 스레드 상태를 저장하고 GIL을 해제한다.
- Py_END_ALLOW_THREADS: GIL을 다시 획득하고 Py_BEGIN_ALLOW_THREAD 매크로로 선언된 로컬 변수에서 스레드 상태를 복원한다.

예시의 fibonacci 확장 기능에서 fibonacci 함수는 파이썬 코드를 실행하지도 파이썬 스트럭처를 다루지도 않는다. 즉, fibonacci(n) 실행을 단순히 감싼 fibonacci_py() 함수를 업데이트해서 호출 시 해당 부분에 대한 GIL을 해제할 수 있다.

```
static PyObject* fibonacci_py(PyObject* self, PyObject* args) {
    PyObject *result = NULL;
    long n;
    long long fib;

    if (PyArg_ParseTuple(args, "l", &n)) {
        if (n<0) {
            PyErr_SetString(PyExc_ValueError,
                            "n must not be less than 0");
        } else {
            Py_BEGIN_ALLOW_THREADS;
            fib = fibonacci(n);
            Py_END_ALLOW_THREADS;

            result = Py_BuildValue("L", fib);
        }
    }

    return result;
}
```

Python/C API의 또 다른 중요한 토픽은 메모리 관리memory management와 가비지 컬렉션garbage collection이다. 동적 프로그래밍 언어에서 가장 일반적인 가비지 컬렉션 메커니즘은 **트레이싱 가비지 컬렉션**tracing garbage collection이며 객체에 프로그램의 루트 참조로부터 도달할 수 있는지 추적한다. 객체에 도달할 수 없으면, 이들은 프로그램 메모리에서 해제되어 릴리스되고 메모리 공간이 다시 확보된다.

파이썬은 최소한의 트레이싱 가비지 컬렉터tracing garbage collector를 이용해 참조 사이클을 발견하지만, 사실은 레퍼런스 카운팅reference counting을 주된 메모리 관리 메커니즘으로 사용한다. 이는 일반적인 파이썬 코드에서는 문제가 되지 않지만, C 확장 기능을 작성할 때는 상당한 작업이 추가된다. 다음 절에서는 이 주제에 관해 살펴본다.

> [NOTE] 트레이싱 가비지 컬렉션은 매우 일반적인 전략이며, 가비지 컬렉션garbage collection과 동의어처럼 쓰인다. 그래서 어떤 사람들은 파이썬이 가비지 컬렉션을 하지 않는다고 주장하며(주된 메모리 관리 기법으로 레퍼런스 카운팅을 이용하므로), 또 다른 사람들은 파이썬이 가비지 컬렉션을 한다고 주장한다(레퍼런스 사이클을 찾기 위해 트레이싱을 이용하고, 레퍼런스 카운팅은 대안적인 가비지 컬렉션 전략으로 이해할 수 있으므로).

레퍼런스 카운팅

마지막으로 파이썬에서의 메모리 관리에 관한 중요한 주제에 관해 살펴본다. 파이썬에도 가비지 컬렉터가 있지만, 이는 그저 레퍼런스 카운팅 알고리즘에서 발생하는 순환 참조cyclic reference 문제를 해결하기 위해 설계된 것이다. 레퍼런스 카운팅reference counting은 더 이상 필요하지 않은 객체의 메모리 해제를 관리하는 주요한 방법이다.

Python/C API 문서에서는 참조의 소유ownership of reference를 통해 객체 해제를 처리하는 방법에 관해 설명한다. 파이썬의 객체는 확장 기능 코드를 소유할 수 없으므로 확장 기능이 생성 또는 해제할 수 없다. 실질적인 객체 생성은 파이썬 메모리 관리자가 관리한다. 그래서 파이썬의 객체는 메모리 관리자가 소유한다고 말하는 것이다.

메모리 관리자는 CPython 인터프리터 내부의 컴포넌트이며 프라이빗 힙에 저장되는 객체에 대한 메모리 할당/해제만을 책임진다. 대신 객체에 대한 참조를 소유한다.

참조로 표현되는 파이썬의 모든 객체(PyObject* 포인터)는 관련된 레퍼런스 카운트reference count를 갖는다. 레퍼런스 카운트가 0이면 해당 객체에 대해 유효한 참조를 갖는 객체가 없다는 의미이며, 이 타입과 연결된 할당 해제자deallocator가 호출된다. Python/C API는 레퍼런스 카운트를 증가/감소시키는 몇 가지 매크로를 제공한다.

- Py_INCREF()와 Py_DECREF(): 전자는 레퍼런스 카운트를 증가시키고, 후자는 레퍼런스 카운트를 감소시킨다. 이 매크로들이 받는 객체 포인터는 NULL이 아니어야 한다.
- Py_XINCREF()와 Py_XDECREF(): 전자는 레퍼런스 카운트를 증가시키고, 후자는 레퍼런스 카운트를 감소시킨다. 이 매크로들은 NULL 값을 받을 수 있으므로 NULL 포인터를 다루고 있는지 확신할 수 없다면 이 매크로들을 사용해야 한다.

이들을 자세히 살펴보기 전에 레퍼런스 소유와 관련된 용어들을 살펴보자.

- **소유권 전달**passing of ownership: 함수가 참조를 통해 소유권을 전달한다는 것은 이미 레퍼런스 카운트가 증가되었으며 해당 객체에 대한 참조가 더 이상 필요하지 않으면 호출자가 레퍼런스 카운트를 감소시켜야 하는 책임을 가졌음을 의미한다. 새롭게 생성한 객체를 반환하는 대부분의 함수(Py_BuildValue 등)가 이를 수행한다. 만약 해당 객체가 한 함수에서 다른 호출자로 전달되면 소유는 다시 전달된다. 이때는 책임 소관에서 벗어나기 때문에 레퍼런스 카운트는 증가시키지 않는다. 그래서 fibonacci_py() 함수는 result 변수에 대해 Py_DECREF()를 호출하지 않는다.

- **빌린 참조**borrowed reference: 함수가 파이썬 객체를 인수로 받으면 참조를 빌리게 된다. 이런 참조에 대해서는 자신 안에서 레퍼런스 카운트가 증가하지 않았다면 감소시키지도 않아야 한다. fibonacci_py() 함수에서는 self와 args 인수가 이 같은 빌린 참조에 해당하므로 이들에 대해서 PyDECREF()를 호출하지 않는다. 일부 Python/C API 함수들은 빌린 참조를 반환하기도 한다. PyTuple_GetItem()과 PyList_GetItem()이 대표적이다. 이런 참조들은 보호되지 않는다고 말하기도 한다. 이들이 함수의 반환값으로 반환되기 전까지는 소유권을 버리지 않아도 된다. 빌린 참조를 다른 Python/C API 호출에 대한 인수로 사용할 때는 세심한 주의가 필요하다. 특정한 상황에서는 이 같은 빌린 참조를 보호하기 위해서 별도의 Py_INCREF()를 추가로 호출한 뒤에 이를 다른 함수의 인수로 전달하고, 더 이상 필요하지 않을 때는 Py_DECREF()를 호출해야 한다. 이번 절의 마지막 부분에서 이 상황에 관한 예시를 살펴볼 것이다.

- **빼앗긴 참조**stolen reference: Python/C API 함수를 이용하면 호출 인수로 제공될 때 참조를 빌리는 대신 빼앗을 수도 있다. PyTuple_SetItem() 함수와 PyList_SetItem()이 그렇다. 이들은 전달된 참조에 대한 책임을 완전히 넘겨받는다. 이들은 직접 레퍼런스 카운트를 증가시키지 않지만 더 이상 참조가 필요하지 않을 때는 Py_DECREF()를 호출한다.

레퍼런스 카운트 관찰은 복잡한 확장 기능을 구현할 때 가장 어려운 것 중 하나다. 명확하지 않은 몇 가지 이슈들은 멀티스레드 환경에서 코드가 실행되기 전까지는 알아채지 못하기도 한다.

또 다른 일반적인 문제는 파이썬의 객체 모델의 본질, 그리고 일부 함수들이 빌린 참조를 반환하기 때문에 일어난다. 레퍼런스 카운트가 0이 되면 메모리 해제 함수가 실행되며, 커스텀 클래스에서는 그 시점에 호출될 수 있는 __del__() 함수를 정의할 수 있다.

모든 파이썬 코드는 이를 실행할 수 있으며, 이는 다른 객체 및 그들의 레퍼런스 카운트에 영향을 준다. 다음은 이 문제로 영향을 받을 수 있는 코드 예시로 공식 파이썬 문서를 발췌했다.

```
void bug(PyObject *list) {
    PyObject *item = PyList_GetItem(list, 0);
```

```
    PyList_SetItem(list, 1, PyLong_FromLong(0L));
    PyObject_Print(item, stdout, 0); /* BUG! */
}
```

이 코드에는 아무런 위험도 없어 보이지만 list 객체에 어떤 요소가 포함되어 있는지 알 수 없다는 것이 문제다. PyList_SetItem()이 list[]에 새로운 값을 설정하면 그 인덱스에 저장되어 있던 객체의 소유권이 폐기된다. 그리고 그것이 유일한 참조였다면 레퍼런스 카운트가 0이 되므로 객체는 메모리에서 해제될 것이다. 이런 상황은 __del__() 커스텀 메서드를 구현한 사용자 정의 클래스에서 발생할 수 있다. 이런 __del__() 메서드를 실행한 결과 item[0]이 리스트에서 삭제되면 심각한 문제가 발생한다.

PyList_GetItem()은 빌린 참조를 반환한다. 이 함수는 Py_INCREF()를 호출하지 않고 참조를 반환한다. 위 코드에서는 PyObject_Print()가 더 이상 존재하지 않는 참조를 이용해 호출될 가능성이 있다. 이는 세그멘테이션 오류를 일으켜 파이썬 인터프리터를 망가뜨린다.

빌린 참조는 항상 보호하는 것이 바람직하다. 여러 호출 과정 중 해당 객체가 메모리에서 해제될 가능성이 있기 때문이다. 다음 코드처럼 겉으로는 관계없어 보이는 상황에서도 이런 일이 발생할 수 있다.

```
void no_bug(PyObject *list) {
    PyObject *item = PyList_GetItem(list, 0);

    Py_INCREF(item);
    PyList_SetItem(list, 1, PyLong_FromLong(0L));
    PyObject_Print(item, stdout, 0);
    Py_DECREF(item);
}
```

위 코드에서 Python/C API이용해 C 언어로 파이썬 확장 코드를 작성하는 것은 쉽지 않다. 특히 여러분이 C에 관한 경험이 없다면 더욱 그렇다. CPython 내부와 정밀한 메모리 관리에 관해 관한 많은 지식이 필요하다. 그러나 다행히도 커스텀 확장 기능을 쉽게 구현하는 방법이 있다. 파이썬의 특별한 파생 언어인 Cython을 이용하면 된다. 다음 절에서는 Cython에 관해 살펴본다.

9.5.2 Cython을 이용한 확장 기능 작성

Cython은 최적화 정적 컴파일러이며 동시에 프로그래밍 언어로 파이썬의 상위집합이다. 파이썬 애플리케이션을 머신 코드로 컴파일해서 속도를 높일 수 있으며, C와 C++로 작성된 코드를 감쌀 수도 있다.

Cython은 컴파일러로서 Python/C API를 이용해 순수한 파이썬 코드와 Cython 파생 언어를 Python C 확장 기능으로 소스-대-소스로 변환한다. 이를 이용하면 Python/C API를 직접 다루지 않고도 파이썬과 C의 장점을 조합할 수 있다.

Cython은 파이썬의 상위집합으로서 정적 타이핑, C 라이브러리의 정적 링킹(셰어드 라이브러리의 동적 링킹과 반대), C 헤더 파일과의 상호작용, CPython의 GIL에 대한 직접 통제 등을 할 수 있다.

소스-대-소스 컴파일러로서의 Cython에 관해 먼저 살펴본다.

소스-대-소스 컴파일러로서의 Cython

Cython을 이용해 생성한 확장 기능에서 얻을 수 있는 가장 큰 장점으로는 이 언어가 제공하는 상위집합 언어를 사용할 수 있다는 점을 들 수 있다. 소스-대-소스 컴파일을 이용하면 순수한 파이썬 코드로부터 확장 기능을 생성할 수 있다. 이는 Cython을 이용하는 가장 쉬운 접근 방식이다. 코드를 변경하지 않고도 아주 적은 노력으로 상당한 성능 개선을 달성할 수 있기 때문이다.

Cython 확장 기능을 구현하려면 Cython 패키지가 필요하다. 이 패키지는 `pip`를 이용해 PyPI에서 설치할 수 있다.

```
$ python3 -m pip install Cython
```

Cython은 간단한 `cythonize` 유틸리티 함수를 제공한다. 이 유틸리티 함수를 이용하면 손쉽게 컴파일 프로세스를 `setuptools` 패키지에 통합할 수 있다. 순수한 파이썬으로 구현한 `fibonacci()` 함수를 C 확장 기능으로 컴파일한다고 가정하자. 다음은 이 함수가 `fibonacci.py` 모듈에 있다고 가정했을 때의 최소한의 `setup.py` 스크립트다.

```python
from setuptools import setup
from Cython.Build import cythonize

setup(
    name='fibonacci',
```

```
    ext_modules=cythonize(['fibonacci.py'])
)
```

이런 모듈은 pip를 이용해 일반적인 C 확장 기능을 설치하는 방법과 동일하게 설치할 수 있다.

```
$ python3 -m pip install -e .
Installing collected packages: fibonacci
  Running setup.py develop for fibonacci
Successfully installed fibonacci
```

위 명령어는 패키지를 편집 가능 모드로 설치하므로 설치 과정에서 생성된 모든 파일들을 확인할 수 있다. 명령어를 실행하면 다음과 같이 추가 산출물들이 생성된 것을 확인할 수 있을 것이다.

```
$ ls -1ap
./
../
build/
fibonacci.c
fibonacci.cpython-39-darwin.so
fibonacci.egg-info/
fibonacci.py
setup.py
```

출력 결과 중 fibonacci.c는 자동 생성된 C 확장 기능 코드다. Cython은 순수한 파이썬 코드를 순수한 C 코드로 전환한다. 설치를 진행하는 동안 이 C 코드를 이용해 확장 기능 모듈 라이브러리를 만든다. 예시에서는 fibonacci.cpython 39-darwin.so 파일이 이에 해당한다.

TIP fibonacci.c 파일을 확인하면 Cython이 어떤 작업을 하는지 알 수 있다. 이 파일은 매우 길다. 간단한 fibonacci.py 모듈만으로도 약 3천 행의 파일로 변환된다.

Cython을 파이썬 언어의 소스 컴파일 도구로 이용할 때 얻을 수 있는 또 다른 장점이 있다. 확장 기능 파일로 소스-대-소스 컴파일을 하는 것은 소스 배포 설치 과정에서 오는 부산물 정도다. 패키지를 설치해야 하는 환경에 Cython 또는 구현 사전 조건들이 존재하지 않으면 일반적인 순수 파이썬 패키지가 설치된다. 이런 방식으로 코드를 배포해도 사용자는 기능적 차이를 느끼지 못한다. Cython을 이용해 구축한 확장 기능을 배포할 때는 Python/Cython 소스, 그리고 이 소스 파일에서 생성된 C 코드를 함께 포함한다.

패키지는 설치될 환경의 사전 조건에 따라 다음 세 가지 방법으로 설치될 수 있다.

- 설치할 환경에서 Cython을 이용할 수 있다면 제공된 Python/Cython 코드로부터 C 코드 확장 기능을 생성한다.

- 설치할 환경에서 Cython을 이용할 수는 없지만, 사전 조건(C 컴파일러, Python/C API 헤더)을 만족한다면 미리 만들어 배포한 C 파일로부터 확장 기능을 생성한다.

- 설치할 환경에서 Cython을 이용할 수 없고, 사전 조건도 만족하지 않으면 순수한 파이썬 소스로부터 확장 기능을 생성한다. 모듈들은 일반적인 파이썬 코드처럼 설치되고, 컴파일 단계는 건너뛴다.

Cython 공식 문서에서는 생성된 C 파일과 Cython 소스를 Cython 확장 기능 배포 시 모두 포함시킬 것을 권장한다. 같은 문서에서는 Cython 컴파일은 기본 비활성화할 것을 권장하다. 사용자의 환경에 필요한 버전의 Cython이 존재하지 않을 경우 예기치 못한 컴파일 문제가 발생할 수 있기 때문이다.

NOTE Cython 코드 배포에 관한 공식 가이드라인은 https://cython.readthedocs.io/src/userguide/source_files_and_compilation.html을 참조한다.

환경 격리가 주는 이점 덕분에 이는 덜 걱정해도 좋을 문제로 보인다. 그리고 Cython은 PyPI를 통해 이용할 수 있는 파이썬 패키지이므로, 특정 버전에서 프로젝트 요구 사항으로 쉽게 정의할 수 있다. 물론 이런 사전 조건들은 프로젝트에 심각한 영향을 줄 수 있는 결정이므로 심사숙고해서 결정해야 한다. setuptools 패키지에서 제공하는 extras_require 피처를 활용하는 것이 안전하며, 이를 이용하면 다음처럼 사용자가 특정한 환경 변수 및 Cython 사용 여부를 결정할 수 있다.

```python
import os

from setuptools import setup, Extension

try:
    # Cython 소스-대-소스 컴파일은 다음 경우에만 이용할 수 있다.
    # Cython을 사용할 수 있으며,
    # 특정한 환경 변수 및 Cython을 이용해 C 소스 코드를 생성한다고
    # 명시적으로 지정해야 한다.
    USE_CYTHON = bool(os.environ.get("USE_CYTHON"))
    import Cython

except ImportError:
    USE_CYTHON = False

ext = ".pyx" if USE_CYTHON else ".c"

extensions = [Extension("fibonacci", ["fibonacci" + ext])]
```

```
if USE_CYTHON:
    from Cython.Build import cythonize

    extensions = cythonize(extensions)

setup(
    name="fibonacci",
    ext_modules=extensions,
    extras_require={
        # 패키지를 '[with-cython]' 추가 피처와 함께 설치하게 된다면,
        # Cython은 해당 패키지 버전을 설치해야 한다.
        "with-cython": ["cython==0.23.4"]
    },
)
```

`pip` 설치 도구를 이용하면 `extras` 옵션을 활용해 패키지를 설치할 수 있다. 이때 패키지명에 `[extra-name]` 서픽스를 붙인다. 앞의 예시에서는 Cython 선택적 요구 사항 및 로컬 소스로부터의 설치 과정에서의 컴파일 여부를 다음 명령어와 같이 활성화할 수 있다.

```
$ USE_CYTHON=1 pip install .[with-cython]
```

`USE_CYTHON` 환경 변수는 `pip`가 Cython을 이용해 `.pyx` 소스를 C로 컴파일하는 것이고, `[with-cython]` 서픽스는 설치하기 전에 Cython 컴파일러를 다운로드한다.

Cython은 순수한 파이썬 코드 컴파일에 이용할 수 있지만, Cython 파생 언어를 이용하면 보다 큰 이익을 얻을 수 있다. 순수한 파이썬에서는 제공되지 않는 추가 피처를 제공하기 때문이다. 파이썬과 별도의 언어로서의 Cython에 관해 다음 절에서 살펴본다.

언어로서의 Cython

Cython은 컴파일러이면서 동시에 파이썬 언어의 상위집합이기도 하다. 즉 파이썬의 모든 유효한 코드를 이용할 수 있으며, C 함수를 호출하거나 변수/클래스 속성으로 C 타입을 선언하는 등의 추가 기능으로 개선되었음을 의미한다. 파이썬으로 작성한 모든 코드는 Cython으로 작성할 수도 있지만 반대의 경우는 성립하지 않는다. 그렇게 때문에 Cython 컴파일러를 이용해 일반적인 파이썬 모듈을 C로 쉽게 컴파일할 수 있다.

하지만 단순히 사실 확인을 하는 단계에서 멈추지는 않을 것이다. "`fibonacci()` 함수도 Cython 코드"라고 말만 하는 것이 아니라 실제로 이를 개선해본다. 개선한 내용은 실제적인 최적화와는 다소 거리가 있을 것이다. 여전히 피보나치 수열을 재귀적으로 구현할 것이기 때문이다. 하지만 약간의 업데이트를 통해 Cython으로 코드를 작성하면서 얻을 수 있는 이점에 관해 살펴본다.

Cython 소스 코드의 확장자는 `.py` 대신 `.pyx`를 이용한다. 다음은 `fibonacci.pyx` 파일이다.

```
"""피보니치 수열 함수를 제공하는 Cython 모듈."""

def fibonacci(unsigned int n):
    """ 피보나치 수열의 n번째 요소를 재귀적으로 계산하여 반환한다. """
    if n == 0:
        return 0
    if n == 1:
        return 1
    else:
        return Fibonacci(n - 1) + Fibonacci(n - 2)
```

코드에서 볼 수 있듯이 눈에 띄게 변경된 부분은 `fibonacci()` 함수의 시그니처다. Cython에서는 정적 타이핑을 이용할 수 있기 때문에 인수 n을 `unsigned int`로 선언할 수 있으며, 이는 함수의 작동 방법을 약간 개선한다. 추가로 앞에서 직접 손으로 확장 기능을 작성했을 때보다 훨씬 많은 것을 대신한다. Cython 함수의 인수를 정적 타입으로 선언하면, 필요한 상황에 적절한 예외를 발생시킴으로써 자동으로 변환 및 오버플로 에러를 처리한다. 다음은 Cython으로 작성한 `fibonacci()` 함수가 변환과 오버플로 에러를 어떤 방법으로 처리하는지 볼 수 있는 인터랙티브 세션의 예시다.

```
>>> from fibonacci import fibonacci
>>> fibonacci(5)
5
>>> fibonacci(0)
0
>>> fibonacci(-1)
Traceback (most recent call last):
  File "<stdin>", line 1, in <module>
  File "fibonacci.pyx", line 4, in fibonacci.fibonacci
    def fibonacci(unsigned int n):
OverflowError: can't convert negative value to unsigned int
>>> fibonacci(10 ** 10)
Traceback (most recent call last):
  File "<stdin>", line 1, in <module>
  File "fibonacci.pyx", line 4, in fibonacci.fibonacci
    def fibonacci(unsigned int n):
OverflowError: value too large to convert to unsigned int
```

Cython은 코드-대-코드 컴파일만 수행하며 생성된 코드는 우리가 직접 C 코드 확장 기능을 작성했을 때와 동일하게 Python/C API를 사용한다. fibonacci()는 재귀 함수이기 때문에 스스로를 자주 호출한다. 이는 입력 인수를 정적 타입으로 선언하더라도, 재귀 호출이 진행되는 동안에는 일반적인 파이썬 함수와 동일하게 처리됨을 의미한다. 따라서 n-1, n-2는 파이썬 객체로 싸여 내부의 fibonacci() 구현의 숨겨진 래퍼 레이어로 전달된다. 그리고 다시 unsinged int 타입으로 반환된다. 재귀의 마지막 단계에 이를 때까지 이 과정은 반복된다. 이것이 꼭 문제가 되지는 않지만, 필요 이상으로 많은 인수 처리가 발생한다.

파이썬 스트럭처에 관해 아무런 정보를 갖지 않은 순수한 C 함수에 많은 작업을 위임해서 파이썬 함수 호출과 인수 처리에서 발생하는 오버헤드를 줄일 수 있다. 순수한 C 언어로 C 확장 기능을 만들면서 동일한 작업을 했으며, Cython으로도 동일한 작업을 할 수 있다. cdef 키워드를 이용해 C 스타일의 함수를 선언한다. 이 함수는 다음과 같이 C 타입만을 받고 결과를 반환한다.

```python
cdef long long fibonacci_cc(unsigned int n):
    if n == 0:
        return 0
    if n == 1:
        return 1
    else:
        return fibonacci_cc(n - 1) + fibonacci_cc(n - 2)

def fibonacci(unsigned int n):
    """ 피보나치 수열의 n번째 요소를 재귀적으로 계산하여 반환한다 """
    return fibonacci_cc(n)
```

fibonacci_cc() 함수는 최종 컴파일된 fibonacci 모듈을 임포트하기 위해 사용될 수 없다. fibonacci() 함수는 저수준의 fibonacci_cc() 구현에 대한 파사드façade를 형성한다.

한 단계 더 진행해보자. 일반적인 C 예시에서 순수한 C 함수를 호출하는 동안 GIL을 해제하는 방법을 확인했다. 결과적으로 이 확장 기능은 멀티스레드 애플리케이션에 조금 더 적합하게 되었다. 이전 예시에서 Python/C API 헤더로부터 Py_BEGIN_ALLOW_THREADS와 Py_BEGIN_ALLOW_THREADS 전처리 매크로를 이용해서 특정 코드 영역을 파이썬 호출에서 자유롭도록 나타냈다. Cython 구문은 더욱 간결하고 기억하기 쉽다. 해당 코드 영역 주위에서 with nogil 문장을 사용하면 GIL을 해제할 수 있다.

```
def fibonacci(unsigned int n):
    """ 피보나치 수열의 n번째 요소를 재귀적으로 계산하여 반환한다. """
    with nogil:
        return fibonacci_cc(n)
```

GIL을 이용하지 않으면서, C 스타일 함수 전체를 호출하기에 안전한 것으로 표시할 수 있다.

```
cdef long long fibonacci_cc(unsigned int n) nogil:
    if n < 2:
        return n
    else:
        return fibonacci_cc(n - 1) + fibonacci_cc(n - 2)
```

이런 함수들은 파이썬 객체를 인수나 반환 타입으로 가질 수 없음에 주의한다. 함수는 nogil로 표시할 때마다 PythonC API 호출을 수행해야 하며 gil 문장을 이용해 GIL을 획득해야 한다.

파이썬 확장 기능을 생성하는 두 가지 방법을 살펴봤다. 순수한 C 코드와 Python/C API, 또는 Cython을 이용하는 것이다. 전자는 강력함과 유연함을 제공하지만 상당히 복잡하고 장황한 코드를 작성해야 한다. 후자는 확장 기능을 보다 손쉽게 작성할 수 있지만 감춰진 부분이 많다. 확장 기능을 사용했을 때의 잠재적인 장점도 확인했으므로 이제 잠재적인 단점들에 관해서도 살펴보자.

9.6 확장 기능 사용의 단점

솔직히 필자가 파이썬을 사용하게 된 것은 C와 C++를 이용한 코드 작성의 어려움에 완전히 지쳤기 때문이다. 사실 수많은 프로그래머가 파이썬을 시작하는 이유는 다른 언어들을 이용해 사용자가 원하는 것을 전달할 수 없음을 깨달았기 때문이다.

파이썬 프로그래밍은 C, C++는 물론 자바에도 비할 수 없을 정도로 쉽다. 모든 것이 단순하며 잘 설계된 듯 보인다. 더 이상의 고민도, 더 이상의 프로그래밍 언어도 필요하지 않을 것처럼 느껴진다.

이런 생각에 잘못된 부분은 없다. 그렇다. 파이썬은 수많은 멋진 피처를 제공하는 놀라운 언어이며 다양한 분야에서 사용되고 있다. 그렇다고 파이썬이 완벽하거나 단점이 전혀 없다는 것은 아니다. 파이썬은 이해하고 작성하기 쉽지만 우리 모두가 알고 있듯이 세상에 공짜는 없다. 많은 사람이 생각하는 것처럼 느리지는 않지만 절대로 C만큼 빨라질 수는 없다. 이식성은 뛰어나지만 파이썬 인터프리터는 다른 언어들의 컴파일러와 마찬가지로 모든 시스템에서 사용할 수 없다. 이런 시스템들에 관해서는 잠시 후에 살펴볼 것이다.

이런 문제를 해결하는 방법 중 하나가 확장 기능을 작성하는 것이다. 이를 활용하면 오래된 C 언어의 장점들을 파이썬으로 끌어들일 수 있으며 대부분의 경우 잘 작동한다. '우리가 파이썬을 쓰는 이유가 C 확장 기능을 쓰기 위해선가?' 하는 의문이 생길 거다. 대답은 '아니요'다. 그저 더 나은 다른 선택지가 없을 때 최후의 보루처럼 취할 수 있는 불편한 선택지일 뿐이다.

확장 기능을 이용하기 위해서는 비용을 지불해야 하며, 가장 큰 비용은 바로 복잡성의 증가다.

9.6.1 추가적인 복잡성

서로 다른 여러 가지 언어를 이용해 애플리케이션을 개발하기란 결코 쉽지 않다. 파이썬과 C는 완전히 다른 기술이며, 공통적인 요소를 찾기 어렵다. 그리고 버그가 없는 애플리케이션도 존재하지 않는다. 코드 베이스에 확장 기능을 많이 사용할수록 디버깅은 고통스러워질 수 있다. C 코드를 디버깅하기 위해 완전히 다른 워크플로나 도구가 필요한 것은 물론이고, 다른 두 언어 사이의 콘텍스트 스위칭도 매우 자주 해야 하기 때문이다.

사람의 인지 능력에는 한계가 있다. 물론 여러 추상화 레이어를 동시에 효율적으로 다룰 수 있는 사람들도 있지만 그들은 매우 희소한 별종으로 보인다. 얼마나 뛰어난 스킬을 가지고 있든 이런 변종 기법을 유지보수하기 위해서는 그만한 값을 지불해야 한다. C와 파이썬을 오가기 위해서는 추가적인 노력과 시간이 들며, 이로 인한 스트레스는 결국 여러분의 효율성을 떨어뜨릴 것이다.

TIOBE 인덱스에 따르면 C는 여전히 가장 유명한 프로그래밍 언어의 하나다. 그럼에도 파이썬 프로그래머 대부분은 C에 관해 거의 혹은 전혀 알지 못한다. 필자는 개인적으로 C 언어는 프로그래밍 세계에서 링구아 프랑카lingua franca[2]가 되어야 한다고 생각하지만, 그렇다고 세상이 바뀌지는 않는 것 같다.

파이썬은 상당히 매혹적이며 학습하기 쉽다. 이는 많은 프로그래머가 그들의 앞선 경험들을 모두 잊어버리고 완전히 새로운 기술로 전환할 수 있음을 의미한다. 프로그래밍은 자전거 타기와 다르다. 특정한 기술들은 사용하지 않으면 매우 빠르게 사라지며 그야말로 씻겨 나간다. 강한 C 배경을 가진 프로그래머들일지라도 오랫동안 파이썬을 사용하기로 결정했다면 C에 대한 역량이 점점 사라질 위험이 있다.

이 모든 내용은 하나로 귀결된다. 여러분이 작성한 코드를 이해하고 확장할 수 있는 사람들을 찾기 어렵다는 것이다. 오픈소스 패키지에서라면 자발적 컨트리뷰터의 적은 숫자로 나타난다. 클로즈드 소

---

2 [옮긴이] 서로 다른 모국어를 사용하는 사람들이 의사소통을 하기 위해 공용어로 사용하는 제3의 언어를 말한다.

스에서는 팀 구성원 모두가 아무런 오류도 일으키지 않으면서 확장 기능을 개발하고 유지보수할 수 없음을 의미한다. 그리고 부서진 것을 디버깅하는 것은 일반적인 파이썬 코드보다 확장 기능 코드에서 훨씬 더 어렵다.

9.6.2 보다 어려운 디버깅

실패가 발생할 경우 확장 기능은 매우 심하게 부서진다. 정적 타이핑은 파이썬보다 많은 장점이 있으며, 컴파일 단계에서 파이썬 같은 동적 언어에서는 알 수 없는 많은 문제를 잡아낼 수 있을 것이라 생각할 수도 있다. 이는 엄격한 테스팅 루틴이나 완전한 테스트 커버리지가 아니어도 발생할 수 있다. 하지만 이는 동전의 한쪽 면만 본 것이다.

동전의 다른 쪽 면에서는 모든 메모리 관리를 직접 수행해야 한다. 잘못된 메모리 관리는 C에서 발생하는 대부분의 프로그래밍 에러의 주된 원인이다. 최선의 시나리오라면 이런 실수는 메모리 누수를 일으키고, 결과적으로 이는 점점 실행 환경의 리소스를 완전히 잡아먹을 것이다. 최선의 시나리오가 다루기 쉽다는 것은 아니다. 메모리 누수는 **Valgrind** 같은 적절한 외부 도구를 사용하지 않는다면 잡아내기 어렵다. 확장 기능 코드에서 발생하는 메모리 관리 문제의 대부분은 파이썬에서는 복구할 수 없는 세그멘테이션 오류를 발생시키며, 결과적으로 인터페이스는 원인을 설명할 예외를 발생시키지도 못 한 채로 부서진다. 결국 여러분은 대부분의 파이썬 프로그래머가 일반적으로는 사용하지 않을 외부 도구를 사용하느라 팔을 걷어붙여야 한다는 것을 의미한다. 이는 개발 환경과 워크플로를 복잡하게 만든다.

확장 기능을 사용할 때의 단점은 결국 이들이 모든 경우에 파이썬과 다른 언어를 연결하는 최선의 도구는 아니라는 점이다. 여러분이 그저 이미 만들어진 셰어드 라이브러리를 이용하기 원할 뿐이라면, 때로는 전혀 다른 접근 방식을 택하는 것이 최선일 수도 있다. 다음 절에서는 확장 기능을 이용하지 않고 다이내믹 라이브러리와 상호작용하는 방법에 관해 살펴본다.

9.7 확장 기능 없이 다이내믹 라이브러리와 인터페이싱하기

`ctypes`(표준 라이브러리에서 제공하는 모듈) 또는 `cffi`(PyPI를 통해 설치할 수 있는 외부 패키지)를 이용하면 작성한 언어와 관계없이 컴파일된 모든 다이내믹/셰어드 라이브러리를 파이썬과 통합할 수 있다. 순수한 파이썬에서도 별도의 컴파일 관계없이 이를 수행할 수 있다. 이 두 패키지는 **외부 함수 라이브러리**foreign function library라 불린다. 여러분이 직접 C 언어로 확장 기능을 작성하는 것의 대안으로 이용할 수 있다.

외부 함수 라이브러리를 사용한다면 C 코드를 직접 작성할 필요는 없지만, 이들을 효과적으로 이용하기 위해서는 C에 관해 어느 정도 알고 있어야 한다. ctypes와 cffi를 이용하기 위해서는 C와 다이내믹 라이브러리가 일반적으로 작동하는 방법에 관해 어느 정도 이해해야 한다. 한편, 이들을 이용하면 파이썬 레퍼런스 카운팅에 대한 부담을 줄여주기 때문에 고통스러운 실수를 야기할 리스크를 상당히 줄여준다. 또한 ctypes와 cffi를 통해 C 코드와 인터페이싱하는 것은 C 확장 기능 모듈을 직접 작성하고 컴파일하는 것보다 훨씬 간단하다.

9.7.1 ctypes 모듈

ctypes 모듈은 커스텀 C 확장 기능을 작성할 필요 없이 다이내믹/셰어드 라이브러리로부터 함수를 호출할 수 있는 가장 유명한 모듈이다. 그 이유는 명백하다. ctypes 모듈은 표준 라이브러리의 일부이므로 항상 사용할 수 있고, 그 어떤 외부 디펜던시도 필요로 하지 않는다.

셰어드 라이브러리의 코드를 사용하려면 우선 라이브러리를 로드해야 한다. ctypes를 이용해 라이브러리를 로드하는 방법을 살펴보자.

라이브러리 로딩

ctypes에서는 정확히 네 가지 다이내믹 라이브러리 로더를 제공하며, 이들을 이용할 때는 두 가지 규칙을 지켜야 한다. 다이내믹/셰어드 라이브러리를 나타내는 클래스는 ctypes.CDLL, ctypes.PyDLL, ctypes.OleDLL, ctypes.WinDLL이다. 이들의 차이점은 다음과 같다.

- ctypes.CDLL: 이 클래스는 로드된 셰어드 라이브러리를 나타낸다. 이 라이브러리의 함수는 표준 호출 규칙을 이용하며 int 타입을 반환한다고 가정한다. 호출을 하는 동안 GIL은 해제된다.

- ctypes.PyDLL: 이 클래스는 ctypes.CDLL처럼 작동하지만 호출하는 동안 GIL은 해제되지 않는다. 실행 후 파이썬 에러 플래그를 체크하고 실행하는 동안 플래그가 설정되면 에러를 발생시킨다. 로드된 라이브러리가 Python/C API로부터 함수를 직접 호출하거나 파이썬 코드로 된 콜백 함수를 사용하는 경우에 이용하기 적합하다.

- ctypes.OleDLL: 이 클래스는 윈도우에서만 이용할 수 있다. 이 라이브러리의 함수들은 윈도우의 stdcall 호출 규칙을 이용하며 호출 성공 또는 실패에 대해 윈도우 전용의 HRESULT를 반환한다. 이 결과 코드가 실패를 의미하면, 파이썬은 자동으로 OSError 예외를 발생시킨다.

- ctypes.WinDLL: 이 클래스도 윈도우에서만 이용할 수 있다. 이 라이브러리의 함수들은 윈도우의 stdcall 호출 규칙을 이용하며 기본적으로 int 타입 값을 반환한다. 파이썬은 이 반환값의 성공 여부를 자동으로 확인하지 않는다.

이 라이브러리를 로드할 때는 적절한 인수와 함께 앞의 클래스 중 하나를 인스턴스화하거나 특정한 클래스와 관련된 서브모듈에서 LoadLibrary() 함수를 호출하면 된다.

- ctypes.CDLL: ctypes.cdll.LoadLibrary()
- ctypes.PyDLL: ctypes.pydll.LoadLibrary()
- ctypes.WinDLL: ctypes.windll.LoadLibrary()
- ctypes.OleDLL: ctypes.oledll.LoadLibrary()

셰어드 라이브러리를 로드할 때 주로 어려운 점은 이들을 간단한 방법으로 찾아내는 것이다. 시스템에 따라 셰어드 라이브러리에 사용하는 확장자가 다르며(.dll(윈도우), .dylib(macOS), .so(리눅스)), 이들을 검색해야 하는 위치 또한 다르다. 특히 윈도우는 미리 정해진 라이브러리 명명 규칙이 없기 때문에 가장 어렵다. 따라서 윈도우에 대해서는 ctypes를 이용해 라이브러리를 로드하는 세부적인 내용에 대해 설명하지 않고 리눅스와 macOS에 초점을 맞출 것이다. 이 두 운영체제는 일관적이고 비슷한 방식으로 이 문제를 다룬다.

NOTE 윈도우 플랫폼에 흥미가 있다면 ctypes의 공식 문서(https://docs.python.org/ko/3/library/ctypes.html)를 참조하기 바란다.

두 라이브러리 로딩 규칙(LoadLibrary() 함수 및 특정한 라이브러리 타입 클래스) 모두 라이브러리 전체 이름을 사용해야 한다. 즉, 미리 정해진 라이브러리 접두사, 접미사를 모두 포함해야 함을 의미한다. 예를 들어 리눅스에서 C 표준 라이브러리를 로드하면 다음과 같다.

```
>>> import ctypes
>>> ctypes.cdll.LoadLibrary('libc.so.6')
<CDLL 'libc.so.6', handle 7f0603e5f000 at 7f0603d4cbd0>
```

macOS에서는 다음과 같다.

```
>>> import ctypes
>>> ctypes.cdll.LoadLibrary('libc.dylib')
```

다행히도 ctypes.util 서브모듈은 find_library() 함수를 제공한다. 이 함수를 이용하면 접두사, 접미사가 없는 이름을 이용해 라이브러리를 로드할 수 있으며, 셰어드 라이브러리의 미리 정의된 이름 규칙을 가진 모든 시스템에서 이용할 수 있다.

```
>>> import ctypes
>>> from ctypes.util import find_library
>>> ctypes.cdll.LoadLibrary(find_library('c'))
<CDLL 'libc.so.6', handle 7f2e82f12000 at 0x7f2e8288e220>
>>> ctypes.cdll.LoadLibrary(find_library('bz2'))
<CDLL 'libbz2.so.1.0', handle 55fb3c2d1660 at 0x7f2e827e8af0>
```

여러분이 macOS와 리눅스 모두에서 동작하는 ctypes 패키지를 작성한다면, 항상 ctypes.util. find_library()를 이용해야 한다.

셰어드 라이브러리를 로드한 뒤에는 라이브러리의 함수를 이용할 수 있다. 다음 절에서는 ctypes를 이용해 C 함수를 호출하는 방법을 살펴보자.

ctypes를 이용한 C 함수 호출

다이내믹/셰어드 라이브러리를 파이썬 객체에 성공적으로 로드한 뒤에는 일반적으로 이를 라이브러리와 동일한 이름을 갖는 모듈 레벨 변수에 저장한다. 이 함수들에는 객체 속성으로 접근할 수 있으므로 일반적인 모듈을 임포트했을 때와 같은 방식으로 호출할 수 있다.

```
>>> import ctypes
>>> from ctypes.util import find_library
>>> libc = ctypes.cdll.LoadLibrary(find_library('c'))
>>> libc.printf(b"Hello world!\n")
Hello world!
13
```

안타깝게도 정수, 문자열, 바이트를 제외한 모든 내장 파이썬 타입은 C 네이티브 타입과 호환되지 않으므로, ctypes가 제공하는 호환 클래스로 감싸야 한다. 다음 표는 ctypes 문서에서 제공하는 호환 데이터 타입 목록이다.

ctypes 타입	C 타입	파이썬 타입
c_bool	_Bool	bool
c_char	char	1-character bytes
c_wchar	wchar_t	1-character string
c_byte	char	int
c_ubyte	unsigned char	int
c_short	short	int
c_ushort	unsigned short	int
c_int	int	int
c_uint	unsigned int	int
c_long	long	int
c_ulong	unsigned long	int
c_longlong	__int64 또는 long	long int
c_ulonglong	unsigned __int64 또는 long	long int
c_size_t	size_t	int
c_ssize_t	ssize_t or Py_ssize_t	int
c_float	float	float
c_double	double	float
c_longdouble	long double	float
c_char_p	char* (NULL-terminated)	bytes 또는 None
c_wchar_p	wchar_t* (NULL-terminated)	String 또는 None
c_void_p	void*	int 또는 None

위 테이블은 파이썬 컬렉션을 C 배열로 반영하는 어떤 전용 타입도 갖지 않는다. C 배열을 위한 타입을 생성할 때 권장하는 방법은 권장된 기본 ctypes에 곱셈 연산자를 사용하는 것이다.

```
>>> import ctypes
>>> IntArray5 = ctypes.c_int * 5
>>> c_int_array = IntArray5(1, 2, 3, 4, 5)
>>> FloatArray2 = ctypes.c_float * 2
>>> c_float_array = FloatArray2(0, 3.14)
>>> c_float_array[1]
3.140000104904175
```

이 구문은 모든 기본 ctypes 타입에서 동작한다.

다음 절에서는 파이썬 함수를 C 콜백으로 전달하는 방법을 살펴본다.

C 콜백으로서 파이썬 함수 전달

함수 구현의 일부를 사용자가 제공하는 커스텀 콜백으로 위임하는 것은 매우 인기 있는 디자인 패턴이다. C 표준 라이브러리에서 이런 콜백을 받는 가장 잘 알려진 함수는 qsort() 함수로, 이 함수는 퀵 정렬quicksort 알고리즘의 제네릭 구현을 제공한다. 아마도 파이썬 컬렉션을 정렬하는 데 보다 적합한 CPython 인터프리터로 구현된 기본 TimSort가 있으므로 대신 qsort()를 사용하는 일은 많지 않을 것이다. 아무튼 qsort()는 효율적인 정렬 알고리즘의 전형적인 알고리즘이며 콜백 메커니즘을 유지하는 C API는 많은 프로그래밍 서적에서 찾아볼 수 있다. 그래서 우리 또한 파이썬 함수를 C 콜백으로서 전달하는 예시에서 이 함수를 이용한다.

일반적인 파이썬 함수 타입은 qsort() 명세에서 요구하는 콜백 함수 타입과 호환되지 않을 것이다. 다음은 BSD man 페이지에서 제공하는 qsort()의 시그니처이며, 받을 수 있는 콜백 타입(compar 인수)도 포함하고 있다.

```
void qsort(void *base, size_t nel, size_t width,
           int (*compar)(const void*, const void *));
```

그러므로 libc로부터 qsort()를 실행하려면 다음을 전달해야 한다.

* base: 정렬되어야 할 배열로 void* 포인터로 전달한다.
* nel: 요소의 수로 size_t로 전달한다.
* width: 배열의 한 요소의 크기이며 size_t로 전달한다.
* compar: int를 반환하고 두 개의 void* 포인터를 받는 함수에 대한 포인터다. 이 포인터가 가리키는 함수는 정렬된 두 요소의 크기를 비교한다.

앞에서 곱셉 연산자를 이용해 다른 ctypes 타입으로부터 C 배열을 생성하는 방법을 이미 확인했다. nel은 size_t여야 하며 이는 파이썬 int와 매핑된다. 그러므로 더 이상의 추가적인 래핑은 필요하지 않으며 len(itrable)로 전달될 수 있다. 기본 배열의 타입을 안다면 width 값은 ctypes.sizeof() 함수를 이용해서 얻을 수 있다. 마지막으로 compar 인수에 호환되는 파이썬 함수에 대한 포인터를 만드는 방법을 알아야 한다.

ctypes 모듈은 CFUNCTYPE() 팩터리 함수를 포함하며, 이 함수를 이용하면 파이썬 함수를 감싸서 이들을 C 콜러블 함수 포인터로 나타낼 수 있다. 첫 번째 인수는 감싸진 함수가 반환해야 할 C 반환 타입을 나타낸다.

그 뒤에는 함수가 인수로 받는 C 타입의 변수 리스트가 온다. qsort()의 compar 인수와 호환되는 함수 타입은 다음과 같다.

```python
CMPFUNC = ctypes.CFUNCTYPE(
    # 반환 타입
    ctypes.c_int,
    # 첫 번째 인수 타입
    ctypes.POINTER(ctypes.c_int),
    # 두 번째 인수 타입
    ctypes.POINTER(ctypes.c_int),
)
```

설명한 것들을 모두 정리해보자. 표준 C 라이브러리의 qsort() 함수를 이용해 무작위로 섞인 정수 리스트를 정렬한다고 가정한다. 다음은 지금까지 학습한 ctypes의 모든 것을 이용해 이를 수행하는 예시 코드다.

```python
from random import shuffle

import ctypes
from ctypes.util import find_library

libc = ctypes.cdll.LoadLibrary(find_library("c"))

CMPFUNC = ctypes.CFUNCTYPE(
    # 반환 타입
    ctypes.c_int,
    # 첫 번째 인수 타입
    ctypes.POINTER(ctypes.c_int),
    # 두 번째 인수 타입
    ctypes.POINTER(ctypes.c_int),
)

def ctypes_int_compare(a, b):
    # 인수는 포인터이므로 [0] 인덱스를 이용해 접근한다.
    print(" %s cmp %s" % (a[0], b[0]))

    # qsort 명세에 따라 이는 다음을 반환한다.
    # * 0 미만의 값, if a < b
```

```
    # * 0, if a == b
    # * 0 초과의 값, if a > b
    return a[0] - b[0]

def main():
    numbers = list(range(5))
    shuffle(numbers)
    print("shuffled: ", numbers)

    # numbers 리스트의 길이와 동일한 길이의 배열을
    # 나타내는 새로운 타입을 생성한다.
    NumbersArray = ctypes.c_int * len(numbers)
    # 새로운 타입을 이용해 새로운 C 배열을 생성한다.
    c_array = NumbersArray(*numbers)

    libc.qsort(
        # 정렬된 배열에 대한 포인터
        c_array,
        # 배열의 길이
        len(c_array),
        # 배열의 개별 요소의 크기
        ctypes.sizeof(ctypes.c_int),
        # 콜백(C 해당 함수에 대한 포인터)
        CMPFUNC(ctypes_int_compare),
    )
    print("sorted:   ", list(c_array))

if __name__ == "__main__":
    main()
```

콜백으로 제공된 비교 함수는 추가적인 print 문장을 갖는다. 이를 이용해 정렬 프로세스가 진행되는 동안 어떻게 실행되었는지 알 수 있다.

```
$ python3 ctypes_qsort.py
shuffled: [4, 3, 0, 1, 2]
4 cmp 3
4 cmp 0
3 cmp 0
4 cmp 1
3 cmp 1
0 cmp 1
4 cmp 2
3 cmp 2
1 cmp 2
sorted: [0, 1, 2, 3, 4]
```

물론 파이썬에서 qsort를 이용하는 것은 상식적이지 않다. 파이썬은 이미 자체적으로 특화된 정렬 알고리즘을 가지고 있기 때문이다. 아무튼 파이썬 함수를 C 콜백으로서 전달하는 것은 다양한 서드 파티 라이브러리를 통합하는 매우 유용한 기법이다.

ctypes는 파이썬 프로그래머들에게 매우 인기가 높다. 표준 라이브러리의 일부이기 때문이다. 단점은 많은 저수준 타입 핸들링, 로드된 라이브러리와 상호작용하기 위해 수많은 보일러플레이트 코드가 필요하다는 점이다. 그래서 어떤 개발자들은 서드파티 패키지인 CFFI를 더 선호한다. CFFI는 외부 함수 호출을 단순하게 만들어준다. 다음 절에서 CFFI에 대해 살펴본다.

9.7.2 CFFI

CFFI는 파이썬의 외부 함수 인터페이스이며 ctypes의 대안으로 이용할 수 있는 흥미로운 패키지다. 표준 라이브러리에는 포함되지 않지만 PyPI에서 cffi 패키지를 쉽게 다운로드할 수 있다. CFFI는 단일한 모듈에서 확장 파이썬 API를 제공하는 대신 일반적인 C 선언의 재사용을 강조한다는 점에서 ctypes와 다르다. 이는 보다 복잡하며 한 여러분의 통합 레이어의 일부를 자동으로 C 컴파일러를 이용해 확장 기능으로 컴파일하는 기능을 제공한다. 즉, C 확장 기능과 ctypes의 간극을 메꾸는 하이브리드 해법으로 사용될 수 있음을 의미한다.

CFFI는 규모가 매우 큰 라이브러리이기 때문에 몇 단락으로 설명하기는 매우 어렵다. 그렇다고 아무 것도 말하지 않기는 아쉽다. ctypes를 이용하는 표준 라이브러리의 qsort() 함수를 통합하는 예시를 앞에서 들었으므로 같은 예시를 cffi로 다시 구현해보면 그 차이를 알 수 있을 것이다.

다음의 짧은 코드가 백 마디 설명보다 나으리라 희망한다.

```python
from random import shuffle
from cffi import FFI

ffi = FFI()

ffi.cdef("""
void qsort(void *base, size_t nel, size_t width,
           int (*compar)(const void *, const void *));
""")
C = ffi.dlopen(None)

@ffi.callback("int(void*, void*)")
def cffi_int_compare(a, b):
    # 콜백 시그니처는 타입이 정확하게 일치해야 한다.
    # ctypes보다는 덜 까다롭지만,
```

```
        # 보다 구체적이어야 하며,
        # 보다 명시적인 캐스팅을 해야 한다.
        int_a = ffi.cast('int*', a)[0]
        int_b = ffi.cast('int*', b)[0]
        print(" %s cmp %s" % (int_a, int_b))

        # qsort 명세에 따라 이는 다음을 반환한다.
        # * 0 미만의 값, if a < b
        # * 0, if a == b
        # * 0 초과의 값, if a > b
        return int_a - int_b

def main():
    numbers = list(range(5))
    shuffle(numbers)
    print("shuffled: ", numbers)

    c_array = ffi.new("int[]", numbers)

    C.qsort(
        # 정렬된 배열에 대한 포인터
        c_array,
        # 배열의 길이
        len(c_array),
        # 배열의 개별 요소의 크기
        ffi.sizeof('int'),
        # 콜백(C 해당 함수에 대한 포인터)
        cffi_int_compare,
    )
    print("sorted: ", list(c_array))


if __name__ == "__main__":
    main()
```

실행 결과는 ctypes에서의 C 콜백의 예시에서 설명한 것과 유사하다. CFFI를 이용해 파이썬에 qsort를 통합하는 것은 같은 목적으로 ctypes를 사용하는 것만큼 납득이 되지는 않는다. 어쨌든 이 예시를 통해 데이터 타입 및 함수 콜백 처리에 있어서의 ctypes와 cffi의 주요한 차이를 확인했을 것이다.

9.8 요약

이번 장에서는 이 책에서 가장 복잡한 토픽 중 하나에 관해 설명했다. 파이썬과 다른 언어를 연결하는 방법으로 파이썬 확장 기능을 구현하는 이유와 도구들에 관해 살펴봤다. 먼저 Python/C API만 이용하는 순수한 C 확장 기능을 구현했고, 그 뒤 Cython을 이용해 구현함으로써 적절한 도구를 이용해 손쉽게 확장 기능을 구현할 수 있음을 확인했다.

물론 여전히 어려운 작업을 해야 하거나 순수한 C 컴파일러와 `Python.h` 헤더 밖에 이용할 수 없는 이유도 있다. 어쨌든 가장 추천하는 방법은 Cython 같은 도구를 사용하는 것이다. 코드 베이스의 가독성과 유지보수성을 높일 수 있으며, 부주의한 레퍼런스 카운팅과 메모리 관리로 인해 발생하는 대부분의 문제로부터 벗어날 수 있다.

셰어드 라이브러리 통합 문제를 해결하는 대안적인 방법으로 `ctypes`와 CFFI를 소개하면서 확장 기능에 관한 논의를 마무리했다. 이들을 이용하면 컴파일된 바이너리를 호출하기 위해 커스텀 확장 기능을 작성하지 않아도 되므로 클로즈드 소스 다이내믹/셰어드 라이브러리를 통합하는 도구로 선택할 수 있을 것이다(단, 커스텀 C 코드가 필요하지 않을 경우에 한해서다).

앞선 몇 개의 장에서는 여러 복잡한 주제들을 다뤘다. 진보된 디자인 패턴, 동시성과 이벤트 주도 프로그래밍, 파이썬과 다른 언어를 연결하는 방법을 살펴봤다. 이제 파이썬 애플리케이션의 유지보수에 관한 주제로 시선을 옮겨보자. 다음 장부터는 어떤 규모에나 적용할 수 있는 테스팅, 품질 보증, 패키징, 모니터링, 애플리케이션 최적화에 관해 살펴볼 것이다.

소프트웨어 유지보수에서 가장 큰 어려움은 작성한 코드가 올바르게 동작하는지 보증하는 것이다. 소프트웨어는 필연적으로 점점 복잡해지기 때문에 조직화된 테스팅 체계가 없이는 적절한 작동을 보장하기 어렵다. 그리고 소프트웨어가 규모가 커짐에 따라 소프트웨어를 테스트하기 위해서는 특정한 종류의 자동화도 필요하다. 다음 장에서는 테스팅과 품질 프로세스를 자동화하는 다양한 파이썬 도구와 기법들에 관해 살펴본다.

테스팅과 품질 자동화

소프트웨어는 복잡하다. 어떤 언어를 이용하든, 어떤 프레임워크 위에서 만들든, 코딩 스타일이 얼마나 우아하든 코드를 읽는 것만으로 소프트웨어의 정확성을 검증하긴 어렵다. 사소하지 않은 애플리케이션들이 일반적으로 많은 양의 코드로 구현되어 있기 때문만은 아니다. 완전한 소프트웨어가 여러 레이어로 구성되어 있고, 다양한 외부 컴포넌트나 상호 변경할 수 있는 컴포넌트(운영체제, 라이브러리, 데이터베이스, 캐시, 웹 API, 클라우드같이 코드와 상호작용하는 클라이언트 등)로 구성되기 때문만도 아니다.

모던 소프트웨어의 복잡성이란 소프트웨어의 정확성을 검증하기 위해 작성한 코드보다 많은 대상을 확인해야 함을 의미한다. 코드가 실행되는 환경, 교체 가능한 컴포넌트 종류, 작성한 코드가 상호작용하는 방식도 고려해야 한다. 따라서 고품질 소프트웨어를 개발하는 개발자들은 특별한 테스팅 기법들을 이용해서 자신들의 코드가 요구된 인수 기준acceptance criteria을 만족하는지 빠르고 믿을 수 있게 검증한다.

복잡한 소프트웨어에 관한 다른 고려 사항은 **유지보수성**maintainability이다. 유지보수성은 개발 과정에서 소프트웨어 조각들을 얼마나 쉽게 유지할 수 있는가에 관한 특성이라 이해할 수 있다. 개발은 새로운 피처나 개선 사항의 구현은 물론, 개발 과정에서 필수적으로 발견되는 문제들을 진단하고 수정하는 것도 포함한다. 유지보수 가능한 소프트웨어는 새로운 변경 도입 비용이 적게 들며, 변경 과정에서 새로운 결함이 유입될 리스크가 적다.

유지보수성은 소프트웨어에 관한 여러 측면이 모여서 만들어진 것이다. 자동화된 테스팅은 알려진 유스케이스를 기존 코드와 새로운 코드로 다룸으로써 변경으로 인한 리스크를 줄이는 데 도움이 된다. 하지만 미래에 일어날 변경 사항을 쉽게 구현할 수 있음을 보장하는 것만으로는 충분하지 않다. 현대적인 테스팅 방법론들이 자동으로 코드 품질을 측정하고, 테스팅을 통해 특정한 코딩 규칙을 강제하고, 잠재적인 에러를 가진 코드 조작을 발견하고 보안 취약성을 탐지하는 이유가 여기에 있다.

현대적인 테스팅의 영역은 매우 광범위하다. 테스팅 방법론, 도구, 프레임워크, 라이브러리, 유틸리티의 바다에서 길을 잃어버리기 쉽다. 그래서 이번 장에서는 많은 전문 파이썬 개발자가 가장 많이 사용하는 테스팅 및 품질 자동화 기법들을 살펴볼 것이다. 이번 장의 내용을 통해 일반적으로 어떤 것이 가능한지 학습함으로써, 자신만의 테스팅 루틴을 만들 수 있을 것이다. 이번 장에서는 다음과 같은 주제를 다룬다.

- 테스트 주도 개발test-driven development 원칙
- pytest를 이용한 테스트 작성하기
- 품질 자동화quality automation
- 돌연변이 테스팅mutation testing
- 유용한 테스팅 유틸리티

이번 장에서는 PyPI에서 많은 패키지들을 설치해 이용할 예정이므로 먼저 기술적 요구 사항부터 확인해보자.

10.1 기술적 요구 사항

이번 장에서 사용할 파이썬 패키지는 다음과 같다. 이들은 PyPI를 통해 다운로드할 수 있다.

- pytest
- redis
- coverage
- mypy
- mutmut
- faker
- freezegun

패키지 설치 방법은 2장을 참조한다.

이 장에서 이용하는 소스 코드 파일은 https://github.com/moseskim/Expert-Python-Programming-Fourth-Edition/tree/main/Chapter 10에서 다운로드할 수 있다.

10.2 테스트 주도 개발 원칙

테스팅은 소프트웨어 개발 프로세스에서 가장 중요한 요소다. 너무나도 중요한 요소이기 때문에 **테스트 주도 개발**test-driven development, TDD이라는 소프트웨어 개발 방법론까지 존재한다. 테스트 주도 개발에서는 코드 개발의 가장 중요한 첫 단계로 소프트웨어 요구 사항을 테스트 케이스로 작성한다.

원칙은 매우 단순하다. 먼저 테스트 케이스에 집중하라. 테스트 케이스를 이용해 소프트웨어의 행동을 기술하고, 검증하고, 잠재적인 에러를 확인하라. 테스트 케이스가 완료되면 실제 구현을 해서 테스트를 만족시켜라.

TDD는 매우 단순한 형태를 반복하는 프로세스이며 다음과 같은 단계로 구성된다.

1. **테스트를 작성한다**: 테스트 케이스는 아직 구현되지 않은 하나의 기능 또는 하나의 개선에 대한 명세를 반영한다.
2. **테스트를 실행한다**: 새로운 테스트 케이스는 모두 실패한다. 피처나 개선 사항을 아직 구현하지 않았기 때문이다.
3. **최소한의 유효한 구현을 작성한다**: 코드는 간단하지만 정확해야 한다. 우아하지 않거나 성능에 다소 문제가 있어도 관계없다. 이 단계에서는 단계 1에서 작성한 모든 테스트 케이스를 만족시키는 것에 집중한다. 최적화된 성능의 코드보다 간단한 코드에서 문제를 진단하기가 훨씬 쉽다.
4. **테스트를 실행한다**: 이 단계에서는 모든 테스트 케이스를 성공pass해야 한다. 새로운 테스트 케이스는 물론 기존 테스트 케이스도 모두 성공해야 한다. 하나의 테스트 케이스라도 실패하면 요구 사항을 만족할 때까지 코드를 수정한다.
5. **다듬고 광택을 낸다**: 모든 테스트 케이스가 성공하면 적절한 품질 표준을 만족할 때까지 점진적으로 제품 코드를 리팩터링할 수 있다. 이 단계에서는 코드를 다듬고, 리팩터링하고, 필요하다면 분명하게 최적화한다. 코드를 변경할 때마다 모든 테스트 케이스를 다시 실행해서 망가진 기능이 없도록 보장해야 한다.

이 프로세스를 지키면서 개발하면, 새로운 변경으로 인해 기존에 테스트를 완료한 기능을 망가뜨릴 걱정을 하지 않고 반복적으로 코드를 확장할 수 있다. 그리고 성숙하지 않은 최적화를 피하면서 단순하고 작은 규모로 개발을 계속할 수 있다.

TDD는 적절한 작업 위생work hygiene 없이는 약속한 결과를 얻을 수 없다. 그래서 다음 기본 원칙을 따르는 것이 중요하다.

- **테스트 대상의 크기를 작게 유지한다**: TDD에서는 코드 단위와 단위 테스트unit test에 관해 언급한다. 하나의 코드 단위는 간단하고도 자율적인 소프트웨어 조각이며 (가급적) 한 가지 작업만 수행해야 한다. 하나의 단위 테스트는 하나의 함수 또는 메서드를 실행하며 단일한 인수집합을 이용한다. 이는 테스트 케이스를 쉽게 작성할 수 있도록 하는 동시에, 단일 책임 원칙single responsibility principle과 제어 반전inversion of control(5장 참조) 같은 좋은 개발 프랙티스/패턴을 촉진한다.

- **테스트 케이스의 규모는 작으며 검증 대상에 집중한다**: 길이가 길고 여러 요구 사항을 검증하는 하나의 테스트 케이스보다는 작고 간단한 여러 개의 테스트 케이스를 작성하는 것이 항상 더 낫다. 하나의 테스트 케이스는 오로지 의도된 기능의 한 가지 관점이나 요구 사항을 만족시켜야만 한다. 작은 테스트 케이스를 이용하면 잠재적인 이슈를 쉽게 진단할 수 있으며 테스트 스위트test suite의 유지보수성도 높일 수 있다. 작은 규모의 테스트 케이스는 문제를 더 세밀하게 잡아내며 이해하기도 쉽다.

- **테스트 케이스는 서로 격리되고 독립되도록 유지한다**: 하나의 테스트 케이스의 성공은 테스트 스위트에 포함된 다른 모든 테스트 케이스들의 특정한 실행 순서에 의존하지 않아야 한다. 하나의 테스트 케이스가 특정한 실행 환경 상태에 의존해야 한다면, 해당 테스트 케이스는 모든 사전 조건이 만족되었음을 그 자체에서 보장해야 한다. 마찬가지로 하나의 테스트 케이스의 부작용은 실행 후에 완전히 정리되어야 한다. 모든 테스트 케이스마다 수행되는 이런 준비와 정리 단계를 **셋업**setup/**테어다운**teardown이라고 한다.

이런 원칙들을 지킴으로써 쉽게 이해하고 유지보수 가능한 테스트 케이스를 작성할 수 있다. 테스트 케이스 작성 역시 시간을 투자해야 하는 활동이기에 초기 개발 비용이 증가한다. 그러나 적절하게 수행한다면 그 비용이 아깝지 않게 보상을 받을 수 있다. 체계적이고 자동화된 테스팅 루틴은 최종 사용자에게 도달할 가능성이 있는 소프트웨어의 결함 수를 줄여준다. 그리고 알려진 소프트웨어 버그들을 검증하는 프레임워크를 제공해준다.

전용 테스팅 라이브러리나 프레임워크를 이용하면 견고한 테스팅 루틴을 만들고, 기본 원칙들을 지키는 데 도움을 받을 수 있다. 파이썬 표준 라이브러리는 자동화된 테스트를 위한 두 개의 내장 모듈을 제공한다.

- doctest: 독스트링에서 식별한 인터랙티브 코드 예시를 테스트하는 모듈이다. 문서를 테스트 케이스와 손쉽게 병합할 수 있다. 이론적으로는 단위 테스트를 다룰 수 있지만, 독스트링으로부터 식별한 코드 스니펫이 올바른 사용 예시를 반영하는지를 보증하는 목적으로 더 많이 이용한다.

  NOTE   doctest와 관련된 더 많은 정보는 공식 문서(https://docs.python.org/ko/3/library/doctest.html)를 참조한다.

- unittest: JUnut(유명한 자바 테스팅 프레임워크)에 영감을 받아서 개발된 완전한 테스팅 프레임워크다. unittest를 이용하면 테스트 케이스와 테스트 스위트로 테스트를 조직화하고, 셋업과 테어다운 프리미티브를 일관성 있게 관리할 수 있다. unittest는 내장 테스트 러너와 함께 제공된다. 테스트 러너는 코드 베이스 전체의 테스트 모듈을 찾아내고 선택된 테스트를 실행한다.

  NOTE   unittest와 관련된 더 많은 정보는 공식 문서(https://docs.python.org/ko/3/library/unittest.html)를 참조한다.

이 두 모듈을 함께 이용하면 대부분의 (심지어 깐깐한 개발자들의) 테스팅 요구 사항을 만족시킬 수 있다. 안타깝게도 doctest는 테스트 케이스의 매우 특정한 유스케이스에 초점을 두며(코드 예시의 테스팅), unittest는 클래스 지향 테스트 구조를 갖기 때문에 보다 많은 보일러플레이트 코드를 작성해야 한다. 테스트 러너 또한 다소 유연하지 못하기 때문에, 많은 전문 프로그래머들은 PyPI에서 사용할 수 있는 서드파티 프레임워크를 선호한다.

이런 프레임워크 중 하나가 pytest다. 현존하는 가장 뛰어나고 성숙도가 높은 파이썬 테스팅 프레임워크 중 하나일 것이다. pytest를 이용하면 테스트 케이스를 테스트 함수의 평평한flat 모듈(클래스를 대신하는)로 취급할 수 있고, unittest가 제공하는 클래스 기반 테스트 계층도 이용할 수 있다. 더욱 강력한 테스트 러너, 여러 가지 선택적 확장 기능들도 제공한다.

pytest가 제공하는 장점이 너무 많기 때문에 굳이 unittest와 doctest에 관해서는 자세히 설명하지 않았다. 이들도 충분히 훌륭하지만 pytest가 대부분의 경우 항상 더 뛰어나고 실용적이기 때문이다. 그럼 pytest를 이용해 테스트 케이스를 작성해보자.

10.3 pytest를 이용해 테스트 작성하기

이제 이론을 실제로 적용해보자. TDD의 장점은 이미 알고 있으므로 테스트의 힘을 빌려서 간단한 무언가를 만들어본다. 전형적인 테스트의 구조에 관해 먼저 살펴보고, 전문적인 파이썬 프로그래머들이 즐겨 이용하는 테스팅 기법과 도구들에 관해 살펴본다. 이 과정에서는 모두 pytest를 이용한다.

먼저 몇 가지 문제를 해결해야 한다. 테스팅은 결국 소프트웨어 개발 라이프사이클의 매우 초기, 즉 소프트웨어 요구 사항이 정의되는 시점부터 시작해야 한다. 많은 테스팅 방법론에서는 테스트 케이스를 소프트웨어 요구 사항을 실행 가능한 형태로 기술하는 코드 중심 방법으로 간주한다.

다양한 테스트 기술을 보여주면서 동시에 책이라는 형식에 적합한 설득력 있는 프로그래밍 과제를 찾기는 쉽지 않다. 그래서 먼저 작고 직접적인 관계가 없는 몇 가지 문제에 관해 설명한다. 또한 앞 장에서 다루었던 몇 가지 예제들도 다시 살펴볼 것이다.

TDD 관점에서 기존 코드에 대한 테스트 케이스 작성은 정통한 접근 방식은 아니다. 테스트 케이스는 반드시 실제 코드를 구현하기 전에 작성해야 하고 그 반대는 성립하지 않기 때문이다. 하지만 이는 알려진 프랙티스다. 전문적인 프로그래머들은 어설프게 테스트된 또는 전혀 테스트하지 않은 소프트웨어 코드를 받아 이어서 작업하는 경우가 더 많다. 이런 상황에서 소프트웨어를 신뢰할 수 있도록 테스트하고 싶다면, 반드시 앞에서 누락되었던 작업을 해야만 한다. 우리는 이런 상황을 가정해 기존 코드에 테스트 케이스를 작성하는 과정을 통해, 실제 코드가 작성된 뒤 테스트 케이스를 작성할 때 겪는 어려움에 관해 살펴볼 것이다.

첫 번째 예시는 매우 간단하다. 이를 통해 테스트의 기본 구조에 대해 이해하고 pytest 러너를 이용해 테스트 케이스를 찾고 실행하는 방법을 학습한다. 만들어볼 함수는 다음과 같다.

- 요소의 이터러블과 배치의 크기를 받는다.
- 부분 리스트sub-list 이터러블을 반환한다. 각각의 부분 리스트는 소스 리스트source list에서 배치 크기만큼의 연속된 요소로 구성한다. 요소의 순서는 그대로 유지한다.
- 각 배치의 크기는 동일하다.
- 소스 리스트의 요소가 부족해 마지막 배치를 채울 수 없다면, 마지막 배치는 다른 것들보다 짧을 수 있지만 비어서는 안 된다.

규모는 작지만 매우 유용한 함수다. 이 함수는 대규모 데이터 스트림 프로세스 메모리 전체에 로딩하지 않고 처리할 때 사용될 인스턴스가 될 수 있다.

```python
from typing import Any, Iterable, List

def batches(
    iterable: Iterable[Any], batch_size: int
) -> Iterable[List[Any]]:
    pass
```

아직은 어떤 구현도 제공하지 않았다. 이는 테스트 케이스가 완료되었을 때 다루면 되는 부분이다. 타이핑 애너테이션을 이용해 함수와 호출자 사이의 계약을 구성한다.

다음으로 test 모듈에 이 함수를 임포트해서 테스트 케이스를 작성할 수 있다. 테스트 모듈명은 관습적으로 test_<module-name>.py를 붙인다. 여기에서 <module-name>은 테스트 대상 모듈명이다. test_batch.py라는 파일을 만든다.

첫 번째 테스트는 아주 흔한 작업을 예로 들어보겠다. 함수에 입력 데이터를 전달하고 결과를 비교해보자. 보통의 리터럴 리스트를 입력으로 이용한다. 다음은 테스트 코드 예시다.

```python
from itertools import chain

from batch import batches

def test_batch_on_lists():
    assert list(batches([1, 2, 3, 4, 5, 6], 1)) == [
        [1], [2], [3], [4], [5], [6]
    ]
    assert list(batches([1, 2, 3, 4, 5, 6], 2)) == [
        [1, 2], [3, 4], [5, 6]
    ]
    assert list(batches([1, 2, 3, 4, 5, 6], 3)) == [
        [1, 2, 3], [4, 5, 6]
    ]
    assert list(batches([1, 2, 3, 4, 5, 6], 4)) == [
        [1, 2, 3, 4], [5, 6],
    ]
```

assert 문장은 pytest에서 테스트 코드 단위의 사전(pre-), 사후(post-) 테스트를 할 때 선호하는 방법이다. pytest는 어서션assertion을 확인하고 예외를 인식한다. 이를 이용해 테스트 실패 결과를 사람이 읽을 수 있는 형태로 상세히 출력할 수 있다.

위 리스트는 유틸리티를 테스트할 때 전형적으로 이용하는 구조로 테스트 대상이 의도대로 작동하는지 충분히 보장한다. 그러나 이는 앞선 요구 사항을 명확하게 반영하지는 않으므로, 구조를 약간 변경하는 것이 좋을 것이다.

다음은 두 개의 테스트 케이스를 추가한 예시다. 앞에서 정의한 요구 사항을 보다 명확하게 매핑한다.

```python
from itertools import chain

def test_batch_order():
    iterable = range(100)
    batch_size = 2

    output = batches(iterable, batch_size)

    assert list(chain.from_iterable(output)) == list(iterable)

def test_batch_sizes():
    iterable = range(100)
    batch_size = 2

    output = list(batches(iterable, batch_size))

    for batch in output[:-1]:
        assert len(batch) == batch_size
    assert len(output[-1]) <= batch_size
```

test_batch_order()는 배치 내 요소의 순서가 소스 이터러블의 그것과 일치함을 보증한다. test_batch_size()는 모든 배치의 크기가 동일함을 보증한다(단, 맨 마지막 배치는 길이가 짧을 수 있으므로 제외한다).

두 테스트 케이스에서는 하나의 패턴을 볼 수 있다. 이 또한 테스트 케이스에서 매우 공통된 구조다.

1. **셋업**setup: 테스트 데이터와 모든 사전 조건들을 준비한다. 위 예시에서는 셋업에서 iterable과 batch_size 인수를 준비한다.

2. **실행**execution: 실제 테스트될 코드를 이용하고 이후의 확인을 위해 결과를 저장한다. 위 예시에서는 batches() 함수를 호출한다.

3. **검증**validation: 실행 결과를 확인하고, 특정한 요구 사항이 만족되었는지 검증한다. 위 예시에서는 assert 문장을 이용해 저장된 결과를 검증한다.

4. **클린업**cleanup: 다른 테스트 케이스에 영향을 줄 수 있는 모든 리소스를 정리하고 셋업 단계 이전 상태로 돌아간다. 위 예시에서는 이런 리소스들을 사용하지 않았으므로 이 단계는 건너뛰었다.

10.2절에서 소개한 테스팅 프로세스에 따르면 이 시점에서 테스트는 실패해야 한다. 아직 어떤 함수 구현도 하지 않았기 때문이다. pytest 러너를 실행해 결과를 확인한다.

```
$ pytest -v
```

결과는 다음과 같다.

```
===================== test session starts =====================
platform darwin -- Python 3.9.2, pytest-6.2.2, py-1.10.0, pluggy-0.13.1
-- .../Expert-Python-Programming-Fourth-Edition/.venv/bin/python
cachedir: .pytest_cache
rootdir: .../Expert-Python-Programming-Fourth-Edition/Chapter 10/01 -
Writing tests with pytest
collected 3 items
test_batch.py::test_batch_on_lists FAILED                    [ 33%]
test_batch.py::test_batch_order FAILED                       [ 66%]
test_batch.py::test_batch_sizes FAILED                       [100%]
=========================== FAILURES ===========================
_____ test_batch_on_lists _____
    def test_batch_on_lists():
>       assert list(batches([1, 2, 3, 4, 5, 6], 1)) == [
            [1], [2], [3], [4], [5], [6]
        ]
E       TypeError: 'NoneType' object is not iterable

test_batch.py:7: TypeError

_____ test_batch_order _____

    def test_batch_order():
        iterable = range(100)
        batch_size = 2

        output = batches(iterable, batch_size)

>       assert list(chain.from_iterable(output)) == list(iterable)
E       TypeError: 'NoneType' object is not iterable

test_batch.py:27: TypeError
_____ test_batch_sizes _____

    def test_batch_sizes():
        iterable = range(100)
        batch_size = 2
```

```
>           output = list(batches(iterable, batch_size))
E           TypeError: 'NoneType' object is not iterable

test_batch.py:34: TypeError
===================== short test summary info =====================
FAILED test_batch.py::test_batch_on_lists - TypeError: 'NoneType' ...
FAILED test_batch.py::test_batch_order - TypeError: 'NoneType' obj...
FAILED test_batch.py::test_batch_sizes - TypeError: 'NoneType' o
```

예시에서 볼 수 있듯이 세 개의 테스트 케이스가 실패하면서 이 테스트는 실패한다. 실패에 관한 자
세한 정보들이 제공된다. 모든 테스트 케이스의 실패 원인은 동일하다. TypeError가 발생했으며, 이
는 NoneType 객체가 이터러블하지 않기 때문에 리스트로 변환할 수 없다는 내용이다. 이는 세 가지
요구 사항 모두가 아직 만족되지 않았음을 의미한다. batches() 함수는 아직 어떤 의미 있는 동작도
하지 않았으므로 이는 당연한 결과다.

이제 이 테스트 케이스들을 만족시켜 보자. 동작하는 최소한의 구현을 하는 것이 목적이므로, 무언
가 멋진 작업을 하는 대신 리스트에 기반해서 간단하고 나이브하게 구현할 것이다. 첫 번째 이터레이
션을 수행해보자.

```
from typing import Any, Iterable, List

def batches(
    iterable: Iterable[Any], batch_size: int
) -> Iterable[List[Any]]:
    results = []
    batch = []

    for item in iterable:
        batch.append(item)
        if len(batch) == batch_size:
            results.append(batch)
            batch = []

    if batch:
        results.append(batch)

    return results
```

아이디어는 단순하다. 결과 리스트 하나를 만들고 입력된 iterable을 탐색하면서 새로운 배치를 만
든다. 하나의 배치가 가득 차면 결과 리스트에 추가하고, 새로운 배치를 만들기 시작한다. 작업이 완

료되면 남은 배치가 있는지 확인하고 결과 리스트에 추가한다. 그리고 결과를 반환한다.

이는 매우 안일하게 구현한 것이므로 임의의 매우 큰 결과에서는 잘 동작하지 않을 수 있다. 하지만 우리가 만든 테스트 케이스는 만족한다. pytest 명령어를 실행하고 결과를 확인해본다.

```
$ pytest -v
```

테스트 결과는 다음과 같을 것이다.

```
The test result should now be as follows:
======================= test session starts =======================
platform darwin -- Python 3.9.2, pytest-6.2.2, py-1.10 0, pluggy-0.13.1
-- .../Expert-Python-Programming-Fourth-Edition/.venv/bin/python
cachedir: .pytest_cache
rootdir: .../Expert-Python-Programming-Fourth-Edition/Chapter 10/01 -
Writing tests with pytest
collected 3 items

test_batch.py::test_batch_on_lists PASSED                    [ 33%]
test_batch.py::test_batch_order PASSED                       [ 66%]
test_batch.py::test_batch_sizes PASSED                       [100%]

======================= 3 passed in 0.01s =======================
```

이번에는 모든 테스트 케이스를 성공적으로 통과했다. 이는 batches() 함수가 테스트 케이스로 명시한 요구 사항을 모두 만족했다는 의미다. 코드에 버그가 전혀 포함되지 않았다는 의미는 아니지만, 적어도 테스트 케이스를 통해 검증한 조건에서는 잘 작동한다고 확신할 수 있다. 테스트 케이스가 많아질수록 정교해지고 코드의 정확성에 대해 더 많이 확신할 수 있게 될 것이다.

해야 할 일은 아직 끝나지 않았다. 간단한 구현을 했고 구현한 코드가 작동하는 것을 검증했다. 이런 방식으로 작업을 하는 이유 중 하나는 가능한 간단한 코드로 구현하면, 이후 작업에서 테스트 케이스의 결함을 발견하기 쉽기 때문이다. 테스트 케이스 역시 코드이므로 실수가 존재할 수 있다.

테스트된 유닛은 매우 간단하게 구현한 것이며 이해하기도 쉽기 때문에 테스트된 코드가 잘못되었는지 또는 테스트 케이스 자체가 잘못되었는지 판단하고 검증하기 쉽다.

batches() 함수의 첫 번째 이터레이션에서의 명확한 문제는 중간 단계를 모두 results 리스트 변수에 저장한다는 점이다. iterable 인수가 충분히 크면(혹은 무한대이면), 모든 데이터를 메모리에 로드해야 하므로 애플리케이션에 큰 부담을 줄 것이다. 함수를 제너레이터로 바꿔 성공 시 결과를 출력하도록 하는 것도 좋은 방법일 수 있다. 이렇게 수정하는 데는 큰 노력이 들지 않는다.

```python
def batches(
    iterable: Iterable[Any], batch_size: int
) -> Iterable[List[Any]]:
    batch = []
    for item in iterable:
        batch.append(item)

        if len(batch) == batch_size:
            yield batch
            batch = []
    if batch:
        yield batch
```

이터레이터iterator와 itertools 모듈을 이용하는 방법도 있다.

```python
from itertools import islice

def batches(
    iterable: Iterable[Any], batch_size: int
) -> Iterable[List[Any]]:
    iterator = iter(iterable)

    while True:
        batch = list(islice(iterator, batch_size))

        if not batch:
            return

        yield batch
```

TDD 접근 방식의 매우 훌륭한 점이다. 기존에 구현한 내용을 망가뜨릴 위험을 줄이면서 함수를 구현하고, 실험하고, 수정할 수 있다. 직접 batches() 함수를 위의 예시처럼 바꾸면서 테스트 케이스를 실행하고 정의한 요구 사항을 만족시키는지 확인해보자.

예시의 문제는 규모가 작고 이해하기 쉬웠기 때문에 테스트 케이스도 쉽게 작성했다. 하지만 모든 테스트 대상 코드가 이렇지는 않다. 더 크고 복잡한 코드를 테스트할 때는 깨끗하고 가독성 높은 테스트 케이스를 작성하기 위해 추가적인 도구나 기법이 필요하게 될 것이다. 다음은 파이썬 프로그래머들이 자주 사용하는 테스팅 기법들을 살펴보고, pytest를 이용해 이를 구현하는 방법도 설명한다. 가장 먼저 테스트 매개변수화test parameterization부터 살펴본다.

10.3.1 테스트 매개변수화

함수의 기대 출력과 실제 출력을 직접 비교하는 것은 짧은 단위 테스트를 작성하는 기본적인 방법이다. 앞 절의 첫 번째 `test_batch_on_list()` 테스트에서 이 방법을 쓴 이유이기도 하다.

이 기법이 가진 문제점 중 하나는 셋업, 실행, 검증, 클린업의 고전적인 패턴을 깨뜨린다는 점이다. 앞의 예시에서는 어떤 인스트럭션이 테스트 콘텍스트를 준비하는지, 어떤 함수 호출이 테스트를 실행하는지, 어떤 인스트럭션이 결과를 검증하는지 알기 어렵다.

또 다른 문제는 입출력 데이터 샘플 수가 증가함에 따라 테스트 규모가 기하급수적으로 커진다는 점이다. 가독성이 떨어질 뿐만 아니라 잠재적인 의존성을 가진 실패들을 적절하게 격리하지 못할 수도 있다. 이를 보다 잘 이해하기 위해 `test_batch_on_lists()` 테스트 코드를 다시 살펴보자.

```
def test_batch_on_lists():
    assert list(batches([1, 2, 3, 4, 5, 6], 1)) == [
        [1], [2], [3], [4], [5], [6]
    ]
    assert list(batches([1, 2, 3, 4, 5, 6], 2)) == [
        [1, 2], [3, 4], [5, 6]
    ]
    assert list(batches([1, 2, 3, 4, 5, 6], 3)) == [
        [1, 2, 3], [4, 5, 6]
    ]
    assert list(batches([1, 2, 3, 4, 5, 6], 4)) == [
        [1, 2, 3, 4], [5, 6],
    ]
```

각 `assert` 문장은 한 쌍의 입출력 샘플을 검증한다. 하지만 각 쌍은 초기 요구 사항의 다양한 조건을 검증하기 위해 매우 다양하게 구성될 수 있다. 예시의 경우 첫 번째 세 개의 `assert` 문장은 각 출력 배치의 크기가 동일하다는 요구 사항은 검증할 수 있지만, 마지막 `assert` 문장은 `iterable` 인수가 `batch_size`로 나누어떨어지지 않았을 때, 완전하지 않은 배치를 반환하는 요구 사항도 검증한다. 테스트의 의도가 명확하지 않고 "테스트 케이스는 작은 규모로 집중되게 유지한다"라는 원칙에 다소 어긋난다.

모든 샘플 준비 단계를 이동시켜 테스트 구조를 개선함으로써 테스트의 셋업 부분을 분리하고, 메인 실행 부분에서 이 샘플에 대해 반복 테스트를 수행할 수 있다. 이번 예시에서는 간단한 딕셔너리 리터럴을 이용해 이를 수행할 수 있다.

```
def test_batch_with_loop():
    iterable = [1, 2, 3, 4, 5, 6]
    samples = {
        # 동일한 크기의 배치
        1: [[1], [2], [3], [4], [5], [6]],
        2: [[1, 2], [3, 4], [5, 6]],
        3: [[1, 2, 3], [4, 5, 6]],
        # 마지막 잔여 배치 포함
        4: [[1, 2, 3, 4], [5, 6]],
    }

    for batch_size, expected in samples.items():
        assert list(batches(iterable, batch_size)) == expected
```

> **TIP** 테스트 스트럭처를 조금 변경함으로써, 어떤 샘플이 특정한 기능 요구 사항을 검증하는지 표시할 수 있다. 모든 요구 사항마다 항상 별도의 테스트 케이스를 사용해야 하는 것은 아니다. 기억하라. 실용성이 순수성을 이긴다.

이렇게 해서 테스트의 셋업과 실행 부분을 보다 명확하게 분리했다. 이제 batch() 함수의 실행은 sample 딕셔너리의 내용을 파라미터화한 것이라고 말할 수 있다. 이것은 단일 테스트를 실행하면서 여러 작은 테스트 케이스를 실행하는 것과 같다.

한 테스트 함수 안에서 여러 샘플을 이용해 테스트를 할 때의 다른 문제점은 테스트가 빨리 망가질 수 있다는 점이다. 첫 번째 assert 문장이 실패하면 테스트 전체가 종료된다. 첫 번째 에러를 수정해야만 이후의 테스트들이 실행되며 그제서야 다른 assert들의 성공/실패 여부를 확인할 수 있다. 개별 테스트 케이스 실패 내역 전체를 봄으로써 종종 테스트 코드에서 무엇이 잘못된 것인지 보다 잘 이해할 수 있다.

이 문제는 루프 기반 테스트에서는 쉽게 해결할 수 없다. 다행히 pytest가 제공하는 @pytestmark. parametersize 데커레이터 형태를 이용하면 테스트 매개변수화가 가능하다. 이를 이용하면 테스트 실행 단계의 매개변수화 부분을 테스트 바디 외부로 옮길 수 있다. pytest는 매우 현명하기 때문에 각 입력 매개변수 집합을 별도의 '실제' 테스트 케이스로 간주해서 다른 샘플들과 독립적으로 실행되게 한다.

@pytest.mark.paramterize를 다음과 같이 두 개의 위치 인수를 받는다.

* argnames: 인수명 리스트다. pytest는 이를 이용해 테스트 매개변수를 테스트 함수에 인수로 전달한다. 콤마(,)로 구분한 문자열 또는 문자열 리스트/튜플로 지정할 수 있다.

- argvalues: 각 개별 테스트 실행을 위한 매개변수 집합의 이터러블이다. 일반적으로 리스트의 리스트 또는 튜플의 튜플로 지정한다.

다음은 앞의 예제 코드를 @pytest.mark.paramterize 데이커이터를 이용해 다시 쓴 예시다.

```python
import pytest

@pytest.mark.parametrize(
    "batch_size, expected", [
        # 동일한 크기의 배치
        [1, [[1], [2], [3], [4], [5], [6]]],
        [2, [[1, 2], [3, 4], [5, 6]]],
        [3, [[1, 2, 3], [4, 5, 6]]],
        # 마지막 잔여 배치 포함
        [4, [[1, 2, 3, 4], [5, 6]]]
    ]
)

def test_batch_parameterized(batch_size, expected):
    iterable = [1, 2, 3, 4, 5, 6]
    assert list(batches(iterable, batch_size)) == expected
```

이제 pytest -v 명령어를 이용해 작성한 모든 테스트 케이스를 실행할 수 있다. 결과는 다음과 같다.

```
======================= test session starts =======================
platform darwin - Python 3.9.2, pytest-6.2.2, py-1.10.0, pluggy-0.13.1
--.../Expert-Python-Programming-Fourth-Edition/.venv/bin/python
cachedir: .pytest_cache
rootdir: .../Expert-Python-Programming-Fourth-Edition/Chapter 10/01 -
Writing tests with pytest
collected 8 items
test_batch.py::test_batch_on_lists PASSED                    [ 12%]
test_batch.py::test_batch_with_loop PASSED                   [ 25%]
test_batch.py::test_batch_parameterized[1-expected0] PASSED  [ 37%]
test_batch.py::test_batch_parameterized[2-expected1] PASSED  [ 50%]
test_batch.py::test_batch_parameterized[3-expected2] PASSED  [ 62%]
test_batch.py::test_batch_parameterized[4-expected3] PASSED  [ 75%]
test_batch.py::test_batch_order PASSED                       [ 87%]
test_batch.py::test_batch_sizes PASSED                       [100%]

======================= 8 passed in 0.01s =======================
```

결과에서 볼 수 있듯이 테스트 보고서는 test_batch_parameterized() 테스트 수행에 대한 4개의 별도 인스턴스를 보여준다. 각 인스턴스 안에서의 실패는 다른 인스턴스의 테스트 결과에 영향을 주지 않는다.

테스트 파라미터화는 고전적인 테스트의 책임 중 일부(테스트 콘텍스트의 셋업)를 효과적으로 테스트 함수 외부로 옮긴다. 이는 테스트 코드의 재사용성을 높여주며 정말 중요한 것들, 즉 단위 실행과 실행 결과물의 검증에 집중하게 해준다.

테스트 바디와 셋업을 분리하는 또 다른 방법으로 재사용할 수 있는 테스트 픽스처test fixture가 있다. pytest는 이미 재사용할 수 있는 훌륭한 픽스처를 제공하며 있으며 이는 실로 마법과도 같다.

10.3.2 pytest의 픽스처

'픽스처fixture'는 기계 전자 공학 분야에서 사용되는 용어다. 픽스처는 물리적인 기계 장치이며 클램프clamp(또는 그립grip)의 형태로 테스트 대상 하드웨어를 고정된 위치와 설정 상태로 잡아서(그래서 픽스처라고 불린다) 특정한 환경에서 일관성 있게 테스트할 수 있게 한다.

소프트웨어 테스팅 픽스처도 유사한 목적으로 이용된다. 픽스처는 고정된 환경 설정을 시뮬레이션하며, 이를 이용해 테스트 대상 소프트웨어 컴포넌트의 실제 사용을 모방mimic한다. 픽스처는 입력 인수로는 특정 객체, 환경 변수 설정, 테스팅 과정 동안 사용되는 원격 데이터에 저장된 일련의 데이터까지 무엇이든 지정할 수 있다.

pytest에서 픽스처는 재사용할 수 있는 셋업/테어다운 코드 조작이며, 테스트 함수의 디펜던시로 제공된다. pytest는 내상 디펜던시 주입 메커니즘을 가지고 있으므로 이를 이용하면 모듈화된 확장 가능한 테스트 스위트를 작성할 수 있다.

> **NOTE** 파이썬 애플리케이션에 대한 디펜던시 주입과 관련된 주제들에 관해서는 5장을 참조한다.

pytest 픽스처를 생성하려면 이름 있는 함수를 정의하고 @pytest.fixture 데커레이터를 이용해 해당 함수를 데커레이션한다.

```
import pytest

@pytest.fixture
def dependency():
    return "fixture value"
```

pytest는 테스트 실행 전 픽스처 함수를 실행한다. 픽스처 함수의 반환값(이후 'fixture value'로 표기)은 테스트 함수에 입력 인수로 전달된다. 그리고 다음의 제너레이터 구문을 이용해 동일한 픽스처 함수에서 셋업과 클린업을 모두 제공할 수 있다.

```
@pytest.fixture
def dependency_as_generator():
    # setup 코드
    yield "fixture value"
    # teardown 코드
```

제너레이터 구문을 이용하면 pytest는 픽스처 함수의 반환값을 얻어 테스트 실행을 종료할 때까지 보관한다. 테스트가 종료되면 pytest는 테스트 결과와 관계없이(실패 또는 성공) yield 문장 바로 뒤에 있는 모든 사용된 픽스처 함수를 다시 실행한다. 이를 이용하면 테스트 환경을 편하고 안전하게 정리할 수 있다.

테스트 케이스 안에서 픽스처를 사용하려면 픽스처명을 테스트 함수의 입력 인수로 전달한다.

```
def test_fixture(dependency):
    pass
```

pytest 러너를 시작할 때, pytest는 테스트 함수 시그니처를 확인하고, 사용할 수 있는 픽스처 함수들의 이름과 매칭해서 사용된 픽스처를 모두 수집한다. pytest는 기본적으로 다음 방법을 이용해 픽스처를 식별하고 그 이름을 결정한다.

- **로컬 픽스처**local fixture: 테스트 케이스들은 이들이 정의되어 있는 동일한 모듈에 있는 사용 가능한 모든 픽스처를 이용할 수 있다. 로컬 픽스처는 같은 모듈에 임포트될 수 있다. 로컬 픽스처는 항상 **셰어드 픽스처**보다 우선한다.

- **셰어드 픽스처**shared fixture: 테스트 케이스들은 같은 디렉터리 또는 그 부모 디렉터리에 테스트 모듈로 저장된 conftest 모듈 안에 있는 사용 가능한 픽스처를 사용할 수 있다. 가까운 디렉터리에 저장된 conftest의 픽스처가 먼 디렉터리에 저장된 픽스처보다 우선한다. 셰어드 픽스처는 항상 **플러그인 픽스처**보다 우선한다.

- **플러그인 픽스처**plugin fixture: pytest 플러그인은 자체의 픽스처를 제공할 수 있다. 이 픽스처들의 이름은 가장 나중에 매칭된다.

마지막으로 픽스처들은 특정한 스코프와 연관되어 픽스처값의 수명을 결정할 수 있다. 이 스코프들은 제너레이터로 구현된 픽스처에서 매우 중요하다. 이들은 클린업 코드의 실행 시점을 결정하기 때문이다. 스코프는 다음과 같이 다섯 가지를 이용할 수 있다.

- **'function' 스코프**: 기본 스코프이며, 이 스코프의 함수는 개별 테스트가 실행될 때 한 차례 실행된 후 즉시 파기된다.
- **'class' 스코프**: xUnit 스타일(unittest 모듈 기반)로 작성된 테스트 메서드들이 사용하는 스코프이며, 이 스코프의 픽스처는 테스트 클래스의 마지막 테스트 케이스가 실행된 후 파기된다.
- **'moudle' 스코프**: 이 스코프의 픽스처는 테스트 모듈의 마지막 테스트 케이스가 실행된 후 파기된다.
- **'package' 스코프**: 이 스코프의 픽스처는 주어진 테스트 패키지(테스트 모듈의 컬렉션)의 마지막 테스트 케이스가 실행된 후 파기된다.
- **'session' 스코프**: 일종의 글로벌 스코프이며, 이 스코프의 픽스처는 러너가 실행되는 과정 동안 유지되며 마지막 테스트 케이스가 실행된 후 파기된다.

다양한 스코프의 픽스처를 이용해 테스트 실행을 최적화할 수 있다. 특정 환경의 셋업에서는 때때로 상당한 시간이 소요되기 때문이다. 많은 테스트 케이스에서 같은 셋업을 안전하게 재사용한다면, 이를 "function" 스코프에서 "module", "package", "session" 등으로 확장하는 것이 합리적일 수도 있다.

"session" 픽스처를 이용하면 전체 테스트 실행을 위한 글로벌 셋업/클린업을 할 수 있다. 그래서 이들은 자수 autouse=True 플래그와 함께 사용되며 이 플래크는 픽스처를 주어진 테스트 케이스 그룹의 자동 디펜던시로 간주한다. **오토유스 픽스처**autouse fixture의 스코프는 다음과 같다.

- **테스트 모듈 픽스처용 모듈 레벨**: autouse 플래그를 포함한 픽스처가 테스트 모듈에 포함되면 (test 접두사가 붙은 모듈), 이 픽스처는 자동으로 해당 모듈 안의 모든 테스트의 디펜던시로 인식된다.
- **test conftest 모듈 픽스처용 패키지 레벨**: autouse 플래그를 포함한 픽스처가 테스트 디렉터리의 conftest 모듈에 포함되면, 같은 디렉터리(하위 디렉터리 포함) 안에 존재하는 모든 테스트 모듈의 모든 테스트의 디펜던시로 인식된다.

예시와 함께 다양한 픽스처 사용법을 확인해보자. 앞 절에서 batch() 함수에 대한 테스트 케이스들은 매우 단순했기에 굳이 픽스처를 사용할 필요가 없었다. 픽스처는 복잡한 객체의 초기화 또는 외부 소프트웨어 컴포넌트(원격 서버나 데이터베이스 등) 상태 셋업을 하는 경우 등에 매우 유용하다. 5장에서 탈착 가능한 스토리지 백엔드와 함께 페이지 뷰 카운트를 추적하는 코드 예시를 살펴봤다. 해당 예시에서는 Redis를 저장소 구현으로 이용했다. 이 백엔드들의 테스트는 pytest 픽스처를 사용하기에 안성맞춤이다. ViewStorageBackend 추상 베이스 클래스의 공통 인터페이스는 다음과 같았다.

```python
from abc import ABC, abstractmethod
from typing import Dict

class ViewsStorageBackend(ABC):
    @abstractmethod
    def increment(self, key: str): ...

    @abstractmethod
    def most_common(self, n: int) -> Dict[str, int]: ...
```

추상 베이스 클래스 또는 인터페이스 구현의 모든 타입(Protocol 서브클래스 등)은 실제로 테스팅 관점에서 매우 훌륭하다. 이들은 구현보다 클래스의 행동에 초점을 두기 때문이다.

ViewsStorageBackend 구현의 행동을 테스트하려면 다음과 같은 몇 가지를 테스트해볼 수 있다.

- 빈 저장소 백엔드를 받았다면 most_common() 메서드는 빈 딕셔너리를 반환한다.
- 다양한 키에 대한 페이지 카운트 수를 증가시키고, 증가된 키의 숫자보다 크거나 그와 같은 가장 많이 요청된 키의 숫자를 요구하면 추적한 모든 카운트를 반환한다.
- 다양한 키에 대한 페이지 카운트 수를 증가시키고, 증가된 키의 숫자보다 크거나 그와 같은 가장 많이 요청된 키의 숫자를 요청하면 가장 공통된 요소의 짧은 집합을 얻는다.

먼저 테스트 케이스를 작성한 뒤 실제 픽스처를 구현한다. 첫 번째 테스트 함수는 빈 저장소 백엔드를 위한 것으로 매우 간단하다.

```python
import pytest
import random
from interfaces import ViewsStorageBackend

@pytest.mark.parametrize(
    "n", [0] + random.sample(range(1, 101), 5)
)
def test_empty_backend(backend: ViewsStorageBackend, n: int):
    assert backend.most_common(n) == {}
```

이 테스트에는 특별한 셋업이 필요하지 않다. 고정된 n 인수 매개변수 집합을 이용할 수 있지만, 추가적으로 무작위 값을 이용한 추가적인 매개변수화를 통해 테스트를 한층 강화할 수 있다. backend 인수는 픽스처 사용에 대한 선언이며, 테스트가 실행되는 동안 pytest에 의해 해결된다.

두 번째 테스트는 증가된 카운트 집합 전체를 얻는 테스트로, 보다 장황한 셋업과 실행이 필요하다.

```python
def test_increments_all(backend: ViewsStorageBackend):
    increments = {
        "key_a": random.randint(1, 10),
        "key_b": random.randint(1, 10),
        "key_c": random.randint(1, 10),
    }

    for key, count in increments.items():
        for _ in range(count):
            backend.increment(key)

    assert backend.most_common(len(increments)) == increments
    assert backend.most_common(len(increments) + 1) == increments
```

위 테스트 케이스는 의도된 증가를 반영해 리터럴 딕셔너리 변수 선언으로 시작한다. 이 간단한 셋업의 목적은 두 가지다. increment 변수는 이후 실행 단계를 안내하고 두 개의 검증 어서션에 사용할 검증 데이터가 된다. 이전 테스트에서와 같이 backend 인수는 pytest 픽스처로 제공한다.

마지막 테스트 케이스는 이전 테스트 케이스와 매우 유사하다.

```python
def test_increments_top(backend: ViewsStorageBackend):
    increments = {
        "key_a": random.randint(1, 10),
        "key_b": random.randint(1, 10),
        "key_c": random.randint(1, 10),
        "key_d": random.randint(1, 10),
    }

    for key, count in increments.items():
        for _ in range(count):
            backend.increment(key)

    assert len(backend.most_common(1)) == 1
    assert len(backend.most_common(2)) == 2
    assert len(backend.most_common(3)) == 3
```

```
    top2_values = backend.most_common(2).values()
    assert list(top2_values) == (
        sorted(increments.values(), reverse=True)[:2]
    )
```

셋업과 실행 단계는 `test_increments_all()` 테스트 함수에서 사용된 것과 거의 유사하다. 테스트 케이스를 작성하는 것이 아니라면, 이 단계를 재사용할 수 있는 별도 함수로 구현하는 것을 고려했을 것이다. 그러나 이 부분을 별도로 구현하면 가독성에 좋지 않은 영향을 준다. 테스트 케이스는 독립적이어야 하므로 명확하고 명시적인 테스트 케이스를 위한 것이라면, 어느 정도의 중복은 문제가 되지 않는다. 하지만 이것은 절대적인 규칙은 아니며 개인의 판단에 의존하는 부분이다.

모든 테스트 케이스를 작성했으므로 이제 픽스처를 도입한다. 5장에서는 백엔드의 두 가지 구현, 즉 `CounterBackend`와 `RedisBackend`를 사용했다. 궁극적으로 두 저장소 백엔드에 동일한 테스트 케이스 집합을 사용할 것이다. 결국은 그렇게 하겠지만 우선 백엔드가 하나라고 가정한 뒤 진행한다. 과정을 조금 더 단순하게 하기 위함이다.

현재는 `RedisBackend`만 테스트한다고 가정하자. 이는 분명 `CounterBackend`보다 복잡하므로 좀 더 재미있을 것이다. 하나의 백엔드 픽스처만 작성할 수 있지만 pytest에서는 모듈러 픽스처를 제공하므로 이것이 어떻게 동작하는지 확인해본다. 다음 코드를 먼저 살펴보자.

```
from redis import Redis
from backends import RedisBackend


@pytest.fixture
def redis_backend(redis_client: Redis):
    set_name = "test-page-counts"
    redis_client.delete(set_name)

    return RedisBackend(
        redis_client=redis_client,
        set_name=set_name
    )
```

`redis_client.delete(set_name)`는 Redis 데이터 저장소에 키가 존재하는 경우 해당 키를 삭제한다. `RedisBackend` 초기화에서 동일한 키를 이용할 것이다. 모든 증가를 저장하는 Redis 키는 첫 저장소를 수정하는 시점에 생성되므로 존재하지 않는 키에는 신경 쓰지 않아도 된다. 이런 방식으로 픽스처가 초기화될 때마다 저장소 백엔드는 완전히 비어버리게 된다. 기본 픽스처 세션 스코프는

"function"이며, 이는 이 픽스처를 이용하는 모든 테스트 케이스가 빈 백엔드를 받는다는 것을 의미한다.

TIP　Redis는 모든 대부분 시스템의 배포판에 포함되지 않기 때문에 직접 설치해야 할 것이다. 대부분의 리눅스 배포판은 redis-server라는 패키지 이름으로 패키지 저장소에서 이용할 수 있다. 또한 도커와 도커 컴포즈도 이용할 수 있다. 다음 docker-compose.yml 파일을 이용하면 로컬에서 빠르게 Redis를 이용할 수 있다.

```
version: "3.7"
services:
  redis:
    image: redis
    ports:
      - 6379:6379
```

도커와 도커 컴포즈에 관한 자세한 내용은 2장을 참조한다.

backend() 픽스처 안에서 Redis 클라이언트를 인스턴스로 만들지 않고, 픽스처 함수의 입력 인수로 전달했음을 눈치챘을 것이다.

pytest에서의 디펜던시 주입 메커니즘은 픽스처에도 적용된다. 즉, 픽스처 안에서 다른 픽스처를 요청할 수 있다.

다음은 redis_client() 픽스처의 예다.

```
from redis import Redis

@pytest.fixture(scope="session")
def redis_client():
    return Redis(host="localhost", port=6379)
```

과도한 복잡함을 피하기 위해 Redis의 host와 port 인수는 하드코딩했다. 이 같은 모듈성 덕분에 만약 다른 원격 주소를 사용하기로 결정했다면 글로벌하게 해당 값을 쉽게 바꿀 수 있다.

모든 테스트 케이스를 test_backends.py 모듈에 저장하고 Redis 서버를 로컬에서 시작한다. pytest -v 명령어를 이용해 pytest 러너를 실행하면 다음과 같은 결과가 출력될 것이다.

```
===================== test session starts =====================
platform darwin -- Python 3.9.2, pytest-6.2.2, py-1.10.0, pluggy-0.13.1
-- .../Expert-Python-Programming-Fourth-Edition/.venv/bin/python
cachedir: .pytest_cache
```

```
rootdir: .../Expert-Python-Programming-Fourth-Edition/Chapter 10/03 -
Pytest's fixtures
collected 8 items

test_backends.py::test_empty_backend[0] PASSED                    [ 12%]
test_backends.py::test_empty_backend[610] PASSED                  [ 25%]
test_backends.py::test_empty_backend[611] PASSED                  [ 37%]
test_backends.py::test_empty_backend[7] PASSED                    [ 50%]
test_backends.py::test_empty_backend[13] PASSED                   [ 62%]
test_backends.py::test_empty_backend[60] PASSED                   [ 75%]
test_backends.py::test_increments_all PASSED                      [ 87%]
test_backends.py::test_increments_top PASSED                      [100%]

====================== 8 passed in 0.08s ========================
```

모든 테스트를 통과했다는 것은 RedisBackend 구현의 검증에 성공했음을 의미한다. Counter Backend에도 동일한 작업을 할 수 있다면 좋을 것이다. 가장 손쉬운 방법은 테스트 케이스들을 복사한 뒤, 테스트 픽스처를 수정해서 새로운 백엔드 구현에 대해 제공하는 방법일 것이다. 그렇지만 이런 반복적인 작업은 피하고 싶다.

테스트 케이스들은 독립적으로 유지되어야 한다는 원칙을 알고 있다. 하지만 앞선 세 개의 테스트 케이스들은 ViewsStorageBackend 추상 베이스 클래스만 참조했다. 따라서 테스트 대상 저장소 백엔드의 실제 구현과 관계없이 이들은 항상 동일할 것이다. 그렇다면 동일한 테스트 케이스를 여러 백엔드 구현에 대해 반복 실행할 수 있는 매개변수화된 픽스처를 정의하는 방법을 찾아야 한다.

픽스처 함수의 매개변수화는 테스트 함수의 매개변수화와 다소 차이가 있다. @pytest.fixture 데커레이터는 옵션으로 하나의 params 키워드 값을 받으며, 이 값은 픽스처 매개변수의 이터러블을 받는다. param 키워드를 가진 픽스처는 반드시 특별한 내장 request 픽스처를 선언해야 한다. 이 픽스처는 무엇보다 현재 픽스처의 매개변수에 접근할 수 있도록 해준다.

```python
import pytest

@pytest.fixture(params=[param1, param2, ...])
def parmetrized_fixture(request: pytest.FixtureRequest):
    return request.param
```

매개변수화된 픽스처와 request.getfixturevalue() 메서드를 이용하면 픽스처 매개변수에 의존하는 픽스처를 동적으로 로드할 수 있다. 다음은 테스트 함수에 대한 픽스처를 수정한 버전의 전체 코드다.

```
import pytest
from redis import Redis
from backends import RedisBackend, CounterBackend


@pytest.fixture
def counter_backend():
    return CounterBackend()


@pytest.fixture(scope="session")
def redis_client():
    return Redis(host="localhost", port=6379)


@pytest.fixture
def redis_backend(redis_client: Redis):
    set_name = "test-page-counts"
    redis_client.delete(set_name)

    return RedisBackend(
        redis_client=redis_client,
        set_name=set_name
    )


@pytest.fixture(params=["redis_backend", "counter_backend"])
def backend(request):
    return request.getfixturevalue(request.param)
```

이제 새로운 픽스처를 이용해 동일한 테스트 스위트를 실행하면 정확하게 두 배의 테스트 케이스가
실행되는 것을 확인할 수 있다. 다음은 pytest -v 명령어를 시행한 결과 예시다.

```
====================== test session starts ======================
platform darwin -- Python 3.9.2, pytest-6.2.2, py-1.10.0, pluggy-0.13.1
-- .../Expert-Python-Programming-Fourth-Edition/.venv/bin/python
cachedir: .pytest_cache
rootdir: .../Expert-Python-Programming-Fourth-Edition/Chapter 10/03 -
Pytest's fixtures
collected 16 items

test_backends.py::test_empty_backend[redis_backend-0] PASSED      [  6%]
test_backends.py::test_empty_backend[redis_backend-72] PASSED     [ 12%]
test_backends.py::test_empty_backend[redis_backend-23] PASSED     [ 18%]
test_backends.py::test_empty_backend[redis_backend-48] PASSED     [ 25%]
test_backends.py::test_empty_backend[redis_backend-780] PASSED    [ 31%]
test_backends.py::test_empty_backend[redis_backend-781] PASSED    [ 37%]
test_backends.py::test_empty_backend[counter_backend-0] PASSED    [ 43%]
test_backends.py::test_empty_backend[counter_backend-72] PASSED   [ 50%]
```

```
test_backends.py::test_empty_backend[counter_backend-23] PASSED     [ 56%]
test_backends.py::test_empty_backend[counter_backend-48] PASSED     [ 62%]
test_backends.py::test_empty_backend[counter_backend-780] PASSED    [ 68%]
test_backends.py::test_empty_backend[counter_backend-781] PASSED    [ 75%]
test_backends.py::test_increments_all[redis_backend] PASSED         [ 81%]
test_backends.py::test_increments_all[counter_backend] PASSED       [ 87%]
test_backends.py::test_increments_top[redis_backend] PASSED         [ 93%]
test_backends.py::test_increments_top[counter_backend] PASSED       [100%]

====================== 16 passed in 0.08s ======================
```

현명한 픽스처를 사용한 덕분에 테스트의 가독성에 영향을 주지 않고 테스팅 코드의 양을 줄였다. 또한 동일한 테스트 함수를 재사용해 구현은 다르더라도 그 동작은 같아야 하는 클래스들을 검증했다. 그러므로 요구 사항이 변경될 때마다 동일한 인터페이스를 갖는 클래스들의 차이점을 알아챌 수 있다.

TIP 픽스처를 설계할 때는 주의해야 한다. 디펜던시 주입의 과도한 사용으로 인해 전체 테스트 스위트를 이해하기 더욱 어려워질 수 있다. 픽스처는 단순하게 유지되어야 하며 문서화도 잘 해야 한다.

픽스처를 이용해 Redis 같은 외부 서비스와의 연결성을 제공하면 편리하다. Redis는 매우 간단히 설치할 수 있고, 테스팅 목적으로 사용하기 위한 별도의 커스텀 설정이 필요하지 않다. 그러나 때때로 작성한 코드가 테스트 환경에서 쉽게 제공할 수 없는 원격 서비스나 리소스를 이용하거나 되돌릴 수 없는 변경destructive change을 수반하는 테스트를 수행하지 못할 수도 있을 것이다. 이런 상황은 서드파티 웹 API, 하드웨어 또는 클로즈드 라이브러리/바이너리 등을 이용할 때 흔하게 발생한다. 이런 경우에는 일반적으로 페이크fake 객체나 목mock으로 실제 객체를 대체할 수 있다. 다음 절에서는 이 기법들에 관해 살펴본다.

10.3.3 페이크 이용하기

단위 테스트 작성은 테스트 대상이 되는 코드 단위를 격리할 수 있다는 것을 가정한다. 테스트 케이스는 일반적으로 함수나 메서드에 데이터를 전달한 뒤 실행 후 반환값, 부작용 등을 확인한다. 이를 확인하는 목적은 주로 다음과 같다.

- 테스트 케이스는 애플리케이션의 원자적 부분(함수, 메서드, 클래스, 인터페이스 등)에 집중한다.
- 테스트 케이스는 결정론적이고deterministic, 재현 가능한reproducible 결과를 제공한다.

때로는 프로그램 컴포넌트가 명확하면 적절하게 격리하지 못하기도 한다. 앞 절에서 Redis 데이터 저장소와 상호작용하는 코드를 검증하는 테스팅 스위트의 예시를 살펴봤다. pytest 픽스처를 이용해 Redis와 연결했고, 그 과정이 그렇게 어렵지 않았다. 그런데 우리는 코드만 테스트한 것인가 아니면 Redis의 동작도 포함해서 테스트한 것인가?

이 테스트 케이스에서 Redis와의 연결성을 포함한 것은 실용적인 선택이다. 우리가 만든 코드의 작업량은 매우 적으며, 무거운 작업들은 외부 저장소 엔진에 넘겨진다. Redis가 정상 동작하지 않으면 코드도 정상 동작하지 않는다. 전체 코드를 테스트하기 위해서는 우리가 만든 코드와 Redis 데이터 스토어의 통합도 테스트해야 했다. 이런 테스트들을 소위 **통합 테스트**integration test라고 부르며, 일반적으로 외부 컴포넌트에 많이 의존하는 소프트웨어 테스팅에서 사용된다.

그러나 항상 안전한 통합 테스트를 할 수 있는 것은 아니다. 모든 서비스를 Redis처럼 로컬 환경에서 쉽게 사용할 수 없다. 종종 여러분은 이 '특별한' 컴포넌트(실제 운영 환경 밖에서는 복제할 수 없는)들을 다루게 될 것이다. 이런 경우에는 실제 컴포넌트를 시뮬레이션한 **페이크**fake 객체를 이용해 디펜던시를 대체해야 할 것이다.

테스트에서 페이크를 사용하는 전형적인 유스케이스들을 이해하기 위해 다음과 같은 시나리오를 상상해보자.

확장 가능한 애플리케이션을 구축한 후, 이 애플리케이션을 이용해 고객들은 실시간으로 웹 사이트의 페이지 카운트를 추적할 수 있다. 경쟁사들과 다르게 여러분이 제공하는 설루션은 가용성과 확장성이 높으며, 지연이 낮고 전 세계에 퍼져 있는 많은 데이터 센터의 결과들을 일관성 있게 이용한다. 여러분이 만드는 제품의 시작은 backends.py 모듈의 작은 카운터 클래스다.

높은 가용성을 제공하는 분산된 해시 맵hash map(Redis에서 사용되는 네이티브 타입)을 확보함으로써, 많은 지역 설정에서 짧은 지연을 보증하기란 녹록치 않다. 분명 단일 Redis 인스턴스를 이용해서는 고객에게 제공하고자 하는 것을 감당하지 못할 것이다. 다행히 클라우드 컴퓨팅 벤더인 ACME Corp가 연락을 해왔고, 자신들의 최신 베타 제품을 제안했다. ACME Global HashMap Service라는 이름의 제품은 정확하게 우리가 원하는 성능을 제공하는 것이었다. 하지만 문제가 한 가지 있다. 이 제품은 아직 베타이므로 ACME Corp는 정책상 테스팅 목적의 샌드박스sandbox 환경을 제공하지 못한다. 또한 다소 명확하지 않은 법적 이유로 자동화된 테스팅 파이프라인에서는 프로덕션 서비스 엔드포인트를 사용할 수 없다.

자, 어떻게 하면 좋겠는가? 우리가 만든 코드의 규모는 계속 커지고 있다. 계획했던 AcmeStorage Backend 클래스에는 로깅, 진단, 접근 통제, 다른 많은 멋진 기능들을 다루는 코드들이 추가될 것이다. 그래서 제품에 통합될 ACME Corp SDK를 페이크로 대체하여 사용하기로 결정했다.

ACME Corp Python SDK는 acme_sdk 패키지 형태로 제공된다. 이 패키지는 다음 두 인터페이스를 포함한다.

```python
from typing import Dict

class AcmeSession:
    def __init__(self, tenant: str, token: str): ...

class AcmeHashMap:
    def __init__(self, acme_session: AcmeSession): ...

    def incr(self, key: str, amount):
        """Increments any key by specific amount"""
        ...

    def atomic_incr(self, key: str, amount):
        """Increments any key by specific amount atomically"""
        ...

    def top_keys(self, count: int) -> Dict[str, int]:
        """Returns keys with top values"""
        ...
```

AcmeSession 세션은 ACME Corp 서비스로의 커넥션을 캡슐화한 객체이며, AcmeHashMap은 우리가 사용할 서비스 클라이언트다. 우리는 atomic_incr() 메서드를 이용해서 주로 페이지 뷰 카운트를 증가시킬 것이다. top_keys()를 이용해 가장 많이 본 페이지를 얻는다.

페이크를 만들려면 AcmeHashMap 사용과 호환되는 인터페이스를 가진 새로운 클래스를 정의해야 한다. 여기에서는 실용적인 접근 방법을 선택해서, 사용할 클래스와 메서드들만 구현한다. 다음은 최소한의 AcmeHashMapFake를 구현한 것이다.

```python
from collections import Counter
from typing import Dict

class AcmeHashMapFake:
    def __init__(self):
        self._counter = Counter()

    def atomic_incr(self, key: str, amount):
        self._counter[key] += amount
```

```python
def top_keys(self, count: int) -> Dict[str, int]:
    return dict(self._counter.most_common(count))
```

AcmeHashMapFake를 이용하면 저장소 벡엔드에 대한 기존 테스트 스위트에 새로운 픽스처를 제공할 수 있다. backends 모듈 안에 AcmeBackend 클래스 하나를 가지고 있다고 가정하자. backends 모듈은 AcmeHashMapFake만 입력 인수로 받는다. 그러면 다음과 같이 두 개의 pytest 픽스처 함수를 만들 수 있다.

```python
from backends import AcmeBackend
from acme_fakes import AcmeHashMapFake

@pytest.fixture
def acme_client():
    return AcmeHashMapFake()

@pytest.fixture
def acme_backend(acme_client):
    return AcmeBackend(acme_client)
```

셋업을 두 개의 픽스처로 나눠 향후의 작업을 대비한다. ACME Corp 샌드박스 환경을 최종적으로 얻었을 때는 하나의 픽스처만 수정하면 된다.

```python
from acme_sdk import AcmeHashMap, AcmeSession

@pytest.fixture
def acme_client():
    return AcmeHashMap(AcmeSession(..., ...))
```

즉, 페이크를 이용하면 테스트 과정에서 만들지 못하거나 그저 만들고 싶지 않은 객체와 동일한 동작을 제공할 수 있다. 이는 외부 서비스와 통신하거나 원격 리소스에 접속해야 하는 상황에서 특히 유용하다. 이런 자원들을 내부에 구현함으로써 테스팅 환경을 더 잘 통제할 수 있으며, 테스트된 단위 코드를 보다 잘 격리시킬 수 있다.

커스텀 페이크를 많이 만드는 것은 상당히 귀찮은 일이 될 것이다. 다행히도 파이썬과 함께 제공되는 unittest.mock 모듈을 이용하면 페이크 객체들을 자동으로 생성할 수 있다.

10.3.4 목과 unittest.mock 모듈

목 객체mock object는 포괄적인 페이크 객체로, 이를 이용해 테스트된 코드를 격리할 수 있다. 목 객체는 페이크 객체의 입력과 출력을 만드는 프로세스를 자동화한다. 멍키 패칭이 어려운 정적 타입 언어에서는 목 객체를 많이 이용하며, 파이썬에서도 이를 이용하면 외부 API를 조작하는 코드를 효과적으로 줄일 수 있다.

파이썬에서 사용할 수 있는 목 라이브러리들이 많으나, 표준 라이브러리로 제공되는 unittest.mock이 가장 대표적이다.

NOTE unittest.mock은 원래 PyPI를 통해 이용할 수 있는 서드파티 목 패키지로 만들어졌다. 시간이 흐른 후 잠정 패키지provisional package로 표준 라이브러리에 추가되었다. 잠정 표준 라이브러리 패키지에 관한 자세한 내용은 https://docs.python.org/ko/dev/glossary.html#term-provisional-api를 참조한다.

목은 언제나 커스텀 페이크를 대신하여 사용된다. 목은 테스트 중에 우리가 직접 완전히 통제하지 못하는 외부 컴포넌트나 리소스를 대신하는 데 유용하다. 또한 가장 중요한 TDD의 원칙을 어겨야 할 때, 즉 실제 코드가 구현된 이후 테스트 케이스를 작성해야 할 때 반드시 필요한 유틸리티다.

앞 절에서 이미 외부 리소스에 대한 연결 레이어를 가짜로 만드는 예시를 다루었다. 여기에서는 아무런 테스트 케이스 없이 만들어진 코드에 대한 테스트 케이스를 작성하는 상황을 좀 더 자세히 살펴본다.

다음과 같은 send() 함수가 있다고 가정해보자. 이 함수는 SMTP 프로토콜을 이용해 이메일 메시지를 전송한다.

```python
import smtplib
import email.message


def send(
    sender, to,
    subject='None',
    body='None',
    server='localhost'
):
    """메시지를 전송한다."""
    message = email.message.Message()
    message['To'] = to
    message['From'] = sender
    message['Subject'] = subject
    message.set_payload(body)
```

```
    client = smtplib.SMTP(server)
    try:
        return client.sendmail(sender, to, message.as_string())
    finally:
        client.quit()
```

이 함수는 스스로 SMTP 클라이언트 커넥션을 나타내는 `smtplib.SMTP` 인스턴스를 만들지만 이는 아무런 도움이 되지 않는다. 테스트 케이스 작성을 먼저 시작했다면 아마도 미리 생각해서 다소나마 제어 반전을 적용해 클라이언트 함수의 인수를 제공했을 것이다. 하지만 코드는 이미 손상되었다. `send()` 함수는 코드베이스 전체에서 이용되었으며 아직은 리팩터링을 시작하지 않을 것이다. 테스트가 우선이다.

`send()` 함수는 `mailer` 모듈에 저장되어 있다. 먼저 블랙박스 접근 방식에 기반해 어떠한 셋업도 필요하지 않다고 가정한다. 해당 함수를 호출하고 성공하길 바라는 순수한 마음으로 테스트를 작성한다. 첫 번째 이터레이션은 다음과 같다.

```
from mailer import send

def test_send():
    res = send(
        'john.doe@example.com',
        'john.doe@example.com',
        'topic',
        'body'
    )
    assert res == {}
```

로컬에서 SMTP 서버가 실행되지 않는 한 pytest를 실행한 결과는 다음과 같을 것이다.

```
$ py.test -v --tb line
====================== test session starts ======================
platform darwin -- Python 3.9.2, pytest-6.2.2, py-1.10.0, pluggy-0.13.1
-- .../Expert-Python-Programming-Fourth-Edition/.venv/bin/python
cachedir: .pytest_cache
pytest-mutagen-1.3 : Mutations disabled
rootdir: .../Expert-Python-Programming-Fourth-Edition/Chapter 10/05 -
Mocks and unittest.mock module
plugins: mutagen-1.3
collected 1 item
```

```
test_mailer.py::test_send FAILED                                    [100%]
========================== FAILURES ===========================
/Library/Frameworks/Python.framework/Versions/3.9/lib/python3.9/socket.
py:831: ConnectionRefusedError: [Errno 61] Connection refused
===================== short test summary info =====================
FAILED test_mailer.py::test_send - ConnectionRefusedError: [Errno 61...
===================== 1 failed in 0.05s =====================
```

TIP py.test 명령에서 --tb 매개변수를 이용하면 테스트 실패 시 출력되는 트레이스백traceback의 길이를 제어할 수 있다. 여기에서는 --tb line을 이용해 한 줄짜리 트레이스백을 얻었다. 다른 값으로는 auto, long, native, no를 이용할 수 있다.

희망은 사그라졌다. send 함수는 ConnectionRefusedError 예외를 발생시키며 실패했다. SMTP 서버를 로컬에서 실행하거나 실제 SMTP에 접속해 메시지를 보내기 원치 않는다면 smtplib.SMTP 구현을 페이크 객체로 대체할 방법을 찾아야 할 것이다.

이 목표를 달성하기 위해 다음 두 가지 기법을 사용할 것이다.

- **멍키 패칭**monkey patching: smtplib 모듈을 테스트 진행 도중 수정해서 smtplin.SMTP 클래스 내부의 페이크 객체를 이용해 send() 함수를 속인다.

- **객체 모킹**object mocking: 모든 객체에 대해 페이크처럼 동작할 수 있는 유니버설 목 객체universal mock object를 만든다. 오로지 작업을 보다 간단하게 만들기 위함이다.

두 기법에 관해 자세히 설명하기 전에 먼저 테스트 함수 예시를 살펴보자.

```python
from unittest.mock import patch, Mock
from mailer import send


def test_send():
    sender = "john.doe@example.com"
    to = "jane.doe@example.com"
    body = "Hello jane!"
    subject = "How are you?"

    with patch("smtplib.SMTP") as mock:
        client = mock.return_value
        client.sendmail.return_value = {}

        res = send(sender, to, subject, body)

        assert client.sendmail.called
```

```
        assert client.sendmail.call_args[0][0] == sender
        assert client.sendmail.call_args[0][1] == to
        assert subject in client.sendmail.call_args[0][2]
        assert body in client.sendmail.call_args[0][2]
        assert res == {}
```

unittest.mock 콘텍스트 관리자는 새로운 unittest.mock.Mock 클래스 인스턴스를 만들고, 이를 특정한 임포트 경로에 넣는다. send() 함수가 smtplib.SMTP 속성으로 접근을 시도하면 SMTP 클래스 객체가 아니라 목 인스턴스를 받는다.

목은 마법과도 같다. unittest.mock 모듈에 예약된 이름들 밖에서 목의 속성에 접근하면, 새로운 목 인스턴스를 반환한다. 목은 함수로 이용될 수도 있으며 호출되면 새로운 목 인스턴스를 반환한다.

send() 함수는 stmptlib.SMTP가 타입 객체일 것을 기대하므로 SMTP() 호출을 이용해 SMTP 클라이언트 객체의 인스턴스를 얻는다. mock.return_value(return_value는 예약된 이름 중 하나다)를 이용해 그 클라이언트 객체의 목을 얻고 client.sendmail() 메서드의 반환값을 통제한다.

send()를 실행한 뒤, 다른 예약된 이름(called와 call_args)을 이용해 client.sendmail() 메서드 호출 여부를 검증하고 호출 인수들을 확인한다.

TIP 여기에서 실행한 것들이 그다지 좋은 아이디어는 아닐 것이다. 단지 send() 함수의 구현이 하는 작업을 재추적한 것이기 때문이다. 여러분의 테스트 케이스에서는 이렇게 하지 않아야 한다. 테스트 대상 함수의 구현을 그대로 반복하는 것은 아무런 목적도 달성하지 않는다. 하지만 여기에서는 테스트 케이스를 작성하는 것보다는 unittest.mock 모듈로 무엇을 할 수 있는지 보이려는 것이 목적이다.

unittest.mock 모듈의 patch() 콘텍스트 관리자는 테스트가 실행되는 동안 임포트 경로를 동적으로 멍키 패칭하는 방법 중 하나다. 이를 데커레이터로 이용할 수도 있다. 멍키 패칭은 대단히 복잡한 피처이므로, 항상 여러분이 원하는 것을 쉽게 패치할 수는 없다. 그리고 여러 객체를 한 번에 패치하려 시도하면 많은 중첩nesting이 필요하기 때문에 매우 불편할 수도 있다.

pytest는 멍키 패칭을 수행하는 대안적 방법들을 제공한다. 내장 monkeypatch 픽스처는 패칭 프록시patching proxy처럼 작동한다. 다음은 monkeypatch 픽스처를 이용해 앞에서의 예시 코드를 다시 작성한 예시다.

```
import smtplib
from unittest.mock import Mock
from mailer import send
```

```
def test_send(monkeypatch):
    sender = "john.doe@example.com"
    to = "jane.doe@example.com"
    body = "Hello jane!"
    subject = "How are you?"

    smtp = Mock()
    monkeypatch.setattr(smtplib, "SMTP", smtp)
    client = smtp.return_value
    client.sendmail.return_value = {}
    res = send(sender, to, subject, body)

    assert client.sendmail.called
    assert client.sendmail.call_args[0][0] == sender
    assert client.sendmail.call_args[0][1] == to
    assert subject in client.sendmail.call_args[0][2]
    assert body in client.sendmail.call_args[0][2]
    assert res == {}
```

멍키 패칭과 목은 남용하기 쉽다. 특히 이미 구현된 코드에 대한 테스트 케이스를 작성하는 경우에 그렇다. 따라서 목과 멍키 패칭은 신뢰할 수 있는 다른 테스팅 소프트웨어가 있다면 될수록 사용하지 않아야 한다. 그렇지 않으면 프로젝트는 빈 껍데기만 가진, 소프트웨어의 정확성을 전혀 검증하지 않는 테스트 케이스로 가득 찰 것이다. 그리고 목이 실제 대상과 다르게 작동할 리스크도 존재한다.

다음 절에서는 TDD에 잘 들어맞는 품질 자동화 주제에 관해 살펴본다.

10.4 품질 자동화

어떤 코드의 품질이 좋거나 나쁨을 절대적으로 판단할 수 있는 임의의 기준은 존재하지 않는다. 안타깝게도 코드 품질code quality이라는 추상적인 개념은 숫자로 측정되거나 표현될 수 없다. 대신 코드의 품질과 높은 관련이 있다고 알려져 있는 소프트웨어의 여러 지표는 측정할 수 있다. 그 지표들은 다음과 같다.

- 테스트 케이스가 커버한 코드 비율(%)
- 코드 스타일 위반 횟수
- 문서량
- 복잡도 지표(매케이브McCabe의 순환 복잡도cyclomatic complexity 등)
- 정적 코드 분석 주의 횟수

많은 프로젝트들은 지속적인 통합continuous integration 워크플로에서 코드 품질 테스팅을 이용한다. 일반적이고 널리 사용되는 접근 방식은 최소한의 기본 지표(테스트 커버리지test coverage, 정적 코드 분석 static code analysis, 코드 스타일 위반code style violation 등)를 측정해 이 지표들의 점수가 낮으면 메인 브랜치에 코드를 병합하지 않는 것이다.

다음 절에서는 몇몇 흥미로운 도구와 방법들에 관해 살펴본다. 이들을 이용하면 선택한 코드 품질 지표 평가를 자동화할 수 있다.

10.4.1 테스트 커버리지

테스트 커버리지test coverage는 **코드 커버리지**code coverage라고도 알려져 있으며, 주어진 소스 코드가 얼마나 잘 테스트되었는가를 나타내는 객관적 정보를 제공하는 유용한 지표다. 테스트를 수행하는 동안 얼마나 많은, 어떤 코드 라인이 실행되었는지 측정한다. 주로 백분율(%)로 표현되며 100% 커버리지란 코드의 모든 라인이 테스트를 수행하는 동안 실행되었음을 나타낸다.

파이썬 코드에 대한 코드 커버리지를 측정하는 가장 유명한 도구는 coverage 패키지이며 PyPI에서 무료로 사용할 수 있다. 사용 방법은 매우 단순하고 두 단계로 구성되어 있다.

1. coverage 도구를 이용해 테스트 스위트를 실행한다.
2. coverage 보고서를 원하는 포맷으로 생성한다.

첫 번째 단계는 모든 테스트 케이스를 실행하는 스크립트/프로그램이 저장된 경로명과 함께 coverage run 명령어를 셸에서 실행한다. pytest를 사용하는 경우의 실행 명령어는 다음과 같다.

```
$ coverage run $(which pytest)
```

NOTE which 명령어는 실행 가능한 다른 명령어의 경로를 표준 출력으로 표시하는 유용한 셸 유틸리티다. $() 표현식은 여러 셸에서 주어진 셸 문장의 명령어 출력을 값으로 대체할 때 많이 사용한다.

coverage run을 호출하는 또 다른 방법으로 -m 플래그를 이용할 수 있다. 이 플래그는 실행 가능한 모듈을 지정할 때 이용한다. python -m 명령어로 실행 가능한 모듈을 호출하는 것과 유사하다. pytest 패키지와 unittest 모듈은 모두 테스트 러너를 실행 가능한 모듈로 제공한다.

```
$ python -m pytest
$ python -m unittest
```

coverage 도구의 감시 아래 테스트 스위트를 실행할 때는 다음 셸 명령어를 이용한다.

```
$ coverage run -m pytest
$ coverage run -m unittest
```

기본적으로 coverage 도구는 테스트를 수행하는 동안 임포트된 모든 모듈의 테스트 커버리지를 측정한다. 따라서 프로젝트의 가상 환경에 설치된 외부 패키지를 포함할 수도 있다. 일반적으로는 외부 소스는 제외하고 커버리지를 측정하고 싶을 것이다. coverage 명령어와 --source 매개변수를 함께 이용하면 특정한 경로에 대해서만 지표를 측정하도록 제한할 수 있다.

```
$ coverage run --source . -m pytest
```

TIP coverage 도구를 이용해 setup.cfg 파일 안에 있는 특정한 환경 설정 플래그를 명시할 수 있다. 다음은 위 coverage 실행 호출과 동일하게 동작하는 setup.cfg의 예시다.

```
[coverage:run]
source =
    .
```

테스트를 수행하는 동안 coverage 도구는 .coverage에 커버리지 측정에 관한 중간 결과를 저장한다. 테스트를 수행한 뒤 coverage report 명령어를 이용해 결과를 확인할 수 있다.

커버리지 측정의 실제 동작을 확인하기 위해 10.3.2절에서 언급했던 클래스 중 하나의 애드혹 확장을 하기로 결정했다고 가정한다. 하지만 이 확장에 대한 테스트를 적절히 수행했는지 신경 쓰지 않았다. count_keys() 메서드를 CounterClass에 다음과 같이 추가한다고 해보자.

```python
class CounterBackend(ViewsStorageBackend):
    def __init__(self):
        self._counter = Counter()

    def increment(self, key: str):
        self._counter[key] += 1

    def most_common(self, n: int) -> Dict[str, int]:
        return dict(self._counter.most_common(n))

    def count_keys(self):
        return len(self._counter)
```

count_keys() 메서드는 인터페이스 선언(ViewsStorageBackend 추상 클래스)에 포함되지 않았기에, 테스트 스위트를 작성 시점에는 그 존재에 관해 생각하지 않았다.

coverage 도구를 이용해 빠르게 테스트를 수행하고 전체 결과를 확인해본다. 셀 스크립트의 출력 결과는 아마도 다음과 비슷할 것이다.

```
$ coverage run —source . -m pytest -q
..............
[100%]
16 passed in 0.12s
$ coverage report -m
Name                Stmts   Miss   Cover   Missing
---------------------------------------------------
backends.py           21      1     95%    19
interfaces.py          7      0    100%
test_backends.py      39      0    100%
---------------------------------------------------
TOTAL                 67      1     99%
```

TIP coverage run 명령어에서 -m <module> 매개변수 이후의 모든 매개변수와 플래그는 러너블 모듈 호출 시 그대로 전달된다. 여기에서 -q 플래그는 pytest 러너 플래그이며, 테스트 실행에 대한 짧은 결과를 반환하는 것을 의미한다.

위에서 볼 수 있듯이 모든 테스트 케이스는 통과하지만 커버리지 보고서는 backends.py 모듈의 95%만 커버한 것으로 나타난다. 이는 코드의 라인 중 5%가 테스트 수행 중 실행되지 않았다는 의미다. 즉, 테스트 스위트에 간극이 있음을 나타낸다.

Missing 열(coverage report 명령어의 -m 플래그 이용 시 확인 가능)은 테스트 수행 중 누락된 라인 수를 나타낸다. 작은 모듈의 커버리지가 높으면 누락된 커버리지를 확인하는 것으로 충분하다. 커버리지가 너무 낮다면 보다 상세한 보고서를 확인해야 할 것이다.

coverage 도구는 coverage html 명령어를 제공한다. 이를 이용하면 다음과 같이 HTML 형식의 인터랙티브한 커버리지 보고서를 생성할 수 있다.

```
Coverage for backends.py : 95%

21 statements   20 run   1 missing   0 excluded

 1 │ from collections import Counter
 2 │ from typing import Dict
 3 │ from redis import Redis
 4 │
 5 │ from interfaces import ViewsStorageBackend
 6 │
 7 │
 8 │ class CounterBackend(ViewsStorageBackend):
 9 │     def __init__(self):
10 │         self._counter = Counter()
11 │
12 │     def increment(self, key: str):
13 │         self._counter[key] += 1
14 │
15 │     def most_common(self, n: int) -> Dict[str, int]:
16 │         return dict(self._counter.most_common(n))
17 │
18 │     def count_keys(self):
19 │         return len(self._counter)
20 │
21 │
22 │ class RedisBackend(ViewsStorageBackend):
23 │     def __init__(
```

그림 10.1 커버리지 간극을 강조한 HTML 커버리지 보고서 예시

테스트 커버리지는 전체적인 코드 품질과 높은 관련을 갖는 훌륭한 지표다. 테스트 커버리지가 낮은 프로젝트들은 통계적으로 보다 많은 품질 문제와 결함을 갖는다. 테스트 커버리지가 높은 프로젝트에서는 일반적으로 결함과 품질 문제가 보다 적다. 물론 이는 테스트 케이스가 10.2절에서 강조한 좋은 프랙티스를 따라 만들어졌다는 가정에 기반한다.

NOTE 심지어 테스트 커버리지가 100%인 프로젝트라 하더라도 예측과 다르게 동작할 수 있으며, 심각한 버그를 가지고 있을 수도 있다. 이런 상황에서는 기존의 테스트 스위트의 유용성을 검증하거나 발견되지 않은 누락된 테스팅 조건을 찾아낼 수 있는 기법을 사용하는 것이 좋을 것이다. 그런 기법 중 하나인 돌연변이 테스팅mutation testing에 관해서는 10.5절에서 살펴본다.

그리고 의미 없는 테스트 케이스를 작성해 테스트 커버리지를 높이기도 쉽다. 항상 새로운 프로젝트의 테스트 커버리지 결과를 세심하게 리뷰하되, 그 결과를 프로젝트의 코드 품질을 나타내는 절대적인 지표로는 여기지 않도록 해야 한다.

그리고 소프트웨어 품질에는 정밀한 테스트의 정도는 물론 가독성, 유지보수성, 확장성도 포함된다. 따라서 코드 스타일, 일반적인 규칙, 코드 재사용, 안전 또한 중요하다. 다행히 이런 프로그래밍 영역의 측정과 검증은 일정 수준까지 자동화할 수 있다.

TIP 이번 절에서는 coverage 도구를 '고전적인' 방식으로 이용했다. pytest를 이용한다면 pytest-cov 플러그인을 활용해 커버리지 측정을 단순화할 수 있다. 이 플러그인은 자동으로 coverage 실행을 모든 테스트 수행마다 추가한다. pytest-cov에 관한 더 많은 정보는 https://github.com/pytest-dev/pytest-cov를 참조한다.

다음으로 코드 스타일 자동화와 린터linter에 관해 살펴보자. 이들은 전문 파이썬 프로그래머들이 품질 자동화를 위해 사용하는 가장 일반적인 것들이다.

10.4.2 스타일 픽서와 코드 린터

코드를 쓰는 것보다 코드를 읽는 것이 확실히 더 어렵다. 이는 프로그래밍 언어와 관계없다. 일관적이지 않고, 기괴한 형식과 코딩 규칙을 따라 작성한 소프트웨어의 품질이 높을 수는 없다. 읽고 이해하기 어려움은 물론이고 일정한 속도로 확장하거나 유지보수하기도 어렵기 때문이다. 소프트웨어 품질은 현재 상태와 미래의 가능성을 모두 고려해야 한다.

코드베이스의 일관성을 높이기 위해 프로그래머들은 코드 스타일code style과 다양한 코딩 규칙coding convention을 검증하는 도구들을 사용한다. 이 도구들을 **린터**linter라고 부른다. 이런 도구들을 이용하면 겉으로 보기에는 해가 되지 않지만 잠재적으로 문제가 될 수 있는 구조도 발견할 수 있다.

- 사용하지 않는 변수 또는 import 문장
- 호스팅 클래스 외부에서 보호된 속성에 대한 접근
- 기존 함수 재정의
- 글로벌 변수의 안전하지 않은 사용
- 유효하지 않은 except 구의 순서
- 나쁜 예외는 아닌 타입 발생

린터는 스타일 에러/비일관성 및 의심되는 잠재적인 코드 구조의 위험성을 발견하는 모든 도구에 사용하는 포괄적인 용어이다. 그러나 린터는 최근 몇 년 동안 점진적으로 특화되었다. 파이썬 커뮤니티에서는 크게 다음과 같은 두 가지 그룹의 린터를 찾아볼 수 있다.

- **스타일 픽서**style fixer: 이 그룹의 린터들은 코딩 규칙에 초점을 두며 특정한 스타일링 가이드라인을 권고한다. 파이썬의 경우 PEP 8 가이드라인 또는 임의의 코딩 규칙이 될 수 있다. 스타일 픽서는 스타일링 에러를 찾아 자동으로 수정한다. 유명한 파이썬 스타일 픽서의 예로는 black, autopep8, yarf 등이 있다. 이들은 매우 특화된 스타일 픽서로 코드 스타일의 한 가지 측면에만 초점을 둔다. isort도 그중 하나이며 import 문장의 정렬에만 초점을 둔다.

- **클래식 린터**classic linter: 이 그룹의 린터들은 버그나 예측하지 못한 행동으로 이어질 수 있는 의심스러운거나 위험한 구조에 초점을 둔다(물론 특정한 스타일 규칙에 관한 규칙 집합도 가지고 있다). 클래식 린터는 보통 컴플레인-온리 모드complain-only mode로 이용한다. 이들은 문제를 식별하지만 자동으로 수정하지는 않는다. 유명한 파이썬 클래식 린터로는 `pylint`와 `pyflakes`가 있다. 널리 쓰이는 스타일-온리style-only 클래식 린터로는 `pycodestyle`이 있다.

   NOTE `autoflake` 같이 의심되는 코드 구조를 자동으로 수정하는 데 초점을 둔 실험적인 하이브리드 린터도 있다. 안타깝게도 의심스러운 구조가 가진 민감한 특성 때문에(사용되지 않은 `import` 문장이나 변수 등) 부작용 없이 안전한 픽스를 항상 수행하지는 못한다. 이런 픽서들은 매우 조심히 사용해야 한다.

스타일 픽서와 클래식 린터는 높은 품질의 소프트웨어를 작성하기 위해서는 반드시 필요하다. 특히 전문적인 사용에 있어서 그렇다. `pyflakes`와 `pylint` 같이 유명한 클래식 린터들은 에러, 주의, 자동 추천 등에 관한 상세한 규칙을 가지고 있으며, 그 리스트는 계속 늘어나고 있다.

많은 규칙 집합은 기존의 대규모 프로젝트에 이 린터들 중 하나를 도입할 경우, 코딩 규칙을 만족시키기 위해 상당한 수정을 해야 한다는 의미다. 이 규칙들은 매우 임의적일 수 있으며(예를 들어 기존 행 수, 특정한 임포트 패턴, 최대 함수 인수 개수 등) 어떤 기본 확인 사항들은 무시할 수도 있다. 초기에는 노력이 들겠지만, 장기적으로 볼 때는 분명 확실한 보상을 받을 것이다.

아무튼 린터 설정 자체는 대단히 귀찮은 태스크이기 때문에, 여기에 관해서는 자세히 다루지 않을 것이다. `pylint`와 `pyflakes` 모두 훌륭한 사용 가이드를 제공한다. 확실히 클래식 린터보다는 스타일 픽서 쪽이 흥미롭다. 스타일 픽서들은 환경 설정을 거의 혹은 전혀 하지 않고도 이용할 수 있다.

이들을 이용하면 하나의 명령어를 실행하는 것만으로 기존 코드베이스에 많은 일관성을 확보할 수 있다. 이 책에 포함된 코드 예시를 이용해 이들이 어떻게 동작하는지 뒤에서 살펴볼 것이다.

이 책의 모든 샘플은 PEP 8 코드 스타일을 따라 작성했다. 하지만 책이라는 특성상 코드 샘플이 보다 명확하고, 간결하며, 종이 위에서 읽기 쉽도록 다음과 같은 몇 가지 조작을 했다.

- **가능하다면 두 줄이 아니라 한 줄을 비웠다**: PEP 8에서는 특정한 경우(대부분 함수, 메서드, 클래스 구분 시) 두 줄을 비울 것을 권장한다. 이 책에서는 공간을 줄이고 샘플이 두 페이지 이상 넘어가지 않도록 하기 위해 한 줄을 비웠다.
- **한 줄에 적은 수의 문자를 이용했다**: PEP 8에서는 한 줄의 문자를 79자로 제한한다. 그 수가 많은 것은 아니지만 책으로 코드를 볼 때는 여전히 많다. 책은 일반적으로 세로 형태이며, 고정폭 글꼴

monospace의 문자 79~80자는 한 줄에 잘 맞지 않는다.[1] 일부 독자들은 전자책 리더를 사용하며 여기에서는 저자가 코드 샘플 표시에 대한 어떤 통제도 할 수 없다. 짧은 길이의 행을 사용하면 종이책과 전자책에서 모두 동일한 경험을 줄 수 있다.

- **임포트를 섹션으로 묶지 않았다**: PEP 8에서는 임포트를 표준 모듈, 서드파티 모듈, 로컬 모듈로 묶어서 각 그룹을 한 행씩 비워서 구분할 것을 권장한다. 책이라는 형식에서는 수긍할 수 있지만, 사실 예제당 두 개 이상의 임포트를 하는 경우가 거의 없으므로 불필요한 노이즈와 페이지 공간의 낭비라고 생각했다.

PEP 8 가이드라인과의 이런 작은 차이점들은 책이라는 형식에서는 완전히 합리화할 수 있다. 하지만 동일한 코드 샘플을 깃Git 저장소에서도 제공하고 있다. 샘플 파일을 IDE에서 열어보면 코드가 다소 부자연스럽게 책 형식에 맞춰져 있음을 알 수 있을 것이며 다소 불편함을 느낄 수도 있을 것이다. 그래서 컴퓨터 화면에 최적인 코드를 포함해야 한다.

이 책에서는 100개 이상의 파이썬 소스 파일을 제공하고 있으며, 이들을 개별 형식으로 작성하는 것은 에러의 가능성을 높임은 물론 많은 시간이 소요되기도 한다. 그래서 비공식적인 책 형식을 이용해 깃 저장소의 코드를 작성했다. 모든 챕터는 여러 편집자들이 검토했으며 일부 예시는 여러 차례 업데이트되었다. 모든 것이 우리가 기대한 대로 올바르게 동작하는 것을 확인한 뒤 마지막으로 black을 이용해 모든 스타일 위반을 검사하고 자동으로 수정했다.

black은 black <sources> 명령어로 매우 쉽게 이용할 수 있다. <source>는 소스 파일 또는 포맷을 변경할 소스 파일을 포함한 디렉터리 경로다. 현재 작업 디렉터리(하위 디렉터리 포함)에 포함된 모든 소스 파일이 포맷을 변경할 때는 다음 명령어를 실행한다.

```
$ black .
```

이 책에서 제공하는 소스 코드에 대해 black을 실행하면 다음과 같은 결과를 확인할 수 있다.

```
(...)
reformatted /Users/swistakm/dev/Expert-Python-Programming-Fourth-
Edition/Chapter 8/01 - One step deeper: class decorators/autorepr.py
reformatted /Users/swistakm/dev/Expert-Python-Programming-Fourth-
Edition/Chapter 6/07 - Throttling/throttling.py
reformatted /Users/swistakm/dev/Expert-Python-Programming-Fourth-
```

---

1 옮긴이 번역서는 코드 너비가 더 넓으므로, 지나칠 정도로 개행되었다고 보이는 코드들은 개행을 줄였다.

```
Edition/Chapter 8/01 - One step deeper: class decorators/autorepr_subclassed.py
reformatted /Users/swistakm/dev/Expert-Python-Programming-Fourth-
Edition/Chapter 7/04 - Subject-based style/observers.py
reformatted /Users/swistakm/dev/Expert-Python-Programming-Fourth-
Edition/Chapter 8/04 - Using __init__subclass__ method as alternative
to metaclasses/autorepr.py
reformatted /Users/swistakm/dev/Expert-Python-Programming-Fourth-
Edition/Chapter 9/06 - Calling C functions using ctypes/qsort.py
reformatted /Users/swistakm/dev/Expert-Python-Programming-Fourth-
Edition/Chapter 8/04 - Using __init__subclass__ method as alternative
to metaclasses/autorepr_with_init_subclass.py
All done! ✨🍰✨
64 files reformatted, 37 files left unchanged.
```

NOTE   black 명령어를 실행한 결과는 이보다 몇 배는 길지만 필요한 내용만 남겨두고 생략했다.

자칫하면 많은 시간이 소요되는 불필요한 작업이었지만, black 덕분에 단 몇 초 만에 작업을 마칠 수 있었다.

물론 모든 개발자가 중앙 코드 저장소에 변경 사항을 커밋할 때마다 지속해서 black을 실행할 것이라고 기대할 수는 없다. black에서는 --check 플래그로 확인-전용 모드check-only mode를 이용할 수 있다. 이를 활용하면 black을 이용해 지속적인 변경의 통합을 제공하는 공유된 빌드 시스템에서의 스타일 검증 단계를 수행할 수 있다.

black 같은 도구들은 적은 노력으로도 일관성 있는 코드 포매팅을 보증함으로써 코드 품질을 높인다. 덕분에 코드는 읽기 쉽고 (희망하기로는) 이해하기 쉬워진다. 또한 셀 수 없이 많은 코드 형식에 관한 논의로 낭비되는 시간을 현저하게 줄여준다. 하지만 이는 품질 스펙트럼 중 극히 일부다. 일관성 있는 형식의 코드가 더 적은 버그를 가지거나 시각적으로 보다 유지보수성이 높다고는 보장할 수 없다.

결함 발견과 유지보수성에 관해서는 일반적으로 클래식 린터가 자동화된 픽서보다 낫다. 클래식 린터 중 일부는 잠재적으로 문제가 될 수 있는 코드를 매우 잘 찾아낸다. 이 린터들은 정적 타입 분석 static type analysis를 수행할 수 있다. 다음 절에서는 이들에 관해 살펴본다.

10.4.3 정적 타입 분석

파이썬은 정적 타입 언어는 아니지만 자발적인 타입 애너테이션을 갖고 있다. 매우 특화된 린터들 덕분에 단일 피처를 이용해 파이썬 코드를 마치 고전적인 정적 타입 언어처럼 타입 세이프하게 만들 수 있다.

자발적인 타이핑 애너테이션 특성은 또 다른 장점을 제공한다. 타입 애너테이션 사용 여부는 자유롭게 결정할 수 있다. 타입 인수, 가변 함수, 메서드들은 일관성을 유지하고 실수를 방지하는 데 큰 도움을 주지만, 뭔가 새로운 것들을 시도할 때는 오히려 방해가 될 수 있다. 때때로 기존 객체 인스턴스에 멍키 패칭을 이용해 추가적인 속성을 더하거나 함께 사용하지 않기 원하는 서드파티 라이브러리를 해킹해야 할 수도 있다. 언어가 타입 체크를 강요하지 않으면 이런 작업들이 자연히 한층 수월하게 된다.

현재 파이썬에서 가장 앞선 정적 타입 체커는 mypy다. mypy는 typing 모듈이 제공하는 타입 힌팅을 이용해서 정의할 수 있는 함수 애너테이션 및 변수 애너테이션을 분석한다. 이를 이용하기 위해 전체 모드를 타입으로 애너테이션할 필요는 없다. 타이핑 애너테이션은 점진적으로 도입할 수 있기 때문에 mypy는 레거시 코드베이스를 유지보수할 때 매우 유용하다.

NOTE 파이썬의 타이핑 계층에 대한 더 많은 정보는 PEP 484 문서(https://www.python.org/dev/peps/pep-0484/)를 참조한다.

여느 린터와 마찬가지로 mypy 역시 직관적으로 이용할 수 있다. 코드를 작성하고(타입 애너테이션 이용 여부와 관계없이) mypy <path> 명령어를 이용해 정확성 여부를 판단할 수 있다. 여기에서 <path>는 소스 파일 또는 소스 파일들이 포함된 디렉터리의 경로다. mypy는 타입 애너테이션을 이용한 코드 부분들을 인식하고, 선언된 타입과 함수 및 변수의 이용이 일치하는지 검증한다.

mypy는 PyPI를 통해 이용할 수 있는 독립 패키지지만, 정적 분석의 목적을 위한 타입 힌팅은 Typeshed 프로젝트 형태로 메인스트림 파이썬 개발에서 완전히 지원한다. Typeshed(https://github.com/python/typeshed)는 정적 타입 정의를 이용한 라이브러리 스텁의 집합으로 표준 라이브러리 및 다른 유명한 서드파티 프로젝트들에도 적용된다.

NOTE mypy에 관한 더 많은 정보와 커맨드라인 명령 사용법에 관해서는 공식 프로젝트 페이지(http://mypy-lang.org/)를 참조한다.

지금까지 애플리케이션 코드와 관련된 품질 자동화라는 주제에 관해 살펴봤다. 테스트 케이스를 전체 소프트웨어 품질을 향상하는 도구로 사용하고, 테스트 커버리지를 측정함으로써 얼마나 테스트 케이스들이 잘 작성되었는지 이해했다. 이제 남은 주제는 테스트 케이스 자체에 관한 품질이다. 그리고 이는 테스트되는 코드의 품질에 있어 대단히 중요하다. 나쁜 테스트 케이스는 보안과 소프트웨어 품질에 관한 잘못된 인식을 줄 수 있다. 이는 테스트 케이스가 전혀 없는 것만큼이나 해롭다.

일반적으로 기본적인 품질 자동화 도구들은 테스트 코드에도 적용할 수 있다. 즉, 린터와 스타일 픽서들을 이용해 테스트 코드베이스를 유지보수할 수 있다. 하지만 이런 도구들은 테스트 케이스가 새로운 버그나 기존 버그들을 얼마나 잘 발견하는지에 관한 정량적인 지표를 제공하지 않는다. 테스트 케이스의 효과와 품질을 측정하기 위해서는 다소 다른 기법이 필요하다. 다음 절에서는 이런 기법의 하나인 돌연변이 테스팅mutation testing에 관해 살펴본다.

10.5 돌연변이 테스팅

프로젝트 코드에 대해 100% 테스트 커버리지를 달성하는 것은 매우 고무적인 일이다. 그러나 커버리지가 높아질수록 이내 그것이 버그가 없는 안전한 소프트웨어임을 보장하지 않음을 알게 될 것이다. 높은 커버리지를 갖는 셀 수 없이 많은 프로젝트들이 코드에서 이미 테스트 케이스에 커버되었던 새로운 버그들을 발견한다. 이런 일이 어떻게 벌어지는 것일까?

그 이유는 다양하다. 때로는 요구 사항이 명확하지 않아 테스트 케이스가 다뤘어야 할 것들을 다루지 못하기도 한다. 때때로 테스트 케이스 자체에 에러가 포함된다. 결국 테스트 케이스도 다른 코드와 마찬가지로 그저 에러에 취약한 버그일 뿐이다.

그러나 나쁜 테스트 케이스는 빈 껍데기와 같다. 이들은 일부 단위 코드를 실행하고 그 결과를 비교하지만 실제로 소프트웨어의 정확성을 검증하지는 않는다. 놀랍게도 여러분이 품질에 관심을 갖고 테스트 커버리지를 측정할 때 이런 함정에 빠지기 쉽다. 이런 빈 껍데기들은 주로 개발 마지막 단계에서 그저 완전한 커버리지를 달성하기 위한 목적으로 작성된 테스트 케이스들이다.

테스트 케이스의 품질을 측정하는 방법 중 하나는 부지런히 제품 코드를 다양한 방법(소프트웨어를 깨뜨릴 것이라고 우리가 알고 있는 방법)으로 수정하고 테스트 케이스가 그 문제들을 발견하는지 확인하는 것이다. 적어도 하나의 테스트 케이스가 실패하면, 이 테스트 케이스는 특정한 에러를 잡아낸다고 충분히 확신할 수 있다. 아무런 테스트 케이스도 실패하지 않으면, 테스트 스위트 자체를 수정할 것을 고려해야 할 수도 있다.

에러가 발생할 가능성은 무궁무진하다. 이런 과정은 적절한 도구와 명확한 방법 없이는 반복적으로 수행하기 어렵다. 이런 방법론의 하나가 돌연변이 테스팅이다.

돌연변이 테스팅은 소프트웨어가 가진 대부분의 결함이 사소한 것(오프-바이-원off-by-one 에러,[2] 반대 의미의 비교 연산자, 잘못된 범위 등)에서 기인한다는 가정에서 출발한다. 그리고 이런 사소한 에러들이

---

2   [옮긴이] 오프-바이-원 에러(취약점)는 경계 검사(혹은 조건)에서 하나의 오차가 있을 때 발생하는 에러다.

꼬리에 꼬리를 물어 케이스에서 발견되어야 할 큰 결함으로 이어진다고 가정한다.

돌연변이 테스팅은 돌연변이라고 알려진 잘 정의된 수정 연산자를 이용해서, 작고 전형적인 프로그래머의 실수를 시뮬레이션한다. 그 예는 다음과 같다.

- `==` 연산자를 `is` 연산자로 대체한다.
- `0` 리터럴을 `1` 리터럴로 대체한다.
- `<` 연산자의 피연산자를 맞바꾼다.
- 문자열 리터럴에 서픽스를 추가한다.
- `break` 문장을 `continue`로 대체한다.

돌연변이 테스팅을 시도할 때마다 원래 프로그램을 약간 수정하여 소위 돌연변이체mutant를 생성한다. 돌연변이체가 모든 테스트 케이스를 통과하면, 돌연변이체가 **테스트에서 살아남았다**survived the test고 부른다. 적어도 하나의 테스트 케이스가 실패하면, 돌연변이체가 **테스트에서 살아남지 못했다**was killed during the test고 부른다. 돌연변이 테스팅은 테스트 스위트를 강하게 만들어 어떤 새로운 돌연변이체도 살아남지 못하게 하는 것이다.

이 모든 이론이 현 시점에서는 다소 모호하게 들릴 수 있으므로, 돌연변이 테스팅 세션의 실제적인 예시를 살펴본다. 여기에서는 `is_prime()` 함수를 테스트해본다. 이 함수는 어떤 정수가 소수prime number인지 아닌지 검증한다.

소수는 1보다 큰 자연수 중에서 1과 자신으로만 나누어떨어지는 수다. `is_prime()` 함수를 테스트하는 가장 쉬운 방법은 몇 개의 샘플 데이터를 제공해보는 것이다. 다음과 같은 간단한 테스트에서 시작한다.

```python
from primes import is_prime

def test_primes_true():
    assert is_prime(5)
    assert is_prime(7)

def test_primes_false():
    assert not is_prime(4)
    assert not is_prime(8)
```

매개변수화를 이용해도 좋지만 지금은 그대로 진행한다. 위 테스트 코드를 **test_primes.py** 파일에 저장하고 is_prime() 함수를 작성한다. 지금은 단순함에 초점을 두고 있으므로 다음과 같이 아주 대략적인 코드를 구현한다.

```python
def is_prime(number):
    if not isinstance(number, int) or number < 0:
        return False

    if number in (0, 1):
        return False

    for element in range(2, number):
        if number % element == 0:
            return False
    return True
```

성능이 뛰어나진 않을 수 있겠지만 매우 간단하며 쉽게 이해할 수 있다. 1보다 큰 정수만 소수가 될 수 있다. 입력된 타입을 먼저 0, 1과 비교한다. 다른 숫자들은 1보다 크고 number보다 작은 정수 범위에서 이터레이션한다. number가 그 사이에 있는 어떤 수로도 나누어떨어지지 않으면 소수다. 이 함수를 primes.py 파일에 저장한다.

이제 테스트 코드의 품질을 측정해본다. PyPI에서 이용할 수 있는 몇 가지 돌연변이 테스팅 도구가 있다. 가장 사용하기 간단해 보이는 것은 **mutmut**이며, 우리 또한 이를 이용해 돌연변이 테스팅 세션을 진행할 것이다. mutmut을 이용하기 위해서는 테스트 케이스가 수행되는 방법, 코드를 돌연변이로 만들 방법을 설정해야 한다. setup.cfg 공통 파일에 [mutmut] 섹션을 만들어 설정을 진행할 수 있다. 환경 설정 내용은 다음과 같다.

```
[mutmut]
paths_to_mutate=primes.py
runner=python -m pytest -x
```

paths_to_mutate 변수는 mutmut을 이용해 돌연변이로 만들 수 있는 소스 파일의 경로를 나타낸다. 대규모 프로젝트에서의 돌연변이 테스팅은 많은 시간 소요되므로 시간을 절약하기 위해 mutmut이 어떤 코드를 돌연변이로 만들 것인지 정확하게 지정해야 한다.

runner 변수는 테스트 케이스를 수행할 명령어를 지정한다. mutmut은 프레임워크를 구분하지 않으며 러너 실행 파일을 셸 명령어로 실행할 수 있는 모든 테스트 프레임워크 타입을 지원한다. 여기에서는 pytest를 -x 플래그와 함께 사용한다. 이 플래그를 이용하면 테스트 케이스가 첫 번째 실패할 때 테스팅을 종료할 수 있다. 돌연변이 테스팅은 살아남는 돌연변이체를 발견하는 것이 목적이다. 테스트 케이스가 하나라도 실패하면 그 돌연변이체는 살아남지 못했음을 알 수 있다.

이제 돌연변이 테스팅 세션을 시작해본다. mutmut을 사용하는 방법은 coverage과 비슷하다. 다음과 같이 run 하위 명령어를 함께 사용한다.

```
$ mutmut run
```

전체가 수행되는 데는 수 초가량 걸린다. mutmut은 돌연변이에 대한 검증을 마친 뒤, 다음과 같은 결과 화면을 출력한다.

```
- Mutation testing starting -

These are the steps:
1. A full test suite run will be made to make sure we
   can run the tests successfully and we know how long
   it takes (to detect infinite loops for example)
2. Mutants will be generated and checked

Results are stored in .mutmut-cache.
Print found mutants with `mutmut results`.

Legend for output:
🎉 Killed mutants.   The goal is for everything to end up in this bucket.
⏰ Timeout.          Test suite took 10 times as long as the baseline so were killed.
🤔 Suspicious.       Tests took a long time, but not long enough to be fatal.
🙁 Survived.         This means your tests needs to be expanded.
🔇 Skipped.          Skipped.

1. Running tests without mutations
Running...Done

2. Checking mutants
15/15  🎉 8  ⏰ 0  🤔 0  🙁 7  🔇 0
```

마지막 행은 결과를 짧게 요약해서 보여준다. mutmut result 명령어를 실행하면 더 자세한 정보를 확인할 수 있다. 다음은 결과 출력 예시다.

```
$ mutmut results
To apply a mutant on disk:
    mutmut apply <id>
```

```
To show a mutant:
    mutmut show <id>


Survived 🙁 (7)

---- primes.py (7) ----

8-10, 12-15
```

마지막 행은 테스트에서 살아남은 돌연변이체의 식별자를 나타낸다. 7개의 돌연변이체가 살아남았으며 8-10, 12-15번 식별자를 가짐을 알 수 있다. 또한 `mutmut show <id>` 명령어를 이용하면 돌연변이체에 관한 유용한 정보도 확인할 수 있다. 그리고 소스 파일 이름을 `<id>` 값으로 사용하면 여러 돌연변이체에 관한 정보를 확인할 수도 있다.

여기서는 소개하는 정도의 목적으로 두 개의 돌연변이체에 관해서만 확인해본다. 다음은 8번 ID를 갖는 돌연변이체의 정보다.

```
$ mutmut show 8
--- primes.py
+++ primes.py
@@ -2,7 +2,7 @@
    if not isinstance(number, int) or number < 0:
        return False

-   if number in (0, 1):
+   if number in (1, 1):
        return False

    for element in range(2, number):
```

mutmut은 `if number in (...)`의 범위를 바꿨으며 테스트 케이스는 문제를 발견하지 못했다. 이는 아마도 테스팅 조건에 이 값을 추가해야 함을 의미한다.

15번 ID를 가진 마지막 돌연변이체를 확인해보자.

```
$ mutmut show 15
--- primes.py
+++ primes.py
@@ -1,6 +1,6 @@
 def is_prime(number):
```

```
     if not isinstance(number, int) or number < 0:
-        return False
+        return True

     if number in (0, 1):
         return False
```

mutmut은 타입과 값의 범위를 확인한 뒤 그 뒤의 bool 리터럴 값을 뒤집었다. 타입 체크는 포함했지만, 입력값이 잘못된 타입인 경우는 테스트하지 않았기 때문에 이 돌연변이체는 살아남았다.

예시에서 다룬 이 모든 돌연변이체들은 테스트 케이스에 더 많은 테스트 샘플을 추가하면 살아남지 못할 것이다. 테스트 스위트가 보다 많은 경계 케이스와 유효하지 않은 값을 커버할 수 있도록 확장하면, 테스트를 보다 견고하게 만들 수 있다. 다음은 수정한 테스트 케이스 집합이다.

```
from primes import is_prime

def test_primes_true():
    assert is_prime(2)
    assert is_prime(5)
    assert is_prime(7)

def test_primes_false():
    assert not is_prime(-200)
    assert not is_prime(3.1)
    assert not is_prime(0)
    assert not is_prime(1)
    assert not is_prime(4)
    assert not is_prime(8)
```

돌연변이 테스팅은 하이브리드적인 방법이다. 테스팅 품질뿐만 아니라 잠재적으로 중복되어 쓸모없는 코드도 찾아내기 때문이다. 앞의 예시로부터 테스트를 개선해서 구현하면 다음과 같은 두 개의 돌연변이체가 살아남은 것을 확인할 수 있다.

```
# mutant 12
--- primes.py
+++ primes.py
@@ -1,5 +1,5 @@
 def is_prime(number):
-    if not isinstance(number, int) or number < 0:
+    if not isinstance(number, int) or number <= 0:
         return False
```

```
    if number in (0, 1):

# mutant 13
--- primes.py
+++ primes.py
@@ -1,5 +1,5 @@
 def is_prime(number):
-    if not isinstance(number, int) or number < 0:
+    if not isinstance(number, int) or number < 1:
         return False

    if number in (0, 1):
```

이 두 개의 돌연변이체는 사용한 두 개의 `if` 구문이 잠재적으로 동일한 조건을 다루기 때문에 살아남는다. 즉, 우리가 작성한 코드가 어쩌면 필요 이상으로 복잡한 상태이며 단순화될 수 있음을 의미한다. 다음과 같이 `if` 구문을 하나로 합치면 두 개의 돌연변이체는 살아남지 못한다.

```
def is_prime(number):
    if not isinstance(number, int) or number <= 1:
        return False

    for element in range(2, number):
        if number % element == 0:
            return False
    return True
```

돌연변이 테스팅은 테스트 케이스의 품질을 강화하는 흥미로운 기법이다. 한 가지 문제는 확장이 어렵다는 점이다. 규모가 큰 프로젝트에서 잠재적인 돌연변이의 수는 매우 크며, 이들을 검증하기 위해서는 전체 테스트 스위트를 실행해야 한다. 실행에 많은 시간이 소요되는 테스트 케이스를 많이 가지고 있다면, 하나의 돌연변이 세션을 실행하는 데만도 상당한 시간이 소요될 것이다. 따라서 돌연변이 테스팅은 간단한 단위 테스트 또는 매우 제한된 상황에서의 통합 테스팅에 적합하다. 하지만 돌연변이 테스팅은 여전히 커버리지 테스트 스위트가 가진 허점을 메꿀 수 있는 완전하면서 훌륭한 도구다.

앞에서는 테스트 케이스를 작성하는 것과 품질 자동화에 관한 체계적인 도구와 접근 방식에 관해 살펴봤다. 이 체계적인 접근 방식들은 테스팅 운영에 좋은 기반을 만들어주기는 하지만 테스트 케이스를 보다 효율적으로 작성하거나 테스팅이 쉬워질 것을 보장하지는 않는다. 테스팅은 때때로 따분하며 지루할 것이다. 하지만 PyPI에서 제공하는 많은 유틸리티를 하면 조금 더 즐겁게 지루한 부분을 줄일 수 있을 것이다.

10.6 유용한 테스팅 유틸리티

효율적인 테스트 케이스를 작성과 관련한 문제들은 따분하고 불편한 문제들(실제적인 데이터 엔트리의 제공, 시간에 민감한 처리 다루기, 원격 서버를 이용한 동작)로 귀결된다. 경험이 풍부한 프로그래머들은 이런 작은 전형적인 문제들을 해결하는 여러 가지 작은 도구들을 활용해 작업 효과를 높인다. 이런 도구들 몇 가지를 살펴보자.

10.6.1 실제적인 데이터값 조작하기

입-출력 데이터 샘플에 기반해 테스트 케이스를 작성할 때는 애플리케이션에서 특정한 의미를 갖는 값들을 제공해야 한다.

- 사람 이름
- 주소
- 전화번호
- 이메일 주소
- 주민등록번호 같은 식별 번호

가장 간단한 방법은 하드코딩이다. 10.3.4절에서 설명한 test_send() 함수에서 이 방법을 사용했다.

```python
def test_send():
    sender = "john.doe@example.com"
    to = "jane.doe@example.com"
    body = "Hello jane!"
    subject = "How are you?"
    ...
```

이 방식의 장점은 누구나 테스트 코드를 읽고 시각적으로 값을 이해할 수 있다는 점이며, 따라서 이를 테스트 문서화라는 목적으로도 이용할 수 있다. 하지만 하드코딩된 값을 사용할 때의 문제는 테스트 케이스를 이용해 효과적으로 잠재적인 에러가 발생할 수 있는 넓은 공간을 탐색하지 못한다는 점이다. 10.5절에서 이미 적은 테스트 샘플들을 이용하는 경우 테스트 케이스의 품질을 낮추며, 코드 품질에서의 보안에 관한 잘못된 관점을 야기할 수 있음을 확인했다.

이 문제는 보다 많은 실제적인 데이터 샘플을 이용해서 테스트 케이스를 매개변수화하면 해결할 수 있다. 하지만 이는 매우 귀찮은 반복 업무이며 많은 개발자가 큰 규모의 시스템에서 이런 작업을 하고 싶지는 않을 것이다.

이 단조로운 샘플 데이터셋을 피하는 방법의 하나로 실제적인 값을 제공할 수 있는 데이터 엔트리 제너레이터를 이용할 수 있다. PyPI에서 제공하는 faker 패키지가 이런 제너레이터다. faker는 내장 pytest 플러그인과 함께 제공되며, 모든 테스트 코드에서 쉽게 이용할 수 있는 faker 픽스처를 제공한다. 다음은 faker 픽스처를 활용해 test_send 함수를 수정한 부분을 발췌한 것이다.

```python
from faker import Faker


def test_send(faker: Faker):
    sender = faker.email()
    to = faker.email()
    body = faker.paragraph()
    subject = faker.sentence()
    ...
```

테스트 실행 시마다 faker는 서로 다른 데이터 샘플을 테스트에 주입한다. 따라서 잠재적인 문제를 더 잘 발견할 수 있다. 또한 다양한 무작위 값을 이용해 동일한 테스트를 여러 차례 반복해서 실행하고 싶다면, 다음과 같이 pytest 매개변수화 트릭을 이용할 수도 있다.

```python
import pytest


@pytest.mark.parametrize("iteration", range(10))
def test_send(faker: Faker, iteration: int):
    ...
```

pytest는 수십 개의 데이터 프로바이더 클래스를 가지고 있으며, 각 클래스는 여러 가지 데이터 엔트리 메서드를 갖고 있다. 모든 메서드는 Faker 클래스 인스턴스를 통해 직접 얻을 수 있다. 다국어도 지원하며, 많은 프로바이더 클래스를 다양한 언어용으로 사용할 수 있다.

faker 다양한 표준의 날짜와 시간 항목도 제공한다. 시간 정지freeze time는 할 수 없지만 걱정하지 말자. 시간 정지는 다른 패키지에서 제공한다.

10.6.2 시간값 조작하기

무언가의 이유로 인해 여러분의 애플리케이션 경험이 시간에 따라 변하도록 하고 싶을 때가 있을 것이다. 이는 시간에 작업 스케줄링 또는 특정한 객체의 자동 할당 생성 확인 등 시간에 민감한 처리를 테스트할 때 유용할 것이다.

물론 여러분의 애플리케이션을 일시 정지 상태로 유지되게 할 수도 있다. POSIX 시스템에서는 pause() 시스템 콜을 이용해 프로세스를 일시 정지시킬 수 있다. 파이썬에서는 breakpoint() 함수를 이용해 브레이크포인트를 설정할 수 있다. 하지만 이는 시간의 흐름에 아무런 영향을 주지 않는다. 시간은 계속 흐른다. 그리고 애플리케이션이 중단되면 처리도 중단되므로 테스팅도 계속할 수 없다.

우리에게 필요한 것은 코드를 속여서 시간이 다른 속도로 흐르는 것처럼 인식하게 하거나 다른 실행을 방해하지 않고 특정한 지점에서 멈추는 것이다. PyPI에서 제공하는 훌륭한 freezegun 패키지는 정확하게 이런 작업을 한다.

freezegun의 사용법은 매우 간단하다. @freeze_time 데커레이터를 테스트 함수에 이용해서 날짜와 시간을 고정시킬 수 있다.

```
from freeze_gun import freeze_time

@freeze_time("1988-02-05 05:10:00")
def test_with_time():
    ...
```

테스트를 수행하는 동안 현재 시간을 반환하는 표준 라이브러리 함수의 모든 호출은 decorator 매개변수에 지정된 값을 반환한다. 이는 무엇보다 time.time()은 에픽epoch 값을 반환하고, datetime.datetime.now()는 datetime 객체를 반환하는데, 이 두 값이 모두 동일한 시점(예. 1988-02-05 05:10:00)을 나타낸다는 것이다.

freeze_time() 호출은 콘텍스트 관리자로도 사용될 수 있다. 이 호출 결과 특별한 FrozenDateTimeFactory가 반환되며, 이를 이용하면 다음 예시와 같이 시간의 흐름을 세밀하게 제어할 수 있다.

```
from datetime import timedelta
from freeze_gun import freeze_time

with freeze_time("1988-02-04 05:10:00") as frozen:
    frozen.move_to("1988-02-05 05:10:00")
    frozen.tick()
    frozen.tick(timedelta(hours=1))
```

move_to 메서드는 현재 시간 콘텍스트를 지정된 시점(문자열 형식 또는 datetime 객체)으로 이동시키고, tick()은 시간을 지정한 간격(기본 1초)만큼 진행시킨다.

알다시피 시간 고정을 할 때는 매우 신중해야 한다. 여러분의 애플리케이션이 `time.time()`을 이용해 능동적으로 현재 시간을 확인하면서 특정한 시간이 경과할 때까지 기다린다면, 이 애플리케이션은 손쉽게 무한 반복 상태에 빠질 수 있다.

10.7 요약

TDD를 이용해 소프트웨어를 개발할 때 가장 중요한 것은 항상 테스트 케이스로 시작한다는 것이다. 오로지 이 방법만이 단위 코드를 쉽게 테스트할 수 있음을 보장한다. 이는 또한 좋은 디자인 프랙티스(단일 책임의 원칙이나 제어 반전 등)를 독려한다. 이런 원칙을 지키는 것은 좋은 습관이며 유지보수 가능한 코드를 작성하는 데 도움이 된다. 그리고 테스트 케이스를 제품 코드보다 나중에 작성했을 때 코드를 신뢰할 수 있게 테스트하는 것이 얼마나 어려운지도 확인했다.

하지만 소프트웨어의 정확성과 유지보수성의 관리가 테스팅과 품질 자동화로 끝나는 것은 아니다. 이 두 가지는 알려진 요구 사항을 만족했는지, 발견한 버그를 수정했는지를 검증하게 해주는 것들이다. 물론 테스팅 스위트를 심화할 수 있으며, 돌연변이 테스팅이 잠재적인 테스팅의 사각지대를 발견하는 효과적인 기법임을 확인했지만 이 접근 방식에도 한계는 있다.

다음으로는 지속적인 애플리케이션 모니터링과 사용자들이 제공한 버그 리포트를 확인해야 한다. 여러분은 어쩌면 사용자를 무급 노동자로 생각하거나 그들이 발견한 수많은 버그들을 상대하고 싶지 않을 수도 있다. 하지만 장기적으로 볼 때 사용자들은 여러분이 인사이트를 얻을 수 있는 최고의 소스다. 이들의 규모는 매우 크며, 누구보다 동작하는 소프트웨어를 갖는 데 가장 흥미를 가지고 있기 때문이다.

그러나 사용자들이 우리가 만든 애플리케이션을 사용하기 위해서는 먼저 애플리케이션을 패키징해서 전달해야 한다. 다음 장에서는 패키징과 전달에 관해서만 다룬다. PyPI에서 파이썬 패키지를 배포하기 위한 방법, 웹 기반 소프트웨어와 데스크톱 애플리케이션을 배포하는 일반적인 패턴에 관해 살펴보기로 한다.

파이썬 코드
패키징과 배포

이번 장에서는 다양한 타입의 파이썬 패키지를 패키징하고 배포하는 방법들을 살펴본다. 최종 사용자를 염두에 둔 완전한 애플리케이션은 물론 소프트웨어 개발자들이 사용하는 라이브러리에 관해서도 살펴본다.

소프트웨어를 작성하는 모든 사람들은 저마다의 목적이 있다. 어쩌면 취미로 애플리케이션을 만들어서 친구들을 놀라게 할 목적으로 공유하고자 할 수 있다. 혹은 학자나 연구자로서 중요한 문제를 해결하고, 그 코드를 다른 사람과 공유함으로써 사람들의 삶을 개선하고자 할 수도 있다. 또는 직업으로 코드를 작성하고, 유료 사용자에게 여러분의 애플리케이션을 배포할 수도 있다.

코드를 작성하는 이유에 좋고 나쁨은 없지만, 그 이유에 따라 선호하는 소프트웨어 방법이 일반적으로 존재한다. 이번 장에서는 다음과 같은 세 가지 시나리오를 주로 살펴본다.

* 라이브러리 패키징 및 배포
* 웹용 애플리케이션 및 서비스 패키징
* 단독 실행 애플리케이션 생성

가장 먼저 라이브러리 패키징과 배포에 관해 살펴본다. 이 시나리오는 개발자들이 다른 패키징과 배포 흐름을 지원할 수 있도록 도울 것이다. 이 주제를 살펴보기 전에 기술적 요구 사항부터 확인해보자.

11.1 기술적 요구 사항

이번 장에서 사용할 파이썬 패키지는 다음과 같다. PyPI를 통해 다운로드할 수 있다.

- twine
- wheel
- cx_Freeze
- py2exe
- Pyinstaller

패키지를 설치하는 방법은 2장을 참조한다.

이 장에서 이용하는 소스 코드 파일은 https://github.com/moseskim/Expert-Python-Programming-Fourth-Edition/tree/main/Chapter 11에서 다운로드할 수 있다.

11.2 라이브러리 패키징 및 배포

소프트웨어 라이브러리는 재사용할 수 있는 코드 조각이며 보다 큰 규모의 애플리케이션이나 다른 라이브러리의 컴포넌트로 이용될 수 있다. 라이브러리는 일반적으로 특정한 기술 영역의 제한된 문제들을 해결하는 데 초점을 두며 그 크기에는 제한이 없다. 이번 장에서는 그 목적에 초점을 두고, 프레임워크도 라이브러리가 될 수 있다고 가정한다. 프레임워크 역시 더 큰 규모에서 보면 애플리케이션의 컴포넌트로 볼 수 있기 때문이다.

파이썬에서 라이브러리들은 패키지(모듈)의 형태로 배포된다. 이 책에서 이미 이들을 사용해왔다. 이전 장들에서 PyPI를 통해 얻은 패키지의 대부분은 사실 라이브러리로 볼 수 있으며, 따라서 이번 장은 오픈소스 패키지 배포의 관점에서 이야기를 진행한다.

만약 작성한 코드를 오픈소스로 배포하는 데 흥미가 없다 하더라도 패키지를 생성하는 방법은 알고 있어야 한다. 패키지를 만드는 방법을 알면 패키징 생태계에 관해 더 잘 이해할 수 있으며, PyPI에서 이용 가능한 서드파티 코드(아마도 이미 여러분이 이용하고 있는)를 더 잘 사용하게 될 것이다.

파이썬 패키징을 처음 접한다면 아마도 파이썬 패키지를 생성하는 적절한 도구가 무엇인지 혼동될수 있다. 어쨌든 직접 패키지를 생성하고 나면 보이는 것만큼 그리 어렵지 않다는 것도 알게 될 것이다. 또한 적절한 최신의 패키징 도구를 아는 것도 도움이 된다.

그러나 최신 도구들을 살펴보기 전에 먼저 파이썬 패키지 구조에 관해 자세히 살펴보자.

11.2.1 파이썬 패키지 구조

파이썬 코드 배포의 최소 단위는 모듈이며, 모듈은 .py 확장자를 가지는 단일 소스 파일이다. 모듈의 집합을 **패키지**package라고 부른다. 이론적으로는 여러분이 작성한 파이썬 패키지와 모듈을 소스 코드로 제공한 뒤 사용자들이 파이썬 인터프리터를 사용하도록 할 수도 있지만 비기술적인 사람들에게는 실제로 문제가 될 것이다. 심지어 개발자들도 애플리케이션이나 라이브러리를 pip, poetry 같은 파이썬 패키지 도구를 이용해 최소한의 노력으로 설치할 수 있기를 바란다.

PyPI를 통해 배포되어야 하는 파이썬 패키지 소스 트리는 다양한 레이아웃을 가질 수 있다. 몇 가지의 패턴이 반복되며, 거의 모든 패키지는 몇 가지 공통 파일을 가지고 있다. 어떤 레이아웃이 최선이라 말하기는 어려우므로 필자가 선호하는 다음 레이아웃을 살펴보자.

이 프로젝트 소스의 메인 스트럭처는 하위 디렉터리 레이아웃sub-directory layout이라 불린다. 각 디렉터리의 역할은 다음과 같다.

- packagename/: 이 디렉터리는 패키지의 파이썬 소스를 담고 있다. PyPI를 통해 배포되는 대상의 핵심 부분이다. 이 이름은 PyPI에 등록되는 이름과 동일한 이름을 사용하는 것이 좋다. 많은 개발자는 PyPI에 등록할 때 언더스코어(_) 대신 하이픈(-)을 이용하기도 하지만 말이다. 일반적으로 소스 트리 패키지에는 하나의 톱 레벨 패키지만 존재한다.
- tests/: 이 디렉터리는 테스트 패키지 디렉터리로 테스트 모듈과 (선택적으로) 테스트 하위 패키지

를 담고 있다. 위 예시에서는 conftest 모듈을 확인할 수 있다. 이는 pytest 프레임워크의 특별한 테스트 모듈로, 테스트 픽스처와 선택적으로 pytest 플러그인을 포함한다. 이 디렉터리는 일반적으로 PyPI에 배포되지 않는다. tests/라는 이름은 매우 일반적인 것으로, 만든 테스트 패키지가 설치된 후 site-packages 디렉터리의 다른 테스트 패키지들과 충돌할 가능성이 높기 때문이다. 테스트 케이스를 함께 배포하고 싶다면, 이 디렉터리를 메인 패키지 디렉터리(위 예시에서는 packagename/ 디렉터리)에 포함시켜서 네임스페이스를 지정해야 한다.

> **NOTE** 일부 개발자들은 패키지 소스 디렉터리와 테스트 패키지 디렉터리를 하나의 최상위 src/ 디렉터리 안에 두기도 한다. 이는 크게 달라지는 것은 아니며 개인 선호의 문제다.

- bin/: 이 디렉터리는 패키지 개발에 유용한 셸 스크립트와 유틸리티를 담고 있다. 예를 들어 패키지 배포 과정에서 도움이 되는 문서, 커스텀 린터, 유틸리티 들을 만드는 스크립트를 포함할 수 있다. 이 스크립트들은 PyPI에서 배포되지 않는다.

> **NOTE** 패키지가 실제 셸 스크립트를 배포해야 하는 경우에는 일반적으로 scripts/ 디렉터리에 이들을 넣는다.

- data/: 이 디렉터리는 패키지 배포판에 포함되어야 할 필수 데이터 파일을 담고 있다. 사전 훈련된 머신러닝 모델, 이미지, 번역 파일 등이 이에 해당한다.

- docs/: 이 디렉터리는 패키지 문서를 담고 있다. 문서의 형태는 다양하지만, 많은 개발자는 Sphinx나 MkDocs 같은 자동 문서 작성 시스템을 이용한다. 이런 경우 docs/ 디렉터리는 문서 소스와 해당 시스템의 환경 설정을 저장하지만 생성된 문서 파일은 포함하지 않는다. 이 디렉터리는 PyPI에서 배포되지 않는 경우가 많다.

> **NOTE** Sphinx는 문서 생성기로 공식 파이썬 문서 작성에서도 사용되었다. Sphinx에 관한 더 많은 정보는 https://www.sphinx-doc.org/en/master/를 참조한다.
>
> Sphinx는 강력하지만 상당히 무겁다. 때로(특히 소규모 패키지에서) 가벼운 도구가 더 나은 대안이 될 수 있다. MkDocs는 유명한 정적 사이트 생성기static site generator이며 프로젝트 문서를 작성하는 데 특화되어 있다. MkDocs에 관한 더 많은 정보는 https://www.mkdocs.org/를 참조한다.

위 디렉터리 바깥의 파일들은 일반적으로 환경 설정 도구를 제공하거나 패키지의 메타 데이터를 담고 있다. 다음은 오픈소스 패키지를 배포할 때 최소한 필요한 6개의 파일이다.

- README.md: 패키지에 관한 최소한의 설명/문서를 담고 있다. .md는 **마크다운**Markdown 마크업 언어를 나타내는 확장자이며, 개발자들이 매우 선호한다. 전용 마크업 언어를 사용하는 것은 완전한 선택 사항이며 다른 파일을 사용하는 경우 README, README.txt 등을 이용한다. 패키지 배포판에서 이 파일을 포함시키는 것은 좋은 프랙티스다.

> **NOTE** 파이썬 프로젝트 문서화를 위한 마크업의 선택지로 **reStructuredText**(.rst 확장자 사용)도 있다. 이는

Sphinx 엔진의 기본 마크업 언어. reStructuredText에 관한 더 많은 정보는 https://docutils.sourceforge.io/rst.html를 참조한다.

- **LICENSE**: 이 파일은 패키지 사용자를 위한 소프트웨어 라이선스를 포함한다. 일반적으로 특정한 마크업 언어를 사용하지 않은 보통의 텍스트 파일이다. 패키지를 배포할 때는 반드시 이 파일을 포함시켜야 한다.

- **setup.py**: 이 파일은 파이썬 패키지 배포 스크립트다. 이 파일은 패키지 배포판을 작성하고 패키지 저장소에 업로드하기 위해 이용된다. 무엇보다 이 파일은 패키지 메타데이터와 확장 기능의 정의(패키지가 제공한다면)를 포함한다. 이 파일은 **소스 배포판**source distribution(이에 관해서는 11.2.2절에서 설명한다)에만 포함된다.

- **setup.cfg**: 이 파일은 선택적인 파이썬 패키지 환경 설정 파일(INI 스타일)이다. 패키지 메타데이터와 **setup.py** 스크립트 하위 명령어를 위한 기본 옵션을 포함할 수 있다. 많은 파이썬 개발 도구(테스트 프레임워크, 린터 등)들은 이 파일에 전용 섹션을 이용해 필요한 환경을 설정한다.

- **MANIFEST.in**: 이 파일은 패키지 파일 매니페스트용 템플릿이다. 스크립트에 패키지 배포판에 포함되어서는 안 되는 비-소스non-source 파일들을 **setup.py**에 전달한다.

- **CHANGELOG.md**: 이 파일은 선택 사항이며 현재 릴리스까지 반영된 모든 변경 로그를 포함한다. 이 파일은 패키지 배포판에 포함시키는 것이 좋은 프랙티스다. 변경 사항이 적으면 README 파일에 그 내용을 담을 수도 있겠지만, 릴리스가 빈번하다면 변경 내역 기록을 위한 전용 파일을 이용하는 것이 좋다.

  NOTE 많은 개발자는 변경 로그를 소스 트리 외부에서 보다 편리한 방법으로 관리하는 것을 선호한다. 많이 사용되는 것으로는 깃허브의 Releases 섹션을 들 수 있다. 하지만 적어도 최소한의 변경 로그를 패키지 배포판에 포함시키는 것은 여전히 좋은 프랙티스다.

일부 파일들은 매우 명확한 문법과 구조를 가지며 이에 관해서는 뒤에서 간략하게 설명할 것이다. 먼저 가장 중요한 **setup.py** 스크립트에 관해 살펴보자.

setup.py
배포 가능한 파이썬 패키지를 가진 프로젝트의 루트 디렉터리는 **setup.py**를 포함한다. 이 파일은 버전 번호, 설명, 저자, 라이선스 타입, 필요 디펜던시와 같은 패키지 필수 메타데이터를 제공한다. 패키지 메타데이터는 **setuptools.setup()** 함수의 인수로 나타난다.

NOTE 파이썬은 내장 distutils 모듈을 코드 패키징을 위한 목적으로 제공하지만, 이는 실제로 setuptools에서 사용되는 것을 권장한다. setuptools 패키지는 표준 distutils 모듈을 개선한 레이어를 제공한다. 또한 파이썬 3.10부터 이 distutils 패키지는 setuptools 코드베이스에서 제거되었으며, 별도의 distutils 모듈로 제공된다. 이러한 이유로 setuptools 패키지의 동작에 관해서 이 장에서 별도로 설명한다.

따라서 setup.py는 최소한 다음의 내용을 포함한다.

```
from setuptools import setup

setup(
    name='mypackage',
)
```

name 인수만 이용해도 패키지 저장소에 패키지를 등록하는 데 문제가 없지만, 이 상태로는 기능적인 배포functional distribution를 할 수 없다. 기능적인 배포를 생성하기 위해서는 조금 더 많은 메타데이터를 제공해야 한다. 이 메타데이터들은 setuptools 패키지가 적절하게 소스 파일들을 수집하도록 돕는다. 가장 중요한 메타데이터들에 관해서는 뒤에서 설명할 것이다.

name 인수는 패키지 배포판의 전체 이름을 정의한다. PyPI와 같은 저장소를 통해 여러분의 패키지를 배포하기로 결정했다면 정확한 이름으로 등록해야 한다. 이름이 정확히 등록되면 스크립트는 다양한 명령어를 제공하며 이 명령어들은 --help-commands 옵션을 이용해 확인할 수 있다. 다음은 명령어의 설명을 출력한 예시다.

```
$ python3 setup.py --help-commands
Standard commands:
  build build           everything needed to install
  clean clean up        temporary files from 'build' command
  install install       everything from build directory
  sdist                 create a source distribution (tarball, zip file, etc.)
  register              register the distribution with the Python package index
  bdist                 create a built (binary) distribution
  check                 perform some checks on the package
  upload                upload binary package to PyPI

Extra commands:
  bdist_wheel           create a wheel distribution
  alias                 define a shortcut to invoke one or more commands
  develop               install package in 'development mode'

usage: setup.py [global_opts] cmd1 [cmd1_opts] [cmd2 [cmd2_opts] ...]
   or: setup.py --help [cmd1 cmd2 ...]
   or: setup.py --help-commands
   or: setup.py cmd --help
```

명령어의 실제 목록은 매우 길며 사용 가능한 setuptools 확장 기능에 따라 다르다. 여기에서는 중요한 내용만 표시하기 위해 일부 내용은 생략했다.

표준 명령어standard command는 distutils가 제공하는 내장 명령어이며, **추가 명령어**extra command는 setuptools 같은 서드파티 패키지 또는 새로운 명령어를 정의하고 등록한 다른 패키지들이 제공하는 명령어다. 위 예시에서 다른 페이지에 의해 등록된 추가 명령어 중 하나인 bdist_wheel은 wheel 패키지가 제공한다.

setup.cfg

setup.cfg 파일은 setup.py 스크립트용 명령어를 위한 기본 옵션을 포함한다. 패키지 빌딩 프로세스가 보다 복잡할수록, 그리고 setup.py 스크립트에 많은 선택 인수의 전달을 요구할수록 유용하다. setup.cfg 파일을 이용하면 이런 기본 매개변수를 소스 코드와 함께 페이지 단위로 지정할 수 있다. 결과적으로 배포 흐름을 프로젝트에 연동할 수 있으며, 패키지가 빌드되고 사용자 또는 팀원들에게 배포되는 방법을 투명하게 제공할 수 있다.

setup.cfg 파일의 구문은 제공되는 내장 configparser 모듈과 동일하고, 마이크로소프트 윈도우의 INI 파일과 유사하다. 다음은 setup.cfg 환경 파일의 예시다. 이 파일은 몇 가지 글로벌 기본값과 sdist, bdist_wheel 명령어의 기본 실행을 정의한다.

```
[global]
quiet=1

[sdist]
formats=tar,zip

[bdist_wheel]
universal=1
```

위 환경 설정은 소스 배포판(sdist 섹션)을 항상 두 개의 포맷(ZIP과 TAR)으로 생성하는 것을 보장하며, 생성된 wheel 배포판(bdist_whell 섹션)은 파이썬 버전에 독립적인 유니버설 wheel로 생성하는 것을 의미한다. 또한 모든 명령어의 대부분의 출력은 글로벌 --quiet 스위치에 의해 생략된다.

여기에 포함된 글로벌 quiet 옵션은 오로지 설명을 목적으로 한 것이며, 기본적으로 모든 명령어의 출력을 생략하기 위한 선택으로는 바람직하지 않을 수 있다. 홈 디렉터리에 .pydistutils.cfg라는 파일을 만들어 글로벌 개인 설정 파일을 제공할 수도 있다.

MANIFEST.in

`sdist` 명령어를 이용해 소스 배포판을 만들 때, `setuptools` 모듈은 패키지 디렉터리를 탐색해 압축 파일에 포함할 파일을 찾는다. 기본적으로 `setuptools`는 `setup()` 함수의 인수에 기반해 다음 파일들을 포함한다.

- `py_modules`와 `packages` 인수에 (암묵적으로) 지정된 모든 파이썬 소스 파일
- `ext_modules` 인수에 나열된 모든 확장자의 소스 파일
- `scripts` 인수로 지정된 모든 스크립트 파일
- `package_data`, `data_files` 인수로 지정된 모든 파일
- `license_file`, `license_files` 인수로 지정된 모든 라이선스 파일
- `test/test*.py*` glob 패턴과 일치하는 모든 파일
- `setup.py`, `pyproject.toml`, `setup.sfg`, `MANIFEST.in` 파일
- `README`, `README.txt`, `README.srt`, `README.md` 파일

이 외에 패키지가 서브버전SubVersion, 머큐리얼Mercurial, 깃 같은 버전 관리 시스템을 이용해 버전을 관리한다면 `setuptools-svn`, `setuptools-hg`, `setuptools-git` 같은 명령어를 이용해 버전 관리된 모든 파일을 포함시킬 수도 있다. 커스텀 확장 기능을 이용하면 상이한 버전 관리 시스템과 통합할 수도 있다.

내장 파일 컬렉션에 대한 기본 전략을 이용하든, 커스텀 확장 기능으로 정의된 것을 이용하든 `sdist`는 MANIFEST 파일을 만들어 모든 파일을 리스팅하고 이들을 최종 아카이브에 포함시킨다.

`setup()` 함수의 인수를 이용하면 패키지 배포판에 포함될 파일의 모든 타입을 리스팅할 수 있지만, 이들을 일일이 지정하는 것은 편리한 옵션은 아닐 것이다. 그리고 특정한 버전 관리 시스템의 확장 기능을 이용하는 것 역시 여러분이 패키지에 포함시키고 싶지 않은 파일을 저장할 수도 있다. 두 경우 모두 `MANIFEST.in` 템플릿을 이용하면 추가 매니페스트 템플릿을 이용해 파일명에 기반해 자동으로 포함시키거나 배제시킬 수 있다.

어떤 추가 확장 기능도 이용하지 않고 패키지 배포판에 기본적으로 몇 가지 파일을 포함해야 한다고 가정해보자. 이럴 때는 패키지의 루트 디렉터리(`setup.py` 파일이 위치한 디렉터리)에 `MANIFEST.in`이라는 템플릿을 정의할 수 있다. 이 템플릿은 `sdist`에게 어떤 파일을 포함할 것인지 알려준다.

`MANIFEST.in` 템플릿은 1행당 포함/배제할 규칙을 정의한다. 다음은 `MANIFEST.in` 템플릿의 예시다.

이 템플릿은 LISENSE 파일, .txt 파일에서 식별한 추가 텍스트 정보, 마크다운 형식의 모든 파일을 포함한다.

```
include HISTORY.txt
include README.txt
include CHANGES.txt
include CONTRIBUTORS.txt
include LICENSE
recursive-include *.md
```

MANIFEST.in의 모든 명령어 목록은 distutils 공식 문서(https://packaging.python.org/en/latest/guides/using-manifest-in/#manifest-in-commands)에서 확인할 수 있다.

필수 패키지 메타데이터

setup() 함수의 가장 중요한 인수는 name이다. 이 인수가 없으면 setuptools 패키지는 UNKNOWN이라는 이름을 가정하며, 결과적으로 여러분은 다른 패키지 버전을 쉽게 구분할 수 없게 된다.

name 인수만 사용해서는 당연히 적절하고 기능적인 패키징을 충분히 제공하지 못한다. setup() 함수의 가장 중요한 인수들은 다음과 같다.

- version: 패키지의 현재 버전을 나타낸다.

- description: 패키지에 관한 간단한 설명을 나타낸다. 일반적으로 패키지의 목적을 한 문장으로 간략하게 표현한다.

- long_description: reStructedText(기본) 또는 다른 마크업 언어를 이용해 작성한 패키지에 대한 전체 설명을 포함한다.

- long_description_content_type: MIME 타입의 긴 설명을 정의한다. 패키지 설명에 어떤 종류의 마크업 언어를 사용했는지 패키지 저장소에 알린다.

- keywords: 패키지를 정의하는 키워드 목록이며, 패키지 저장소의 효율적인 인덱싱을 지원한다.

- author: 패키지를 관리하는 작성자 또는 조직의 이름을 설명한다.

- author_email: 패키지 작성자의 이메일 주소다.

- install_requires: 배포하는 패키지가 디펜던시를 가진 패키지와 그 버전의 목록을 나타낸다. 예를 들어 패키지를 작동시키기 위해 PyPI의 다른 패키지가 필요하다면 해당 패키지들의 버전(과 그들의 버전)을 여기에 기술한다.

- **url**: 프로젝트 URL을 나타낸다. 일반적으로 프로젝트 소스/문서를 제공하는 사이트의 URL을 기입한다.

- **license**: 배포되는 패키지가 따르는 라이선스(GPL, LGPL 등)의 이름을 기입한다.

- **py_modules**: 배포판에 포함되는 파이썬 모듈의 목록이다. 공통된 패키지 이름을 공유하지 않는 톱 레벨 모듈만 포함하는 간단한 패키지들에 사용할 수 있다.

- **packages**: 패키지 배포판에 포함된 모든 패키지 이름의 완전한 목록이다. setuptools()은 find_package() 모듈을 제공하며, 이를 이용하면 포함시킬 패키지를 자동으로 찾을 수 있다.

- **namespace_packages**: 패키지 배포판 안의 네임스페이스 패키지 목록이다.

위 인수들은 필수적인 메타데이터 항목으로 이를 이용해 적절하게 패키지 배포판을 작성할 수 있으며 동시에 코드 속성도 지정할 수 있다.

> **NOTE** setuptools 패키지는 여기에서 설명하지 않은 몇 가지 메타데이터 항목을 제공한다. 모든 패키지 메타데이터 항목에 관한 설명은 **PEP 345** 문서(https://www.python.org/dev/peps/pep-0345/)를 참조한다.

필수 인수는 아니지만 중요한 인수로 **classifiers**가 있다. 이를 이용하면 **트로브 구별자**라는 소프트웨어 표준 분류집합을 활용해 애플리케이션을 분류할 수 있다. PyPI에 여러분이 작성한 애플리케이션을 배포할 때 특히 유용하다. 다음 절에서는 이에 관해 조금 더 살펴본다.

트로브 구별자

PyPI는 **트로브 구별자**trove classifier라는 구별자를 이용해 애플리케이션을 분류할 수 있는 해법을 제공한다. 모든 트로브 구별자의 구조는 트리와 유사하다. 각 구별자 문자열은 중첩된 네임스페이스 목록을 정의하며, 각 네임스페이스는 :: 부분 문자열로 구분된다. 이 리스트는 setup() 함수의 classifiers 인수로 패키지 정의에 제공된다.

다음은 PyPI에서 이용할 수 있는 solrq 프로젝트에서 추출한 구별자의 목록 예시다.

```python
from setuptools import setup

setup(
    name="solrq",
    # (...)

    classifiers=[
        'Development Status :: 4 - Beta',
        'Intended Audience :: Developers',
```

```
        'License :: OSI Approved :: BSD License',
        'Operating System :: OS Independent',
        'Programming Language :: Python',
        'Programming Language :: Python :: 2',
        'Programming Language :: Python :: 2.6',
        'Programming Language :: Python :: 2.7',
        'Programming Language :: Python :: 3',
        'Programming Language :: Python :: 3.2',
        'Programming Language :: Python :: 3.3',
        'Programming Language :: Python :: 3.4',
        'Programming Language :: Python :: Implementation :: PyPy',
        'Topic :: Internet :: WWW/HTTP :: Indexing/Search',
    ],
)
```

트로브 구별자는 패키지 정의에서 완전히 선택적이지만 setup() 인터페이스에서 이용할 수 있는 기본 메타데이터에 대한 유용한 확장 기능을 제공한다. 그중에서도 트로브 구별자는 지원하는 파이썬 버전, 지원하는 운영체제, 프로젝트의 개발 단계, 릴리스된 코드가 준수하는 라이선스에 관한 정보를 제공한다. PyPI 사용자들은 패키지를 분류 기준으로 사용 가능한 패키지를 탐색하므로, 적절한 분류를 통해 원하는 타깃에 적절하게 라이브러리를 제공할 수 있다.

트로브 구별자는 전체 패키징 생태계에서 중요한 역할을 하므로 절대 간과해서는 안 된다. 그 어떤 조직도 패키지 분류를 검증할 수 없으므로 여러분이 패키지에 관한 적절한 분류자를 제공함으로써 전체 패키지 인덱스에 혼란을 초래하지 않아야 한다.

책을 집필하는 시점을 기준으로 PyPI에서는 756개의 구별자를 이용할 수 있으며, 이들은 다음과 같은 분류로 나눌 수 있다.

- 개발 상태development status
- 환경environment
- 프레임워크framework
- 대상 사용자intended audience
- 라이선스license
- 자연 언어natural language
- 운영체제operating system
- 프로그래밍 언어programming language

- 토픽topic
- 타이핑typing

이 목록은 시간이 지남에 따라 길어지고 있으며 새로운 구별자들이 시시각각 추가된다. 따라서 이 책을 읽는 시점에서는 전체 숫자가 다를 수 있다. 현재 사용할 수 있는 전체 트로브 구별자 목록은 https://pypi.org/classifiers/에서 확인할 수 있으며, `trove-classifiers` 패키지(https://github.com/pypa/trove-classifiers)를 통해 파이썬 코드에서도 접근할 수 있다.

전형적인 파이썬 패키지 구조에 관해 살펴봤다. 이제 표준 파이썬 패키징 도구가 지원하는 다양한 패키지 배포판의 여러 타입에 관해 살펴보자.

11.2.2 패키지 배포 유형

패키지 배포판package distribution은 산출물을 패키징한 것으로 파이썬 패키지 소스, 메타데이터, 추가 파일들을 하나의 아카이브 파일로 묶어서 가공되지 않은 상태 또는 패키지 저장소를 통해 다른 개발자들에게 배포될 수 있도록 한 것이다.

파이썬 패키지는 일반적으로 다음 유형으로 구분한다.

- 소스 배포판
- 만들어진(바이너리) 배포판

소스 배포판은 가장 단순하며 플랫폼에 독립적이다. 순수한 파이썬 패키지의 경우 고민의 여지가 없다. 이런 배포판은 파이썬 소스 코드만 포함하고 있으므로 휴대성과 이식성이 높다.

여러분이 만든 패키지가 예를 들어 C를 이용해서 작성한 확장 기능을 포함한다면 상황은 보다 복잡해진다. 소스 배포판은 패키지를 받은 사용자가 그 환경에 적절한 툴체인toolchain을 가지고 있어야만 문제없이 동작한다. 툴체인이란 대부분 컴파일러와 적절한 C 헤더 파일들을 의미한다. 이런 경우에는 바이너리 배포판binary distribution이 더 바람직할 수 있다. 바이너리 배포판은 특정 플랫폼에 맞춰 이미 만들어진 확장 기능을 제공하기 때문이다.

소스 배포판을 만들 때는 `setup.py` 스크립트의 `sdist` 명령어를 이용한다. 따라서 소스 배포판을 **sdist 배포판**sdist distribution이라 부르기도 한다. 소스 배포판은 만들기 매우 쉬우므로 먼저 살펴보도록 하자.

sdist 배포판

sdist 명령어는 setup.py 스크립트 배포 명령어 중 가장 간단하다. 릴리스 트리를 만들고 패키지를 실행하기 위해 필요한 모든 것을 트리로 복사한다. 이후 이 트리를 하나 또는 여러 아카이브 파일로 압축한다(주로 하나의 타르볼tarball 파일을 만든다). 이 아카이브는 기본적으로 소스 트리의 사본이다.

이 명령어는 패키지 배포를 위한 가장 쉬운 방법이며, 이 패키지는 대상 시스템과 독립적이다. 이 명령어는 dist 디렉터리를 만들고 배포할 아카이브를 저장한다. 첫 번째 배포판을 만들기 전, setup() 명령어를 버전 번호와 함께 호출해야 한다. 그렇지 않으면 setuptools 모듈은 기본값을 0.0.0이라고 가정한다.

실제 동작을 확인하기 위해 다음과 같은 setup.py 스크립트가 있다고 가정하자.

```
from setuptools import setup

setup(name='acme.sql', version='0.1.1')
```

이제 sdist 명령어를 실행하자. 패키지명은 acme.sql, 버전은 0.1.1이 된다.

```
$ python setup.py sdist
```

실행 결과는 다음과 같을 것이다.

```
running sdist
...
creating dist
tar -cf dist/acme.sql-0.1.1.tar acme.sql-0.1.1
gzip -f9 dist/acme.sql-0.1.1.tar
removing 'acme.sql-0.1.1' (and everything under it)
```

이제 dist/ 디렉터리의 내용을 확인해본다. 결과는 다음과 같을 것이다.

```
$ ls dist/
acme.sql-0.1.1.tar.gz
```

NOTE   윈도우에서는 기본 아카이브 형식으로 ZIP을 이용한다.

버전 지정자는 아카이브 파일명에 사용된다. 이 아카이브는 파이썬이 설치된 모든 시스템에 배포하고 설치할 수 있다. sdist 배포의 패키지가 C 라이브러리나 확장 기능을 포함한 경우, 대상 시스템에 이들을 컴파일해야 한다. 이는 리눅스 기반 시스템이나 macOS에서 매우 일반적인 상황이다. 이들은 일반적으로 컴파일러를 제공하기 때문이다. 하지만 윈도우의 경우에는 이들을 즉시 사용하는 경우가 드물다.

만약 확장 기능을 포함한 패키지가 여러 플랫폼에서 사용될 것을 의도한다면, 반드시 미리 만들어진 배포판 형식도 함께 제공해야 한다.

미리 만들어진 배포판은 setup.py 스크립트 명령어를 다른 방식으로 이용해 생성해야 한다.

bdist와 wheel 배포판
미리 만들어진 배포판을 배포할 때는 setuptools가 제공하는 build 명령어를 이용한다. 이 명령어는 패키지를 다음 네 단계로 컴파일한다.

- build.py: 순수한 파이썬 모듈을 빌드한다. 바이트 컴파일 후 이들을 빌드 폴더로 복사한다.
- build_clib: C 라이브러리를 빌드한다. 파이썬 패키지가 C 라이브러리를 포함하고 있다면, 파이썬 컴파일러를 이용해 빌드 폴더에 정적 라이브러리를 생성한다.
- build_ext: C 확장 기능을 빌드하고 build_clib 같은 빌드 폴더에 결과를 저장한다.
- build_script: 스크립트로 표시되는 모듈을 빌드한다. 첫 번째 행의 설정에 따라(!# 접두사 이용) 인터프리터의 경로를 변경하고 파일 모드 실행 가능 모드로 수정한다.

각 단계는 별도의 명령으로 독립적으로 수행할 수도 있다. 컴파일 프로세스가 실행되고 나면 build/ 폴더에 패키지 설치에 필요한 모든 것들이 저장된다. setuptools 패키지는 크로스 컴파일cross-compilation 옵션을 제공하지 않는다. 즉, 명령어를 실행한 결과물은 해당 명령어를 실행한 시스템에 종속된다는 것이다.

C 확장 기능을 생성하는 경우, 빌드 프로세스는 기본 시스템 컴파일러와 파이썬 헤더 파일(Python.h)을 이용한다. 패키징된 파이썬 배포판의 경우, 시스템에 맞는 추가 시스템 패키지 배포판을 제공해야 한다. 적어도 유명한 리눅스 배포판에서는 python-dev 또는 python3-dev라는 이름으로 제공된다. 이 파일은 파이썬 확장 기능을 빌드하는 데 필요한 모든 헤더 파일을 포함한다.

빌드 프로세스에서 이용된 C 컴파일러는 운영체제에서 기본으로 제공하는 컴파일러다. 리눅스 기반 시스템이나 macOS에서는 각각 gcc나 clang을 이용한다. 윈도우에서는 Microsoft Visual C++가

될 수 있다(무료 커맨드라인 버전을 이용할 수 있다). 오픈소스 프로젝트인 MinGW를 이용할 수도 있다. setuptools 설정을 통해 컴파일러를 선택할 수도 있다.

bdist 명령어가 이용하는 build 명령어는 바이너리 배포판을 빌드한다. 이 명령어는 build와 모든 관련 명령어를 호출하고 sdist로 빌드했을 때와 동일한 디렉터리에 하나의 아카이브를 생성한다.

acme.sql의 바이너리 배포판은 다음과 같이 생성할 수 있다.

```
$ python setup.py bdist
```

macOS에서 실행한 경우, 다음과 같은 결과를 얻을 수 있다.

```
running bdist
running bdist_dumb
running build
...
running install_scripts
tar -cf dist/acme.sql-0.1.1.macosx-10.15-fat.tar .
gzip -f9 acme.sql-0.1.1.macosx-10.15-fat.tar
removing 'build/bdist.macosx-10.15-fat/dumb' (and everything under it)
```

dist/ 디렉터리의 내용을 확인해보면 다음과 같을 것이다.

```
$ ls dist/
acme.sql-0.1.1.macosx-10.15-fat.tar.gz   acme.sql-0.1.1.tar.gz
```

새로 생성된 아카이브 이름에는 해당 아카이브가 생성된 시스템명(macOS-10.15)과 배포판 이름이 포함된다. 동일한 명령어를 윈도우에서 실행하면 윈도우 전용의 배포판 아카이브가 생성된다.

```
C:\acme.sql> python.exe setup.py bdist
...
C:\acme.sql> dir dist
10/12/2021 08:18    <DIR>          .
10/12/2021 08:18    <DIR>          ..
10/12/2021 08:24            16 055  acme.sql-0.1.1.win32.zip
          1 File(s)        16  055 bytes
          2 Dir(s)  22  2222        2 D free
```

패키지가 C 코드를 포함하고 있으며, 소스 배포판과 분리되어 있다면 가능한 많은 다양한 바이너리 배포판을 릴리스해야 한다. 최소한 윈도우 바이너리 배포판은 중요하다. 윈도우 사용자들은 대부분 C 컴파일러를 설치하고 있지 않기 때문이다.

바이너리 릴리스는 의도된 시스템에서 패키지를 사용하기 위해 필요한 모든 리소스를 포함한다. 패키지는 주로 하나의 폴더를 가지고 있으며 이는 Python의 site-packages 폴더로 복사된다. 또한 캐시된 바이트코드 파일(__pycache__/*.pyc 파일)을 포함하기도 한다.

빌드 배포판의 다른 유형으로 wheel 패키지가 제공하는 wheels가 있다. wheels를 설치하면(예, pip 등을 이용), wheel 패키지는 새로운 bdist_wheel 명령어를 setup.py 스크립트에 추가한다. 이를 이용하면 플랫폼 전용 배포판을 만들 수 있으며(윈도우, macOS, 리눅스) 이는 일반적인 bdist 배포판에 대한 좋은 대안이 된다. 이 배포판은 setuptools가 제공하던 **eggs**라 불리던 다른 배포판 형식을 대체하기 위해 설계되었다. eggs는 오래전에 이미 구식이 되었으므로 이 책에서는 설명하지 않는다. wheels를 이용할 때 얻을 수 있는 장점들은 매우 많다. 다음은 Python Wheels 페이지(https://pythonwheels.com/)에 언급된 내용에서 발췌한 것이다.

- 순수한 파이썬과 네이티브 C 확장 기능 패키지의 신속한 설치
- 설치를 위한 임의의 코드 실행 회피(setup.py 불필요)
- 윈도우, macOS, 리눅스에서 별도의 컴파일러 없이 C 확장 기능 설치
- 테스팅과 지속적인 통합을 위한 더 나은 캐시 제공
- 설치 중 생성되는 .pyc 파일을 이용해 사용되는 파이썬 인터프리터 매칭 보장
- 여러 플랫폼과 머신에 보다 일관성 있는 설치 제공

파이썬 패키징 위원회 Python Packaging Authority, PyPA는 wheels을 기본 배포 형식으로 이용할 것을 권장한다. 매우 오랫동안 리눅스를 위한 바이너리 wheels를 지원하지 않았으나 다행히도 현재는 지원된다. 리눅스용 바이너리 wheels는 **manylinux wheels**라고 불린다.

PyPA는 파이썬 패키징 생태계의 질서와 조직을 되살리기 위해 형성된 커뮤니티다. 파이썬 패키징 사용자 가이드Python packaging user guide(https://packaging.python.org/en/latest/)를 관리하고 있다. 이 사용자 가이드는 최신의 패키징 도구와 베스트 프랙티스에 관한 권위 있는 정보를 제공한다.

manylinux wheels 빌드 프로세스는 윈도우와 masOS 바이너리 wheels만큼 직관적이지는 않다. wheel의 종류에 따라 PyPA는 즉시 사용할 수 있는 특별한 도커 이미지들을 제공한다. 이 도커 이미지들과 세부적인 사용 방법에 관한 정보는 프로젝트 깃허브 페이지(https://github.com/pypa/manylinux)를 참조한다.

11.2.3 패키지 등록 및 공개

패키지를 이용하려면 체계적인 저장, 업로드, 다운로드 방법이 제공되어야 한다. 파이썬 패키지 인덱스Python package index는 파이썬 커뮤니티에서 오픈소스 패키지의 주요 소스다. 누구나 새롭고 자유롭게 패키지를 업로드할 수 있는데, 단지 PyPI 사이트에만 등록하면 된다(https://pypi.org/).

> **TIP** 패키지는 사용자와 연결된다. 기본적으로 패키지의 이름을 등록한 사용자만이 그 관리자이며, 새로운 배포판을 업로드할 수 있다. 이는 큰 프로젝트에서는 문제가 될 수 있기 때문에, 다른 사용자를 패키지 유지보수자maintainer로 지정해 새로운 배포판을 업로드하도록 할 수 있다.

하지만 반드시 이 인덱스만 사용해야 하는 것은 아니다. 모든 파이썬 패키징 도구는 다른 패키지 저장소의 이용도 지원한다. 이는 클로즈드-소스 코드를 내부 조직에서 사용하도록 배포하거나 오로지 배포를 목적으로 하는 경우 특별히 유용하다. 이번 장에서는 오픈소스를 PyPI에 업로드하는 것에 초점을 맞추며, 다른 저장소를 명시하는 것은 간단하게만 언급한다.

패키지를 업로드하는 가장 간단한 방법은 setup.py의 upload 명령어를 사용하는 것이다.

```
$ python setup.py <dist-commands> upload
```

<dist-commands>는 업로드할 배포판을 생성하는 명령어의 목록이다. 동일한 setup.py가 실행되는 동안 생성된 배포판만 저장소에 업로드된다. 따라서 소스 배포판, 빌드된 배포판, wheel 패키지를 동시에 업로드하고 싶다면, 다음과 같이 명령어를 실행해야 한다.

```
$ python setup.py sdist bdist bdist_wheel upload
```

setup.py를 이용해 업로드를 하는 경우에는 이전 배포 명령어를 실행해서 만들어진 배포판을 다시 이용할 수 없으며 업로드를 할 때마다 새로 빌드해야 한다. 배포판을 빌드하는 데 많은 시간이 소요되는 규모가 크거나 복잡한 프로젝트의 경우에는 다소 불편한 방법일 것이다. Python/C API 확장 기능을 활용하는 패키지들이 좋은 예시에 해당한다(9장 참조).

setup.py를 이용해서 업로드할 때의 또 다른 문제점은 일부 오래된 파이썬 버전이거나 시스템 설정이 올바르지 않은 경우, 일반 텍스트 HTTP 또는 검증되지 않은 HTTPS 연결을 이용할 수 있다는 점이다. 이 때문에 setup.py upload 명령어의 보안적인 대안으로 Twine을 권장한다.

Twine은 PyPI와 상호작용하는 유틸리티로 오로지 한 가지 목적, 즉 안전하게 패키지를 저장소에 업로드하는 것만을 제공한다. Twine은 모든 패키징 포맷을 지원하며 항상 커넥션이 안전함을 보장한다. 또한 이미 생성된 파일도 업로드할 수 있기 때문에 릴리스 전에 배포판을 테스트해볼 수 있다. 다음은 Twine의 예시다. 여전히 `setup.py` 스크립트를 이용해 배포판을 빌드한다.

```
$ python setup.py sdist bdist_wheel
$ twine upload dist/*
```

Twine은 크리덴셜credential을 추측하지 않으므로 특별한 `.pypirc` 파일에 해당 크리덴셜 정보를 제공해야 한다. `.pypirc` 파일은 파이썬 패키지 저장소에 관한 정보를 저장한 환경 파일이며, 이 파일은 홈 디렉터리에 위치해야 한다. 이 파일의 형태는 다음과 같다.

```
[distutils]
index-servers =
    pypi
    other

[pypi]
repository: <repository-url>
username: <username>
password: <password>

[other]
repository: https://example.com/pypi
username: <username>
password: <password>
```

`distutils` 섹션은 `index-servers` 변수를 가져야 한다. 이 변수는 사용 가능한 저장소 및 이아 관련된 크리덴셜의 모든 섹션을 리스팅한다. 각 저장소 섹션에 따라 다음 세 개의 변수를 수정할 수 있다.

- `repository`: 패키지 저장소의 URL(기본값: https://pypi.org/)
- `username`: 위 저장소의 인증용 사용자명
- `password`: 위 저장소의 인증용 사용자 비밀번호

저장소 비밀번호를 일반 텍스트로 저장하는 것은 보안상 현명하지 않은 선택일 수 있다. 이 값은 항상 공백으로 남겨둘 수 있으며, 공백인 경우 Twine은 필요한 크리덴셜을 요청한다.

> **TIP** PyPI 크리덴셜을 안전하게 다루는 다른 방법으로 keyring 패키지를 이용할 수 있다. 이 패키지는 Twine과 시스템 키링 서비스system keyring service(Keychain(masOS), Credential Locker(윈도우) 등)를 연동한다. 이 기능에 관한 보다 자세한 정보는 https://twine.readthedocs.io/en/latest/index.html#keyring-support를 참조한다.

.pypirc 파일은 파이썬용으로 만들어진 모든 패키징 도구에서 사용된다. 사실 출시되어 있는 모든 패키지 관련 도구라고 할 수는 없을지도 모르지만 pip, twine, distutils, setuptools 등 대부분의 중요한 도구들은 이를 인식한다.

.pypirc를 Twine과 함께 이용할 때 주의할 점이 있다. Twine은 기본적으로 패키지를 PyPI에 공개한다. 여러분이 클로즈드 소스를 프라이빗 패키지 인덱스에 공개하고자 할 때는 문제가 될 수 있다. 적절한 레지스트리 인수(-r 플래그)를 사용하는 것을 잊어버리고 .pypirc가 패키지를 PyPI에 공개하도록 설정되어 있다면, 해당 클로즈드 소스는 일반에게 공개되어버린다.

> **TIP** 파이썬 코드 패키징에서 발생할 수 있는 여러 문제를 해결하는 도구 중 하나가 포어트리다. 커스텀 배포 스크립트를 제공하지 않아도 되기 때문에(setup.py 스크립트는 pyproject.toml 환경 설정 파일로 대체된다) 완전히 인터랙티브하며, 프로젝트의 소스 코드를 전용 패키지 저장소에 배포할 수 있다. 일반적으로 poetry를 이용하면 다음 두 개의 명령어로 손쉽게 패키지를 배포할 수 있다.

```
$ poetry build
$ poetry publish
```

포어트리를 이용한 패키지 빌딩과 공개에 관한 더 많은 정보들은 https://python-poetry.org/docs/cli/#publish를 참조한다.

11.2.4 패키지 버저닝과 디펜던시 관리

여러분이 작성한 패키지를 패키지 레지스트리에 공개한 뒤, 특정한 시점에 이를 수정한 새 버전을 공개하고 싶을 것이다. 개발자들이 새로운 버전의 패키지를 공개할 수 있도록 하기 위해, **버전 지정자** version specifier를 이용해 패키지의 계속된 릴리스를 태그할 수 있다.

버전 지정자는 일반적으로 점(.)으로 구분된 숫자로 이루어진 문자열이다(1.0, 3.6., 4.0.0 등). 그래서 버전 지정자들을 일반적으로 **버전 숫자** version number라 부르기도 한다. 이를 이용하면 버전 지정자를 쉽게 정렬할 수 있다. 관습적으로 높은 버전일수록 최근의 릴리스임을 의미한다. 대부분의 패키지 관리 도구는 이 관습을 따르며, 이를 이용해 오래된 버전의 패키지는 새로운 버전으로 업데이트한다. 예를 들어 pip에서는 -U 스위치를 이용해 새로운 패키지 버전을 설치할 수 있다.

```
$ pip install -U pip
Collecting pip
  Using cached pip-21.0.1-py3-none-any.whl (1.5 MB)
Installing collected packages: pip
  Attempting uninstall: pip
    Found existing installation: pip 20.2.4
```

```
  Uninstalling pip-20.2.4:
    Successfully uninstalled pip-20.2.4
Successfully installed pip-21.0.1
```

이 예시에서는 pip를 이용해 그 자체를 업데이트했다(패키지로 배포된다). 출력된 내용을 보면 현재 설치되어 있는 pip 버전은 20.2.4이다. 집필 시점을 기준으로 pip의 최신 버전은 21.0.1이었다. pip 명령어는 두 버전의 지정자를 비교하고 PyPI에서 사용할 수 있는 높은 버전 숫자를 결정한다. 이후 오래된 버전을 제거하고 새로운 버전을 현재 환경에 설치한다.

패키지 버전은 일반적으로 숫자로만 구성되지만 파이썬에서는 버전 지정자로 문자도 사용할 수 있다. 이를 이용하면 특정한 버전을 프리-릴리스pre-release, 개발 릴리스development release, 포스트-릴리스post-release 등으로 태그할 수 있다. 이런 추가적인 버전 지정자 컴포넌트들은 일반적으로 숫자 뒤의 마지막 버전 지정자 요소로 포함된다.

PEP 440 문서(버전 식별 및 디펜던시 명세version identification and dependency specification)는 패키지 버저닝에 관한 공식 표준이며 이 특별한 릴리스 태그와 관련해 다음과 같은 규칙을 명시한다.

- {a¦b¦rc}N: 프리-릴리스 버전(알파alpha, 베타beta, 릴리스 후보release-candidate)에 사용한다. 이 태그들은 여러 개발 단계를 나타내는 전용 버전이다. 알파 릴리스는 가장 이른 단계이며, 릴리스-후보는 최종 버전에 가까운 단계이다. 패키지는 모든 프리-릴리스 단계에서 다양한 버전을 가질 수 있으며, 각 릴리스는 증가하는 숫자 N을 이용해 구분한다. 예를 들어 프리-릴리스 버전 지정자는 1.0.0a1, 1.0.0a2, 1.0.0b1, 1.0.0rc 등이 될 수 있다. 프리-릴리스 태그가 없는 버전들은 최종 버전으로 간주되며, 동일한 버전의 프리-릴리스보다 우선한다.

  NOTE pip는 프리-릴리스 버전과 개발 버전은 기본적으로 설치하지 않는다. 프리-릴리스 버전을 설치할 때는 --pre 옵션을 pip install 명령어와 함께 사용해야 한다.

- postN: 포스트-릴리스 버전에 사용한다. 포스트-릴리스는 기능 수정이나 개선을 포함하지 않는 릴리스 이후의 업데이터를 나타낸다. 패키지 메타데이터나 문서(패키지 배포판에 포함되어 있다면)가 포스트-릴리스의 예에 해당한다. 동일한 버전 숫자로 여러 포스 릴리스를 가질 수 있으며, 각 릴리스는 증가하는 숫자 N으로 구분한다. 포스트-릴리스는 프리-릴리스에 추가될 수도 있다. 예를 들어 포스트-릴리스 버전 지정자는 1.0.0-post1, 1.0.0a1.post2 등이 될 수 있다.

- devN: 개발 릴리스 버전에 사용한다. 일부 패키지 유지보수자들은 지속적인 통합 시스템의 일부로 패키지를 공개한다. 이 개발 버전들은 연속된 패키지를 구분하기 위해 이용할 수 있다. 동일한 버전 숫자는 여러 개발 릴리스를 가질 수 있으며, 각 릴리스는 증가하는 숫자 N으로 구분한다. 개

발 릴리스는 프리-릴리스와 포스트-릴리스에 추가될 수 있다. 하지만 일반적인 목적의 공개 패키지에는 추가하지 않는 것을 권장한다.

> **NOTE** PEP 440 문서 전문은 https://www.python.org/dev/peps/pep-0440/을 참조한다.

프리-릴리스, 포스트-릴리스, 개발-릴리스는 패키지 버저닝에 어느 정도 복잡성을 추가하기 때문에 많은 패키지 유지보수자들은 이를 이용하지 않는다. 아무튼 최소한 프리-릴리스는 개발자들이 개발 환경에서 향후 릴리스될 패키지를 미리 경험하고 평가하기 위한 목적으로 매우 유용한 도구라고 할 수 있다.

가장 중요한 것은 패키지의 최종 버전 숫자다. 새로운 패키지 릴리스에 대해 부여할 버전 숫자를 결정하는 버저닝 전략으로는 다음 두 가지가 널리 사용된다.

- **시맨틱 버저닝**semantic versioning: 각 숫자 컴포넌트의 값이 의미를 갖는다고 가정한다. 패키지 사용자들은 서로 다른 두 버전 사이에 얼마나 변화가 있는지 그 양과 범위를 추론할 수 있다.
- **캘린더 버저닝**calendar versioning: 선택된 숫자 컴포넌트들이 새로운 릴리스가 만들어진 날짜(만들어져야 할 날짜)에서 추출한다고 가정한다. 패키지 사용자들은 서로 다른 두 버전 사이에 경과한 개발 시간을 추론할 수 있다.

커뮤니티에서는 두 버저닝 전략의 쉬운 도입을 돕는 두 가지 표준을 제공한다. 이 표준들에 관해 살펴본다.

시맨틱 버저닝을 위한 SemVer 표준
SemVer 표준은 버전 지정자를 최대 3개 세그먼트의 숫자로 구성한다.

- 메이저(**MAJOR**) 세그먼트: 메이저 세그먼트의 변경은 하위 호환되지 않는 변경이 포함되었음을 의미한다. 다른 메이저 버전으로 업데이트할 때는 기존 코드가 정상적으로 동작하지 않을 수 있음을 예상해야 한다.
- 마이너(**MINOR**) 세그먼트: 마이너 세그먼트의 변경은 하위 호환되는 새로운 피처가 포함되었음을 의미한다. (동일한 메이저 버전의) 다른 마이너 버전으로 업데이트하는 경우에는 기존 코드가 정상적으로 동작하면서 새로운 개선이 되었을 것으로 예상해야 한다.
- 패치(**PATCH**) 세그먼트: 패치 세그먼트의 변경은 버그 픽스를 의미한다. (동일한 메이저, 마이너 버전의) 다른 패치 버전으로 업데이트하는 경우에는 버그만 수정되고 다른 기존 기능의 개선이나 새로운 피처의 도입이 없을 것으로 예상해야 한다.

적합한 SemVer 버전은 항상 다음과 같이 세 가지 세그먼트를 모두 포함한다.

```
MAJOR.MINOR.PATCH
```

예를 들어 패키지 버전 `20.2.4`는 20번째 메이저 업데이트로 2번의 마이너 업데이트, 4번의 패치가 적용되었음을 나타낸다. SemVer 버저닝 원칙에 따르면, `20.2.0` 또는 `20.1.0`에서 이 버전으로 업데이트할 때는 눈에 띄는 변경이 없어야 한다.

전체 명세에서는 프리-릴리스 버전과 빌드 번호의 사용에 관해 설명하며, API 변경에 관한 커뮤니케이션과 피처 삭제 정책에 대한 가이드를 제공한다. SemVer의 전체 명세는 https://semver.org/를 참조한다.

캘린더 버저닝을 위한 CalVer 표준

CalVer는 (특히 SemVer와 비교해) 완전히 숫자를 갖춘 형태다. 버전 지정자는 특정한 릴리스와 관련된 날짜 요소를 이용한 세그먼트로 구성된다.

CalVer 규칙을 설명하는 사이트에서는 다음과 같은 일반적인 날짜 기반 세그먼트를 제공한다.

- YYYY: 네 자리 전체 연도: 2006, 2016, 2106
- YY: 짧은 연도: 6, 16, 106
- 0Y: 0으로 패딩한 짧은 연도: 06, 16, 106
- MM: 짧은 월: 1, 2 … 11, 12
- 0M: 0으로 패딩한 월: 01, 02 … 11, 12
- WW: 짧은 주(연도 시작 기준): 1, 2, 33, 52
- 0W: 0으로 패딩한 주: 01, 02, 33, 52
- DD: 짧은 일: 1, 2 … 30, 31
- 0D: 0으로 패딩한 일: 01, 02 … 30, 31

모든 CalVer 세그먼트는 그레고리안 달력Gregorian calendar을 기준으로 한다.

이 규칙은 릴리스 스케줄이 잘 정의된 프로젝트 또는 시간에 민감한 프로젝트에 적합하다. 시간에 민감한 프로젝트의 예시로 certify(모질라Mozilla가 제공하는 신뢰할 수 있는 루트 인증서의 리스트로 정기적으로 변경된다)와 tzdata(IANA 타임존 데이터베이스에 포함된다. 3장 참조)를 들 수 있다.

CalVer 버전에는 공통된 형식이 없으므로 사용자들이 어떤 버전 세그먼트를 사용할지 직접 결정해야 한다. 일반적으로 프로젝트의 출시 흐름cadence에 따라 버전을 정의한다. 이 규칙은 시맨틱 버저닝과 어느 정도 조합해 사용할 수도 있다. pip 프로젝트는 이 둘을 조합해 YY.MINOR.PATCH 같은 버저닝 정책을 이용한다.

CalVer 규칙의 공식 사이트는 SemVer만큼 자세하지 않지만, 캘린더 버저닝과 관련된 흥미로운 케이스 스터디와 가이드라인을 제공한다(https://calver.org/).

11.2.5 커스텀 패키지 설치

setuptools는 주로 패키지 빌드와 배포를 위해 사용할 것이다. 하지만 프로젝트 소스에서 직접 패키지를 설치할 때도 setuptools를 이용해야 한다. 그 이유는 간단하다. 만든 패키지가 적절히 동작하는지 확인한 뒤에 PyPI에 제출하는 것이 좋은 습관이기 때문이다. 간단한 테스트 방법은 실제 패키지를 설치해보는 것이다. 저장소에 부서진 패키지를 제출한 뒤 다시 업로드를 하려면 버전 숫자를 증가시켜야 한다.

최종 배포판을 제출하기 전에 여러분의 코드가 잘 패키징되었는지 확인함으로써 불필요한 버전 숫자를 방지할 뿐만 아니라 낭비도 줄일 수 있다.

소스에서 패키지를 직접 설치

setuptools를 이용해 작성한 소스 코드로 직접 설치하는 것은 다양한 관련 패키지를 동시에 다룰 때 꼭 필요하다.

```
setup.py install
```

install 명령어는 현재 파이썬 환경에 패키지를 설치한다. 이전에 빌드된 패키지가 없다면 해당 패키지를 빌드한 뒤, 결과물을 파이썬이 패키지를 탐색하는 파일시스템 디렉터리에 설치한다. 패키지의 소스 배포판 아카이브를 가지고 있다면, 임시 폴더에 압축을 풀고 위 명령어를 이용해 설치할 수 있다. install 명령어는 install_requires 인수에 정의된 디펜던시를 함께 설치한다. 디펜던시들은 PyPI로부터 설치한다.

패키지를 설치할 때 setup.py 스크립트 대신 pip를 이용할 수 있다. pip는 PyPA에서 권장하는 도구이므로, 단지 개발 목적으로 로컬 환경에 패키지를 설치할 때도 이를 이용해야 한다. 로컬 소스에서 패키지를 설치할 때는 다음 명령어를 이용한다.

```
pip install <project-path>
```

배포된 아카이브에서 패키지를 설치할 때는 다음 명령어를 이용한다.

```
pip install <path-to-archive>
```

setup.py 스크립트는 uninstall 명령어 지원하지 않지만, 다행히 pip 명령어를 이용해 설치된 파이썬 패키지를 삭제할 수 있다.

```
pip uninstall <package-name>
```

패키지 삭제는 매우 위험한 작업이다. 특히 시스템 전체에 영향을 미치는 패키지를 삭제할 때 그렇다. 개발 시 가상 환경을 이용해야 하는 중요한 이유이기도 하다.

setup.py 스크립트 또는 pip install 명령어로 패키지를 설치하면 패키지의 소스 코드(또는 배포판의 내용)를 site-packages 디렉터리로 복사한다. 하지만 때로 패키지 소스들을 복사하지 않고 특정한 환경에서만 사용할 수 있도록 하고 싶을 때가 있다. 이런 설치 방법을 **편집 가능 모드 설치**editable-mode installation라 부르며, 특히 독립적인 소스 트리를 가진 여러 패키지에 대해 작업할 때 유용하다.

편집 가능 모드에서 패키지 설치

setup.py install로 설치된 패키지들은 현재 파이썬 환경의 site-packages 디렉터리에 복사된다. 즉, 패키지의 소스 코드가 변경되면 재설치해야 함을 의미한다. 이는 종종 분주한 개발 과정에서는 문제가 된다. 재설치 작업을 해야 한다는 사실을 잊어버리기 때문이다.

setuptools가 제공하는 develop 명령어로 이 문제를 해소할 수 있다. 이를 이용하면 패키지를 개발 모드로 설치할 수 있다. 프로젝트 소스를 배포 디렉터리(site-packages)에 복사하는 대신 특별한 링크를 만든다. 패키지 소스를 수정하더라도 재설치할 필요가 없으며, 마치 이들이 일반적인 방식으로 설치된 것처럼 sys.path에서 이용할 수 있다.

또한 pip를 이용하면 이 모드로 패키지를 설치할 수 있다. 이 설치 옵션을 **편집 가능 모드**editable mode라고 부르며, install 명령어에 -e 매개변수를 사용해 설치할 수 있다.

```
pip install -e <project-path>
```

패키지를 편집 가능 모드에서 설치하면 설치된 패키지를 곧바로 수정할 수 있으며, 수정된 내용은 패키지를 재설치하지 않아도 즉시 반영된다.

편집 가능한 모드를 이용하면 여러 관련된 패키지들을 재설치하지 않고 작업할 수 있어 유용하다. 또한 네임스페이스 패키지를 이용하면 여러 관련된 패키지로 구성된 프로젝트에서 작업하는 데 도움을 얻을 수 있다.

11.2.6 네임스페이스 패키지

'파이썬의 선'은 네임스페이스namespace에 관해 다음과 같이 설명한다.

> 네임스페이스는 깜짝 놀랄 만한 훌륭한 아이디어다. 더 많이 사용하라!

이 설명은 두 가지로 이해할 수 있다. 첫 번째는 언어 콘텍스트에서의 네임스페이스다. 우리는 알지도 못한 채 이미 다음과 같은 네임스페이스를 사용하고 있다.

- 글로벌 네임스페이스global namespace, 모듈
- 로컬 네임스페이스local namespace, 함수와 메서드 호출
- 클래스 네임스페이스class namespace

다른 유형의 네임스페이스는 패키징 레벨에서 제공되는 네임스페이스 패키지namespace package가 있다. 이는 파이썬 패키징에서 종종 간과되는 피처이지만, 여러분의 조직이나 매우 규모가 큰 프로젝트에서 패키지 생태계를 구성하는 데 매우 유용할 수 있다.

네임스페이스 패키지는 관련된 패키지들을 그룹으로 만드는 방법이라 할 수 있다. 각각의 패키지들은 독립적으로 설치될 수도 있다.

네임스페이스 패키지는 작성한 애플리케이션 컴포넌트의 개발, 패키징, 버전을 각각 수행하지만 동일한 네임스페이스에 접근할 필요가 있을 때 매우 유용하다. 또한 어떤 조직이나 프로젝트에 각 패키지가 속해 있는지 확인할 때도 유용하다. 예를 들어 가상의 Acme라는 기업이 있다고 하면 공통 네임스페이스는 acme가 될 수 있다. 따라서 이 조직에서는 일반적인 acme 네임스페이스를 만들어서 조직의 다른 패키지들에 대한 컨테이너로 활용할 수 있다. 예를 들어 Acme의 누군가가 이 네임스페이스에 SQL 관련 라이브러리를 업로드하고자 한다면 acme 네임스페이스에 이를 등록할 새로운 `acme.sql` 패키지를 만들면 된다.

일반적인 패키지와 네임스페이스 패키지의 차이점이 무엇인지, 이들이 어떤 문제를 해결할 수 있는지

아는 것은 매우 중요하다. 일반적으로 (네임스페이스 패키지 없이) acme라 불리는 패키지와 sql 서브 패키지를 다음과 같이 구성할 것이다.

```
acme/
├── acme
│   ├── __init__.py
│   └── sql
│       └── __init__.py
└── setup.py
```

그리고 templating이라는 하위 패키지를 추가하고 싶다면 다음과 같이 acme 디렉터리 아래 추가해야 한다.

```
acme/
├── acme
│   ├── __init__.py
│   ├── sql
│   │   └── __init__.py
│   └── templating
│       └── __init__.py
└── setup.py
```

이 방식에서는 acme.sql과 acme.templating을 독립적으로 개발하기가 거의 불가능하다. setup.py 스크립트에서도 각 서브 패키지에 대한 모든 디펜던시를 명시해야 한다. 또한 acme의 일부 컴포넌트를 선택적으로 설치하는 것도 불가능하다(적어도 매우 어렵다). 또한 서브 패키지가 많아지면, 디펜던시 충돌을 피하는 것도 어려워진다.

네임스페이스 패키지를 이용하면 서브 패키지들의 소스 트리를 별도로 저장할 수 있다.

```
acme.sql/
├── acme
│   └── sql
│   └── __init__.py
└── setup.py

acme.templating/
├── acme
│   └── templating
│   └── __init__.py
└── setup.py
```

이들을 PyPI는 물론 사용하는 모든 패키지 인덱스에 별도로 저장할 수 있다. 사용자들은 acme 네임스페이스에서 사용할 패키지를 원하는 대로 선택할 수 있으며, 일반적인 acme 패키지를 설치하지 않아도 된다(심지어 acme 패키지가 존재할 필요도 없다). 이 경우 다음과 같이 pip 명령어를 이용할 수 있다.

```
$ pip install acme.sql acme.templating
```

setuptools.find_packages() 함수는 네임스페이스 패키지를 찾지 않는다. setup.py 스크립트를 이용해 네임스페이스를 각각 지정하지 않고 자동으로 수집하고 싶다면 setuptools.find_namespace_pakcages()를 이용해야 한다. 이 함수는 자동으로 앞 예제에서 나타낸 디렉터리 구조의 네임스페이스 패키지를 발견한다.

패키지와 네임스페이스 패키지는 다양한 환경에서 실행되는 프로젝트 사이의 코드 공유에 주로 초점을 둔다. 이 패키지를 설치하면 즉시 임포트할 수 있다. 그러나 이는 파이썬 패키징의 유일한 목적이 아니다. 많은 파이썬 프로젝트들은 셸 유틸리티, 명령어, 그래픽 인터페이스를 가진 애플리케이션을 제공한다. pip 패키지로 배포되는 pip 명령어가 그 훌륭한 예다. 파이썬 패키징 인프라스트럭처를 이용하면 애플리케이션 스크립트와 대상 설치 환경의 실행 가능한 모듈을 pip의 그것과 동일한 방식으로 만들 수 있다. 이제 이 방법에 관해 살펴보기로 하자.

11.2.7 패키지 스크립트와 엔트리 포인트

모든 파이썬 모듈은 python -m 명령어를 이용한 프로그램처럼 실행할 수 있다. 이는 표준 라이브러리 모듈과 pip를 이용해 설치한 모듈 모두 해당한다. 예를 들어 다음은 표준 라이브러리에서 제공하는 json.tool 모듈을 호출한 것으로 이를 이용하면 셸에서 JSON 텍스트를 포매팅할 수 있다.

```
$ echo '{"name": "John Doe", "age": 42}' | python -m json.tool
{
    "name": "John Doe",
    "age": 42
}
```

이는 설치된 패키지의 어떤 모듈이든 간단히 실행할 수 있지만 가장 편리한 방법은 아니다. 무엇보다 패키지의 사용자가 애플리케이션 내부의 모듈 구조와 셸에서 어떤 모듈을 실행할 수 있는지 알아야 하기 때문이다. 또한 사용자들이 python -m 명령어를 입력해야 하기 때문에 스크립트의 불필요한 부분들이 중복해서 추가된다. 따라서 pip를 이용할 때는 python -m pip가 아니라 pip 명령어를 호출하는 것을 선호한다.

여러분의 파이썬 패키지를 작성할 때 pip 패키지와 동일하게 커스텀 셸 커맨드를 제공하고 이를 패키지와 함께 설치되도록 할 수 있다. 다음의 두 가지 방식을 이용할 수 있다.

- setuptools.setup() 함수에 script 인수를 전달한다.
- setuptools.setup() 함수에 entry_points 인수를 전달한다.

script 인수는 패키지를 통해 셸 명령어를 제공하는 가장 기본적인 방법이다. 이 인수는 distutils 모듈(setuptools의 기반 모듈)에서 이미 지원하므로 매우 간단하다. 작성한 패키지와 함께 배포될 스크립트 파일의 경로를 받는다. 패키지 설치 후 이 스크립트들은 파이썬 환경에 설정된 PATH 디렉터리 중 하나에서 사용할 수 있다.

동작을 확인하기 위해 3장에서 사용했던 파이썬 소스 안에 임포트를 찾는 스크립트 예시를 재사용한다. 전체 코드와 자세한 설명은 3장을 참조하자. findiports.py 파일은 다음 내용으로 시작한다.

```python
import os
import re
import sys

import_re = re.compile(r"^\s*import\s+\.{0,2}((\w+\.)*(\w+))\s*$")
import_from_re = re.compile(
    r"^\s*from\s+\.{0,2}((\w+\.)*(\w+))\s+import\s+(\w+|\*)+\s*$"
)

def main():
    if len(sys.argv) != 2:
        print(f"usage: {os.path.basename(__file__)} file-name")
        sys.exit(1)

    with open(sys.argv[1]) as file:
        for line in file:
            match = import_re.match(line)
            if match:
                print(match.groups()[0])

            match = import_from_re.match(line)
            if match:
                print(match.groups()[0])

if __name__ == "__main__":
    main()
```

몇 가지 기본적인 메타데이터, scripts 인수를 이용해 setup.py 파일을 작성한다.

```
from setuptools import setup

setup(
    name="findimports",
    version="0.0.0",
    py_modules=["findimports.py"],
    scripts=["findimports"],
)
```

다음 명령어 중 하나를 실행하면 편집 가능 모드에서 패키지를 설치할 수 있다.

```
$ pip install -e .
$ python setup.py develop
```

다음 명령어 중 하나를 실행하면 일반 모드에서 패키지를 설치할 수 있다.

```
$ pip install .
$ python setup.py install
```

패키지를 설치한 뒤 findimports 모듈을 셸 명령어로 이용할 수 있다. macOS 또는 리눅스에서는 compgen과 grep을 이용해 모든 명령어를 검색할 수 있으며 실제로 셸에서 findimports를 사용할 수 있다.

```
$ compgen -c | grep findimports
findimports.py
```

위에서 볼 수 있듯이 findimport.py 스크립트는 스크립트 파일명과 정확하게 같은 이름으로 이용할 수 있다. .py 확장자를 셸 명령어에서 생략하고 싶다면 다음 두 가지 방법 중 하나를 선택하면 된다.

- **모듈 파일명에서 .py 확장자를 제거한다**: 여기에 맞춰 setup.py 스크립트도 수정해야 한다. 이 방법의 단점은 더 이상 findimport를 임포트 가능한 파이썬 모듈(py_modules 인수)로 배포할 수 없다는 것이다. 그리고 해당 스크립트 모듈에 대한 단위 테스트도 어려워진다.

- **findimports.py용 래퍼 스크립트를 만든다**: script 인수를 이용하면 셸 스크립트를 포함한 모든 스크립트 타입을 배포할 수 있다. 여기에서는 확장자가 없는 이름을 가진 셸 스크립트 래퍼를 만

들고(예를 들어 scripts/findimports) 이를 scripts 인수의 대상으로 지정할 수 있다. 이 파일의 내용은 다음과 같이 간단하다.

```sh
#!/usr/bin/env sh
python -m findimports
```

스크립트 파일 확장자와 distutils의 래퍼 스크립트와 관련된 문제는 setuptools 모듈의 entry_points 확장 기능을 이용해서 회피할 수 있다. setup.py 배포 스크립트의 환경 설정을 통해 애플리케이션 엔트리 포인트를 제공(셸 스크립트처럼)하는 것은 표준 방법이다. 여러분이 작성한 패키지 소스 안의 어떤 함수든 셸 스크립트로 배포할 수 있다. 이를 이용하면 전용의 러너블 모듈을 생성하지 않아도 되기 때문에 애플리케이션 엔트리 포인트 관리가 극도로 단순해진다.

다양한 유형의 엔트리 포인트를 이용할 수 있지만 console_scripts를 가장 일반적으로 이용한다. console_scripts를 이용하면 모듈이나 함수를 자동 생성된 스크립트 명령의 대상으로 등록할 수 있다. 다음은 findimports 스크립트를 위해 제공할 수 있는 콘솔 엔트리 포인트의 예시다.

```python
from setuptools import setup

setup(
    name="findimports",
    version="0.0.0",
    py_modules=["findimports"],
    entry_points={
        "console_scripts": ["findimports=findimports:main"]
    }
)
```

콘솔 엔트리 포인트를 사용하면 명령어의 이름, 명령어 호출 시 정확하게 실행할 것인지에 대한 선택이 보다 유연하다. = 기호의 왼쪽에는 원하는 명령어명을 기입한다. 예시에서는 findimports다. 오른쪽에는 모듈 임포트 경로(예시에서는 여전히 findimports다)와 함께 실행할 함수명(여기에서는 main())을 함께 기입한다.

entry_points 인수를 이용하면 명령어의 더 나은 네이밍과 단일 파이썬 모듈에 여러 명령어를 넣을 수 있다. 그렇다고 scripts 인수가 쓸모없어지는 것은 아니다. 예를 들면 셸 스크립트(Bash 같은)는 entry_points가 아닌 scripts 인수로만 패키징할 수 있다.

NOTE setuptools 패키지의 엔트리 포인트 피처는 실제로 패키지 사이에서 훅hook을 전파하는 일반적인 방법이다. 모든 패키지는 다른 패키지에 존재하는 엔트리 포인트에 질의할 수 있다. 예를 들어 이 피처를 이용하면 플러그인 메커니즘을 만들 수 있다. pytest 단위 테스팅 프레임워크는 플러그인 시스템에서 엔트리 포인트 메커니즘을 사용하는 패키지의 좋은 예다. pytest 플러그인 작성과 관련한 더 많은 정보는 https://docs.pytest.org/en/stable/writing_plugins.html을 참조한다.

파이썬 패키징은 바이너리 wheels와 패키징 스크립트를 허용하는 피처 덕분에 완전한 애플리케이션을 배포하는 수단으로 사용할 수 있다. 가상 환경을 이용한다면 다양한 애플리케이션 사이에 상당한 양의 디펜던시를 보장할 수 있다.

안타깝게도 파이썬 패키징과 가상 환경은 모든 환경 격리 문제를 해결하지 못한다. 예를 들어 가상 파이썬 환경을 통해서는 셰어드 시스템 라이브러리의 변경으로부터 여러분의 애플리케이션을 보호할 수 없다. 여러분이 이용하는 모든 파이썬 디펜던시가 바이너리 wheel 형태로 배포되지도 않을 것이다. C, C++, Cython으로 작성된 파이썬 확장 기능은 대단히 유명한데, 이는 달리 표현하면 복잡한 애플리케이션인 경우 직접 컴파일할 필요성이 많다는 의미다. 순수한 의존성 격리 부족, 직접 컴파일을 해야 한다는 점 때문에 파이썬 패키지들은 특정 유스케이스에서 종종 신뢰할 수 없는 배포 산출물로 간주된다. 웹용 애플리케이션과 서비스 패키징이 이런 유스케이스에 해당한다.

11.3 웹용 애플리케이션 및 서비스 패키징

소프트웨어 배포는 전통적으로 두 가지 주체가 필요한 프로세스다. 누군가(배포자distributor)는 사용 가능한 소프트웨어 릴리스를 만들어야 한다. 과거에는 물리적 매체(플로피 디스크 또는 CD)를 이용해 배포했지만 최근에는 주로 인터넷을 통해 배포된다. 또 다른 누군가(소비자consumer)는 신중하게 소프트웨어를 받아 그들의 컴퓨터에 설치한다. 모든 소프트웨어가 자동화된 업데이트를 제공하지는 않는다. 여전히 이 업데이트들은 설치에 대한 사용자의 동의가 있어야 한다.

SaaSsoftware as a service가 출현하면서 사용자가 소유한 컴퓨터에 설치되는 형태로 배포되는 소프트웨어는 점점 줄어들고 있다. 고전적인 프로그램들은 점진적으로 SaaS의 형태로 대체되고 있다.

- 전통적인 데스크톱 애플리케이션들은 웹 기반 소프트웨어로 대체되고 있다.
- 전통적인 소프트웨어 라이브러리들은 웹 API로 대체되고 있다.

웹 기반 소프트웨어의 배포 방식은 전통적인 웹 애플리케이션과는 다르다. 웹 기반 애플리케이션 사용자들은 일반적으로 표준 웹 브라우저나 특정한 서버 또는 서버 클러스터에서 운영되는 코드에 접근할 수 있는 셸처럼 동작하는 전용 클라이언트를 이용해 상호작용한다. 웹 기반 소프트웨어는 실제로는 이 서버들에 배포되어야 하지만, 전체 프로세스는 최종 사용자들에게는 보이지 않으므로 이들은 이 프로세스에 관해 거의 눈치채지 못한다.

그래서 많은 개발자는 웹 기반 애플리케이션에서는 **배송**shipping한다는 용어를 선호한다. 소비자들은 의도적으로 소프트웨어의 사용자로 로그인하지만, 언제 어떻게 소프트웨어가 배송될지는 거의 통제하지 못한다. 또한 잠재적인 업데이트들은 문틈으로 들어가 사용자들은 이를 쉽게 거부하거나 무시할 수 없다.

웹 기반 애플리케이션들은 점점 널리 이용되고 있다. 심지어 데스크톱에서의 사용을 주 목적으로 하는 애플리케이션들조차 자동 업데이트, 클라우드 동기화, 온라인 협업 같은 웹 기반 기능들을 제공한다. 이는 비록 여러분의 애플리케이션이 웹 기반이 아니라 하더라도 웹 애플리케이션을 배송하는 기본에 관해 아는 것은 가치가 있다는 의미다.

이번 절에서는 파이썬만 가진 특징이나 트릭과 함께 웹 애플리케이션을 빌드하고 배포하는 좋은 프랙티스와 도구들에 관해 살펴본다.

11.3.1 12요소 앱 방법론

여러분이 운영하는 서버에만 소프트웨어를 배포할 수 있다면, 배포 프로세스의 중요한 사실 한 가지를 제거하게 된다. 바로 사용자user다. 사용자들이 여러분의 애플리케이션을 다운로드해서 직접 설치까지 할 수 있다면 크게 신경 쓸 필요는 없다. 어떤 운영체제를 사용하는지 신경 쓸 필요가 없다(사용자들이 이용하는 브라우저에는 신경을 써야 할지도 모른다). 그리고 대부분 업데이트를 수행하기 위해 권한을 요청할 필요도 없다. 여러분이 원하는 무엇이든 할 수 있다. 그렇지만 과연 그렇게 해야만 하는가?

웹 기반 소프트웨어는 많은 장점을 제공한다. 여러분은 완전한 통제권을 갖는다. 원하는 시점에 원하는 만큼 업데이트할 수 있다. 웹 애플리케이션 사용자들은 잦은 업데이트는 물론 그들이 문제를 알렸을 때 즉각적으로 수정되기를 기대할 것이다. 또한 소프트웨어가 성공적이라면 수많은 서버에 의존해 날로 커져가는 규모의 사용자를 지원해야 할 것이다. 대규모 사용자는 일반적으로 웹 기반 애플리케이션의 종착지이기도 하다.

따라서 지속 가능한 속도로 성장할 수 있도록 소프트웨어를 빌드하는 것이 대단히 중요하다. 여러분의 애플리케이션은 쉽게 설정할 수 있어야 하고, 그 디펜던시(외부 서비스 및 운영체제 등)와 분리되어 쉬운 유지보수와 직관적이고 반복적으로 새 버전을 배포할 수 있어야 한다. 또한 운영 환경에 배포하는 것은 개발을 위해 로컬에서 실행하는 것처럼 쉬워야 한다(반대의 경우도 마찬가지다).

이를 위해서는 운영 관련 지식이 필요하다. 대규모 소프트웨어를 많이 운영해보지 않았다면, 많은 실수를 할 것이고 이는 많은 시간, 리소스, 비용(서버 비용 등)을 앗아갈 것이다. 따라서 일련의 검증된 프로세스를 따르는 것은 좋은 아이디어다.

12요소 앱 방법론twelve-factor app manifesto은 좋은 프랙티스의 집합이다. 특정 프로그래밍 언어에 국한되지 않는 SaaS 앱 빌딩에 관한 방법론이다. 그 목적 중 하나는 애플리케이션의 배포를 쉽게 만드는 것이지만 유지보수성이나 애플리케이션을 확장하기 쉽게 만드는 것 등 다른 주제들도 강조한다.

이름 그대로 12요소 앱 방법론은 12개의 규칙으로 구성된다.

1. **코드베이스**: 버전 관리되는 하나의 코드베이스와 다양한 배포

2. **디펜던시**: 명시적으로 선언되고 분리된 종속성

3. **설정**: 환경environment에 저장된 설정

4. **백엔드 서비스**backing service: 백엔드 서비스를 연결된 리소스로 취급

5. **빌드, 릴리스, 실행**: 철저하게 분리된 빌드와 실행 단계

6. **프로세스**: 애플리케이션을 하나 혹은 여러 개의 무상태stateless 프로세스로 실행

7. **포트 바인딩**: 포트 바인딩을 사용해서 서비스 공개

8. **동시성**concurrency: 프로세스 모델을 사용한 확장

9. **폐기 가능성**disposability: 빠른 시작과 그레이스풀 셧다운graceful shutdown을 통한 안정성 극대화

10. **개발/프로덕션 환경의 일치**: 개발, 스테이징, 프로덕션 환경을 최대한 비슷하게 유지

11. **로그**: 로그를 이벤트 스트림으로 취급

12. **어드민 프로세스**admin process: 어드민/관리 작업을 일회성 프로세스로 실행

> **NOTE** 12요소 앱 방법론 전문은 https://12factor.net/ko/를 참조한다.

모든 항목을 세세하게 설명하지는 않을 것이다. 12요소 앱 웹사이트에서 충분한 설명과 이유를 제공하기 때문이다. 다만 몇 가지 규칙에 관해 조금 더 살펴보고자 한다. 이들 중 몇 가지는 널리 알려진 도구, 기법 또는 파이썬 생태계에서 유명한 라이브러리들을 이용해 적용할 수 있기 때문이다.

11.3.2 도커 활용하기

도커에 관해서는 2장에서 이미 소개했다. 도커는 경량의 가상화 도구이며 훌륭한 개발 환경 격리를 제공한다.

도커는 작성한 모든 코드와 런타임 디펜던시(모듈, 패키지, 셰어드 라이브러리)를 컨테이너 이미지에 간단히 패키징한다. 컨테이너 이미지는 주어진 환경의 격리된 컨테이너로 실행될 수 있다.

또한 도커 컨테이너는 상태가 없다. 즉, 같은 이미지에서 시작된 두 개의 컨테이너는 완전히 동일한 초기 상태를 가진다. 컨테이너 안에서 발생한 모든 파일시스템 수정은 해당 컨테이너 안에서만 유지된다. 컨테이너 내부의 파일시스템의 일부는 물론 전용 볼륨에 마운트함으로써 익스포트될 수 있지만, 이 작업은 항상 명시적으로 진행되며 우연히 발생하지 않는다. 작업을 끝낸 컨테이너(종료된 메인 프로세스, 정상 종료나 갑작스러운 중단 등 종료된 메인 프로세스)는 사용하지 않으며 초기 상태와 동일하다.

> **NOTE** 도커 컨테이너는 종료되더라도 기본적으로 사라지지 않는다. 종료된 컨테이너를 자동으로 제거하려면 --rm 플래그를 docker run 명령어와 함께 사용해야 한다. 컨테이너가 작업을 끝낸 뒤 재시작할 수도 있지만 이는 기본적인 운영 방법이 아니라 조사inspection를 위한 목적으로만 사용되어야 한다.

도커 컨테이너와 그 이미지들을 정의, 실행, 관리하는 방법은 12요소 앱 방법론의 몇 가지 원칙을 만족한다.

* **디펜던시**: 새로운 도커 이미지를 만들기 위해서는 도커파일을 정의해야 한다. 도커파일은 모든 준비 단계의 선언적인 문장이다. 도커 파일에는 모든 셰어드 라이브러리, 패키지, 여러분이 작성한 코드를 포함한다. 그리고 멀티 스테이지 도커 빌드를 이용하면 빌드 타임 디펜던시와 런타임 빌드를 분리할 수 있다. 디펜던시는 격리된다. 서로 다른 도커 이미지로부터 만든 여러 컨테이너를 동일한 호스트 시스템에서 실행할 수 있으며 이들의 디펜던시는 절대 충돌하지 않는다.
* **빌드, 릴리스, 실행**: 도커 이미지들은 보통 전용 런타임 환경 밖에서 빌드된다. 전용 빌드 서버 또는 개발에서 사용되는 컴퓨터일 수 있다. 이미지들은 일반적으로 전용 이미지 저장소에 저장된다. 대상 환경에서 실행되는 도커 데몬이 가장 최신 버전의 이미지를 끌어당긴다pull. 이미지의 설명 라벨 태깅을 통해 쉽게 버전을 지정하고 심지어 특정한 환경에 지정할 수도 있다.
* **프로세스**: 도커 컨테이너들은 상태가 없다. 그리고 컨테이너는 컨테이너를 호스트하는 운영체제의 관점에서는 단일 프로세스로 보인다. 도커 컨테이너는 컨테이너 내부에서 실행되는 모든 스레드와 서브프로세스, 사용하는 모든 리소스(예, 메모리)를 샌드박싱한다.

- **개발/운영 환경의 일치**: 소프트웨어를 컨테이너에 패키징함으로써 운영 환경과 개발 환경 사이의 간극을 제거할 수 있다. 컨테이너는 운영체제에 대한 많은 디펜던시를 격리하기 때문이다. 그리고 도커 컴포즈를 이용하면 여러 컨테이너들의 애플리케이션을 모두 조정할 수 있으며, 운영 환경에서 사용되는 동일한 버전의 지원 서비스(데이터베이스, 캐시, 리버스 프록시 등)를 이용할 수 있다.

도커의 훌륭한 점은 애플리케이션의 이식성이다. 대상 시스템에서 도커 데몬만 실행할 수 있다면 컨테이너를 실행할 수 있다.

자체적으로 서버(물리/가상) 클러스터를 운영하고 있다면 도커 데몬을 이용해 이들을 프로비전하고, 컨테이너들이 항상 실행되는 상태를 보장하도록 몇 가지 환경 설정과 스크립팅을 제공해야 한다. 하지만 이는 어떤 소프트웨어를 다루건 해야 하는 작업이다. 도커를 이용하면 삶이 한결 수월해질 것이다. 모든 애플리케이션은 동일한 전달 가능 타입(컨테이너 이미지)을 가질 것이며, 복잡한 설치 프로세스가 필요하지 않기 때문이다. 또한 systemd 같은 대부분의 리눅스 배포판에서 사용할 수 있는 공통 시스템과 서비스 관리자를 이용해 컨테이너 관리를 할 수 있다.

> **NOTE** 도커파일을 이용해 도커 이미지를 생성하는 방법은 2장에서 이미 살펴봤다. 도커파일 작성과 관련된 베스트 프랙티스에 관한 더 많은 정보는 https://docs.docker.com/develop/develop-images/dockerfile_best-practices/를 참조한다.

그러나 모든 조직이 직접 인프라스트럭처를 지원하지는 않을 것이다. 다행히도 많은 클라우드 제공자들이 도커 사용자의 짐을 덜어줄 수 있는 다양한 서비스를 제공한다. 큰 규모인 경우에는 **쿠버네티스**Kubernetes, k8s 같은 전용 컨테이너 오케스트레이션 시스템container orchestration system을 이용할 수 있다. 쿠버네티스는 구글이 설계한 컨테이너 오케스트레이션 시스템이다. 쿠버네티스는 동일한 클러스터 노드에서 실행되어야 하는 애플리케이션 컨테이너들의 집합을 **Pods**라 불리는 그룹으로 조직한다. 쿠버네티스는 컨테이너 볼륨과 환경 설정 맵을 관리하고 자동화된 서비스의 스케일링을 통제하며, 클러스터 내부의 커뮤니케이션 및 유입되는 트래픽을 관리한다.

> **NOTE** 쿠버네티스에 관한 더 많은 정보는 https://kubernetes.io/ko/를 참조한다.

쿠버네티스를 이용하면 다양한 컨테이너 오케스트레이션 요구 사항을 관리할 수 있다. 필요한 워커 노드의 수와 설정 방법을 결정할 수 있는 매니지드 쿠버네티스 클러스터managed Kubernetes cluster부터 단순히 도커 이미지들과 환경 파일을 제공하면 클라우드 프로바이더가 인프라스트럭처 확장을 관리해주는 완전한 **서버리스**serverless 서비스도 이용할 수 있다. 유연한 온디맨드 가격 정책에 따라 실제 이용한 리소스만큼의 비용만 지불하면 된다. 결과적으로 초기의 큰 인프라스트럭처 비용을 최소화하고 '성장에 맞춰 확장'할 수 있다.

호스트와 서비스 제공자 사이의 이식성을 확보하기 위한 애플리케이션이 물론 도커뿐만은 아니다. 그러나 패키징 포맷과 관계없이 애플리케이션이 이식성을 확보하기 위해서는 특정한 시스템과 애플리케이션에 종속되지 않는 방법으로 설정 가능해야만 한다. 다음으로 애플리케이션에 대한 전통적인 설정 옵션에 관해 살펴보자.

11.3.3 환경 변수 다루기

모든 애플리케이션은 환경 설정 값을 가지며, 이는 환경에 따라 매우 다르다. 다음과 같은 값들을 예로 들 수 있다.

- 백엔드 서비스(캐시, 데이터베이스, 프록시 서버, 웹 API 등)에 대한 커넥션 문자열(URL), 호스트명, 포트 번호 등
- 백엔드 서비스용 크리덴셜
- 암호화 키encryption key, 클라이언트 인증서client certificate와 같은 기타 시크릿
- 피처 토글feature toggle, 리소스 제한과 같은 환경별 값

이 환경 설정 값들은 애플리케이션 코드와 항상 분리되어야 하며 모듈에 상수로 저장해서는 절대 안 된다. 이는 비밀이 유지되어야 하는 값들인 경우 특히 중요하다. 여기에는 다양한 이유가 있다.

- 첫 번째는 보안이다. 시크릿과 크리덴셜 정보가 코드에 포함된다면, 해당 코드에 접근할 수 있는 모든 사람이 이 정보를 알게 된다. 그리고 누군가 코드 저장소에 접근한다면, 과거의 시크릿을 포함에 모든 정보를 알게 된다. 이는 심각한 보안 리스크다.
- 두 번째는 환경의 휘발성volatility이다. 환경은 언제든 바뀔 수 있다. 어제는 몇 개의 환경에서 작업했지만, 오늘은 더 많은 환경을 만들고자 할 수 있다. 새로운 피처 브랜치마다 짧게 유지되는 새로운 환경을 만들고 싶다면 어떻게 할 것인가? 프로젝트에 참여하는 모든 팀 구성원이 동일한 작업을 해야 한다면 어떻게 할 것인가? 정말로 그 모든 환경 설정을 동일한 프로젝트 저장소에 유지하고 싶은가?
- 마지막으로 환경 설정은 언어와 프레임워크에 종속되어서는 안 된다. 여러분은 결국 다양한 기술을 이용해 소프트웨어를 실행할 것이다. 프레임워크를 바꾸거나 파이썬에서 완전히 다른 언어로 갈아탈 수도 있다. 어떤 시스템에서는 인프라스트럭처도 바뀔 수 있다. 오늘 한 호스트의 가상 환경에서 실행되던 간단한 애플리케이션이 내일은 쿠버네티스 클러스터에서 실행되는 도커 컨테이너가 될 수도 있다. 심지어 클라우드 제공자가 관리하는 서버리스 기능이 될 수도 있다. 애플리케

이션이 어떤 형태로 진화하게 될지는 알 수 없으므로 가능한 포괄적인 애플리케이션 환경 설정 방법을 제공해야 한다.

애플리케이션 환경 설정을 제공하는 가장 일반적인 방법은 **환경 변수**environment variable다. 이는 간단하게 키-값 매핑으로 모든 운영체제와 프로그래밍 언어가 지원한다. 이들은 별도의 코드나 파일을 수정하지 않아도 쉽게 변경할 수 있다. 이들은 오로지 실행 중인 프로세스 환경(짧은 수명을 가진)에만 저장되므로 애플리케이션에 시크릿 값을 제공하는 것보다 훨씬 낫다.

환경 변수를 이용한 환경 설정의 가장 큰 장점은 애플리케이션 소스 코드로부터의 완전한 분리다. 덕분에 동일한 배포가 가능한 산출물(도커 컨테이너 이미지나 파이썬 패키지 등)을 다양한 환경에서 이용하고, 애플리케이션이 시작할 때 새로운 환경 변수를 제공함으로써 애플리케이션을 조정할 수 있다. 이 접근 방식은 다른 환경에 대한 버전 변경을 줄이며, 애플리케이션 패키지에 시크릿 변수를 포함시키지 않도록 해준다. 또한 다양한 프레임워크나 심지어 언어로 작성된 코드를 이용할 수도 있다. 환경 변수를 이용하면 동일한 환경 변수 매체를 상이한 기술들 사이에서도 공유할 수 있다(전용 환경 설정 파일이나 모듈을 사용하는 것과 정반대다).

환경 변수 사용은 간단하다. 리눅스, macOS, 다른 POSIX 호환 시스템에서는 다음과 같이 export 명령어를 이용해 새로운 환경 변수를 설정할 수 있다.

```
$ export MY_VARIABLE="my-value"
```

이 시스템에서는 한 명령어의 호출 스코프에 대해서만 특정한 변수를 설정할 수도 있다. 다음과 같이 명령어 앞에 변수를 선언하면 된다.

```
$ VARIABLE_1="value-1" command
```

윈도우에서는 PowerShell을 이용해 특별한 $env 변수에 환경 변수의 값을 설정할 수 있다.

```
$ $env:TEAMS="my-value"
```

CMD를 이용한다면 다음과 같이 set 명령어를 사용할 수 있다.

```
$ set MY_VARIABLE="my-value"
```

리눅스, macOS에서의 환경 변수명은 대소문자를 구분하지만 윈도우에서는 그렇지 않다. 따라서 환경 변수명에는 관습적으로 대문자를 사용하며 이 관습을 코드에도 적용한다.

앞에서 볼 수 있듯이 환경에 따라 환경 변수 선언 방법이 다르다. 또한 쿠버네티스 또는 클라우드 서비스 제공자가 별도로 제공하는 컨테이너 오케스트레이션 시스템에서는 시스템 셸을 직접 이용할 수 없으므로 전용 서비스 매니페스트 파일이나 서비스 제공자 API 등을 이용해 환경 변수를 설정한다.

환경이 달라져도 환경 변수를 읽는 방법은 달라지지 않는다. 파이썬의 환경 변수는 내장 os 모듈의 environ 변수를 통해 접근할 수 있다. 이 변수는 dict 유사 객체이며 이를 이용해 환경 변수에 접근하고 환경 변수를 수정할 수 있다.

os.environ에는 언제나 자유롭게 접근할 수 있지만, 관습적으로 애플리케이션 내 모든 환경 변수에 접근하는 단일 모듈을 만들어 사용한다. 이를 이용하면 애플리케이션이 지원하는 모든 환경 설정 옵션을 한눈에 볼 수 있고 환경 변수 처리와 검증을 통제할 수 있다.

다음은 한 소규모 애플리케이션의 환경 설정 예시다.

```python
import os

DATABASE_URI = os.environ["DATABASE_URI"]
ENCRYPTION_KEY = os.environ["ENCRYPTION_KEY"]

BIND_HOST = os.environ.get("BIND_HOST", "localhost")
BIND_PORT = int(os.environ.get("BIND_PORT", "80"))

SCHEDULE_INTERVAL = timedelta(
    seconds=int(os.environ.get("SCHEDULE_INTERVAL_SECONDS", 50))
)
```

예시에서 볼 수 있듯이 os.environ은 일반적인 딕셔너리 프로토콜을 이용한다. 주어진 변수가 존재하지 않으면 [key]를 이용한 구문은 KeyError 예외를 발생시킨다. 이는 필요한 애플리케이션을 작동시키는 데 반드시 필요한 환경 변수를 명시하는 일반적인 방법이다.

이와 유사하게 os.environ.get() 메서드를 이용하면 선택적인 환경 변수를 지정하거나 기본값을 설정할 수 있다. 기본값을 이용하면 환경마다 다르게 설정해야 하는 환경 설정의 양을 줄일 수 있어 편리하다. 기본 환경 설정 값을 이용하는 좋은 대상은 환경과 관계없이 일반적으로 같은 값을 갖지만 특별한 경우(테스팅 환경 등)에만 오버라이드되는 값들이다. 보안 관점에서 기본값들은 개발 시 이용하는 값이 아닌 운영 시 이용하는 값이어야 한다. 이는 가장 중요한 환경에서의 우발적인 환경 설정 실수를 방지한다. 당연히 기본값에 시크릿 값들은 포함되어서는 안 된다.

마지막으로 특정한 데이터 타입으로 전환되어야 하는 값들도 있다. os.environ 객체에 저장된 환경 변수는 항상 문자열이기 때문이다. 여러분의 코드에서 유용한 형태의 특정한 데이터 타입이 있다면, 해당 문자열을 파싱해서 변환해야 한다. 앞의 예시에서 BIND_PORT 값을 정수 포맷으로, SCHEDULE_INTERVAL_SECONDS를 timedelta 객체로 변환했다.

환경 변수의 수가 늘어나면, 이들을 하나의 환경 설정 객체로 만들어서 자동으로 값을 파싱함으로써 보다 구조적으로 환경 설정을 할 수 있다면 합리적일 것이다. 파이썬 표준 라이브러리는 이런 기능을 제공하지 않지만, PyPI에서 제공하는 풍부한 유틸리티를 이용하면 환경 변수들을 효율적으로 관리할 수 있다.

이런 유틸리티 중 하나가 environ-config 패키지다. 이 패키지를 이용하면 환경 변수에 자동으로 접두사를 붙이거나 명시적인 섹션을 그루핑할 수 있다. 그리고 손쉽게 값을 검증하고 변환할 수 있다. environ-config 패키지의 핵심은 environconfig() 클래스 데커레이터와 environ.var() 디스크립터다. 이들을 환경 설정 클래스를 정의하는 데 사용하고 이 클래스는 os.environ 객체로부터 직접 값을 읽을 수 있다. 다음은 앞에서 예시로 들었던 환경 설정 모듈을 environ-config 패키지를 이용해 재구현한 것이다.

```python
from datetime import timedelta
import environ


@environ.config(prefix="")
class Config:
    @environ.config()
    class Bind:
        host = environ.var(default="localhost")
        port = environ.var(default="80", converter=int)

    bind = environ.group(Bind)
    database_uri = environ.var()
    encryption_key = environ.var()

    schedule_interval = environ.var(
        name="SCHEDULE_INTERVAL_SECONDS",
        converter=lambda value: timedelta(seconds=int(value)),
        default=50,
    )
```

실제로 환경 설정 객체를 만들 때는 다음과 같이 Config.from_environ() 함수를 실행한다.

```
>>> config = Config.from_environ()
>>> config.bind
Config.Bind(host='localhost', port=80)
>>> config.bind.host
'localhost'
>>> config.schedule_interval
datetime.timedelta(seconds=50)
```

이 환경 설정 클래스들은 environ.config() 데커레이터를 이용해 데커레이션되어 있기 때문에 자동으로 속성 이름을 대문자로 변환하고 환경 변수를 탐색한다. 즉, config.database_uri 속성은 DATABASE_URI 환경 변수와 직접 연관된다. 그러나 자동 생성된 이름이 아닌 특정한 이름을 사용해야 할 경우도 있다. 이런 경우에는 name 키워드 인수를 environ.var() 디스크립터에 제공하면 된다. schedule_interval 속성을 정의하는 부분이 이 경우에 해당한다.

Config.Bind 클래스 정의와 environ.group() 디스크립터 사용에서 환경 설정을 중첩하는 방법을 확인할 수 있다. environ-config 패키지는 매우 스마트해서 요청된 환경 변수명에 그룹 속성을 나타내는 이름을 접두사로 붙일 수 있다. 즉 Config.bind.host 속성은 BIND_HOST 변수, Config.bind.port 속성은 BIND_PORT 환경 변수와 관련됨을 의미한다.

그러나 environment-config 모듈의 가장 유용한 피처는 편리하게 환경 변수를 변환하고 검증할 수 있다는 것이다. 이 경우에는 converter 키워드 인수를 사용한다. Config.bind.port 예시처럼 타입 생성자를 이용하거나 하나의 위치 문자열 인수를 받는 커스텀 함수를 이용할 수 있다.

Config.schedule_interval 예시와 같이 일회성 람다 함수one-off lambda function를 이용하는 것은 공통적인 기법이다. 보통 변수는 converter 인수만으로도 올바른 타입과 값을 가질 수 있다. 만약 충분하지 않다면, validator 키워드 인수를 추가로 전달할 수 있다. 이는 콜러블이어야 하며 converter 함수의 출력을 받아 최종 결과를 반환한다.

11.3.4 애플리케이션 프레임워크에서 환경 변수의 역할

전용 환경 설정 파일이나 모듈 레이아웃을 가진 애플리케이션 프레임워크 내부에서 환경 변수의 역할은 명확하지 않다. 이런 프레임워크의 예로 Django 프레임워크를 들 수 있는데, Django는 유명한 settings.py 모듈을 포함한다. Django의 settings.py 모듈은 다양한 런타임 환경 설정 변수들의 집합을 가진 모든 애플리케이션의 모듈이다. 이 모듈은 두 가지 목적을 지원한다.

- **프레임워크 내부의 애플리케이션 구조 설명**: Django 애플리케이션은 다양한 컴포넌트, 즉 앱app, 뷰view, 미들웨어middleware, 템플릿template, 콘텍스트 프로세서context processor 등으로 구성된다. settings.py 파일은 모든 설치된 앱, 사용된 컴포넌트, 그들의 환경 설정 선언을 담은 선언서이다. 이 환경 설정의 대부분은 애플리케이션이 실행되는 환경과 독립적이다. 다시 말해서 이는 애플리케이션과 통합된 부분이다.

- **런타임 환경 설정 정의**: settings.py 모듈을 이용하면 환경에 특화된 애플리케이션 런타임에 애플리케이션 컴포넌트들이 접근해야 하는 값을 제공할 수 있다. 그러므로 애플리케이션 환경 설정을 위한 일반적인 수단이다.

애플리케이션 코드의 코드 저장소 안에 프레임워크에 특화된 선언을 포함하는 것은 일반적인 것이다. 그것은 실제로 애플리케이션 코드의 일부다. 문제는 이 settings.py 파일이 애플리케이션이 배포될 실제 환경에 대한 명시적인 값을 가지고 있을 때 발생한다.

일부 Django 개발자들은 관습적으로 프로젝트 환경 설정에 여러 settings 모듈들을 정의한다. 이 settings 모듈은 그 규모가 매우 커질 수 있으며, 일반적으로 하나의 기본 settings.py 파일이 공통 환경 설정을 담고 있다. 이렇게 설정된 환경별 모듈은 특정한 값들을 오버라이드한다(그림 11.1).

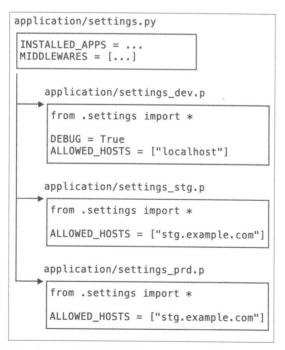

그림 11.1 **Django 애플리케이션의 settings 모듈의 전형적인 레이아웃**

설계는 매우 간단하다. Django는 사실 이를 기본적으로 지원한다. Django 애플리케이션이 시작되면 DJANGO_SETTINGS_MODULE 환경 변수를 읽어 어떤 모듈을 임포트할 지 결정한다. 그래서 이 패턴이 널리 이용된다.

여러 개의 환경별 settings 모듈을 갖게 하는 것은 매우 간단하며 널리 이용되지만 몇 가지 단점이 있다.

- **간접적인 환경 설정**configuration indirection: 모든 settings 모듈은 공통 값의 사본을 보존하거나 공유된 공통 파일에 값을 임포트해야 한다. 일반적으로 후자의 방법을 이용한다. 특정 환경에서의 실질적인 환경 설정이 무엇인지 확인하고 싶다면 두 모듈을 모두 읽어야 한다. 아주 가끔 개발자들은 특정 환경의 환경 설정 일부를 임포트하기도 한다. 이런 상황에서는 환경 설정값을 검사하는 것 자체가 악몽이 된다.

- **새로운 환경 변수를 추가하려면 코드를 변경해야 한다**: settings 모듈은 파이썬 코드이며 애플리케이션 코드와 묶이게 되므로 완전히 새로운 환경을 만들어야 하는 경우에는 코드를 수정해야만 한다.

- **환경 설정을 수정하면 애플리케이션을 새로 패키징해야 한다**: 환경 설정 변경을 위해 코드를 수정할 때마다 배포 가능한 새로운 산출물을 만들어야만 한다. 일반적인 배포 방법론에서의 프랙티스는 여러 환경에 적용할 수 있는 새 애플리케이션 버전을 권장한다. 일반적인 절차는 '개발 → 테스팅 → 스테이징 → 프로덕션'이다. 여러 settings 모듈을 이용하면 한 가지 환경 설정에서 하나만 바뀌어도 영향을 받지 않는 환경에까지 배포해야 할 수 있다. 이는 곧 운영면에서의 오버헤드를 야기한다.

- **하나의 애플리케이션이 모든 환경에 대한 설정 내용을 가지고 있다**: 한 환경이 다른 환경들보다 덜 안전한 경우 보안 리스크에 노출될 수 있다. 예를 들어 개발 환경의 접근 권한을 획득한 공격자attacker는 프로덕션 환경에 대한 공격 표면에 관한 정보를 얻을 수도 있다. 환경 설정에 시크릿 값을 저장한 경우에는 더욱 문제가 된다.

- **시크릿 값에 관한 문제**: 시크릿 값은 파일시스템은 물론 코드 안에 저장되어서는 안 된다. 환경별 settings 모듈을 이용하는 Django 애플리케이션은 일반적으로 환경 변수에서 시크릿을 읽는다(또는 전용 비밀번호 관리자와 통신한다).

Django를 애플리케이션 프레임워크 예시로 든 이유는 이것이 매우 널리 사용되고 있기 때문이다. settings 모듈을 사용하는 유일한 프레임워크는 아니지만, 여러 환경별 settings 모듈을 사용하는 패턴이 발생하는 유일한 프레임워크다.

이 프레임워크들은 settings 모듈이 있어야만 실행되는 경우가 많다. settings 모듈은 환경별 설정 값뿐만 아니라 애플리케이션의 구성 자체이기 때문이다. 즉, 이들을 일련의 환경 변수들로 쉽게 대체할 수 없다는 의미이기도 하다. 또한 애플리케이션에서 정의하는 값들은 리스트, 딕셔너리, 특별한 데이터 타입이 제공되어야 하므로 매우 불편하다.

그러나 중간 영역도 존재한다. 전용 settings 모듈을 가진 애플리케이션이라도 환경에 설정 값들을 저장하라는 twelve-factor 규칙을 만족시킬 수 있다. 다음 몇 가지 기본 원칙들을 따름으로써 해당 규칙을 만족시킬 수 있다.

- **단 하나의 settings 모듈만 이용한다**: 단 하나의 settings 모듈을 이용해 애플리케이션 구조와 어떤 환경에도 종속되지 않은 기본 동작(타임아웃 값 등)을 기술한다. 다시 말해, 특정한 값이 환경에 따라 변경되지 않는다면, 그 값은 settings 모듈에 넣어도 안전하다.

- **환경에 종속된 값은 환경 변수를 이용한다**: 어떤 값이 환경에 따라 바뀌면 이 값은 settings 모듈에서 변수로 노출될 수 있지만, 이런 값은 항상 환경 변수에서 읽도록 해야 한다. 매우 특정한 상황에서 한 값을 오버라이딩해야 하는 경우에서는 여전히 실용적으로 기본값을 이용할 수 있을 것이다. 개발 환경에서만 활성화되는 디버깅 플래그가 이에 해당하는 좋은 예다.

- **프로덕션 기본값을 이용한다**: 환경 설정 변수가 기본값을 가지면, 특정 환경에 대한 설정을 할 때 누락하기 쉽다. 특정한 환경 설정 변수들에 대한 기본값을 이용하기로 결정했다면, 그 값들이 프로덕션 환경에서 안전하게 사용될 수 있는 값인지 확인하라. 세심한 주의를 기울여야 할 값의 예시로는 인증authentication/인가authorization 설정, 실험적인 피처를 활성화/비활성화하는 피처 토글 등을 들 수 있다. 프로덕션 기본값을 이용함으로써, 우발적인 설정 실수가 발생하더라도 환경을 보호할 수 있다.

- **settings 모듈에 절대 시크릿 값을 넣지 않는다**: 시크릿은 settings 모듈을 통해 변수로 노출될 수 있지만(예, 환경 변수로부터 이들을 읽음) 이들을 평범한 텍스트로 두어서는 안 된다.

- **환경 라벨을 애플리케이션에 노출하지 않는다**: 애플리케이션은 자신이 경험할 수 있는 환경, 즉 특정한 환경 설정 변수를 통해서만 그 환경이 무엇인지 알아내야 한다. 특정한 환경에 붙인 라벨(개발, 스테이징, 프로덕션 등)에 기반해 행동하는 방법을 결정해서는 안 된다. 환경 라벨을 애플리케이션에 제공할 수 있는 유일한 유스케이스는 로깅과 진단 유틸리티에 콘텍스트를 제공하는 경우다.

  NOTE 로깅과 진단(환경 라벨 포함)에 관해서는 12장에서 더 자세히 살펴본다.

- **저장소에 환경별로 .env 파일을 만들지 않는다**: 환경 변수들을 소위 .env 파일들에 쓰는 일반적인 프랙티스가 존재한다. 이 변수들은 뒤에서 셸 스크립트를 통해 익스포트하거나 settings 모듈 내

부에서 직접 읽을 수 있다. 하지만 환경별 .env 파일들을 코드 저장소에 제공하는 프랙티스를 따르고 싶은 충동은 피하라. 이 방법은 환경별 settings 모듈에 관한 모든 단점을 가지고 있으며, 간접적인 환경 설정만 증가시킬 뿐이다.

> **TIP** .env 파일이 용인되는 방법은 오직 한 가지다. 로컬 개발을 목적으로 환경 설정 템플릿을 제공해, 개발자들이 그 고유의 로컬 개발 환경을 빠르게 사용할 수 있도록 하는 것이다. 도커 컴포즈 같은 로컬 개발용 도구들은 .env 파일을 인식하며, 그 값들을 애플리케이션 컨테이너에 익스포트할 수 있다. 여전히 이 프랙티스는 다른 환경으로는 확장되어서는 안 된다. 그리고 스크립팅 레이어(혹은 도커 컴포즈 지원)를 이용하거나 .env 파일을 실제 환경 변수로 익스포트한 뒤 파일시스템에서 이 파일들을 직접 읽을 수 있는 전용 라이브러리를 사용한다.

이 원칙들은 순수한 환경 기반 환경 설정과 전통적인 settings 모듈의 실용적인 트레이드오프다. 환경 변수들은 손쉽게 os.environ 객체, environ-config 패키지, 또는 다른 전용 유틸리티를 통해 읽을 수 있다.

물론 이 방법론은 환경별로 이용할 값이 무엇인지 결정해본 경험을 요구한다. 그러므로 이는 특정한 환경을 위한 재설정 과정에서 코드를 전혀 수정하지 않아도 된다는 것을 보장하지 않는다. 오히려 오로지 환경 설정 때문에 코드를 더 많이 변경하게 된다. 기본값에 크게 의존한다면 말이다. 따라서 특정한 변수가 가지는 값이 적어도 다른 하나의 환경에서 다르다면 이 기본값은 피하는 것이 좋다.

원격 서버에서 실행되어야 하는 애플리케이션 패키징은 격리, 환경 설정의 반복성을 제공하는 데 초점을 두어야 한다. 일반적으로 우리는 우리가 작성한 코드가 실행되는 서버나 인프라스트럭처에 대한 완전한 통제를 가지며 컨테이너 오케스트레이션 시스템 같은 전용 아키텍처를 구축해 전체 패키징 프로세스를 지원하고 단순화할 수 있다. 하지만 여러분이 대상 환경의 소유자나 관리자가 아니며, 사용자가 여러분이 작성한 애플리케이션을 직접 설치하고 실행해야 하는 경우 문제는 완전히 달라진다. 사용자의 개인 컴퓨터에 설치되는 데스크톱 애플리케이션이 그 일반적인 예시다. 이런 환경에서는 일반적으로 모든 스탠드얼론 애플리케이션standalone application과 마찬가지로 동작하는 스탠드얼론 실행 파일standanole executable을 만든다. 파이썬에서 이런 실행 파일을 빌드할 수 있는지 확인해본다.

11.4 스탠드얼론 실행 파일 생성

스탠드얼론 실행 파일을 생성하는 것은 파이썬 코드 패키징을 다룰 때 일반적으로 간과되는 주제다. 파이썬 표준 라이브러리에서 일반 사용자들이 파이썬 인터프리터를 설치하지 않고 실행할 수 있는 간단한 실행 파일을 생성할 수 있는 적절한 도구를 제공하지 않기 때문이다.

컴파일된 언어들이 파이썬보다 월등히 좋은 점은 이들은 지원하는 시스템 아키텍처에서 사용자들이 기반 기술에 관한 지식이 없어도 사용할 수 있는 실행 가능한 애플리케이션을 만들 수 있다는 것이다. 파이썬 코드는 패키지로 배포되면 파이썬 인터프리터가 있어야 실행할 수 있다. 기술적으로 능숙하지 않은 사용자들에게는 매우 큰 불편함을 준다.

개발자 친화적인 운영체제들(macOS 또는 대부분의 리눅스 배포판)은 파이썬 인터프리터가 미리 설치되어 있다. 따라서 이 사용자들에게는 메인 스크립트 파일의 특정 인터프리터 지시자(shebang이라 불린다)에 의존하는 소프트웨어 패키지를 배포할 수 있다. 대부분의 파이썬 애플리케이션에서는 다음과 같은 형태를 갖는다.

```
#!/usr/bin/env python
```

이런 지시자를 스크립트의 첫 번째 행에 기술하면 이는 해당 환경의 기본 파이썬 버전을 이용해 해석된다. 물론 이 지시자는 python3.9, python3, python2 등으로 보고 자세하게 기술할 수도 있다. 이방법은 대부분의 유명한 POSIX 시스템에서 동작하지만 모두에서 동작하지는 않는다. 이 해법은 특정한 파이썬 버전의 존재와 env 실행 파일을 /usr/bin/env로 실행할 수 있다는 것에 가정한다. 이두 가정은 특정 운영체제에서는 실패할 것이다. 그리고 shebang은 윈도우에서는 전혀 동작하지 않는다. 추가로 윈도우에서의 파이썬 환경 부트스트래핑은 심지어 개발자들에게도 어려운 일이다. 그러므로 비기술적 사용자들이 이를 할 수 있을 것이라 생각하지 않는 것이 바람직하다.

또한 데스크톱 환경에서 간단한 사용자 경험을 고려해야 한다. 사용자들은 애플리케이션을 데스크톱에서 실행 파일을 더블클릭하면 바로 실행되기를 기대한다. 그러나 소스 형태로 제공된 파이썬 애플리케이션에 대해 모든 데스크톱 환경이 이런 방식을 지원하는 것은 아니다.

다른 컴파일된 실행 파일처럼 작동하는 바이너리 배포판을 만들 수 있다면 가장 좋을 것이다. 다행히도 파이썬 인터프리터와 프로젝트를 포함한 실행 파일을 생성할 수 있다. 사용자들은 우리가 만든 애플리케이션이 파이썬으로 만들어졌는지 다른 디펜던시가 있는지 생각하지 않고 그냥 실행할 수 있다.

스탠드얼론 실행 파일의 유스케이스에 관해 살펴본다.

11.4.1 스탠드얼론 실행 파일이 유용한 경우
스탠드얼론 실행 파일은 사용자가 애플리케이션 코드와 상호작용하는 것보다 사용자 경험의 단순함이 중요한 상황에서 유용하다.

실행 가능한 애플리케이션을 배포하는 것은 코드 읽기와 유지보수를 더 어렵게 만들지만 불가능한 것은 아니다. 이는 애플리케이션 코드를 보호하는 방법이 아니라 애플리케이션과의 인터랙션을 단순하게 하는 목적으로만 사용해야 한다.

스탠드얼론 실행 파일은 비기술적인 최종 사용자를 위한 애플리케이션 배포에서 선호되는 방법이며, 윈도우용 파이썬 애플리케이션을 배포하는 유일한 합리적인 방법으로 보인다.

스탠드얼론 실행 파일은 일반적으로 다음의 경우 유효한 선택이다.

- 대상 운영체제에서는 이용하기 어려운 특정 파이썬 버전에 의존하는 애플리케이션
- 수정된 미리 컴파일된 CPython 소스에 의존하는 애플리케이션
- 그래픽 인터페이스 제공하는 애플리케이션
- 다른 언어로 작성된 여러 바이너리 확장 기능을 포함한 프로젝트
- 게임

파이썬 실행 파일 생성은 직관적이지는 않지만, 몇 가지 도구를 이용해 프로세스의 난이도를 낮출 수 있다. 몇 가지 유명한 도구들을 살펴본다.

11.4.2 널리 알려진 도구들

파이썬은 스탠드얼론 실행 파일 생성을 지원하는 내부 기능을 제공하지 않는다. 다행히도 이 문제를 해결하는 몇 가지 커뮤니티 프로젝트 다양한 성공을 거두었다. 다음 네 가지 도구가 가장 유명하다.

- Pyinstaller
- cx_Freeze
- py2exe
- py2app

각 도구마다 사용 방법과 제약 사항이 조금씩 다르다. 도구를 선택하기 전에 대상 플랫폼이 무엇인지 확인해야 한다. 위 패키징 도구들은 각기 특정한 운영체제들만 지원하기 때문이다.

프로젝트 초반에 이런 결정을 내릴 수 있다면 가장 좋다. 이 도구들은 코드에 복잡하지 않게 통합할 수 있지만, 스탠드 어론 패키지를 조기에 만들기 시작하면 전체 프로세스를 자동화함으로써 미래 개발에 소요될 시간을 줄일 수 있기 때문이다. 이를 뒤로 미루게 되면 프로젝트가 너무 정교하게 개발되어 이런 도구들을 그대로 통합해서 활용하지 못하게 될 수도 있다. 이런 프로젝트의 스탠드얼론 실행 파일을 제공하는 과정에서 문제가 발생하거나 수많은 노력이 필요할 수 있다.

다음 절에서는 Pyinstaller에 관해서 살펴본다.

Pyinstaller

Pyinstaller는 현재까지 파이썬 패키지를 스탠드얼론 실행 파일로 만드는 가장 진보한 프로그램이다. 현재 기준으로 유사 도구 중에서 가장 많은 플랫폼에 대한 호환성을 제공하기 때문에 가장 권장되는 도구다. Pyinstaller는 다음 플랫폼들을 지원한다.

- 윈도우(32-bit & 64-bit)

- 리눅스(32-bit & 64-bit)

- macOS(32-bit & 64-bit)

- FreeBSD, Solaris, AIX

  [NOTE] Pyinstaller 관련 문서는 http://www.pyinstaller.org/를 참조한다.

집필 시점 기준으로 Pyinstaller 최신 버전에서는 파이썬 3.5~3.9 버전을 지원한다. PyPI를 통해 제공되므로 `pip` 명령어를 이용해 설치할 수 있다. `pip` 명령어를 이용해 설치하는 과정에 문제가 발생한다면 프로젝트 페이지에서 인스톨러를 다운로드할 수 있다.

안타깝게도 교차 플랫폼 빌드(크로스 컴파일)는 지원하지 않는다. 따라서 특정한 플랫폼에 대한 스탠드얼론 실행 파일을 만들기 위해서는 해당 플랫폼에서 빌드해야 한다. 다양한 가상화 도구들을 이용할 수 있으므로 이는 큰 문제가 되지 않는다. 특정한 운영체제가 여러분이 사용하는 컴퓨터에 설치되어 있지 않다면 VirtualBox나 유사한 시스템 가상화 도구를 이용할 수 있다. 이를 이용하면 원하는 운영체제를 가상 머신으로 제공할 수 있다.

애플리케이션에서의 사용은 매우 직관적이다. 우리가 작성한 애플리케이션이 `myscript.py`라는 파일에 포함되어 있다고 가정해보자. 간단한 헬로 월드 애플리케이션이다. 윈도우 사용자를 위한 스탠드얼론 실행 파일을 만들 것이고, 소스 코드는 파일시스템의 `D:/dev/app`에 저장되어 있다. 다음 명령어를 이용해 애플리케이션을 번들할 수 있다.

```
$ pyinstaller myscript.py
```

출력되는 결과는 다음과 같다.

```
2121 INFO: pyinstaller: 3.1
2121 INFO: Python: 3.9.2
```

```
2121 INFO: Platform: Windows-7-6.1.7601-SP1
2121 INFO: wrote D:\dev\app\myscript.spec
2137 INFO: UPX is not available.
2138 INFO: Extending PYTHONPATH with paths ['D:\\dev\\app', 'D:\\dev\\app']
2138 INFO: checking Analysis
2138 INFO: Building Analysis because out00-Analysis.toc is non existent
2138 INFO: Initializing module dependency graph...
2154 INFO: Initializing module graph hooks...
2325 INFO: running Analysis out00-Analysis.toc
(...)
25884 INFO: Updating resource type 24 name 2 language 1033
```

Pyinstaller가 제공하는 표준 출력의 내용은 매우 길기 때문에 예시의 간결함을 위해 내용을 생략했다. 윈도우에서 Pyinstaller가 생성한 디렉터리 및 파일 구조는 다음과 유사하다.

```
project/
├── myscript.py
├── myscript.spec
├──build/
│    └──myscript/
│        ├── myscript.exe
│        ├── myscript.exe.manifest
│        ├── out00-Analysis.toc
│        ├── out00-COLLECT.toc
│        ├── out00-EXE.toc
│        ├── out00-PKG.pkg
│        ├── out00-PKG.toc
│        ├── out00-PYZ.pyz
│        ├── out00-PYZ.toc
│        └── warnmyscript.txt
└──dist/
    └──myscript/
        ├── bz2.pyd
        ├── Microsoft.VC90.CRT.manifest
        ├── msvcm90.dll
        ├── msvcp90.dll
        ├── msvcr90.dll
        ├── myscript.exe
        ├── myscript.exe.manifest
        ├── python39.dll
        ├── select.pyd
        ├── unicodedata.pyd
        └── _hashlib.pyd
```

dist/myscript 디렉터리에는 빌드된 애플리케이션이 포함되어 있으며 이를 사용자에게 배포할 수 있다. 디렉터리 전체를 배포해야 한다는 점에 주의한다. 이 디렉터리는 애플리케이션을 실행하기 위해 필요한 모든 추가 파일들(예, DLL, 컴파일된 확장 기능 라이브러리 등)을 포함하고 있다. pyinstaller 명령어를 --onefile 스위치와 함께 사용하면 보다 간결한 배포판을 얻을 수 있다.

```
$ pyinstaller --onefile myscript.py
```

위 명령을 실행해 생성된 파일 구조는 다음과 같다.

```
project/
├── myscript.py
├── myscript.spec
├──build
│   └──myscript
│       ├── myscript.exe
│       ├── myscript.exe.manifest
│       ├── out00-Analysis.toc
│       ├── out00-COLLECT.toc
│       ├── out00-EXE.toc
│       ├── out00-PKG.pkg
│       ├── out00-PKG.toc
│       ├── out00-PYZ.pyz
│       ├── out00-PYZ.toc
│       └── warnmyscript.txt
└──dist/
    └── myscript.exe
```

--onefile 옵션을 이용해 빌드했다면 사용자에게는 dist 디렉터리 아래 있는 단일 실행 파일(예시에서는 myscript.exe)만 배포하면 된다. 규모가 작은 애플리케이션이라면 아마도 이 방법이 가장 적합할 것이다.

pyinstaller 명령어 실행에 따른 부작용 중 하나는 *.spec 파일이 생성된다는 것이다. 이 파일은 자동 생성된 파이썬 모듈이며, 소스 코드에서 실행 파일을 생성하기 위한 명세를 포함한다. 다음은 myscript.py 코드에 대해 자동으로 생성된 명세 파일의 예시다.

```
# -*- mode: python -*-

block_cipher = None
```

```
a = Analysis(['myscript.py'],
             pathex=['D:\\dev\\app'],
             binaries=None,
             datas=None,
             hiddenimports=[],
             hookspath=[],
             runtime_hooks=[],
             excludes=[],
             win_no_prefer_redirects=False,
             win_private_assemblies=False,
             cipher=block_cipher)
pyz = PYZ(a.pure, a.zipped_data,
          cipher=block_cipher)
exe = EXE(pyz,
          a.scripts,
          a.binaries,
          a.zipfiles,
          a.datas,
          name='myscript',
          debug=False,
          strip=False,
          upx=True,
          console=True )
```

.spec 파일은 앞에서 지정된 pyinstaller의 모든 인수를 포함한다. 빌드 과정에서 많은 커스터마이
즈를 하는 경우에는 매우 유용하다. 이 파일이 생성된 이후에는 다음과 같이 pyinstaller 명령어의
인수로 활용할 수 있다.

```
$ pyinstaller.exe myscript.spec
```

이는 실제 파이썬 모듈로 확장해서 복잡하게 커스터마이징해서 빌드 절차를 수행할 수 있다. .spec
파일을 커스터마이징하는 것은 다양한 플랫폼을 대상으로 하는 경우 특히 유용하다. 커맨드라인 인
터페이스를 통해 모든 pyinstaller 옵션을 사용할 수 있는 것은 아니다. .spec 파일을 이용하면 가
능한 모든 Pyinstaller의 피처를 이용할 수 있다.

Pyinstaller는 강력한 도구이며 대부분의 프로그램에 활용할 수 있다. 애플리케이션 배포 도구로 활용
하는 데 흥미가 있다면 공식 문서를 읽어볼 것을 권장한다.

다음 절에서는 cx_Freeze에 관해 살펴본다.

cx_Freeze

cx_Freeze는 스탠드얼론 실행 파일을 생성하는 또 다른 도구다. Pyinstaller보다 간단한 도구지만 다음 세 가지 주요한 플랫폼만 지원한다.

- 윈도우
- 리눅스
- macOS

> **NOTE** cx_Freeze의 공식 문서는 https://cx-freeze.readthedocs.io/en/latest/를 참조한다.

집필 시점을 기준으로 cx_Freeze는 파이썬 3.6~3.9의 모든 버전을 지원한다. PyPI를 통해 이용할 수 있으며 pip를 이용해 작업 환경에 설치할 수 있다.

cx_Freeze는 Pyinstaller와 마찬가지로 교차 플랫폼 빌드를 지원하지 않으므로 배포하고자 하는 환경과 같은 환경에 실행 파일을 생성해야 한다. cx_Freeze의 가장 주요한 단점은 단일 실행 파일을 생성하지 못한다는 점이다. 이를 이용해 빌드한 애플리케이션은 DLL 파일 및 라이브러리들과 함께 배포해야 한다.

cx_Freeze를 이용해 윈도우용 파이썬 애플리케이션을 패키징하고 싶다고 가정해보자. 터미널에서의 명령어는 매우 단순하며 하나의 인수만 받는다.

```
$ cxfreeze myscript.py
```

위 명령어를 실행했을 때의 출력은 다음과 같다.

```
copying C:\Python39\lib\site-packages\cx_Freeze\bases\Console.exe ->
D:\dev\app\dist\myscript.exe
copying C:\Windows\system32\python39.dll -> D:\dev\app\dist\python39.dll
writing zip file D:\dev\app\dist\myscript.exe
(...)
copying C:\Python39\DLLs\bz2.pyd -> D:\dev\app\dist\bz2.pyd
copying C:\Python39\DLLs\unicodedata.pyd -> D:\dev\app\dist\unicodedata.pyd
```

생성된 파일들의 구조는 다음과 같다.

```
project/
├── myscript.py
└── dist/
    ├── bz2.pyd
    ├── myscript.exe
    ├── python39.dll
    └── unicodedata.pyd
```

pyinstaller처럼 빌드 명세용 자체 포맷을 제공하는 대신 cx_Freeze는 distutils를 확장한다. 즉, setup.py 스크립트를 이용해 스탠드얼론 실행 파일이 빌드되는 방법을 설정할 수 있다. 이미 setuptoos 또는 distutils를 이용해 패키지를 배포했다면 이는 매우 편리한 방법이다. 추가적인 통합을 위해서는 setup.py 스크립트를 약간만 변경하면 되기 때문이다. 다음은 윈도우용 스탠드얼론 실행 파일을 생성하는 cx_Freeze.setup()을 이용한 setup.py 스크립트 예시다.

```python
import sys
from cx_Freeze import setup, Executable

# Dependencies are automatically detected,
# but it might need fine tuning.
build_exe_options = {"packages": ["os"], "excludes": ["tkinter"]}

setup(
    name="myscript",
    version="0.0.1",
    description="My Hello World application!",
    options={
        "build_exe": build_exe_options
    },
    executables=[Executable("myscript.py")]
)
```

이 파일을 이용해 새로운 build_exe 명령어를 setup.py 명령어에 추가해서 새로운 실행 파일을 생성한다.

```
$ python setup.py build_exe
```

cx_Freeze는 distutils 덕분에 Pyinstaller를 사용하는 것보다 파이써닉하게 보일 수 있다. 안타깝게도 이 프로젝트는 다음과 같은 이유로 경험이 부족한 개발자들에게는 문제를 안겨줄 수도 있다.

- 윈도우에서 pip를 이용한 설치는 문제가 될 수 있다.

- 공식 문서는 특정한 영역에서 너무 간단하거나 설명이 부족하다.

cx_Freeze는 distutils와 통합된 파이썬 실행 파일을 만들 수 있는 유일한 도구는 아니다. 널리 사용되는 것들로 py2exe와 py2app이 있으며 다음 절에서 이들에 관해 살펴본다.

py2exe와 py2app

py2exe와 **py2app**은 상호보완적인 프로그램으로 `distutils` 또는 `setuptools`를 이용해 스탠드얼론 실행 파일을 생성한다. 이들을 함께 설명하는 이유는 사용 방법과 제약이 매우 유사하기 때문이다. py2exe와 py2app의 가장 주요한 단점은 이들이 단일 플랫폼만 지원한다는 점이다.

- ly2exe는 윈도우 실행 파일만 지원한다.

- py2app은 macOS 앱만 지원한다.

> **NOTE** py2exe에 관한 문서는 https://www.py2exe.org/, py2app에 관한 문서는 https://py2app.readthe docs.io/를 참조한다.

이 두 패키지의 사용 방법은 매우 유사하고 `setup.py` 스크립트에만 차이가 있으며 이들은 서로를 보완한다. py2app 프로젝트의 문서에서는 `setup.py` 스크립트의 예시를 제공한다. 이를 참조하면 사용할 플랫폼에 따라 올바른 도구(py2exe 또는 py2app)를 이용해 스탠드얼론 실행 파일을 빌드할 수 있다.

```python
import sys
from setuptools import setup

mainscript = 'MyApplication.py'

if sys.platform == 'darwin':
    extra_options = dict(
        setup_requires=['py2app'],
        app=[mainscript],
        # 크로스 플랫폼 애플리케이션에서는 일반적으로
        # 파일을 열 때 sys.argv를 이용한다고 가정한다.
        options=dict(py2app=dict(argv_emulation=True)),
    )
elif sys.platform == 'win32':
    extra_options = dict(
        setup_requires=['py2exe'],
        app=[mainscript],
    )
else:
    extra_options = dict(
```

```
        # 일반적으로 UNIX 유사 플랫폼에서는 "setup.py install"을 이용해서
        # 다음과 같이 메인 스크립트를 설치한다.
        scripts=[mainscript],
    )
setup(
    name="MyApplication",
    **extra_options
)
```

이 스크립트를 활용하면 `python setup.py py2exe` 명령어를 이용해 윈도우 실행 파일, `python setup.py py2app` 명령어를 이용해 macOS용 앱을 만들 수 있다. 물론 교차 컴파일은 지원하지 않는다.

py2exe와 py2app은 명확한 한계가 있지만 Pyinstaller나 cx_Freeze보다 부족한 유연함에도 이들을 잘 활용하면 많은 이점을 누릴 수 있다. 특정한 경우에는 Pyinstaller 또는 cx_Freeze 프로젝트에 대한 적절한 실행 파일을 생성하지 못할 수도 있다. 이런 경우에는 py2exe, py2app을 이용할 수 있는지 먼저 확인해보는 것이 좋다.

11.4.3 실행 파일 패키지에서 파이썬 코드의 보안

스탠드얼론 실행 파일을 만들었다고 해서 애플리케이션 코드를 안전하게 보호할 수는 없다. 사실 오늘날 사용할 수 있는 디컴파일decompilation 도구들로부터 애플리케이션을 안전하게 보호할 수 있는 믿을 만한 방법은 없다. 그러나 실행 파일에 내장된 코드를 디컴파일하는 것이 쉽지는 않지만 불가능하지도 않다. 무엇보다 중요한 것은 이런 디컴파일 결과(적절한 도구를 이용했다면)는 원래의 코드와 놀랄 만큼 유사하다는 것이다.

몇 가지 방법을 통해 디컴파일 과정을 보다 어렵게 만들 수 있다.

NOTE 어렵다는 것이 불가능하다는 것을 의미하지는 않는다. 어떤 프로그래머들은 어려운 도전들을 가장 좋아한다. 그리고 어려운 도전에 성공해서 얻는 보상은 매우 크다(비밀을 유지하려 했던 코드 말이다).

일반적으로 디컴파일 프로세스는 다음 단계로 구성된다.

1. 스탠드얼론 실행 파일에서 프로젝트에서 바이트코드의 프로젝트 바이너리 표현을 추출한다.

2. 바이너리 표현을 특정한 파이썬 버전의 바이트 코드와 매핑한다.

3. 바이트 코드를 AST로 변환한다.

4. AST로부터 직접 코드를 다시 생성한다.

이런 스탠드얼론 실행 파일에 관한 리버스 엔지니어링을 하지 못하도록 하는 정확한 설루션을 제공하는 것은 큰 의미가 없다. 어쨌든 공격자들은 그 일을 할 것이기 때문이다. 다음은 디컴파일 프로세스를 방해하거나 그 결과의 가치를 낮출 수 있는 몇 가지 아이디어들이다.

- 런타임에 이용할 수 있는 모든 코드 메타데이터(독스트링 등)를 제거함으로써 최종 결과물의 가독성을 낮춘다.
- CPython 인터프리터가 사용한 바이트코드 값을 수정함으로써, 바이너리에서 바이트코드, 바이트코드에서 AST로의 변환을 더욱 어렵게 만든다.
- 복잡한 방법으로 수정된 CPython 버전을 이용함으로써, 애플리케이션의 디컴파일된 소스를 얻어 내더라도 수정된 CPython 바이너리를 디컴파일해야만 사용할 수 있게 만든다.
- 소스 코드에 난독화 스크립트를 적용한 뒤 실행 파일에 포함시킴으로써, 디컴파일 이후의 소스 코드의 가치를 낮춘다.

이런 기법을 이용하면 개발 과정은 보다 어려워진다. 이 중에서 몇 가지 아이디어들은 파이썬 런타임에 관한 깊은 이해를 요구하며, 각각의 방법은 많은 장점과 단점을 가진다. 이들은 시간을 늦출 뿐이다. 트릭이 깨지면 여러분이 들인 모든 노력은 시간 낭비가 된다. 이는 애플리케이션 코드 유출로 조직에 심각한 해를 끼쳐 클로즈드 소스 프로젝트에서는 스탠드얼론 파이썬 실행 파일이 적합하지 않다.

클로즈드 코드가 애플리케이션 외부로 유출되지 않도록 하는 믿을 수 있는 유일한 방법은 사용자들에게 어떤 형태로도 코드를 직접 전달하지 않는 것이다. 그리고 이는 조직의 다른 보안 측면들이 물샐틈없이 단단할 때만 가능하다(강력한 다단계 인증, 암호화 트래픽, VPN 활용 등). 애플리케이션의 소스 코드를 복사하는 것만으로 여러분의 비즈니스 전체를 복사할 수 있다면, 애플리케이션을 배포할 다른 방법을 강구해야 한다. SaaS가 훨씬 나은 대안이 될 것이다.

11.5 요약

이번 장에서는 다양한 파이썬 라이브러리 패키징 방법, SaaS/클라우드 환경을 위한 애플리케이션을 포함한 애플리케이션 및 데스크톱 애플리케이션에 관해 살펴봤다. 프로젝트를 배포할 때 사용할 패키징 도구와 전략에 관한 일반적인 아이디어를 얻었을 것이다. 그리고 공통적인 문제들을 해결하기 위한 널리 알려진 기법들과 프로젝트의 유용한 메타데이터를 제공하는 방법에 관해서도 알게 되었을 것이다.

패키징 생태계의 중요성과 패키지 인덱스에 파이썬 패키지 배포판을 공개하는 세부적인 내용도 살펴봤다. 표준 배포 스크립트(setup.py 파일)는 코드를 PyPI에 직접 공개하지 않더라도 매우 유용하게 사용할 수 있다.

사용자가 우리의 코드를 이용할 수 있게 되는 순간부터 진정한 즐거움은 시작된다. 그러나 아무리 잘 테스트되고 아무리 잘 설계되어도 어플리케이션이 항상 예상대로 동작하지 않는다는 것을 알게 될 것이다. 사람들이 문제를 보고할 것이고 곧 성능 문제들을 경험할 것이다. 안타깝지만 어떤 것들은 확실하게 잘못될 것이다.

이런 문제들을 해결하기 위해서는 사용자 에러를 재현하고, 실제로 어떤 일이 발생했는지 이해할 수 있는 방대한 정보가 필요하다. 현명한 개발자들은 예상치 못했던 상황을 항상 준비하며, 문제를 진단하는 데 도움이 되는 데이터를 능동적으로 수집하는 방법을 알고 있으며 언제 생길지 모르는 실패가 발생할 것을 예상한다. 다음 장에서는 이에 관해 살펴본다.

CHAPTER 12

애플리케이션 동작과 성능 관측

소프트웨어의 새 버전을 출시할 때마다 **릴리스의 짜릿함**release thrill을 느낀다. 최근 발견한 성가신 문제들을 모두 수정했는가? 이 버전은 잘 작동할 것인가, 아니면 고장날 것인가? 사용자들은 만족할 것인가, 아니면 새로운 버그와 성능 문제 때문에 불평할 것인가?

일반적으로 다양한 품질 보증 기법들과 자동화된 테스팅 방법론들을 이용해 소프트웨어 품질과 유효성에 관한 확신의 정도를 높인다. 하지만 이런 기법들과 방법론들은 새로운 릴리스를 할 때마다 모든 것들이 잘 작동할 것이라는 기대를 높이기만 할 뿐이다. 이 애플리케이션들이 사용자들이 이용할 때도 잘 작동할 것임을 어떻게 보장할 수 있는가? 혹은 반대로 잘 작동하지 않았을 때 어떻게 알 수 있는가?

이번 장에서 살펴볼 주제는 **애플리케이션 관측성**application observability이다. 관측성observability은 애플리케이션의 출력에 기반해 애플리케이션의 상태를 설명하고 이해할 수 있는 소프트웨어 시스템 특성 중 하나다. 시스템의 상태를 알고, 어떻게 그 상태에 이르게 되었는지를 이해하면 그 상태가 올바른 것인지 알 수 있다. 다양한 관측 기법을 통해 다음을 이해할 수 있다.

- 에러와 로그 캡처하기
- 커스텀 지표를 이용한 코드 측정하기
- 분산된 애플리케이션 추적하기

대부분의 관측성 기법은 사용자의 컴퓨터에 설치된 데스크톱 애플리케이션과 원격 서버/클라우드 서비스에 실행되는 분산 시스템 모두에 적용할 수 있다. 그러나 데스크톱 애플리케이션의 경우, 관측성 옵션은 개인 정보 문제로 종종 제한된다. 따라서 이번 장에서는 인프라스트럭처에서 실행되는 코드의 동작과 성능을 관측하는 것에 주로 초점을 둔다.

훌륭한 관측성을 확보하기 위해서는 적절한 도구의 이용이 필수다. 그러므로 먼저 이번 장을 진행하기 위한 기술적 요구 사항부터 확인한다.

12.1 기술적 요구 사항

이번 장에서 사용할 파이썬 패키지는 다음과 같다. PyPI를 통해 다운로드할 수 있다.

- `freezegun`
- `sentry-sdk`
- `prometheus-client`
- `jaeger-client`
- `Flask-OpenTracing`
- `redis_opentracing`

패키지 설치 방법은 2장을 참조한다.

이번 장에서 이용한 소스 코드 파일은 https://github.com/moseskim/Expert-Python-Programming-Fourth-Edition/tree/main/Chapter 12에서 다운로드할 수 있다.

12.2 에러와 로그 캡처

표준 출력은 관측성의 주춧돌이다. 모든 애플리케이션은 표준 입력으로부터 정보를 읽고, 표준 출력으로 정보를 표시할 수 있기 때문이다. 따라서 모든 프로그래머들이 가장 먼저 학습하는 것이 'Hello World!' 출력이다.

표준 입력과 출력이 매우 중요함에도 모던 소프트웨어 사용자들은 이들의 존재를 거의 모른다. 데스크톱 애플리케이션은 일반적으로 터미널에서 호출되지 않으며, 사용자들은 그래픽 인터페이스를 이용해 이들을 조작하기 때문이다.

일반적으로 웹 기반 소프트웨어들은 원격 서버에서 실행되고, 사용자들은 웹 브라우저나 커스텀 클라이언트 소프트웨어를 이용해 이들을 이용한다. 두 경우 모두 표준 입력과 출력은 사용자에게 보이지 않는다.

사용자들이 표준 출력을 볼 수 없다고 해도 표준 출력은 여전히 존재한다. 표준 출력은 내부 애플리케이션 상태나 프로그램이 실행되는 동안 발생하는 내부 주의 및 에러에 관한 세부적인 정보의 로깅을 위해 이용한다. 또한 표준 출력은 쉽게 파일시스템에 보내어 저장이나 호출에 이용할 수 있다. 표준 출력은 단순하면서도 유연하기 때문에 가장 유연한 관측성 조력자observability enabler의 하나로 사용된다. 또한 표준 출력은 에러의 세부 정보를 잡아내고 검사하는 가장 기본적인 방법이기도 하다.

print() 함수 콜을 이용해 애플리케이션 출력을 다룰 수 있지만, 좋은 로깅을 위해서는 일관적인 구조와 형태가 필요하다. 파이썬은 내장 logging 모듈을 제공한다. 이는 기본적이지만 강력한 시스템이다. 로그와 에러를 캡처하는 좋은 프랙티스를 살펴보기 전에 파이썬 로깅 시스템에 관한 기본적인 내용부터 알아보도록 하자.

12.2.1 파이썬 로깅 기초

logging 모듈의 사용법은 매우 직관적이다. 가장 먼저 logger 인스턴스를 만든 뒤 로깅 시스템을 설정한다.

```
import logging

logger = logging.getLogger("my_logger")
logging.basicConfig()
```

NOTE 로거를 정의할 때 일반적으로 모듈 이름을 로거 이름으로 설정한다.

```
logger = logging.getLogger(__name__)
```

이 패턴을 이용하면 로거 환경을 계층적으로 설정할 수 있다. 뒤에서 로거 설정에 관해 자세히 설명한다.

모든 로거는 이름을 가진다. 이름 인수를 전달하지 않으면 logging.getLogger()는 다른 로거의 기본을 제공하는 특별한 'root' 로거를 반환한다. logging.basicConfig()를 이용하면 로깅 캡처 레벨logging capture level, 메시지 포매터message formatter, 로그 핸들러log handler 같은 추가 로깅 옵션을 지정할 수 있다.

logger 인스턴스를 이용하면 log() 메서드로 특정한 로그 레벨의 로그 메시지를 기록할 수 있다.

```
logger.log(logging.CRITICAL, "this is critical message")
```

혹은 특정 로그 레벨과 관련된 편리한 메서드들도 이용할 수 있다.

```
logger.error("This is info message")
logger.warning("This is warning message")
```

로그 레벨은 양의 정수이며 값이 클수록 해당 메시지의 중요도가 높다. logger가 특정 레벨로 설정되면, 중요도 값이 낮은 로그는 무시한다. 파이썬 로깅은 다음과 같이 미리 설정된 로그 레벨을 연관된 정수와 함께 제공한다.

- CRITICAL & FATAL(50): 프로그램이 동작을 더 이상 지속할 수 없는 에러를 나타내기 위한 메시지용으로 예약된 값이다. 리소스 고갈(디스크 공간 등) 또는 중요한 백엔드 서비스(데이터베이스 등)에 대한 접근 불가 등이 이에 해당한다.

- ERROR(40): 프로그램이 특정한 태스크나 기능을 수행하기 어려운 심각한 에러를 나타내는 메시지용으로 예약된 값이다. 사용자 입력 파싱 불가, 일시적인 네트워크 타임 아웃 등이 이에 해당한다.

- WARNING 또는 WARN(30): 프로그램이 곧 심각한 문제로 이어질 수 있는 상황에 있거나 그 상황에서 회복되었음을 나타내기 위한 메시지용으로 예약된 값이다. 폴백fallback 값을 이용한 잘못된 사용자 입력이나 디스크 공간 부족 알림 등이 이에 해당한다.

- INFO(20): 프로그램이 예상대로 동작하고 있음을 나타내기 위한 메시지용으로 예약된 값이다. 프로그램 실행 중 성공적인 동작에 관한 세부 정보를 나타내기 위한 출력 등으로 사용된다.

- DEBUG(10): 세부적인 디버깅 메시지를 위한 메시지용으로 예약된 값이며, 이를 이용하면 디버깅 세션 동안 애플리케이션의 동작을 추적할 수 있다.

- NOTSET(0): 의사 로그이며 모든 로그 레벨을 캡처한다.

위에서 볼 수 있듯이 기본 로깅 레벨 값은 10 단위로 정의되어 있다. 이 값들 사이에 커스텀 레벨을 정의해 보다 세밀하게 로그 레벨을 설정할 수 있다.

NOSET을 제외한 모든 사전 정의된 로그 레벨은 logger 인스턴스에서 전용의 편리한 메서드를 이용할 수 있다.

- critical(): CRITICAL과 FATAL 레벨
- error() 또는 exception(): ERROR 레벨(후자는 현재 캡처한 예외의 트레이스백을 자동으로 출력한다)
- warning(): WARNING과 WARN 레벨

- info(): INFO 레벨

- debug(): DEBUG 레벨

기본 설정에서는 logging.WARNING 레벨까지의 메시지를 캡처해 표준 출력으로 표시한다. 기본 형식은 에러 레벨, 로거명, 메시지를 텍스트 표현으로 나타낸다.

```
ERROR:my_logger:This is error message
WARNING:my_logger:This is warning message
CRITICAL:my_logger:This is critical message
```

로거의 형식과 출력은 두 가지 유형의 로깅 컴포넌트, 즉 로그 핸들러와 포매터를 이용해 변경할 수 있다.

로깅 시스템 컴포넌트
파이썬 로깅 시스템은 네 가지 메인 컴포넌트로 구성된다.

- **로거**logger: 로깅 시스템의 진입점이다. 로거를 이용하는 애플리케이션 코드는 로깅 시스템을 위한 메시지를 만들어낸다.

- **핸들러**handler: 로깅 시스템의 수신자다. 핸들러는 로거에 연결되어 있으며 필요한 목적지로 정보를 방출한다(일반적으로 애플리케이션 외부). 하나의 로거는 여러 핸들러를 가질 수 있다.

- **필터**filter: 로거 또는 핸들러가 메시지의 내용에 따라 특정한 메시지를 거절할 수 있게 해준다. 필터는 로거와 핸들러 모두에 연결될 수 있다.

- **포매터**formatter: 가공되지 않은 로그 메시지를 원하는 포맷으로 변환한다. 포매터는 사람이 읽거나 기계가 읽을 수 있는 메시지를 만들 수 있다. 포매터는 메시지 핸들러에 연결된다.

본질적으로 파이썬 로그 메시지는 한 방향, 즉 애플리케이션에서 로거와 핸들러를 통해 원하는 목적지destination로 흐른다(그림 12.1). 로거와 필터는 필터 메커니즘이나 enabled=False 플래그를 이용해 메시지 전파를 중단시킬 수 있다.

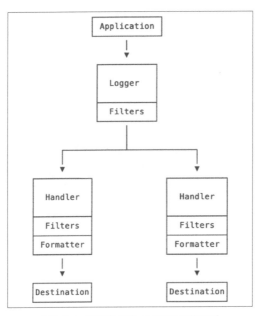

그림 12.1 **파이썬 로깅 시스템의 토폴로지**

로깅 시스템의 기본 설정은 빈 `logging.basicConfig()` 설정을 통해 이루어지면, 다음 컴포넌트 계층을 따른다.

- **`logging.WARNING` 레벨의 root 로거**: `logging.WARNING`보다 심각도가 낮은 모든 메시지는 기본적으로 무시한다.

- **root 로거에 연결된 단일 콘솔 핸들러**: 표준 에러 스트림으로 로그 메시지를 방출한다.

- **`'%(levelname)s:%(name)s:%(message)s'` 스타일의 간단한 포매터**: 설정된 출력으로 방출되는 모든 이미지는 심각도 레벨, 로거명, 일반 텍스트 메시지를 포함하며 이들은 콜론으로 구분된다.

기본 설정은 좋은 시작점이다. 간단한 포맷을 이용하면 쉽게 파싱할 수 있으며, 표준 콘솔 핸들러는 모든 콘솔 애플리케이션과 잘 작동한다. 하지만 어떤 애플리케이션들은 보다 구조화된 메시지 표현이나 커스텀 메시지 도착지를 다루는 것을 요청할 것이다. 로거 핸들러와 포매터를 오버라이딩해서 커스터마이즈를 할 수 있다.

표준 로깅 라이브러리는 세 가지 내장 로깅 핸들러를 제공한다.

- `NullHandler`: 이 핸들러는 아무것도 하지 않는다. 이 핸들러는 POSIX 시스템의 `/dev/null` 장치와 유사하게 사용할 수 있으며 로거의 모든 메시지를 버린다. 파이썬 로깅 시스템을 이용하는 라이브러리에서 자주 기본 핸들러로 이용된다. 이 경우 라이브러리 사용자가 자체 로거 설정을 이

용해 기본 NullHanlder를 오버라이드해야 한다.

- **StreamHandler**: 이 핸들러는 주어진 스트림stream(파일과 유사한 객체)으로 메시지를 방출한다. 스트림을 제공하지 않으면 StreamHandler는 기본적으로 sys.stderr 스트림으로 메시지를 출력한다. 스트림 객체가 flush() 메서드를 지원하면, 모든 메시지 객체는 각 메시지마다 비워진다.

- **FileHandler**: 이 핸들러는 StreamHandler의 서브클래스이며, filename 인수에 지정된 파일로 메시지를 방출한다. 파일을 열고 닫는 과정은 핸들러가 관리한다. 기본적으로 파일에 대해 추가 모드append mode와 기본 시스템 인코딩을 이용한다.

이것은 매우 단순한 로그 핸들러 집합이며 logging.handlers 모듈을 이용하면 보다 진보된 여러 핸들러를 이용할 수 있다. 다음은 이중에서 가장 중요한 핸들러들이다.

- **RotatingFileHandler**: 이 파일 핸들러는 현재 로그 파일의 크기가 특정한 제한을 넘을 때마다 로그 파일들을 회전시킨다. 이는 기본 FileHandler를 확장한 것으로, 짧은 시간 동안 많은 로그 메시지를 만드는 장황한 애플리케이션에 특히 유용하다. RotatingFileHandler를 이용하면 보관할 과거 로그 백업 파일의 숫자를 지정할 수 있으며 로그 파일들로 인해 디스크 공간이 부족해지는 리스크를 줄일 수 있다.

- **TimedRotatingFileHandler**: RotatingFileHandler와 유사하지만 로그 파일의 크기가 아니라 지정한 시간 구간에 따라 로그 파일을 순환rollover한다. 보다 일관적이고 예측 가능한 속도로 로그 메시지를 생성하는 애플리케이션의 디스크 오버플로를 피하기 위해 이용할 수 있다. Timed RotatingFileHandler의 장점은 과거 로그 파일들을 생성 날짜를 이용해 쉽게 찾을 수 있다는 것이다. TimedRotatingFileHandler의 기본 시간 간격은 1시간이다.

- **SysLogHandler**: 이 핸들러는 syslog 서버에 로그를 방출한다. syslog는 매우 유명한 로깅 표준으로 많은 리눅스 배포판들이 기본적으로 syslog 서버를 로컬에서 실행한다. 많은 애플리케이션과 서비스들이 syslog 서버에 대한 로깅을 지원하기 때문에, SysLogHandler는 동일한 호스트에서 실행되는 많은 프로그램의 공용 로그 수집 수단으로 이용할 수 있다. 또한 syslog를 이용하면 로그 파일 회전과 단일 시스템 로깅 매체로 압축하는 책임의 부담을 덜 수 있다.

- **SMTPHandler**: 이 로그 핸들러는 모든 로그 메시지마다 하나의 SMTP 이메일을 전송한다. 이 로그 핸들러는 logging.ERROR 심각도 레벨과 함께 사용하며 에러와 예외에 관한 정보를 특별한 이메일 주소로 보낸다. 이런 에러들은 메일 수신자가 언제든 사후 리뷰를 할 수 있다. SMTPHandler는 에러 모니터링의 가장 간단한 방법 중 하나이며, 프로그래머들은 애플리케이션 런타임 환경에 직접 접속하지 않고도 문제점에 관한 정보를 얻을 수 있다.

- `SockerHandler`, `DatagramHandler`, `HTTPHandler`: 이 핸들러들은 간단한 네트워크 핸들러이며 이를 이용하면 네트워크를 통해 로그 메시지를 전달할 수 있다. `SockerHandler`는 로그 메시지를 소켓 커넥션으로, `DatagramHandler`는 로그 메시지를 UDP 데이터그램으로, `HTTPHandler`는 로그 메시지를 HTTP 요청으로 전달한다. 이 핸들러들을 이용하면 여러분만의 분산된 로그 전달 메커니즘을 만들 수 있다. 다만 좋은 전달을 보장하지 않는 적은 양의 로그에 대해서만 잘 작동한다. 로그의 양이 많다면 syslog나 다른 모던 분산 로그 시스템 같은 특화된 로그 전달 메커니즘을 이용하는 것이 바람직하다.

> **NOTE** 모던 분산 로그 시스템의 예시는 12.2.3절에서 살펴본다.

이 특별한 로그 핸들러들이 어떻게 동작하는지 확인하기 위해 작은 데스크톱 애플리케이션을 하나 만든다고 가정해보자. 우리가 만드는 프로그램은 그래픽 사용자 인터페이스를 제공하며, 사용자들은 일반적으로 이 애플리케이션을 셸에서 실행하지 않는다. 프로그램이 실행되는 동안 발견한 주의와 에러에 관한 정보를 로깅할 것이다. 문제가 발생하면 사용자는 로그 파일을 찾아서 우리에게 레퍼런스로 제공할 수 있다.

애플리케이션이 얼마나 많은 메시지를 생성할지는 모른다. 디스크 오버플로를 피하기 위해 로테이팅 파일 핸들러를 제공할 것이다. 파일은 일 단위로 회전하며 최대 30일의 이력을 유지한다. 로깅 핸들러 설정은 다음과 같이 간단하다.

```python
import logging.handlers
from datetime import timedelta, datetime

root_logger = logging.getLogger()
root_logger.setLevel(logging.INFO)
root_logger.addHandler(
    logging.handlers.TimedRotatingFileHandler(
        filename="application.log",
        when="D",
        backupCount=30,
    )
)
```

`logging.GetLogger()`를 호출(로거명 없음)하면 특별한 root 로거를 얻을 수 있다. 이 로거는 구체적인 핸들러를 갖지 않은 다른 로거에 기본 설정과 핸들러를 제공하기 위한 것이다. 로거가 자체 핸들러를 갖지 않는다면, 그 메시지는 부모 로거에게 자동으로 전파된다.

> **NOTE** 로거 계층과 로거 메시지 전파에 관해서는 뒤에서 더 자세하게 설명한다.

root 로거에 접근한 뒤에는 기본 설정을 제공할 수 있다. `root_logger.setLevel(logging.INFO)`를 호출하면 로거는 `logging.INFO` 이상의 심각도 레벨의 메시지만 방출한다. 이는 매우 장황한 설정이다. 커스텀 로그 레벨을 사용하지 않는다면, 이것보다 장황한 설정은 `logging.DEBUG`뿐이다.

`logging.basicConfig()` 함수를 이용해서 로깅 시스템을 설정하지는 않았으므로 root 로거는 기본 핸들러를 갖지 않는다. `TimedRotatinFileHandler()` 인스턴스를 root 로거에 `addHandler()` 메서드를 이용해 붙였다. `when="D"` 인수는 일간 순환 전략을 의미하며, `backupCount` 인수는 디스크에 유지하고자 하는 로그 파일 백업 파일의 수를 지정한다.

로그 파일들이 디스크에 쌓이는 것을 보기 위한 목적으로 애플리케이션을 한 달 동안이나 실행할 필요는 없을 것이다. 간단한 트릭과 `freezegun` 패키지를 이용하면 시간이 더 빨리 흐른 것처럼 인식시킬 수 있다.

> **NOTE** freezefun 패키지는 10장에서 시간 의존적인 코드를 테스트할 때 이미 사용했다.

다음 코드는 매시간마다 하나의 메시지를 만드는 애플리케이션의 속도를 높여 36,000개의 메시지를 만들도록 한 예시다.

```python
from datetime import timedelta, datetime
import time
import logging
import freezegun


logger = logging.getLogger()


def main():
    with freezegun.freeze_time() as frozen:
        while True:
            frozen.tick(timedelta(hours=1))
            time.sleep(0.1)
            logger.info(f"Something has happened at {datetime.now()}")

if __name__ == "__main__":
    main()
```

셸에서 이 애플리케이션을 실행하면 아무런 출력도 표시되지 않는다. 하지만 현재 디렉터리에 모든 파일의 목록을 확인하면 몇 초 후에 새로운 로그 파일들이 나타나는 것을 알 수 있을 것이다.

```
$ ls -al
```

```
total 264
drwxr-xr-x   35 swistakm   staff   1120   8 kwi 00:22 .
drwxr-xr-x    4 swistakm   staff    128   7 kwi 23:00 ..
-rw-r--r--    1 swistakm   staff    583   8 kwi 00:22 application.log
-rw-r--r--    1 swistakm   staff   2491   8 kwi 00:21 application.log.2021-04-07
-rw-r--r--    1 swistakm   staff   1272   7 kwi 23:59 application.log.2021-04-08
```

application.log 파일은 현재의 로그 파일이고, 날짜로 끝나는 파일들은 과거의 백업 파일들이다. 프로그램이 조금 더 실행되도록 두면 과거 백업파일의 수가 30개를 넘지 않는 것을 볼 수 있을 것이다. 조금의 시간이 지난 뒤 TimedRatiatingFileHandler는 기존의 백업들을 새로운 파일들로 교체하기 시작한다.

위 예시에서는 로그에 아무런 포매터도 설정하지 않았다. 이런 경우 핸들러는 메시지를 현재 상태 그대로 아무런 정보 없이 방출한다. 다음은 가장 최근의 로그 파일에서 발췌한 로그 샘플이다.

```
Something has happened at 2021-04-08 17:31:54.085117
Something has happened at 2021-04-07 23:32:04.347385
Something has happened at 2021-04-08 00:32:04.347385
Something has happened at 2021-04-08 01:32:04.347385
```

위 샘플에는 일부 중요한 콘텍스트가 누락되어 있다. 메시지의 날짜를 볼 수 있는 것은 우리가 날짜를 로그 메시지에 포함했기 때문이다. 하지만 어떤 메시지에 기인한 로거인지와 메시지 심각도에 관한 정보는 찾아볼 수 없다. 커스텀메시지 포매터를 붙이면 특정한 로그 핸들러의 출력 형태를 커스터마이즈할 수 있다.

handler 객체의 setFormatter() 메서드를 이용해 포매터를 로그 핸들러에 붙일 수 있다. 포매터는 logging.Formatter() 인스턴스이며 네 개의 초기화 인수를 받는다.

- fmt: 출력 메시지의 문자열 포매팅 패턴이다. 문자열 포매팅 패턴은 logging.LogRecord 클래스의 모든 속성을 참조할 수 있다. 기본값은 None이며, 이는 어떤 포매팅도 적용되지 않은 일반적인 텍스트 로그 메시지를 나타낸다.
- datefmt: 메시지 타임스탬프를 표현하기 위한 날짜 포매팅 패턴이다. time.strftime() 함수와 동일한 포매팅 지시자를 받는다. 기본값은 None이며, 날짜를 ISO8601 스타일 포맷으로 나타낸다.
- style: fmt 인수에서 이용하는 문자열 포매팅 스타일이다. '%'(퍼센트 포매팅), '{'(str.format() 포매팅), '$'(string.Template 포매팅)을 지정할 수 있다. 기본값은 '%'다.

- validate: fmt 포매팅 인수가 style 인수와 맞는지 검증한다. 기본값은 True다.

예를 들어 커스텀 포매터를 이용하면 방출된 메시지와 함께 심각도 메시지 시간, 레벨명, 로거명, 로그 호출 행 위치를 제공할 수 있다. 다음은 이를 설정하는 로깅 단계 예시다.

```
root_logger = logging.getLogger()
root_logger.setLevel(logging.INFO)
formatter = logging.Formatter(
    fmt=(
        "%(asctime)s ¦ %(levelname)s ¦ "
        "%(name)s ¦ %(filename)s:%(lineno)d ¦ "
        "%(message)s"
    )
)
handler = logging.handlers.TimedRotatingFileHandler(
    filename="application.log",
    when="D",
    backupCount=30,
)
handler.setFormatter(formatter)
root_logger.addHandler(handler)
```

> [NOTE] 사용할 수 있는 LogRecord 속성에 관한 더 많은 정보는 커스텀 포매터 문서(https://docs.python.org/3/library/logging.html#logrecord-attributes)를 참조한다.

위 설정을 적용했을 때의 로그 파일에 기록되는 메시지는 다음과 같다.

```
2021-04-08 02:03:50,780 ¦ INFO ¦ __main__ ¦ logging_handlers.py:34 ¦ Something has
happened at 2021-04-08 00:03:50.780432
```

특화된 로그 핸들러의 사용 여부는 대상 운영체제, 기존 시스템 로깅 인프라스트럭처, 예상 로그 규모, 배포 방법 같은 다양한 요소에 의존한다. 스탠드얼론 애플리케이션, 시스템 서비스, 도커 컨테이너들은 일반적으로 다른 방식으로 로그를 기록한다는 점을 고려해야 한다. 예를 들어 과거의 로그 파일에 접근하도록 하는 것은 분명 실용적이지만, 수천 개의 호스트로 구성된 대규모 분산 시스템에서 수천 개에 이르는 로그 파일의 집합을 관리하는 것은 심각한 어려움이 될 것이다. 또한 스탠드얼론 애플리케이션의 최종 사용자들이 단지 우리의 애플리케이션을 사용할 목적으로 컴퓨터에 분산 로깅 시스템을 실행할 것이라 기대할 수도 없다.

로그 메시지 포매팅 역시 마찬가지다. 어떤 로그 수집 및 처리 시스템들은 JSON, msgpack, avro 같은 구조화된 메시지 포맷의 이점을 취한다. 또 다른 시스템들은 커스터마이즈된 파싱 규칙을 이용해 메시지로부터 의미 있는 요소들을 파싱하고 추출할 수 있다. 일반적인 텍스트 메시지들은 사람이 확인하고 이해하기 쉽지만, 특별한 로그 분석 소프트웨어로 처리하긴 어렵다. 구조화된 로그 메시지들은 기계를 이용해 처리하기는 쉽지만 사람의 눈으로 보기는 어렵다.

현재의 필요가 어떠한 것이든 로깅에 대한 선택과 선호는 시간이 지남에 따라 변할 것이라고 확신해야 한다. 따라서 직접 핸들러와 포매터를 만들어 로깅 설정을 제공하는 것은 편리한 방법은 아니다.

앞에서 `logging.basicConfig()` 함수에 관해 학습했다. 이 함수는 합리적인 로깅 기본값을 설정할 수 있으며 메시지 포맷이나 기본 핸들러 선택을 정의하는 몇 가지 지름길을 제공할 수도 있다. 안타깝게도 이는 root 로거 레벨에 대해서만 동작하며 다른 로거들에는 적용되지 않는다. 다음 절에서는 대안적인 로깅 환경 설정 방법에 관해 살펴본다. 이를 이용하면 모든 규모의 애플리케이션에 대해 복잡한 로깅 규칙을 적용할 수 있다.

로깅 환경 설정

root 로거를 이용하면 애플리케이션 로깅 시스템의 최상위 레벨 설정을 편리하게 정의할 수 있다. 안타깝게도 일부 라이브러리들은 주로 파이썬 `logging` 모듈을 이용해 내부에서 발생하는 중요한 이벤트에 관한 정보를 방출한다는 것을 알게 될 것이다. 특정한 시점에 여러분은 이 라이브러리들의 로깅 동작을 세세하게 변경해야 할 필요를 느낄 것이다.

일반적으로 라이브러리들은 그들 고유의 로거명을 이용한다. 로거명을 만들 때는 일반적으로 `__name__` 속성을 이용해 모듈의 완전한 이름을 포함시킨다.

```
import logging

logger = logging.getLogger(__name__)
```

예를 들어 acme 패키지의 utils 서브모듈 안의 `__name__` 속성은 acme.utils가 된다. acme.utils가 그 로거를 `logging.getLogger(__Name__)`을 이용해 지정했다면 해당 로거의 이름도 acme.utils가 된다.

로거명을 알면 언제든 그 로거를 얻어 커스텀 설정을 제공할 수 있다. 다음은 일반적인 유스케이스다.

- **로그를 침묵시킨다**: 때때로 라이브러리의 메시지에 전혀 관심이 없을 수 있다. 메인 애플리케이션 파일에서 다음과 같이 `disabled` 속성을 이용해 특정한 로거를 침묵시킬 수 있다.

```
acme_logger = logging.getLogger("acme.utils")
acme_logger.disabled = True
```

- **핸들러를 오버라이드한다**: 라이브러리는 자체의 핸들러를 정의하지 않아야 하며, 이는 라이브러리 사용자의 책임이어야 한다. 모든 프로그래머가 좋은 로깅 프랙티스를 아는 것은 아니며 때때로 유용한 서드파티 패키지들이 핸들러를 포함한 로거를 함께 제공하기도 한다. 그리고 이는 여러분의 애플리케이션의 root 로거 설정을 무시한다. 이런 로거들은 다음과 같이 핸들러를 오버라이드할 수 있다.

```
acme_logger = logging.getLogger("acme.utils")
acme_logger.handlers.clear()
```

- **로거의 상세도를 변경한다**: 일부 로거들은 매우 장황할 수 있다. 가끔 라이브러리 내부의 주의 레벨 로그는 메인 애플리케이션 로그에 포함될 만큼 심각하지 않을 수도 있다. 다음과 같이 로거의 심각도 레벨을 오버라이드할 수 있다.

```
acme_logger = logging.getLogger("acme.utils")
acme_logger.setLevel(logging.CRITICAL)
```

라이브러리 코드가 아니라면 모듈별 로거를 이용하는 것도 좋다. 여러 서브패키지나 서브모듈로 구성된 큰 규모의 애플리케이션에서는 모듈별 로거를 사용하는 것이 좋은 프랙티스다. 이를 이용하면 보다 손쉽게 여러 로거의 상세한 정도와 그 핸들러들을 관리할 수 있다. 또한 일관성 있게 파이썬 로깅 환경 설정을 관리하기 위해서는 로거의 부모-자식 관계를 이해해야 한다.

점(.)을 포함한 로거명을 만들 때마다 `logging` 모듈은 실제로 로거 계층을 만든다. 예를 들어 `logging.getLooder("acme.lib.utils")`를 이용해 로거를 얻으려고 시도하면 `logging` 모듈은 다음 단계를 수행한다.

1. 가장 먼저 스레드-세이프한 방식으로 `"acme.lib.utils"` 아래 등록된 로거를 찾는다. 로거가 존재하지 않으면, 새로운 로거를 만들어 `"acme.lib.utils"` 아래에 등록한다.

2. 새로운 로거가 생성되면, 반복적으로 로거명의 마지막 부분을 지우면서 새로운 이름을 등록된 로거 중에서 찾는다. 등록된 로거 중에서 해당 로거명을 발견하지 못하면 `logging` 모듈은 특수한 플레이스홀더 객체를 등록한다. `"acme.lib.util"`의 경우 `"acme.lib"`을 먼저 검색한 뒤 `"acme"`를 검색한다. 첫 번째 플레이스홀더가 없는 로거가 `"acme.lib.util"`의 부모가 된다.

3. 위에서 생성된 로거 중 플레이스홀더가 아닌 로거가 존재하지 않으면, root 로거가 이 로거의 부모가 된다.

또한 logging 모듈은 기존 플레이스홀더들이 적극적으로 logging.getLogger() 함수에 의해 가장 처음 명시적으로 접근되었을 때 적절한 로거와 대체됨을 보장한다. 이런 경우 부모-자식 관계도 함께 업데이트된다. 덕분에 구체적인 로거들도 이들의 계층과 관계없이 어떤 순서로도 설정될 수 있다.

이 부모-자식 관계는 로거 핸들러 평가에 중요한 역할을 한다. 특정한 로거를 통해 새로운 메시지를 기록하면 핸들러들은 다음 규칙에 따라 호출된다.

1. 로거가 자체 핸들러를 가지고 있다면, 메시지는 모든 핸들러에게 전달된다.
   - 로거의 propagate 속성이 True(기본값)면, 메시지는 부모 로거에게 전파된다.
   - 로거의 propagate 속성이 False면, 메시지 전파를 중단한다.
2. 로거가 자체 핸들러를 가지고 있지 않으면, 메시지는 부모 로거에게 전달된다.

가장 좋은 프랙티스는 로거 핸들러를 최상위 레벨 root 로거에만 정의하는 것이다. 그렇지 않으면 모든 전파 규칙을 추적하고, 모든 메시지가 한 번만 기록되는 것을 보장하기 어렵다. 그러나 때때로 낮은 레벨(모듈별)의 로거에 핸들러를 지정해 매우 특별한 유형의 에러를 다루는 방법이 유용하기도 하다. 예를 들어 애플리케이션이 일반적으로 기본 콘솔 핸들러를 이용해 로그를 기록하지만, 비즈니스에 있어 핵심적인 모듈에는 SMTPHandler를 붙일 수 있다. 이런 방식을 이용하면 해당 모듈의 모든 로그 메시지는 추가적으로 SMTP 이메일을 통해 전달됨을 보장할 수 있다.

로깅 계층은 전체 로거 그룹의 상세도를 제어할 때도 유용하다. 예를 들어 acme 패키지가 여러 하위 로거를 포함하고 있으며, 이 하위 로거들이 모두 핸들러를 가지고 있지 않으면, "acme" 전체를 비활성화해서 모든 하위 로거를 침묵시킬 수 있다.

복잡한 계층은 다소 위협적일 수 있다. 특별히 여러 모듈에 존재하는 로거들을 세세하게 튜닝해야 하는 경우에 그렇다. 파이썬을 이용해 개별적으로 로거, 핸들러, 포매터를 생성하는 것은 상당한 양의 보일러플레이트 코드가 필요할 수 있다. 따라서 logging.config 모듈에서는 전체 파이썬 로깅을 보다 선언적인 방식으로 설정할 수 있도록 두 가지 함수를 제공한다.

- fileConfig(): INI와 유사한 환경 설정 파일의 경로를 받는다. 이 파일의 구문은 내장 configparser 모듈이 처리하는 환경 설정 파일의 그것과 동일하다.
- dictConfig(): 환경 설정 값을 포함한 디렉터리 경로를 받는다.

NOTE 파이썬 로깅 환경 설정 옵션에 관한 더 많은 정보는 https://docs.python.org/ko/3/library/logging.config. html을 참조한다.

두 환경 설정 방법에서는 유사한 환경 설정 섹션과 옵션을 가정한다. 한 가지 차이점은 형식이다. 다음은 시간 기반 파일 로테이션으로 로깅하는 환경 설정 파일 예시다.

```
[formatters]
keys=default

[loggers]
keys=root

[handlers]
keys=logfile

[logger_root]
handlers=logfile
level=INFO

[formatter_default]
format=%(asctime)s ¦ %(levelname)s ¦ %(name)s ¦ %(filename)s:%(lineno)d ¦ %(message)s

[handler_logfile]
class=logging.handlers.TimedRotatingFileHandler
formatter=default
kwargs={"filename": "application.log", "when": "D", "backupCount": 30}
```

다음은 dictConfig() 함수를 이용해 동일한 환경 설정을 정의한 예시다.

```
logging.config.dictConfig({
    "version": 1,
    "formatters": {
        "default": {
            "format": (
                "%(asctime)s ¦ %(levelname)s ¦ "
                "%(name)s ¦ %(filename)s:%(lineno)d ¦ "
                "%(message)s"
            )
        },
    },
    "handlers": {
        "logfile": {
            "class": "logging.handlers.TimedRotatingFileHandler",
            "formatter": "default",
```

```
            "filename": "application.log",
            "when": "D",
            "backupCount": 30,
        }
    },
    "root": {
        "handlers": ["logfile"],
        "level": "INFO",
    }
})
```

많은 포매팅 옵션과 계층 로거 구조로 인해서 파이썬의 로깅은 매우 복잡해질 수 있지만 복잡할 필요는 거의 없다. 다음 절에서 설명할 몇 가지 좋은 프랙티스를 따르면 로깅의 복잡함을 줄일 수 있다.

12.2.2 좋은 로깅 프랙티스

파이썬은 유연하고 강력한 로깅 시스템을 제공한다. 수많은 환경 설정 옵션을 제공하기 때문에 순식간에 과도하게 복잡해지기 매우 쉽다. 사실 로깅은 가능한 단순해야 한다. 결국 로깅이란 애플리케이션이 어떻게 동작하는지 이해하기 위한 첫 번째 수단이기 때문이다. 로깅에서 잘못된 것이 무엇인지 이해하는 데 한없이 시간을 써야 한다면, 결국 여러분의 코드가 어떻게 동작하는지는 이해조차 할 수 없을 것이다.

좋은 로깅의 핵심은 좋은 프랙티스를 따르는 것이다. 다음은 파이썬에서의 효율적이고 단순한 로깅을 위한 일반적인 규칙들이다.

- **모듈별 로거를 이용한다**: logging.getLogger(__name__)을 이용해 새로운 로거를 생성하면 모든 모듈 트리의 로깅 동작을 간단히 제어할 수 있다. 이 프랙티스는 라이브러리의 경우 특히 유용하다. 개발자들은 메인 애플리케이션 로깅 환경 설정 안에서 라이브러리 로깅을 설정할 수 있기 때문이다.

- **이벤트당 1행으로 표시한다**: 텍스트 기반 출력(stdout/stderr 스트림, 파일 등)을 이용한다면 하나의 로그 메시지는 한 줄의 텍스트가 좋다. 텍스트 버퍼링 문제, 동일한 출력에 로깅을 하는 여러 스레드와 프로세스에 의한 메시지의 혼합 문제를 해결할 수 있다. 하나의 메시지를 부득이하게 여러 행으로 표시해야 한다면(에러 스택 트레이스 등), JSON 같은 구조화된 로그 포맷을 활용하는 것이 바람직하다.

- **시스템 로깅 퍼실리티 또는 분산 로깅 시스템으로 작업을 넘긴다**: 로그 압축, 전달, 그 파일 로테이션은 파이썬 코드에서 커스텀 로그 핸들러를 이용해서 수행할 수 있지만 이는 그다지 현명한 선

택은 아니다. 일반적으로 syslog 같은 시스템 로깅 퍼실리티나 logstach, fleuntd 같은 전용 로그 처리 도구를 사용하는 편이 낫다. 전용 도구들을 이용하면 동일한 일을 보다 잘 그리고 일관적으로 수행할 수 있다. 이들은 많은 로그 처리의 복잡함을 코드에서 제거하며, 동시 애플리케이션에서의 로깅 문제들을 줄여준다.

• **가능한 표준 출력이나 에러 스트림으로 직접 로깅을 한다:** stdout이나 stderr에 내용을 쓰는 것은 모든 애플리케이션이 할 수 있는 가장 기본적인 작업이다. 파일에 내용을 쓰는 것도 마찬가지지만 모든 환경이 기록할 수 있거나 지속적인 파일시스템을 제공하지는 않는다. 파일에 저장된 로그가 필요하다면 셸 출력 리다이렉션을 이용할 수 있다. 네트워크를 통해 로그를 전달해야 한다면 logstash 또는 fluentd 같은 전용 로그 전달 유틸리티를 사용할 수 있다.

• **로그 핸들러는 root 로거 레벨에서 유지한다:** root 로거가 아닌 특정한 로거에 대한 핸들러와 포매터를 정의하면 로깅 설정이 불필요하게 복잡해진다. 루트 레벨에 단일 콘솔 핸들러를 정의하고 나머지 로그 처리 로직은 외부 로깅 유틸리티에 일임하는 것이 더 낫다.

• **커스텀 분산 로깅 시스템을 만드는 유혹을 피한다:** 대규모 분산 시스템에서 네트워크를 통해 신뢰할 수 있을 정도로 로그를 전달하기란 간단하지 않다. 일반적으로 이 태스크는 syslog, fluentd, logstash 같은 전용 도구에 일임하는 것이 훨씬 낫다.

• **구조화된 로그 메시지를 이용한다:** 로그양이 증가하면 로그로부터 의미 있는 정보를 추출하기가 점점 어려워진다. 전용 로그 처리 시스템을 이용하면 다양한 쿼리를 이용해 대량의 텍스트 정보를 검색할 수 있으며 과거 로그 이벤트에 대한 정밀한 분석을 할 수 있다. 이들 시스템 대부분은 일반적인 텍스트 로그 메시지를 효율적으로 파싱할 수 있다. 그러나 처음부터 구조화된 로그 메시지를 이용하면 훨씬 좋은 결과를 얻을 수 있다. 널리 사용되는 구조화된 메시지 로그 포맷으로는 JSON이나 msgpack이 있다.

> NOTE 파이썬의 logging 및 logging.handler 모듈은 구조화된 로그 메시지에 대한 전용 핸들러를 제공하지 않는다. python-json-logger는 PyPI에서 제공하는 유명한 패키지로 JSON 포맷의 메시지를 방출하는 포매터를 제공한다. python-json-logger에 관한 더 많은 정보는 https://github.com/madzak/python-json-logger를 참조한다.
>
> structlog 패키지도 유명하다. 이것은 파이썬 로깅 시스템을 확장한 것으로 로그 콘텍스트를 캡처, 메시지 처리, 다양한 구조화된 포맷으로 출력을 하는 등의 다양한 유틸리티를 제공한다. structlog에 관한 더 많은 정보는 https://www.structlog.org/en/stable/index.html을 참조한다.

• **로깅 설정은 한곳에서만 수행한다:** 로깅 설정(즉, 핸들러와 포매터의 집합)은 애플리케이션의 한 위치에서만 정의되어야 한다. 가급적 __main__.py 파일 또는 WSGI/ASGI 애플리케이션 모듈(웹 기반 애플리케이션) 같은 메인 애플리케이션 진입 스크립트면 좋다.

- **가능한 basicConfig()를 이용한다**: 앞에서 설명한 대부분의 규칙들을 따른다면, basicConfig() 함수만을 이용해 완전한 로깅 설정을 수행할 수 있을 것이다. 이 함수는 root 로거 레벨에서 작동하며 기본적으로 StreamHandler 클래스를 정의해 stderr 스트림에 연결한다. 또한 일반적으로 날짜 및 로그 메시지 포맷 문자열 설정을 쉽게 할 수 있으며 그 이상의 다른 작업이 필요하지 않을 것이다. 구조화된 로그 메시지를 사용하기 원한다면 커스텀 메시지를 통해 독자적인 핸들러를 쉽게 이용할 수 있다.

- **fileConfig()보다는 dictConfig()를 이용한다**: fileConfig()에서 지원하는 로깅 환경 설정 파일의 구문은 dictConfig()가 지원하는 것보다 다소 투박하고 유연성이 떨어진다. 예를 들어 애플리케이션 로깅의 상세한 정도는 커맨드라인 인수나 환경 변수를 이용해서 설정할 수 있다. 이런 기능들은 파일 기반 환경 설정보다는 딕셔너리 기반 환경 설정을 보다 쉽게 구현할 수 있다.

규칙이 너무 많은 듯 보이지만, 종합적으로 이들은 사물을 단순하게 유지하고 로깅 시스템을 과도하게 엔지니어링하지 않기 위한 것들이다. 환경 설정을 단순하게 유지하고, 표준 출력으로 로그를 기록하고, 합리적인 로그 포매팅을 이용한다면 이는 충분히 성공한 것이다.

로그 위생 상태가 양호하면 어떤 규모의 로그라도 처리할 수 있다. 모든 애플리케이션이 많은 로그를 생성하지는 않지만, 일반적으로 많은 로그를 생성하는 시스템들은 전용 로그 전달 및 처리 시스템을 이용해서 다루어야 한다. 이 시스템들은 수백 혹은 수천 개의 독립적인 호스트로부터 유입되는 분산된 로그 처리를 지원한다.

12.2.3 분산 로깅

단일 호스트에서 실행되는 단일 서비스 또는 프로그램은 쉽게 회전 로그 파일에 기반해 간단히 로깅을 셋업할 수 있다. 대부분의 프로세스 관리 도구(systemd 또는 supervised)들은 stdout 또는 stderr 출력을 특정한 로그 파일로 리다이렉션하는 기능을 제공하기 때문에 애플리케이션에서 별도로 파일을 열지 않아도 된다. 또한 logrotate 같은 시스템 유틸리티에게 과거 로그 파일들에 대한 압축과 로테이션의 책임을 일임할 수 있다.

간단한 방식도 소규모 애플리케이션에서는 잘 동작한다. 동일한 호스트에서 여러 서비스를 실행하는 경우, 여러분은 결국 동일한 방식으로 다양한 프로그램의 로그를 다루고 싶게 될 것이다. 로깅에서 발생하는 혼란을 조직화하는 첫 번째 단계는 syslog 같은 전용 시스템 로깅 퍼실리티를 이용하는 것이다. 이를 이용하면 일관된 형태로 로그를 소화할 수 있을 뿐만 아니라 제공되는 커맨드라인 도구를 이용해 과거 로그를 탐색하거나 필터링할 수도 있다.

그러나 여러 호스트에 걸친 분산된 형태로 여러분의 애플리케이션을 확장해서 운영하게 된다면 상황은 보다 복잡해진다. 분산 로깅을 다룰 때 겪을 수 있는 어려움은 다음과 같다.

- **대량의 로그**: 분산된 시스템은 엄청난 양의 로그를 생산할 수 있다. 로그양은 프로세싱 노드(호스트)의 수와 함께 증가한다. 과거 로그들을 저장하고 싶다면, 이 모든 데이터를 유지하기 위한 전용 인프라스트럭처가 필요할 것이다.

- **중앙화된 로그 접근의 필요성**: 해당 로그를 생성하는 호스트에만 그 로그를 저장하는 것은 실질적으로 아무런 의미가 없다. 애플리케이션이 뭔가 잘못된 것을 알았을 때 마지막으로 하고 싶은 것은 호스트를 넘나들면서 여러분이 경험하고 있는 문제에 대한 핵심적인 정보를 담은 로그 파일을 찾고자 할 것이다. 이럴 때 여러분의 시스템에 이용할 수 있는 모든 로그에 접근할 수 있는 단일 지점이 필요하다.

- **신뢰할 수 없는 네트워크**: 네트워크는 본질적으로 신뢰할 수 없기 때문에 한 네트워크를 통해 데이터를 보낸다면 모든 분산 시스템에서 발생할 수 있는 일시적인 커넥션 실패, 네트워크 지연, 예상하지 못한 통신 지연에 대비해야 한다. 중앙화된 로그 접근을 이용하면 개별 호스트로부터 로그를 전용 로깅 인프라스트럭처로 보내게 된다. 데이터 유실을 피하기 위해서는 특별한 소프트웨어를 이용해 로그 메시지를 버퍼링하고, 네트워크가 실패한 경우 재전송을 시도해야 한다.

- **정보 탐색과 연관성**: 대량의 로그를 다루는 경우에는 다양한 심각도의 로그 메시지 속에서 유용한 정보를 찾아내기 어려울 것이다. 결과적으로 로그 데이터셋에 커스텀 쿼리를 수행해 소스, 로거명, 심각도, 텍스트 콘텍스트 등으로 필터링할 수 있는 기능이 필요할 것이다. 또한 분산된 시스템에서 발생하는 문제들은 매우 난해하다. 시스템에서 실제로 어떤 일이 발생한 것이지 정확하게 이해하기 위해서는 다양한 로그 스트림으로부터 정보를 종합하고 통계적으로 데이터를 분석할 수 있게 하는 도구가 필요하다.

로깅 인프라스트럭처의 복잡성은 여러분의 운영하는 애플리케이션의 규모와 달성하고자 하는 관측성에 따라 달라진다. 로깅 인프라스트럭처가 제공하는 능력에 따라 다음의 로깅 성숙도 모델을 정의할 수 있다.

- **레벨 0(눈송이**snowflake**)**: 모든 애플리케이션은 고유의 '눈송이'를 가진다. 각 애플리케이션은 로깅, 압축, 아카이빙, 유지와 같은 로깅 활동을 별도로 수행한다. 레벨 0 성숙도에서는 텍스트 데이터나 셀 유틸리티를 이용해 과거 로그를 여는 것 이상의 관측성을 제공하지 않는다.

- **레벨 1(통일된 로깅**unified logging**)**: 동일한 호스트의 모든 서비스는 시스템 데몬(목적지) 혹은 디스크에 유사한 방식으로 메시지를 로깅한다. 압축이나 유지 같은 기본적인 로그 처리 태스크는 시스

템 로깅 퍼실리티나 **logrotate** 같은 공통 유틸리티에 일임한다. 특정한 호스트의 로그를 보고 싶을 때는 해당 호스트에 접근하거나 해당 호스트가 실행 중인 전용 서비스 데몬과 통신해야 한다.

- **레벨 2(중앙화된 로깅**centralized logging): 모든 호스트의 로그들은 전용 호스 또는 호스트의 클러스터로 전달되어 데이터 유실을 방지하고 저장된다. 서비스들은 특정한 목적지(로깅 데몬 또는 디스크의 특정 위치)로 로그를 전달해야 할 수도 있다. 특정한 시간 구간의 모든 로그를 확인할 수 있으며 필터링, 집계, 분석 등의 진보한 기능을 적용할 수도 있다.

- **레벨 3(로깅 메시**logging mesh): 서비스들은 로깅 인프라스트럭처의 존재를 완전히 인지하지 않으며 자신들의 **stdout, stderr** 스트림으로 로그를 직접 출력한다. 로깅 메시는 모든 호스트에서 동작하며 자동으로 새 로그 스트림이나 로그 파일을 모든 실행되는 시스템으로부터 식별한다. 새로운 애플리케이션을 배포하면, 그 출력 스트림은 자동으로 로깅 인프라스트럭처에 포함된다. 중앙화된 로그 접근 인프라스트럭처는 임의의 긴 시간 구간에 대한 상세한 쿼리를 수행할 수 있다. 저장된 메시지에 대한 로그 집계나 분석을 수행할 수 있다. 로깅 정보는 거의 실시간으로 이용할 수 있다.

중앙화된 로깅과 로깅 메시 인프라스트럭처는 로그 필터링, 집계, 분석과 관련된 유사한 기능들을 제공한다. 여기에서의 핵심적인 차이는 로깅 메시 인프라스트럭처의 로깅 편재logging ubiquity다. 레벨 3 로깅 아키텍처에서는 인프라스트럭처를 실행하는 모든 것이 정보를 표준 출력이나 에러 스트림으로 출력되며, 이는 자동으로 로깅 정보의 소스가 되고 집중화된 로그 접근 시스템을 통해 접근할 수 있게 된다.

많은 기업들이 레벨 2, 레벨 3 로깅 인프라스트럭처를 서비스로 제공한다. 유명한 서비스로 AWS CloudWatch가 있으며, 이는 다른 AWS 서비스와 완벽하게 통합된다. 다른 클라우드 제공자들도 대안을 제공한다. 여러분이 충분한 시간을 들이고 결정을 내릴 수 있다면 오픈소스를 이용해 완전한 레벨 2 또는 레벨 3 로깅 아키텍처를 직접 구축할 수도 있다.

NOTE 완전한 로깅 인프라스트럭처를 구축할 수 있는 유명한 오픈소스 도구로는 Elastic Stack을 들 수 있다. 이 소프트웨어 생태계는 여러 컴포넌트, 즉 Logstach/Beats(로그 및 지표 수집기), ElasticSearch(문서 저장 및 검색 시스템), Kibana(프런트엔드 애플리케이션 및 Elastic Stack용 대시보드)로 구성된다. Elastic Stack에 관한 더 많은 정보는 https://www.elastic.co/kr/을 참조한다.

12.2.4 사후 리뷰를 위한 에러 캡처

로깅은 시스템에서 발생한 에러나 문제에 관한 정보를 저장하고 찾아내기 위한 가장 널리 사용되는 방법이다. 성숙한 로깅 인프라스트럭처는 진보된 연관 능력을 제공함으로써 특정한 시점에 전체 시스템에서 어떤 일이 발생했는지에 관한 더 많은 통찰력을 얻을 수 있다. 이들은 종종 에러 메시지가 발생했을 때 경고를 발생시키도록 설정되어, 예상치 못한 실패 상황에서 빠르게 대응할 수 있게 해준다.

그러니 기존의 일반적인 로깅 인프라스트럭처를 이용해 에러를 추적할 때의 주요한 문제는 에러 발생과 관련된 전체 콘텍스트의 제한된 내용만을 제공한다는 점이다. 간단히 말해서 로깅 호출과 관련된 정보에만 접근할 수 있다.

어떤 문제가 발생한 이유를 완전히 이해하기 위해서는 로깅 호출에 처음 포함된 것들보다 많은 정보들이 필요하다. 전통적인 로깅 인프라스트럭처를 이용하는 경우에는 추가적인 로깅을 위해 코드를 수정하고, 애플리케이션의 새로운 버전을 릴리스해야 하며, 에러가 수집되기를 기다려야 한다. 무언가를 누락한다면 이 과정을 처음부터 다시 반복해야 한다.

다른 문제는 의미 있는 에러를 필터링하는 것이다. 대규모 분산 시스템에서는 하루가 멀게 수만 개의 에러 메시지와 주의 메시지를 생성한다. 하지만 모든 메시지에 즉각 대응해야 하는 것은 아니다. 유지보수를 담당하는 팀은 자주 버그 분류triage 프로세스를 수행하고 에러에 따른 영향을 추정한다. 자주 발생하거나 애플리케이션의 중요한 부분에서 발생한 버그들에 초점을 두는 것이 일반적이다. 효율적인 분류를 위해서는 적어도 중복된 에러 이벤트를 제거하는(병합하는) 기능이나 그 빈도를 측정하는 기능이 필요하다. 그러나 모든 로깅 인프라스트럭처가 이를 효율적으로 제공하지는 않는다.

따라서 여러분의 애플리케이션에서 에러를 추적하려면 로깅 인프라스트럭처와 독립적으로 동작하는 전용의 에러 추적 시스템을 이용해야 한다.

훌륭한 에러 추적 경험을 주는 잘 알려진 도구 중 하나로 Sentry를 들 수 있다. Sentry는 예외 추적과 크래시 보고 수집에 매우 뛰어나다. 오픈소스로 이용할 수 있고 파이썬으로 작성되었는데, 원래는 백엔드 파이썬 개발자들을 위한 도구였다. 현재는 초창기의 계획보다 더 성장하여 PHP, 루비, 자바스크립트, Go, 자바, C, C++, Kotlin까지 다양한 언어를 지원한다. 많은 파이썬 웹 개발자에게 여전히 가장 인기 있는 에러 추적 도구 중 하나다.

> **NOTE** Sentry에 관한 더 많은 정보는 https://sentry.io/welcome/을 참조한다.

Sentry는 유료 SaaS 모델로도 이용할 수 있다. 하지만 여전히 오픈소스 프로젝트이므로 여러분의 인프라스트럭처에 직접 호스팅해서 무료로 이용할 수도 있다. **sentry-sdk**(PyPI에서 이용 가능하다)는 Sentry와의 통합을 제공하는 라이브러리다. 아직 이를 사용해보지 않았고, 자체 Setnry 서버 없이 테스트를 해보고 싶다면 Sentry 서비스 사이트에서 무료 시험판을 이용해볼 수 있다. Sentry 서버에 접속해서 새 프로젝트를 생성하면 **Data Source Name(DSN)**이라 불리는 문자열을 얻을 수 있다. 이 DSN 문자열은 애플리케이션을 Sentry와 통합하기 위해 필요한 최소한의 설정이다. DSN 문자열은 프로토콜, 크리덴셜, 서버 위치, 조직/프로젝트 식별자를 다음 형태로 포함한다.

```
'{PROTOCOL}://{PUBLIC_KEY}:{SECRET_KEY}@{HOST}/{PATH}{PROJECT_ID}'
```

DSN을 얻은 후의 통합 과정 자체는 매우 직관적이다.

```
import sentry_sdk

sentry_sdk.init(
    dsn='https://<key>:<secret>@app.getsentry.com/<project>'
)
```

이제 코드에서 직접 처리되지 않은 모든 예외가 자동으로 Sentry API를 이용해 Sentry Server로 전달된다. Sentry SDK는 HTTP 프로토콜을 이용하며 에러를 압축된 JSON 메시지로 시큐어 HTTP 커넥션(HTTPS)을 통해 전달한다. 기본적으로 메시지는 별도의 스레드를 이용해 비동기로 전송되어 애플리케이션 성능에 영향을 최소화한다. 에러 메시지는 이후 Sentry 포털에서 확인할 수 있다.

모든 처리되지 않은 예외는 자동으로 캡처된다. 그러나 다음과 같이 예외를 명시적으로 캡처할 수도 있다.

```
try:
    1 / 0
except Exception as e:
    sentry_sdk.capture_exception(e)
```

Sentry SDK는 대부분의 유명한 파이썬 프레임워크(Django, Flask, Celery, Pyramid 등)와 통합되며, 주어진 프레임워크에 대한 추가적인 콘텍스트를 제공한다. 여러분이 이용하는 웹 프레임워크에 대한 전용 지원이 없다면 sentry-sdk 패키지가 제공하는 포괄적인 WSGI 미들웨어를 이용해 모든 WSGI 기반 웹 서버와 통합할 수 있다.

```
from sentry_sdk.integrations.wsgi import SentryWsgiMiddleware

sentry_sdk.init(
    dsn='https://<key>:<secret>@app.getsentry.com/<project>'
)

# ...
application = SentryWsgiMiddleware(application)
```

NOTE 파이썬 웹 애플리케이션에서의 예외: 일반적으로 웹 애플리케이션은 처리되지 않은 예외가 있더라도 중단되지 않는다. 왜냐하면 HTTP 서버들은 모든 서버 에러에 대해 5XX 그룹의 에러 상태 코드를 반환하기 때문이다. 대부분의 파이썬 웹 프레임워크도 기본적으로 동일하게 동작한다. 이 경우 예외는 실제로 내부 웹 프레임워크 레벨 또는 WSGI 서버 미들웨어에서 처리된다. 아무튼 이는 일반적으로 예외 스택 트레이스를 출력한다(보통 표준 출력을 통해). Sentry SDK는 WSGI 표기를 인식하기 때문에 자동으로 이런 에러도 캡처할 수 있다.

또 다른 유명한 통합은 파이썬의 내장 logging 모듈을 통해 기록된 메시지 추적 기능이다. 다음의 코드를 추가하는 것만으로 이 기능을 활성화할 수 있다.

```
import logging

import sentry_sdk
from sentry_sdk.integrations.logging import LoggingIntegration

sentry_logging = LoggingIntegration(
    level=logging.INFO,
    event_level=logging.ERROR,
)

sentry_sdk.init(
    dsn='https://<key>:<secret>@app.getsentry.com/<project>',
    integrations=[sentry_logging],
)
```

로깅 메시지를 캡처할 때는 주의할 사항들이 있으므로 이 기능에 관심이 있다면 해당 주제에 관해 공식 문서를 먼저 읽어볼 것을 권한다. 달갑지 않은 당황할 만한 상황들을 피할 수 있을 것이다.

Sentry나 유사한 다른 서비스를 사용하기로 결정했다면, '구축할 것인지, 구매할 것인지build versus buy' 결정해야 한다. 여러 차례 들어봤겠지만 세상에 공짜는 없다. 에러 추적 서비스(또는 다른 유틸리티 시스템)를 여러분의 인프라스트럭처에서 운영하기로 결정했다면 추가적인 인프라스트럭처 비용을 지불해야 할 것이다. 이런 추가 시스템은 향후 유지보수와 업데이트를 해야 하는 다른 시스템이 된다. 즉, '유지보수 = 추가 업무 = 비용'이다!

애플리케이션이 성장함에 따라 예외의 수도 늘어난다. 따라서 제품 확장과 함께 Sentry(또는 다른 시스템)도 확장되어야 한다. 다행히도 Sentry는 매우 견고한 프로젝트지만 너무 많은 부하에 압도된다면 여러분에게 아무런 가치도 주지 않을 것이다. 또한 재앙에 가까운 실패 시나리오(즉, 초당 수천 개의 크래시 보고서가 전송되는 등)에 대비해 Sentry를 운영하는 것은 실질적으로 매우 어렵다. 그러므로 어떤 선택지가 가장 비용이 적게 드는지, 이 모든 작업을 직접 할 수 있는지 잘 결정해야 한다.

> **TIP** 물론 조직의 보안 정책상 서드파티에 어떤 데이터도 전송할 수 없다면 '구축할 것인지, 구매할 것인지'라는 딜레마는 존재하지 않는다. 그렇다면 Sentry 또는 유사한 소프트웨어를 여러분의 인프라스트럭처에서 직접 호스트해야 한다. 비용이 들겠지만 분명 지불할 가치가 있다.

에러를 캡처하면 사후 리뷰가 가능하며 디버깅을 쉽게 만듦으로써 에러가 갑자기 쌓이기 시작하는 상황에서 신속하게 반응할 수 있다. 그러나 이런 반응적인 접근 방식을 선택하면 사용자가 버그를 품은 소프트웨어에 노출되기 쉬워진다.

사려 깊은 개발자들은 그들의 애플리케이션을 항상 관측하며 실제 실패가 발생하기 전에 반응할 수 있기를 원한다. 이런 애플리케이션 관측성은 커스텀 지표를 이용해 여러분의 코드를 조사해서 얻을 수 있다. 다양한 유형의 커스텀 지표와 지표 수집에 사용되는 시스템들에 관해 살펴보기로 하자.

12.3 코드와 커스텀 지표 조사

애플리케이션이 원활하게 동작하도록 유지하기 위해서는 능동적이어야 한다. 관측성은 로그나 에러 보고서에 대한 포스트모템postmortem 분석만을 위한 것이 아니다. 서비스 부하, 성능, 리소스 사용에 관한 인사이트를 제공하는 다양한 지표를 수집하는 것도 포함한다. 일반적인 상황에서 애플리케이션이 어떻게 동작하는지 관찰한다면, 이상을 발견할 수 있고 실제 실패가 발생하기 전에 이를 예측할 수 있을 것이다.

모니터링 소프트웨어의 핵심은 일반적인 서비스의 건강 상태를 판단할 수 있는 유용한 지표를 정의하는 것이다. 일반적인 지표들은 몇 가지 범주로 나눌 수 있다.

- **리소스 사용 지표**resource usage metrics: 전형적인 지표는 메모리, 디스크, 네트워크, CPU 사용량 등이다. 모든 인프라스트럭처는 리소스에 제한이 있으므로 이 지표들은 항상 관찰해야 한다. 무한한 리소스 풀을 제공하는 것처럼 보이는 클라우드 서비스도 이는 동일하다. 어떤 서비스에서 비정상적으로 리소스를 사용한다면 다른 서비스는 자원을 획득하지 못하게 되어 인프라스트럭처에서의 연속적인 실패를 일으킬 수도 있다. 이는 일반적으로 리소스 사용량에 따라 비용을 지불

해야 하는 클라우드 인프라스트럭처에서 실행되는 코드에서 특히 중요하다. 리소스를 확보하지 못한 불량한 서비스는 많은 비용을 야기할 수 있다.

- **부하 지표**load metrics: 전형적인 지표는 커넥션 수, 주어진 시간 단위 동안의 리퀘스 수 등이다. 대부분의 서비스들은 제한된 수의 병렬 커넥션을 받을 수 있으며, 임곗값에 가까울수록 그 성능이 낮아진다. 오버로드된 서비스는 일반적으로 성능이 점점 낮아지다가 크리티컬한 부하 시점을 지나면 갑자기 사용할 수 없게 된다. 부하 지표들을 관찰함으로써 확장 여부를 가늠할 수 있다. 낮은 부하 영역 또한 인프라스트럭처의 규모를 조정해서 운영 비용을 낮출 수 있는 지점이기도 하다.

- **성능 지표**performance metrics: 전형적인 지표는 요청 또는 태스크 처리 시간이다. 성능 지표들은 주로 부하 지표와 연관이 있지만 최적화가 필요한 코드의 성능 관련 부분을 강조하기도 한다. 좋은 애플리케이션의 성능은 사용자 경험을 개선하고 인프라스트럭처에 드는 비용을 줄인다. 성능이 좋은 코드는 더 적은 리소스를 이용해 실행 가능하기 때문이다. 성능을 지속적으로 관찰하면, 애플리케이션에 새로운 변화가 추가되었을 때 발생하는 성능 하락을 발견할 수 있다.

- **비즈니스 지표**business metrics: 전형적인 지표는 비즈니스의 핵심 성능 지표이다. 전형적인 지표는 주어진 시간 단위 동안의 회원 가입 수, 판매된 아이템 수 등이다. 이런 지표에서의 이상은 테스팅 프로세스에서 발견하지 못한 기능 저하들을 발견하거나(결함이 있는 장바구니 체크아웃 프로세스 등) 사용자들을 자주 당황하게 할 수 있는 애플리케이션 인터페이스의 의심스러운 변경 등을 평가하는 데 도움이 된다.

이 지표들은 때때로 애플리케이션 로그를 통해 추출할 수도 있지만, 성숙한 많은 로깅 인프라스트럭처들은 로그 이벤트 시스템에 대해 순환 집계rolling aggregation를 수행할 수 있다. 이 프랙티스는 부하 지표와 성능 지표에 특히 효과적인데, 이 지표들은 웹 서버, 프록시, 로드 밸런서의 접근 로그에서 추출하는 것이 신뢰도가 높기 때문이다. 동일한 접근 방식을 비즈니스 지표에도 적용할 수 있지만 이를 위해서는 핵심 비즈니스 지표에 대한 로그 포맷을 보다 잘 결정해야 하며, 그렇지 않으면 지표들이 쉽게 깨질 수 있다.

로그 처리는 리소스 사용 지표에 대한 최소한의 유틸리티를 제공한다. 리소스 지표들은 리소스 사용에 대한 주기적인 확인에 기반하는데 로그 처리는 종종 다소 불규칙하게 발생하는 이산적인 이벤트의 스트림에 초점을 두기 때문이다. 또한 중앙화된 로그 인프라스트럭처는 시계열 데이터time series data를 저장하는 데 적합하지 않다.

일반적으로 애플리케이션 지표를 모니터링하기 위해서는 로깅 인프라스트럭처에 독립적인 전용 인프라스트럭처가 필요하다. 진보한 지표 모니터링 시스템들은 복잡한 지표 집계와 연관 기능들을 제공하며 시계열 데이터를 다루는 데 초점을 둔다. 또한 지표 인프라스트럭처 시스템은 가장 최근의 데이터에 빠르게 접근하는 기능을 제공하는데 이는 로깅 시스템보다 현재 동작하는 시스템을 관찰하는 데더 집중하기 때문이다. 로깅 인프라스트럭처를 이용하면 데이터 전파에서의 눈에 띄는 지연을 더 쉽게 관찰할 수 있다.

지표 모니터링 시스템이 주로 채택하는 아키텍처는 다음 두 가지다.

- **푸시 아키텍처**push architecture: 이 아키텍처에서는 애플리케이션이 데이터를 시스템에 밀어넣는다push. 일반적으로 원격 지표 서버 또는 로컬 지표 데몬(지표 전달자metric forwarder)이 다른 서버의 상위 레벨 데몬으로 지표를 보낸다(레이어드 아키텍처). 환경 설정은 일반적으로 분산되어 있다. 각 서비스들은 목적지 데몬 또는 서버의 위치를 알아야 한다.
- **풀 아키텍처**pull architecture: 이 아키텍처에서는 애플리케이션이 지표를 엔드포인트(일반적으로 HTTP 엔드포인트)에 노출하고, 지표 데몬 또는 서버가 알려진 서비스로부터 해당 정보를 끌어당긴다pull. 환경 설정은 중앙화되거나(메인 지표 서버가 모니터 대상 서비스의 위치를 알고 있음), 반-분산화semi-distributed될 수 있다(메인 지표 서버가 하위 레이어로부터 지표를 끌어당기는 지표 전달자의 위치를 알고 있다).

두 유형의 아키텍처는 모두 서비스 디스커버리 메커니즘을 활용해 메시와 유사한 능력을 가질 수 있다. 예를 들어 푸시 아키텍처의 경우 지표 전달자는 다른 서비스들에게 자신들이 지표를 전달할 수 있는 서비스임을 알릴 수 있다. 풀 아키텍처의 경우 모니터되는 서비스들은 일반적으로 자신들이 서비스 카탈로그에 수집되어야 할 지표를 제공하는 서비스임을 알린다.

모니터링 애플리케이션에서 널리 사용되는 **프로메테우스**Prometheus에 관해 살펴보자.

12.3.1 프로메테우스 이용

프로메테우스는 대표적인 당김pull 기반 지표 인프라스트럭처다. 지표 수집, 전달 정책 정의(지표 익스포터metric exporter 이용), 데이터 시각화, 알림 기능을 완벽하게 제공한다. 파이썬을 포함해 다양한 언어에서 사용할 수 있는 SDK를 함께 제공한다.

프로메테우스의 아키텍처는 다음 컴포넌트들로 구성된다(그림 12.2).

- **프로메테우스 서버**Prometheus server: 스탠드얼론 지표 서버이며 시계열 데이터를 저장하고 지표 쿼리에 대해 응답할 수 있다. 또한 지표 익스포터, 모니터 대상 서비스(job), 다른 프로메테우스 서버로부터 지표를 추출할 수 있다(끌어당김). 프로메테우스 서버는 데이터 쿼리를 위한 HTTP API를

제공하면, 다양한 지표 시각화를 할 수 있는 간단한 인터페이스를 제공한다.

- **경고 관리자**alert manager: 선택적 서비스로 경로 규칙에 대한 정의를 저장하고, 특정한 경고 조건을 만족하면 알림을 발생시킨다.

- **지표 익스포터**metric exporter: 프로메테우스 서버가 데이터를 끌어올 수 있는 프로세스들이다. 익스포터는 프로메테우스 SDK를 이용해 지표 엔드포인트를 노출시킨 모든 서비스다. 이 밖에도 호스트로부터 직접 정보를 추출하거나(일반적인 호스트 사용 정보 등), 프로메테우스 SDK를 통합하지 않고 서비스의 정보를 노출하거나(데이터베이스 등), 일시적인 프로세스를 위한 푸시 게이트웨이처럼 동작하는(cron 작업 등) 등의 스탠드얼론 익스포터도 존재한다. 모든 프로메테우스 서버는 다른 프로메테우스 서버의 지표 익스포터처럼 동작할 수 있다.

위 세 가지 컴포넌트들은 완전히 동작하는 데이터 시각화와 믿을 수 있는 경고를 제공하는 지표 인프라스트럭처를 구현하기 위해 필요한 최소한의 요소다. 그리고 많은 프로메테우스 배포판들은 이 아키텍처를 다음과 같은 추가 컴포넌트로 확장한다.

- **서비스 디스커버리 카탈로그**service discovery catalog: 프로메테우스 서버는 다양한 서비스 디스커버리 솔루션으로부터 정보를 읽어서 사용할 수 있는 지표 익스포터를 식별한다. 서비스 디스커버리 메커니즘은 환경 설정을 단순화하고 메시와 유사한 개발자 경험을 제공한다. 서비스 디스커버리 카탈로그로 잘 알려진 것들로는 Consul, ZooKeeper, etcd가 있다. 컨테이너 오케스트레이션 시스템은(쿠버네티스 등) 종종 서비스 디스커버리 메커니즘을 내장하고 있다.

- **대시보드 솔루션**dashboarding solution: 프로메테우스 서버는 간단한 데이터 시각화를 할 수 있는 간단한 웹 인터페이스를 제공한다. 이 기본적인 기능들은 운영팀이 사용하기에는 역부족인 경우가 많다. 프로메테우스는 오픈 API를 제공하기 때문에 커스텀 대시보드 솔루션을 이용해 쉽게 확장할 수 있다. 가장 유명한 것은 Grafana이며 이는 다른 지표 시스템이나 데이터 소스와 쉽게 통합할 수 있다.

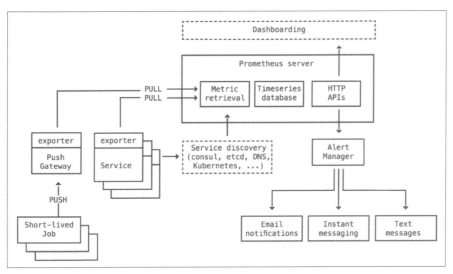

그림 12.2 **전형적인 프로메테우스 배포판의 아키텍처**

프로메테우스 모니터링을 이용해 애플리케이션을 쉽게 확장할 수 있음을 확인하기 위해 이전 장에서 작성한 애플리케이션 중 하나를 골라 프로메테우스 SDK를 통합해보자. 그리고 작은 도커 컴포즈 설정을 정의해 로컬 환경에서 전체 코드를 평가해볼 것이다.

지표 시스템을 평가하기 위해서는 실제로 뭔가 유용한 기능을 하는 애플리케이션이 필요하다. 실질적인 예시로 5장에서 작성한 픽셀 추적 서비스를 선택했다. 이 서비스의 동작에 관해서는 이미 친숙할 것이므로 이번 장에서의 테스트 대상으로 선정했다.

애플리케이션의 핵심은 **tracking.py** 파일이다. 이 파일은 모듈 임포트, 뷰 정의, HTTP 라우트 바인딩, Flask 애플리케이션 객체 인스턴스를 포함한다. 뷰 함수를 제외하면 그 구조는 대략 다음과 같다.

```python
from flask import Flask, request, Response
from flask_injector import FlaskInjector

from interfaces import ViewsStorageBackend
import di

app = Flask(__name__)

@app.route("/track")
def track(storage: ViewsStorageBackend):
    ...

@app.route("/stats")
```

```
def stats(storage: ViewsStorageBackend):
    ...

@app.route("/test")
def test():
    ...

if __name__ == "__main__":
    FlaskInjector(app=app, modules=[di.RedisModule()])
    app.run(host="0.0.0.0", port=8000)
```

NOTE 간결한 표기를 위해 애플리케이션 코드 중 지표와 직접적인 관련이 없는 부분은 생략했다. 픽셀 추적 서비스의
전체 코드 예시는 5장을 참조한다. 또한 코드 저장소의 Chapter 12/05-Using Prometheus 디렉터리에서 이 절에서
사용한 모든 소스 코드를 다운로드할 수 있다(환경 설정, Dockerfile, docker-compose.yml 포함).

프로메테우스 서버를 통해 애플리케이션을 관측하기 위해서는 프로메테우스 지표 익스포터에 이를
내장해야 한다. 이를 위해 PyPI에서 제공되는 공식 prometheus-client 패키지를 이용한다. 먼저
prometheus_client 모듈이 제공하는 클래스를 이용해 몇 가지 지표 객체를 정의한 예시다.

```
from prometheus_client import Summary, Gauge, Info

REQUEST_TIME = Summary(
    "request_processing_seconds",
    "Time spent processing requests"
)
AVERAGE_TOP_HITS = Gauge(
    "average_top_hits",
    "Average number of top-10 page counts "
)
TOP_PAGE = Info(
    "top_page",
    "Most popular referrer"
)
```

- REQUEST_TIME: Summary 지표이며 이벤트의 크기나 수를 추적할 때 이용된다. 이 지표를 이용해
  시간과 처리된 요청의 수를 추적한다.

- AVERAGE_TOP_HITS: Gauge 지표이며 하나의 값이 시간에 따라 어떻게 변하는지 추적할 때 이용
  된다. 이 지표를 이용해 가장 유명한 10개 페이지의 접속 수 카운트 수의 평균을 추적한다.

- TOP_PAGE: Info 지표이며 텍스트 정보를 노출하기 위해 이용된다. 이 지표를 이용해 특정한 시간
  에 가장 유명한 픽셀 추적된 페이지를 추적한다.

각 지표의 값은 여러 코드 패턴을 이용해 업데이트할 수 있다. 가장 널리 이용되는 방법은 특정한 지표 메서드를 데커레이터로 사용하는 것이다. 이는 함수에서 사용된 시간을 측정하는 가장 편리한 방법이다. 다음은 이 메서드를 이용해 REQUEST_TIME 지표를 추적하는 예시다.

```
@app.route("/track")
@REQUEST_TIME.time()
def track(storage: ViewsStorageBackend):
    ...


@app.route("/stats")
@REQUEST_TIME.time()
def stats(storage: ViewsStorageBackend):
    ...


@app.route("/test")
@REQUEST_TIME.time()
def test():
    ...
```

또 다른 방법은 특정한 지표 객체 메서드를 일반적인 함수 호출처럼 사용하는 것이다. counter, gauge, info 지표에 일반적으로 이용하는 기법이다. 이 패턴은 AVERAGE_TOP_HITS와 TOP_PAGE 지표 값을 추적하는 데 이용한다. stats() 뷰 함수의 값을 조사하면 매우 좋은 추정값을 얻을 수 있다.

```
@app.route("/stats")
@REQUEST_TIME.time()
def stats(storage: ViewsStorageBackend):
    counts: dict[str, int] = storage.most_common(10)

    AVERAGE_TOP_HITS.set(
        sum(counts.values()) / len(counts) if counts else 0
    )
    TOP_PAGE.info({
        "top": max(counts, default="n/a", key=lambda x: counts[x])
    })

    return counts
```

지표를 정의했다면 마지막으로 지표 익스포터를 내장할 수 있다. 이는 prometheus_client.start_http_server() 함수를 이용해 별도의 지표 스레드를 시작하거나 특정한 통합 핸들러를 이용해 이를 수행할 수 있다. prometheus-client는 베르크초이크_{Werkzeug}의 DispatcherMiddleware 클래스를 통해 Flask를 훌륭하게 지원한다.

NOTE 베르크초이크는 WSGI 인터페이스에 기반한 웹 애플리케이션을 생성하는 툴킷이다. Flask는 베르크초이크를 이용해 구현되었으므로 베르크초이크 미들웨어와 호환된다. 베르크초이크에 관한 더 많은 정보는 https://palletsprojects.com/p/werkzeug/를 참조한다.

여기에서는 정확하게 이 설루션을 이용한다.

```python
from prometheus_client import make_wsgi_app
from werkzeug.middleware.dispatcher import DispatcherMiddleware
app.wsgi_app = DispatcherMiddleware(app.wsgi_app, {
    '/metrics': make_wsgi_app()
})

if __name__ == "__main__":
    app.run(host="0.0.0.0", port=8000)
```

prometheus-client는 지표 객체용으로 스레드-세이프 인-메모리 저장소를 이용한다. 따라서 스레드 기반 동시 모델(6장 참조)에서 잘 동작한다. Python 스레딩 세부 구현(주로 글로벌 인터프리터 록)으로 인해, 멀티프로세싱이 확실히 웹 애플리케이션용 동시 모델로 더 많이 사용된다. 멀티프로세싱 애플리케이션에서도 prometheus-client를 이용할 수 있지만, 약간의 설정이 더 필요하다. 보다 자세한 내용은 공식 클라이언트 문서(https://github.com/prometheus/client_python)를 참조한다.

애플리케이션을 시작하고 웹 브라우저를 이용해 http://localhost:8000/test와 http://localhost:8000/stats에 접근하면 자동으로 지표 값들이 만들어진다. 지표 엔드포인트(http://localhost:8000/metrics)에 접근하면 다음과 같은 결과를 확인할 수 있다.

```
# HELP python_gc_objects_collected_total Objects collected during gc
# TYPE python_gc_objects_collected_total counter
python_gc_objects_collected_total{generation="0"} 595.0
python_gc_objects_collected_total{generation="1"} 0.0
python_gc_objects_collected_total{generation="2"} 0.0
# HELP python_info Python platform information
# TYPE python_info gauge
python_info{implementation="CPython",major="3",minor="9",patchlevel="0",version="3.9.0"} 1.0
# HELP process_virtual_memory_bytes Virtual memory size in bytes.
# TYPE process_virtual_memory_bytes gauge
process_virtual_memory_bytes 1.88428288e+08
# HELP process_cpu_seconds_total Total user and system CPU time spent in seconds.
# TYPE process_cpu_seconds_total counter
process_cpu_seconds_total 0.13999999999999999
```

```
# HELP process_open_fds Number of open file descriptors.
# TYPE process_open_fds gauge
process_open_fds 7.0
# HELP request_processing_seconds Time spent processing requests
# TYPE request_processing_seconds summary
request_processing_seconds_count 1.0
request_processing_seconds_sum 0.0015633490111213177
# HELP request_processing_seconds_created Time spent processing
requests
# TYPE request_processing_seconds_created gauge
request_processing_seconds_created 1.6180166638851087e+09
# HELP average_top_hits Average number of top-10 page counts
# TYPE average_top_hits gauge
average_top_hits 6.0
# HELP top_page_info Most popular referrer
# TYPE top_page_info gauge
top_page_info{top="http://localhost:8000/test"} 1.0
```

결과에서 볼 수 있듯이 현재 지표 값은 사람과 기계가 읽을 수 있는 형태로 표시된다. 커스텀 지표 외에도 가비지 컬렉션이나 리소스 사용에 관한 유용한 기본 지표를 포함한다. 이들은 프로메테우스 서버가 우리 서비스에서 추출할 지표와 완전히 동일하다.

이제 프로메테우스 서버를 설정할 차례다. 여기에서는 도커 컴포즈를 이용할 것이므로 개발 호스트에 직접 설치할 필요가 없다. docker-compose.yml 파일에서는 세 개의 서버를 정의한다.

```
version: "3.7"

services:
  app:
    build:
      context: .
    ports:
      - 8000:8000
    volumes:
      - ".:/app/"

  redis:
    image: redis

  prometheus:
    image: prom/prometheus:v2.15.2
    volumes:
      - ./prometheus/:/etc/prometheus/command:
      - '--config.file=/etc/prometheus/prometheus.yml'
```

```
      - '--storage.tsdb.path=/prometheus'
      - '--web.console.libraries=/usr/share/prometheus/console_
libraries'
      - '--web.console.templates=/usr/share/prometheus/consoles'
    ports:
      - 9090:9090
    restart: always
```

app 서비스는 메인 애플리케이션 컨테이너다. 이 서비스는 다음 코드를 포함하는 로컬 Dockerfile로 빌드한다.

```
FROM python:3.9-slim
WORKDIR app

RUN pip install \
  Flask==1.1.2 \
  redis==3.5.3 \
  Flask_Injector==0.12.3 \
  prometheus-client==0.10.1

ADD *.py ./
CMD python3 tracking.py —reload
```

redis 서비스는 Redis 데이터 스토어를 실행하는 컨테이너다. 픽셀 추적 애플리케이션에서 방문 페이지 카운트 정보를 저장하기 위해 이용했다.

마지막으로 prometheus 서비스는 프로메테우스 서버 컨테이너다. 기본 prometheus 이미지 명령어를 오버라이드해서 커스텀 환경 설정 위치를 제공한다. 도커 볼륨으로 마운트된 커스텀 환경 설정 파일을 이용해 프로메테우스에게 지표 익스포터 위치를 알린다. 환경 설정이 없으면 프로메테우스 서버는 지표를 어디에서 끌어당길지 알 수 없다. 서비스 디스커버리 카탈로그는 사용하지 않으므로 환경 설정은 다음과 같이 간단하다.

```
global:
  scrape_interval:      15s
  evaluation_interval:  15s

  external_labels:
      monitor: 'compose'

scrape_configs:
  - job_name: 'prometheus'
```

```
      scrape_interval: 5s
      static_configs:
        - targets: ['localhost:9090']

    - job_name: 'app'
      scrape_interval: 5s
      static_configs:
        - targets: ["app:8000"]
```

docker-compose 명령어를 이용해 모든 솔루션을 시작할 수 있다.

```
$ docker-compose up
```

NOTE　docker-compose를 첫 번째 실행할 때는 다소 시간이 소요될 수 있다. 도커가 아직 파일시스템에 존재하지 않는 이미지를 다운로드하거나 빌드해야 하기 때문이다.

모든 서비스가 실행되면 docker-compose 출력을 통해 프로메테우스 서버가 app 서비스에 매초마다 지표를 요청하는 것을 확인할 수 있다.

```
app_1 | 172.21.0.3 - - [10/Apr/2021 01:49:09] "GET /metrics HTTP/1.1"
200 -
app_1 | 172.21.0.3 - - [10/Apr/2021 01:49:14] "GET /metrics HTTP/1.1"
200 -
app_1 | 172.21.0.3 - - [10/Apr/2021 01:49:19] "GET /metrics HTTP/1.1"
200 -
app_1 | 172.21.0.3 - - [10/Apr/2021 01:49:24] "GET /metrics HTTP/1.1"
200 -
```

웹 인터페이스 http://localhost:9090을 통해 프로메테우스 서버에 접근할 수 있다. 등록된 서비스를 확인할 수 있으며 간단한 지표 시각화(그림 12.3)도 가능하다. 다음 예시 쿼리는 5분 구간 동안 요청당 평균 응답 시간을 제공한다.

```
rate(request_processing_seconds_sum[5m])
/ rate(request_processing_seconds_count[5m])
```

프로메테우스에 표시된 결과는 다음과 같다.

그림 12.3 프로메테우스 서버의 웹 인터페이스를 통한 시각화 예시

그림에서 볼 수 있듯이 프로메테우스 UI는 커스텀 지표의 플롯을 표시한다. 이를 통해 애플리케이션의 동작이 시간에 따라 어떻게 달라지는지 알 수 있다. 정상적이지 않은 동작을 발견하고 애플리케이션이 기대한 수준의 성능을 만족함을 보증할 수 있는 유용한 도구다. 몇 가지 쿼리를 테스트해보기바란다. 애플리케이션 엔드포인트를 사용해보면서 쿼리에 데이터가 어떻게 반응하는지 살펴보라.

지표를 이용하면 애플리케이션이 프로덕션 환경에서 어떻게 동작하는지에 더 잘 이해할 수 있다. 또한 비즈니스 지표를 추적함으로써 애플리케이션이 그 목적을 얼마나 잘 달성하는지도 알 수 있다. 고급 쿼리들을 이용해 다양한 서비스로부터 생성되는 여러 지표들을 연결할 수 있다. 이는 이동이 많은 분산된 시스템에서 특히 유용하다.

지표 인프라스트럭처를 이용하는 것만이 분산된 시스템에 관한 더 나은 가시성을 확보하는 것은 아니다. 완전히 다른 접근 방식으로 각 개별 트랜잭션, 그리고 다양한 시스템 컴포넌트 사이에서 발생하는 관련된 트랜잭션의 관계를 측정할 수 있다. 이 방법론을 **분산 트레이싱**distributed tracing이라 부르며 이는 로깅 요소와 전통적인 지표 인프라스트럭처를 연결하고자 하는 시도이다.

12.4 분산 애플리케이션 트레이싱

분산되고 네트워크로 연결된 시스템들은 필수적으로 대규모 인프라스트럭처를 피할 수 없다. 하나의 서버 랙server rack에 설치할 수 있는 하드웨어의 수는 제한되어 있기 때문이다. 수많은 사용자에게 동시에 서비스를 제공하려면 결국 규모를 확장해야만 한다. 하나의 호스트에서 모든 소프트웨어를 실행하는 것은 신뢰성과 가용성의 관점에서 매우 위험하다. 해당 머신이 고장 나면 모든 시스템이 중단되기 때문이다. 또한 자연 재해나 다른 예측하지 못했던 이벤트로 인해 데이터센터 전체가 중단되는 것도 심심치 않게 볼 수 있다. 이는 가용성이 매우 높은 시스템들은 충분한 중복성을 보장할 목적으로 다른 지역에 위치한 여러 데이터센터에 퍼져 있거나 심지어 다른 서비스 제공자들에 의해 관리된다.

분산된 시스템을 이용하는 다른 목적으로는 독립적인 도메인서비스들로 인프라스트럭처를 분할함으로써 거대한 코드베이스를 분할하고, 여러 팀들이 서로를 방해하지 않으면서 효율적으로 작업할 수 있도록 하는 것이다. 분산된 시스템은 빈번한 변경 관리 프로세스를 줄이고, 대규모 시스템의 배포를 단순화하며, 독립적인 개발팀 사이의 업무 조율 규모를 제한한다.

그러나 분산된 시스템은 어렵다. 네트워크는 신뢰할 수 없으며 지연이 발생한다. 불필요한 커뮤니케이션 라운드트립roundtrip이 서비스를 건널 때마다 추가되며, 애플리케이션 성능에 큰 영향을 미친다. 또한 호스트를 새로 추가할 때마다 운영 비용과 실패 가능 영역이 증가한다. 대규모의 분산 아키텍처를 운영하는 기업은 종종 인프라스트럭처를 전담하는 팀을 가진다.

이는 AWS, Azure, Google Cloud Platform 같은 클라우드 서비스 클라이언트에서도 마찬가지다. 이 클라우드 환경의 복잡성은 스킬이 충분한 훈련된 전문가들을 요구한다. 이들은 감사와 유지보수가 가능한 방식으로 환경 설정을 할 줄 안다.

분산된 시스템의 진짜 악몽(개발자의 관점에서)은 관측성과 디버깅이다. 많은 애플리케이션과 서비스들을 여러 호스트에 실행하고 있다면, 실제로 시스템 내부에서 어떤 일이 발생하는지 파악하기 매우 어렵다. 단일 웹 트랜잭션은 예를 들어 분산된 아키텍처의 여러 레이어(웹 밸런서web balancer, 캐싱 프록시caching proxy, 백엔드 API, 쿼리, 데이터베이스 등)를 지나며 프로세스의 수많은 독립적인 서비스들을 호출한다(그림 12.4).

그림 12.4 **여러 서비스 간 커넥션을 가진 정교한 분산 애플리케이션 아키텍처 예시**

이렇게 복잡한 아키텍처에서는 사용자의 문제에 대한 실제 원인이 무엇인지 파악하기 어렵다. 전용 시스템을 이용한 로깅과 에러 추적을 통해 처리되지 않은 예외를 발견할 수는 있지만 그것만으로 에러의 가능성이 있는 행동이 어떠한 관측 가능한 행동도 발생시키지 않는다면 도움이 되지 않는다. 그리고 하나의 서비스에서 발생하는 에러는 이와 관련된 서비스에 연쇄적으로 에러를 발생시킨다. 전통적인 에러 추적과 로깅 설루션은 이런 연쇄적인 에러가 발생할 경우 많은 노이즈를 생성한다. 결과적으로 문제의 근본 원인을 추적하기는 더 어려워진다.

성능 이슈와 관련해서 전통적인 지표 시스템은 명확한 성능 이상 위치를 강조하지만 이는 단일 서비스 레벨인 경우이다. 분산 시스템에서의 성능 문제의 일반적인 원인들은 비효율적인 서비스 사용 패턴이며 단일 서비스의 격리된 싱능 특성이 아니다. 다음과 같은 가상의 이커머스_{eCommerce} 웹사이트의 분산 트랜잭션의 예시를 생각해보자.

1. 사용자는 Checkout Service로부터 주문 요약 데이터를 요청한다.

2. Checkout Service는 요청 헤더에서 사용자 세션 식별자를 추출하고, Authentication Service에 유효성 검증을 요청한다.

   - Authentication Service는 세션 저장소 역할을 하는 관계형 데이터베이스에 활성화된 세션을 전달받은 식별자 대조 검증한다.

   - 세션이 유효하면 Authentication Service는 성공 응답을 보낸다.

3. 세션이 유효하면 Checkout Service는 다른 관계형 데이터베이스에 저장된 사용자의 장바구니의 아이템 목록을 추출한다.

4. 장바구니의 각 아이템에 대해 Checkout Service는 Inventory Service 주문에 맞게 충분한 재고를 보유하고 있는지 질의한다. 인가된 접근임을 보증하기 위해 요청 헤더에서 얻은 사용자 세션 식별자를 전달한다.

   - 각 요청마다 Inventory Service는 Authentication Service에 세션 식별자 유효성 검증을 요청한다.

   - 세션이 유효하면 Inventory Service는 자체 데이터베이스에서 요청된 아이템 타입의 재고 상태를 확인한 뒤 결과를 반환한다.

5. 주문을 진행할 수 있다면 Checkout Service는 Pricing Service에 일련의 요청을 보내 현재 장바구니에 담긴 모든 항목에 대해 가격과 세금을 얻는다.

   - 각 요청마다 Checkout Service는 Authentication Service에게 세션 식별자 유효성 검증을 요청한다.

   - 세션이 유효하면 Pricing Service는 사체 네이터베이스에서 요청된 아이템에 타입의 재고 상태를 확인한 뒤 결과를 반환한다.

6. Checkout Service는 사용자의 장바구니에 담긴 아이템에 대한 주문 요약 데이터를 반환한다.

어떤 패턴이 보이는가? 매우 많은 중복, 네트워크 이동이 존재하며 이는 잠재적인 문제의 원인이다. 또한 개선의 여지도 많다. 예를 들면 Authentication Service에 대한 불필요한 요청을 줄이거나 종속된 서비스에 쿼리를 배치로 전달할 수도 있다.

분산된 애플리케이션을 이렇게 나누어진 형태로 설계해야 하는지 또한 논의의 여지가 있다. 분산된 아키텍처는 개발 서비스 레벨에 대한 확장성, 분산된 코드 오너십, (일반적으로) 빠른 릴리스 프로세스와 같은 장점이 있지만 완전히 새로운 유형의 문제도 수반한다. 안타깝게도 마이크로서비스 아키텍처

microservice architecture의 출현으로, 서비스 간 커뮤니케이션은 빠르게 우리 손을 벗어났다. 또한 독립된 팀들은 별도의 서비스에서 작업하기 때문에 추가적인 커뮤니케이션 링크로 인해 갑작스럽게 성능이 저하되는 경우도 많다.

로그나 서비스별 지표를 수집하는 것과 같은 전통적인 관측 기법들은 분산된 시스템 운영에 관한 충분한 통찰을 제공하는 데 적합하지 않을 수 있다. 대신 우리에게 실제로 필요한 것은 전체 사용자 인터랙션을 전체 시스템의 여러 서비스와 여러 호스트에 걸쳐 진행되는 원자적 분산 트랜잭션으로 추적할 수 있는 기능이다. 이 기법을 **분산 트레이싱**distributed tracing이라 부르며 전통적인 로깅 및 지표 설루션의 기능과 조합된다.

다양한 유료 SaaS 설루션들이 로깅 및 지표 수집과 함께 모든 규모의 아키텍처에 적용할 수 있는 완전한 분산 트레이싱 기능을 제공하고 있다. 이들은 다소 가격이 높을 수 있지만, 직접 분산 트레이싱 인프라스트럭처를 구성할 수 있는 좋은 오픈소스들도 있다. 분산 트레이싱을 구현한 가장 유명한 오픈소스의 하나가 바로 Jaeger다.

> **TIP** 모든 관측 설루션의 사용을 결정할 때는 '구축할 것인가, 구입할 것인가'라는 요소를 세심하게 고려해야 한다. 고품질의 오픈소스 분산 트레이싱 설루션을 이용할 수는 있지만, 이들을 이용하기 위해서는 전문성이 필요하며 직접 인프라스트럭처를 유지보수해야 한다. 스킬이 충분한 전문가들을 고용하는 것은 많은 비용이 들며 하드웨어 또한 구매해야 한다. 애플리케이션의 규모와 필요에 따라서는 다른 서비스 제공자들에게 분산 트레이싱 인프라스트럭처를 운영하고 유지보수하도록 비용을 지불하는 것이 저렴할 수도 있다.

12.4.1 Jaeger를 이용한 분산 트레이싱

많은 분산 트레이싱 시스템들은 **OpenTracing** 표준에 기반하고 있다. OpenTracing은 공개 프로토콜이며, OpenTracing 호환 서버로 트랜잭션 추적을 전송할 수 있는 계측 코드로 사용할 수 있는 다양한 프로그래밍 언어 라이브러리의 집합이다. Jaeger는 이런 서버의 가장 잘 알려진 구현 중 하나다.

> **NOTE** **OpenTelemetry**는 **OpenTracing**(추적 컬렉션용 공개 프로토콜)과 **OpenCensus**(지표 및 추적 컬렉션용 오픈 프로토콜)를 대체하기 위해 제정된 새로운 표준이다. OpenTelemetry는 하위 호환성을 제공하며 Jaeger의 후속 버전 역시 OpenTelemetry 표준을 지원할 예정이다.

OpenTracing 표준의 핵심 개념은 **span**이다. span은 분산 트랜잭션 추적의 빌딩 블록으로 트랜잭션 내부에서의 논리 연산을 나타낸다. 모든 트레이스는 하나 혹은 그 이상의 span으로 구성되며, span은 중첩된 형태로 다른 span을 참조할 수 있다. 각 span은 다음 정보들을 포함한다.

- span이 나타내는 연산의 이름
- span의 시작과 종료를 나타내는 타임스탬프의 쌍

- 쿼리, 필터, 트레이스 분석을 할 수 있는 일련의 span 태그

- span 안에서의 연산에 관한 일련의 span 로그

- span 사이에서 전달된 프로세스 간 정보의 컨테이너인 span 콘텍스트

분산 시스템에서의 span들은 일반적으로 단일 서비스 내에서의 완전한 요청-응답 사이클을 나타낸다. OpenTracing 라이브러리들을 이용하면 손쉽게 보다 작은 span을 정의하고 데이터베이스 쿼리, 파일 접근 요청, 개발 함수 호출과 같은 보다 작은 논리적 처리 블록을 추적하는 데 이용할 수 있다.

OpenTracing은 PyPI를 통해 opentracing-python 패키지를 제공하지만 Jaeger 서버와는 함께 사용할 수 없다. 이는 OpenTracking의 실제 구현을 통해 확장해서 사용해야 하는 참조 구현일 뿐이다. Jaeger 사용자들을 위해 공식 jaeger-client 패키지를 이용할 것이다. jaeger-client를 이용한 코드 계측은 매우 간단하다.

NOTE jaeger-client 같은 특정한 라이브러리 구현이 필요하지만, OpenTracing 아키텍처는 다양한 구현 사이에서 매우 쉽게 마이그레이션 가능하도록 설계되어 있다.

Jaeger를 이용해 분산 트레이싱을 평가할 수 있는 분산 서비스를 가지고 있다면 매우 좋겠지만, 우리가 만든 단순한 픽셀-추적 애플리케이션으로도 효과를 확인할 수 있다. 픽셀-추적 애플리케이션은 Redis 서버와 커넥션을 유지하고 있으며 커스텀 span을 만들어볼 수 있을 정도로 충분히 복잡하다.

javer-client와의 통합은 tracer 객체 초기화로 시작한다.

```
from jaeger_client import Config

tracer = Config(
    config={
        'sampler': {
            'type': 'const',
            'param': 1,
        },
    },
    service_name="pixel-tracking",
).initialize_tracer()
```

tracer config의 sampler 섹션은 이벤트 샘플링 정책을 정의한다. 여기에서는 고정 샘플링constant sampling 전략을 이용하며 샘플값은 1이다. 이는 모든 트랜잭션이 Jaeger 서버로 보고된다는 의미다.

Jaeger는 여러 이벤트 샘플링 전략을 제공한다. 올바른 샘플링 전략은 예상 서비스 부하량, Jaeger 배포 규모에 따라 다르다. Jaeger 샘플링에 관한 더 많은 정보는 https://www.jaegertracing.io/docs/1.22/sampling/을 참조한다.

모든 설정은 service_name 인수와 함께 생성해야 한다. Jaeger로 하여금 동일한 서비스에 유입되는 span을 식별하고 태그를 붙이도록 함으로써 보다 나은 트레이스를 할 수 있다. 예시에서는 service_name을 "pixel-tracking"으로 설정했다.

tracer 인스턴스가 생성되면 span을 정의할 수 있다. 다음과 같이 콘텍스트 관리자 구문을 이용하는 방법이 가장 편리하다.

```
@app.route("/stats")
def stats(storage: ViewsStorageBackend):
    with tracer.start_span("storage-query"):
        return storage.most_common(10)
```

웹 프레임워크를 이용해 생성한 애플리케이션들은 일반적으로 여러 요청 핸들러를 가지므로, 이들을 모두 추적하고 싶을 것이다. 모든 요청 핸들러를 계측하는 것은 비생산적이며 에러가 발생하기도 쉽다. 따라서 일반적으로 프레임워크에 특정한 OpenTracing 통합들은 이 프로세스를 자동화한다. Flask에서는 PyPI로부터 Flask-Opentracing 패키지를 이용한다. FlaskTracing 클래스 인스턴스를 메인 애플리케이션 모듈에서 간단히 생성함으로써 이를 통합할 수 있다.

```
from flask import Flask
from flask_opentracing import FlaskTracing
from jaeger_client import Config

app = Flask(__name__)

tracer = Config(
    config={'sampler': {'type': 'const', 'param': 1}},
    service_name="pixel-tracking",
).initialize_tracer()

FlaskTracing(tracer, app=app)
```

다른 유용한 기법으로는 외부 서비스, 데이터베이스, 저장소 엔진과 통신할 때 이용하는 라이브러리 통합을 자동화하는 것이다. 이를 이용하면 진행되는 트랜잭션을 추적할 수 있으며, OpenTracing이 여러 서비스로부터 유입되는 span들 사이의 관계를 구축한다.

우리 예시에서는 하나의 서비스만 가지고 있기 때문에 분산된 span들을 연결지을 수 없다. 그러나 Redis를 데이터베이스로 사용하고 있으므로 최소한 Redis로 전달되는 쿼리를 계측할 수는 있다. PyPI에는 이를 위한 전용 패키지인 redis_opentracing을 제공한다. 이를 통합할 때는 다음과 같이 하나의 함수만 호출하면 된다.

```
import redis_opentracing

redis_opentracing.init_tracking(tracer)
```

NOTE 이 절에서 이용한 모든 소스 코드(환경 설정, Dockerfile, docker-compose.yml 포함)는 샘플 코드 저장소의 Chapter 12/Distributed tracing with Jaeger 폴더에서 확인할 수 있다.

redis_opentracing은 새로운 패키지이므로 도커파일에 다음과 같이 추가한다.

```
FROM python:3.9-slim
WORKDIR app

RUN pip install \
  Flask==1.1.2 \
  redis==3.5.3 \
  Flask_Injector==0.12.3 \
  prometheus-client==0.10.1 \
  jaeger-client==4.4.0 \
  opentracing==2.4.0 \
  Flask-OpenTracing==1.1.0

RUN pip install --no-deps redis_opentracing==1.0.0

ADD *.py ./
CMD python3 tracking.py --reload
```

NOTE redis_opentracing 패키지는 pip install --no-deps 명령어로 설치했다. 이 명령은 pip 설치 시 패키지의 디펜던시를 무시하라는 의미다. 안타깝게도 집필 시점에서 redis_opentracing의 install_requires는 opentracing=2.4.0을 지원하는 패키지 버전으로 지정하지 않았다(매우 잘 작동함에도). 우리는 디펜던시 충돌을 피하는 트릭을 쓰기로 했다. 아마도 새로운 redis_opentracing 패키지는 이 문제를 해결할 것이다.

마지막으로 Jaeger 서버를 시작한다. 로컬에서 도커 컴포즈를 이용한다. 다음 docker-compose.yml 파일을 이용해 픽셀 추적 애플리케이션, Redis 서버, Jaeger 서버를 기동한다.

```
version: "3.7"

services:
  app:
    build:
      context: .
    ports:
      - 8000:8000
    environment:
      - JAEGER_AGENT_HOST=jaeger
    volumes:
      - ".:/app/"

  redis:
    image: redis

  jaeger:
    image: jaegertracing/all-in-one:latest
    ports:
      - "6831:6831/udp"
      - "16686:16686"
```

Jaeger 서버는 (프로메테우스 서버와 유사하게) 몇 가지 컴포넌트로 구성된다. `jaegertracing/all-in-one:latest` 도커 이미지는 단일 배포 또는 로컬에서의 실험 목적에 편리하게 사용할 수 있는 올인원 패키지다. `HAEGER_AGENT_HOST` 환경 변수를 이용해 Jaeger 클라이언트에게 Jaeger 서버의 위치를 알리는 점에 주목하자. 이는 관측성 SDK를 이용할 때의 일반적인 패턴으로 모니터할 애플리케이션의 환경 설정에 영향을 주지 않고 설루션을 쉽게 교체할 수 있게 한다.

모든 설정을 마쳤으므로 도커 컴포즈 명령을 이용해 모든 설루션을 시작한다.

```
$ docker-compose up
```

NOTE 첫 번째 docker-compose 실행 시에는 도커가 존재하지 않는 이미지를 다운로드하거나 빌드하므로 시간이 소요된다.

모든 서비스가 실행되면 `http://localhost:8000/test`와 `http://localhost:8000/states`에 접근해서 트레이스를 생성할 수 있다. `http://localhost:16686/`에 접근하면 Jaeger 서버의 웹 인터페이스에 접근해 수집된 트레이스를 탐색할 수 있다.

다음은 Jaeger에서 표시되는 트레이스의 예시다.

그림 12.5 **Jaeger 웹 인터페이스(여러 중첩된 영역을 표시하는)에서의 분산 트레이스 시각화 예시**

그림에서 볼 수 있듯이 pixel-tracing: stats 트랜잭션은 다음 span들로 구성된다.

- stats: stats() 엔드포인트의 최상위 span이다. FlaskTracing 미들웨어에 의해 자동으로 추가된다.
- storage-query: 중간 span이며, tracer.start_span("storage-quert") 콘텍스트 관리자를 이용해 수동으로 추가된다.
- ZVREVRANGE: redis_opentracing 통합에 따라 자동으로 추가된 span이다.

모든 트레이스는 정밀한 시간 측정과 IP 주소, 라이브러리 버전, span 정보(데이터베이스 문장, HTTP 응답 코드 등)의 추가적인 태그를 포함하고 있다. 이 요소들은 성능 이슈를 정확하게 짚어내고, 분산된 시스템의 컴포넌트 사이의 커뮤니케이션 패턴을 이해하는 데 필수적이다.

12.5 요약

이번 장에서는 모던 애플리케이션의 세 가지 주요 관측성 기법인 로깅, 지표 수집, 분산 트레이싱에 관해 살펴봤다. 이 기법들은 모두 각각의 장점을 가지고 있으며, 로깅은 확실히 여러분의 애플리케이션으로부터 정보를 수집하는 가장 중요한 방법이다. 로깅은 간단하고, 어떤 특별한 인프라스트럭처도 요구하지 않으며(있으면 더 좋지만), 실패하는 경우도 거의 없다.

하지만 로깅에는 몇 가지 제한이 따른다. 구조화되지 않은 로깅 메시지는 로그로부터 인사이트를 추출하기 어렵다. 또한 리소스 사용이나 성능에 관한 특정 시간의 정보를 측정하는 데는 적합하지 않다. 주요한 실패가 발생한 뒤 감사의 목적이나 포스트모템 분석에는 적합하지만, 현재 정보를 추적하고 갑작스러운 이벤트에 대응하는 목적에는 도움이 되지 않는다.

그래서 로깅 인프라스트럭처의 자연스럽고 가치 있는 확장으로 지표 수집 시스템이 등장했다. 실시간으로 정보를 수집하고, 커스텀 지표를 만들고, 강력한 운영 대시보드를 만들어 운영팀이 능동적으로 시스템을 모니터링할 수 있다. 또한 일정 수준의 비즈니스 지표를 제공하기도 한다. 하지만 대규모 조직에서는 일반적으로 전용 분석 소프트웨어를 선호한다. 지표 시스템은 애플리케이션 성능 모니터링을 위해 필수적이다.

마지막으로 분산 트레이싱 인프라스트럭처는 많은 움직이는 요소들로 구성된 복잡한 시스템에서 훌륭한 역할을 한다. 여러 통신 서비스 사이의 접점에서 이슈들이 발생하는 상황에서 필수적이다. 이들은 시스템 내부의 정보 흐름에 관한 훌륭한 관점을 제공하며, 커뮤니케이션 이상이 발생하는 지점을 쉽게 파악되도록 도와준다.

각 유형의 관측성 솔루션은 시스템 내부에서 일어나는 일에 대한 유용한 관점을 제공하지만 여기에서도 만병통치약은 없다. 이 솔루션들을 모두 가지고 있는 것이 가장 좋겠지만, 안타깝게도 모든 조직이 이 모든 솔루션들을 직접 구축하거나 구매할 여력을 가지고 있지는 않다. 리소스가 한정되어 있고 단 하나의 기법만 선택해야 한다면, 당연히 첫 번째는 로깅일 것이다. 일반적으로 투자 대비 이익이 가장 크기 때문이다.

효율적인 관측성 솔루션이 작동하면 이내 복잡한 문제들과 성능 이슈들을 발견하기 시작할 것이다. 몇 가지 이슈들은 여러분을 정말로 놀라게 할 것이다. 결국, 소프트웨어를 평가하는 최선의 방법은 적절한 환경에서 실제 부하를 걸면서 실행하는 것이다. 성능 이슈 대부분은 격리된 위치에 집중되는 것을 알게 될 것이다. 이들을 식별했다면 보다 세세한 성능 분석과 최적화를 할 차례다. 다음 장에서는 이에 관해 살펴보기로 한다.

CHAPTER

13

코드 최적화

코드 최적화code optimization는 애플리케이션의 기능, 정확성을 변경하지 않으면서 보다 효율적으로 동작하도록 만드는 프로세스다. 일반적인 코드 최적화는 처리 속도에 초점을 두지만(CPU 시간 최적화 등), 메모리, 디스크 공간, 네트워크 대역폭 등 다른 리소스의 사용 최소화를 목적으로 하기도 한다.

앞 장에서는 다양한 관측성 기법에 관해 살펴봤다. 이들을 이용하면 애플리케이션의 성능 병목을 확인할 수 있다. 로깅, 지표 모니터링, 트레이싱을 이용해 전체적인 성능 상태를 확인하고 최적화를 위한 노력을 투입할 우선 순위를 결정할 수 있다. 또한 운영팀은 성능과 리소스 지표, 운영 타임아웃과 관련된 로그 메시지를 이용해 즉각적인 행동이 필요한 컴포넌트를 결정하기도 한다.

그러나 로깅, 지표, 트레이싱 시스템이 아무리 좋아도 이들은 성능 문제에 관한 전반적인 상태를 알려줄 뿐이다. 이를 수정하기로 결정했다면 세부적인 리소스 사용 패턴을 확인하기 위한 섬세한 프로파일링 프로세스를 수행해야 한다.

최적화 기법은 매우 다양하다. 일부 기법들은 알고리즘 중심의 복잡도와 최적화된 데이터 구조의 사용에 초점을 둔다. 다른 기법들은 빠르고 쉬운 성능을 얻기 위해 결과의 정확성과 일관성을 다소 포기하기도 한다. 여러분의 애플리케이션이 어떻게 동작하고, 어떻게 리소스들을 사용하는지 정확하게 알아야만 적절한 최적화 기법을 적용할 수 있다.

이번 장에서 다루는 주제는 다음과 같다.

• 나쁜 성능을 야기하는 일반적인 요소들

- 코드 프로파일링
- 적절한 데이터 구조 선택을 통한 복잡도 줄이기
- 아키텍처 트레이드오프 활용하기

파이썬은 내장 프로파일링 기능과 유용한 최적화 유틸리티를 제공한다. 따라서 이론적으로는 파이썬과 표준 라이브러리만 사용해도 충분하다. 그러나 추가적인 도구들은 메타-최적화meta-optimization와 같다. 이를 이용하면 성능 이슈들을 보다 효율적으로 찾아내고 해결할 수 있으므로 이번 장에서는 몇 가지 외부 유틸리티들을 최대한 활용할 것이다.

13.1 기술적 요구 사항

이번 장에서 이용하는 파이썬 패키지는 다음과 같다. PyPI를 통해 다운로드할 수 있다.

- `gprof2dot`
- `objgraph`
- `pymemcache`

패키지 설치 방법은 2장을 참조한다.

필요한 경우 다음의 추가 애플리케이션들도 설치한다.

- **Graphviz**: 오픈소스 다이어그램 시각화 도구(https://graphviz.org/)
- **Memcached**: 오픈소스 캐싱 서비스(https://memcached.org/)

이 장에서 이용하는 소스 코드 파일은 https://github.com/moseskim/Expert-Python-Programming-Fourth-Edition/tree/main/Chapter 13에서 다운로드할 수 있다.

13.2 나쁜 성능을 발생시키는 일반적인 요소들

프로파일링에 관해 자세히 살펴보기 전에 먼저 애플리케이션의 나쁜 성능을 발생시키는 전형적인 이유들부터 알아본다.

실제 여러 성능 문제들이 매우 일반적이고도 자주 발생한다. 이러한 원인과 관련된 잠재적인 요소들에 관해 알고 있어야 올바른 프로파일 전략을 수립할 수 있다. 일부 요소들은 요소들은 인식하기 어려운 패턴으로 나타나기도 한다. 무엇을 찾아야 할지 안다면 세세한 분석을 하지 않고도 명확한 성능 이슈를 수정할 수 있고, 이후의 최적화에 소요되는 많은 시간을 줄일 것이다.

애플리케이션의 나쁜 성능을 발생시키는 주요한 이유들은 다음과 같다.

- 과도한 복잡도
- 과도한 리소스 할당과 리소스 누수
- 과도한 I/O와 동작 블로킹

애플리케이션의 비효율을 초래하는 주된 범인은 과도한 복잡도다.

13.2.1 코드 복잡도

애플리케이션 성능을 개선하고자 할 때 가장 먼저 살펴봐야 할 것은 바로 복잡도complexity다. 프로그램 복잡도에 관해서는 다양한 정의가 있으며 이를 표현하는 방법 또한 다양하다. 측정할 수 있는 몇몇 복잡도 지표들은 코드의 동작에 대한 객관적인 정보를 제공하기도 하며, 이런 정보들을 이용해 어느 정도의 예상 성능을 추론할 수 있다. 심지어 일부 경험이 풍부한 프로그래머는 두 애플리케이션의 복잡도와 실행 콘텍스트를 알면, 그 구현의 성능 차이도 추측하곤 한다.

애플리케이션 복잡도를 정의하는 가장 널리 알려진 두 가지 방법은 다음과 같다.

- **순환 복잡도**cyclomatic complexity: 애플리케이션 성능과 직접적으로 연관된 경우가 많다.
- **란다우 표기법**Landau notation 또는 점근 **빅 오 표기법**big O notation: 알고리즘 분류 방법이며 코드 성능을 객관적으로 판단하는 데 유용하다.

이런 이유에서 최적화 프로세스는 때때로 복잡도를 낮추는 프로세스로 이해되기도 한다. 다음 절에서는 두 가지 유형의 코드 복잡도의 정의에 관해 자세히 살펴본다.

순환 복잡도

순환 복잡도cyclomatic complexity는 토머스 J. 매케이브Thomas J. McCabe가 1976년에 개발한 지표이며, 그 때문에 **매케이브 복잡도**McCabe's complexity라고 불리기도 한다. 순환 복잡도는 코드 전체에서의 선형적 경로의 수를 측정한다. 간단히 말하면 모든 분기 지점(if 문장)과 루프(for와 while 문장)는 코드 복잡도를 증가시킨다.

측정된 순환 복잡도 값에 따라, 코드는 다양한 복잡도 클래스로 분류된다. 다음은 순환 복잡도 클래스에 일반적으로 이용되는 테이블이다.

순환 복잡도 값	복잡도 클래스
1 ~ 10	복잡하지 않음not complex
11 ~ 20	다소 복잡함moderately complex
21 ~ 50	매우 복잡함really complex
50 초과	너무 복잡함too complex

순환 복잡도는 일반적으로 애플리케이션 성능과 역의 관계에 있다(높은 복잡도 = 낮은 성능). 하지만 이는 성능 지표이기보다는 코드 품질 점수다. 여전히 성능 병목에 관해서는 코드 프로파일링을 해야 한다. 높은 순환 복잡도를 가진 코드는 종종 복잡한 알고리즘을 이용하는 경향이 있으며, 이는 대규모 입력에서는 좋은 성능을 발휘하지 못한다.

순환 복잡도는 애플리케이션 성능을 평가하기에 신뢰도가 적은 방법임에도 중요한 장점을 갖고 있다. 적절한 도구를 이용해 측정할 수 있는 소스 코드 지표라는 점이다. 단, 빅 오 표기를 포함해 복잡도를 나타내는 다른 방식에서는 불가능하다. 측정할 수 있다는 특성 때문에 순환 복잡도는 프로파일링에 추가하기 유용하며, 소프트웨어에서 문제의 소지가 될 만한 부분에 대한 많은 정보를 제공한다. 코드의 복잡한 부분은 급진적인 코드 아키텍처 재설계를 고려할 경우 가장 먼저 리뷰해야 할 부분이다.

파이썬에서는 비교적 간단하게 순환 복잡도를 측정할 수 있다. 추상 구문 트리에서 추출할 수 있기 때문이다. 물론 직접 수행할 필요는 없다. mccabe는 널리 알려진 파이썬 패키지로 PyPI에서 사용할 수 있으며, 파이썬 소스에 대한 자동화된 복잡도 분석을 수행할 수 있다. pytest-mccabe라는 Pytest 플러그인으로도 이용할 수 있어, 자동화된 품질 및 테스팅 프로세스에 쉽게 포함시킬 수 있다(10장 참조).

NOTE   mccabe 패키지에 관한 더 많은 정보는 https://pypi.org/project/mccabe/를 참조한다.
pytest-mccabe 패키지는 https://pypi.org/project/pytest-mccabe/에서 다운로드할 수 있다.

빅 오 표기법
빅 오 표기법big O notation은 함수 복잡도를 정의하는 전형적인 방법이다. 이 지표는 입력 규모에 따라 알고리즘이 받는 영향을 정의한다. 예를 들어 알고리즘의 복잡도는 입력 규모에 따라 선형적으로 증가하는가? 아니면 제곱으로 증가하는가?

입력 규모와 관련된 알고리즘의 성능을 개괄적으로 판단하고자 할 때는 알고리즘의 빅 오 표현을 직접 평가하는 것이 매우 효과적이다. 애플리케이션 컴포넌트의 복잡도를 확인함으로써 코드의 실행을 심각하게 지연시킬 수 있는 측면을 발견하고 여기에 집중할 수 있기 때문이다.

빅 오 표기법을 측정할 때는 모든 상수와 낮은 차수의 항은 제거하고, 입력 데이터 규모가 증가했을 때 실제 중요한 비율을 차지하는 요소에만 초점을 둔다. 알고리즘을 알려진 복잡도 분류(단지, 대략적인 추정이라 하더라도)로 나눈다. 다음은 가장 일반적인 복잡도 클래스이며, 여기에서 n은 문제에서 주어지는 입력 요소의 수와 동일하다.

표기법	유형
$O(1)$	상수constant. 입력 크기에 영향을 받지 않는다
$O(n)$	선형적linear. 입력 크기의 증가에 따라 일정한 비율로 증가한다.
$O(n \log n)$	준선형quasi-Linear
$O(n^2)$	제곱quadratic
$O(n^3)$	세제곱cubic
$O(n!)$	팩토리얼factorial

파이썬 표준 데이터 타입에 대한 기본 룩업 동작을 비교함으로써 복잡도 클래스에 관해 쉽게 이해할 수 있다.

- **인덱스를 이용한 파이썬 리스트 룩업의 복잡도는 $O(1)$이다**: 파이썬 리스트들은 사전 할당된 크기 조절 가능한 배열이며 C++ 표준 라이브러리의 Vector 컨테이너와 유사하다. 주어진 인덱스의 list 아이템의 인메모리 위치는 미리 알 수 있기 때문에 이에 대한 접근은 고정 시간 동작이 된다.

- **값을 이용해 리스트의 요소의 인덱스를 찾는 작업의 복잡도는 $O(n)$이다**: list.index(value) 메서드를 이용하면, 파이썬은 value 표현식과 일치하는 요소를 찾을 때까지 아이템에 대해 반복을 수행해야 한다. 최악의 경우 list의 모든 요소에 대해 반복해야 하므로 n번의 조작을 해야 한다. 여기에서 n은 list의 길이다. 그러나 평균적으로 임의의 요소를 찾는 데는 $n/2$ 조작을 하게 되므로 복잡도는 $O(n)$이 된다.

- **딕셔너리의 키 룩업의 복잡도는 $O(1)$이다**: 파이썬에서는 모든 불변 값을 딕셔너리의 키로 이용할 수 있다. 키의 값은 메모리의 정확한 위치로 직접 변환되지 않지만, 파이썬은 진보된 패싱 기법을 이용해 평균적인 키 룩업 조작의 복잡도가 상수임을 보장한다.

함수의 복잡도가 어떻게 결정되는지 이해하기 위해 다음 예시를 살펴보자.

```python
def function(n):
    for i in range(n):
        print(i)
```

앞의 함수에서 print() 함수는 n번 실행된다. 루프 길이는 n에 선형적으로 의존하므로, 전체 함수의 복잡도는 $O(n)$이다.

함수가 조건을 가지고 있으면 최악의 상황을 가정해야 한다. 다음 예시를 보자.

```python
def function(n, print_count=False):
    if print_count:
        print(f'count: {n}')
    else:
        for i in range(n):
            print(i)
```

이 예시의 함수는 print_count 인수의 값에 따라 $O(1)$ 또는 $O(n)$이 될 수 있다. 최악의 경우에서는 $O(n)$이 되므로 전체 함수의 복잡도는 $O(n)$이다.

복잡도를 결정할 때 항상 최악의 경우만 생각할 필요는 없다. 많은 알고리즘들의 런타임 성능은 입력 데이터의 통계적 특성에 따라 달라지며, 현명한 트릭을 실행해 최악의 경우에서의 동작에 수반되는 비용을 상계하기도 한다. 따라서 여러분의 구현을 리뷰할 때는 평균 복잡도average complexity 또는 분할상환 복잡도amortized complexity의 관점에서 리뷰하는 것이 좋을 수도 있다.

예를 들어 파이썬의 list 타입 인스턴스에 하나의 인스턴스를 추가하는 동작을 생각해보자. CPython의 list는 연결 리스트 대신 내부 저장소를 적극적으로 할당하는 배열을 이용한다. 만약 배열이 이미 가득 차 있다면, 새로운 요소를 추가하기 위해서는 새로운 배열을 할당하고 기존의 모든 요소(참조)를 메모리의 새로운 영역으로 복사한다. 최악의 복잡도 시나리오 관점에서 이를 본다면, 분명 list.append() 메서드는 $O(n)$ 복잡도를 가지며, 이는 전형적인 연결 리스트 스트럭처 구현보다 다소 비용이 높다. 하지만 우리는 또한 CPython의 list 타입 구현이 과도한 할당 메커니즘을 이용해 (특정한 시점에 요청된 것보다 더 많은 공간을 할당한다) 확률적인 재할당의 복잡도를 완화한다는 것을 알고 있다. 만약 일련의 작업에 대한 복잡도를 평가한다면, list.append()의 평균 복잡도는 $O(1)$이 될 것이고 이는 매우 훌륭한 결과다.

빅 오 표기법에는 항상 신경을 써야 하지만 너무 사로잡힐 필요는 없다. 빅 오 표기법은 점근asymptotic 표기이며, 입력이 무한대로 가는 경향을 보일 때 함수의 행동의 한계를 분석하기 위한 것임을 의미한다. 따라서 실제 데이터에 대해서는 신뢰할 수 있을 정도의 근사 성능을 제공하지 못할 수 있다. 근사적인 표기는 함수의 성장률을 정의하기에는 적합하지만, '어떤 구현이 최소한의 시간에 실행되는가?'와 같은 간단한 질문에는 직접적인 답을 주지 못한다. 최악의 경우의 복잡성은 프로그램이 근사적으로 어떤 동작을 하는지 보여주기 때문에 개별 동작의 시점에 관한 세부 사항은 무시한다. 이것은 여러분이 상상조차 하지 못할 만큼의 큰 규모의 임의의 입력에 대해서 작동한다.

예를 들어 n개의 독립된 요소를 처리해야 하는 문제가 있다고 가정해보자. 그리고 Program A와 Program B를 가지고 있다. Program A는 $100n^2$번의 조작을 통해 태스크를 완료하고, Program B는 $5n^3$번의 조작을 통해 태스크를 완료한다. 어떤 프로그램을 선택할 것인가?

매우 큰 규모의 입력이라면 Program A가 보다 근사적으로 동작하므로 훨씬 나은 선택이 될 것이다. Program A의 복잡도는 $O(n^2)$으로 Program B의 복잡도 $O(n^3)$보다 낫다. 하지만 $100n^2 > 5n^3$을 풀면 20보다 작은 n에 대해서는 Program B가 더 적은 횟수의 조작을 하는 것을 알 수 있다. 따라서 입력 범위에 대한 정보가 충분하다면 더 나은 결정을 내릴 수 있다. 또한 두 프로그램의 각 조작에 동일한 시간이 소요된다고 가정할 수 없다. 주어진 입력 크기에 대해 어떤 것이 더 바르게 동작하는지 알기 위해서는 두 애플리케이션 모두를 프로파일링해야 한다.

13.2.2 과도한 리소스 할당과 누수

복잡도가 증가하면 과도한 리소스 할당 문제가 자주 발생한다. 복잡한 코드(알고리즘적으로 또는 접근적으로)는 비효율적인 데이터 구조를 포함하거나 많은 리소스를 해제하지 않고 할당하는 경우가 더 많을 수 있다.

복잡도가 증가하면 리소스의 비효율적인 사용도 함께 늘어나지만 과도한 리소스 사용은 별개의 성능 이슈로 다루어야 한다. 그 주요한 이유는 다음과 같다.

- **리소스 할당(및 해제)에는 시간이 소요된다**: 이는 디스크보다 속도가 빠른 RAMrandom access memory 도 마찬가지다. 때때로 리소스의 할당과 해제를 반복하는 것보다 리소스 풀을 유지하는 편이 낫다.
- **여러분이 만든 애플리케이션은 동일한 호스트에서 단독으로 작동하는 경우가 거의 없다**: 너무 많은 리소스를 할당하게 되면 다른 프로그램이 리소스를 할당받지 못할 수 있다. 극단적인 경우 한 애플리케이션이 과도하게 리소스를 사용하면 전체 시스템을 사용할 수 없게 되거나 갑작스럽게 프로그램이 종료될 수도 있다.

네트워크 대역폭이든, 디스크 공간이든, 메모리든, 어떤 리소스든 애플리케이션을 사용할 수 있는 모든 리소스를 자신에게 할당하면 동일한 환경에서 실행되는 다른 프로그램에 치명적인 영향을 끼친다.

또한 많은 운영체제나 환경에서는 기술적으로 사용할 수 있는 것보다 더 많은 리소스 요청을 허가한다. 일반적인 예시로 메모리 과다할당memory overcommitting을 들 수 있는데, 이는 운영체제가 프로세스에게 물리적으로 가능한 메모리보다 더 많은 메모리를 할당하는 현상이다. 프로세스에 가상 메모리를 할당하는 방식으로 이를 수행한다. 물리적인 메모리가 부족한 상황이 발생하면 운영체제는 사용되지 않은 메모리 페이지를 디스크와 임시로 바꾸어 더 많은 자유 공간을 생성한다.

이 교체 과정은 일반적인 수준의 사용 정도에서는 알아채지 못할 것이다. 그러나 가상 메모리 용량을 초과하게 되면 '스래싱thrashing'이 발생한다. 운영체제는 계속해서 디스크로부터 페이지를 교체한다. 이는 심각한 성능 저하로 이어진다.

과도한 리소스 사용은 너무 큰 리소스 풀 할당 또는 의도하지 않은 **리소스 누수**resource leak에서 기인할 수 있다. 리소스 누수는 애플리케이션이 특정한 리소스를 할당받은 후 필요가 없어졌음에도 해당 리소스를 해제하지 않을 때 발생한다. 리소스 누수는 메모리 할당에서 매우 흔한 형상이지만, 다른 리소스(파일 디스크립터 또는 열린 커넥션 등)에서도 발생할 수 있다.

13.2.3 과도한 I/O와 블로킹

애플리케이션을 구현하다 보면 종종 디스크 또는 네트워크를 이용해 읽고 쓰는 작업에 시간이 걸린다는 사실을 잊는다. 이 입출력I/O 조작은 항상 애플리케이션 성능에 큰 영향을 미치는데, 이는 많은 소프트웨어 아키텍트가 네트워크로 정교하게 연결된 시스템을 설계할 때 자주 간과하는 것이다.

고속 SSDsolid state drive가 출현하면서 디스크 I/O는 과거 어느 때보다 빨라졌지만, 아직도 RAM만큼 빠르지는 않다(그리고 RAM은 CPU 캐시만큼 빠르지는 않다). 또한 일부 드라이브들은 큰 용량의 파일은 빠르게 처리하지만, 무작위 접근 모드random access mode에서의 성능은 크게 떨어지기도 한다.

네트워크 커넥션에서도 상황은 비슷한다. 네트워크의 속도는 빛의 속도에 미치지는 못한다. 매우 멀리 떨어진 두 호스트에서 프로세스가 실행되는 경우 모든 통신 교환에는 상당한 라운드트립 오버헤드가 수반된다. 이는 분산 시스템에서 매우 큰 고려 사항이며 많은 네트워크로 촘촘하게 연결된 서비스의 특성에 따른 것이다.

과도한 I/O 조작은 여러 사용자들에 대한 동시 서비스 제공 능력에도 영향을 미친다. 6장에서 이미 다양한 동시성 모델에 관해 학습했다. I/O를 매우 잘 다루는 비동기 동시 모델이라 할지라도 예기치 않게 동기 I/O 조작을 포함할 수 있으며 이는 동시성의 이점을 완전히 해치게 된다. 이런 경우에는 애플리케이션의 최대 프로세싱 처리량이 떨어져 성능 저하로 나타날 것이다.

이렇듯 성능 문제에는 많은 요소들이 관여한다. 이들을 수정하기 위해서는 그 요소가 무엇인지 식별해야 한다. 이를 위해 주로 **프로파일링**profiling이라는 절차를 수행한다.

13.3 코드 프로파일링

어떤 것이 잠재적으로 잘못될지 알면 가정을 수립하고, 성능 문제의 요소가 무엇인지, 이들을 어떻게 수정할 수 있는지 결정할 수 있다. 프로파일링은 이 가정을 검증할 수 있는 유일한 방법이다. 우선 애플리케이션을 프로파일링한 뒤 최적화를 시도해야 한다.

경험은 도움이 되므로 실제 프로파일링을 하기 전에 작은 규모의 코드 오버뷰나 실험을 해볼 것을 권장한다. 그리고 일부 프로파일링은 추가적인 코드 계측이나 성능 테스트 작성이 필요하기도 한다. 아무튼 코드 자체를 완전하게 읽어야 할 때가 많음을 의미한다. 작은 실험들을 진행하는 과정에서(디버깅 세션의 형태 등) 무언가 분명한 지점을 찾을 수 있을 것이다.

우연치 않게 좋은 결과를 얻을 수도 있지만 여기에 의존하지 말라. 자유로운 형태의 실험과 고전적인 프로파일링의 좋은 비율은 1:9다. 개인적으로 프로파일링과 최적화 프로세스를 다음과 같이 구성하는 것을 선호한다.

1. **사용할 수 있는 시간을 결정한다**: 모든 최적화가 가능한 것은 아니며, 항상 그것을 수정할 수도 없을 것이다. 첫 번째 시도에 성공할 수 없다는 가능성을 받아들여라. 언제 중단할 것인지 미리 결정하라. 오랜 시간 전투 끝에 지는 것보다는 잠깐 후퇴했다가 확실하게 승리하는 것이 낫다.

2. **결정한 시간을 세션으로 나눈다**: 최적화는 디버깅과 유사하다. 집중, 조직화, 명확한 마음이 필요하다. 가정 수립, 프로파일링, 실험으로 구성된 완전한 사이클을 실행할 수 있는 세션의 길이를 결정하라. 이 시간은 몇 시간 정도여야 한다.

3. **일정을 수립한다**: 여러분이 가장 방해받지 않는 가장 효과적인 시간에 해당 세션을 구현하라. 문제가 크다면 며칠 전에 이를 계획함으로써 매일 새로운 아이디어를 시작할 수 있도록 하라.

4. **다른 개발 계획을 세우지 않는다**: 첫 번째 세션에서 성공하지 못한다면, 문제에 관해 계속 생각하게 될 것이다. 다른 큰 태스크에 집중하기 어려울 것이다. 팀 안에서 작업한다면 이를 투명하게 하라. 여러분은 문제를 해결할 때까지 팀의 업무에 완전히 함께하지 못할 것이기 때문이다. 세션 사이에 작은 규모의 태스크를 추가해서 정신을 분산시켜라.

> **TIP** 최적화 결과 여러분의 애플리케이션 코드는 달라질 것이다. 애플리케이션을 망가뜨릴 위험을 줄이기 위해 테스트 케이스를 이용해 잘 커버하는 것은 좋은 프랙티스다. 일반적인 테스트 기법에 관해서는 10장을 참조하기 바란다.

모든 프로파일링 세션의 핵심은 무엇이 잘못될 것인가라는 관점의 가정이다. 이 가정에 따라 어떤 프로파일링을 선택할 것인지, 어떤 도구가 가장 효과적인지 결정된다. 12장에서 살펴본 지표 수집과 분산 트레이싱은 가정 수립에 이용할 수 있는 훌륭한 소스들이다.

무엇이 잘못될 가능성이 있는지 짐작할 수 없다면, 전통적인 CPU 프로파일링부터 시작하는 것도 좋다. CPU 프로파일링은 다음 단계의 유효한 가정을 이끌어낼 수 있는 좋은 기회다. 많은 일반적인 리소스와 네트워크 사용 안티패턴은 CPU 프로파일에도 명백하게 나타나기 때문이다.

13.3.1 CPU 사용량 프로파일링

성능 문제는 일반적으로 코드의 작은 부분에서 발생하며 애플리케이션 전체 성능에 심각한 영향을 미친다. 이런 장소를 **병목**bottleneck이라 부른다. 최적화는 이 병목을 찾아 수정하는 프로세스다.

병목의 첫 번째 소스는 여러분의 코드다. 표준 라이브러리는 코드 프로파일링을 수행하는 데 필요한 모든 도구들을 제공한다. 이들은 결정론적 접근 방식에 기반을 둔다. **결정론적 프로파일러** deterministic profiler는 가장 낮은 레벨에 타이머를 추가하고, 각 함수가 얼마만큼의 시간을 사용했는지 측정한다. 이는 눈에 띄는 오버헤드를 추가하며, 어디에서 시간이 소비되는지에 대한 힌트를 제공한다. 반면 **통계적 프로파일러**statistical profiler는 인스트럭션 사용량을 샘플링하고, 코드를 계측하지는 않는다. 후자는 보다 덜 정확하지만 대상 프로그램을 온전한 빠른 속도로 실행할 수 있다.

코드 프로파일링은 두 가지 방법으로 수행할 수 있다.

- **매크로 프로파일링**macro-profiling: 전체 프로그램을 사용되는 동안 프로파일링한 뒤 통계를 생성한다.
- **마이크로 프로파일링**micro-profiling: 수작업으로 프로그램의 일부를 계측하면서 측정한다.

느리게 동작하는 정확한 코드 위치를 모른다면 전체 애플리케이션에 대해 매크로 프로파일링을 수행해 일반적인 성능 프로파일을 시작한 뒤 성능의 병목으로 동작하는 컴포넌트가 무엇인지 결정한다.

매크로 프로파일링

매크로 프로파일링은 애플리케이션을 특별한 모드에서 실행해서 수행한다. 이 모드에서는 인터프리터를 계측해서 코드 사용과 관련된 통계를 수집한다. 파이썬 표준 라이브러리에서는 이를 위해 다음과 같은 도구들을 제공한다.

- profile: 순수한 파이썬 구현이다.

- cProfile: profile 도구와 동일한 인터페이스를 제공하는 C 구현이며, 전자보다 오버헤드가 작다.

파이썬 프로그래머 대부분은 cProfile의 오버헤드가 작기 때문에 이를 권장한다. 만약 여러분이 프로파일러를 어떤 방식으로든 확장하고자 한다면, profile이 더 나은 선택일 것이다. 이는 C 확장 기능을 이용하지 않으므로 훨씬 확장하기 쉽다.

두 도구 모두 동일한 인터페이스와 사용 방법을 제공하므로 여기에서는 한 가지만 살펴본다. 다음 myapp.py 모듈은 cProfile 모듈을 이용해 프로파일을 수행하기 위한 main 함수다.

```python
import time

def medium():
    time.sleep(0.01)

def light():
    time.sleep(0.001)

def heavy():
    for i in range(100):
        light()
        medium()
        medium()
    time.sleep(2)

def main():
    for i in range(2):
        heavy()

if __name__ == "__main__":
    main()
```

이 모듈은 프롬프트에서 직접 호출할 수 있으며, 호출 즉시 결과를 요약해서 표시한다.

```
$ python3 -m cProfile myapp.py
```

myapp.py 스크립트를 이용한 프로파일링 결과는 다음과 같다.

```
     1208 function calls in 8.243 seconds

   Ordered by: standard name

   ncalls  tottime  percall  cumtime  percall filename:lineno(function)
        2    0.001    0.000    8.243    4.121 myapp.py:13(heavy)
        1    0.000    0.000    8.243    8.243 myapp.py:2(<module>)
        1    0.000    0.000    8.243    8.243 myapp.py:21(main)
      400    0.001    0.000    4.026    0.010 myapp.py:5(medium)
      200    0.000    0.000    0.212    0.001 myapp.py:9(light)
        1    0.000    0.000    8.243    8.243 {built-in method exec}
      602    8.241    0.014    8.241    0.014 {built-in method sleep}
```

각 열의 의미는 다음과 같다.

- ncalls: 전체 호출 수
- tottime: 함수에 사용된 전체 시간, 서브 함수 호출에 사용된 시간은 제외
- curtime: 함수에 사용된 전체 시간, 서브 함수 호출에 사용된 시간을 포함

totitme 오른쪽의 percall 열은 tottime / ncalls, curtime 오른쪽의 percall 열은 curtime / ncalls이다.

이 통계는 프로파일러가 생성한 통계 객체를 print 뷰로 출력한 것이다. 인터랙티브 파이썬 세션에서도 이 객체를 생성하고 리뷰할 수 있다.

```
>>> import cProfile
>>> from myapp import main
>>> profiler = cProfile.Profile()
>>> profiler.runcall(main)
>>> profiler.print_stats()

     1208 function calls in 8.243 seconds

   Ordered by: standard name

   ncalls  tottime  percall  cumtime  percall file:lineno(function)
        2    0.001    0.000    8.243    4.121 myapp.py:13(heavy)
        1    0.000    0.000    8.243    8.243 myapp.py:21(main)
      400    0.001    0.000    4.026    0.010 myapp.py:5(medium)
      200    0.000    0.000    0.212    0.001 myapp.py:9(light)
      602    8.241    0.014    8.241    0.014 {built-in method sleep}
```

이 통계를 파일에 저장한 뒤 pstats 모듈로 읽을 수도 있다. 이 모듈은 프로파일 파일을 다루는 클래스를 제공하며, 함께 제공되는 헬퍼를 이용하면 프로파일링 결과를 보다 쉽게 리뷰할 수 있다. 다음은 전체 호출 수에 접근해서 첫 번째 세 번의 호출을 time 지표로 정렬해 출력하는 예시다.

```
>>> import pstats
>>> import cProfile
>>> from myapp import main
>>> cProfile.run('main()', 'myapp.stats')
>>> stats = pstats.Stats('myapp.stats')
>>> stats.total_calls
1208
>>> stats.sort_stats('time').print_stats(3)
Mon Apr 4 21:44:36 2016 myapp.stats

        1208 function calls in 8.243 seconds

    Ordered by: standard name
    List reduced from 8 to 3 due to restriction <3>

    ncalls  tottime  percall  cumtime  percall file:lineno(function)
       602    8.241    0.014    8.241    0.014 {built-in method sleep}
       400    0.001    0.000    4.026    0.010 myapp.py:5(medium)
         2    0.001    0.000    8.243    4.121 myapp.py:13(heavy)
```

여기에서 각 함수의 호출자와 피호출자를 표시해 확인할 수 있다.

```
>>> stats.print_callees('medium')
   Ordered by: internal time
   List reduced from 8 to 1 due to restriction <'medium'>

Function              called...
                  ncalls  tottime  cumtime
myapp.py:5(medium) ->  400    4.025    4.025  {built-in method sleep}

>>> stats.print_callees('light')
   Ordered by: internal time
   List reduced from 8 to 1 due to restriction <'light'>

Function              called...
                  ncalls  tottime  cumtime
myapp.py:9(light)  ->  200    0.212    0.212 {built-in method sleep}
```

결과를 정렬할 수 있으므로 다양한 관점으로 리뷰하면서 병목을 찾아낼 수 있다. 예를 들면 다음 시나리오를 생각해볼 수 있다.

- 작은 호출 수(tottime 열에 대한 percall 열 값이 작음)가 매우 높고(높은 ncalls) 전체 시간을 거의 차지한다면, 해당 함수나 메서드는 매우 긴 루프를 실행할 가능성이 있다. 종종 이 호출을 다른 스코프로 이동해 조작 수를 줄임으로써 최적화할 수 있다.
- 단일 함수 호출 시간이 매우 오래 걸린다면 캐시를 사용하는 것이 좋은 선택일 수 있다.

프로파일링 데이터를 이용해 병목을 시각화하는 다른 훌륭한 방법으로 다이어그램을 이용할 수 있다(그림 13.1). gprof2dot.py 스크립트를 이용하면 프로파일러 데이터를 점 그래프로 나타낼 수 있다.

```
$ gprof2dot.py -f pstats myapp.stats | dot -Tpng -o output.png
```

NOTE gprof2dot.py 스크립트는 PyPI에서 이용할 수 있는 gprof2dot 패키지에서 제공되며, 이 패키지는 pip를 이용해 다운로드할 수 있다. 이 패키지를 이용하기 위해서는 Graphviz 소프트웨어를 설치해야 하며, Graphviz는 http://www.graphviz.org/에서 무료로 다운로드할 수 있다.

다음은 앞의 gprof2dot.py를 리눅스 셸에서 호출해 myapp.stats 프로파일 파일을 PNG 다이어그램으로 변환한 예시다.

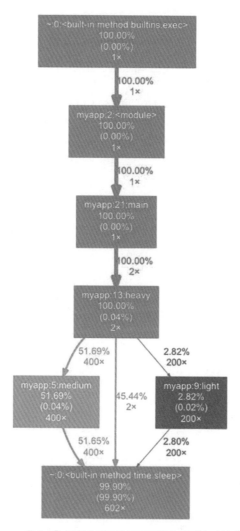

gprof2dot을 이용해 생성한 프로파일링 오버뷰 다이어그램 예시

예시 다이어그램에서는 프로그램이 실행한 다른 경로와 각 경로에서 소요된 시간을 나타내고 있다. 사각형은 하나의 함수를 나타낸다. 함수들을 연결하면 주어진 경로로 실행된 횟수와 그 경로의 실행에 소요된 시간의 비율을 확인할 수 있다. 다이어그램을 이용하면 대규모 애플리케이션의 성능 패턴을 탐색하기 매우 좋다.

> **TIP**　gprof2dot의 장점은 특정 언어에 종속되지 않는다는 점이다. 파이썬 profile, cProfile 출력은 물론 리눅스 perf, xperf, gprof, 자바 HPORF 등 많은 다른 프로파일도 읽을 수 있다.

매크로 프로파일링은 문제를 가진 함수 또는 적어도 그 이웃 함수를 확인하는 좋은 방법이다. 그 대상을 찾아냈다면 이제 마이크로 프로파일링을 할 시간이다.

마이크로 프로파일링

느린 함수를 찾았다면 마이크로 프로파일링을 진행하여 가장 작은 가능한 코드에 초점을 두고 프로파일을 생성한다. 이는 특별하게 생성한 속도 테스트 코드를 이용해 직접 수행해야 한다.

다음은 cProfile 모듈을 데커레이터 형태로 이용한 예시다.

```python
import time
import tempfile
import cProfile
import pstats

def profile(column="time", list=3):
    def parametrized_decorator(function):
        def decorated(*args, **kw):
            s = tempfile.mktemp()

            profiler = cProfile.Profile()
            profiler.runcall(function, *args, **kw)
            profiler.dump_stats(s)

            p = pstats.Stats(s)
            print("=" * 5, f"{function.__name__}() profile", "=" * 5)
            p.sort_stats(column).print_stats(list)

        return decorated

    return parametrized_decorator

def medium():
    timc.sleep(0.01)

@profile("time")
def heavy():
    for i in range(100):
        medium()
        medium()
    time.sleep(2)

@profile("time")
def main():
    for i in range(2):
        heavy()

if __name__ == "__main__":
    main()
```

이 접근 방식을 이용하면 애플리케이션의 선택한 부분만 테스트할 수 있기 때문에(여기에선 heavy() 함수) 통계의 출력을 좁힐 수 있다. 이런 방식으로 격리된 세세한 대상 프로파일을 실행되는 애플리케이션으로부터 수집할 수 있다. 다음은 Python 인터프리터에서 앞의 코드를 실행한 결과의 예시다.

```
===== heavy() profile =====
Wed Apr 10 03:11:53 2019 /var/folders/jy/wy13kx0s7sb1dx2rfsqdvzdw0000gq/T/tmpyi2wejm5

        403 function calls in 4.330 seconds

Ordered by: internal time
List reduced from 4 to 3 due to restriction <3>

ncalls tottime percall cumtime percall filename:lineno(function)
    201 4.327   0.022   4.327   0.022    {built-in method time.sleep}
    200 0.002   0.000   2.326   0.012    cprofile_decorator.py:24(medium)
      1 0.001   0.001   4.330   4.330    cprofile_decorator.py:28(heavy)

===== heavy() profile =====
Wed Apr 10 03:11:57 2019 /var/folders/jy/wy13kx0s7sb1dx2rfsqdvzdw0000gq/T/tmp8mubgwjw

        403 function calls in 4.328 seconds
Ordered by: internal time
List reduced from 4 to 3 due to restriction <3>

ncalls tottime percall cumtime percall filename:lineno(function)
    201 4.324   0.022   4.324   0.022    {built-in method time.sleep}
    200 0.002   0.000   2.325   0.012    cprofile_decorator.py:24(medium)
      1 0.001   0.001   4.328   4.328.   cprofile_decorator.py:28(heavy)
```

앞의 출력 결과 예시에서는 heavy() 함수가 정확히 두 번 호출되고, 두 경우의 프로파일은 거의 비슷하다. 마지막 호출에서는 time.sleep() 함수를 201번 호출했으며, 총 4.3초의 실행 시간이 소요되었다.

이 단계에서 피호출자의 목록을 확보하는 것만으로는 문제를 이해하기 충분하지 않은 경우가 많다. 일반적인 프랙티스는 코드의 특정 한 부분에 대한 대안을 구현하고, 이들을 실행하는 데 얼마나 많은 시간이 소요되는지 측정한다. 예를 들어 heavy() 함수가 중요한 기능을 한다면, 복잡도가 낮은 코드를 이용해 같은 문제를 해결할 수 있다.

timeit은 작은 코드 스니펫의 실행 시간을 간단하게 측정하는 방법을 제공하는 유용한 모듈이다. 이를 이용하면 호스트 시스템에 제공하는 기본 타이머(time.perf_counter() 객체)를 사용할 수 있다.

```
>>> from myapp import medium
>>> import timeit
>>> timeit.timeit(light, number=1000)
1.2880568829999675
```

`timeit.timeit()` 함수는 지정된 함수를 1,000번 실행(`number` 매개변수로 지정)하고 이를 모두 실행하는 동안 소요된 전체 시간을 반환한다. 결과에서 확연한 차이를 얻고 싶다면 `timeit.repeat()` 함수를 이용해 전체 테스트를 지정한 횟수만큼 반복할 수 있다.

```
>>> timeit.repeat(light, repeat=5, number=1000)
[1.283251813999982, 1.2764048459999913, 1.2787090969999326,
1.279601415000002, 1.2796783549999873]
```

`timeit` 모듈을 이용하면 호출을 여러 차례 반복할 수 있으며, 격리된 코드 스니펫에 편리하게 이용할 수 있다. 그렇지만 이는 애플리케이션 콘텍스트 밖에서는 매우 유용하지만 기존 애플리케이션 내부에서 사용하기는 다소 이상적이지는 않다.

`timeit` 모듈을 이용하면 자동화된 테스팅 프레임워크 안에서 속도 측정 테스트를 만들 수 있지만, 이 방법은 매우 주의해서 사용해야 한다. 시점이 매번 다를 수 있기 때문이다. 동일한 테스트를 여러 번 수행한 뒤 평균 시간을 측정하면 보다 정확한 결과를 얻을 수 있다. 그리고 일부 컴퓨터들은 부하나 온도에 따라 프로세스 클록 시간을 변경하는 특별한 CPU 피처를 가지고 있기도 하다. 따라서 컴퓨터가 아이들링 상태일 때와 분주한 상태일 때 다른 결과를 얻을 수도 있다. 동시에 다른 프로그램이 실행되고 있다면 전체적인 타이밍에 영향을 준다. 따라서 작은 코드 스니펫을 지속적으로 반복해서 테스트하는 것이 좋은 프랙디스다. 따라서 자동화된 테스팅 흐름에서 시간을 측정할 때는 구체적인 시간의 임곗값을 어서션으로 설정하기보다는 패턴을 관찰한다.

CPU 프로파일링을 수행하면 릴리스 획득과 해제와 관련된 다양한 패턴을 확인할 수 있다. 이는 함수 호출과정에서 주로 발생하기 때문이다. `profile`과 `cProfile` 모듈을 이용한 전통적인 파이썬 프로파일링은 리소스 사용 패턴에 관한 일반적인 상태를 확인할 수 있지만, 특별히 메모리 사용에 관해서는 전용 메모리 프로파일링 기법이 선호된다.

13.3.2 메모리 사용량 프로파일링

파이썬의 메모리 이슈를 해결하기 전에 파이썬에서의 **메모리 누수**memory leak의 특성이 매우 특별하다는 점을 알아야 한다. C/C++ 등의 컴파일 언어에서의 메모리 누수는 할당된 메모리 블록을 더 이상 어떤 포인터에서도 참조하지 않을 때 발생한다. 메모리에 대한 참조가 존재하지 않으므로 해제도 불가능하다. 이런 상황을 메모리 누수라 부른다.

파이썬에서는 사용자가 저수준의 메모리 관리를 할 수 없으므로 대신 누수되는 참조, 즉 더 이상 필요하지 않지만 제거되지 않은 객체에 대한 참조를 다룬다. 인터프리터는 이런 리소스를 해제할 수 없지만 이는 전통적인 C의 메모리 누수와 동일하지는 않다.

> **NOTE** 파이썬 C 확장 기능의 포인터에 의한 예외적인 메모리 누수 케이스가 있지만, 전혀 다른 도구를 이용해 진단하고 해결해야 한다. 이들은 파이썬 코드를 이용해 조사하기 쉽지 않다. C에서의 메모리 누수를 조사하는 널리 이용되는 도구로 Valgrind가 있다. Valgrind에 관한 더 많은 정보는 https://valgrind.org/를 참조한다.

파이썬에서의 메모리 이슈는 대부분 예기치 않은 또는 계획하지 않은 리소스 획득 패턴이다. 이는 메모리 할당이나 해제 루틴을 잘못 다루어서 발생하는 진짜 버그에 의한 것이기 때문에 흔히 발생하지는 않는다. 이런 루틴들은 개발자들이 Python/C API를 이용한 C 확장 기능을 작성할 때 CPython에서만 가능하다. 이런 문제들을 다룰 경우는 거의 없을 것이다. 그래서 파이썬에서의 메모리 누수는 주로 소프트웨어의 과도한 복잡도나 힘든 컴포넌트 사이의 미묘한 인터랙션에 의해 발생하므로 매우 추적하기 어렵다. 소프트웨어에서 이런 문제를 특정하고 그 위치를 파악하기 위해서는 프로그램에서 실제로 메모리가 어떻게 보이는지 알아야 한다.

파이썬 인터프리터가 얼마나 많은 객체를 제어하는지에 대한 정보를 확인하고, 그 실제 크기를 확인하는 것은 상당히 까다롭다. 예를 들어 특정한 객체가 얼마나 많은 메모리를 차지하는지 바이트 단위로 확인하려면 객체의 모든 속성을 확인하고, 교차 참조를 다룬 뒤 이 모든 결과를 합해야 한다. 객체들이 서로 참조하는 경향을 고려한다면 이는 대단히 복잡한 문제다. 파이썬의 가비지 컬렉터 인터페이스인 내장 gc 모듈은 이를 위한 고수준 함수를 제공하지 않으며, 모든 정보를 알기 위해서는 파이썬을 디버그 모드에서 컴파일해야만 한다.

종종 프로그래머들은 특정한 조작을 수행하기 전후에 그들의 애플리케이션의 메모리 사용량을 시스템에 질의한다. 하지만 이런 측정은 근삿값이며 시스템 레벨에서 얼마나 많은 메모리를 관리하는가에 따라 달라진다. 예를 들어 리눅스에서 top 명령어를 이용하거나 윈도우의 작업 관리자를 이용하는 경우에는 그 문제가 명확해야만 메모리 문제를 발견할 수 있다. 그러나 이런 방식은 품이 많이 들며 오류가 있는 코드 블록을 추적하기 매우 어렵다.

다행히도 메모리 스냅숏을 만들고 로딩된 객체의 수와 크기를 측정할 계산할 수 있는 몇 가지 도구들을 이용할 수 있다. 하지만 파이썬은 메모리를 쉽게 해제하지 않으며, 필요할 때를 대비해 메모리를 확보하는 것을 선호한다는 점을 우선 이해해두자.

한동안 파이썬에서의 메모리 이슈와 사용을 디버깅할 때는 Guppy-PE 및 그 Heapy 컴포넌트를 가장 널리 사용했다. 안타깝게도 Guppy-PE는 파이썬 3을 지원하지 않는다. 다행히도 파이썬 3과 어느 정도 호환되는 다음 도구들을 대안으로 사용할 수 있다.

- **Memprof**(http://jmdana.github.io/memprof/): 일부 POSIX 호환 시스템(macOS, 리눅스)에서 동작한다. 2019년 12월에 마지막으로 업데이트되었다.
- **memory_profiler**(https://pypi.org/project/memory-profiler/): 모든 운영체제에서 동작한다. 현재 유지보수되고 있다.
- **Pympler**(https://pypi.org/project/Pympler/): 모든 운영체제에서 동작한다. 현재 유지보수되고 있다.
- **objgraph**(https://mg.pov.lt/objgraph/): 모든 운영체제에서 동작한다. 현재 유지보수되고 있다.

> [NOTE] 앞 도구들의 호환성관 관련된 정보는 집필 시점 기준으로 가장 최근 릴리스된 패키지, 문서의 설명, 해당 프로젝트의 빌드 파이프라인의 정의에서 확인한 trove 구별자에만 근거한 것이다. 이 책을 읽는 시점에는 호환성에 변화가 있을 수 있다.

파이썬 개발자들은 다양한 메모리 프로파일링 도구를 이용할 수 있다. 각 도구들은 몇 가지 제약사항과 한계를 갖고 있다. 이번 장에서는 다양한 운영체제에서 최신의 파이썬 릴리스 버전(파이썬 3.9)과 가장 잘 호환되는 것으로 알려진 프로파일러인 `objgraph`에 관해 살펴본다.

`objgraph`의 API는 다소 어설퍼 보이며 그 기능 또한 매우 제한적이다. 하지만 필요한 작업들은 정확하게 수행하며 사용하기도 매우 쉽다. 메모리 계측은 프로덕션 코드에 영구적으로 포함시키는 것이 아니므로, 이런 특성의 도구들은 굳이 깔끔하지 않아도 된다.

objgraph 모듈 이용하기

`objgraph`는 애플리케이션 내부의 객체 참조에 관한 다이어그램을 생성하는 간난한 모듈이다. 피이썬에서의 메모리 누수를 잡아내는 데 매우 효과적이다.

> [NOTE] objgraph는 PyPI에서 이용할 수 있지만 완전한 스탠드얼론 도구는 아니며, Graphviz와 함께 사용해 메모리 사용 다이어그램을 생성한다.

`objgraph`에서 표시한 앞쪽의 할당된 객체의 수는 이미 높다. 이는 많은 파이썬 내장 함수와 타입들이며 일반적인 파이썬 객체들로 동일한 프로세스 메모리에 상주하기 때문이다. 그리고 `objgraph` 자체도 이 요약에 포함되는 몇 개의 객체들을 생성한다.

```
>>> import objgraph
>>> objgraph.show_most_common_types()
function              1910
```

```
dict                         1003
wrapper_descriptor           989
tuple                        837
weakref                      742
method_descriptor            683
builtin_function_or_method   666
getset_descriptor            338
set                          323
member_descriptor            305
>>> objgraph.count('list')
266
>>> objgraph.typestats(objgraph.get_leaking_objects())
{'Gt': 1, 'AugLoad': 1, 'GtE': 1, 'Pow': 1, 'tuple': 2, 'AugStore':
1, 'Store': 1, 'Or': 1, 'IsNot': 1, 'RecursionError': 1, 'Div': 1,
'LShift': 1, 'Mod': 1, 'Add': 1, 'Invert': 1, 'weakref': 1, 'Not': 1,
'Sub': 1, 'In': 1, 'NotIn': 1, 'Load': 1, 'NotEq': 1, 'BitAnd': 1,
'FloorDiv': 1, 'Is': 1, 'RShift': 1, 'MatMult': 1, 'Eq': 1, 'Lt': 1,
'dict': 341, 'list': 7, 'Param': 1, 'USub': 1, 'BitOr': 1, 'BitXor': 1,
'And': 1, 'Del': 1, 'UAdd': 1, 'Mult': 1, 'LtE': 1}
```

앞에서 언급했듯이 objgraph를 이용하면 메모리 사용 패턴과 주어진 네임스페이스 안의 모든 객체들을 연결하는 교차 참조를 다이어그램으로 나타낼 수 있다. objgraph 모듈의 가장 유용한 기능은 objgraph.show_refs()와 objgraph.show_backrefs()다. 이들은 확인 대상 객체에 대한 참조를 받아 Graphviz 패키지를 이용해 다이어그램 이미지를 파일에 저장한다. 이 그래프들의 예시를 그림 13.2와 그림 13.3에 나타냈다. 다음은 이 그래프들을 그리기 위한 예시 코드다.

```python
from collections import Counter
import objgraph

def graph_references(*objects):
    objgraph.show_refs(
        objects,
        filename="show_refs.png",
        refcounts=True,
        # 간결함을 위한 추가 필터링
        too_many=5,
        filter=lambda x: not isinstance(x, dict),
    )
    objgraph.show_backrefs(
        objects,
        filename="show_backrefs.png",
        refcounts=True
    )
```

```
if __name__ == "__main__":
    quote = """
    People who think they know everything are a
    great annoyance to those of us who do.
    """
    words = quote.lower().strip().split()
    counts = Counter(words)
    graph_references(words, quote, counts)
```

NOTE Graphviz를 설치하지 않으면 objgraph는 다이어그램을 특수한 그래프 기술 언어인 DOT 포맷으로 출력한다.

다음 다이어그램은 words, quote, counts 객체가 가진 모든 참조를 나타낸다.

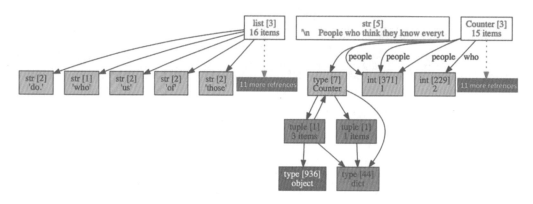

그림 13.2 **graph_references() 함수의 show_refs() 다이어그램 결과 예시**

그림에서 볼 수 있듯이 words 객체(list[3]으로 표시됨)는 16개의 객체를 참조한다. counts 객체 (Counter[3]으로 표시됨)는 15개의 객체를 참조한다. 이 숫자는 words의 그것보다 1이 작은데, 이는 단어 who가 2번 나타나기 때문이다. quote 객체(str[5]로 표시됨)는 일반 문자열이므로 다른 참조를 갖지 않는다.

다음 다이어그램은 words, quote, counts 객체에 대한 역 참조back reference를 나타낸다.

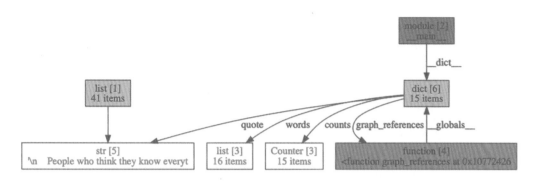

그림 13.3 **graph_references() 함수의 show_backrefs() 다이어그램 결과 예시**

앞의 다이어그램에서 quote, words, counts 객체는 __globals__라는 이름을 가진 __main__ 모듈의 글로벌 변수인 한 딕셔너리(dict[6]으로 표시됨)의 참조이다. 그리고 quote 객체는 CPython 문자열 억류string interning 메커니즘에 의해 하나의 특수한 리스트 객체(list[1]로 표기됨)에서 참조된다.

NOTE 문자열 억류는 CPython의 메모리 최적화 메커니즘이다. 문자열 리터럴 대부분은 모듈이 로딩될 때 CPython에 의해 미리 할당된다. 파이썬의 문자열은 불변이므로 동일 문자열 리터럴이 중복되어 나타나면 메모리의 동일한 영역을 참조한다.

objgraph가 실제로 어떻게 사용되는지 보기 위해, 파이썬의 특정한 버전에서 발생하는 메모리 이슈를 만드는 코드 예시를 살펴보자. 9장에서 언급한 것처럼 CPython은 자체 가비지 컬렉터를 가지고 있으며, 이는 참조 카운팅 메커니즘과 독립적으로 존재한다. 이는 일반적인 목적의 메모리 관리에 이용되지 않으며, 오로지 순환 참조 문제 해결을 위해 이용된다. 많은 상황에서 객체들은 서로를 참조하며, 이 참조는 레퍼런스 카운팅에 기반한 간단한 기술을 이용해서는 제거할 수 없다. 다음은 가장 간단한 예시다.

```
x = []
y = [x]
x.append(y)
```

위 상황은 그림 13.4와 같이 나타낼 수 있다.

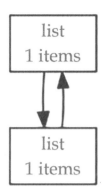

그림 13.4 **objgraph를 이용해 두 객체의 순환 참조를 나타낸 다이어그램**

앞의 경우에서 *x*와 *y* 객체에 대한 모든 외부 참조를 제거하더라도(예를 들어 함수의 로컬 스코프로부터 반환하는 등), 이 두 객체들은 참조 카운팅을 통해 제거할 수 없다. 왜냐하면 이 두 객체들은 항상 두 개의 교차 참조가 되기 때문이다. 이런 상황에서 파이썬 가비지 컬렉터가 관여한다. 파이썬 컬렉터는 객체에 대한 순환 참조를 발견하고 사이클 외부에서 이 객체들에 대한 다른 유효한 참조가 존재하지 않으면 이들을 해제하도록 트리거한다.

진짜 문제는 이런 사이클에 포함된 객체들 중 적어도 하나가 커스텀 __del__() 메서드 정의를 가지고 있을 때 시작된다. 이것은 커스텀 해제 핸들러로 객체의 참조 카운트가 0이 되면 호출된다. 이는 임의의 파이썬 코드를 실행할 수 있고, 특별한 객체들featured objects에 대한 새로운 참조를 생성할 수도 있다. 이것이 바로 파이썬 3.4 이전에서의 가비지 컬렉터들이 적어도 하나의 객체가 커스텀 __del__() 메서드 구현을 가진 경우 참조 사이클을 파괴하지 못한 이유다. PEP 442에 따라 파이썬에 안전한 객체 종료safe object finalization가 도입되었고, 파이썬 3.4부터 표준이 되었다. 아무튼 이는 하위 호환성을 고려한 다양한 버전의 파이썬 인터프리터를 대상으로 하는 패키지들에 있이시는 여전히 문제다. 다음 코드 스니펫은 순환 가비지 컬렉터 동작이 다양한 파이썬 버전에서 다름을 보여준다.

```python
import gc
import platform
import objgraph

class WithDel(list):
    """ 커스텀 __del__ 구현과 함께 서브클래스를 리스팅한다. """
    def __del__(self):
        pass

def main():
    x = WithDel()
```

```
    y = []
    z = []

    x.append(y)
    y.append(z)
    z.append(x)

    del x, y, z

    print("unreachable prior collection: %s" % gc.collect())
    print("unreachable after collection: %s" % len(gc.garbage))
    print("WithDel objects count:        %s" % objgraph.count('WithDel'))

if __name__ == "__main__":
    print("Python version: %s" % platform.python_version())
    print()
    main()
```

다음은 파이썬 3.3에서 위 코드를 실행했을 때의 결과 예시다. 과거 버전의 순환 가비지 컬렉터는 __ del__() 메서드를 정의를 가진 객체들을 수집하지 못한다.

```
$ python3.3 with_del.py
Python version: 3.3.5

unreachable prior collection: 3
unreachable after collection: 1
WithDel objects count:        1
```

새로운 버전의 파이썬에서 위 코드를 실행하면, 가비지 컬렉터는 객체들이 __del__() 메서드 정의를 가지고 있더라도 해당 객체들을 안전하게 종료한다.

```
$ python3.5 with_del.py
Python version: 3.5.1

unreachable prior collection: 3
unreachable after collection: 0
WithDel objects count:        0
```

최신 파이썬 릴리스에서는 커스텀 종료가 더 이상 메모리에 대한 위협이 아니기는 하지만, 다른 환경에서 작동해야 하는 애플리케이션에 대해서는 여전히 위험일 수 있다. 앞에서 언급했듯이 `objgraph.show_refs()`와 `objgraph.show_backrefs()` 함수를 이용하면 깨뜨릴 수 없는 참조 사이클에 관여하는 문제 있는 객체들을 손쉽게 특정할 수 있다. 예를 들면 간단히 `main()` 함수를 수정해서 `WithDel` 인스턴스에 대한 모든 역 참조를 표시하고 리소스 누수 여부를 확인할 수 있다.

```python
def main():
    x = WithDel()
    y = []
    z = []

    x.append(y)
    y.append(z)
    z.append(x)

    del x, y, z

    print("unreachable prior collection: %s" % gc.collect())
    print("unreachable after collection: %s" % len(gc.garbage))
    print("WithDel objects count:        %s" % objgraph.count('WithDel'))

    objgraph.show_backrefs(
        objgraph.by_type('WithDel'),
        filename='after-gc.png'
    )
```

앞의 예시를 파이썬 3.4 이전 버전에서 실행하면 그림 13.4와 같은 다이어그램을 얻을 수 있다. 이 그래프는 `gc.collect()` 함수가 x, y, z 객체 인스턴스를 제거하는 데 성공하지 못했음을 나타낸다. 또한 `objgraph`는 커스텀 `__del__()` 메서드를 포함한 객체를 빨간색으로 강조하므로 이런 이슈를 쉽게 확인할 수 있다.

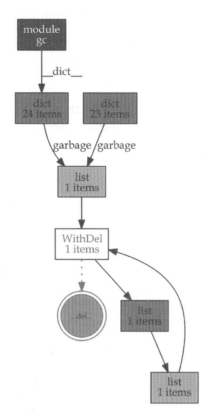

그림 13.5 **파이썬 3.4 버전 이전의 가비지 컬렉터를 이용해 처리할 수 없는 순환 참조를 나타낸 다이어그램 예시**

C 확장 기능(예를 들어 Python/C 확장 기능)에서 메모리 누수가 발생하는 경우에는 이들을 진단하고 프로파일링하기 일반적으로 훨씬 어렵다. 하지만 불가능하다는 의미는 아니다. 다음 절에서는 이에 관해 살펴본다.

C 코드 메모리 누수

파이썬 코드에는 전혀 문제가 없어 보이지만 격리된 함수를 반복 실행했을 때 여전히 메모리가 증가한다면, C 코드 측이 누수에 관련되었을 수 있다. 예를 들어 C 확장 기능의 중요한 위치에서 Py_DECREF 매크로가 누락되는 경우 등이 이에 해당한다.

CPython 인터프리터의 C 코드는 매우 견고하며 메모리 누수에 대해 충분히 테스트되었기 때문에, 메모리 문제가 발생했을 때 확인할 수 있는 최후의 영역이다. 그러나 커스텀 C 확장 기능을 포함한 패키지를 이용하고 있다면 먼저 이 패키지들을 살펴보는 것이 좋다. 파이썬보다 추상화 정도가 훨씬 낮은 레벨에서 동작하는 코드를 다룰 것이기 때문에 이런 메모리 문제들을 해결하기 위해서는 완전히 다른 도구들을 이용해야 한다.

C에서의 메모리 디버깅은 쉽지 않다. 그러므로 확장 기능 내부로 뛰어들기 전에 문제의 원인을 적절하게 진단했는지 확실하게 확인해야 한다. 의심이 되는 패키지를 단위 테스트와 본질적으로 유사한 코드를 이용해 격리하는 것은 매우 잘 알려진 접근 방식이다. 문제의 원인을 진단하기 위해서는 다음과 같은 작업을 고려해야 한다.

1. 메모리 누수가 의심되는 각 API 유닛 또는 확장 기능의 함수에 대한 별도의 테스트 케이스를 작성한다.
2. 격리된 환경에서 임의의 긴 시간 동안 반복적으로 테스트를 시행한다(한 실행당 하나의 함수만 테스트한다).
3. 시간이 지남에 따라 테스트 대상 함수의 메모리 사용이 증가하는지 외부에서 관측한다.

이런 접근 방식을 이용해 결과적으로 확장 기능의 오류를 가진 부분을 격리할 수 있으며, 이후 코드를 조사하고 수정하는 데 필요한 시간을 줄일 수 있다. 추가로 많은 시간과 코딩이 필요하기 때문에 이 프로세스는 다소 부담이 될 수도 있겠지만 장기적인 관점에서는 충분한 보상을 받을 수 있다. 10장에서 소개한 테스팅 도구들을 재사용함으로써 보다 쉽게 작업할 수 있다. Pytest 같은 유틸리티들은 이런 경우를 위해 설계된 것은 아니지만 적어도 격리된 환경에서 여러 테스트 케이스를 실행하기 위해 필요한 시간은 줄여줄 수 있다.

메모리 누수를 일으키는 확장 기능의 부분을 성공적으로 격리했다면, 이제 실제로 디버깅을 시작할 수 있다. 운이 좋다면 격리된 소스 코드 섹션을 간단하게 직접 확인해서 원하는 결과를 얻을 수 있을 것이다. 많은 경우 이런 문제는 누락된 Py_DECREF 호출만 추가하면 쉽게 해결된다. 그럼에도 쉽지만은 않을 것이다. 이런 상황에서는 좀 더 큰 총을 꺼내들어야 한다. 컴파일된 코드에서 발생하는 메모리 누수와 싸우기 위해 모든 프로그래머가 가지고 있어야 할 도구들 중 하나는 Valgrind다. Valgrind는 동적 분석 도구들을 구축하는 완전한 계측 프레임워크다. 익숙하게 사용하기는 쉽지 않은 도구지만 반드시 기본 사용 방법은 알아둬야 한다.

NOTE Valgrind에 관한 더 많은 정보는 https://valgrind.org/를 참조한다.

프로파일링 이후 코드 성능과 관련된 잘못된 영역을 찾았다면, 실제로 코드 최적화를 적용할 시점이다. 좋지 않은 성능 대부분은 코드 복잡도가 그 원인이다. 코드 복잡도는 적합한 데이터 구조를 적용하는 것만으로도 크게 줄일 수 있다. 파이썬의 내장 데이터 타입을 이용한 최적화 예시를 살펴본다.

13.4 적절한 데이터 구조를 선택하여 복잡도 줄이기

코드 복잡도를 줄이기 위해서는 데이터가 저장되는 방법을 고려해야 한다. 어떤 데이터 구조를 사용할지 신중하게 선택해야 한다. 다음 절에서는 간단한 코드 스니펫과 함께 올바른 데이터 타입을 선택함으로써 성능을 어떻게 개선할 수 있는지 살펴볼 것이다.

13.4.1 리스트 검색하기

파이썬에서의 list 타입의 구현 특성 때문에 특정한 값을 list에 찾아내는 작업의 비용은 결코 적지 않다. 리스트 요소가 n개인 리스트에서 list.index() 메서드의 복잡도는 $O(n)$이다. 이런 선형적인 복잡도는 인덱스의 숫자가 작다면 크게 문제가 되지 않지만, 리스트가 매우 크다면 일부 핵심적인 코드 섹션의 성능에 부정적인 영향을 미칠 수 있다.

list를 통해 빠르고 빈번하게 검색을 해야 한다면 파이썬 표준 라이브러리에서 제공하는 bisect를 이용해보기 바란다. 이 모듈에서 제공하는 함수들은 이미 정렬된 시퀀스의 순서를 유지하면서 주어진 값을 삽입하거나 삽입할 인덱스를 찾는 작업에 특화되어 있다. 이 모듈을 이용하면 이분법bisection algorithm을 이용해 효율적으로 요소의 인덱스를 찾을 수 있다. 다음은 바이너리 검색binary search을 이용해 요소의 인덱스를 찾는 함수로 모듈의 공식 문서에서 제공하는 코드다.

```python
def index(a, x):
    'Locate the leftmost value exactly equal to x'
    i = bisect_left(a, x)
    if i != len(a) and a[i] == x:
        return i
    raise ValueError
```

bisect 모듈이 제공하는 모든 함수는 정렬된 시퀀스를 받는다는 점에 주의한다. 만약 list가 정렬되어 있지 않은 경우에는 이를 정렬하는 태스크의 복잡도는 최악의 경우 $O(n \log n)$이 된다. 이는 $O(n)$보다 좋지 않은 성능이므로, 전체 list를 정렬한 뒤 한 번의 검색을 하는 경우에는 별 효과가 없다. 그러나 잘 변하지 않는 list에 대해서 인덱스 검색을 많이 수행해야 한다면, sort()를 수행한 뒤 bisect를 이용하는 것이 최선의 트레이드오프일 것이다.

list가 이미 정렬되어 있다면 이를 재정렬하지 않고도 bisect를 이용해 list에 새로운 아이템을 추가할 수 있다. bisect_left(), bisect_right() 함수들은 왼쪽에서 오른쪽 또는 오른쪽에서 왼쪽으로 정렬된 리스트에 대해 각각 추가할 수 있는 지점을 반환한다. 다음은 왼쪽에서 오른쪽으로 정렬된 list에 bisect_left() 함수를 이용해 새로운 값을 추가하는 예시다.

```
>>> from bisect import bisect_left
>>> items = [1, 5, 6, 19, 20]
>>> items.insert(bisect_left(items, 15), 15)
>>> items
[1, 5, 6, 15, 19, 20]
```

위 두 함수를 간결하게 구현한 insert_left(), insert_right() 함수를 이용해 정렬된 리스트에 요소를 추가할 수도 있다.

```
>>> from bisect import insort_left
>>> items = [1, 5, 6, 19, 20]
>>> insort_left(items, 15)
>>> items
[1, 5, 6, 15, 19, 20]
```

다음 절에서는 중복되지 않는 유일한 요소들을 사용할 때 list 대신 집합set을 이용하는 방법을 살펴본다.

13.4.2 집합 이용하기

주어진 시퀀스로부터 구분된 값의 시퀀스를 만들어야 할 경우 가장 먼저 다음과 같은 알고리즘이 떠오를 것이다.

```
>>> sequence = ['a', 'a', 'b', 'c', 'c', 'd']
>>> result = []
>>> for element in sequence:
...     if element not in result:
...         result.append(element)
...
>>> result
['a', 'b', 'c', 'd']
```

앞의 예시에서 복잡도는 result 리스트에 대한 룩업에서 발생한다. in 연산자의 시간 복잡도는 $O(n)$이며 복잡도가 $O(n)$인 루프 안에서 이용되므로 전체 복잡도는 제곱, 즉 $O(n^2)$이 된다.

동일한 작업을 집합 타입을 이용해 수행하면 보다 빠르다. 저장된 값들은 해시를 이용해 룩업된다(dict 타입에서도 동일함). set 타입은 요소의 고유함을 보장하므로 시퀀스 객체에서 새로운 집합을 만드는 것 외에 다른 작업은 필요하지 않다. 즉, 시퀀스의 각 값에 대해 해당 값의 존재 여부를 확인하는 데 소요되는 시간은 상숫값이다.

```
>>> sequence = ['a', 'a', 'b', 'c', 'c', 'd']
>>> unique = set(sequence)
>>> unique
set(['a', 'c', 'b', 'd'])
```

이는 복잡도를 $O(n)$으로 낮추며, 이 복잡도는 집합 객체 생성 시 필요한 것이다. 요소의 고유성과 관련해 set 타입을 이용하면 코드가 보다 간결하고 명확해지는 장점을 추가로 얻을 수 있다.

때때로 내장 데이터 타입은 데이터 구조를 효율적으로 다루기 적합하지 충분하지 않다. 파이썬은 collection 모듈을 통해 추가로 성능이 뛰어난 데이터 타입들을 제공한다.

13.4.3 collections 모듈 이용하기

collections 모듈은 일반적인 목적으로 이용하는 내장 컨테이너 타입 대신 사용할 수 있는 특별한 대안을 제공한다. 이번 장에서는 이들 중에서 다음 타입들을 주로 살펴본다.

- deque: list와 유사한 타입으로 추가 기능을 포함한다.
- defaultdict: dict와 유사한 타입으로 내장 기본 팩터리 피처를 포함한다.
- namedtuple: tuple과 유사한 타입으로 멤버에 키를 할당한다.

  NOTE 앞에서 이미 collections 모듈을 다뤄봤다. 3장에서는 ChainMap, 4장에서는 UserList와 UserDict, 5장에서는 Counter를 이용했다.

다음 절에서 이 타입들에 관해 살펴본다.

deque

deque는 list의 대안적인 구현이다. 내장 list 타입이 일반적인 배열에 기반한 반면, deque는 **이중 연결 리스트**doubly-linked list에 기반한다. 따라서 deque는 맨 앞과 맨 끝에 새로운 요소를 추가할 때는 list보다 빠르지만 임의의 위치에 추가할 때는 느리다.

물론 파이썬 list에 대한 내부 배열의 과할당으로 인해 모든 list.append()가 메모리 재할당이 필요한 것은 아니며, 이 메서드의 평균 복잡도는 $O(1)$이다. 하지만 list의 첫 번째 인덱스에 무언가를 추가할 때 상황은 급격하게 변한다. 새로운 요소의 오른쪽에 있는 모든 요소들이 배열에서 한 칸씩 이동해야 하기 때문에, list.insert()의 복잡도는 $O(n)$이 된다. 삭제pop, 추가append, 삽입insert 조작이 많은 경우에는 deque를 이용하면 list보다 현저히 성능 개선을 할 수 있다.

TIP list를 deque로 변경하기 전에는 항상 코드를 프로파일해야 함을 기억하라. 배열에서 빠르게 동작하는 것들 (예, 임의의 인덱스에 접근하는 것 등)이 연결 리스트에서는 극단적으로 비효율적이다.

예를 들어 timeit 시퀀스에 한 요소를 추가하거나 시퀀스로부터 한 요소를 제거하는 데 걸리는 시간 은 list와 deque에서 큰 차이가 없을 것이다.

다음은 list 타입에서의 timeit 실행 예시다.

```
$ python3 -m timeit \
  -s 'sequence=list(range(10))' \
  'sequence.append(0); sequence.pop();'
1000000 loops, best of 3: 0.168 usec per loop
```

그리고 다음은 deque 타입에서의 timeit 실행 예시다.

```
$ python3 -m timeit \
  -s 'from collections import deque; sequence=deque(range(10))' \
  'sequence.append(0); sequence.pop();'
1000000 loops, best of 3: 0.168 usec per loop
```

그러나 같은 상황에서 첫 번째 요소를 추가하거나 삭제하는 조작을 비교해보면 인상적인 성능 차이 를 확인할 수 있다.

다음은 list 타입에서의 timeit 실행 예시다.

```
$ python3 -m timeit \
  -s 'sequence=list(range(10))' \
  'sequence.insert(0, 0); sequence.pop(0)'
1000000 loops, best of 3: 0.392 usec per loop
```

그리고 다음은 deque 타입에서의 유사한 timeit 실행 예시다.

```
$ python3 -m timeit \
  -s 'from collections import deque; sequence=deque(range(10))' \
  'sequence.appendleft(0); sequence.popleft()'
10000000 loops, best of 3: 0.172 usec per loop
```

예상한 것처럼 시퀀스의 크기가 커질수록 시간차도 커진다. 다음은 10,000개의 요소를 가진 list에 대해서 같은 timeit 테스트를 실행한 결과의 예시다.

```
$ python3 -m timeit \
  -s 'sequence=list(range(10000))' \
  'sequence.insert(0, 0); sequence.pop(0)'
100000 loops, best of 3: 14 usec per loop
```

deque에 대해서 같은 테스트를 실행하면 시간이 바뀌지 않는 것을 확인할 수 있다.

```
$ python3 -m timeit \
  -s 'from collections import deque; sequence=deque(range(10000))' \
  'sequence.appendleft(0); sequence.popleft()'
10000000 loops, best of 3: 0.168 usec per loop
```

시퀀스의 양쪽 끝에서 같은 속도로 동작하는 효율적인 append(), pop() 메서드 덕분에 deque는 큐 구현을 위한 완벽한 예시다. 예를 들어 **선입선출**first-in first-out, FIFO 큐는 list 대신 deque를 이용하면 훨씬 효율적으로 구현할 수 있다.

NOTE deque는 큐를 구현할 때 잘 작동한다. 그러나 파이썬의 표준 라이브러리에 포함된 별도의 queue 모듈에서는 선입선출FIFO, **후입선출**last-in-first-out, LIFO, 우선순위 큐priority queue에 관한 기본 구현을 제공한다. 스레드 간 커뮤니케이션 메커니즘으로서 큐를 활용하는 경우에는 collections.deque가 아니라 queue 모듈 클래스를 이용해야 한다. 이 클래스들은 필수적인 로킹 구문을 모두 제공하기 때문이다. 스레딩을 이용하지 않고 큐를 커뮤니케이션 메커니즘으로 활용하지 않는다면 deque를 이용해도 기본적인 큐의 구현을 충분히 제공할 수 있다.

defaultdict

defaultdict 타입은 dict 타입과 유사하지만, 새로운 키에 대한 기본 팩터리를 추가한 것이 차이다. 이 덕분에 매핑 항목을 초기화하는 추가적인 테스트를 작성할 필요가 없으며, dict.setdefault 메서드를 이용하는 것보다 좀 더 효율적이다.

defaultdict는 짧은 코드를 작성하기 위한 단순한 dict의 문법적 설탕처럼 생각될 수도 있다. 하지만 키 룩업에 실패했을 때 기본값으로 돌아오는 속도가 dict.setdefault() 메서드보다 약간 더 빠르다.

다음은 dict.setdefault() 메서드에 대한 timeit 실행 예시다.

```
$ python3 -m timeit \
    -s 'd = {}' \
    'd.setdefault("x", None)'
10000000 loops, best of 3: 0.153 usec per loop
```

다음은 동등한 defaultdict 사용에 대한 timeit 실행 예시다.

```
$ python3 -m timeit \
    -s 'from collections import defaultdict; d = defaultdict(lambda: None)' \
    'd["x"]'
10000000 loops, best of 3: 0.0447 usec per loop
```

TIP 앞 예시에서의 차이가 커 보일 수도 있지만, 사실 계산 복잡도는 달라지지 않았다. dict.setdefault() 메서드는 두 단계(키 룩업과 키 설정)로 구성되며, 각 단계의 복잡도는 모두 $O(1)$이다. $O(1)$보다 낮은 복잡도 클래스가 될 수는 없지만, 때때로 같은 $O(1)$ 클래스 중에서도 조금이나마 빠른 대안을 찾아볼 만한 가치는 있다. 핵심적인 코드 섹션의 최적화에서는 아주 작은 속도의 개선도 중요하다.

defualtdict 타입은 팩터리를 매개변수로 받기 때문에 내장 타입이나 인수를 받지 않는 생성자를 가진 클래스와 함께 이용할 수 있다. 다음 코드 스니펫은 공식 문서에서 제공하는 것으로 defaultdict를 이용해 고유한 요소를 카운팅하는 방법의 예시다.

```
>>> from collections import defaultdict
>>> s = 'mississippi'
>>> d = defaultdict(int)
>>> for k in s:
...     d[k] += 1
...
>>> list(d.items())
[('i', 4), ('p', 2), ('s', 4), ('m', 1)]
```

이 특정 예시(고유한 요소를 세는)에서 collections 모듈은 특별한 Counter 클래스를 제공한다. 이를 이용하면 여러 상위 요소들을 효율적으로 질의하는 데 사용할 수 있다.

namedtuple

namedtuple은 클래스 팩터리로 이름과 속성의 list를 받아 클래스를 생성한다. 생성된 새로운 클래스를 이용하면 튜플과 유사한 객체의 인스턴스를 만들고 그 요소들에 대한 접근자를 제공할 수 있다.

```
>>> from collections import namedtuple
>>> Customer = namedtuple(
...     'Customer',
...     'firstname lastname'
... )
>>> c = Customer('Tarek', 'Ziadé')
>>> c.firstname
'Tarek'
```

예시에서 볼 수 있듯이 이를 이용하면 값을 초기화하기 위한 보일러플레이트 코드를 요구하는 커스텀 클래스보다 쉽게 레코드를 생성할 수 있다. 한편, 이는 튜플에 기반하고 있기 때문에 인덱스를 이용해 요소들에 쉽게 접근할 수 있다. 생성된 클래스는 서브클래스로 만들 수 있으며 더 많은 동작을 추가할 수 있다.

다른 데이터 타입과 비교해볼 때 namedtuple을 이용해서 얻을 수 있는 장점은 잠깐 보기에는 명확하지 않을 수 있다. 주요한 장점은 일반적인 튜플보다 더 많이 사용되고, 이해하고, 해석하기 쉽다는 점이다. 튜플의 인덱스에는 아무런 의미가 없기 때문에 속성을 통해 튜플 요소에 접근할 수 있다는 것은 매우 좋은 점이다. 평균 복잡도가 $O(1)$인 get과 set 조작을 가진 딕셔너리에서도 동일한 이익을 얻을 수 있다.

성능 관점에서의 주요한 장점은 namedtuple이 여전히 튜플의 성격을 갖는다는 점이다. 즉, 불변이기 때문에 내부 배열 저장소는 필요한 만큼만 할당된다. 반면 딕셔너리에서는 낮은 복잡도의 get/set 조작을 위해 내부 해시 테이블에 저장소를 초과 할당해야 한다. 따라서 namedtuple이 dict보다 메모리 효율성 면에서 앞선다.

> **NOTE** 유사한 미시적인 메모리 초기화는 슬롯slot을 이용하는 사용자 정의 클래스에 대해서도 적용할 수 있다. 슬롯에 관해서는 4장을 참조한다.

namedtuple은 튜플에 기반하기 때문에 성능 면에서의 이점도 기대할 수 있다. 리스트나 튜플 같은 간단한 시퀀스 객체와 마찬가지로 정수 인덱스를 이용해 요소에 접근할 수 있다. 이 조작은 간단하고도 빠르다. dict나 커스텀 클래스 인스턴스(딕셔너리를 이용해 속성을 저장하는)의 경우에는 해시 테이블 룩업을 이용해 요소에 접근한다. 딕셔너리는 컬렉션의 크기와 관계없이 좋은 성능을 보장하기 위해 최적화되어 있지만 앞서 언급한 것처럼 $O(1)$ 복잡도는 어디까지는 평균 복잡도로 간주된다. 실제로 최악의 상황에서의 dict의 set/set 조작의 복잡도는 $O(n)$이다. 실제로 이 조작을 수행하는 데 필요한 작업량은 컬렉션 크기와 기존 이력에 따라 달라진다. 성능에 핵심적인 영향을 주는 코드 섹션에서는 딕셔너리보다 예측성이 높은 리스트나 튜플을 이용하는 것이 나은 선택일 수 있다. 이런 상황에서

namedtuple은 다음과 같은 딕셔너리와 튜플의 장점을 모두 조합한 최고의 타입이다.

- 가독성이 중요한 섹션에서는 속성을 이용해 요소에 접근할 수 있다.
- 성능이 중요한 섹션에서는 인덱스를 이용해 요소에 접근할 수 있다.

> **TIP** namedtuple은 유용한 최적화 도구이지만, 가독성이 중요한 경우에는 일반적으로 데이터 클래스가 스트럭트와 유사한 데이터를 저장하기 위해 더 나은 선택이다. 데이터 클래스와 그 장점에 관해서는 4장을 참조한다.

알고리즘이 데이터를 이용하는 방식에 적합한 효율적인 데이터 구조에 데이터를 저장함으로써 복잡도를 줄일 수 있다. 해법이 명확하지 않은 경우에는 성능을 위해 가독성을 저하시키는 것보다는 다소의 성능 저하를 감안하더라도 코드를 다시 작성하는 것을 고려해야 한다. 파이썬 코드는 가독성이 높고 빠르므로 오류가 있는 설계를 회피하는 것보다는 더 좋은 방법으로 작업을 수행하는 방법을 찾아보는 것이 좋다.

하지만 우리가 해결하고자 하는 문제에 효율적인 해법이 존재하지 않거나 성능이 뛰어난 스트럭처를 갖지 않을 수도 있다. 이런 상황에서는 아키텍처 관점의 트레이드오프를 고려해보는 것도 좋다. 다음 절에서는 이런 트레이드오프에 관해 살펴보도록 하자.

13.5 아키텍처 트레이드오프 활용하기

복잡도를 낮추거나 적절한 데이터 구조를 선택하는 것만으로는 더 이상의 코드를 개선할 수 없다면, 트레이드오프를 고려해보는 것도 좋다. 사용자들이 겪는 문제를 리뷰하고 무엇이 정말 중요한지 정의했다면 애플리케이션의 요구 사항 일부를 느슨하게 조정할 수 있다. 성능은 다음과 같은 활동을 통해 자주 개선된다.

- 정확한 해법 알고리즘을 휴리스틱heuristic/근사approximation 알고리즘으로 바꾼다.
- 일부 작업을 지연된 태스크 큐로 미룬다.
- 확률적probabilistic 데이터 구조를 이용한다.

이 개선 방법들에 관해 자세히 살펴본다.

13.5.1 휴리스틱과 근사 알고리즘 이용하기

몇 가지 알고리즘과 관련된 문제들은 사용자가 받아들일 수 있는 시간 안에 실행될 수 있는 최신 해법이 존재하지 않는다.

예를 들어 복잡한 최적화 문제를 다루는 프로그램(**외판원 문제**traveling sales problem, TSP 또는 **차량 경로 문제**vehicle routing problem, VRP 등)을 생각해보자. 두 문제는 모두 조합 최적화combinatorial optimization 에서 **NP-난해 문제**NP-hard problem에 해당한다. 이 문제에 대해 정확하게 복잡도가 낮은 알고리즘은 알려져 있지 않다. 즉, 실용적으로 해결할 수 있는 문제의 규모가 매우 제한되어 있다는 의미다. 입력 이 커지면, 주어진 시간 안에 정확한 해법을 제공할 가능성이 거의 사라진다.

다행히 사용자는 최고의 가능한 해법보다는 적절한 시간 내에 얻어낼 수 있는 충분히 좋은 해법을 원하는 경우가 많다. 이런 경우에는 휴리스틱 또는 근사 알고리즘을 이용해 받아들일 수 있는 결과 를 제공하는 것이 합리적이다.

- **휴리스틱**: 최적성, 완전성, 정확성, 정밀성과 속도를 트레이드오프해서 문제를 해결한다. 따라서 정확한 알고리즘의 결과와 비교해 휴리스틱 해법의 품질을 검증하기는 어렵다.
- **근사 알고리즘**: 휴리스틱의 아이디어와 유사하지만 휴리스틱과 검증할 수 있는 해법 품질과 실행 시간 제한을 가진다.

매우 큰 TSP 또는 VRP 문제들을 합리적인 시간 안에 해결할 수 있는 좋은 휴리스틱과 근사 알고리 즘들이 여럿 있다. 이 알고리즘들은 높은 확률로 좋은 결과를 만들어낼 수 있으며, 최적 해법의 결과 에서 2~5% 정도만 벗어난다.

휴리스틱의 또 다른 좋은 점은 발생하는 모든 새로운 문제에 대해 항상 처음부터 만들 필요는 없다 는 점이다. **메타휴리스틱**metaheuristic은 휴리스틱의 고차원 버전으로 특정 문제가 아닌 수학적 관점에 서의 최적화 문제를 해결하는 전략을 제공하며 여러 상황에 적용될 수 있다. 다음은 잘 알려진 메타 휴리스틱 알고리즘들이다.

- **담금질 기법**simulated annealing: 금속 공학의 담금질(통제된 물체의 가열/냉각) 동안에 발생하는 물리 적인 프로세스를 모방했다.
- **진화 연산**evolutionary computation: 생물학적 진화에 영감을 받아 만들어졌으며 돌연변이mutation, 재생산reproduction, 재조합recombination, 선택selection과 같은 진화적 메커니즘을 이용해 복잡한 문제에 대해 광범위한 해법을 효율적으로 탐색한다.
- **유전 알고리즘**genetic algorithm: 진화 연산의 특수한 형태로 가능한 문제 해법을 유전자 타입 genotype 집합으로 나타내고, 교차crossover나 돌연변이 같은 유전 형질 전환genetic transformation 을 통해 더 나은 결과를 만든다.
- **터부 검색**tabu search: 일반적인 문제 검색 기법으로 금지된 검색 경로taboo를 도입해 국지적인 최

적화에 머무는 알고리즘을 선택할 가능성을 낮춘다.

- **개미 식민지 최적화**ant colony optimization: 식민지에서의 개미의 행동을 모방해서 문제에 대한 해법의 가능 영역을 탐색한다.

휴리스틱과 근사 알고리즘들은 애플리케이션의 단일 알고리즘 태스크에서 대부분의 성능이 발생할 때 실행할 수 있는 최적화 기법이다. 그러나 성능 이슈들은 일반적인 시스템 아키텍처과 시스템 컴포넌트들 사이의 커뮤니케이션 연결에서 자주 발생한다.

복잡한 애플리케이션의 인지 성능을 개선하는 아키텍처 트레이드오프에는 일반적으로 태스크 큐와 지연된 처리를 이용한다.

13.5.2 태스크 큐와 지연된 처리 이용하기

이 방법은 때때로 너무 많은 것을 하는 것이 아닌 올바른 시점에 일을 하는 것이다. 일반적으로 웹 애플리케이션에서 이메일을 전송하는 예시를 많이 언급한다. 이 경우 HTTP 요청에 대해 증가한 응답 시간을 코드 구현에 반드시 적용할 필요는 없다. 응답 시간은 서드파티 서비스(원격 이메일 서버 등)가 대신 담당할 것이다. 애플리케이션이 대부분의 시간을 다른 서비스의 응답을 기다리는 데 사용한다면 이 애플리케이션을 성공적으로 최적화할 수 있을까?

대답은 예/아니요 모두다. 처리 시간에 직접 영향을 미치는 서비스를 전혀 통제할 수 없다면 이용할 수 있는 더 빠른 해법은 없으며 더 이상 서비스의 속도를 개선하지 못한다. 그림 13.6은 이메일을 전송하는 HTTP 요청을 처리의 예시를 나타낸다.

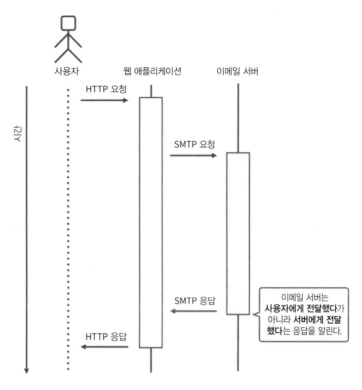

그림 13.6 **웹 애플리케이션에서의 동기적 이메일 전송 예시**

작성한 코드가 서드파티 서비스에 의존한다면, 대기 시간을 줄일 수 없을 것이다. 하지만 사용자가 이를 다른 방식으로 인지하도록 할 수는 있다.

이런 유형의 문제를 해결하는 일반적인 방법은 메시지 혹은 태스크 큐를 이용하는 것이다(그림 13.7). 무한정한 시간이 소요될 수 있는 무언가의 작업을 해야 할 때는 이를 수행해야 할 작업 큐에 넣고, 사용자에게는 즉시 해당 요청이 받아들여졌다고 알린다. 이것이 이메일 전송이 매우 훌륭한 예제인 이유다. 이메일은 이미 태스크 큐에 들어갔다! SMTP 프로토콜을 이용해 이메일 서버에 새로운 메시지를 제출하면, 성공이라는 응답은 그 이메일이 수신자에게 전달되었음을 의미하지 않는다. 그저 그 이메일이 이메일 서버로 전달되었다는 의미이다. 서버로부터의 응답이 이메일이 전달되었음을 보장하는 것이 아니라면 사용자에 대한 HTTP 응답을 생성하기 위해 기다릴 필요가 없다.

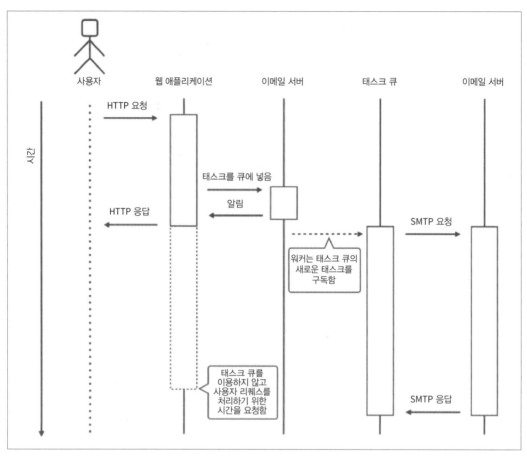

그림 13.7 **웹 애플리케이션에서의 비동기적 이메일 전송 예시**

이메일 서버가 빛의 속도로 응답을 하더라도 실제 전송될 메시지를 생성하는 데는 약간의 시간이 더 필요하다. 연간 보고서를 XLS 포맷으로 생성하는가? 견적서를 PDF 파일로 전송하는가? 이미 비동기로 동작하는 이메일 전송 시스템을 이용하고 있다면 메시지 생성 태스크 전체를 메시지 처리 시스템에게 위임할 수 있다. 정확한 전달 시간을 보장할 수 없다면 전달하고자 하는 메시지를 동기적으로 생성해야만 한다.

애플리케이션의 중요한 섹션에서 태스크 및 메시지 큐를 올바르게 사용하면 다음을 포함한 여러 가지 이점을 얻을 수 있다.

- HTTP 요청을 처리하는 웹 워커들은 추가적인 작업에서 손을 놓을 수 있기 때문에 요청 처리를 더욱 빠르게 할 수 있다. 즉, 동일한 리소스로 더 많은 요청을 처리할 수 있으며 과부하도 견딜 수 있다.

- 메시지 큐는 일반적으로 외부 서비스의 일시적인 실패에 보다 강하다. 예를 들어 데이터베이스나 이메일 서버가 때때로 장애 상태에 빠지는 경우에도 언제든 현재 처리된 태스크를 큐에 다시 넣고 나중에 처리할 수 있다.
- 메시지 큐를 잘 구현하면 여러 머신에 작업을 쉽게 분산시킬 수 있다. 이 접근 방식을 이용하면 일부 애플리케이션 컴포넌트의 확장성을 개선할 수도 있다.

그림 13.7에서 볼 수 있듯이 애플리케이션에 비동기 태스크 처리를 추가하면 필연적으로 전체 시스템 아키텍처의 복잡도가 증가한다. 몇 가지 백엔드 서비스(RabbitMQ와 같은 메시지 큐)를 추가하고 비동기 작업을 처리할 수 있는 워크를 생성해야 한다. 다행히도 유명한 몇 가지 도구들을 이용하면 분산 태스크 큐를 구축할 수 있다.

> **NOTE** 비동기 작업 처리를 위한 유명한 파이썬 도구에는 **Celery**가 있다. Celery는 모든 것을 갖춘 태스크 큐 프레임워크이며 다중 메시지 브로커를 지원하며, 이 브로커들은 태스크의 스케줄링 처리가 가능하다. 이를 이용하면 cron 작업을 대체할 수도 있다. Celery에 관한 더 많은 정보는 http://www.celeryproject.org/를 참조한다.
>
> 좀 더 단순한 것이 필요하다면 **RQ**가 좋은 대안이 될 수 있다. RQ는 Celery보다 훨씬 단순하며 Redis 키-값 저장소를 메시지 브로커 **Redis Queue(RQ)**로 이용한다. RQ에 관한 더 많은 정보는 https://python-rq.org/를 참조한다.

물론 더 잔뼈가 굵은 도구들도 있지만, 항상 태스크 큐에 대한 접근 방식을 신중하게 고려해야 한다. 모든 유형의 태스크를 큐로 처리해야 하는 것은 아니다. 큐는 많은 이슈들을 해결하는 데 좋지만 다음과 같은 문제점도 포함하고 있다.

- 시스템 아키텍처의 복잡도 증가
- 하나의 메시지를 두 번 이상 처리해야 할 가능성
- 유지보수 및 모니터링을 위한 서비스 증가
- 더 많은 처리 지연
- 더 어려운 로깅

아키텍처 트레이드오프에 관한 완전히 다른 접근 방식으로 비결정론적non-deterministic/확률적probabilistic 데이터 구조를 이용할 수도 있다.

13.5.3 확률적 데이터 구조 이용하기

확률적 데이터 구조probabilistic data structure는 값의 컬렉션을 특정한 방식으로 저장할 수 있도록 설계된 스트럭처다. 이 방식은 주어진 시간 혹은 제한된 리소스를 가지고 다른 방식으로는 불가능한 특정한 문제들에 대답을 할 수 있게 한다. 이에 해당하는 일반적인 예시로는 유튜브와 같은 수십억 편의 비디오와 수십억 명의 사용자를 가진 대규모 비디오 스트리밍 플랫폼의 고유 시청 횟수를 효율적으로 저장하는 것 등을 들 수 있다. 어떤 사람이 무슨 영상을 보았는가에 관한 정확한 정보를 저장하도록 순진하게 구현하는 것은 엄청난 양의 메모리를 사용할 것이며 효율적으로 운영하는 것 역시 어려울 것이다. 해결해야 할 문제가 너무나도 크다면, 확률적인 데이터 구조의 이용을 고려하는 편이 나을 수도 있다.

확률적 데이터 구조의 가장 중요한 피처는 이들이 제시하는 답변은 참이 될 가능성을 가졌다는 점이다. 즉, 이들은 실젯값의 근삿값일 뿐이다. 그러나 올바른 대답의 확률은 쉽게 계산할 수 있다. 항상 정확한 답을 내는 것은 아니지만 확률적 데이터 구조는 잠재적인 에러를 감당할 수 있는 정도의 문제에서는 여전히 유용하다.

많은 데이터 구조들이 이런 확률적 특성을 갖고 있다. 각각의 데이터 구조는 특정한 문제들을 해결하지만, 확률적인 특성상 모든 상황에 적용할 수는 없다. 실제적인 예시로 보다 잘 알려진 스트럭처 중 하나인 **HyperLogLog(HLL)**에 관해 살펴보자.

HLL은 중복집합multiset의 고유한 요소의 수를 근사로 계산하는 알고리즘이다. 일반적인 집합의 경우, 고유한 요소의 수를 알고 싶다면 이들을 모두 저장해야 한다. 데이터의 수가 매우 많은 경우, 이는 분명 실용적인 방법이 아니다. HLL은 데이터 구조를 프로그래밍해서 고전적인 방식의 집합 구현과 구분된 방식을 취한다.

상세한 구현까지는 살펴보지 않겠다. HLL은 집합의 크기set cardinality의 근삿값을 제공하는 데에만 초점을 둔다. 실젯값은 전혀 저장하지 않는다. 추출이나 반복, 구성 요소의 테스트도 할 수 없다. HLL은 정확성을 시간 복잡도 및 메모리의 크기와 교환한다. 예를 들어 HLL의 Redis 구현은 12 KB밖에 되지 않으면서도 표준오차는 0.81%이고, 컬렉션 크기에도 실질적으로 제한이 없다.

확률적 데이터 구조를 이용하는 것은 성능 문제를 해결하는 흥미로운 방법이다. 대부분의 경우 이는 정확성과 빠른 프로세싱 또는 보다 효율적인 리소스 사용 사이의 교환이다. 하지만 항상 그래야만 하는 것은 아니다. 확률적 데이터 구조는 자주 키-값 저장 시스템에서 사용되며 키 룩업의 속도를 높인다. 이런 시스템에서 사용되는 가장 널리 알려진 기법의 하나는 **근사 멤버 쿼리**approximate member query, AMG라 불린다. 이런 목적으로 자주 이용되는 흥미로운 확률적 데이터 구조는 블룸 필터Bloom filter다.

다음 절에서는 캐싱에 관해 살펴본다.

13.5.4 캐싱

애플리케이션에서 일부 함수의 연산에 너무 많은 시간이 소요된다면 캐싱을 고려해볼 수 있다. 캐싱은 함수 호출, 데이터베이스 쿼리, HTTP 요청 및 미래의 참조를 위한 반환값을 저장한다. 다음 중한 조건을 만족하면 실행에 많은 비용이 드는 함수나 메서드의 결과를 캐싱할 수 있다.

- 함수가 결정론적이고, 동일한 입력에 대해 항상 동일한 결과를 반환한다.
- 함수의 반환값은 비결정론적이지만 특정한 시간 동안 지속적으로 유용하고 유효하다.

다시 말해 결정론적 함수는 같은 인수에 대해 항상 같은 결과를 반환하고, 비결정론적 함수는 시간에 따라 다른 결과를 반환할 수 있다. 두 유형의 결과에 대한 캐싱은 일반적으로 상당한 연산 시간을 줄이며 많은 컴퓨팅 리소스를 절약하게 해준다.

모든 캐싱 기법의 가장 중요한 요구 사항은 저장한 값들을 실제 계산하는 것보다 빠르게 꺼낼 수 있는 저장소 시스템이다. 캐싱을 위한 좋은 후보들은 일반적으로 다음과 같다.

- 데이터베이스에 질의하는 콜러블의 결과
- 파일 내용, 웹 요청, 또는 PDF 렌더링과 같은 정적인 값을 만드는 콜러블의 결과
- 복잡한 계산을 수행하는 결정론적 콜러블의 결과
- 웹 세션 객체와 같이 만료 시간을 두고 값들에 대한 추적을 유지하는 글로벌 매핑
- 빈번하고 빠르게 접근되어야 하는 결과

캐싱의 또 다른 중요한 유스 케이스는 웹을 통해 제공되는 서드파티 API로부터의 결과를 저장하는 것이다. 이는 네트워크 지연을 제거함으로써 애플리케이션 성능을 크게 개선할 수 있으며, API에 요청을 할 때마다 비용을 지불해야 하는 경우에는 비용도 절감할 수 있다.

애플리케이션 아키텍처에 따라 캐시는 다양한 방법과 다양한 복잡도로 구현할 수 있다. 캐시는 여러 방법으로 제공할 수 있으며, 복잡한 애플리케이션들은 애플리케이션 아키텍처 스택 레벨에 따라 다른 접근 방식을 이용할 수도 있다. 때때로 캐시는 프로세스 메모리에 유지되는 단일 글로벌 데이터 구조(일반적으로 딕셔너리)처럼 간단하기도 하다. 다른 상황에서는 전용 캐싱 서비스를 만들어 세심하게 특화시킨 하드웨어에서 실행하고자 할 수도 있다. 이제 가장 잘 알려진 캐싱 접근 방법들에 관해 기본적인 내용을 살펴보기로 한다. 일반적인 유스케이스는 물론 그 단점들도 함께 살펴볼 것이다.

먼저 결정론적 캐싱deterministic caching에 관해 살펴본다.

결정론적 캐싱

결정론적 함수는 캐싱을 사용할 수 있는 가장 쉽고 안전한 대상이다. 결정론적 함수는 동일한 입력에 대해 항상 동일한 값을 반환하므로, 일반적으로 캐싱을 이용해 이 결과들을 무기한 저장한다. 이 접근 방식에서의 유일한 제한은 저장소의 용량이다. 결과를 캐싱하는 가장 쉬운 방법은 이들을 프로세스 메모리에 저장하는 것이다. 일반적으로 데이터를 가장 빠르게 꺼낼 수 있는 공간이기 때문이다. 이런 기법을 **메모이제이션**memoization이라 부른다.

메모이제이션은 동일한 입력을 여러 차례 평가해야 하는 재귀적 함수를 최적화하는 데 매우 유용하다. 9장에서 피보나치 수열에 재귀적 구현에 관해 살펴봤다. 이 책 앞 부분에서는 프로그램 성능을 개선하기 위해 C와 Cython을 활용했다. 여기에서는 더 간단한 방법, 즉 캐싱을 이용해 같은 목적을 달성해볼 것이다. 그 전에 fibonacci() 함수의 코드를 다시 떠올려보자.

```
def fibonacci(n):
    if n < 2:
        return 1
    else:
        return fibonacci(n - 1) + fibonacci(n - 2)
```

이 코드에서 볼 수 있듯이 fibonacci()는 재귀 함수로 입력값이 2보다 크면 자신을 호출한다. 이는 대단히 비효율적이다. 런타임 복잡도는 $O(n^2)$이며 실행 결과 매우 깊고 넓은 호출 트리를 생성한다. 입력값이 매우 크면 함수 실행 자체에도 많은 시간이 걸린다. 또한 파이썬 인터프리터의 최대 재귀 호출 제한을 초과할 가능성도 충분하다.

그림 13.8은 fibonacci() 함수의 호출 트리를 나타낸다. 자세히 보면 수많은 중간값을 여러 차례 평가함을 알 수 있다. 이 값들 중 일부를 재사용할 수 있다면 많은 시간과 리소스를 절약할 수 있을 것이다.

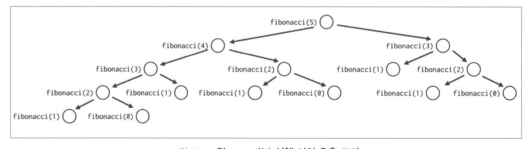

그림 13.8 **fibonacci(5) 실행 시의 호출 트리**

간단한 메모이제이션의 예시로 이전 실행의 결과를 딕셔너리에 저장한 뒤 필요할 때 꺼내 쓰는 방법을 생각할 수 있다.

fibonacci() 함수 안의 두 번의 재귀 호출은 한 행에 포함되어 있다.

```
return fibonacci(n - 1) + fibonacci(n - 2)
```

파이썬은 인스트럭션을 왼쪽에서 오른쪽으로 평가한다. 이는 이 상황에서 높은 인수를 가진 함수가 낮은 인수를 가진 함수가 호출되기 전에 먼저 실행된다는 의미다. 이러한 특성을 이용하면 매우 간단한 데커레이터를 만들어 메모이제이션을 제공할 수 있다.

```
def memoize(function):
    call_cache = {}

    def memoized(argument):
        try:
            return call_cache[argument]
        except KeyError:
            return call_cache.setdefault(argument, function(argument))

    return memoized
```

이를 fibonacci() 함수에 적용할 수 있다.

```
@memoize
def fibonacci(n):
    print(f"fibonacci({n})")
    if n < 2:
        return 1
    else:
        return fibonacci(n - 1) + fibonacci(n - 2)
```

memoize() 데커레이터의 클로저에 캐시된 값의 간단한 저장소 해법으로 딕셔너리를 이용했다. 앞의 데이터 구조에 값을 읽고 쓰는 작업의 평균 복잡도는 $O(1)$이다. 이는 메모화된 함수의 전체 복잡도를 상당히 줄이게 된다. 모든 고유한 함수 호출은 단 한 번씩만 평가된다. 업데이트된 함수의 호출 트리는 그림 13.9와 같다. 수학적인 증명을 하지 않더라도 fibonacci() 함수의 복잡도는 매우 비싼 $O(n^2)$에서 선형적인 $O(n)$으로 감소했다.

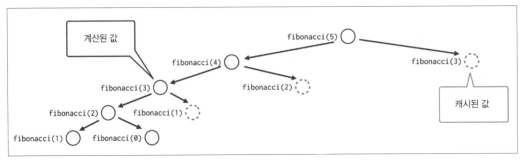

그림 13.9 메모이제이션을 적용한 fibonacci(5) 실행 시의 호출 트리

memoize() 데커레이터의 구현은 물론 완벽하진 않다. 앞의 예시에서는 잘 동작하지만 재사용할 수 있는 소프트웨어는 아니다. 이 함수가 여러 인수를 받도록 메모화하거나 캐시의 크기를 조정하려면 좀 더 일반적인 작업을 해야 한다.

다행히도 파이썬 표준 라이브러리는 매우 간단하고 재사용한 유틸리티를 제공하며, 결정론적 캐싱을 수행하는 대부분의 경우 이용할 수 있다. 이 유틸리티는 functools 모듈의 lru_cache() 데커레이터다. 이 데커레이터의 이름은 **LRU**last recently used라는 알고리즘에서 왔다. 다음의 추가 매개변수를 이용하면 메모이제이션의 동작을 보다 상세하게 제어할 수 있다.

- maxsize: 캐시 최대 크기를 설정한다. None을 설정하면 캐시 최대 크기는 무제한이 된다.
- typed: 타입이 다르나 같은 값으로 평가되는 경우, 이를 같은 결과에 매핑할 것인지 정의한다.

다음은 피보나치 수열에 대해 lru_cache()를 이용한 예시다.

```
from functools import lru_cache

@lru_cache(None)
def fibonacci(n):
    if n < 2:
        return 1
    else:
        return fibonacci(n - 1) + fibonacci(n - 2)
```

다음으로 비결정론적 캐싱non-deterministic caching에 관해 살펴본다.

비결정론적 캐싱

비결정론적 함수의 캐싱은 메모이제이션보다는 까다롭다. 비결정론적 함수는 실행할 때마다 다른 결과를 반환하며, 임의의 긴 시간 동안 이전 값을 그대로 사용하는 것은 일반적으로 불가능하다. 따라서 캐시된 값을 얼마나 오랫동안 유효한 값으로 간주할 것인지 결정해야만 한다. 지정된 시간이 지나면 저장된 값은 더 이상 쓸 수 없는 것으로 간주해 캐시는 새로운 값을 갱신해야 한다.

다시 말해 비결정론적 캐싱은 미리 계산된 값이 일시적으로 사용되는 모든 경우에 수행한다. 캐시된 비결정론적 함수는 애플리케이션 코드 내부에서 추적하기 어려운 외부 상태에 의존하는 경우가 많다. 전형적인 외부 컴포넌트들로 다음을 들 수 있다.

- 관계형 데이터베이스 또는 일반적으로 모든 구조화된 데이터 저장소 엔진
- 네트워크 연결을 통해 접근할 수 있는 서드파티 서비스(웹 API 등)
- 파일시스템

이런 구현은 트레이드오프다. 필요할 때마다 코드를 실행하지 않고 대신 과거의 결과를 이용한다는 것은 오래된 데이터 또는 시스템의 상태와 일치하지 않는 데이터를 이용하는 리스크를 지는 것이다. 즉, 정확성과 완전함, 속도와 성능을 교환한 것이다.

물론 이런 캐싱은 캐시된 함수가 실행되는 시간보다 캐시 조작에 소요되는 시간이 짧을 때만 효율적이다. 값을 재계산하는 것이 빠르다면 무조건 값을 재계산해야 한다. 따라서 캐시 설정은 꼭 필요한 경우에만 해야 한다. 캐시를 적절하게 수행하는 데도 비용이 든다.

실제로 캐시될 수 있는 것들은 시스템과 다른 컴포넌트의 인터랙션 결과다. 예를 들어 데이터베이스와의 커뮤니케이션에 소요되는 시간과 리소스를 절약하고 싶다면, 빈번하고 시간이 오래 걸리는 쿼리의 결과를 캐싱할 가치가 있다. I/O 조작의 수를 줄이고 싶다면 가장 빈번하게 접근하는 파일의 내용이나 외부 API로부터의 응답 내용을 캐싱할 수도 있을 것이다.

비결정론적 함수를 캐싱하는 기법은 결정론적 함수를 캐싱에서 이용하는 기법들과 거의 비슷하다. 가장 눈에 띄는 차이는 비결정론적 함수의 캐싱의 경우 개시된 값의 유효성 여부를 시간으로 설정한다는 점이다. 즉, functools 모듈의 lru_cache() 데커레이터는 제한적으로 사용할 수 있다. 그러나 만료 피처를 제공하기 위해 이 함수를 확장하는 것이 너무 어려워서는 안 된다. 이는 많은 개발자가 수없이 해결한 일반적인 문제로 PyPI에서 비결정론적 값을 캐싱하기 위해 설계된 많은 라이브러리를 찾을 수 있다.

로컬 프로세스 메모리local process memory는 값을 캐싱하는 가장 빠른 방법이지만, 모든 프로세스가 자체적으로 캐시를 유지하지는 않는다. 프로세스가 많은 경우 프로세스별로 독립된 캐시는 막대한 양의 메모리를 차지할 수 있다. 분산 시스템에서는 일반적으로 전용 캐시 서비스를 이용한다.

캐시 서비스

로컬 프로세스 메모리를 이용해 비결정론적 캐싱을 구현할 수 있지만 분산 시스템에서는 이런 방식을 이용하지 않는다. 이 방식을 이용하기 위해서는 캐시를 모든 서비스에 복제해야 하는데, 이는 리소스의 낭비이기 때문이다. 또한 여러 프로세스 인스턴스들이 서로 다른 캐시 값을 가질 수 있기 때문에 데이터의 일관성을 유지하지 못할 수 있다.

성능 문제를 해결하기 위해 비결정론적 캐싱을 선호한다면 보다 많은 것들이 필요할 것이다. 일반적으로 동시에 여러 사용자에게 데이터나 서비스를 제공해야 할 때 비결정론적 캐싱은 반드시 필요하다.

언젠가는 여러 사용자들에게 동시에 서비스를 제공함을 보장해야 할 시점이 올 것이다. 로컬 메모리는 여러 스레드 사이에 데이터를 공유하는 방법을 제공하지만, 모든 애플리케이션에서 스레딩이 최적의 동시성 모델은 아닐 것이다. 규모를 확장하기 쉽지 않으므로 결국 여러 프로세스로 애플리케이션을 실행해야 할 것이다.

운 좋게도 애플리케이션이 수백 혹은 수천 대의 머신에서 실행되었다고 가정해보자. 이 경우 로컬 메모리에 캐시된 값을 저장한다면 캐시는 그 값이 필요한 모든 머신에 복제되어야 한다. 이는 비단 리소스 낭비의 문제에서 끝나지 않는다. 모든 프로세스가 자체적으로 캐시를 가진다면(이미 이는 속도와 일관성의 트레이드오프다), 모든 캐시들이 일관성을 유지할 것이라고 어떻게 보장할 수 있겠는가?

지속적인 요청에 대한 일관성은 매우 중요한 문제이며, 분산된 백엔드를 가진 웹 애플리케이션에서는 특히 그렇다. 복잡한 분산 시스템에서는 사용자가 항상 동일한 머신에서 호스팅되는 동일한 프로세스로부터 서비스를 받을 것이라 장담하기는 매우 어렵다. 물론 어느 정도 선에서는 가능하겠지만 그 문제를 해결하면 수많은 다른 문제들이 튀어나올 것이다.

여러 동시 사용자에게 서비스를 제공해야 하는 애플리케이션을 만드는 경우 비결정론적 캐시를 다루는 최선의 방법은 전용 서비스를 이용하는 것이다. Redis나 Memcached 등의 도구를 이용하면 애플리케이션 프로세스들로 하여금 동일한 캐시 결과를 공유하게 할 수 있다. 이는 소중한 컴퓨팅 리소스의 사용을 줄이고 너무 많은 독립되고 일관성 없는 캐시로 인해 발생할 수 있는 문제점을 모두 해결한다.

Memcached 같은 캐싱 서비스는 메모이제이션과 유사한 개시를 구현하는 데 유용하다. 이렇게 만들어진 캐시는 여러 프로세스는 물론 심지어 여러 서버에서 쉽게 공유될 수 있다. 시스템 아키텍처 레벨에서도 캐싱을 구현하는 방법이 있으며 이런 접근 방식은 HTTP 프로토콜에서 작동하는 애플리케이션에 매우 많이 이용된다. 전형적인 HTTP 애플리케이션 스택의 많은 요소들은 탄력적인 캐싱 기능을 제공한다. 이 기능들은 주로 HTTP 프로토콜에서 잘 표준화된 메커니즘들을 이용한다. 이런 유형의 캐싱의 형태는 주로 다음과 같다.

- **캐싱 리버스 프록시**caching reverse-proxy(**nginx** 또는 **Apache**): 프록시가 동일한 호스트에 작동하는 여러 웹 워커의 모든 응답을 캐싱한다.
- **캐싱 로드 밸런서**caching load balancer: 로드 밸런서가 여러 호스트에 대한 부하를 분산할 뿐만 아니라 호스트들의 응답을 캐싱한다.
- **콘텐트 분산 네트워크**content distribution network, CDN: 서버의 리소스들을 사용자에게 지역적으로 근접한 시스템에 캐싱해서 네트워크 라운드트립 시간을 줄인다.

다음 절에서는 Memcached에 관해 살펴본다.

Memcached 이용하기

Memcached는 매우 유명하고 검증된 캐싱 설루션이다. 이 캐시 서버는 페이스북, 위키피디아 등을 포함한 대규모 애플리케이션에서 사용되고 있다. 간단한 캐싱 피처들을 제공하며, 그중에서도 클러스터링 기능을 이용하면 즉시 효율적인 분산 캐시 시스템을 구현할 수 있다.

Memcached는 다중 플랫폼 서비스이며 여러 프로그래밍 언어와 통신할 수 있도록 많은 라이브러리를 제공한다. 많은 파이썬 클라이언트들은 서로 조금씩 다르지만 기본적인 사용 방법은 일반적으로 동일하다. Memcached와 가장 간단한 통신 방법은 거의 항상 다음 세 가지 메서드로 구성된다.

- `set(key, value)`: 지정한 키에 대한 값을 저장한다.
- `get(key)`: 지정한 키에 대한 값이 존재하면 얻는다.
- `delete(key)`: 지정한 키에 대한 값이 존재하면 삭제한다.

다음 코드 스니펫은 PyPI에서 사용할 수 있는 잘 알려진 파이썬 패키지인 `pymemcache`를 이용해 Memcached와 통합한 예시다.

```
from pymemcache.client.base import Client

# 로컬호스트의 11211 포트에서 실행되는 Memcached 클라이언트 셋업
client = Client(('localhost', 11211))

# some key 아래의 some value를 캐시하고 10초 후 만료한다.
client.set('some_key', 'some_value', expire=10)
```

```
# 같은 키에 대한 값을 추출한다.
result = client.get('some_key')
```

Memcached의 단점 중 하나는 값을 작은 바이너리로 저장하도록 설계되었다는 점이다. 다시 말해 Memcached에 복잡한 타입의 데이터를 저장할 때는 직렬화해야 한다는 의미다. 간단한 데이터 구조를 일반적으로 직렬화하는 방법으로 JSON을 이용한다. 다음은 pymemcached를 이용해 JSON 직렬화를 하는 예시다.

```python
import json
from pymemcache.client.base import Client

def json_serializer(key, value):
    if type(value) == str:
        return value, 1
    return json.dumps(value), 2

def json_deserializer(key, value, flags):
    if flags == 1:
        return value
    if flags == 2:
        return json.loads(value)
    raise Exception("Unknown serialization format")

client = Client(('localhost', 11211), serializer=json_serializer,
                deserializer=json_deserializer)
client.set('key', {'a':'b', 'c':'d'})
result = client.get('key')
```

키-값 저장소 원칙에 따라 작동하는 캐싱 서비스를 이용할 때 자주 발생하는 또 다른 문제는 키 이름을 결정하는 방법이 있다.

기본 매개변수를 가진 간단한 함수 호출을 캐싱하는 경우의 문제는 간단하다. 함수 이름과 그 인수를 문자열로 변환한 뒤 이들을 연결하면 된다. 단 한 애플리케이션의 여러 위치에서 캐싱을 하는 경우, 다른 함수에서 생성된 키들과 충돌하지 않는지만 신경 쓰면 된다.

문제가 되는 것은 딕셔너리나 커스텀 클래스로 구성된 인수를 가진 복잡한 함수들을 캐싱하는 경우다. 이 경우 호출 시그니처를 일관성이 있는 방식으로 캐시 키로 변환하는 방법을 찾아야 한다.

(Memcached를 포함한) 많은 캐싱 서비스들은 최상의 캐시 룩업 성능을 제공하기 위해 캐시를 RAM에

저장한다. 작업 데이터셋이 너무 커지면 일반적으로 이전 캐시 키들이 삭제된다. 서비스가 재시작되면 캐시 전체가 초기화된다. 캐싱 서비스를 이용해 영구적으로 유지되어야 하는 데이터를 저장할 때는 이런 특성에 유의해야 한다. 때때로 가장 일반적인 캐시 항목에 대한 케시를 생성하는 적절한 캐시 웜업warm-up 절차를 제공해야 할 수도 있다(예를 들어 서비스 업그레이드 또는 새로운 애플리케이션 릴리스의 경우).

Memcached가 가진 마지막 문제점은 (다른 여러 캐싱 서비스들과 마찬가지로) 매우 긴 키 문자열을 이용하는 경우 잘 응답하지 않는다는 것이다. 긴 키 문자열은 성능을 저하시키며 하드 코딩된 서비스 제한에도 적합하지 않다. 예를 들어 SQL 쿼리 전체를 캐시한다면, 일반적으로 쿼리 문자열 자체는 키로 사용되기에 적절한 고유한 식별자다. 반면, 복잡한 쿼리는 일반적으로 너무 길기 때문에 Memcached와 같은 캐싱 서비스에 저장될 수 없다. 이런 경우에는 일반적으로 MD5, SHA 또는 다른 해시 함수를 계산해 이를 대신 캐시 키로 많이 이용한다. 파이썬 표준 라이브러리의 `hashlib` 모듈은 몇 가지 잘 알려진 해시 알고리즘의 구현을 제공한다. 해싱 함수를 이용할 때는 해시 충돌에 주의해야 한다. 어떤 해시 함수도 해시값이 충돌하지 않는다는 보장은 하지 않으므로, 잠재적인 리스크를 인식하고 완화해야 한다.

13.6 요약

이번 장에서는 최적화 프로세스에 관해 살펴봤다. 잠재적인 병목을 식별, 프로파일링 기법, 유용한 최적화 기법까지 다양한 성능 문제에 적용할 수 있는 항목들을 다루었다.

이번 장이 이 책의 마지막인 것처럼 최적화는 일반적으로 애플리케이션 개발 사이클을 마무리하는 단계다. 최적화 프로세스는 잘 작동하는 것으로 알려진 애플리케이션에 대해 수행한다. 따라서 적절한 방법론과 프로세스를 수립함으로써 애플리케이션이 지속적으로 잘 동작함을 보장하는 것이 매우 중요하다.

최적화를 할 때 알고리즘이나 연산 복잡도를 줄이는 것에만 초점을 주는 경우가 많지만 이는 또 다른 종류의 복잡도를 증가시킬 수 있다. 최적화된 애플리케이션은 읽거나 이해하기 더 힘든 경우가 많고, 가독성이나 유지보수성의 측면에서는 더욱 복잡하다. 아키텍처 트레이드오프는 전용 서비스를 도입하거나 애플리케이션의 정확성 또는 정확성을 일부 희생하는 솔루션 사용에 의존하는 경우가 많다. 이런 아키텍처 트레이드오프를 활용하는 애플리케이션들에는 거의 항상 더 복잡한 아키텍처가 있다.

코드 최적화는 다른 개발 프랙티스와 마찬가지로 스킬과 경험을 요구된다. 그렇기에 다양한 개발 프로세스와 활동의 균형에 관해 알아야만 한다. 사소한 최적화는 시도할 필요가 없는 경우도 있다. 때로는 비즈니스 필요를 충족하기 위해 몇 가지 규칙을 깨뜨려야 할 수도 있다. 따라서 이 책에서는 애플리케이션 개발 프로세스 전체를 조감하고자 했다. 항상 모든 작업을 혼자서 직접 수행할 수는 없겠지만 애플리케이션 구현, 유지보수, 테스트, 릴리스, 관측, 최적화 방법을 앎으로써 이 활동들의 올바른 균형점을 찾을 수 있을 것이다.

진솔한 서평을 올려주세요!

이 책 또는 이미 읽은 제이펍의 책이 있다면, 장단점을 잘 보여주는 솔직한 서평을 올려주세요.
매월 최대 5건의 우수 서평을 선별하여 원하는 제이펍 도서를 1권씩 드립니다!

- **서평 이벤트 참여 방법**
  ❶ 제이펍 책을 읽고 자신의 블로그나 SNS, 각 인터넷 서점 리뷰란에 서평을 올린다.
  ❷ 서평이 작성된 URL과 함께 review@jpub.kr로 메일을 보내 응모한다.

- **서평 당선자 발표**
  매월 첫째 주 제이펍 홈페이지(www.jpub.kr) 및 페이스북(www.facebook.com/jeipub)에 공지하고, 해당 당선자에게는 메일로 개별 연락을 드립니다.

독자 여러분의 응원과 채찍질을 받아 더 나은 책을 만들 수 있도록 도와주시기 바랍니다.

리얼월드 암호학

리얼월드 암호학

1쇄 발행 2023년 1월 20일

지은이 데이비드 웡
옮긴이 임지순
펴낸이 장성두
펴낸곳 주식회사 제이펍

출판신고 2009년 11월 10일 제406-2009-000087호
주소 경기도 파주시 회동길 159 3층 / **전화** 070-8201-9010 / **팩스** 02-6280-0405
홈페이지 www.jpub.kr / **원고투고** submit@jpub.kr / **독자문의** help@jpub.kr / **교재문의** textbook@jpub.kr

소통기획부 김정준, 이상복, 송영화, 권유라, 송찬수, 박재인, 배인혜
소통지원부 민지환, 이승환, 김정미, 서세원 / **디자인부** 이민숙, 최병찬

진행 이상복 / **교정·교열** 윤모린 / **내지디자인** 이민숙 / **내지편집** 백지선
용지 에스에이치페이퍼 / **인쇄** 한승문화사 / **제본** 일진제책사

ISBN 979-11-92469-53-9 (93000)
값 34,000원

제이펍은 독자 여러분의 아이디어와 원고 투고를 기다리고 있습니다. 책으로 펴내고자 하는 아이디어나 원고가 있는
분께서는 책의 간단한 개요와 차례, 구성과 지은이/옮긴이 약력 등을 메일(submit@jpub.kr)로 보내주세요.